제 2 판

통합도산법상 관리인·파산관재인·채무자를 위한

신 법인파산 실무

▌이론·사례·서식·판례▌

법학박사 **장 종 운** 저

진 원 사

제2판 머리말

초판을 낸지 수년 만에 금번 전면개정 제2판을 출간하게 되었는데, 그 동안 이전 판에서 보여준 독자 여러분들의 성원에 진심으로 감사드립니다. 이는 법인파산의 사례가 수록된 국내 유일의 법인파산 실무서이기 때문이 아닌가 싶습니다.

이번 판에서는 이전 판들과 달리 체계를 일신하여 설명 부분을 전면 개정하였고, 미흡한 부분들을 반영했습니다. 특히 법인파산에 있어서 채무자의 재산을 확보하는 것이 파산관재인의 업무로서 중요한 자리를 차지함에 따라 이와 관련된 부인권 부분을 대폭 보강하였고, 배당·환가 부분에 대하여도 보완하였습니다.

아울러 그 동안 쌓이고 변경된 최신 판례들과 법규 및 예규들도 반영해 놓았습니다.

본서를 서둘러서 마무리하고 나니 여러 가지 아쉬움이 남습니다. 부족한 점과 미흡한 부분들은 다음 판에 보완해 드릴 것을 약속드리며, 독자 여러분들의 많은 지도편달과 애정 어린 관심을 부탁드립니다.

끝으로 본서와 같이 좋은 책이 나올 수 있도록 애써 주신 진원사의 양진수 사장님을 비롯하여 필자의 원고를 세심하고 꼼꼼하게 편집해주신 편집부 관계자분들께도 고맙다는 말씀을 전해드리고 싶습니다.

아무쪼록 본서를 구입하신 모든 독자 여러분들께 행운이 함께 하시고, 본서로 인하여 법인파산의 실무에 조그마한 도움이라도 되었으면 하는 마음 간절히 바라는 바입니다.

2018년 8월

저자 장종운 드림

머 리 말

도산절차는 법인의 도산절차와 자연인의 도산절차로 크게 나눌 수 있습니다. 세부적으로 본다면 법인의 도산절차에는 법인파산과 법인회생(기업회생)이 있고, 자연인의 도산절차에는 개인파산과 개인회생 그리고 고액 채무자의 회생절차인 일반회생절차가 있습니다. 종전에는 법인파산과 개인파산은 파산법에서, 법인회생은 화의법과 회사정리법에서, 개인회생은 개인채무자회생법에서 규율하고 있었습니다. 그러던 것이 2006년 4월 1일「채무자 회생 및 파산에 관한 법률」즉, 통합도산법이 제정되면서 이 모든 제도가 단일 법률로 통폐합되어 시행되어 오고 있는 것입니다.

본서는 이 중 법인파산 부분을 다루고 있습니다. 앞서 본 바와 같이 법인의 도산절차는 회생절차와 청산절차로 구분할 수 있는데, 청산절차가 바로 법인파산 절차이고 채무자의 재산을 환가하여 채무변제에 충당한 후 궁극적으로 시장에서 퇴출시키는 절차로 진행됩니다.

법인에 대한 파산신청은 회생절차에 실패한 법인에 대하여 법원의 직권이나 관리인 등의 신청으로 또는 자기 채권을 회수하거나 부실채권을 정리하려는 채권자에 의하여 이루어지는 경우도 있지만 대부분은 법인이 자신의 파산으로 피해를 보고 있는 채권자들에게 남아 있는 재산을 환가하여 배분해주려는 기업가 정신 때문에 또는 법인의 경영자가 향후 재기를 위한 신용의 발판을 쌓기 위하여 자기파산을 신청하는 경우가 많습니다. 실무상으로는 부채를 정리하려는 채권자들의 요청에 따라 법인파산을 신청하는 경우도 많습니다.

여기에 법인파산 실무를 알아둘 필요가 있고, 본서에서도 이러한 취지를 감안하여 사례와 서식 및 판례 등 실무위주로 서술하였으며, 이론 부분은 가급적 사례작성을 위하여 필요한 부분만 간결하게 다루도록 하였습니다.

본서는 다음과 같이 구성되어 있습니다.

제1장「통합도산법과 법인파산」편에서는 제1절 통합도산법의 개정내용, 제2절 통합도산법상 파산절차 FLOW, 제3절 통합도산법상 중요 기관·제도를 두어 법인파산 전반에 대

한 개요부분을 실어 놓았고, 제2장 「법인파산 신청절차」 편에서는 제1절 법인파산제도 개요, 제2절 법인파산 신청절차를 두어 법인파산신청을 위한 절차적인 이론부분을 실어 놓았으며, 제3장 「법인파산 사례 따라 작성하기」 편에서는 6개의 사례와 각 첨부서류 등을 빠짐없이 실어 놓았고, 제4장 「최신 파산 판례와 실무 적용례」 편에서는 2013년까지의 파산 관련 판례를 실어 놓았으며, 「부록」 편에서는 법인파산 관련 필수적인 근거법령 등을 실어 놓았습니다.

끝으로 본서와 같이 좋은 책이 나올 수 있도록 애써 주신 진원사의 양진수 사장님을 비롯하여 필자의 원고를 세심하게 편집하고 교정하여 주신 편집부 관계자분께도 고맙다는 말씀을 전해드리고 싶습니다.

본서를 마무리하고 나니 여러 아쉬운 점이 남습니다. 부족한 점과 미흡한 부분은 다음 판에 보완해 드릴 것을 약속드리며, 독자 여러분의 많은 지도편달과 애정 어린 관심을 부탁드립니다.

아무쪼록 본서를 구입하신 모든 독자 분들께 행운이 함께 하시고, 본서로 인하여 법인파산 실무에 조그마한 도움이라도 되었으면 하는 마음 간절히 바라는 바입니다.

2014년 1월

저자 장종운 드림

목 차

제1장

법인파산 총론

제 1 절 통합도산법의 체계

[1] 통합도산법의 제정 체계

1. 통합도산법의 제정 내역

가. 제정배경

우리나라의 도산법 체계는 1997년 IMF 외환위기를 계기로 일대 변혁이 이루어졌다고 할 수 있다. 즉 IMF 외환 위기로 인하여 1990년대 말부터 2000년대 초반까지 물가 상승, 고금리, 임금삭감 등의 경제적 위기와 이에 따른 수많은 기업의 부도 발생 및 대량 해고에 따른 실업자 발생 등이 큰 사회적 문제가 되었는 바, 그 대책으로 내수경기를 진작한다는 차원에서 정부의 신용카드사용 장려 정책과 이에 따른 각 금융기관들의 무분별한 신용카드의 발급이 또 다른 재앙인 2003년의 카드대란으로 이어져 대량의 신용불량자를 양산하게 되었고, 이를 조속히 타개하라는 사회적 요구와 그 일환으로 「채무자 회생 및 파산에 관한 법률」이 탄생하게 된 것으로 보인다. 이 법은 2005년 3월 31일 법률 제7428호로 제정되어 2006년 4월 1일부터 시행되고 있는데, 실무상 이를 '통합도산법'[1]이라고 한다.

나. 통합 방식

통합도산법은 종전의 파산법[2]과 화의법,[3] 회사정리법,[4] 개인채무자회생법[5]을 하

---

1) '통합도산법'이란 용어는 새로 제정된 「채무자 회생 및 파산에 관한 법률」이 법인파산, 개인파산, 법인회생, 일반회생, 개인회생, 국제도산 등 모든 도산에 관한 절차를 통합적으로 규율해 놓은 법이라는 차원에서 이를 약칭하여 실무상 관행적으로 사용하고 있는 용어이다(법무부, 채무자 회생 및 파산에 관한 법률 해설, 17p). 「채무자 회생 및 파산에 관한 법률」이라는 비교적 긴 법률명을 간단히 줄여서 부르기에 편한 점도 있으므로 본서에서도 '통합도산법'이라는 용어를 사용하기로 한다. 참고로 법제처의 법령정보센터에서는 「채무자 회생 및 파산에 관한 법률」을 약칭하여 '채무자회생법'이라고 사용하고 있지만 이는 구법인 '개인채무자회생법'과 혼동할 우려가 있으므로 여기에서는 사용하지 않기로 한다. 한편 본서에서 '법'이란 통합도산법을, '시행령'이란 통합도산법 시행령을, '규칙'이란 통합도산법 시행규칙을 약칭하는 의미이다.

2) 파산법은 1962년 1월 20일 법률 제998호로 제정되어 같은 날부터 시행되어왔던 법률로서 제정 이래 내용상

나의 법률로 통합하고 국제도산 등 일부 분야를 추가하여 제정한 법이다. 즉 통합도산법은 종전에 도산절차에 관하여 규율하고 있었던 법률이 회사정리법·화의법 및 파산법으로 분산되어 있는데다 각 법률마다 적용대상이 다르고 특히 회생절차의 경우에는 회사정리절차와 화의절차로 이원화되어 있어서 그 효율성이 떨어져 상시적인 채무자의 회생·퇴출체계로는 부족하다는 지적이 있었던 것을 회사정리법·화의법 및 파산법을 하나의 법률로 통합해서 도산법의 체계를 일원화시켰고, 기존의 회생절차 중 화의절차를 폐지하고 회사정리절차를 보다 개선·보완하였으며, 정기적 수입이 있는 개인채무자에 대하여 파산선고로 인한 사회적·경제적 불이익을 방지하고 그 회생을 도모할 필요성에서 종전의 개인채무자회생법도 통합하였고, 국제화시대에 부응하여 국제도산절차에 관한 규정도 신설한 법이라 할 수 있는 것이다. 이에 파산절차로 들어가기 전에 통합도산법의 체계와 중요 조문에 관하여 개관해 봄으로써 파산절차에 대한 이해를 높일 필요가 있다고 본다. 통합도산법은 총 5편, 660개조로 구성되어 있다.

2. 통합도산법의 체계

가. 통합도산법의 편제

① 제1편 총칙(1조~33조)

② 제2편 회생절차(34조~293조의8)

㉠ 제1장 회생절차의 개시, ㉡ 제2장 회생절차의 기관, ㉢ 제3장 채무자재산의 조

3차례의 개정이 있었고(1991년, 1998년, 2000년), 법인 및 개인의 파산절차에 관하여 규율하고 있었다.

3) 화의법은 1962년 1월 20일 법률 제997호로 제정되어 같은 날부터 시행되어왔던 법률로서 제정 이래 내용상 2차례의 개정(1998년, 2000년)이 있었고, 법인 및 개인의 회생을 규율하고 있었다. 이와 같이 화의법에서도 화의절차를 통한 개인채무자의 회생이 가능하기는 하였지만 화의절차는 주로 중소기업 등을 대상으로 하고 있어서 개인채무자가 이용하기에는 적절치 않은 점이 많았다.

4) 회사정리법은 1962년 12월 12일 법률 제1214호로 제정되어 1963년 1월 1일부터 시행되어왔던 법률로서 제정 이래 내용상 6차례의 개정이 있었고(1981년, 1996년, 1998년 1월, 1998년 2월, 1999년, 2001년), 주식회사의 회생절차를 규율하고 있었다. 앞서 본 화의법이나 여기의 회사정리법은 모두 회생을 목적으로 하는 법이지만, 화의법상의 화의절차는 개인이나 중소기업을 주된 대상으로 그 파산의 예방에 목적을 둔 소극적인 절차이어서 기존 경영자의 경영권이 보장된 반면, 회사정리법상의 회사정리절차는 주식회사를 대상으로 그 갱생에 목적을 둔 적극적인 절차이어서 기존 경영자의 경영권이 배제된 관계로 회사의 갱생을 보다 강력히 추진할 수 있어서 회사정리절차가 화의절차보다 우선시되었다(회사정리법 제37조 1항, 제67조 1항).

5) 개인채무자회생법은 2004년 3월 22일 법률 제7198호로 제정되어 2004년 9월 23일부터 시행되어 왔던 법률로서 IMF 외환위기와 이에 이은 카드대란 사태 이후 양산된 개인채무자의 회생을 위하여 통합도산법의 제정에 앞서 급하게 제정된 법이다.

사 및 확보, ㉣ 제4장 회생채권자·회생담보권자 등, ㉤ 제5장 관계인집회, ㉥ 제6장 회생계획, ㉦ 제7장 회생계획인가 후의 절차, ㉧ 제8장 회생절차의 폐지, ㉨ 제9장 소액영업소득자에 대한 간이회생절차

③ 제3편 파산절차(294~578조의17)

㉠ 제1장 파산절차의 개시 등, ㉡ 제2장 파산절차의 기관, ㉢ 제3장 파산재단의 구성 및 확정, ㉣ 제4장 파산채권 및 재단채권, ㉤ 제5장 파산재단의 관리·환가 및 배당, ㉥ 제6장 파산폐지, ㉦ 제7장 간이파산, ㉧ 제8장 면책 및 복권, ㉨ 제9장 유한책임신탁재산의 파산에 관한 특칙

④ 제4편 개인회생절차(579조~627조)

㉠ 제1장 통칙, ㉡ 제2장 개인회생절차의 개시, ㉢ 제3장 회생위원, ㉣ 제4장 개인회생채권의 확정, ㉤ 제5장 변제계획, ㉥ 제6장 폐지 및 면책

⑤ 제5편 국제도산(628조~642조)

⑥ 제6편 벌칙(643조~660조)

[표 1] 통합도산법의 구성

구 성		조문	대 상
제1편 총 칙		1~33	공통
제2편 회생절차	제1장 회생절차의 개시	34~73	개인·법인
	제2장 회생절차의 기관	74~88	
	제3장 채무자재산의 조사 및 확보	89~117	
	제4장 회생채권자·회생담보권자 등	118~181	
	제5장 관계인집회	182~192	
	제6장 회생계획	193~256	
	제7장 회생계획인가 후의 절차	257~284	
	제8장 회생절차의 폐지	285~293	
	제9장 소액영업소득자에 대한 간이회생절차	293조의2~293조의8	
제3편 파산절차	제1장 파산절차의 개시 등	294~354	개인·법인
	제2장 파산절차의 기관	355~381	
	제3장 파산재단의 구성 및 확정	382~422	
	제4장 파산채권 및 재단채권	423~478	
	제5장 파산재단의 관리·환가 및 배당	479~537	
	제6장 파산폐지	538~548	

	제7장 간이파산	549~555	
	제8장 면책 및 복권	556~578	
	제9장 유한책임신탁재산의 파산에 관한 특칙	578조의2~578조의17	
제4편 개인회생절차	제1장 통칙	579~587	개인
	제2장 개인회생절차의 개시	588~600	
	제3장 회생위원	601~602	
	제4장 개인회생채권의 확정	603~609조의2	
	제5장 변제계획	610~619	
	제6장 폐지 및 면책	620~627	
제5편 국제도산		628~642	공통
제6편 벌 칙		643~660	공통
부 칙			공통

나. 각 도산절차별 중요 조문 및 제도

1) 제1편 총칙

가) 중요 조문

통합도산법 총칙에는 목적(1조), 외국인 및 외국법인의 지위(2조), 재판관할(3조), 회생절차폐지 등에 따른 파산선고(6조), 송달(8조), 공고(9조), 즉시항고(13조), 관리위원회의 설치(16조), 채권자협의회의 구성(20조), 법인에 관한 등기의 촉탁(23조), 등기된 권리에 관한 등기 등의 촉탁(24조), 부인의 등기(26조), 사건기록의 열람 등(28조), 채무자의 재산 등에 관한 조회(29조), 시효의 중단(32조), 민사소송법 및 민사집행법의 준용(33조) 등이 규정되어 있고, 통합도산법 제2편~제5편까지 공통적으로 적용되는 부분이다. 총칙 부분 중 중요 사항에 관하여 몇 가지를 살펴보면 다음과 같다.

나) 중요 제도

(1) 송 달

통합도산법상의 재판은 직권으로 송달하여야 한다(8조 1항). 회사인 채무자의 사채권자 또는 주주·지분권자에 대한 송달은 사채권자 또는 주주·지분권자가 이 법에 의하여 주소를 신고한 때에는 그 주소에, 주소를 신고하지 않은 때에는 사채원부·주주명부·사원명부 또는 등기부에 기재된 주소 또는 그 자가 회사인 채무자에 통지한 주소에 서류를 우편으로 발송하여 할 수 있고, 등기된 담보권을 가진 담보권자에 대한 송달은 그 담보권자가 이 법의 규정에 의하여 주소를 신고한 때에는 그 주소에, 주소를 신고하지 않은 때에는 등기부에 기재된 주소에 서류를 우편으로 발송하여 할 수 있는 바, 서류를 우편으로 발송한 때에는 그 우편물이 보통 도달할 수 있는 때에 송달된 것으로 본다(8조 2항, 3항, 4항). 한편 통합도산법의 규정에 의하여 송달을 하여야 하는 경우에 송달장소를 알기 어렵거나 대법원규칙이 정하는 사유가 있는 때에는, 통합도산법상 특별한 규정이 없는 한, 공고로써 송달에 갈음할 수 있도록 하고 있다(10조 1항, 8조 6항, 10조 2항). 통합도산법에서 공고 외에 송달까지 모두 하도록 되어 있는 경우 송달은 서류를 우편으로 발송하여 할 수 있고, 그 공고는 모든 관계인에 대하여 송달의 효력이 인정된다(11조 1항, 2항).

(2) 공 고

통합도산법의 규정에 의한 공고는 관보에의 게재 또는 대법원규칙이 정하는 방법(일간신문 게재, 대법원홈페이지 등 전자통신매체 공고, 적당한 방법에 의한 공고사항 요지만의 공시)에 의하여 행하고, 공고는 관보에 게재된 날의 다음 날 또는 대법원규칙이 정하는 방법에 의한 공고가 있은 날의 다음 날에 그 효력이 생긴다(9조 1항, 2항). 재판의 공고가 있는 때에는, 통합도산법에 특별한 정함이 있는 때를 제외하고는, 모든 관계인에 대하여 재판의 고지가 있는 것으로 본다(9조 3항). 통합도산법에서 공고 외에 송달까지 모두 하도록 되어 있는 경우 송달은 서류를 우편으로 발송하여 할 수 있고, 그 공고는 모든 관계인에 대하여 송달의 효력이 인정된다는 점은 앞서 본 바와 같다(11조 1항, 2항).

(3) 즉시항고

통합도산법의 규정에 의한 재판에 대하여 이해관계인를 가지는 자는 통합도산법에 따로 규정이 있는 때에 한하여 즉시항고를 할 수 있다(13조 1항). 즉시항고장은 원결정을 한 법원에 제출하여야 한다. 즉시항고 기간은 재판의 공고가 있는 때에는 그 공고가 있은 날부터 14일 이내이고, 재판의 공고를 하지 않는 때에는 재판의 고지를 받은 날로부터 1주 이내이다(13조 2항, 33조, 민사소송법 444조 1항).

즉시항고에는, 통합도산법상 특별한 규정이 없는 한, 집행정지의 효력이 인정된다(13조 3항). 즉시항고가 제기된 경우 원재판을 한 법원은 항고가 이유 있다고 인정되는 경우에는 재도의 고안에 의하여 재판을 경정하여야 하고(33조, 민사소송법 446조), 항고가 이유 없다고 인정되는 경우에는 기록을 항고법원으로 송부하여야 한다(33조, 민사소송법 443조 1항, 400조).

(4) 법인에 관한 등기의 촉탁

통합도산법이 제정되기 전의 파산법하에서는 법인에 대한 파산선고결정이 있는 경우나 파산취소·파산폐지의 결정이 확정된 경우 또는 파산종결결정이 있는 경우에는 이에 대한 각 기입등기를 상업등기소에 촉탁하여 법인등기부에 등기가 되도록 하는 한편 법인채무자의 재산 중 등기·등록된 권리에 관하여도 위 각 기입등기·등록을 촉탁하도록 하고 있었다. 그러나 개별 재산에 대한 기입등기·등록은 아무런 대항력을 가지지 못하고 제3자에 대하여 경고적 의미를 가질 뿐이어서 재산의 수가 많은 경우 등기·등록에 소요되는 시간과 비용만 많이 소요되고 절차가 종료된 후에도 그 기입등기·등록이 신속히 말소되지 않아 부동산 등을 거래하는데 지장이 초해되는 등 문제점이 많았다. 이에 통합도산법에서는 법인등기부에만 파산선고 등의 사실을 등록하도록 하고 법인의 개별재산에 대하여는 등기·등록 촉탁제도를 폐지하였다. 따라서 채무자가 법인인 경우에는 법인등기부에만 파산선고 등의 사실이 공시되고 개별 부동산등기부 등에는 공시되지 않는다. 이 점이 개인채무자가 파산선고 등을 받은 경우 개인채무자의 개별 재산 중 등기·등록된 권리에 관한 촉탁제도(24조 3항, 27조)가 계속 유지되고 있는 것과 구별되는 점이다.

통합도산법상 등기·등록의 촉탁 주체는, 부인의 등기가 된 재산을 임의매각한 경우의 등기말소촉탁(26조 4항)이 법원인 경우를 제외하고는, 법원사무관 등이 한다. 법인파산과 관련하여 상업등기소에 촉탁의 대상이 되는 것은 파산선고결정의 기입등기(23조 1항 1호), 파산취소·파산폐지 또는 파산종결결정의 기입등기(23조 1항 5호), 파산관재인·국제도산관리인을 선임하는 처분의 등기(23조 2항, 355조, 636조 1항 4호) 등이다. 법원은 법인인 채무자에 대하여 파산선고가 있는 경우 필요하다고 인정하는 때에는 파산관재인의 신청에 의하거나 직권으로 채무자의 발기인·이사·감사·검사인 또는 청산인에 대한 출자이행청구권 또는 이사 등의 책임에 기한 손해배상청구권을 보전하기 위하여 이사 등의 재산에 대한 보전처분을 할 수 있고(351조 1항), 관리위원회의 의견을 들어 위 보전처분을 변경·취소할 수 있다(351조 4항).

(5) 사건기록의 열람·복사

이해관계인은 법원에 파산사건 등 기록의 열람·복사, 재판서·조서의 정본·등본이나 초본의 교부 또는 사건에 관한 증명서의 교부를 청구할 수 있다(28조 1항). 사건기록 중 녹음테이프 또는 비디오테이프에 관하여는 변개가 가능하고 그 성질상 열람·복사의 대상이 되지 않으므로 이해관계인의 신청이 있는 때에만 법원이 그 복제를 허용할 수 있다(28조 2항).

(6) 재산조회

법원은 필요한 경우 파산관재인 그밖의 이해관계인의 신청에 의하거나 직권으로 채무자의 재산 및 신용에 관한 전산망을 관리하는 공공기관·금융기관·단체 등에 채무자 명의의 재산에 관하여 조회할 수 있다(29조 1항). 재산조회절차에 관하여는 민사집행법상의 재산조회 규정이 준용된다(29조 3항, 민사집행법 74조 3항, 4항, 75조).

2) 제2편 회생절차

가) 중요 조문

통합도산법 제2편에서는 회생절차개시신청(34조), 가압류·가처분 그밖의 기각사유(43조), 다른 절차의 중지명령 등(44조), 회생채권 또는 회생담보권에 기한 강제집행 등의 포괄적금지명령(45조), 회생절차개시의 결정(49조), 회생절차개시신청에 관한 재판에 대한 즉시항고(53조), 다른 절차의 중지 등(58조), 영업 등의 양도(62조), 환취권(70조), 관리인의 선임(74조), 재산가액의 평가(90조), 관리인보고를 위한 관계인집회(98조), 부인할 수 있는 행위(100조), 법인의 이사 등의 재산에 대한 보전처분(114조), 손해배상청구 등의 조사확정재판(115조), 이의의 소(116조), 회생채권(118조), 회생채권의 변제허가(132조), 회생담보권자의 권리(141조), 상계권(144조), 회생채권자·회생담보권자·주주·지분권자의 목록(147조), 회생채권의 신고(148조), 회생담보권의 신고(149조), 회생채권자표·회생담보권자표와 주주·지분권자표(158조), 회생채권 및 회생담보권 등의 확정(166조), 회생채권 및 회생담보권 조사확정의 재판(170조), 채권조사확정재판에 대한 이의의 소(171조), 공익채권이 되는 청구권(179조), 관계인집회 기일의 통지(182조), 회생계획의 내용(193조), 회사의 흡수합병(210조), 회사의 신설합병(211조), 주식회사의 분할(212

조), 주식회사의 분할합병(213조), 주식회사의 물적분할(214조), 주식회사 또는 유한회사의 신회사 설립(215조), 회생계획안의 제출(220조), 회생계획안의 결의의 방법과 회생채권자 등의 분류(236조), 회생계획의 인가여부(242조), 회생계획인가의 요건(243조), 회생계획의 수행(257조), 회생계획인가 전의 폐지(286조), 신청에 의한 폐지(287조), 회생계획인가 후의 폐지(288조) 등을 규정해놓고 있다.

나) 회생절차의 연혁 및 이력

통합도산법 제2편 회생절차는 종전의 회사정리법(파탄에 직면한 주식회사의 재건을 도모하기 위한 법으로서 기존 경영자의 경영권이 배제됨)과 화의법(파산을 예방하기 위하여 하는 강제화의에 대하여 규정한 법으로서 기존 경영자의 경영권은 보장되나, 대기업은 그 이용이 곤란함)을 통합하여 놓은 것인데(통합이라고는 하지만 화의법이 사실상 폐기된 것임), 거의 대부분 회사정리법상의 회사정리절차를 기본 틀로 하고 있다. 다만 회사정리법은 주식회사만이 이용할 수 있었으나 통합도산법상의 회생절차는 주식회사 외의 다른 회사나 비법인사단·재단도 이용할 수 있고 개인도 이용할 수 있는 등 그 이용주체에 특별한 제한이 없고, 회생절차의 관리인으로 기존 경영진이 임명될 수 있는 등 화의절차의 일부 요소가 가미되어 있다.

다) 중요 제도(기존경영자 관리인 제도)

통합도산법상의 회생절차는 거의 대부분 종전의 회사정리법상의 회사정리절차를 기본 골격으로 하고 있는 반면, 화의법의 색채가 짙은 「기존 경영자 관리인제도」를 도입하였다. 즉 법원은 특별한 경우를 제외하고는 기존의 경영자(개인인 채무자 또는 법인의 대표자 등)를 관리인으로 선임하여야 하고(74조 2항), 특히 채무자가 개인이거나 중소기업 등인 경우에는 관리인을 선임하지 않을 수 있으며, 관리인이 선임되지 않는 경우에는 채무자(개인 또는 법인의 대표자)가 관리인으로 간주된다고 규정함으로써(74조 3항, 4항) 회생절차에 있어서 기존 경영자의 경영권을 보장하고 있는 것이다.

3) 제3편 파산절차

가) 중요 조문

제3편 파산절차는 법인 및 개인의 파산절차에 관하여 규정하고 있는데, 파산신청(1장 1절), 파산선고 등(1장 2절), 법률행위에 관한 파산의 효력(1장 3절), 법인의 이사 등

의 책임(1장 4절), 파산관재인(2장 1절), 채권자집회(2장 제2절), 감사위원(2장 3절), 파산재단의 구성(3장 1절), 부인권(3장 2절), 환취권(3장 3절), 별제권(3장 3절), 상계권(3장 5절), 파산채권(4장 1절), 파산채권의 신고 및 조사(4장 2절), 재단채권(4장 3절), 파산재단의 관리 및 환가(5장 1절), 배당(5장 1절), 파산폐지(6장), 간이파산(7장), 면책(8장 1절), 복권(8장 2절) 등으로 구성되어 있다.

나) 견련파산

견련파산이란 우선적으로 진행되는 회생절차가 도중에 실패한 경우 법원이 필수적 또는 임의적으로 신청에 의하거나 직권으로 파산을 선고함으로써 파산절차로 이행시키는 것을 말한다. 견련파산 제도는 회생에 실패한 채무자를 퇴출시켜 신속히 구조조정을 실현시키기 위한 제도이다.

파산선고를 받지 않은 채무자에 대하여 회생계획인가결정 후에 있어서 회생절차폐지의 결정이 확정된 경우, 법원은 그 채무자에게 파산의 원인되는 사실이 있다고 인정하는 때에는 직권으로 파산을 선고하여야 한다(6조 1항, 필수적 파산선고). 이 경우 파산선고 전에 지급정지 또는 파산신청이 없는 때에는 회생절차개시의 신청 또는 사기파산죄(650조)에 해당하는 법인채무자의 이사(업무집행사원 그밖에 이에 준하는 자 포함)의 행위 중 어느 하나에 해당하는 행위를 지급정지 또는 파산신청으로 본다(6조 3항). 이때 회생절차에서의 공익채권은 파산절차에서 재단채권으로 취급된다(6조 4항). 또한 파산선고를 받은 채무자에 대한 회생계획인가결정으로 파산절차가 효력을 잃은 후 회생절차폐지결정이 확정된 때에도 법원은 직권으로 파산선고를 하여야 한다(6조 8항, 필수적 파산선고).[6] 이 경우에는 회생계획인가결정으로 효력을 잃은 파산절차에서의 파산신청이 있은 때에 파산신청이 있은 것으로 보며, 회생절차에서의 공익채권은 파산절차에서 재단채권으로 취급된다(6조 9항).

한편 파산선고를 받지 않은 채무자에 대하여 회생절차개시신청의 기각결정, 회생계획인가 전 회생절차폐지결정, 회생계획불인가결정 중 어느 하나에 해당하는 결정이 확정된 경우, 법원은 그 채무자에게 파산의 원인이 되는 사실이 있다고 인정하는 때에는 채무자 또는 관리인의 신청에 의하거나 직권으로 파산을 선고할 수 있다(6조 2항,

6) 이와 같이 회생계획인가결정 후 폐지결정이 확정된 경우와는 달리 회생절차개시신청의 기각결정, 회생계획인가 전 폐지결정 또는 회생계획불인가결정이 확정된 경우에는 중지되었던 파산절차가 당연히 속행되기 때문에 새로이 파산선고를 할 필요가 없다(제7조 제1항).

임의적 파산선고). 즉 회생계획인가결정 후의 폐지가 아닌 위와 같은 경우에는 파산선고가 임의적인 것이다. 이 경우 파산선고 전에 지급정지 또는 파산신청이 없는 때에는 회생절차개시의 신청 또는 사기파산죄(650조)에 해당하는 법인채무자의 이사(업무집행사원 그밖에 이에 준하는 자 포함)의 행위 중 어느 하나에 해당하는 행위를 지급정지 또는 파산신청으로 본다(6조 3항). 이때 회생절차에서의 공익채권은 파산절차에서 재단채권으로 취급되고(6조 4항), 회생계획인가결정 전에 이와 같은 파산선고가 있는 경우 회생채권의 신고, 이의와 조사 또는 확정은 파산절차에서 행하여진 파산채권의 신고, 이의와 조사 또는 확정으로 본다(6조 5항).

파산선고를 받은 채무자에 대하여 회생절차개시신청 등으로 그 절차가 정시된 후(44조 1항 1호) 회생절차개시신청의 기각결정, 회생계획인가 전 회생절차폐지결정, 회생계획불인가결정 중 어느 하나에 해당하는 결정이 확정되어 파산절차가 속행되는 때에는 공익채권은 재단채권으로 하며(7조 1항), 회생계획인가결정 전에 위와 같은 파산절차의 속행이 이루어진 경우 회생채권의 신고, 이의와 조사 또는 확정은 파산절차에서 행하여진 파산채권의 신고, 이의와 조사 또는 확정으로 본다(7조 2항, 6조 5항).

4) 제4편 개인회생절차

가) 중요 조문

통합도산법 제4편에서는 용어의 정의(579조), 개인회생재단(580조), 개인회생채권(581조), 개인회생재단채권(583조), 부인권(584조), 환취권(585조), 별제권(586조), 상계권(587조), 개인회생절차개시의 신청권자(588조), 개인회생절차개시신청서(589조), 중지명령(593조), 개인회생절차개시신청의 기각사유(595조), 개인회생절차의 개시결정(596조), 다른 절차의 중지 등(600조), 회생위원 선임 및 해임(601조), 개인회생채권의 확정(603조), 개인회생채권조사확정재판(604조), 개인회생채권조사확정재판에 대한 이의의 소(605조), 변제계획안의 제출 및 수정(610조), 개인회생채권자집회(613조), 변제계획의 인부(614조), 변제의 수행(617조), 변제계획 인부결정에 대한 즉시항고(618조), 면책결정(624조), 면책의 취소(626조) 등 개인회생과 관련된 규정을 두고 있다.

나) 개인회생절차의 이력과 일반회생절차와의 구별

제4편 개인회생절차는 종전의 개인채무자회생법상의 개인회생절차를 흡수하고,

일부 개정하여 재편한 것이다. 그리고 제2편 회생절차는 법인이나 개인 모두 이용할 수 있는 절차임에 반하여 제4편 개인회생절차는 법인은 이용할 수 없고 개인만이 이용할 수 있는 절차이다. 다만 회생절차는 기업형 채무자의 재건을 도모하는 절차이기 때문에 비용도 많이 들고 그 절차가 복잡하며 난해한 측면이 있으므로 개인의 회생을 위하여 이용하기에는 한계가 있을 것으로 보이고 따라서 개인채무자의 대부분은 개인회생절차를 이용하고 있다. 그러나 개인회생절차는 무담보채무 5억원 이하, 담보부채무 10억원 이하의 채무자만이 이용할 수 있고 여기에 해당되지 않는 채무자는 개인회생절차를 이용할 수 없는 한계가 있다. 따라서 위 채무액수를 초과한 개인채무자가 회생을 도모하려면 부득이 법인회생의 경우와 같이 제2편 회생절차를 통하여야 할 것이다. 이와 같이 고액의 개인채무자가 제2편 회생절차를 통하여 회생을 도모하는 절차를 실무상 일반회생절차[7]라고 한다. 개인회생절차에서는 저당권 등 담보권자는 별제권자로 인정되어 개인회생절차와 무관하게 그 담보권을 행사할 수 있게 되지만 회생절차에서는 담보권도 회생계획에 따라 권리변경이 가해질 수 있고 회생절차가 진행하는 동안에는 담보권의 행사가 제한될 수 있는 장점이 있으므로 개인회생절차를 이용할 수 있는 개인채무자라도 영업에 필수적인 재산에 저당권 등 담보권이 설정되어 있어서 해당 담보권의 실행을 저지할 필요성이 있는 경우에는 회생절차를 이용할 실익이 있을 것이다.

5) 제5편 국제도산

통합도산법 제5편은 정의(628조), 관할(630조), 외국도산절차의 승인신청(631조), 국제도산관리인(637조), 국내도산절차와 외국도산절차의 동시진행(638조), 공조(641조) 등으로 구성되어 있다. 국제도산이란 파산채무자나 파산채권자 또는 파산재단의 관계에 있어서 섭외적 요소를 포함하는 파산사건을 의미한다. 통합도산법은 외국인에 대하여 종전 파산법상의 상호주의를 폐지하고 내외국인 완전평등주의로 규정하였으며(2조),

7) 일반회생절차란 법률상의 용어는 아니며 법인회생절차나 개인회생절차와 구분하기 위하여 실무상 사용하는 용어이다. 통합도산법 제2편 「회생절차」는 법인회생절차와 일반회생절차를 모두 규율하는 절차인데, 일반회생절차는 개인채무자가 위 통합도산법 제2편 「회생절차」 중 개인채무자에 해당되는 조항만 적용하여 회생을 도모하는 절차이다. 따라서 본서 중 '회생절차' 또는 '회생'이라는 용어를 사용하는 경우에도 문맥상 '일반회생절차' 또는 '일반회생'을 의미하는 경우가 있으며 이는 용어를 단축하여 간결하게 표현하기 위한 것임을 밝혀 둔다.

국제도산에 있어서도 속지주의를 폐지함으로써 채무자의 국외재산도 파산재단에 속하게 하여 관리인의 관리처분권이 미치도록 하였으며, 국내파산절차의 대외적 효력 및 외국도산절차의 대내적 효력이 모두 인정되도록 하였다.

6) 제6편 벌칙

통합도산법 제6편은 통합도산법상의 위반행위에 대한 벌칙을 규정하고 있는데, 사기회생죄(643조), 제3자의 사기회생죄(644조), 회생수뢰죄(645조), 회생증뢰죄(646조), 경영참여금지위반죄(647조), 무허가행위 등의 죄(648조), 보고와 검사거절의 죄(649조), 사기파산죄(650조), 과태파산죄(651조), 일정한 지위에 있는 자의 사기파산 및 과태파산죄(652조), 구인불응죄(653조), 제3자의 사기파산죄(654조), 파산수뢰죄(655조), 파산증뢰죄(656조), 재산조회결과의 목적외 사용죄(657조), 설명의무위반죄(658조), 국외범(659조), 과태료(660조) 등으로 구성되어 있다.

7) 부 칙

제정 통합도산법의 부칙에서는 통합도산법이 공포(2005. 3. 31)된 후 1년이 경과한 날(2006. 4. 1)부터 시행되고(1조), 통합도산법의 제정으로 종전의 회사정리법, 화의법, 파산법, 개인채무자회생법이 폐지되며(2조), 통합도산법 시행 당시 종전의 회사정리법에 의하여 정리절차개시신청을 한 정리사건, 종전의 화의법에 의하여 화의개시신청을 한 화의사건, 종전의 파산법에 의하여 파산신청을 한 파산사건, 종전의 개인회생채무자법에 의하여 개인회생절차개시신청을 한 개인회생사건은 각각 종전의 회사정리법, 화의법, 파산법, 개인채무자회생법을 적용하고(3조), 통합도산법 시행 전의 행위에 대한 벌칙의 적용에 있어서는 종전의 규정에 의하며, 1개의 죄가 이 법 시행 전후에 걸쳐 행하여진 때에는 통합도산법 시행 전에 범한 것으로 본다는 내용 등이 규정되어 있었다(4조).

다. 각 절차간의 관계

통합도산법상 제2편의 회생절차, 제3편의 파산절차, 제4편의 개인회생절차는 법인 또는 개인채무자가 동시 또는 이시에 신청하는 경우도 있을 수 있다. 따라서 이러한 경우에는 각 절차간의 조정이 필요한데, 통합도산법상 적용의 우선순위를 따져 보면

3개의 절차 중 개인회생절차(개인회생)가 가장 우선하며, 다음이 회생절차(개인회생·법인회생), 마지막이 파산절차(개인파산·법인파산)가 된다. 이에 선순위의 절차가 진행되면 후순위의 절차는 금지 또는 중지되도록 하고 있다. 즉 개인회생절차가 신청되면 회생절차나 파산절차가 중지 또는 금지되고(593조), 회생절차개시결정이 있게 되면 종전에 진행되고 있는 파산절차는 중지되며 새로운 파산신청도 할 수 없게 되는 것이다(58조).

채무자 회생 및 파산에 관한 법률

제44조(다른 절차의 중지명령 등) ① 법원은 회생절차개시의 신청이 있는 경우 필요하다고 인정하는 때에는 이해관계인의 신청에 의하거나 직권으로 회생절차개시의 신청에 대한 결정이 있을 때까지 다음 각호의 어느 하나에 해당하는 절차의 중지를 명할 수 있다. 다만 제2호의 규정에 의한 절차의 경우 그 절차의 신청인인 회생채권자 또는 회생담보권자에게 부당한 손해를 끼칠 염려가 있는 때에는 그러하지 아니하다.

1. 채무자에 대한 파산절차
2. 회생채권 또는 회생담보권에 기한 강제집행, 가압류, 가처분 또는 담보권실행을 위한 경매절차(이하 "회생채권 또는 회생담보권에 기한 강제집행 등"이라 한다)로서 채무자의 재산에 대하여 이미 행하여지고 있는 것
3. 채무자의 재산에 관한 소송절차
4. 채무자의 재산에 관하여 행정청에 계속되어 있는 절차
5. 국세징수법 또는 지방세징수법에 의한 체납처분, 국세징수의 예(국세 또는 지방세 체납처분의 예를 포함한다. 이하 같다)에 의한 체납처분 또는 조세채무담보를 위하여 제공된 물건의 처분. 이 경우 징수의 권한을 가진 자의 의견을 들어야 한다.

② 제1항 제5호의 규정에 의한 처분의 중지기간 중에는 시효는 진행하지 아니한다.

③ 법원은 제1항의 규정에 의한 중지명령을 변경하거나 취소할 수 있다.

④ 법원은 채무자의 회생을 위하여 특히 필요하다고 인정하는 때에는 채무자(보전관리인이 선임되어 있는 때에는 보전관리인을 말한다)의 신청에 의하거나 직권으로 중지된 회생채권 또는 회생담보권에 기한 강제집행 등의 취소를 명할 수 있다. 이 경우 법원은 담보를 제공하게 할 수 있다.

제58조(다른 절차의 중지 등) ① 회생절차개시결정이 있는 때에는 다음 각 호의 행위를 할 수 없다.

1. 파산 또는 회생절차개시의 신청
2. 회생채권 또는 회생담보권에 기한 강제집행등
3. 국세징수의 예에 의하여 징수할 수 있는 청구권으로서 그 징수우선순위가 일반 회생채권보다 우선하지 아니한 것에 기한 체납처분

② 회생절차개시결정이 있는 때에는 다음 각 호의 절차는 중지된다.

1. 파산절차
2. 채무자의 재산에 대하여 이미 행한 회생채권 또는 회생담보권에 기한 강제집행 등
3. 국세징수의 예에 의하여 징수할 수 있는 청구권으로서 그 징수우선순위가 일반 회생채권보다 우선하지 아니한 것에 기한 체납처분

③ 회생절차개시결정이 있는 때에는 다음 각호의 기간 중 말일이 먼저 도래하는 기간 동안 회생채권 또는 회생담보권에 기한 채무자의 재산에 대한 국세징수법 또는 지방세징수법에 의한 체납처분, 국세징수의 예에 의하여 징수할 수 있는 청구권으로서 그 징수우선순위가 일반 회생채권보다 우선하는 것에 기한 체납처분과 조세채무담보를 위하여 제공된 물건의 처분은 할 수 없으며, 이미 행한 처분은 중지된다. 이 경우 법원은 필요하다고 인정하는 때에는 관리인의 신청에 의하거나 직권으로 1년 이내의 범위에서 그 기간을

늘일 수 있다.

1. 회생절차개시결정이 있는 날부터 회생계획인가가 있는 날까지
2. 회생절차개시결정이 있는 날부터 회생절차가 종료되는 날까지
3. 회생절차개시결정이 있는 날부터 2년이 되는 날까지

제593조 (중지명령) ① 법원은 개인회생절차개시의 신청이 있는 경우 필요하다고 인정하는 때에는 이해관계인의 신청에 의하거나 직권으로 개인회생절차의 개시신청에 대한 결정시까지 다음 각호의 절차 또는 행위의 중지 또는 금지를 명할 수 있다.

1. 채무자에 대한 회생절차 또는 파산절차
2. 개인회생채권에 기하여 채무자의 업무 및 재산에 대하여 한 강제집행·가압류 또는 가처분
3. 채무자의 업무 및 재산에 대한 담보권의 설정 또는 담보권의 실행 등을 위한 경매
4. 개인회생채권을 변제받거나 변제를 요구하는 일체의 행위. 다만 소송행위를 제외한다.
5. 국세징수법 또는 지방세징수법에 의한 체납처분, 국세징수의 예(국세 또는 지방세 체납처분의 예를 포함한다. 이하 같다)에 의한 체납처분 또는 조세채무담보를 위하여 제공된 물건의 처분. 이 경우 징수의 권한을 가진 자의 의견을 들어야 한다.

② 제1항 제5호의 규정에 의한 처분의 중지기간 중에는 시효는 진행하지 아니한다.

③ 개인회생절차개시의 신청이 기각되면 제1항의 규정에 의하여 중지된 절차는 속행된다.

④ 법원은 상당한 이유가 있는 때에는 이해관계인의 신청에 의하거나 직권으로 제1항의 규정에 의한 중지 또는 금지명령을 취소하거나 변경할 수 있다. 이 경우 법원은 담보를 제공하게 할 수 있다.

⑤ 제45조 내지 제47조는 개인회생절차에 관하여 준용한다.

제600조 (다른 절차의 중지 등) ① 개인회생절차개시의 결정이 있는 때에는 다음 각호의 절차 또는 행위는 중지 또는 금지된다. 다만 제2호 내지 제4호의 절차 또는 행위는 채권자목록에 기재된 채권에 의한 경우에 한한다.

1. 채무자에 대한 회생절차 또는 파산절차
2. 개인회생채권에 기하여 개인회생재단에 속하는 재산에 대하여 한 강제집행·가압류 또는 가처분
3. 개인회생채권을 변제받거나 변제를 요구하는 일체의 행위. 다만 소송행위를 제외한다.
4. 국세징수법 또는 지방세징수법에 의한 체납처분, 국세징수의 예(국세 또는 지방세 체납처분의 예를 포함한다. 이하 같다)에 의한 체납처분 또는 조세채무담보를 위하여 제공된 물건의 처분

② 개인회생절차개시의 결정이 있는 때에는 변제계획의 인가결정일 또는 개인회생절차 폐지결정의 확정일 중 먼저 도래하는 날까지 개인회생재단에 속하는 재산에 대한 담보권의 설정 또는 담보권의 실행 등을 위한 경매는 중지 또는 금지된다.

③ 법원은 상당한 이유가 있는 때에는 이해관계인의 신청에 의하거나 직권으로 제1항 또는 제2항의 규정에 의하여 중지된 절차 또는 처분의 속행 또는 취소를 명할 수 있다. 다만 처분의 취소의 경우에는 담보를 제공하게 할 수 있다.

④ 제1항 또는 제2항의 규정에 의하여 처분을 할 수 없거나 중지된 기간 중에 시효는 진행하지 아니한다.

[2]
통합도산법상 반영 내용 및 최신 개정 내역

통합도산법이 2005. 3. 31. 제정되어 2006. 4. 1.부터 시행된 후 2018. 3. 13. 현재까지 그 동안 27차례의 개정이 있어 왔다. 물론 27차례의 개정이라고는 하지만 내용상의 개정은 9차례뿐이고 나머지는 모두 타법 개정에 따른 법 명칭 등의 변경에 불과한 것이다. 이에 파산절차 부분에서 새로 제정된 통합도산법과 종전의 파산법간에 어떠한 차이가 있는지 또한 통합도산법이 제정된 후 그 동안 수차례의 개정 법률에서 어떠한 내용들이 반영되었는지 알아볼 필요가 있을 것이다.

1. 통합도산법상 반영 내용

가. 총칙상 신설 또는 반영 내용

1) 파산자 용어 폐지

종전의 파산법에서는 파산자라는 용어를 사용하였으나, 통합도산법에서는 파산자라는 용어를 사용하지 않고 모두 채무자라는 용어로 통일하여 파산을 신청하는 자의 이미지를 제고하도록 하였다(예, 파산선고를 받은 채무자, 법인인 채무자 등).

2) 파산사건 관할법원의 확대

① 종전의 파산법에서는 영업자 파산사건과 영업자 아닌 파산사건(소비자파산)을 구별하여 전자는 합의부관할, 후자는 단독판사의 관할로 하였고(파산법 96조), 따라서 영업자파산과 대비되는 소비자파산이라는 용어가 보편적으로 사용되었으나, 통합도산법에서는 개인이냐 법인이냐 또는 영업소가 존재하느냐 존재하지 않느냐의 구별 없이 원칙적으로 채무자의 보통재판적이나 주된 사무소·영업소 또는 근무하는 사무소·영업소 소재지의 회생법원[8] 합의부에서 관할하도록 하고 있

8) 우리나라에서는 2017. 3. 1. 최초로 도산전문법원인 서울회생법원이 설치되었다. 따라서 서울지역이 관할인 도산사건은 모두 서울회생법원에서 관할하게 된다. 다만 그밖의 지역은 아직까지 회생법원이 설치되어 있지 않은 관계로 종전처럼 여전히 각 지방법원에서 관할하게 되는데, 향후 예산 등이 뒷받침되면 각 지역

다(3조 1항, 5항).

② 통합도산법에서는 채무자가 사무소·영업소를 가지고 있는 경우에는 채무자의 주된 사무소·영업소의 소재지 관할 회생법원 뿐만 아니라, 주된 사무소·영업소를 관할하는 고등법원 소재지의 회생법원도 관할법원이 되도록 하였다(3조 2항).

③ 통합도산법에서는 주채무자와 보증인 사이, 채무자 및 그와 함께 채무를 부담하는 자 사이, 부부 사이 중 어느 일방에 대한 회생사건이나 파산사건 또는 개인회생사건이 계속되어 있는 경우 타방에 대한 파산신청은 그 회생사건이나 파산사건 또는 개인회생사건이 계속되어 있는 회생법원에도 신청할 수 있도록 하는 견련 관할제도를 채택하였다(3조 3항 3호).

④ 채권자수가 300인 이상으로서 500억원 이상의 채무를 부담하는 법인에 대한 파산사건은 서울회생법원에도 신청할 수 있도록 하였다(3조 4항, 시행령 1조의2).

⑤ 유한책임신탁재산에 관한 파산사건은 수탁자의 보통재판적 소재지 관할 회생법원의 관할에 전속하도록 하고 있고, 이에 따른 관할이 없는 경우에는 유한책임신탁재산의 소재지 관할 회생법원의 관할에 전속하도록 하였다(7조, 8조).

채무자 회생 및 파산에 관한 법률

제3조(재판관할) ① 회생사건, 간이회생사건 및 파산사건 또는 개인회생사건은 다음 각 호의 어느 한 곳을 관할하는 회생법원의 관할에 전속한다.

1. 채무자의 보통재판적이 있는 곳
2. 채무자의 주된 사무소나 영업소가 있는 곳 또는 채무자가 계속하여 근무하는 사무소나 영업소가 있는 곳
3. 제1호 또는 제2호에 해당하는 곳이 없는 경우에는 채무자의 재산이 있는 곳(채권의 경우에는 재판상의 청구를 할 수 있는 곳을 말한다)

② 제1항에도 불구하고 회생사건 및 파산사건은 채무자의 주된 사무소 또는 영업소의 소재지를 관할하는 고등법원 소재지의 회생법원에도 신청할 수 있다.

③ 제1항에도 불구하고 다음 각 호의 신청은 다음 각 호의 구분에 따른 회생법원에도 할 수 있다.

1. 독점규제 및 공정거래에 관한 법률 제2조 제3호에 따른 계열회사에 대한 회생사건 또는 파산사건이 계속되어 있는 경우 계열회사 중 다른 회사에 대한 회생절차개시·간이회생절차개시의 신청 또는 파산신청: 그 계열회사에 대한 회생사건 또는 파산사건이 계속되어 있는 회생법원
2. 법인에 대한 회생사건 또는 파산사건이 계속되어 있는 경우 그 법인의 대표자에 대한 회생절차개시·간이회생절차개시의 신청, 파산신청 또는 개인회생절차개시의 신청: 그 법인에 대한 회생사건 또는 파산사건이 계속되어 있는 회생법원

에서도 지방법원과 별도로 도산전문법원인 회생법원이 설치되어 도산사건을 전문적으로 관할할 것으로 보인다.

3. 다음 각 목의 어느 하나에 해당하는 자에 대한 회생사건, 파산사건 또는 개인회생사건이 계속되어 있는 경우 그 목에 규정된 다른 자에 대한 회생절차개시·간이회생절차개시의 신청, 파산신청 또는 개인회생절차개시의 신청: 그 회생사건, 파산사건 또는 개인회생사건이 계속되어 있는 회생법원
가. 주채무자 및 보증인
나. 채무자 및 그와 함께 동일한 채무를 부담하는 자
다. 부부

④ 제1항에도 불구하고 채권자의 수가 300인 이상으로서 대통령령으로 정하는 금액 이상의 채무를 부담하는 법인에 대한 회생사건 및 파산사건은 서울회생법원에도 신청할 수 있다.
⑤ 개인이 아닌 채무자에 대한 회생사건 또는 파산사건은 제1항부터 제4항까지의 규정에 따른 회생법원의 합의부의 관할에 전속한다.
⑥ 상속재산에 관한 파산사건은 상속개시지를 관할하는 회생법원의 관할에 전속한다.
⑦ 신탁법 제114조에 따라 설정된 유한책임신탁에 속하는 재산(이하 "유한책임신탁재산"이라 한다)에 관한 파산사건은 수탁자의 보통재판적 소재지(수탁자가 여럿인 경우에는 그 중 1인의 보통재판적 소재지를 말한다)를 관할하는 회생법원의 관할에 전속한다.
⑧ 제7항에 따른 관할법원이 없는 경우에는 유한책임신탁재산의 소재지(채권의 경우에는 재판상의 청구를 할 수 있는 곳을 그 소재지로 본다)를 관할하는 회생법원의 관할에 전속한다.
⑨ 삭제〈2016.12.27.〉
⑩ 제1항에도 불구하고 제579조 제1호에 따른 개인채무자의 보통재판적 소재지가 강릉시·동해시·삼척시·속초시·양양군·고성군인 경우에 그 개인채무자에 대한 파산선고 또는 개인회생절차개시의 신청은 춘천지방법원 강릉지원에도 할 수 있다.

3) 공고방법의 개정

종전의 파산법에서는 공고를 관보 및 법원이 지정하는 일간신문에 하도록 하였으나(파산법 105조), 통합도산법에서는 관보 또는 대법원규칙이 정하는 방법에 의하여 행하도록 함으로써(9조), 개인회생사건의 경우와 같이, 대법원 홈페이지의 인터넷 공고가 가능하도록 하였으며, 따라서 종전의 관보게재료 및 신문공고료(서울 기준 270,900원)가 절감될 수 있게 되었다(2006. 4. 1.부터 시행).

4) 이해관계인의 파산사건기록 열람·복사규정 신설

통합도산법에서는 이해관계인이 법원에 파산사건기록의 열람·복사, 재판서 등의 정본·등본 또는 초본의 교부를 청구할 수 있도록 하는 규정을 신설하였다(28조). 종전의 파산법에는 이에 관한 명문의 규정이 없었고, 다만 민사소송법의 준용규정(파산법 99조)에 의하여 파산사건기록의 열람·복사, 재판서 등의 정본·등본 또는 초본의 교부를 청구할 수 있을 뿐이었다(민사소송법 162조).

5) 채무자의 재산조회규정 신설

통합도산법에서는 민사집행법상의 재산조회제도(민사집행법 74조, 75조)를 도입하여

파산관재인 등 이해관계인의 신청 또는 법원의 직권으로 채무자의 재산 및 신용에 관한 전산망을 관리하는 공공기관, 금융기관, 단체 등에 채무자명의의 재산을 조회할 수 있도록 하는 규정을 신설하였다(29조).

6) 법인채무자의 개별재산 중 등기·등록된 권리에 관한 기입등기의 촉탁제도 폐지

종전의 파산법에서는 법인에 대한 파산선고결정이나 파산취소, 파산폐지 결정이 확정된 경우 또는 파산종결 결정이 있는 경우에는 그 각 기입등기를 상업등기소에 촉탁하여 상업등기부에 기입하도록 함과 아울러 해당 법인의 재산 중 등기·등록된 권리에 관하여도 그 기입등기·등록을 촉탁하도록 되어 있었으나(파산법 109조, 110조), 통합도산법에서는 상업등기소에만 촉탁하여 상업등기부에 기입하도록 할 뿐, 법인의 개별재산 중 등기·등록된 권리에 관한 기입등기에 대하여는 그 촉탁제도를 폐지하였다(24조 3항). 이와 같이 개별재산에 대한 등기촉탁제도를 폐지한 이유는 개별재산에 대한 파산선고 등의 등기는 제3자에 대하여 경고적 효력밖에 없을 뿐만 아니라, 재산의 수가 많은 경우 그 등기나 말소등기에 막대한 비용과 시간이 소요되며, 또한 법인과 거래하려는 제3자에 대하여는 법인등기부의 열람·교부를 통하여 해당 법인에 대한 파산사실 등을 알 수 있게 되어 있는 등 피해방지장치가 마련되어 있다는 점에 그 취지가 있다고 본다. 참고로 개인채무자가 파산한 경우에는 개별 재산 중 등기·등록된 권리에 대한 촉탁제도에 관하여는 종전의 파산법과 같이 여전히 유지하고 있다(24조 3항).

나. 각칙상 신설 또는 반영 내용

1) 간이파산의 범위 확대

종전의 파산법에서는 파산재단에 속하는 재산액이 2억원 미만이라고 인정하는 때에만 법원이 파산선고와 동시에 소파산의 결정을 하도록 하였으나(330조 1항), 통합도산법에서는 '소파산'이라는 용어를 '간이파산'으로 바꾸고, 그 한도액도 5억원 미만으로 상향조정하였다(549조 1항). 파산법상의 소파산을 하게 되는 가장 큰 실익은 소파산의 경우에는 관보에만 게재하면 되고 일간신문에는 공고하지 않아도 되기 때문에 공고료의 부담을 절감할 수 있다는데 있었으나(파산법 338조), 통합도산법에서는 모든 파산신청 사건의 공고를 관보 또는 대법원규칙이 정하는 방법(예, 대법원 인터넷홈페이지 공고)에 의하여 할 수 있도록 함으로써 간이파산의 실익이 거의 없게 되었다. 다만 간이 파산의 경우에는 채권자집회기일과 채권조사기일을 병합하여 처리하고(552조), 감사위원을 두지 않으며, 배당은 1회만으로 이루어진다는 점에서 아직까지도 실익이 있다고 본다(555조).

2) 임대인 파산시 주택·상가건물임차인의 보호 강화

통합도산법에서는 임대인이 파산선고를 받은 경우 임차인을 보호하기 위하여 대항력을 갖춘 주택·상가건물임차인에 대하여는 「쌍방미이행 쌍무계약에 관한 선택(335조)」의 규정을 적용하지 않도록 함으로써 임대인 및 임차인 모두 아직 이행을 완료하지 않은 임대차계약에 대하여 파산관재인이 일방적으로 해제·해지하지 못하도록 하였다(340조). 또한 대항력을 갖춘 주택·상가건물임차인에 대하여는 소액임차인의 최우선변제권이 인정되고, 대항력과 확정일자를 갖춘 주택·상가건물임차인에 대하여는 우선변제권이 인정되도록 하는 명문의 규정을 두었다(415조). 근로자의 최종 3개월분의 임금과 최종 3년분의 퇴직급여채권도 마찬가지로 우선변제권을 인정하는 규정을 신설하였다(415조의2).

◉ 채무자 회생 및 파산에 관한 법률

제340조(임대차계약) ① 임대인이 파산선고를 받은 때에는 차임의 선급 또는 차임채권의 처분은 파산선고시의 당기 및 차기에 관한 것을 제외하고는 파산채권자에게 대항할 수 없다.
② 제1항의 규정에 의하여 파산채권자에게 대항할 수 없음으로 인하여 손해를 받은 자는 그 손해배상에 관하여 파산채권자로서 권리를 행사할 수 있다.
③ 제1항 및 제2항의 규정은 지상권에 관하여 준용한다.
④ 임대인이 파산선고를 받은 경우 임차인이 다음 각호의 어느 하나에 해당하는 때에는 제335조의 규정을 적용하지 아니한다.
1. 주택임대차보호법 제3조(대항력 등)제1항의 대항요건을 갖춘 때
2. 상가건물임대차보호법 제3조(대항력 등)의 대항요건을 갖춘 때

제415조(주택임차인 등) ① 주택임대차보호법 제3조(대항력 등) 제1항의 규정에 의한 대항요건을 갖추고 임대차계약증서상의 확정일자를 받은 임차인은 파산재단에 속하는 주택(대지를 포함한다)의 환가대금에서 후순위권리자 그밖의 채권자보다 우선하여 보증금을 변제받을 권리가 있다.
② 주택임대차보호법 제8조(보증금중 일정액의 보호)의 규정에 의한 임차인은 같은 조의 규정에 의한 보증금을 파산재단에 속하는 주택(대지를 포함한다)의 환가대금에서 다른 담보물권자보다 우선하여 변제받을 권리가 있다. 이 경우 임차인은 파산신청일까지 주택임대차보호법 제3조(대항력 등) 제1항의 규정에 의한 대항요건을 갖추어야 한다.
③ 제1항 및 제2항의 규정은 상가건물임대차보호법 제3조(대항력 등)의 규정에 의한 대항요건을 갖추고 임대차계약증서상의 확정일자를 받은 임차인과 같은 법 제14조(보증금중 일정액의 보호)의 규정에 의한 임차인에 관하여 준용한다.

3) 파산선고 후의 체납처분 금지규정 신설

종전의 파산법에서는 파산선고 전에 체납처분을 한 경우 파산선고는 그 처분의 속행을 방해하지 않는다는 규정만 있어 논란의 여지가 있었고 판례는 파산선고 후 국세에 기한 새로운 체납처분이 불가능하다고 판시한 바 있었다(대판 2003.3.28. 2001두9486). 이에 통합도산법에서는 파산선고 후에는 파산재단에 속하는 재산에 대하여 국세징수법·지방세법에 의하여 징수할 수 있는 청구권 및 국세징수의 예에 의하여 징수할 수 있는 청구권에 기한 체납처분을 할 수 없도록 명문화하였다(349조 2항).

4) 검사에 대한 파산선고 사실의 임의적 통지화

종전의 파산법에서는 법원이 파산선고를 하게 되면 반드시 그 사실을 검사에게 통지하도록 되어 있었으나(파산법 134조), 통합도산법에서는 법원이 필요하다고 인정할 경우에만 통지할 수 있는 것으로 임의화시켰다(315조).

5) 파산채권조사확정재판제도 신설

종전의 파산법에서는 이의가 진술된 채권에 대하여는 채권자로 하여금 채권확정의 소를 제기하도록 하고 있었는데(파산법 217조), 통합도산법에서는 일반 소송보다 간이한 결정절차인 채권조사확정재판을 먼저 신청한 후 그 결과에 불복이 있는 경우에만 채권조사확정재판에 대한 이의의 소를 제기하도록 하고 있다(462조, 463조).

6) 특수관계인을 상대방으로 한 행위에 대한 특칙

통합도산법은 채무자와 친족 등 특수관계인[9] 사이의 행위에 대하여는 파산관재인이 보다 쉽게 부인권을 행사할 수 있도록 하였다(392조). 또한 특수관계인을 상대방으로 하는 행위는 통합도산법 제391조(부인할 수 있는 행위)상의 비본지행위에 대한 위기부인(지급정지·파산신청 후 또는 그 전 60일 내에 한 담보제공, 채무소멸에 관한 행위로서 채무자의 의무에 속하지 않거나, 그 방법 또는 시기가 채무자의 의무에 속하지 않는 행위)의 경우, 위 60일을 1년으로 범위를 확대하고, 무상부인(지급정지·파산신청 후 또는 그 전 6월 내에 한 무상행위

9) 여기에서 특수관계인이란 개인채무자의 경우에는 배우자, 8촌 이내의 혈족, 4촌 이내의 인척, 생계유지자·생계공동자 등을 말하고, 법인채무자의 경우에는 임원, 계열회사 및 임원, 채무자에게 100분의 30 이상을 출자하거나 임원의 임면 등으로 영향력을 행사하고 있는 자 등을 의미한다(통합도산법 시행령 4조).

및 이와 동일시 할 수 있는 유상행위)의 경우에도 위 6월을 1년으로 확대하였다.

채무자 회생 및 파산에 관한 법률

제392조(특수관계인을 상대방으로 한 행위에 대한 특칙) ① 제391조 제2호 단서의 규정을 적용하는 경우 이익을 받는 자가 채무자와 대통령령이 정하는 범위의 특수관계에 있는 자(이하 이 조에서 "특수관계인"이라 한다)인 때에는 그 특수관계인이 행위 당시 지급정지 또는 파산신청이 있은 것을 알고 있었던 것으로 추정한다.

② 제391조 제3호의 규정을 적용하는 경우 특수관계인을 상대방으로 하는 행위에 대하여는 같은 호 본문에 규정된 "60일"을 "1년"으로 하고, 같은 호 단서를 적용하는 경우에는 그 특수관계인이 그 행위 당시 지급정지 또는 파산신청이 있은 것과 파산채권자를 해하는 사실을 알고 있었던 것으로 추정한다.

③ 제391조제4호의 규정을 적용하는 경우 특수관계인을 상대방으로 하는 행위인 때에는 같은 호에 규정된 "6월"을 "1년"으로 한다.

시행령 제4조(특수관계인) 법 제101조 제1항, 법 제218조 제2항 각 호 및 법 제392조 제1항에서 "대통령령이 정하는 범위의 특수관계에 있는 자"라 함은 다음 각 호의 어느 하나에 해당하는 자를 말한다.

1. 본인이 개인인 경우에는 다음 각 목의 어느 하나에 해당하는 자
   가. 배우자(사실상의 혼인관계에 있는 자를 포함한다. 이하 같다)
   나. 8촌 이내의 혈족이거나 4촌 이내의 인척
   다. 본인의 금전 그밖의 재산에 의하여 생계를 유지하는 자이거나 본인과 생계를 함께 하는 자
   라. 본인이 단독으로 또는 그와 가목 내지 다목의 관계에 있는 자와 합하여 100분의 30이상을 출자하거나 임원의 임면 등의 방법으로 법인 그밖의 단체의 주요 경영사항에 대하여 사실상 영향력을 행사하고 있는 경우에는 해당 법인 그밖의 단체와 그 임원
   마. 본인이 단독으로 또는 그와 가목 내지 라목의 관계에 있는 자와 합하여 100분의 30이상을 출자하거나 임원의 임면 등의 방법으로 법인 그밖의 단체의 주요 경영사항에 대하여 사실상 영향력을 행사하고 있는 경우에는 해당 법인 그밖의 단체와 그 임원
2. 본인이 법인 그밖의 단체인 경우에는 다음 각 목의 어느 하나에 해당하는 자
   가. 임원
   나. 계열회사(「독점규제 및 공정거래에 관한 법률」 제2조 제3호에 따른 계열회사를 말한다) 및 그 임원
   다. 단독으로 또는 제1호 각 목의 관계에 있는 자와 합하여 본인에게 100분의 30이상을 출자하거나 임원의 임면 등의 방법으로 본인의 주요 경영사항에 대하여 사실상 영향력을 행사하고 있는 개인 및 그와 제1호 각 목의 관계에 있는 자와 법인 그밖의 단체(계열회사를 제외한다. 이하 이 호에서 같다) 및 그 임원
   라. 본인이 단독으로 또는 그와 가목 내지 다목의 관계에 있는 자와 합하여 100분의 30이상을 출자하거나 임원의 임면 등의 방법으로 단체의 주요 경영사항에 대하여 사실상 영향력을 행사하고 있는 경우에는 해당 법인 그밖의 단체 및 그 임원

7) 즉시항고를 할 수 있는 재판의 한정

종전의 파산법에서는 법률에서 불복할 수 없다는 규정이 없는 한 원칙적으로 이해관계인은 파산의 모든 절차에 대하여 즉시항고를 할 수 있도록 하고 있었으나(파산법 103조), 통합도산법에서는 즉시항고의 대상이 되는 재판을 한정하여 법률에 특별히 즉시항고할 수 있다는 규정이 있는 경우에만 즉시항고가 가능하도록 하였다(13조 1항).

즉시항고 기간은 재판의 공고가 있는 경우에는 공고가 있은 날로부터 14일 이내이고(13조 2항), 공고가 없는 경우에는 재판의 고지를 받은 날로부터 1주일 이내이다. 초일은 산입하지 않는다. 통합도산법상의 즉시항고에는 집행정지의 효력이 인정된다(13조 3항).

8) 필요적 파산제도의 축소

종전의 회사정리법에서는 회생계획인가 후 회생절차폐지의 결정이 확정된 경우 뿐만 아니라 그밖의 회생절차 종료사유인 개시신청기각결정, 불인가결정, 인가 전 폐지결정의 경우에도 필요적 파산선고제도를 채택하였으나(회사정리법 23조), 통합도산법에서는 회생계획인가 후 회생절차폐지의 결정이 확정된 경우에만 필요적으로 파산을 선고하도록 하고, 나머지의 경우에는 임의적으로 채무자 또는 관리인의 신청에 의하거나 법원의 직권으로 파산선고를 할 수 있도록 하였다(6조 1항, 2항).

9) 외국법인·외국인에 대한 상호주의 폐지

종전의 파산법은 외국법인이나 외국인에 대하여는 상호주의의 원칙에 따라 한정적으로 그 대상이 되도록 하였으나(파산법 2조 단서), 통합도산법에서는 상호주의를 폐지하여 외국법인이나 외국인에 대하여도 내국법인이나 내국인과 동등하게 통합도산법에 의한 파산신청을 할 수 있도록 하였다(2조).

10) 지급결제제도에 관한 특칙 신설

금융거래 중에는 예컨대 은행공동망, 어음교환제도, 신용카드결제제도, 유가증권시장결제제도, 코스닥시장결제제도 등과 같이 일정한 결제체계 아래에서 그 내부적인 규칙에 따라 청산과 지급이 이루어지는 것이 있는데, 이러한 결제체계 내에서 거래하는 당사자 중 일부가 파산한 경우에도 통상적인 파산절차에 따라 이를 규율하게 되면 권리행사의 중지, 부인권 행사, 미이행 쌍무계약의 선택 등 통합도산법상의 특별규정들이 적용되어 해당 결제체계 자체가 붕괴될 위험이 있다. 그런데 종전의 파산법에서는 이를 특별히 다루는 규정을 두고 있지 않은 관계로 금융거래에 있어서 국제신인도에 좋지 않은 영향을 끼쳤다. 이에 통합도산법에서는 한국은행의 「지급결제제도(120조 1항)」와 증권·파생금융거래의 청산결제제도(120조 2항), 기본 계약에 입각하여 이루어지는 적격금융거래(장외금융상품거래, 120조 3항)에 대하여는 일반의 파산절차가 적용되지 않도록 하는 금융거래에 관한 특칙을 마련한 것이다(120조, 336조). 이 특칙의 적용대상이 되는 경우로서 이미 결제가 이루어진 경우에는 그 해제나 해지, 취소 또는 부인의 대상이 되지 않는다.

채무자 회생 및 파산에 관한 법률

제120조(지급결제제도 등에 대한 특칙) ① 지급결제의 완결성을 위하여 한국은행총재가 금융위원회와 협의하여 지정한 지급결제제도(이 항에서 "지급결제제도"라고 한다)의 참가자에 대하여 회생절차가 개시된 경우, 그 참가자에 관련된 이체지시 또는 지급 및 이와 관련된 이행, 정산, 차감, 증거금 등 담보의 제공·처분·충당 그밖의 결제에 관하여는 이 법의 규정에 불구하고 그 지급결제제도를 운영하는 자가 정한 바에 따라 효력이 발생하며 해제, 해지, 취소 및 부인의 대상이 되지 아니한다. 지급결제제도의 지정에 관하여 필요한 구체적인 사항은 대통령령으로 정한다.

② 「자본시장과 금융투자업에 관한 법률」, 그밖의 법령에 따라 증권·파생금융거래의 청산결제업무를 수행하는 자 그 밖에 대통령령에서 정하는 자가 운영하는 청산결제제도의 참가자에 대하여 회생절차가 개시된 경우 그 참가자와 관련된 채무의 인수, 정산, 차감, 증거금 그밖의 담보의 제공·처분·충당 그밖의 청산결제에 관하여는 이 법의 규정에 불구하고 그 청산결제제도를 운영하는 자가 정한 바에 따라 효력이 발생하며 해제, 해지, 취소 및 부인의 대상이 되지 아니한다.

③ 일정한 금융거래에 관한 기본적 사항을 정한 하나의 계약(이 항에서 "기본계약"이라 한다)에 근거하여 다음 각호의 거래(이 항에서 "적격금융거래"라고 한다)를 행하는 당사자 일방에 대하여 회생절차가 개시된 경우 적격금융거래의 종료 및 정산에 관하여는 이 법의 규정에 불구하고 기본계약에서 당사자가 정한 바에 따라 효력이 발생하고 해제, 해지, 취소 및 부인의 대상이 되지 아니하며, 제4호의 거래는 중지명령 및 포괄적 금지명령의 대상이 되지 아니한다. 다만 채무자가 상대방과 공모하여 회생채권자 또는 회생담보권자를 해할 목적으로 적격금융거래를 행한 경우에는 그러하지 아니하다.

1. 통화, 유가증권, 출자지분, 일반상품, 신용위험, 에너지, 날씨, 운임, 주파수, 환경 등의 가격 또는 이자율이나 이를 기초로 하는 지수 및 그밖의 지표를 대상으로 하는 선도, 옵션, 스왑 등 파생금융거래로서 대통령령이 정하는 거래
2. 현물환거래, 유가증권의 환매거래, 유가증권의 대차거래 및 담보콜거래
3. 제1호 내지 제2호의 거래가 혼합된 거래
4. 제1호 내지 제3호의 거래에 수반되는 담보의 제공·처분·충당

제336조(지급결제제도 등에 대한 특칙) 제120조의 규정은 같은 조에서 정한 지급결제제도 또는 청산결제제도의 참가자 또는 적격금융거래의 당사자 일방에 대하여 파산선고가 있는 경우 이를 준용한다. 이 경우 제120조 제1항 내지 제3항의 "회생절차가 개시된 경우"는 "파산선고가 있는 경우"로 보고, 제120조 제3항 단서의 "회생채권자 또는 회생담보권자"는 "파산채권자 또는 별제권자"로 본다.

11) 채권자협의회제도 신설

통합도산법에서는 종전의 회사정리절차에만 있었던 채권자협의회 제도를 파산절차에 도입하였다. 즉 관리위원회(설치되어 있지 않은 경우에는 법원)는 파산신청이 있은 후 채무자의 주요 채권자를 구성원으로 하는 채권자협의회를 구성하여야 하는 것이다(20

조 1항). 다만 중소기업(중소기업기본법 2조 1항)의 파산의 경우에는 채권자협의회를 구성하지 않을 수 있도록 하고 있는 바(20조 1항 단서), 법인파산 사건의 대부분이 중소기업인 점에 비추어 보면 법인파산 사건의 경우에 있어서 실제로 채권자협의회가 구성되는 경우는 드물 것으로 보인다. 채권자협의회는 10인 이내로 구성된다.

채무자 회생 및 파산에 관한 법률

제20조(채권자협의회의 구성) ① 관리위원회(관리위원회가 설치되지 아니한 때에는 법원을 말한다. 이하 이 조에서 같다)는 회생절차개시신청·간이회생절차개시신청 또는 파산신청이 있은 후 채무자의 주요채권자를 구성원으로 하는 채권자협의회를 구성하여야 한다. 다만 채무자가 개인 또는 중소기업기본법 제2조 제1항의 규정에 의한 중소기업자(이하 "중소기업자"라 한다)인 때에는 채권자협의회를 구성하지 아니할 수 있다.

② 채권자협의회는 10인 이내로 구성한다.

③ 관리위원회는 필요하다고 인정하는 때에는 소액채권자를 채권자협의회의 구성원으로 참여하게 할 수 있다.

④ 제1항의 경우 채무자의 주요채권자는 관리위원회에 채권자협의회 구성에 관한 의견을 제시할 수 있다.

제21조(채권자협의회의 기능 등) ① 채권자협의회는 채권자간의 의견을 조정하여 다음 각호의 행위를 할 수 있다.

1. 회생절차 및 파산절차에 관한 의견의 제시
2. 관리인·파산관재인 및 보전관리인의 선임 또는 해임에 관한 의견의 제시
3. 법인인 채무자의 감사(상법 제415조의2의 규정에 의한 감사위원회의 위원을 포함한다. 이하 같다) 선임에 대한 의견의 제시
4. 회생계획인가 후 회사의 경영상태에 관한 실사의 청구
5. 그 밖에 법원이 요구하는 회생절차 및 파산절차에 관한 사항
6. 그 밖에 대통령령이 정하는 행위

② 채권자협의회의 의사는 출석한 구성원 과반수의 찬성으로 결정한다.

③ 법원은 결정으로 채권자협의회의 활동에 필요한 비용을 채무자에게 부담시킬 수 있다.

④ 채권자협의회의 구성 및 운영에 관하여 필요한 사항은 대법원규칙으로 정한다.

⑤ 채권자협의회가 구성되어 있지 아니한 때에는 제50조제1항·제62조제2항·제132조제3항·제203조제4항·제259조·제287조제3항 및 제288조제2항 중 채권자협의회에 관한 사항은 적용하지 아니한다.

제22조(채권자협의회에 대한 자료제공) ① 법원은 회생절차 또는 파산절차의 신청에 관한 서류·결정서·감사보고서 그 밖에 대법원규칙이 정하는 주요자료의 사본을 채권자협의회에 제공하여야 한다.

② 관리인 또는 파산관재인은 법원에 대한 보고서류 중 법원이 지정하는 주요서류를 채권자협의회에 분기별로 제출하여야 한다.

③ 채권자협의회는 대법원규칙이 정하는 바에 따라 관리인 또는 파산관재인에게 필요한 자료의 제공을 청구할 수 있다.

④ 제3항의 규정에 의하여 자료제공을 요청받은 자는 대법원규칙이 정하는 바에 따라 자료를 제공하여야 한다.

⑤ 채권자협의회에 속하지 아니하는 채권자의 요청이 있는 때에는 채권자협의회는 제1항 내지 제3항의 규정에 의하여 제공받은 자료를 제공하여야 한다.

12) 강제화의제도 폐지(법인파산)

종전의 파산법에서는 파산된 법인이 정상 법인으로 재생할 수 있는 방법으로서 강제화의제도(파산법 9장)와 동의에 의한 파산폐지제도(파산법 319조)를 두었으나, 통합도산법에서는 강제화의제도를 폐지하고 동의폐지제도만 남겨두었다(538조).

13) 법인의 이사에 대한 책임 규정 신설

종전의 파산법에서는 구 회사정리법에 규정되어 있었던 법인의 발기인, 이사, 감사, 검사인 또는 청산인에 대한 주금납입청구권 또는 그 책임에 기한 손해배상청구권을 실행하기 위한 사정절차, 사정재판에 대한 이의의 소, 이사 등의 책임재산 보전을 위한 보전처분 등(회사정리법 72조, 73조, 74조, 75조)의 규정을 두고 있지 않았는데, 통합도산법에서는 법인의 이사 등의 재산에 대한 보전처분(351조), 손해배상청구권 등의 조사확정재판(352조), 조사확정재판에 대한 이의의 소(353조) 등의 규정을 신설하여 파산한 법인의 이사 등에 대한 책임추궁을 한층 강화시켰다. 법인이 파산한 경우에 있어서 법인의 이사 등에게 파산에 이르게 된 데에 중대한 책임이 있는지 여부는 파산관재인이 제1회 채권자집회에 보고할 사항으로 되어 있다(488조).

채무자 회생 및 파산에 관한 법률

제351조(법인의 이사 등의 재산에 대한 보전처분) ① 법원은 법인인 채무자에 대하여 파산선고가 있는 경우 필요하다고 인정하는 때에는 파산관재인의 신청에 의하거나 직권으로 채무자의 발기인·이사(상법 제401조의2 제1항의 규정에 의하여 이사로 보는 자를 포함한다), 감사·검사인 또는 청산인(이하 이 조 내지 제353조에서 "이사 등"이라 한다)에 대한 출자이행청구권 또는 이사 등의 책임에 기한 손해배상청구권을 보전하기 위하여 이사 등의 재산에 대한 보전처분을 할 수 있다.
② 파산관재인은 제1항의 규정에 의한 청구권이 있음을 알게 된 때에는 법원에 제1항의 규정에 의한 보전처분을 신청하여야 한다.
③ 법원은 긴급한 필요가 있다고 인정하는 때에는 파산선고 전이라도 채무자의 신청에 의하거나 직권으로 제1항의 규정에 의한 보전처분을 할 수 있다.
④ 법원은 관리위원회의 의견을 들어 제1항 또는 제3항의 규정에 의한 보전처분을 변경하거나 취소할 수 있다.
⑤ 제1항 또는 제3항의 규정에 의한 보전처분과 제4항의 규정에 의한 결정에 대하여는 즉시항고를 할 수 있다.
⑥ 제5항의 즉시항고는 집행정지의 효력이 없다.
⑦ 제1항 또는 제3항의 규정에 의한 보전처분이나 제4항의 규정에 의한 결정과 이에 대한 즉시항고에 대한 재판이 있는 때에는 그 결정서를 당사자에게 송달하여야 한다.

제352조(손해배상청구권 등의 조사확정재판) ① 법원은 법인인 채무자에 대하여 파산선고가 있는 경우 필요하다고 인정하는 때에는 파산관재인의 신청에 의하거나 직권으로 이사 등에 대한 출자이행청구권이나

이사 등의 책임에 기한 손해배상청구권의 존부와 그 내용을 조사확정하는 재판을 할 수 있다.
② 파산관재인은 제1항의 규정에 의한 청구권이 있음을 알게 된 때에는 법원에 제1항의 규정에 의한 재판을 신청하여야 한다.
③ 파산관재인은 제1항의 규정에 의한 신청을 하는 때에는 그 원인되는 사실을 소명하여야 한다.
④ 법원은 직권으로 조사확정절차를 개시하는 때에는 그 취지의 결정을 하여야 한다.
⑤ 제1항의 규정에 의한 신청이 있거나 제4항의 규정에 의한 조사확정절차개시결정이 있은 때에는 시효의 중단에 관하여는 재판상의 청구가 있은 것으로 본다.
⑥ 제1항의 규정에 의한 조사확정의 재판과 조사확정의 신청을 기각하는 재판은 이유를 붙인 결정으로 하여야 한다.
⑦ 법원은 제6항의 규정에 의한 결정을 하는 때에는 미리 이해관계인을 심문하여야 한다.
⑧ 조사확정절차(조사확정결정이 있은 후의 것을 제외한다)는 파산절차가 종료한 때에는 종료한다.
⑨ 조사확정결정이 있은 때에는 그 결정서를 당사자에게 송달하여야 한다.

제353조(이의의 소) ① 제352조 제1항의 규정에 의한 조사확정의 재판에 불복이 있는 자는 결정을 송달받은 날부터 1월 이내에 이의의 소를 제기할 수 있다.
② 제1항의 규정에 의한 기간은 불변기간으로 한다.
③ 제1항의 소는 이를 제기하는 자가 이사 등인 때에는 파산관재인을, 파산관재인인 때에는 이사 등을 각각 피고로 하여야 한다.
④ 제1항의 소는 파산계속법원(파산사건이 계속되어 있는 회생법원을 말한다. 이하 같다)의 관할에 전속하고, 변론은 결정을 송달받은 날부터 1월의 기간을 경과한 후가 아니면 개시할 수 없다.
⑤ 여러 개의 소가 동시에 계속되어 있는 때에는 법원은 변론을 병합하여야 한다.
⑥ 제1항의 규정에 의한 소에 대한 판결에서는 같은 항의 결정을 인가·변경 또는 취소한다. 다만 소를 부적법한 것으로 각하하는 때에는 그러하지 아니하다.
⑦ 조사확정의 결정을 인가하거나 변경하는 판결은 강제집행에 관하여는 이행을 명한 판결과 동일한 효력이 있다.

제354조(조사확정재판의 효력) 제353조 제1항의 규정에 의한 소가 같은 항의 기간 안에 제기되지 않거나 취하된 때 또는 각하된 때에는 조사확정재판은 이행을 명한 확정판결과 동일한 효력이 있다.

14) 파산재단에서 제외되는 압류금지 재산의 확대

종전의 파산법에서는 압류금지재산 중 민사집행법 제195조(압류가 금지되는 물건) 4호(농업기구)·5호(어업기구)·6호(전문직 도구) 및 제246조(압류금지채권) 제1항 각호의 물건·채권(급여·퇴직금의 1/2 등)에 대하여도 이를 파산재단에 속하는 것으로 규정하여 파산채권자들에게 배당되도록 하였으나(파산법 6조 3항), 통합도산법에서는 이러한 예외규정을 삭제하여 압류금지재산 모두를 파산재단에 속하지 않도록 함으로써 파산채권자에게 배당되지 않고 파산채무자에게 남겨질 수 있도록 개정하였다(383조 1항).

15) 파산신청 기각사유 규정

통합도산법에서는 파산신청이 파산절차의 남용에 해당한다고 인정되는 때를 파산신청의 기각사유로 추가하였다(309조 2항).

◎ **채무자 회생 및 파산에 관한 법률**

제309조(기각사유) ① 법원은 다음 각호의 어느 하나에 해당하는 때에는 파산신청을 기각할 수 있다.
1. 신청인이 절차의 비용을 미리 납부하지 아니한 때
2. 법원에 회생절차 또는 개인회생절차가 계속되어 있고 그 절차에 의함이 채권자 일반의 이익에 부합하는 때
3. 채무자에게 파산원인이 존재하지 아니한 때
4. 신청인이 소재불명인 때
5. 그 밖에 신청이 성실하지 아니한 때

② 법원은 채무자에게 파산원인이 존재하는 경우에도 파산신청이 파산절차의 남용에 해당한다고 인정되는 때에는 심문을 거쳐 파산신청을 기각할 수 있다.

16) 법인파산시 근로자의 보호 강화

통합도산법의 2014. 12. 30. 개정 법률(시행 2015. 7. 1.)에서는 사용자인 법인의 파산시 근로자에게 최소한도의 생계를 보장해주기 위하여 최종 3개월분의 임금 및 최종 3년분의 퇴직금에 대하여는 별제권의 행사 또는 체납처분에 따른 환가대금으로부터 다른 담보물권자보다 우선적으로 변제를 받을 수 있도록 하였다(415조의2 본문). 다만 근로복지공단에서 체불근로자에게 체당금을 지급하고 취득한 고용노동부장관의 대위권에는 이러한 우선변제권이 인정되지 않는다(415조의2 단서).

◎ **채무자 회생 및 파산에 관한 법률**

제415조의2(임금채권자 등) 근로기준법 제38조 제2항 각 호에 따른 채권과 근로자퇴직급여보장법 제12조 제2항에 따른 최종 3년간의 퇴직급여 등 채권의 채권자는 해당 채권을 파산재단에 속하는 재산에 대한 별제권 행사 또는 제349조 제1항의 체납처분에 따른 환가대금에서 다른 담보물권자보다 우선하여 변제받을 권리가 있다. 다만 임금채권보장법 제8조에 따라 해당 채권을 대위하는 경우에는 그러하지 아니하다.

2. 통합도산법의 최신 개정 내역[10)]

가. 제1차 개정(2006.3.24. 개정, 2006.4.1. 시행)

도산절차를 밟고 있는 채무자의 재기·갱생과 생활의 안정을 도모하기 위하여 채무자가 도산절차 중에 있다는 이유만으로 취업이나 해고 등에 있어서 불이익을 당하지 않도록 차별적 취급의 금지 규정(제32조의2)을 신설함으로서 누구든지 이 법에 따른 회

10) 통합도산법은 2005년 3월 31일 제정 이래 2017년 12월 12일까지 총 27차례의 개정이 있었다. 다만 내용상 개정은 9차례뿐이고 나머지는 모두 타법 개정에 따른 법 명칭 등의 변경에 불과한 것이다. 따라서 이하에서는 실질적 개정이 이루어진 경우만 살펴보기로 한다.

생절차·파산절차 또는 개인회생절차 중에 있다는 이유로 정당한 사유 없이 취업의 제한 또는 해고 등 불이익한 처우를 받지 않도록 하였다.

나. 제2차 개정(2009.10.21. 개정·시행)

종전에는 회생절차 중에 있는 채무자의 신규자금에 대하여 이를 공익채권으로 취급하도록 하였으나 공익채권 사이에 우선순위를 인정하지 않고 있어서 채무자의 회생에 필요한 자금의 원활한 조달에 한계가 있었는데, 개정법에서 채무자의 회생에 필요한 운영자금을 원활하게 조달할 수 있도록 회생절차개시 후의 자금차입이나 회생절차개시신청 후 개시 전의 자금차입을 허가함에 있어 법원은 이해관계인의 의견을 듣도록 하되(제179조 제2항 신설), 채무자의 사업을 계속하기 위하여 법원의 허가를 받아 차입한 자금에 관한 공익채권은 다른 공익채권보다 우선적으로 변제받을 수 있도록 하였다(제180조 제7항 개정).

다. 제3차 개정(2013.5.28. 개정·시행)11)

신탁법에 따라 설정된 유한책임신탁에 속하는 재산에 관한 파산제도가 도입됨에 따라 그 파산사건에서의 재판관할, 신탁행위의 부인, 환취권 등에 관한 규정을 신설하였고, 이에 따라 관련 규정인 제3조, 제113조의2 및 제406조의2, 제578조의3, 제578조의4, 제578조의6, 제578조의8 및 제578조의9, 제578조의11, 제578조의12, 제578조의16, 제650조 제2항 및 제651조 제2항, 제653조 및 제658조를 신설 또는 개정하였다. 즉 2011. 7. 25. 개정되어 2012. 7. 25.부터 시행하게 된 개정 신탁법에서는 유한책임신탁 제도를 신설하여(신탁법 114~139조) 수탁자가 신탁재산에 속하는 채무에 대하여 신탁재산만으로 책임을 지도록 하고, 청산 중인 신탁재산의 총액이 그 채무를 완제하기에 부족한 것이 명백하게 된 때에는 신탁재산에 대하여 파산을 신청하도록 하였는 바, 이에 따라 금번 통합도산법의 개정에서 유한책임신탁재산의 파산에 관한 특칙을 신설한 것이다(578조의2~578조의17).

11) 한편 2013.5.28.에는 통합도산법 시행령 제16조를 개정하여 국민 소득·지출 수준, 물가상승률 등 경제상황의 변동을 반영하여 개인파산사건의 파산재단에서 면제할 수 있는 임차보증금반환청구권의 범위를 주택임대차보호법에 따라 우선변제권이 있는 금액으로 상향 조정하고(시행령 제16조 1항 개정), 개인파산사건의 파산재단에서 면제할 수 있는 6개월간의 생계비도 종전의 720만원에서 900만원으로 상향 조정하였다(시행령 제16조 1항 개정).

라. 제4차 개정(2014.5.20. 개정, 2014.11.21. 시행)

근로자나 사업자의 편의를 위하여 채무자의 근무지나 사무소 등을 관할하는 회생법원에도 개인회생절차의 재판관할을 인정하고, 개인채무자의 보통재판적 소재지가 강릉시·동해시·삼척시·속초시·양양군·고성군인 경우에는 파산사건 또는 개인회생사건의 관할권을 춘천지방법원 강릉지원에도 부여하도록 하였고, 이에 따라 관련 규정인 제3조 및 제3조 제9항, 제4조, 제62조, 제261조, 제271조 및 제272조, 제119조 및 제335조, 제179조 및 제473조, 제205조, 제589조 및 제589조의2, 제609조의2 등을 신설 또는 개정하였다.

마. 제5차 개정(2014.10.15. 개정, 2015.1.16. 시행)

회생절차개시의 원인에 중대한 책임이 있는 회사의 경영자가 회생절차를 통하여 채무를 감면 받고 정상화된 회사를 다시 인수하여 경영권을 회복하는 것을 방지하기 위하여 회생절차를 남용한 경우의 회생계획불인가결정의 근거를 마련할 목적으로 제231조의2, 제243조의2, 제644조의2, 제649조 제4호의2 및 제4호의3을 신설하였다. 이는 2014.4.16. 발생한 세월호 사건의 선주인 청해진해운의 경영자가 회생절차를 남용하여 경영권을 회복했던 회생절차남용사건을 계기로 그 재발방지 차원에서 개정한 것이다.

바. 제6차 개정(2014.12.30. 개정, 2015.7.1. 시행)

사용자가 채무자인 파산절차에서 근로자의 최종 3개월분의 임금과 재해보상금 및 최종 3년분의 퇴직금 채권을 두텁게 보장하기 위하여 최우선변제권을 인정하고, 회생절차의 지연을 방지하기 위하여 제1회 관계인집회를 법원의 재량으로 개최할 수 있도록 변경하며, 중소기업 등 소액영업소득자의 회생절차에 대한 접근성을 제고하기 위하여 총액 50억원 이하의 범위에서 대통령령으로 정하는 금액 이하의 채무를 부담하는 영업소득자를 위한 간이회생절차를 신설함에 따라 제50조, 제99조 및 제98조의2, 제238조, 제293조의2~제293조의8을 신설 또는 개정하였다.

◉ 채무자 회생 및 파산에 관한 법률

제415조의2(임금채권자 등) 근로기준법 제38조 제2항 각 호에 따른 채권과 근로자퇴직급여보장법 제12조

제2항에 따른 최종 3년간의 퇴직급여 등 채권의 채권자는 해당 채권을 파산재단에 속하는 재산에 대한 별제권 행사 또는 제349조 제1항의 체납처분에 따른 환가대금에서 다른 담보물권자보다 우선하여 변제받을 권리가 있다. 다만 임금채권보장법 제8조에 따라 해당 채권을 대위하는 경우에는 그러하지 아니하다.

사. 제7차 개정(2016.5.29. 개정, 2016.8.30. 시행)

공정하고 효율적인 구조조정을 도모하기 위하여 회생절차에 대한 부분을 일부 개선하였다. 즉 회생절차에서 채무자가 신규자금을 원활하게 확보할 수 있도록 신규자금을 대여한 채권자의 권한을 강화하였고(22조의2 신설), 상거래채권자들에 대한 보호를 강화함으로써 채무자로 하여금 계속적인 상거래를 통하여 자금을 확보하고 영업의 지속을 가능하도록 하였으며(179조 1항 8의2호 신설), 회생절차의 활용도를 높이기 위하여 채무자에게도 사전계획안의 제출권을 인정하는 등 한국형 프리패키지제도[12]를 도입하였고(223조 1항), 서면결의에서 동의간주 등의 특칙을 마련하였으며(223조 8항 신설), 채권자협의회의 구성에 관한 의견 제시 권한 등 채권자의 절차참여권을 강화하는 등의 개정을 하였다(20조 4항 및 74조 7항 신설).

아. 제8차 개정(2016.12.27. 개정, 2017.3.1. 시행)

법원조직법의 개정으로 회생법원이 신설됨에 따라 회생사건, 파산사건, 개인회생사건 또는 국제도산사건을 회생법원에서 관할하도록 관련 규정을 개정하였다. 이에 따라 종전의 관할법원으로 되어 있는 지방법원본원을 회생법원으로 대체하고(3조 1항~8항), 회생법원에 관리위원회 설치 근거 규정을 마련하였으며(15조), 외국도산절차의 승인 및 지원에 관한 사건을 서울회생법원의 전속관할로 하였다(630조).

자. 제9차 개정(2017.12.12. 개정, 2018.3.13. 시행)

채무자의 조속한 사회복귀를 위하여 개인회생부분에 대한 개정이 있었다. 즉 종전에는 변제기간이 원칙적으로 5년 이내로 되어 있었으나 개정법에서는 원칙적으로 3년 이내로 단축하였고(611조 5항 개정 및 단서 신설), 채권자를 위한 공탁뿐만 아니라 채무자를 위한 공탁도 가능하도록 하였다(617조의2 신설).

---

12) 프리패키지제도(pre-package)란 채무자가 회생절차개시신청 전에 인가에 필요한 채권자의 동의를 확보한 경우 사전계획안의 제출 자격을 부여함으로써 사전계획안 제출에 의한 회생절차의 신속한 진행을 도모하도록 한 제도를 말하는데, 실무상 이를 프리패키지라고 하며, 사적 구조조정 절차의 장점과 법정 구조조정 절차의 장점을 합친 제도라고 할 수 있다

[3]
파산제도와 법인파산

1. 파산제도의 개요

가. 파산의 의의

파산제도란 법인 등의 채무자가 과도한 채무를 부담하고 있어 자신의 능력으로는 도저히 채무를 변제하기 어려운 지급불능상태 또는 채무초과상태에 있는 경우에, 채권자나 채무자가 통합도산법이 정하는 절차에 따라 법원에 신청하여, 채무자의 모든 재산을 금전으로 환가하여 채권자들에게 평등하게 배당하는 청산절차를 말한다.

파산신청은 채권자나 채무자가 할 수 있는데, 이 중에서 특히 자연인인 채무자가 소비자로서 또는 영업자로서 발생한 채무를 도저히 감당할 수 없어 하게 되는 파산을 개인파산이라고 하고, 법인이 파산하는 경우를 법인파산이라고 한다. 종전에 개인파산 중 비영업자인 급여생활자, 주부, 학생 등 개인소비자들이 하게 되는 파산을 영업자파산에 대비하여 소비자파산이라고 불렀는데, 소비자파산이라는 단어는 법률용어도 아니고 특별히 법에 규정되어 있는 것도 아니지만 파산신청의 대부분이 자연인인 개인 소비자인 점을 고려하여 개인 소비자가 파산신청을 한 경우를 상정하고 이에 따른 일련의 파산절차를 정형적으로 설명할 필요가 있어 특히 소비자파산이라는 관용적인 개념을 도입한 것이 아닌가 싶다.

나. 파산의 유형

1) 자기파산과 채권자파산

파산은 채무자와 채권자가 신청할 수 있는데, 실무상 법인채무자든 개인채무자든 채무자가 스스로 자기 자신을 대상으로 하여 파산신청하는 경우를 자기파산, 채권자가 채무자를 대상으로 파산신청하는 경우를 채권자파산이라고 한다.

2) 개인파산과 법인파산

파산은 자연인인 개인이 신청하는 경우와 법인이 신청하는 경우가 있는데, 전자를 개인파산, 후자를 법인파산이라고 한다.

비법인 사단이나 비법인 재단 등이 파산하는 경우도 법인파산에 준하여 규율된다. 법인파산은 파산 그 자체가 목적일 수 있지만, 개인파산은 면책을 주된 목적으로 하는 것으로서 파산 그 자체는 면책을 위한 전제로서 필수적으로 거쳐야 하는 하나의 과정에 지나지 않는 절차라고 할 수 있다.[13)]

3) 소비자파산과 영업자파산

비영업자인 급여생활자, 주부, 학생 등 소비자가 소비활동 중에 발생한 채무를 감당할 수 없어 파산하는 것을 소비자파산, 영업자(사업자)가 영업활동 중에 발생한 채무를 감당할 수 없어 파산하는 것을 영업자파산이라고 한다. 법인이나 비법인 사단·재단의 파산은 원칙적으로 영업자 파산에 속한다고 보며, 통합도산법상의 파산 관련 규정도 대부분 영업자의 파산을 전제로 하고 있다.

다. 개인파산과 법인파산간의 주된 목적의 차이

파산절차의 주된 목적은 경제적 파탄상태에 있는 채무자의 총재산을 강제적으로 관리·환가하여 전체 채권자들에게 공평한 분배·변제를 행하는데 있는 것으로서 포괄집행적 성격을 가지고 있다. 그러한 파산절차 중 법인파산은 파산선고로 인하여 궁극적으로 법인이 해산하는 것이므로 파산절차를 통하여 해체·청산이 이루어지고 전체 채권자에 대하여 채무자의 총재산을 공평하게 분배·변제하는 것은 청산의 일환으로 행하여지는 것이다. 즉 재기하는 것이 목적이 아니다. 반면 개인파산의 경우에는 면책절차를 따로 두어 파산선고 후 면책절차를 통하여 개인인 채무자가 경제생활에서 재기의 기회를 가질 수 있도록 하는 것이 최종적이고 궁극적인 목적이라는 점에서 근본

13) 개인파산의 경우에는 다음과 같은 절차상의 특징이 있다. 즉, 법인 등의 파산절차는 채무자 또는 채권자의 신청에 의하여 개시되고, 파산관재인이 선임되며, 선임된 파산관재인이 채무자의 모든 재산을 조사하여 이를 현금화한 후, 이를 채권자들에게 배당하는 절차를 거치게 되는 것이 보통이다. 반면, 개인파산절차에서는 주로 채무자의 신청에 의하여 개시되고, 현금화할 채무자의 재산이 거의 없어 채무자의 재산을 현금화하여 배당하는 절차가 생략될 수 있고, 따라서 법원은 파산선고와 동시에 파산절차를 종료시키는 동시폐지결정을 하는 경우도 있다. 또한 개인파산신청의 주된 목적은 면책결정을 받는데 있는 것이지 파산선고를 받아 파산자로만 남게 되는데 있는 것이 아니므로 거의 면책절차에 그 초점이 맞추어져 있다는 특징이 있다. 즉, 개인파산신청의 경우에는 파산신청의 시초부터 면책결정까지 시종일관 면책허가결정이라는 목표에 일관되어 있고, 따라서 파산신청 이전 단계에서 면책허가의 가능성 여부를 검토하여 파산신청을 할 것인지를 고민해야 하는 것이다.

적이 차이가 있다. 이는 해체·소멸이 가능한 법인채무자와 해체·소멸이 불가능한 개인채무자의 차이에서 오는 당연한 결과일 것이다.

2. 법인파산신청의 특색

법인의 도산절차는 크게 나누어 청산절차와 회생절차로 나눌 수 있다. 청산절차는 채무자의 재산을 환가하여 채무를 청산하고 궁극적으로 기업을 퇴출시키는 절차를 말하고, 회생절차는 기업을 회생시켜 기업활동을 계속하면서 채무를 변제하도록 하여 기업 자체를 유지시키는데 주된 목적이 있는 절차이다.

법인에 대한 도산절차의 역사를 보면 초기에는 파산절차로서 철저히 청산하는 절차에 목적을 두었는데(파산법), 이로 인한 사회적인 영향이나 그 손실을 고려하여 차츰 법인채무자의 파산에서 회생이라는 개념이 도입되기 시작하여 먼저 화의절차가 마련되었고(화의법), 이어 주식회사 등 대기업 채무자의 회사재건절차로서 회사정리절차가 마련되었다(회사정리법). 또한 금융기관이 도산한 경우에 그 막대한 사회적인 파장을 고려하여 이의 특례를 마련하기 위하여 「금융산업의 구조 개선에 관한 법률」이 제정되었고, 기업 워크아웃의 근거를 마련하기 위하여 「기업구조조정촉진법」이 제정되었다.

통합도산법에서도 기업의 도산절차를 기본적으로 청산을 목적으로 한 파산절차와 종전의 회사정리절차를 기본으로 하고 일부 화의절차의 요소를 가미한 회생절차로 크게 구별하면서, 기업의 재건절차인 회생절차를 청산절차인 파산절차보다 우선하여 적용하도록 하고 있다. 즉, 회생절차가 개시되면 진행 중인 파산절차가 중지되고, 새로운 파산신청도 할 수 없도록 규정하고 있는 것이다.

회생절차는 기본적으로 기존 경영진이 종전과 같이 기업체를 계속 운영할 수 있는 여지가 많고 기업회생이 주된 목적이므로 채권자측에서 신청하기 보다는 채무자인 법인측에서 신청하는 경우가 많을 것이고, 파산절차는 청산을 궁극적인 목적으로 하는 것으로서 채무자인 법인측에서 자발적으로 신청하는 경우도 있을 것이지만 해당 법인측에서 신청한 회생절차가 수포로 돌아간 경우에 퇴출을 목적으로 법원이 직권이나 관리인 등의 신청에 의하여 이루어진 경우(이 경우에는 처음부터 파산절차를 다시 시작하지 않고 회생채권신고 등 이미 진행된 절차는 그 효력이 유지됨, 6조 4항~7항) 또는 법인의 채권자측에서 자기 채권의 회수나 부실채권의 정리 또는 임금채권보장법의 적용을 받기 위하여(예, 체당금 지급청구를 위한 근로자), 그밖에 채무자인 법인을 압박하기 위한 수단으로 직접 신청하여 행하여지는 경우도 있다는데 그 특징이 있다고 본다.

제 2 절 통합도산법상 법인파산절차 FLOW

[1]

법인파산절차 흐름도

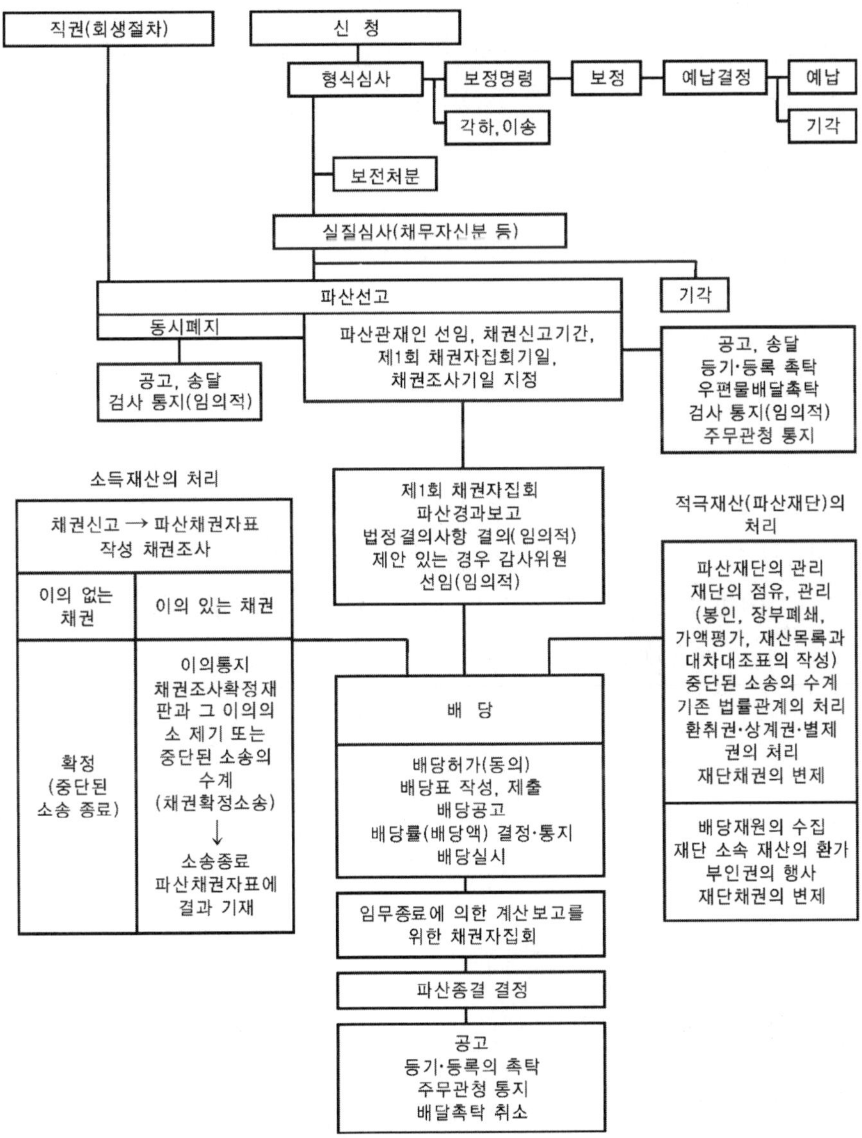

(제37기 특별연수 통합도산법, 대한변호사협회, 333p 인용)

[2]
법인파산절차 개요

1. 파산신청

법인파산은 법인인 채무자 자신 또는 법인의 채권자가 신청할 수 있고 그 신청에 따른 법원의 결정에 따라 파산절차가 개시된다. 금융위원회도 일정 범위의 금융기관에 대하여는 파산신청을 할 수 있다. 파산신청을 하려면 파산신청서를 작성한 후 일정 비용 즉, 인지대, 송달료, 예납금 등을 납입한 후 이를 관할법원에 제출하여야 한다.

2. 파산선고·파산관재인 선임

파산신청에 대하여 법원은 결정으로 파산을 선고하게 되는데, 만약 법원이 파산재단으로 파산절차 비용을 충당할 수 없다고 인정하는 때에는 파산선고와 동시에 파산폐지 결정을 할 것이로되(317조), 파산재단으로 파산절차 비용을 충당할 수 있다고 인정하는 때에는 파산선고와 동시에 파산관재인을 선임하게 된다. 그러나 개인파산의 경우와 달리 법인파산의 경우에는 법인의 특성상 영업상 채권·채무 등도 다양하고 그 소유 재산을 파악하는 것도 간단치 않을 뿐더러 이해관계인도 다양하게 얽혀 있기 때문에 파산재단으로 간단히 파산절차 비용을 충당할 수 있는지 여부를 파악하는 것이 곤란할 것이므로 동시폐지되는 경우는 전무하다시피 하고 대부분은 파산관재인을 선임하여 채무자의 재산과 채권·채무관계를 파악하는 절차를 밟고 있는 것이 일반적이다.

파산선고 후의 파산절차는 법원이 선임한 파산관재인에 의하여 수행되는데, 파산관재인은 파산재단의 관리 및 처분권, 부인권, 파산재단의 평가 및 배당 등의 권리를 가지고 있다.

3. 제1회 채권자집회

법원은 파산선고일로부터 4월 이내에 제1회 채권자집회를 소집(파산선고와 동시에 기일 지정)하여 파산관재인의 업무보고를 받고, 감사위원의 선임, 영업의 폐지 또는 존속 등에 대하여 결의하도록 한다(312조 1항 2호).

4. 채권조사·환가·배당

법원은 파산채권을 확정하기 위하여 파산선고와 동시에 지정한 채권조사기일에 파산채권에 대한 신고를 받고, 이를 조사하여 장래 배당의 기초로 될 파산채권액을 확정하게 된다. 채권조사는 일반기일과 특별기일로 구분하여 파산관재인이 조사를 하는데, 일반기일에서는 채권신고기간 내에 신고된 채권과 채권신고기간 후에 신고된 채권 중 일반기일에서 조사하는데 대하여 파산관재인 및 파산채권자가 이의제기를 하지 않은 채권을 조사하고, 나머지는 특별기일에서 조사를 실시하게 된다. 채권조사기일에서 이의가 제기되지 않으면 채권은 즉시 확정되며 파산채권자표에 그 결과가 기재됨으로써 전원에 대하여 확정판결과 동일한 효력이 인정된다. 채권조사기일이 종료되면 파산관재인은 파산재단에 속하는 재산을 환가하여 배당을 실시하게 된다. 환가는 일반적으로 임의매각의 방법에 의하여 실시하되, 민사집행법에 따른 강제집행의 방법에 의하는 경우도 있다. 불가피한 경우에는 파산재단으로부터 포기하여 제외시키는 것도 가능하다. 환가는 신속히 그 절차를 밟는 것이 채권자들의 이익에 부합하는 경우가 많으므로 파산관재인은 사업의 전부 또는 일부의 영업양도 등 종래와는 다른 방법으로 다양하게 파산재단을 환가하는데 역점을 두고 있다.[14]

5. 계산보고를 위한 채권자집회와 파산종결·파산폐지

배당을 마치게 되면 법원은 파산관재인의 계산보고를 위하여 채권자집회(계산보고집회)를 열고 파산관재인으로 하여금 채권자들에게 수지계산서와 최종업무보고서를 배포·설명하도록 하고, 이의가 없으면 이를 승인한 것으로 간주하되, 이의가 있는 채권자에 대하여는 속행기일을 열어 계산내용을 보정하도록 명할 수 있다. 다만 법원은 이의를 진술한 채권자가 있더라도 이는 파산채권자와 이의한 채권자 사이의 손해배상문제로 귀착될 뿐 파산종결결정을 하는데는 지장이 없다. 법원이 파산종결결정을 하게 되면 그 주문과 이유를 공고하여야 하며(530조), 이로써 파산절차는 종결하게 된다. 파산종결결정이 있고

14) 서울중앙지방법원, 제4판 법인파산 실무, 7p.

법인에게 잔여재산이 없으면 파산법인은 법인격을 소멸하게 된다. 파산종결결정이 있으면 법원사무관 등은 상업등기소에 파산종결의 기입등기를 촉탁하여야 한다(23조 1항 5호).

파산절차는 이와 같이 청산절차를 통하여 종결되는 외에도 앞서 본 바와 같이 파산선고와 동시에 하는 파산폐지(317조), 파산선고 후 파산채권자의 동의 또는 파산절차비용의 부족으로 인한 파산폐지결정(538조, 545조)에 의해서도 종결된다.

6. 법인대표자의 면책여부

개인파산의 경우에는 파산에 따른 청산절차 그 자체가 목적이 아니라 궁극적으로는 채무를 면책받는데 있는 것이어서 채무자 소유의 재산이 거의 없는 관계로 파산선고와 동시에 파산폐지결정이 있는 때에는 파산관재인의 선임, 채권자 등에 대한 통지, 채권자 집회, 파산채권의 조사·확정, 파산재단의 관리·환가, 배당 등의 절차가 진행되지 않으며, 청산할 재산이 존재하고 있어서 이러한 절차를 거친 후에도 이시파산폐지 또는 파산종결이 이루어진 후에는 면책절차를 통하여 채무를 면책받을 수 있다.

그러나 법인파산의 경우에는 개인파산자가 이용할 수 있는 면책절차나 복권절차가 존재하지 않는다. 법인파산의 경우에는 파산절차가 종결될 경우 해당 법인은 해산되고 소멸하는 것이 원칙이기 때문이다.

이에 법인파산이 이루어졌다고 해서 대표자 개인의 채무가 면책되는 것은 아니므로 법인의 대표자가 자신의 채무에서 벗어나려면 법인파산과 별도로 개인파산절차를 통하여 면책을 받아야만 할 것이다.

[기재례 1] 법인파산 안내문

◇ 법인파산 절차 소개 ◇

➡ 법인파산의 개념

➢법인파산이란?

법인이 자신의 재산으로 모든 채무를 변제할 수 없는 경우에 법원이 파산을 선고하고 법인의 재산을 현금화하여 채권자들에게 권리의 우선순위와 채권액에 따라 분배하는 절차입니다.

➢법인파산의 목적

법인파산제도의 주된 목적은, 모든 채권자가 법인의 재산으로 평등하게 채권을 변제받도록 보장함과 동시에, 회생이 불가능한 법인을 정리함으로써 채권자들에 대한 추가적인 손해발생을 막고, 법인에 소속된 대표자 등은 새로운 출발을 할 수 있도록 돕는 것입니다.

➡ 법인파산신청의 자격 및 관할

➢부채초과상태의 법인 : 법인파산은 자신의 모든 채무를 변제할 수 없는 지급불능상태 또는 부채가 자산을 초과하는 부채초과상태에 빠진 법인이라면 회사 등 영리법인과 비영리법인 모두 신청할 수 있습니다. 은행대출금, 신용카드대금, 거래대금, 임금 및 퇴직금, 조세 등 채무의 원인을 불문하고, 금액의 많고 적음도 상관없습니다.

➢신청인 : 채무자 법인의 이사, 무한책임사원, 청산인은 대표이사나 대표사원이 아니더라도 채무자의 파산을 신청할 수 있습니다. 채권자 또한 지급불능 또는 부채초과상태에 빠진 채무자 법인에 관하여 파산신청을 할 수 있습니다.

➢관할법원 : 관할법원은 채무자 법인의 본점소재지가 서울에 있는 경우에는 서울회생법원에, 인천, 경기도, 강원도에 있는 경우에는 서울회생법원 또는 본점소재지 관할 지방법원 본원에, 그 밖의 경우에는 본점소재지 관할 지방법원 본원에 접수하는 것을 원칙으로 합니다.

➢접수 : 파산신청서류를 작성하여 관할법원의 접수계(파산과가 설치되어 있는 법원의 경우에는 파산과 접수계를 말합니다)에 접수하면 됩니다.

➢법인파산의 목적

➢파산신청서가 제출되면, 법원은 신청서류만을 검토한 후 파산선고를 할 수도 있고, 채무자 및 채권자(신청인인 경우)를 법원에 출석하게 하여 심문을 마친 후 파산선고를 하기도 합니다.

➢채무자가 신청한 경우 신청부터 파산선고결정까지는 약 1~2개월이 소요됩니다. 다만 그 처리기간은 사안의 복잡성 등에 따라 늘어나거나 줄어들 수 있습니다.

➢법원은 파산선고와 동시에 파산관재인, 채권신고기간 및 신고장소, 제1회 채권자집회와 채권조사의 기일 및 장소를 정한 후 이를 채무자와 채권자 등 이해관계인들에게 통지합니다.

➢파산관재인은 파산선고 직후 채무자의 재산을 현금화하고, 채권자들로부터 신고된 채권의 존재 여부, 액수, 우선순위 등을 조사합니다. 그 후 제1회 채권자집회와 채권조

사기일에서 법원 및 이해관계인들에 대하여 채무자의 재산상황, 현재까지의 현금화 결과 및 향후의 계획, 채권자들에 대한 배당전망, 신고된 채권의 존재 여부, 액수, 우선순위 등에 관한 의견을 진술합니다.

➢채무자의 재산에 대한 현금화가 완료되면 파산관재인은 임금, 퇴직금, 조세, 공공보험료 등의 재단채권을 우선적으로 변제하고, 남은 금액이 있으면 일반 파산채권자들에게 채권액에 비례하여 배당합니다. 재단채권 변제 또는 파산채권 배당이 완료되면 파산관재인은 계산보고를 위한 채권자집회에서 업무수행결과를 보고하고, 법원은 파산절차를 종료하는 결정을 합니다.

법인파산신청시 제출할 서류

➢파산신청서

신청인의 상호, 주된 사무소 또는 영업소의 소재지, 대표자의 성명, 신청의 취지, 신청의 원인, 채무자의 사입목적과 업무의 상황, 채무사의 발행주식 또는 출자지분의 총수, 자본의 액과 자산, 부채 그 밖의 재산상태, 채무자의 재산에 관한 다른 절차 또는 처분으로서 신청인이 알고 있는 것, 채권자가 신청하는 경우 자신의 채권액과 원인을 기재하여야 합니다. 그 밖에 사건의 표시, 부속서류의 표시, 작성연월일, 관할법원의 표시를 기재하고, 신청인 또는 대리인이 기명날인하면 됩니다.

※ 신청서 양식

서울회생법원 홈페이지 〉 정보 〉 민원서식 양식 모음

전자소송이용시 : http://ecfs.scourt.go.kr/ecf/ecf300/ECF302_4.jsp

➢첨부서류

채권자목록(성명, 주소, 전화, 팩스번호, 담당자, 채권액, 채권의 종류, 담보의 유무, 집행권원의 유무, 소송의 계속 여부 포함), 회사등기사항전부증명서, 파산신청에 관한 이사회 회의록, 정관, 회사안내책자, 주주명부, 회사의 조직일람표, 취업규칙, 퇴직금규정, 단체협약, 사원명부, 노동조합의 실정에 관한 서류, 3년분 이상의 결산보고서/비교대차대조표/비교손익계산서, 최근의 대차대조표/손익계산서/청산대차대조표/청산재산목록, 부동산 및 동산목록, 등기사항전부증명서, 등록원부, 외상매출금 일람표, 사채원부, 담보물건 및 피담보채권 일람표, 계속중인 가압류/가처분/경매/소송에 관한 자료, 자회사 및 관계회사의 법인등기사항전부증명서 및 결산보고서를 첨부하도록 하고 있습니다. 한편 채권자가 신청인인 경우 채권의 존재에 관한 소명자료(어음, 수표, 계약서, 공정증서, 외상매출금장부 등), 채무자의 지급정지사실에 관한 소명자료(부도처리된 어음수표, 은행거래정지처분 증명서 등)를 별도로 첨부하도록 하고 있습니다.

➢위임장 및 인감증명서

대리인에 의하여 파산을 신청하는 경우에는 위임장 및 인감증명서를 첨부합니다(대리인에 의하여 파산신청을 하였더라도 심문기일에는 반드시 대표자 본인이 출석하여야 합니다).

법인파산신청시소요비용

➢인 지 액

채무자가 신청하는 경우 1,000원, 채권자가 신청하는 경우 30,000원 → '정부수입인지'를 구입하여 파산신청서에 풀로 붙임.

※ 정부수입인지는 각 법원 구내 은행 또는 우체국에서 구입할 수 있습니다.

➢송 달 료

각 법원 구내 은행에 납부한 후 '송달료납부서'를 받아서 접수계에 제출

파산송달료 : 기본 148,000원 + (채권자수 × 3,700원 × 3)

➢파산절차 진행을 위한 예납금(예납명령이 있는 경우)

신청과 동시에 납부할 필요는 없으나, 법원에서 심리 후 재산 환가, 부인권 행사 등을 위하여 파산절차를 진행할 필요가 있는 사건에 대하여 예납명령을 발하는 경우에는 예납금을 납부해야 합니다(예납명령을 받고 예납을 하지 않는 경우 파산신청이 기각됩니다).

기타 유의사항

➢채무자 법인에 대하여 회생절차가 개시되는 경우 파산절차가 중단됩니다. 따라서 회생절차개시신청이 이루어진 법인에 관하여 파산신청을 하는 경우에는 그러한 사실을 파산신청서에 기재하기 바랍니다.

➢법인파산사건은 대법원 전자소송 홈페이지(http://ecfs.scourt.go.kr)에서 전자소송으로도 신청할 수 있습니다. 위 홈페이지에서는 법인파산신청서 등 파산절차에 필요한 서류를 다운로드받아 활용할 수 있습니다.

➢서울회생법원에 계속 중인 법인파산사건에 관하여 문의사항이 있는 경우에는 파산과 담당자 전화번호인 02-3016-3458 또는 02-3016-1618로 문의하시기 바랍니다.

주) 서울회생법원 인터넷홈페이지 게재 내용 인용

제 3 절 통합도산법상 파산기관·기구

[I]
파산관재인

1. 파산관재인의 선임과 지위

가. 파산관재인의 의의

파산관재인이란 채무자에게 파산선고가 내려진 경우 파산선고와 동시에 법원으로부터 선임되어 피신재단의 관리, 처분, 환가, 배당 등의 권한과 의무를 가진 자를 말한다.

나. 파산관재인의 선임

파산관재인은 법원이 선임하며, 실무상 변호사의 자격이 있는 자로 선임하는 것이 통례이다. 법인도 파산관재인이 될 수 있으며, 이 경우 해당 법인은 이사 중에서 파산관재인의 직무를 행할 자를 지명하고 법원에 신고하여야 한다(355조 2항). 파산관재인은 1인을 원칙으로 하되 수인이 선임될 수 있는데(356조), 수인이 선임된 경우 그 직무집행은 공동으로 하여야 하고(360조 1항 전단), 법원에 대한 허가서 역시 공동으로 제출하여야 한다.[15] 다만 법원은 필요하다고 판단되는 경우 직무분장을 허가할 수 있다(360조 1항 후단). 파산관재인이 수인인 때에 제3자가 의사표시를 함에는 그 1인에 대하여 하면 족하다(360조 2항).

다. 파산관재인의 지위

파산관재인은 법원의 감독을 받으며, 파산재단에 관한 소송에서는 파산관재인이 당사자가 된다(358조, 359조). 파산관재인은 파산채무자의 포괄승계인과 같은 지위를 가지는 한편 파산채권자 전체의 공동의 이익을 위하여 선량한 관리자의 주의로써 그 직

---

15) 실무상 금융기관 파산시 변호사, 금융전문가 또는 예금보험공사 직원 1인을 공동파산관재인으로 선임하여 그들 사이에 직무분장을 결정하는 사례가 있다.

무를 행하므로 파산채무자와 독립한 제3자로서의 지위도 가지게 된다.[16] 따라서 민법상 통정허위표시(민법 108조)나 사기·강박에 의한 의사표시(민법 110조)에 있어서는 제3자에 해당되고, 선의·악의의 판단 여부도 총파산채권자 모두가 악의가 되지 않는 한 파산관재인을 악의자라고 할 수 없다(대판 2006.11.10. 2004다10299). 또한 파산선고 전에 부동산에 대한 점유취득시효가 완성되었으나 파산선고시까지 이를 원인으로 한 소유권이전등기를 마치지 않은 자는 파산재단에 속하는 해당 부동산에 관하여 이해관계를 갖는 제3자의 지위에 있는 파산관재인을 상대로 파산선고 전의 점유취득시효 완성을 원인으로 한 소유권이전등기절차의 이행을 청구할 수 없다(대판 2008.2.1. 2006다32187).[17]

2. 파산관재인의 권한

가. 권한 일반

파산관재인은 취임 직후 파산재단 소속 재산에 대한 점유를 시작으로 적극·소극재산의 관리, 채권자집회에 관한 권한, 파산재단의 환가 및 배당에 관한 권한 등 파산의 목적 달성을 위하여 필요한 일체의 행위를 할 권한을 가진다. 이를 구체적으로 살펴보

---

16) 파산채권자는 구 파산법(2005. 3. 31. 법률 제7428호 채무자 회생 및 파산에 관한 법률 부칙 제2조로 폐지) 제15조에 의하여 파산절차에 의하지 아니한 개별적인 권리행사가 금지됨에 비추어 볼 때, 같은 법 제46조 제1항 본문에서 파산선고 후에 한 부동산 또는 선박에 관한 등기·가등기로써 '파산채권자'에게 대항할 수 없다고 함은 파산채권자 전체의 공동의 이익을 위하여 선량한 관리자의 주의로써 그 직무를 수행하는 '파산관재인'에게 대항할 수 없음을 뜻하고, 이는 파산관재인이 단순히 파산자의 포괄승계인으로서 파산자의 부동산 또는 선박에 관한 등기·가등기의무를 그대로 승계한 지위에 있는 것이 아니라, 파산선고와 동시에 파산자와 독립하여 파산재단에 속하는 재산에 관하여 이해관계를 가지게 된 제3자로서의 지위를 가지고 있음을 전제로 하여 파산선고 후에 한 부동산 또는 선박에 관한 등기·가등기를 파산관재인에게 대항할 수 없도록 한 것이라고 해석된다(대법원 2008.2.1. 선고 2006다32187 판결).

17) 파산선고 전에 부동산에 대한 점유취득시효가 완성되었으나 파산선고시까지 이를 원인으로 한 소유권이전등기를 마치지 아니한 자는, 그 부동산의 소유자에 대한 파산선고와 동시에 파산채권자 전체의 공동의 이익을 위하여 파산재단에 속하는 그 부동산에 관하여 이해관계를 갖는 제3자의 지위에 있는 파산관재인이 선임된 이상, 파산관재인을 상대로 파산선고 전의 점유취득시효 완성을 원인으로 한 소유권이전등기절차의 이행을 청구할 수 없다. 또한, 그 부동산의 관리처분권을 상실한 파산자가 파산선고를 전후하여 그 부동산의 법률상 소유자로 남아 있음을 이유로 점유취득시효의 기산점을 임의로 선택하여 파산선고 후에 점유취득시효가 완성된 것으로 주장하여 파산관재인에게 소유권이전등기절차의 이행을 청구할 수도 없다. 이 경우 법률적 성질이 채권적 청구권인 점유취득시효 완성을 원인으로 한 소유권이전등기청구권은 구 파산법 제14조(2005. 3. 31. 법률 제7428호 채무자 회생 및 파산에 관한 법률 부칙 제2조로 폐지)가 규정하는 파산자에 대하여 파산선고 전의 원인으로 생긴 재산상의 청구권으로서 파산채권에 해당하므로 파산절차에 의하여서만 그 권리를 행사할 수 있다(대법원 2008.2.1. 선고 2006다32187 판결).

면 아래와 같다.

① 파산재단에 속하는 재산에 대한 봉인(480조)
② 재산가액의 평가(482조)
③ 재산목록 및 대차대조표의 작성(483조)
④ 중단된 소송의 수계(347조)
⑤ 쌍방미이행 쌍무계약에 관한 선택 등 장래의 법률관계의 처리(335조~344조)
⑥ 환취권·상계권·별제권의 처리(407조~422조)
⑦ 채권의 추심 및 소의 제기(384조, 359조)
⑧ 재단의 환가(491조, 492조, 496조, 497조)
⑨ 부인권의 행사(391조~406조)
⑩ 재단채권의 변제(473조~478조)
⑪ 신고채권의 조사와 이의(452조~422조)
⑫ 파산채권확정소송에 대한 소의 제기 및 응소(462조~466조)
⑬ 배당허가 및 동의의 신청(506조, 520조)
⑭ 배당표의 작성·제출·경정(507조, 508조, 513조, 527조)
⑮ 배당액의 공고(509조)
⑯ 배당액의 결정·통지(515조, 522조)
⑰ 추가배당(531조, 532조)
⑱ 채권자집회소집신청(367조)
⑲ 제1회 채권자집회에서의 파산경과 보고(488조)
⑳ 채권자집회에의 출석·보고·설명·의견진술(365조, 499조)

나. 파산재단에 관한 소송 권한

파산재단에 관한 소송은 파산관재인이 직접 수행하는 것이 원칙이다. 다만 원격지 법원에 소송이 계속되어 있는 사건이나 파산관재인이 직접 소송을 수행하는 것이 부적절한 경우에는 다른 소송대리인을 선임할 수 있다.

다. 파산관재인 대리와 보조인의 활용

파산관재인은 법원의 허가를 얻어 자기의 책임으로 대리인을 선임할 수 있다(362조

1항, 2항). 이를 상시대리인이라고 한다. 상시대리인은 변호사로 선임하는 것이 원칙이지만 채무자의 보조인을 상시대리인으로 선임할 수도 있다. 이에 관하여 법원의 허가가 있는 때에는 법원사무관 등은 직권으로 지체 없이 촉탁서에 결정서 등본을 첨부하여 대리인의 선임에 관한 등기를 촉탁하여야 하며, 대리인의 선임에 관한 허가가 변경·취소된 때에도 마찬가지이다(362조 1항, 2항). 대리인은 파산관재인에 갈음하여 재판상 또는 재판 외의 모든 행위를 할 수 있다(362조 3항).

한편 파산관재인은 파산관재업무의 보조를 위하여 보조인을 고용할 수 있다. 통상 파산관재인이 개인적으로 물색하거나 법인채무자 소속 직원 중에서 선임하고 있다. 보조인을 고용할 경우 파산관재인은 미리 보조인의 성명과 연령, 업무내용, 고용기간, 급여의 예정액을 명시한 고용계약체결허가신청서를 작성하여 법원에 제출하여야 한다.

3. 파산관재인의 의무

가. 선량한 관리자의 주의의무

파산관재인은 선량한 관리자의 주의로써 그 직무를 수행하여야 한다(361조 1항). 파산관재인이 선량한 관리자의 주의를 게을리한 때에는 이해관계인에 대하여 손해배상책임을 지며, 주의를 게을리한 파산관재인이 수인인 때에는 연대책임을 부담하게 된다(361조 2항). 파산관재인의 손해배상책임은 한편으로는 재단채권에도 해당되는 바, 파산관재인 개인의 책임과 파산재단의 책임은 부진정연대채무의 관계에 있다고 본다. 선량한 관리자의 주의의무를 게을리한 사례로는, 예컨대 재단에 속한 추심가능한 매출금채권에 관하여 소의 제기 등 시효중단조치를 취하지 않음으로써 시효완성으로 회수불능하게 된 경우, 하자있는 배당표를 작성한 경우, 채무자의 자유재산을 처분한 경우 등이 있을 것이다.

나. 보고의무

파산관재인은 파산선고에 이르게 된 사정과 채무자 및 파산재단에 관한 경과 및 현상에 관하여 제1회 채권자집회에 보고하여야 한다(488조). 실무상으로는 파산관재인 보고서에 재산목록과 대차대조표를 첨부하여 제출하고 있다. 또한 파산관재인은 채권자집회가 정하는 바에 따라 채권자집회 또는 감사위원에게 파산재단의 상황을 보고하여야 하며(499조), 그 임무가 종료한 때에는 지체 없이 채권자집회에 계산보고를 하여야 한다(365조 1항). 한편 감사위원이 설치된 경우에는 각 감사위원은 언제든지 파산관재인에게 파산재단에 관한 보고를 요구하거나 파산재단의 상황을 조사할 수 있다(379조 2항).

법원도 파산관재인에 대한 일반적 감독권이 있으므로 파산관재인에게 정기보고 기타 형식으로 파산관재업무의 수행상황에 관하여 보고를 명할 수 있다. 파산관재인이 의무를 게을리한 때에는 해임사유가 된다(364조 1항).

4. 파산관재인의 구체적 업무

가. 취임 직후 수행 업무

① 법인채무자의 사무소 답사 및 채무자의 상황에 대한 설명 청취
② 파산관재인에 대한 채무자와 직원들의 태도 파악
③ 고가품 보관장소의 지정신청 및 채무자로부터 현금, 고가품, 법인인감, 어음용지, 수표대장, 등기권리증, 예금통장을 인도받는 조치
④ 금고의 내용물 확인과 시정장치의 교체
⑤ 해고되지 않은 직원에 대한 해고예고 여부 확인
⑥ 파산재단 소속 재산에 대한 소송, 강제집행, 가압류·가처분의 계속 상황 파악
⑦ 부인권 행사를 위한 가처분의 필요성 검토
⑧ 파산선고일 기준 대차대조표 및 손익계산서, 청산 재산목록 및 청산대차대도표의 작성 준비
⑨ 부임한지 10일 경과 후 파산선고 당일부터 행한 파산관재인의 주요 내용에 대한 법원에의 서면 보고

나. 쌍방미이행 쌍무계약에 관한 선택

1) 미이행 쌍무계약 일반

쌍무계약에 관하여 채무자 및 그 상대방이 모두 파산선고 당시 아직 이행을 완료하

지 않은 때에는 파산관재인은 계약을 해제 또는 해지하거나 채무자의 채무를 이행하고 상대방의 채무이행을 청구할 수 있다(335조 1항). 여기에서 미이행의 정도나 미이행의 원인은 묻지 않는 바, 전부 불이행이든 일부 미이행 또는 불완전이행이든, 기한 미도래 내지 이행지체로 인한 경우든, 동시이행항변권 또는 이행불능으로 인한 경우든 모두 포함된다.

파산관재인이 이행을 선택한 경우에는 상대방의 반대채권은 재단채권이 되고(473조 7호), 해제를 선택한 경우에는 상대방의 손해배상청구권은 파산채권에 해당된다(337조 1항). 다만 파산선고 전에 상대방이 채무의 일부를 이행한 경우에는 그 급부물이 파산재단에 현존한 경우에는 환취권으로서, 현존하지 않는 경우에는 그 가액에 대하여 재단채권으로서 권리를 행사할 수 있다(337조 2항). 파산관재인이 이행을 선택한 경우에는 원칙적으로 계약의 전부에 대하여 해야 하며 일부만의 이행의 선택은 허용되지 않는다.[18]

상대방은 파산관재인에 대하여 상당한 기간을 정하여 그 기간 내에 계약의 해제 또는 해지나 이행 여부를 확답할 것을 최고할 수 있고, 파산관재인이 그 기간 내에 확답을 하지 않는 때에는 계약을 해제 또는 해지한 것으로 보게 된다(335조 2항). 한편 상대방으로서는 파산을 이유로 한 해제권은 인정되지 않으며, 다만 파산관재인이 이행을 선택하였음에도 불구하고 이를 이행하지 않는 경우 이를 이유로 계약을 해제할 수 있을 뿐이다.

2) 사안별 검토

가) 매매계약

(1) 법인인 매도인이 파산한 경우

매매계약 체결 후 법인인 매도인이 파산한 경우가 있다. 매도인에 대한 파산선고 당시의 이행의 정도에 따라 경우를 나누어서 살펴보자. ① 매도인의 인도의무 및 매수인의 대금지급의무가 모두 미이행의 상태에 있는 경우가 있다. 이 경우에는 쌍방 미이행 쌍무계약에 해당되므로 파산관재인은 채무의 이행 또는 계약해제를 선택할 수 있고, 이행을 선택한 경우에는 매수인의 청구권은 재단채권이 되고, 해

18) 서울중앙지방법원, 제4판 법인파산실무, 161p.

제를 선택한 경우에는 매수인의 손해배상청구권은 파산채권으로 된다(335조 1항, 473조 7호, 337조). ② 매도인의 인도의무는 미이행이고 매수인의 대금지급의무는 이행된 상태에 있는 경우가 있다. 이때 매수인의 대금지급의 정도가 전액 이루어져 있는 경우에는 쌍방 미이행이 아니므로 매수인은 목적물인도청구권을 금전채권으로 환산하여 파산채권자로서 배당을 통하여 만족을 얻는 수밖에 없을 것이로되, 매수인의 대금지급의 정도가 일부만 이루어지고 일부는 지체된 상태에 있는 경우에는 쌍방 미이행이 되므로 매수인은 매매대금반환청구권(파산관재인이 해제를 선택한 경우) 또는 목적물 인도청구권(파산관재인이 이행을 선택한 경우)을 재단채권으로서 행사할 수 있을 것이다(473조 7호, 337조 2항). ③ 매도인의 인도의무는 완료되었지만 매수인의 대금지급의무가 미이행인 경우가 있다. 이 경우에는 매도인이 가지는 매매대금채권은 파산재단에 귀속되어 파산관재인이 매수인에 대하여 메메대금의 지급을 청구할 수 있을 것이다.

(2) 법인인 매수인이 파산한 경우

매매계약 체결 후 법인인 매수인이 파산한 경우가 있다. 이 경우에도 파산선고 당시의 이행의 정도에 따라 구분하여, ① 매도인의 인도의무와 매수인의 대금지급의무가 모두 미이행 상태인 경우에는 쌍방 미이행 쌍무계약에 해당되므로 파산관재인은 채무의 이행 또는 계약해제를 선택할 수 있을 것이고(335조), ② 매도인의 인도의무는 미이행이지만 매수인의 대금지급의무는 모두 이행된 경우에는 매수인이 가지는 목적물 인도청구권은 파산재단에 귀속하여 파산관재인이 매도인에 대하여 이행을 청구할 수 있을 것이며, ③ 매도인의 인도의무가 완료되었지만 매수인의 대금지급의무가 미이행 상태인 경우에는 매도인의 매매대금채권은 파산채권에 해당되고 따라서 매도인으로서는 파산절차에 따라 배당을 받는 등으로 만족하여야 할 것이다.

나) 계속적 공급계약

전기, 가스, 수도 등 계속적 공급계약도 쌍무계약에 해당되고 따라서 당사자의 일방이 파산선고를 받은 경우에는 쌍방 미이행의 법리가 적용된다. 공급을 받는 자가 법인으로서 파산하였고 파산관재인이 이행을 선택한 경우라면 급부부분에 대한 대금

채권이 어떠한 성질을 가지는지 문제된다. 파산선고 후에 제공한 급부부분에 대한 대금채권은 당연히 재단채권으로 될 것이다. 그러나 파산선고 전의 급부부분에 대한 대금채권에 대하여는 재단채권설과 파산채권설로 나누어지는데, 파산관재인이 이행을 선택할 때에는 계약의 전부에 대하여 하여야 한다는 입장이 실무이므로 역시 재단채권으로 된다고 본다. 한편 파산관재인이 이행을 선택하지 않은 때에는 파산신청 후 파산선고 전까지의 미지급채권은 파산채권으로 취급될 것이다. 계속적 공급계약에 있어서 공급자가 동시이행항변권을 행사하여 공급받는 자의 종전의 사용료 미납을 이유로 장래의 지급을 거절할 수 있는지 문제된다. 실무상 회생절차에서는 "채무자에 대하여 계속적 공급의무를 부담하는 쌍무계약의 상대방은 회생절차개시신청 전의 공급으로 발생한 회생채권 또는 회생담보권을 변제하지 아니함을 이유로 회생절차개시신청 후 그 의무의 이행을 거부할 수 없다(122조 1항)."라는 특별규정을 두고 있는데 반하여[19] 파산절차에서는 이러한 특별규정을 두고 있지 않는 점을 들어 상대방이 공급을 거절할 수 있는 것으로 처리하고 있다.

다) 소유권유보부매매

소유권유보부매매 중 동산의 경우에는 인도와 함께 이행행위가 완료되므로 미이행 쌍무계약 규정(335조)의 적용은 없다. 그러나 부동산, 중기, 자동차, 건설기계 등 등기·등록을 요하는 경우에는 등기·등록이 이루어지기 전까지는 여전히 매도인의 등기·등록의 의무와 매수인의 할부대금지급채무가 남아 있으므로 미이행 쌍무계약 규정(335조)이 적용된다고 할 것이다.

라) 임대차계약

임대차계약은 쌍무계약이기 때문에 원칙적으로 미이행 쌍무계약 규정(335조)이 적용된다. 다만 임차인 보호를 위하여 민법이나 주택·상가건물임대차보호법에서 이러한 원칙이 수정되는 경우가 있다. 경우를 나누어서 살펴보자.

먼저 법인인 임대인이 파산한 경우이다. 이때에는 주택·상가건물임대차보호법상 대항력 있는 주택임차인 또는 대항력 있는 상가건물임차인에 대하여는 미이행 쌍무계약 규정(335조)이 적용되지 않는다(340조 4항). 즉 임차인의 보호를 위하여 파산관재인에

19) 이와 관련된 판례로는 대법원 2010.2.11.자 2009마1930 결정이 있다.

의한 계약해지권의 행사가 배제되는 것이다. 물론 임차인에게 차임연체 등 채무불이행 사유가 있어 파산관재인이 임대차계약을 해지하는 것은 별개의 문제로되, 이 경우에는 임대차계약 해지의 효력은 일정기간 경과 후 발생하는 것이 아니라 즉시 발생한다(민법 637조). 그리고 파산절차의 원활한 진행을 위하여 파산관재인은 임차보증금 상당액을 퇴거비용으로 지급하는 내용의 화해계약을 체결하고 그 퇴거비용을 재단채권으로 지급하는 것도 가능하다(473조 4호). 한편 주택·상가건물임대차보호법상 대항요건을 갖추고 확정일자를 갖춘 임차인은 파산재단에 속하는 주택 또는 상가건물의 환가대금에서 후순위권리자 그밖의 채권자보다 우선하여 보증금을 변제받을 권리가 있고, 파산신청일까지 대항요건을 갖춘 최우선변제금액(주택임대차보호법 8조, 상가건물임대차보호법 14조)에 대하여는 파산재단에 속하는 주택 또는 상가건물의 환가대금에서 다른 담보물권자보다 최우선적으로 변제받을 권리가 인정된다(415조 1항, 2항, 3항). 다만 임차인이 차임을 선급하였거나 차임채권을 처분한 경우라도 파산선고시의 당기 및 차기에 관한 것을 제외하고는 파산채권자에게 대항할 수 없으되, 파산채권자에게 대항할 수 없음으로 인하여 손해를 받은 임차인 또는 채권양수인으로서는 그 손해배상채권을 가지고 파산채권자로서 배당에 참가하여 배당을 받을 수 있을 것이다(340조 2항).

다음으로 법인인 임차인이 파산한 경우이다. 이때에는 통합도산법상의 미이행 쌍무계약 규정(335조)보다 민법 제637조(임차인의 파산과 해지통고)가 특칙으로 적용되므로 파산관재인뿐만 아니라 임대인도 임대차계약을 해지할 수 있다. 이 경우 임대차계약은 임대인이 해지통고를 한 날로부터 토지·건물·기타 공작물은 6월, 동산은 5일이 경과하면 종료되고, 이로 인한 손해에 대하여는 상대방에게 그 배상을 청구할 수 없도록 하고 있다(민법 635조 2항, 637조 2항). 이와 같이 법인인 임차인이 파산한 경우에 있어서의 계약해지에 관하여는 민법이 주택·상가건물임대차보호법보다 우선적으로 적용되는 관계로 주택·상가건물임대차보호법상의 임대차 기간에 관한 강행규정에도 불구하고 민법상의 임대인의 해지권이 제한되지 않는 것이다.

마) 리스계약

리스계약에도 미이행 쌍무계약에 관한 규정(335조)이 적용되느냐 여부에 관하여는 논란이 있으나 실무상으로는 리스물건의 사용과 월사용료의 지급사이에 대가관계를 인정하지 않으므로 부정설을 취하고 있다.[20]

바) 도급계약

도급계약도 쌍무계약이므로 미이행 쌍무계약에 관한 규정(335조)이 적용된다. 먼저 법인인 도급인이 파산한 경우에는 민법 제674조(도급인의 파산과 해제권)가 통합도산법 제335조(쌍방미이행 쌍무계약에 관한 선택)에 대한 특칙이 되므로 파산관재인이나 수급인 어느 쪽도 계약해제가 가능하다고 본다(민법 674조 1항 전단). 계약이 해제된 때에는 기성부분에 대한 수급인의 보수 및 비용청구권은 파산채권이 되고, 완성된 결과물은 파산재단에 귀속된다. 계약이 해제된 경우 각 당사자는 상대방에 대하여 계약해제로 인한 손해의 배상을 청구하지 못한다(민법 674조 2항).

다음으로 수급인이 파산한 경우에는 민법에 특별 규정이 없으므로 통합도산법 제335조(쌍방미이행 쌍무계약에 관한 선택)가 그대로 적용되어 파산관재인에게 계약의 해제 또는 이행의 선택권이 인정된다. 다만 수급인이 도급계약에 의하여 일을 완성하여야 할 의무가 있는 때에는 파산관재인은 필요한 재료를 제공하여 수급인으로 하여금 그 일을 하게 할 수 있고, 그 일이 수급인 스스로 할 필요가 없는 경우에는 제3자로 하여금 이를 하게 할 수 있다(341조 1항). 이에 따라 수급인이 도급인인 상대방으로부터 지급받아야 할 일의 완성에 대한 보수청구권은 파산재단에 속하게 될 것이다(341조 2항).

사) 위임계약

위임은 당사자 한쪽의 파산으로 종료되고(민법 690조 1항), 장래에 향하여 위임의 효력이 상실된다(대판 2002.8.27. 2001다13624). 법인과 이사간의 위임계약도 마찬가지이다(민법 690조 전단, 상법 382조 2항). 법인인 위임자가 파산선고를 받았음에도 불구하고 수임자가 파산선고의 통지를 받지 못하고 파산선고의 사실도 알지 못한 채 위임사무를 처리한 때에는 이로 인하여 생긴 채권에 관하여 수임자는 파산채권자로서 권리를 행사할 수 있다(342조). 이러한 원리는 수임자가 파산한 경우에도 마찬가지이다(민법 691조 전단).

아) 고용계약

사용자인 법인이 파산선고를 받은 경우에는 고용기간의 약정이 있는 때에도 근로자 또는 파산관재인은 계약을 해지할 수 있고(민법 663조 1항), 이 경우 각 당사자는 계

---

20) 서울중앙지방법원, 제4판 법인파산실무, 173p.

약해지로 인한 손해배상을 청구하지 못하게 되어 있다(민법 663조 2항). 사용자인 법인이 파산선고를 받은 경우에 있어서의 근로자에 대한 파산관재인의 해고는 정리해고가 아닌 통상해고에 해당되고, 단체협약에 다른 약정이 있는 경우에도 파산관재인은 이에 구속되지 않는다(대판 2001.11.13. 2001다27975). 해고의 방법으로는 통상 해고예고에 의하게 되는데, 해고예고기간 중의 임금이나 해고예고수당은 재단채권으로 된다(473조 8호). 파산한 법인으로부터 고용된 근로자의 임금·퇴직금 및 재해보상금은 그 발생시기가 파선선고 전후인지 여부를 불문하고 재단채권에 해당된다(473조 10호). 파산선고 전의 원인으로 생긴 근로자의 임치금 및 신원보증금의 반환청구권도 마찬가지이다(473조 11호). 주식회사의 이사, 감사 등의 보수나 퇴직위로금은 근로기준법의 적용대상이 아니므로 재단채권에 해당되지 않지만, 회사의 이사가 일정한 노무를 담당하고 그 대가로 받아온 보수는 임금채권으로서 재단체권에 해당된다(대판 1988.6.14. 87다카2268, 1997.10.24. 96다33037·33044). 사용자인 법인이 파산한 경우 파산관재인은 단체협약을 해제할 수 있다. 사용자인 법인의 파산은 노동조합의 해산사유에 해당되지 않지만,[21] 그렇다고 파산관재인이 단체교섭에 응할 의무가 있는 것은 아니라고 본다.[22]

자) 조합계약

법인도 조합원이 될 수 있다. 조합원으로서의 법인이 파산하게 되면 조합에서 당연히 탈퇴하게 된다(민법 717조 2호). 따라서 해당 법인이 파산선고를 받은 경우에는 파산관재인은 해당 법인을 조합으로부터 탈퇴시키고 그 지분을 변제에 충당하도록 하는 것이 원칙이다. 다만 조합원들이 조합계약 당시 조합원 중에 파산하는 자가 발생하더라도 조합에서 탈퇴하지 않기로 약정하였고, 조합원에 해당하는 파산한 법인이 제3자와 공동사업을 계속하기 위하여 그 조합에 잔류하는 것이 해당 법인의 채권자들에게 불리하지 않아 그 채권자들의 동의를 받아 파산관재인이 조합에 잔류할 것을 선택한 경우에는 해당 법인이 파산하여도 조합으로부터 탈퇴하지 않는다고 하는 조합원들 사이의 탈퇴금지의 약정은 무효가 아니라고 할 것이다(대판 2004.9.13. 2003다26020). 같은 원리로 공동수급체의 구성원 중 1인인 법인이 파산하였으나 파산관재인이 법원의 허가와 파산채권자의 동의를 얻어 파산 이후에도 계속적으로 공동사업을 수행하여 왔다

21) 노동조합 및 노동관계조정법 제28조.
22) 서울중앙지방법원, 제4판 법인파산실무, 184p.

면 입찰참가자격제한조치를 받기 전까지는 탈퇴할 수 없다고 하는 탈퇴금지의 약정은 파산한 해당 법인의 채권자의 이익을 해하지 않으므로 유효하다고 본다(대판 2004.9.13. 2003다26020).

5. 파산관재인의 비용선급청구권

파산관재인은 파산관재업무를 수행하기 위하여 필요한 각종 비용을 선급받을 수 있다(30조 1항). 여기에서 선급받을 수 있는 비용에는 사무실의 유지·관리비용으로서 차임, 관리비, 창고사용료, 경비용역비, 전기·가스·수도료 등과 자동차보험료·화재보험료 등 각종 보험료, 감정료·매각수수료·등기비용 등 매각수수료, 인지·송달료 등 소송비용, 보조인 급료·통신비·여비·숙박비·공고료·조세·공과금 등 각종 사무처리비용 등이 포함될 것이다.

6. 파산관재인의 보수

파산관재인은 법원의 보수결정에 따라 일정한 보수 및 특별보상금을 지급받을 수 있다(30조 1항). 파산관재인의 보수는 2012. 8. 1. 제정되고 2013. 8. 1. 개정된 「법인 파산관재인의 보수 등에 관한 준칙」(법인파산실무준칙 1호)에 의거하여 산정·지급하고 있다.[23] 보통 파산관재인의 보수는 파산관재인이 수집한 파산재단의 가액(이하 '수집액')을 기준으로 산정한 기준보수에 관재업무의 난이도 등에 따라 150%의 범위 내에서 증감할 수 있도록 하고 있다. 즉, ① 수집액 0원~1억원 미만인 경우 : {기본보수 300만원 + (수집액 × 15%)}(단, 1,900만원 미만), ② 수집액 1억 이상~2억원 미만인 경우 : 기본보수 1,900만원 + (수집액 × 12%)}(단, 3,100만원 미만), ③ 2억원 이상~10억원 미만인 경우 : 기본보수 3,100만원 + (수집액 × 8%)}(단, 9,500만원 미만), ④ 10억원 이상~30억원 미만인 경우 : 기본보수 9,500만원 + (수집액 × 4%)}(단, 1억 7,500만원 미만), ⑤ 30억원 이상~100억원 미만인 경우 : 기본보수 1억 7,500만원 + (수집액 × 1%)}(단, 2억 4,500만원 미만), ⑥ 100억원

23) 본 준칙이 제정되기 전에는 법인파산이든 개인파산이든 파산관재인의 보수는 '파산관재인의 보수산정 기준(파산실무준칙 제4호)'에 의거하여 산정·지급하고 있었으나, 본 준칙이 제정됨에 따라 법인파산에 있어서의 파산관재인의 보수는 본 준칙에 의거하여 산정·지급하고 있다. 다만 파산관재인의 보수는 파산선고 시점의 준칙이 적용되므로 파산선고의 시점이 어느 때냐에 따라 그 당시의 준칙이 적용될 것임은 물론이다.

이상인 경우 : 기본보수 2억 4,500만원 + (수집액 × 0.5%)}(한도 제한 없음) 등과 같이 산정된다.

그밖에 파산관재인은 대부분 변호사의 자격이 있기 때문에 자신이 직접 소송을 수행한 경우에는 「변호사보수의 소송비용 산입에 관한 규칙」에 따라 산정한 보수도 지급받을 수 있다.[24] 더 나아가 파산관재인이 수행한 소송이 부인의 소나 부인의 청구 등이고 위 소송에서 승소함으로써 파산재단이 이익을 얻은 경우에는 그 얻은 이익의 30% 범위 내에서 특별보상금으로 증액된 소송수행보수를 지급받을 수 있다.[25]

실무상 파산관재인의 보수에 대한 지급은 성과급제를 원칙으로 하여 파산재단의 점유착수 보고 후 보수의 일부에 대하여 선지급을 하고, 제1회 채권자집회 후 또는 중간배당시 배당할 때마다 중간보수를 지급하며, 최후배당시 또는 파산절차 종결시 최종보수를 정산하여 지급하고 있는 것으로 보인다.[26] 즉, 파산관재인은 파산선고 직후부터 제1회 채권자집회시까지 사이에는 특히 많은 시간과 노력이 소요된다는 차원에서 파산재단에 대한 점유착수 보고를 받은 후 3,000만원 이하의 범위에서 파산재단의 규모와 채권조사의 난이도 등을 참작하여 보수의 일부를 선지급하고, 나머지는 제1회 채권자집회 후 또는 중간배당시에 중간배당을, 최후배당 또는 파산절차종결시에 최종보수를 지급하되, 대형파산 사건 등과 같은 조기배당이 어려운 사건에서는 중간배당 전이라도 필요한 경우 중간보수를 지급하되, 파산절차 종결시에 최종보수를 정산하고 있는 것으로 보인다.[27]

한편 파산관재인이 개업변호사인 경우에는 파산관재인 보수에 부가가치세 상당액이 가산될 것이며, 파산관재인은 이러한 보수를 파산재단으로부터 직접 지급받은 후 소득세를 자진 신고납부하여야 한다.[28]

7. 파산관재인 사임·해임

파산관재인은 정당한 사유가 있는 때에는 법원의 허가를 받아 사임할 수 있고(363조), 법원은 채권자집회의 결의나 감사위원의 신청 또는 직권으로 파산관재인을 심문한 후

24) 「법인 파산관재인의 보수 등에 관한 준칙」 3조 1항.
25) 「법인 파산관재인의 보수 등에 관한 준칙」 3조 3항.
26) 서울중앙지방법원, 제4판 법인파산실무, 343p.
27) 서울중앙지방법원, 제4판 법인파산실무, 343-344p.
28) 서울중앙지방법원, 제4판 법인파산실무, 344p.

해임할 수 있다(364조 1항). 이러한 해임결정에 대하여 파산관재인은 즉시항고를 할 수 있으되, 즉시항고에는 집행정지의 효력이 없다(364조 2항, 3항). 파산관재인의 임무가 종료한 때에는 파산관재인이나 그 상속인은 지체 없이 채권자집회에 계산의 보고를 하여야 한다(365조 1항). 이에 관하여 채무자나 파산채권자 또는 후임의 파산관재인이 채권자집회에서 이의를 진술하지 않은 때에는 이를 승인한 것으로 보게 된다(365조 2항). 파산관재인은 이해관계인의 열람을 위하여 계산보고서와 이에 관한 감사위원의 의견서를 채권자집회일 3일 전까지 법원에 제출하여야 한다(365조 3항). 파산관재인의 임무가 종료한 때에도 급박한 사정이 있는 경우에는 파산관재인이나 그 상속인은 후임의 파산관재인 또는 채무자가 재산을 관리할 수 있게 될 때까지 필요한 처분을 해야 할 의무가 있다(366조).

[기재례 2] 파산관재인 추천의뢰(예금보험공사)

○○지 방 법 원
제○파산부

우) 12345 ○○구 ○○로 1701-1 / ☎ 530-○○○○ / 팩스 594-○○○○ / 주심: ○○○ 판사

시행일자 20○○. ○. ○.
수 신 예금보험공사 대표자 사장 ○○○
참 조 청산관리부장 ○○○(전화 / 팩스)
제 목 파산관재인 선임 심리자료 요청

---

1. ○○생명보험에 대한 이 법원 20○○하합○○호 파산선고 신청사건 관련 내용입니다.
2. 예금자보호법 제35조의8에 따른 파산관재인의 선임여부를 결정하는데 필요하오니 20○○. ○. ○.까지 다음의 자료를 제출하여 주시기 바랍니다.

◇ 다 음 ◇

(1) ○○생명보험 주식회사에 투입된 공적자금의 효율적인 회수의 필요성이 있다는 자료.
(2) 파산관재인 후보에 관한 자료(예금보험공사와 예금보험공사 임직원을 복수로 추천하여 주시고, 예금보험공사 임직원의 경우 이력서, 취임승낙서, 주민등록등본 기타 파산관재인으로서 적격을 심사할 수 있는 자료가 필요합니다.)
(3) 위 기간 내에 회신이 없는 경우 예금자보호법 제35조의8이 정한 요건을 갖추지 못하였다고 보아 법원이 직권으로 예금보험공사 또는 그 임직원 외의 사람을 파산관재인으로 선임할 수 있습니다.

재 판 장 판 사 ○○○

[기재례 3] 파산관재인 선임증(자격증명서)

20○○하합○○ 파산선고

선 임 증

성 명 ○ ○ ○(주민등록번호)

주 소 ○○시 ○○구 ○○로 ○○

위 사람은 주식회사 ○○의 파산관재인으로 선임되었음을 증명함.

20○○. ○. ○.

○○지방법원 제○○파산부

주) 법인파산실무(서울중앙지방법원), 서식 참고 및 인용

[기재례 4] 관재인보수 우선지급결정

○○지방법원
제○○파산부
결 정

사 건 20○○하합○○ 파산선고
채 무 자 ○○증권 주식회사
○○시 ○○구 ○○로 ○○
파산관재인 ○○○

주 문

파산관재인의 우선지급 보수를 1,000만원으로 정한다.

이 유

채무자 회생 및 파산에 관한 법률 제30조를 적용하여 주문과 같이 결정한다.

20○○. ○. ○.

재판장 판사 ○○○
판사 ○○○
판사 ○○○

주) 법인파산실무(서울중앙지방법원), 서식 참고 및 인용

[기재례 5] 파산관재인 추가선임결정

○○지방법원
제○○파산부
결 정

사 건 20○○하합○○ 파산선고
채 무 자 ○○산업 주식회사
○○시 ○○구 ○○로 ○○
파산관재인 변호사 ○○○

주 문

변호사 ○○○(주민등록번호, 사무소)을 파산관재인으로 선임한다.

이 유

파산관재인을 추가로 선임할 필요가 있으므로 채무자 회생 및 파산에 관한 법률 제356조 단서, 제355조 제1항에 의하여 주문과 같이 결정한다.

20○○. ○. ○.

재판장 판사 ○○○
판사 ○○○
판사 ○○○

주) 법인파산실무(서울중앙지방법원), 서식 참고 및 인용

[기재례 6] 파산관재인 사임허가결정

○○지방법원
제○○파산부
결 정

사 건 20○○하합○○ 파산선고
채 무 자 주식회사 ○○
○○시 ○○구 ○○로 ○○

주 문

파산관재인 ○○○의 사임신청을 허가하고, 변호사 ◇◇◇(주민등록번호, 사무소)을 파산관재인으로 선임한다.

이 유

파산관재인 ○○○이 20○○. ○. ○.자로 사임신청을 하고 있는 바, 그 사임신청은 정당한 사유가 있으므로 채무자 회생 및 파산에 관한 법률 제363조를 적용하여 이를 허가하고, 후임 파산관재인으로 변호사 ◇◇◇을 같은 법 제355조 제1항을 적용하여 선임한다.

20○○. ○. ○.

재판장 판사 ○○○
판사 ○○○
판사 ○○○

주) 법인파산실무(서울중앙지방법원), 서식 참고 및 인용

[기재례 7] 파산관재인 해임결정

○○지 방 법 원
제○파산부
결 정

사 건 20○○하합○○ 파산선고
채 무 자 주식회사 ○○
○○시 ○○구 ○○로 ○○

주 문

파산관재인 ○○○을 해임한다.

이 유

감사위원의 신청에 의하여(또는 20○○. ○. ○. 채권자집회의 결의에 의하여, 또는 직권으로) 채무자 회생 및 파산에 관한 법률 제364조를 적용하여 주문과 같이 결정한다.

20○○. ○. ○.

재판장 판사 ○○○
판사 ○○○
판사 ○○○

주) 법인파산실무(서울중앙지방법원), 서식 참고 및 인용

[기재례 8] 파산관재인 변경공고

파산관재인 변경공고

사　　건　　20○○하합○○　파산선고
채 무 자　　주식회사 ○○
　　　　　　○○시 ○○구 ○○로 100의 1

위 사건에 관하여 다음과 같이 파산관재인이 변경되었으므로 채무자 회생 및 파산에 관한 법률 제313조 제3항, 제1항 제2호에 의하여 이를 공고합니다.

다　　　음

파산관재인 ○○○의 사임 신청을 허가하고, 20○○. ○. ○. 변호사 ○○○(주민등록번호, 사무소)을 위 사건의 후임 파산관재인으로 선임하였음.

20○○. ○. ○.

○○지방법원　제○○파산부

재 판 장　　판 사 ○○○
　　　　　　판 사 ○○○
　　　　　　판 사 ○○○

주) 법인파산실무(서울중앙지방법원), 서식 참고 및 인용

[기재례 9] 파산관재인 변경등기 촉탁

○○지방법원
제○파산부
등기촉탁서

○○지방법원 상업등기소장 귀하

사　　건　　20○○하합○○　파산선고
채 무 자　　주식회사 ○○
　　　　　　○○시 ○○구 ○○로 1001의 1

위 사건에 관하여 다음과 같이 파산관재인 변경등기를 촉탁합니다.

등기원인과 그 연월일

20○○. ○. ○. 파산관재인 ○○○의 사임신청을 허가하고 ○○○(서울 ○○구 ○○로 ○○)를 파산관재인으로 선임한 결정

등 기 목 적

파산관재인 사임등기 및 선임등기 등록세, 교육세 및 채무자 회생 및 파산에 관한 법률 제25조 제4항, 등기부등·등기촉탁수수료 초본 등 수수료 규칙 제5조의3 제2항 제1호에 의하여 면제

붙임　1. 파산관재인 사임신청허가결정 등본　1통
　　　2. 파산관재인 선임결정 등본　1통
　　　3. 인감신고서　1통
　　　4. 촉탁서 부본　1통

20○○. ○. ○.

재 판 장　　판 사 ○○○

주) 법인파산실무(서울중앙지방법원), 서식 참고 및 인용

[기재례 10] 배달촉탁 변경

○○지방법원
제○파산부
촉 탁 서

○○우체국장 귀하

사 건 20○○하합○○ 파산선고

채 무 자 주식회사 ○○
○○시 ○○구 ○○로 100의 1

위 사건에 관하여 채무자 회생 및 파산에 관한 법률 제484조에 의하여 다음과 같이 촉탁합니다.

다 음

채무자 주식회사 ○○에게 보내는 우편물 또는 전보는 이 법원 및 파산관재인이 발송한 것을 제외하고 파산관재인 ○○○(사무실 소재지 : 서울 ○○구 ○○로 1000의 1 ○○빌딩 202호)에게 배달하여 주시기 바랍니다. 끝.

붙임 1. 파산관재인선임결정 등본 1통
2. 촉탁서 부본 1통

20○○. ○. ○.

재 판 장 판 사 ○○○

주) 법인파산실무(서울중앙지방법원), 서식 참고 및 인용

[기재례 11] 파산관재인의 대리인 선임 인가결정

○○지방법원
제○파산부
결 정

사 건 20○○하합○○ 파산선고
채 무 자 ○○증권 주식회사
○○시 ○○구 ○○로 ○○
파산관재인 ○○○

주 문

파산관재인이 ○○○(주민등록번호, 주소)을 대리인으로 선임함을 인가한다.

이 유

채무자 회생 및 파산에 관한 법률 제362조 제2항을 적용하여 주문과 같이 결정한다.

20○○. ○. ○.

재판장 판사 ○○○
판사 ○○○
판사 ○○○

注) 법인파산실무(서울중앙지방법원), 서식 참고 및 인용

[기재례 12] 관리위원회 의견조회

○○지방법원
제○파산부

우) 12345 ○○구 ○○로 1701-1 / ☎ 530-○○○○ / 팩스 594-○○○○ / 주심: ○○○ 판사

시행일자	20○○. ○. ○.
수 신	○○지방법원 관리위원회
참 조	관리위원 ○○○
제 목	파산관재인선임 의견조회

1. ○○신용금고 주식회사에 대한 이 법원 20○○하합○○호 파산선고 신청사건과 관련된 내용입니다.
2. 채무자 회생 및 파산에 관한 법률 제355조 제1항에 의하여 다음 사항에 대한 의견을 조회하니, 20○○. ○. ○.까지 회신하여 주시기 바랍니다.

◇ 다 음 ◇

위 회사의 파산관재인으로 변호사 ○○○을 선임함에 관한 의견
※ 첨부 : 이력서 1통. 끝.

재 판 장 판 사 ○○○

....

의 견 서

○○지방법원 제○○파산부 귀중

의 견 :

20○○. ○. ○.

○○지방법원 관리위원회 위원장○○○

주) 법인파산실무(서울중앙지방법원), 서식 참고 및 인용

[2]
감사위원

1. 감사위원의 지위

가. 의 의

감사위원은 파산채권자 전체의 권리를 보호하기 위하여 채권자집회에서 선임되어 파산관재인의 직무집행을 감시하고 보조하는 것을 임무로 하는 합의제 기관을 말한다.

나. 실무상 운영실태

실무상 감사위원의 설치는 임의적인데다 감사위원의 보수지급 문제, 감사위원의 동의를 받기 위한 절차로 인한 파산절차의 지연 초래, 감사위원의 설치로 인한 파산관재인에 대한 법원의 감독권의 제한, 감사위원의 특정채권자에 대한 이익 대변의 폐단, 감사위원과 파산관재인의 유착 우려, 감사위원의 권한 남용 등의 문제로 원칙적으로 감사위원을 설치하지 않고 있다.[29]

2. 감사위원의 설치 및 선임

감사위원은 제1회 채권자집회에서 설치할 필요가 있다는 제안이 있는 경우에 한하여 채권자집회에서 선임하되(377조 1항), 선임에 대한 결의는 법원의 인가를 받아야 한다(377조 3항). 제안은 파산관재인뿐만 아니라 채권자도 할 수 있다. 제1회 채권자집회에서 감사위원에 대한 설치의 제안이 가결되면 감사위원의 수 및 감사위원으로 될 자에 대하여 결의를 하여야 한다. 감사위원의 수에는 제한이 없다. 감사위원은 법률이나 경영에 관한 전문가로서 파산절차에 이해관계가 없는 자로 선임하여야 한다(377조 2항). 감사위원의 설치에 대한 결의는 그 후의 채권자집회에서 변경이 가능하다(376조).

29) 서울중앙지방법원, 제4판 법인파산실무, 113p.

3. 감사위원의 권한과 의무

가. 감사위원의 권한과 직무

감사위원은 파산관재인의 직무집행을 감사한다(379조 1항). 이를 위하여 각 감사위원은 언제든지 파산관재인에게 파산재단에 관한 보고를 요구하거나 파산재단의 상황을 조사할 수 있고, 파산채권자에게 현저히 손해를 미치는 사실을 발견한 때에는 지체 없이 법원 또는 채권자집회에 보고하여야 한다(379조 2항, 3항). 감사위원은 파산관재인의 계산보고서에 관한 의견서를 제출하고, 파산관재인에 대한 해임신청도 할 수 있다(365조 3항, 364조). 감사위원은 파산관재인이 법원의 허가를 받아야 하는 행위(492조)에 대한 법원의 허가에 갈음하여 동의권을 가지며 파산관재인의 배당에 대한 동의권도 가지고 있다. 또한 감사위원은 채무자 및 그 대리인이나 이사 또는 지배인에 대하여 채무자의 파산에 관한 설명요구권(321조), 채권자집회소집 신청권(367조), 채권자집회에 있어서 결의의 집행금지신청권(375조) 등도 가지고 있다.

나. 직무집행의 방법

감사위원이 3명 이상 있는 경우에 감사위원의 직무집행은 그 과반수의 찬성으로 결정한다(378조 1항). 특별한 이해관계가 있는 감사위원은 이러한 표결에 참가할 수 없다(378조 2항).

다. 감사위원의 의무

감사위원은 선량한 관리자의 주의로써 직무를 수행하여야 한다(381조, 361조 1항). 감사위원이 이러한 선량한 관리자의 주의를 게을리한 때에는 이해관계인에게 손해배상책임이 있고, 주의를 게을리한 감사위원이 수인 있는 때에는 연대책임을 부담하게 된다(381조, 361조 2항, 3항).

4. 감사위원의 사임·해임

감사위원은 파산관재인과 달리 언제든지 사임할 수 있고, 법원에 사임서를 제출함으로써 사임의 효력이 발생한다. 또한 감사위원은 언제든지 채권자집회의 결의로 해임될 수 있고(380조 1항), 법원도 상당한 이유가 있는 때에는 이해관계인의 신청에 의하여 감사위원을 해임할 수 있다(380조 1항, 2항). 이러한 감사위원의 해임에 관한 재판에 대하여는 즉시항고를 할 수 있으되, 즉시항고에는 집행정지의 효력이 인정되지 않는다(380조 3항, 4항).

[기재례 13] 감사위원 선임인가결정

○○지방법원
제○파산부
결　　정

사　　건　20○○하합○○　파산선고
채 무 자　○○종합금융 주식회사
　　　　　○○시 ○○구 ○○로 ○○
파산관재인　○○○

주　　문

20○○. ○. ○. 채무자의 제1회 채권자집회에서 감사위원으로 ○○○(440000-1000000), ○○○(530000-1000000), ○○○(600000-1000000) 3인을 선임한 결의는 이를 인가한다.

이　　유

20○○. ○. ○. 채무자의 제1회 채권자집회에서 감사위원으로 ○○○(440000-1000000), ○○○(530000-1000000), ○○○(600000-1000000) 3인을 선임한 결의는 적정하다고 인정되므로, 채무자 회생 및 파산에 관한 법률 제377조 제3항에 의하여 이를 인가하기로 하여 주문과 같이 결정한다.

20○○. ○. ○.

재판장　판사 ○○○
　　　　판사 ○○○
　　　　판사 ○○○

주) 법인파산실무(서울중앙지방법원), 서식 참고 및 인용

[기재례 14] 감사위원에 대한 주의사항

감사위원의 권한과 책임

1. 직무권한

감사위원은 파산관재인을 지휘·지시하는 권한을 가지는 것이 아니라, 법에서 정한 바에 따라 파산관재인을 감시·보조하는 권한을 가진다.

(1) 파산관재 업무의 감시

- 감사위원의 주된 직무이다. 감사위원은 각자 언제라도 파산관재인에 대하여 파산재단에 관한 보고를 구하거나 파산재단의 상황을 조사할 수 있다. 감사위원은 파산채권자에게 현저하게 손해를 미칠 사실을 발견한 때에는 지체 없이 법원 또는 채권자집회에 보고하여야 한다(채무자 회생 및 파산에 관한 법률 제379조, 제499조).
- 합의에 의하여 파산관재인의 계산보고서에 관하여 의견서를 제출하고(제365조 ③), 파산관재인의 해임신청을 할 수 있다(제364조 ①).

(2) 파산관재 업무의 보조 (동의권)

- 감사위원은 일반채권 조사 전에 파산재단에 속하는 재산의 긴급환가(제491조), 파산재단 중 부동산 기타 중요 자산의 매각, 영업양도, 소의 제기, 권리포기, 재단채권의 승인 등(제492조), 임치 고가품의 반환청구(제500조 ①), 배당 및 배당률의 결정(제506조, 제515조 ②)에 관하여 동의권을 가진다.

(3) 고유권한

채무자 등에 대하여 파산에 관하여 필요한 설명의 요구(제321조), 채권자집회소집의 신청(제367조), 채권자집회에서의 결의의 집행금지신청(제375조 ①)의 권한을 가진다.

2. 직무상 의무

감사위원은 파산관재인과 마찬가지로 선량한 관리자의 주의로 직무를 집행할 의무를 가지고, 이를 태만히 한 경우에는 연대하여 손해배상책임을 진다(제381조, 제361조).

3. 직무집행의 방법

감사위원이 3인 이상 있는 경우, 직무집행은 그 과반수의 찬성으로 결정한다(제378조 ①). 특별한 이해관계를 가지는 자는 표결에 참가할 수 없다(제378조 ②). 만약 모든 감사위원이 특별 이해관계인인 경우에는 감사위원이 없는 경우에 해당하여 법원의 허가를 받아야 할 것이다.

4. **직무종료**

감사위원은 언제든지 사임할 수 있으며, 채권자집회의 결의로 해임하거나, 파산관재인 등 이해관계인의 신청에 의하여 법원이 해임할 수 있다(제380조 ①, ②).

주) 법인파산실무(서울중앙지방법원), 서식 참고 및 인용

[기재례 15] 감사위원 보수결정

○○지방법원
제○파산부
결　　정

사　　건　20○○하합○○ 파산선고
채 무 자　○○ 종합금융 주식회사
　　　　　○○시 ○○구 ○○로 ○○
파산관재인　변호사 ○○○
감사위원　○○○, ○○○, ○○○

주　　문

20○○. ○. ○. 이후의 감사위원 ○○○의 보수를 월 금 900,000원으로 정한다.

이　　유

채무자 회생 및 파산에 관한 법률 제381조, 제30조 제1항에 의하여 주문과 같이 결정한다.

20○○. ○. ○.

재판장　판사 ○○○
　　　　판사 ○○○
　　　　판사 ○○○

주) 법인파산실무(서울중앙지방법원), 서식 참고 및 인용

[기재례 16] 임치금보관장소에 대한 통지

○○지방법원
제○파산부
의 뢰 서

수 신 수신처 참조
사 건 20○○하합○○ 파산선고
채 무 자 ○○종합금융 주식회사
파산관재인 변호사 ○○○

위 사건에 관하여 20○○. ○. ○. 채무자의 제1회 채권자집회에서 감사위원으로 ○○○(○○○, 440000-1000000), ○○○(○○○, 530000-1000000), ○○○(○○○, 600000-1000000)이 선임되었으므로, 파산관재인 명의 예금의 지급절차 등에 관하여 다음과 같은 사항을 의뢰합니다.

다 음

1. 파산관재인으로부터 그 명의 예금의 지급·해약청구, 타 구좌로의 이체의뢰, 자동계좌이체의뢰 등이 있는 때에는, 감사위원의 동의서의 제시를 요구하고, 이를 확인한 다음 지급 등에 응하여 주십시오.
2. 위 예금구좌에 관하여는 현금카드가 발행되지 않도록 하여 주십시오.
3. 파산관재인이 위 예금을 담보로 융자를 신청하는 경우에는 감사위원의 차재에 대한 동의서의 제시를 요구하고 이를 확인한 다음 응하시기 바랍니다. 끝.

20○○. ○. ○.

재판장 판사 ○○○

수신처 : ○○은행 테헤란로지점, ○○은행 역삼동지점. 끝.

注) 법인파산실무(서울중앙지방법원), 서식 참고 및 인용

[3]
법인의 이사와 파산책임

1. 의 의

법인이 파산한 경우에는 해당 법인을 경영한 채무자의 발기인이나 이사·감사·검사인 또는 청산인(이하 '이사 등')에 대하여 부실경영에 대한 책임이 인정되는 경우가 적지 않는다. 이러한 이사 등에 대하여는 회사(파산관재인)가 민사소송을 제기하여 손해배상책임을 묻는 방법도 고려할 수 있으나 소송에는 상당한 시간과 비용이 소요되므로 신속을 요하는 파산절차에는 적합하지 않는 경우가 많다. 이에 통합도산법에서는 간이·신속하게 손해배상청구권의 존재 및 내용을 확정하고 손해배상을 명하는 손해배상청구권 등의 조사확정재판제도를 도입하였고(352조), 아울러 조사확정재판이 확정되기 전에 법인의 이사 등이 자기 소유의 개인 재산을 은닉하거나 처분하는 것을 대비해서 이사 등의 개별 재산에 대한 보전처분제도를 도입하였다(351조).

즉 법인의 이사 등에 대한 손해배상청구권의 확정재판제도나 이사 등의 재산에 대한 보전처분제도는 파산한 법인에 대한 부실경영에 대하여 중대한 책임이 있는 이사 등의 책임을 추궁하기 위한 제도라고 할 수 있다.

2. 법인의 이사 등의 재산에 대한 보전처분

법원은 법인인 채무자에 대하여 파산선고가 있는 경우 필요하다고 인정하는 때에는 파산관재인의 신청[30]에 의하거나 직권으로 채무자의 발기인·이사(상법 401조의2 1항에 의하여 이사로 보는 자 포함), 감사·검사인 또는 청산인에 대한 출자이행청구권 또는 이사 등의 책임에 기한 손해배상청구권을 보전하기 위하여 이사 등의 재산에 대한 보전처분을 할 수 있다(351조 1항). 특히 긴급한 필요가 있다고 인정하는 때에는 법원은 파산선고 전이라도 채무자의 신청에 의하거나 직권으로 이러한 보전처분을 할 수 있다(351조 3항).

한편 법원은 이미 내린 보전처분에 대하여 관리위원회의 의견을 들어 그 변경 또는

---

30) 이 경우에 있어 파산관재인의 신청은 의무적이다(351조 2항).

취소를 할 수 있다(351조 4항). 보전처분결정서와 그 변경·취소결정서는 당사자에게 송달하여야 한다(351조 7항). 보전처분결정과 그 변경·취소결정에 대하여는 즉시항고할 수 있으되(351조 5항, 7항), 즉시항고에는 집행정지의 효력이 인정되지 않는다(351조 6항). 즉시항고에 대한 재판에 대하여는 그 결정서를 당사자에게 송달하여야 한다(351조 7항). 이사 등의 재산에 대한 보전처분이 있는 때에는 그 실효성을 담보하기 위하여 법원사무관 등이 보전처분의 등기를 촉탁하여야 한다(규칙 10조 1항 2호, 2항).

3. 이사 등에 대한 손해배상청구권 등의 조사확정재판

가. 조사확정재판절차

법원은 법인인 채무자에 대하여 파산선고가 있는 경우 필요하다고 인정하는 때에는 파산관재인의 신청에 의하거나 직권으로 이사 등에 대한 출자이행청구권이나 이사 등의 책임에 기한 손해배상청구권의 존부와 그 내용을 조사확정하는 재판을 할 수 있다(352조 1항).[31] 이사 등에 대한 출자이행청구권은 상법상의 담보책임에 기한 청구권이고(상법 428조 1항), 이사 등에 대한 손해배상청구권[32]은 상법상 손해배상청구권에 기한 청구권이다(상법 399조, 428조 2항). 이때 파산관재인의 신청은 재량이 아니라 의무적이며, 신청시에는 원인되는 사실을 소명하여야 하는데(352조 2항, 3항), 소명은 위법배당의 경우에는 이사회 회의록, 결산서, 계산서류, 감사보고서, 공인회계사의 감정서 등에 의하여 할 수 있다. 실무상으로는 파산관재인의 제1회 채권자집회에서의 조사보고의 내용 중에 판단자료가 포함되어 있는 경우가 많다.

법원이 직권으로 조사확정절차를 개시하는 때에는 그 취지의 결정을 하여야 한다(352조 4항). 이러한 조사확정재판의 신청이나 조사확정재판개시결정에 대하여는 시효중단에 관하여 재판상의 청구가 있는 것으로 본다(352조 5항).

법원의 조사확정재판과 조사확정신청기각재판은 미리 이해관계인에 대한 심문절차를 거쳐 이유를 붙인 결정으로 하여야 한다(352조 6항, 7항). 조사확정절차는 파산절차

---

31) 이와 관련하여 파산선고 후의 주주의 대표소송은 허용되지 않는다(대법원 2002.7.12. 선고 2001다2617 판결).

32) 회사 외의 제3자가 이사 등에 대하여 손해배상책임을 묻는 것은 조사확정재판의 대상이 될 수 없고 이는 제3자가 개별적으로 민사소송을 통하여 손해배상청구를 하여야 한다(상법 401조).

가 종료되면 원칙적으로 종료하게 된다(352조 8항). 조사확정재판의 주문은 "파산관재인의 상대방에 대한 손해배상액을 ○○,○○○,○○○원 및 이에 대한 20○○. ○○.○○.부터 다 갚는 날까지 연 5%의 비율에 의한 금원으로 확정한다."라는 형태가 될 것이다. 조사확정결정이 있는 때에는 결정서를 당사자에게 송달하여야 한다(352조 9항). 조사확정재판은 이에 대한 이의의 소가 제소 기간 내에 제기되지 않거나 취하 또는 각하된 때에는 이행을 명한 확정판결과 동일한 효력이 인정된다(354조). 즉 확정된 조사확정재판은 기판력과 집행력이 인정되는 것이다.[33]

나. 조사확정재판에 대한 이의의 소

조사확정재판에 대하여 불복이 있는 자, 즉 확정재판의 대상이 된 이사 등이나 파산관재인 등 조사확정신청인은 결정서를 송달받은 날부터 1월의 불변기간 내에 조사확정재판에 대한 이의의 소를 제기할 수 있다(353조 1항, 2항).[34][35] 조사확정재판에 대한 이의의 소는 이를 제기하는 자가 이사 등인 때에는 파산관재인을, 파산관재인인 때에는 이사 등을 각각 피고로 하여 제기하여야 한다(353조 3항).

조사확정재판에 대한 이의의 소의 관할은 파산법원의 관할에 전속하고, 변론기일은 결정서를 송달받은 날부터 1월이 경과된 후가 아니면 개시할 수 없다(353조 4항). 한 개의 조사확정재판에 대하여 수개의 이의소송이 동시에 계속된 때에는 법원은 변론을 병합하여야 한다(353조 5항). 그리고 이의소송은 조사확정의 대상이 된 손해배상의무를 둘러싼 분쟁을 일괄하여 해결하는 것이 주목적이므로 당사자는 조사확정재판에서 주장하지 않은 사실에 대해서도 주장할 수 있다. 조사확정재판에 대한 이의의 소에서는 해당 소가 부적법 각하되는 경우를 제외하고는 조사확정재판에 대한 결정을 인가·변경 또는 취소하는 판결의 형식으로 하여야 하며(353조 6항), 이때 조사확정결정을 인가하거나 변경하는 판결은 강제집행에 관하여는 이행을 명한 판결과 동일한 효력이 인정되고 있다(353조 7항). 이의의 소에 대한 판결에 대하여는 각 당사자가 민사소송절차에 따라 항소할 수 있다.

---

33) 서울중앙지방법원, 제4판 법인파산실무, 371p.
34) 조사확정재판에 대하여는 결정의 형식으로 행하여지지만 불복신청방법으로 즉시항고는 인정되지 않는다.
35) 여기에서 이의의 소의 대상이 되는 조사확정재판이란 이사 등에게 일부라도 손해배상을 명하는 재판을 말하므로 조사확정신청을 기각하는 재판은 여기에 포함되지 않으며 이에 불복하려면 별도로 통상의 민사소송절차에 의하는 수밖에 없을 것이다.

[4]
채권자협의회

1. 채권자협의회의 지위

법인파산절차에서는 채권자들의 의사가 각자 개별적으로 표출되는 것보다는 채권자들의 의사를 결집하고 이를 파산절차에 반영할 수 있도록 하는 것이 채권자들 자신의 권리를 보호하고 나아가 파산절차에도 효율적으로 참여할 수 있는 것이므로 주요 채권 채권들을 구성원으로 하는 단체가 필요하다고 할 수 있는데, 그러한 채권자들의 구성단체를 채권자협의회라고 하고 통합도산법에서는 관리위원회 또는 법원(단, 관리위원회가 설치되지 않은 경우)으로 하여금 필수적으로 구성하도록 하고 있다(20조 1항 본문). 다만 채무자가 중소기업인 경우에는 채권자협의회를 구성하지 않을 수 있도록 예외를 인정하고 있고, 이에 따라 실무에서도 중소기업에 대한 파산에 있어서는 대부분 채권자협의회를 구성하고 있지 않고 있다(20조 1항 단서).[36] 특히 법인회생의 경우에는 기존 경영자 제도가 시행되고 있어서 채권자협의회가 기존 경영자에 대한 실효성 있는 견제 제도로써 작용할 수 있어 그 기능과 권한 강화의 필요성이 있을 것이지만 법인파산의 경우에는 파산의 특성상 청산이 목적인데다 배당의 정도도 미미하여 채권자협의회에 참가하려는 의지나 동기가 부족하고 따라서 채권자협의회가 억지로 구성된다고 하더라도 그 역할이나 기능을 기대하는 것이 곤란한 점도 채권자협의회를 구성하지 않는 실무의 경향에 일조를 하는 것이 아닌가 싶다.

2. 채권자협의회의 구성 및 운영

관리위원회 또는 법원(관리위원회가 설치되지 않은 경우)은 파산신청이 있은 후 채무자의 주요 채권자들을 구성원으로 하는 채권자협의회를 구성하여야 한다(20조 1항 본문). 다만 채무자가 중소기업자인 때에는 채권자협의회를 구성하지 않을 수 있다(20조 1항 단서, 중소기업기본법 2조 1항). 채권자협의회는 10인 이내로 구성되며, 관리위원회는 필요하다고 인정

36) 서울중앙지방법원, 제4판 법인파산실무, 125p.

하는 때에는 소액채권자들도 채권자협의회의 구성원으로 참여하게 할 수 있다(20조 2항, 3항). 법원은 결정으로 채권자협의회의 활동에 필요한 비용을 채무자에게 부담시킬 수 있다(21조 3항). 채권자협의회의 구성 및 운영에 관하여는 대법원규칙으로 정하도록 되어 있는데(21조 4항), 서울중앙지방법원에서는 "채권자협의회의 운영에 관한 준칙"을 제정하여 시행하고 있다.

3. 채권자협의회의 기능

채권자협의회는 채권자들간의 의견을 소정하여 다음과 같은 행위를 할 수 있다(21조 1항). 즉,

① 파산절차에 관한 의견 제시
② 파산관재인의 선임 또는 해임에 관한 의견 제시
③ 법인인 채무자의 감사(상법 415조의2의 규정에 의한 감사위원회의 위원 포함) 선임에 대한 의견 제시
④ 파산선고 후 회사의 경영상태에 관한 실사 청구
⑤ 법원이 요구하는 파산절차에 관한 사항
⑥ 그밖에 대통령령이 정하는 행위

4. 채권자협의회의 결정

채권자협의회의 의사는 출석한 구성원 과반수의 찬성으로 결정한다(21조 2항). 채권자협의회의 구성원이 아닌 채권자도 관리위원회의 허가를 얻어 채권자협의회의 회의에 참석하여 발언할 수 있으나 의결권은 인정되지 않는다(규칙 36조 3항).

5. 채권자협의회에 대한 자료제공

법원은 파산절차의 신청에 관한 서류·결정서·감사보고서 그밖에 대법원규칙이 정하는 주요 자료의 사본을 채권자협의회에 제공하여야 하고, 파산관재인도 법원에 대한 보고서류 중 법원이 지정하는 주요 서류를 채권자협의회에 분기별로 제출하여야 한다(22조 1항, 2항). 채권자협의회는 파산관재인에게 필요한 자료의 제공을 청구할 수 있고, 이에

따라 자료제공을 요청받은 자는 대법원규칙이 정하는 바에 따라 자료를 제공하여야 한다(22조 3항, 4항). 채권자협의회에 속하지 않은 채권자의 요청이 있는 때에는 채권자협의회는 제공받은 자료를 제공하여야 한다(22조 5항).

[5]

채권자집회

1. 채권자집회의 의의

채권자집회란 파산절차에서 채권자들의 의견을 반영하기 위하여 법원이 소집·개최하는 채권자들의 집회를 말하는데, 채권자집회에서는 통합도산법에서 정한 사항을 결의하고, 파산관재인이나 채무자 또는 이에 준하는 자로부터 보고 및 설명을 받는 등의 권한이 주어져 있는 집회이다.

2. 채권자집회의 종류

가. 법률상 소집이 규정되어 있는 집회

① 제1회 채권자집회(312조 1항 2호)

② 감사위원의 동의에 갈음하는 결의를 위한 집회(374조 1항)

③ 파산관재인의 임무종료에 의한 계산보고집회(365조 1항)

④ 재단부족에 의한 폐지의 의견을 듣기 위한 집회(545조 1항)

나. 그밖의 집회

① 파산관재인이나 감사위원 또는 신고한 총채권액에 대한 법원평가액의 1/5 이상에 해당하는 파산채권자의 신청에 의하여 소집된 집회(367조)

② 법원이 직권으로 소집한 집회

3. 채권자집회의 권한

① 파산관재인의 해임(364조)

② 감사위원의 설치·선임·해임(376조, 377조, 380조 1항)

③ 감사위원의 동의에 갈음하는 결정(374조 1항, 500조 1항)

④ 영업의 폐지·계속, 고가품의 보관방법 결정(489조)

⑤ 환가되지 못한 재산 처분에 관한 결의(529조)

⑥ 채무자나 그 대리인으로부터 필요한 설명을 들을 권리(321조 1항)

⑦ 파산관재인으로부터 파산에 이르게 된 사정, 채무자 및 파산재단에 관한 경과와 현상 등에 대하여 보고를 받을 권리(489조)

⑧ 파산관재인의 임무가 종료된 경우 파산관재인 또는 그 상속인으로부터 계산보고를 받을 권한(365조 1항)

⑨ 재단부족에 의한 파산폐지에 관하여 의견을 표명할 권한(545조 1항)

4. 소집절차 및 공고·송달과 지휘

제1회 채권자집회의 기일은 파산선고와 동시에 법원이 정하게 되는데(312조 1항 2호), 통합도산법에서는 파산선고를 한 날로부터 4월 이내의 날로 정하도록 되어 있지만 이는 훈시규정에 해당하므로 이와 달리 정할 수 있다. 채권조사기일과 관련하여, 채권자집회를 먼저 열고 채권조사기일을 별도로 여는 방법도 있지만, 비용과 시간의 낭비를 막고 미확정의 채권에 대하여 의결권을 부여하는 것은 타당하지 않는다는 차원에서 실무상 제1회 채권자집회와 채권조사기일을 병합하여 열고 있는 것이 실무이다.

법원은 파산관재인 또는 감사위원의 신청에 의하거나 직권으로 채권자집회를 소집하게 되며(367조 전단), 채권신고를 한 총채권에 관하여 법원이 평가한 액의 5분의 1이상에 해당하는 파산채권자의 신청이 있는 때에도 채권자집회를 소집하게 된다(367조 후단). 법원은 채권자집회를 소집할 때에는 집회기일과 회의의 목적사항을 공고하여야 한다(368조 1항). 결의 사항은 법정되어 있지만 실무에서는 이해관계인이 편의를 위하여 목적사항도 일시 및 장소와 함께 공고하고 있다. 다만 채권자집회에 대한 연기 또는 속행의 선고가 있는 때에는 송달 또는 공고를 하지 아니할 수 있다(368조 2항). 법원은 제1회 채권자집회에 있어서는 파산관재인이나 채무자 또는 알고 있는 파산채권자에 대하여 소정의 사항을 기재한 서면을 송달하여야 하되(313조 1항, 2항), 기타의 집회에 관하여는 발송송달 등 적당한 방법으로 통지하면 된다.

5. 채권자집회를 위한 사전준비

파산관재인은 제1회 채권자집회 전에 파산관재인보고서, 파산채권조사결과표, 제안서, 이의통지서 초안을 준비하되, 늦어도 집회 5일 전까지 이러한 서류들을 법원에 제출하는 것이 권장되고 있다. 파산관재인보고서는 파산선고에 이르게 된 사정과 채무자 및 파산재단에 관한 경과 및 현상에 관하여 파산관재인이 조사한 내용을 기재하는 서면으로서(488조), 비교대차대조표, 파산대차대조표, 대차대조표의 평가기준 및 평가조정사항, 재산목록 등을 첨부한 서류를 말한다(483조 2항). 파산관재인보고서에 기재하여야 할 구체적인 사항으로는 ① 채무자의 개요, ② 채무자의 영업상태, ③ 파산선고에 이르게 된 사정, ④ 파산선고와 그 시점에서의 재단의 상황, ⑤ 파산재단의 경과 및 현상, ⑥ 종업원에 대한 조치, ⑦ 조세 및 공과금의 유무와 내용, 기타 재단채권의 개요, ⑧ 계속 중인 소송의 상황, ⑨ 신고채권의 개요, ⑩ 예금의 보관방법, ⑪ 채권자집회 이후의 관재 방침, ⑫ 배당의 전망 등이다. 그리고 파산채권조사결과표는 실무상 '시·부인표'라고도 하는데, 접수번호의 순서대로 파산채권자의 채권신고액, 시인액, 이의액, 이의사유 등을 기재한 표로서, 파산관재인은 실무상 모든 파산채권이 기재되어 있는 총괄 인부표와 각 파산채권자마다 조사결과를 기재한 개별 인부표로 구분하여 작성해서 제출하는 것이 실무이다. 제안서는 파산관재인이 영업의 폐지나 계속, 고가품의 보관방법 등에 관하여 제안하는 경우에 그 제안과 제안의 이유에 대하여 간략히 설명을 덧붙여 놓은 서류이다.

파산관재인은 미리 채권자들에게 파산관재인보고서나 채권 '시·부인표' 등을 요약한 서류들을 배포하여 집회를 준비하고, 출석상황표 및 의결표를 미리 작성하여 법원에 제출해 두어야 한다.

6. 채권자집회의 결의

가. 집회의 지휘 및 결의

채권자집회는 법원이 지휘한다(369조). 의결권 있는 채권자가 1인만 출석하여도 개회 및 결의는 가능하다. 채권자집회는 구두변론절차가 아니므로 공개할 필요가 없지만 실무상으로는 제1회 채권자집회는 공개로 진행하고 있다.

나. 채권자집회의 의결권

1) 의결권자 및 의견권의 행사

채권자집회에서의 의결권은 파산채권자 중에서 파산관재인 또는 파산채권자가 채권조사절차에서 그 의결권에 관하여 이의를 제기하지 않은 자에 대하여 인정된다. 파산채권자는 의결권을 통일하지 않고 행사할 수 있는데, 이 경우 채권자집회 7일 전까지 법원에 그 취지를 서면으로 신고하여야 한다(371조 1항, 2항). 파산채권자는 대리권을 증명하는 서면을 제출함으로써 대리인에 의하여 그 의결권을 행사할 수 있다(372조 1항, 2항). 파산채권자의 의결권은 확정채권액에 따라 행사하는 것이 원칙이고, 따라서 미확정채권, 정지조건부채권, 장래의 청구권 또는 별제권의 행사에 의하여 변제를 받을 수 없는 채권액에 관하여는 파산관재인 또는 파산채권자가 이의를 제기한 때에는 법원은 의결권을 행사하게 할 것인지의 여부와 의결권을 행사할 금액을 결정하여야 한다(373조 1항, 2항). 이에 관한 법원의 결정에 대하여는 이해관계인의 신청에 의하여 언제든지 변경할 수 있다(373조 3항). 파산채권자라도 후순위 파산채권(446조)에 대하여는 의결권이 인정되지 않는다(373조 5항).

2) 결의의 성립

채권자집회의 결의에는 의결권을 행사할 수 있는 출석 파산채권자의 총채권액의 2분의 1을 초과하는 채권을 가진 자의 동의가 있어야 한다(370조 1항). 채권자집회의 결의에 관하여 특별한 이해관계를 가진 자는 의결권을 행사할 수 없다(370조 2항).

3) 결의의 효력

결의가 유효하게 성립하면 그 결의에 출석하지 않은 채권자나 동의하지 않은 채권자 또는 파산관재인을 모두 구속하게 된다. 다만 유효한 결의가 성립된 경우라고 하더라도 채권자집회의 결의가 파산채권자 일반의 이익에 반하는 때에는 법원은 파산관재인·감사위원 또는 파산채권자의 신청이나 직권으로 결의의 집행을 금지할 수 있다(375조 1항).

[기재례 17] 결의집행금지결정

○○지방법원
제○파산부
결　　정

사　　　건　20○○하합○○　파산선고
채　무　자　주식회사 ○○
　　　　　　○○시 ○○구 ○○로 ○○
파산관재인　○○○

주　　문

20○○. ○. ○. 15:00 채무자의 제1회 채권자집회에서 가결된 별지 기재결의의 집행을 금지한다.

이　　유

주문 기재 채권자 집회에서 별지 기재와 같이 감사위원을 설치·선임하는 결의가 가결되었다. 그러나 위 결의에서 선임된 감사위원 중 ○○○은 채무자의 단일 주주이자 다액 채권자인 ○○의 직원으로서 감사위원이 되기에 부적절한 점, 채무자의 자산과 부채의 상황, 채권자의 수, 파산재단에 속하는 재산의 규모, 권리관계의 복잡성의 정도, 파산재단의 평가 및 환가의 난이도 등 이 파산사건에 관한 모든 사정을 참작하면 위 결의는 파산채권자 일반의 이익에 반하므로, 채무자 회생 및 파산에 관한 법률 제375조 제1항에 의하여 직권으로 그 집행을 금지하기로 하여 주문과 같이 결정한다.

20○○. ○. ○.

재판장　　판사 ○○○
　　　　　판사 ○○○
　　　　　판사 ○○○

〈별지〉

결 의 사 항
1. 감사위원을 설치한다. 2. 감사위원은 3인으로 한다. 3. 감사위원으로는 ○○○(○○○), ○○○(○○○), ○○○(○○○)을 선임한다. 끝.

주) 법인파산실무(서울중앙지방법원), 서식 참고 및 인용

제2장

법인파산 각론

제 1 절 파산신청과 파산선고

[1] 파산신청과 그 심리 및 재판

1. 파산신청권자

파산신청은 채무자뿐만 아니라 채권자도 신청할 수 있다. 이러한 채무자나 채권자에는 내·외국인을 포함한 자연인뿐만 아니라 법인이나 비법인 사단·재단도 포함된다(294조, 2조). 다만 법인의 경우에는 그 이사(주식회사, 유한회사, 민법 기타 법률상의 법인)나 무한책임사원(합명회사, 합자회사)이 파산신청을 할 수 있고, 비법인 사단·재단의 경우에는 그 대표자나 관리자가 신청할 수 있다. 금융감독위원회도 파산신청을 할 수 있다.[37]

2. 파산원인

파산원인은 지급불능상태 또는 지급정지상태(305조) 및 채무초과상태(306조, 단 합명회사·합자회사 이외의 법인의 파산원인)이다. 법인의 특성상 그 해산 후에도 잔여재산의 인도 또는 분배가 종료하지 않는 동안은 파산신청을 할 수 있다(298조).

3. 파산신청서의 작성

가. 통합도산법상 파산신청서의 기재사항(302조)

① 신청인(채권자 및 채무자 포함)의 성명 및 주소

② 채무자의 상호, 주된 사무소 또는 영업소의 소재지, 대표자의 성명

③ 신청취지[38]

---

37) 금융산업의 구조개선에 관한 법률 16조.

38) 신청취지에는 파산선고와 동시에 파산폐지를 구하는 경우에는 그 취지도 함께 기재하여야 하고, 파산재단에 속하는 재산액이 5억원 미만인 경우에는 간이파산을 구하는 취지도 함께 기재하여야 한다.

④ 신청원인

⑤ 채무자의 사업목적과 업무의 상황

⑥ 채무자의 발행주식 또는 출자지분의 총수, 자본의 액과 자산, 부채 그밖의 재산상태

⑦ 채무자의 재산에 관한 다른 절차 또는 처분으로서 신청인이 알고 있는 것

⑧ 채권자가 파산신청을 하는 때에는 그가 가진 채권의 액과 원인

⑨ 주주·지분권자가 파산신청을 하는 때에는 그가 가진 주식 또는 출자지분의 수 또는 액39)

나. 통합도산법상 파산신청서의 첨부서면

① 채권자목록

② 재산목록

③ 채무자의 수입 및 지출에 관한 목록

④ 그밖의 대법원규칙에서 정하는 사항

◉ 채무자 회생 및 파산에 관한 법률

규칙 제72조(파산신청서에 첨부할 서류) ① 법 제302조 제2항 제4호에 규정된 "그밖에 대법원규칙에서 정하는 서류"는 다음 각 호의 서류를 말한다.

1. 채무자가 개인인 경우에는 호적등본(가족관계증명서), 주민등록등본, 진술서, 그밖의 소명자료
2. 채무자가 개인이 아닌 경우에는 법인등기사항증명서, 정관, 파산신청에 관한 이사회 회의록, 그밖의 소명자료

② 제1항 제1호의 진술서에는 다음 각 호의 사항을 기재하여야 한다.

1. 채무자에 관하여 법원에 회생절차 또는 개인회생절차가 계속되어 있는 경우 해당 사건이 계속되어 있는 법원 및 사건의 표시
2. 채무자가 개인인 경우에는 법 제564조에 의한 면책허가결정 또는 법 제624조에 의한 면책결정을 받은 적이 있는지 여부 및 있는 경우 그 결정의 확정일자

---

39) 통합도산법상 주주·지분권자는 파산신청권이 없으므로(294조, 295조) 법인파산신청서의 기재사항 중의 하나로써 "주주·지분권자가 파산신청을 하는 때에는 그가 가진 주식 또는 출자지분의 수 또는 액"을 규정한 것(302조 1항 10호)은 오류로 사료된다. 차후 통합도산법 개정시 그 삭제가 요망된다.

4. 관할법원에 제출

가. 관할법원

1) 원칙적 관할

① 법인채무자에 대한 파산신청은 채무자의 보통재판적 소재지 또는 주된 사무소·영업소 소재지 관할 회생법원에 신청하면 되며(3조 1항 1호, 2호), 보통재판적 소재지 또는 주된 사무소·영업소가 없는 경우에는 채무자의 재산소재지 관할 회생법원에 신청하면 된다(3조 1항 3호). 사물관할은 합의부의 관할에 속한다(3조 5항).

② 유한책임신탁재산에 관한 파산사건은 수탁자의 보통재판적 소재지(수탁자가 여럿인 경우에는 그 중 1인의 보통재판적 소재지)를 관할하는 회생법원의 관할에 전속하되, 이에 따른 관할법원이 없는 경우에는 유한책임신탁재산소재지(채권의 경우에는 재판상 청구를 할 수 있는 곳)를 관할하는 회생법원의 관할에 전속한다(3조 7항, 8항).

2) 특례 관할

① 법인채무자에게 주된 사무소·영업소가 있는 경우에는 그 주된 사무소·영업소 소재지를 관할하는 고등법원 소재지의 회생법원에도 파산신청을 할 수 있다(3조 2항).

② 「독점규제 및 공정거래에 관한 법률」에 따른 계열회사에 대한 회생사건 또는 파산사건이 계속되어 있는 경우 계열회사 중 다른 회사에 대한 파산신청은 그 계열회사에 대한 회생사건 또는 파산사건이 계속되어 있는 회생법원에도 파산신청을 할 수 있다(3조 3항 1호).

③ 법인에 대한 회생사건 또는 파산사건이 계속되어 있는 경우 그 법인의 대표자에 대한 파산신청은 그 법인에 대한 회생사건 또는 파산사건이 계속되어 있는 회생법원에도 신청할 수 있다(3조 3항 2호).

④ 주채무자와 보증인 사이 또는 채무자와 그와 함께 동일한 채무를 부담하는 자 사이에 어느 일방에 대한 회생사건이나 파산사건 또는 개인회생사건이 계속되어 있는 경우에는 타방에 대한 파산신청은 그 회생사건이나 파산사건 또는 개인회생사건이 계속되어 있는 회생법원에도 파산신청을 할 수 있다(3조 3항 3호).

⑤ 채권자수가 300인 이상으로서 500억원 이상의 채무를 부담하는 법인에 대한 파

산사건은 서울회생법원에도 신청할 수 있다(3조 4항, 시행령 12조의2).

나. 관할법원에 제출

법인파산신청서는 관할법원에 제출하여야 하는데, 앞서 본 바와 같이 법인파산의 관할법원은 원칙적으로 법인의 보통재판적 소재지 또는 주된 사무소·영업소 소재지를 관할하는 회생법원의 합의부에서 관할하는 외에(3조 1항, 5항), 특례관할의 인정에 의하여 관할법원으로 인정되는 회생법원(3조 2항~8항)에서도 관할하게 되므로 위 법원 중 어느 하나의 법원에 제출하면 된다. 다만 관할법원이 아닌 법원에 법인파산신청서가 제출되었다고 해서 바로 각하하는 것이 아니고 접수 법원에서는 직권으로 관할법원으로 이송하여 처리하도록 하고 있다(4조).

5. 파산심리

가. 심리의 방법

파산신청이 있는 경우에는 법원은 파산선고 여부를 결정하기 위하여 채무자에게 심문기일을 지정·통지하여 심리하게 되는데, 일반 민사소송과는 달리 파산절차에서는 임의적 변론과 직권조사가 원칙이므로(12조) 구두변론 없이 법원의 직권으로 심리를 진행하여 파산선고에 필요한 조사를 하는 것이 실무이다. 법인파산의 경우에는 법인의 대표자를 심리하는데, 부도난 회사의 특성상 대표자가 도망 등으로 소재불명인 경우가 많으므로 이러한 경우에는 법인의 이사 중에서 적당한 자를 심리하게 되며, 심리사항의 대부분이 경리에 관한 것이기 때문에 경리·회계담당을 참석시키는 경우가 많다. 채권자가 법인파산을 신청한 사안의 경우에는 채권자 또는 그 대리인에게도 심문기일을 통지하며, 채권자로서는 채권의 존재 및 파산원인 사실을 소명하여야 한다(294조 2항).

채무자를 심문하는 주된 목적은 주로 파산관재인의 업무를 위한 자료를 수집하는 데 있으므로 법인파산의 경우에 있어서 주요 심문사항은 회사의 설립, 인적 구성, 영업 내용 등 법인의 현황에 관한 사항과 부채 및 자산에 관한 사항, 파산원인의 존재 여부, 부도 후의 상황, 부인권 대상 행위의 존재 여부 등에 관하여 중점적으로 심리하게 된다.

나. 실무상 주요 심문사항[40)]

1) 채무자의 개요

① 회사설립 경위, 영업목적·내용, 영업소 본점 및 지점, 공장소재

② 결산기, 월매출액, 거래은행, 주거래처

③ 종업원 수와 그 증감현황

④ 장부 및 인감소재

⑤ 인가사업 유무 및 관계회사

⑥ 회사 임직원의 형사처벌 또는 수사진행 상황

⑦ 회사 임직원에 대한 손해배상청구권과 보전처분의 대상인 재산

2) 신청채권의 존재(채권자가 신청한 경우에 한함)

① 채무자와 거래내용

② 채무자에 대한 채권의 존부 및 내용

3) 파산원인

① 은행거래정지처분을 받았는지 여부 및 정지처분 일시

② 어음부도 여부 및 그 일시와 부도금액

③ 강제집행·보전처분·담보권실행 진행여부

④ 채권자에 대한 통지 여부, 재산정리 경과, 폐점 여부

⑤ 기타 파산에 이르게 된 경위

4) 부도 후의 경과

① 사적으로 채무를 정리한 실적이 있는지 여부

② 다른 회사 설립의 유무 및 그 내용

③ 종업원 해고 여부

④ 노동조합의 존재 여부 및 상황

⑤ 소송 진행 상황

---

40) 서울중앙지방법원, 제4판 법인파산실무 39p~41p 인용 및 참고.

5) 부 채

① 부채총액 및 채권자 총수

② 은행차입금 내역(은행명, 금액, 예대상계 후 잔액)

③ 고율의 차입금 유무

④ 일반상거래 채무(금액, 채권자수)

⑤ 담보권 내역(담보권자, 피담보채권액, 담보목적물)

⑥ 미지급 임금 및 퇴직금

⑦ 체납조세 및 체납공과금

6) 자 산

① 자산총액 및 부도 이후의 변동 상황

② 소유 부동산 내역(평가액, 담보설정액, 잉여예상액)

③ 임차부동산 내역(임차보증금, 임차조건, 연체차임 여부)

④ 현금(금액, 보관자)

⑤ 예금(당좌·보통·정기예금 명세, 차입금과의 상계가능성)

⑥ 유가증권 및 어음(명세, 부도가능성)

⑦ 재고(원재료·제품·반제품 구분, 평가액)

⑧ 기계공구(명세, 평가액)

⑨ 집기비품(명세, 평가액)

⑩ 가입전화사용권(대수, 평가액, 체납요금 여부)

⑪ 자동차(명세, 평가액, 소유권유보 여부, 미납 잔대금 여부)

⑫ 출자금(명세, 평가액)

⑬ 기타 재산 내역(대여금·전도금·보험계약·무체재산권 등)

7) 부인대상행위의 유무

① 동산·부동산의 처분 여부

② 매출채권·어음의 양도 여부

③ 변제·대물변제·담보권설정 여부

④ 미이행 쌍무계약 유무

8) 채무자의 의견

① 사건처리에 대한 의견

② 영업양도에 의한 사업계속 의사 및 가능성

9) 기 타

① 관할우체국

② 전화번호 등 연락처

6. 파산신청의 효과

가. 시효중단의 효과

채권자가 법인파산을 신청한 경우에는 재판상 청구에 해당되어 시효중단의 효과가 발생한다. 다만 파산신청이 각하 또는 취하된 경우에는 시효중단의 효력이 생기지 않는다.

나. 집행장애 사유 여부

파산신청 자체만으로는 집행장애의 사유가 되지 않는다(대판 1999.8.13. 99마2198·2199).

7. 파산신청에 대한 재판

가. 각하결정

각하결정은 파산신청이 그 형식적 요건을 구비하지 못하였거나 신청기간 내지 보정기간이 경과된 경우에 내리는 결정이다. 즉 채권자가 파산을 신청하였으나 채권의 존재를 소명하지 않은 경우, 회생절차개시결정이 있음에도 불구하고 파산신청을 한 경우(58조 1항 1호, 600조 1항 1호),[41] 재도의 파산신청의 경우 등에 해당되는 경우에 각하결정을 하는 것이다.

---

41) 다만 실무상 회생절차가 폐지될 것을 예상하여 미리 파산신청을 한 경우에는 법원은 그 폐지가 확실시된다고 판단될 경우 일단 그 진행상황을 살펴서 폐지가 확정된 후 파산절차를 속행하고 있는 것으로 보인다.

나. 기각결정

1) 의 의

통합도산법에서는 파산기각사유로서 절차비용의 미납부, 법원에 회생절차가 계속되어 있고 그 절차에 의함이 채권자 일반의 이익에 부합하는 때, 파산원인의 부존재, 신청인의 소재불명, 그밖에 신청이 성실하지 않는 때를 들고 있고(309조 1항), 파산원인이 존재하는 경우에도 파산절차의 남용에 해당한다고 인정되는 때에는 심문을 거쳐 파산신청을 기각할 수 있도록 하고 있다(309조 2항). 아래에서 구체적으로 살펴보기로 한다.

2) 기각사유(309조)

가) 절차비용 미납(1항 1호)

여기의 절차비용에는 인지, 송달료, 파산관재인 선임비용 등이 해당된다. 이는 신청자가 채무자이든 채권자이든 묻지 않고 절차비용을 납부하지 않는 때에는 기각처리된다.

나) 회생절차의 계속(1항 2호)

동일한 채무자에 대하여 법원에 회생절차(2편)가 계속되어 있고, 그 절차에 의함이 채권자 일반의 이익에 부합하는 때에는 파산신청이 기각될 수 있다. 이는 회생절차가 파산절차에 비하여 채권자들에게 이익이 되기 때문이다. 같은 취지로 회생절차가 개시되기 전이라도 채무자가 상당기간 사업을 하여 향후 정기적인 소득이 예상되는 경우에는 법원은 파산을 기각할 수 있다.

다) 파산원인의 부존재(1항 3호)

여기에는 파산원인[42]에 대한 소명이 부족한 경우, 채무자(대표자)가 적법한 소환을 받고도 2회 이상 심문기일에 출석하지 않고 보정명령에도 응하지 않는 경우 등이 해당될 것이다. 파산신청 당시 자산보다 부채가 많은 경우에는 채무자의 보유자산과 향후 소득으로 채무의 대부분을 계속적으로 변제할 수 있는 상태에 있다는 등의 특별

42) 파산원인은 지급불능을 말하는데(305조 1항), 지급불능이란 채무자가 변제능력이 부족하여 즉시 변제하여야 할 채무를 일반적·계속적으로 변제할 수 없는 객관적 상태를 말한다(대법원 2009.3.2.자 2008마1651 결정). 채무자가 지급을 정지한 때에는 집행불능인 것으로 추정한다(305조 2항).

한 사정이 없는 한 채무자에게 파산원인이 있는 것으로 보아야 한다.[43]

라) 신청인의 소재불명(1항 4호)

파산신청 이후 신청인의 연락두절로 파산심문 등 다음 절차를 진행할 수 없는 경우 등이 여기에 해당된다. 신청인이 채권자인 경우에는 채무자의 소재불명은 파산기각사유로 되지 않는다.

마) 그밖에 신청이 성실하지 않는 때(1항 5호)[44]

여기에는 파산신청서의 각 기재사항에 대한 소명이 없거나 부실한 경우[45] 또는 허위의 소명자료를 제출한 경우, 보정명령에 불응한 경우, 2회 이상 심문기일에 불응한 경우 등이 해당될 것이다.[46] 채무자가 보정명령에 응한 경우에는 설령 법원의 요구사항을 충족하지 못한 경우라고 하더라도 추가 보정요구 등 이를 시정할 기회를 주지 않은 채 파산신청을 기각하는 것은 허용되지 않는다.[47]

바) 파산절차의 남용으로 인정되는 때(2항)

채무자에게 변제자력이 있어 회생절차를 이용할 수 있음에도 불구하고 파산신청을 하는 것은 파산절차의 남용에 해당되어 파산신청이 기각될 수 있다. 이와 같은 여건인데도 파산신청을 허용하는 것은 회생절차를 파산절차보다 우선시하는 입법취지에도 맞지 않고 채무자의 도덕적 해이를 조장할 수 있기 때문에 통합도산법 제정시 미국 연방파산법의 파산신청 남용에 의한 기각조항[48]을 도입한 것이다.[49] 따라서 법

---

43) 서울중앙지방법원, 제4판 개인파산·회생실무, 73p.

44) 채무자 회생 및 파산에 관한 법률 제309조 제1항 제5호에서 파산신청의 기각사유로 규정하고 있는 '신청이 성실하지 아니한 때'라 함은 채무자가 위 법률 제302조 제1항에 정한 신청서의 기재사항을 누락하였거나 위 법률 제302조 제2항 및 '채무자 회생 및 파산에 관한 규칙' 제72조에 정한 첨부서류를 제출하지 아니하였고, 이에 대하여 법원이 보정을 촉구하였음에도 채무자가 정당한 사유 없이 응하지 아니한 경우를 말하며, 따라서 법원이 보정을 명한 사항이 위와 같이 법령상 요구되지 않는 내용에 관한 것이라면 채무자가 그 사항을 이행하지 못하였다 하더라도 이를 이유로 파산신청을 기각하는 것은 허용되지 않고, 또한 채무자가 법원의 보정 요구에 일단 응한 경우에는 그 내용이 법원의 요구사항을 충족시키지 못하였다 하더라도 법원이 추가적인 보정 요구나 심문 등을 통하여 이를 시정할 기회를 제공하지 아니한 채 곧바로 파산신청을 기각하는 것은 허용되지 않는다(대법원 2008.9.25.자 2008마1070결정).

45) 서울중앙지방법원 2006.11.17.자 2006하단6782 결정.

46) 대법원 2008.9.25.자 2008마1070 결정.

47) 대법원 2008.9.25.자 2008마1070 결정; 2012.1.12.자 2011마2059·2060 결정; 2012.4.13.자 2012마271·272 결정.

48) 미국 연방파산법 제707조에서는 남용에 관하여 상세한 규정을 두고 있는데, 위 규정상 남용에 해당하는 경우로는 ① 불성실 신청(bad filing) 또는 채무자의 재정상황을 종합적으로 고려할 때 남용이라고 판단되

원은 채무자에게 파산원인이 존재하기는 하지만 파산신청이 파산절차의 남용에 해당한다고 인정되는 때에는 심문을 거쳐 파산신청을 기각할 수 있는 것이다. 남용의 구체적인 판단기준에 관하여 판례는 채무자의 변제능력을 들기도 하고,[50] 권리남용을 들기도 한다.[51]

파산절차의 남용에 해당된다고 하여 파산신청을 기각하려면 반드시 채무자(대표자)에 대한 심문절차를 거쳐야 한다(309조 2항).

다. 파산선고 결정

채무자가 지급불능 상태에 있는 등 파산원인이 존재하고 이송 또는 각하·기각 사유가 없으면 법원은 채무자에 대하여 파산을 선고하여야 하는데, 특별한 사정이 없는 한 파산신청일부터 30일 이내에 파선선고 여부를 결정하여야 한다. 파산선고는 법원의 결정으로 하며, 결정문에는 파산선고의 문구, 파산원인이 인정되는 사유(305조, 33조, 민사소송법 224조 1항, 208조), 파산선고의 연월일시를 기재하여야 한다(310조). 파산선고는 그 확정시가 아니라 선고시부터 효력을 발생하며, 이는 채무자 등에 대한 파산선고의 통지가 송달불능되어도 마찬가지이다. 법원은 파산선고와 동시에 파산폐지결정을 할지 파산관재인을 선임하여 진행할지를 결정하여야 한다.

8. 파산결정에 대한 불복

파산선고에 대하여는 즉시항고할 수 있다(316조 1항). 즉시항고를 제기할 수 있는 자는 채권자가 파산신청을 한 경우에는 채무자 또는 신청인 외의 다른 채권자이고, 채무자가 파산신청을 한 경우에는 채권자 또는 신청인 외의 법인의 이사·청산인 등 임원이다. 항고기간은 파산선고에 대한 공고의 효력이 발생한 날[52]부터 14일 이내이다. 한편 동시폐

는 경우[§707(b)(3)]와 ② 채무자에 대한 재산심사(means test)를 통하여 남용으로 추정되는 경우[§707(b)(2)] 등 2가지로 나누어볼 수 있다(서울중앙지방법원, 제4판 개인파산·회생실무, 82p).

49) 서경환, "파산신청이 파산절차의 남용에 해당하는지 여부의 판단", 대법원 판례해설 제79호(2009), 136~137p.

50) 대법원 2009.5.28.자 2008마1904·1905 결정; 2009.9.11.자 2009마1205 결정; 2009.11.6.자 2009마1464·1465 결정.

51) 대법원 2011.1.25.자 2010마1554·1555 결정.

52) 공고의 효력이 발생한 날이란 관보에 게재된 날의 다음 날 또는 대법원 인터넷 홈페이지에 게재된 날의 다음 날 오전 0시를 말한다.

지 사건의 경우에는 동시폐지결정에 대하여만 즉시항고하는 것도 가능하다(317조 3항). 즉시항고에는 집행정지의 효력이 인정되지 않는다(316조 3항).

9. 파산신청의 취하

파산신청에 대한 취하는 파산선고 전까지만 가능하며, 파산선고 후에는 그 확정 전이라도 취하가 불가하다. 이는 파산선고의 효력이 모든 이해관계인에게 미치고 총채권자를 위하여 파산의 효력이 미치기 때문에 일단 파산선고가 내려진 이상 파산신청인의 의사에 따라 그 효력이 좌우되어서는 안되기 때문이다(311조).

[기재례 18] 채무자심문기일지정결정

○○지방법원
제○○파산부
결 정

사 건 20○○하합○○ 파산선고
신 청 인 ○○ 주식회사
겸 ○○시 ○○구 ○○로 ○○
채 무 자 대표이사 ○○○

위 사건에 대하여 다음과 같이 채무자 심문을 시행한다.
위 심문은 수명법관으로 하여금 하게 한다.

다 음

1. 심문일시 : 20○○. ○. ○. 15:00
2. 심문장소 : ○○지방법원 별관 제202호 법정

20○○. ○. ○.

재판장 판사 ○○○
판사 ○○○
판사 ○○○

위 수명법관으로 판사 ○○○을 지정한다.

20○○. ○. ○.

재판장 판사 ○○○

注) 법인파산실무(서울중앙지방법원), 서식 참고 및 인용

[기재례 19] 파산신청각하결정(채권자신청, 비용미납)

○○지방법원
제○○파산부
결 정

사 건 20○○회합○○ 파산선고
신 청 인 ○○○
○○시 ○○구 ○○로 ○○○

채 무 자 주식회사 ○○○
○○시 ○○구 ○○로 ○○○
대표이사 ○○○

주 문

이 사건 신청을 각하한다.

이 유

신청인은 이 법원이 정한 기간 내에 파산절차비용 금 800만원을 예납하지 아니하였으므로 채무자 회생 및 파산에 관한 법률 제309조 제1항 제1호를 적용하여 주문과 같이 결정한다.

20○○. ○. ○.

재판장 판사 ○○○
판사 ○○○
판사 ○○○

주) 법인파산실무(서울중앙지방법원), 서식 참고 및 인용

[기재례 20] 파산신청기각결정

○○지방법원
제○파산부
결 정

사 건 20○○회합○○ 파산선고

신 청 인 ○○○
○○시 ○○구 ○○로 ○○

채 무 자 주식회사 ○○○
○○시 ○○구 ○○로 ○○
대표이사 ○○○

주 문

1. 신청인의 신청을 기각한다.
2. 신청비용은 신청인의 부담으로 한다.

신 청 취 지

채무자 주식회사 ○○○를 파산자로 한다.

이 유

신청인은 채무자 회사에 대하여 금 ○○원의 채권을 보유하고 있고, 채무자 회사에 지급불능의 파산원인 사실이 있다고 주장함에 대하여, 채무자는 신청인의 회사에 대한 채무는 이미 변제로 소멸하였다고 주장한다.

살피건대, ...에 의하면 채무자가 신청인에 대한 채무를 부담하고 있는 사실을 인정하기에 부족하므로, 신청인의 이 사건 신청은 더 나아가 살필 필요 없이 이유 없어 이를 기각하기로 하여 주문과 같이 결정한다.

20○○. ○. ○.

재 판 장　　판 사 ○○○

판 사 ○○○

판 사 ○○○

주) 법인파산실무(서울중앙지방법원), 서식 참고 및 인용

[기재례 21] 파산취소 공고

주식회사○○ 파산취소결정 공고

사　　건　　20○○하합○○　파산선고

채 무 자　　주식회사 ○○○
○○시 ○○구 ○○로 ○○
대표이사 ○ ○ ○

위 사건에 관하여 이 법원이 20○○. ○. ○. 10:00 선고한 파산결정에 대하여 위 채무자가 즉시항고를 하여 ○○고등법원이 20○○. ○. ○. 다음과 같은 결정을 하였고 이 결정이 확정되었으므로 채무자 회생 및 파산에 관한 법률 제325조 제1항에 의하여 다음과 같이 공고합니다.

다　　　음

1. 주문
원결정을 취소한다. 상대방의 파산신청을 기각한다. 이 사건 파산신청 및 항고의 비용은 상대방의 부담으로 한다.

20○○. ○. ○.

○○지방법원 제○○파산부

재 판 장　　판 사 ○○○
판 사 ○○○
판 사 ○○○

주) 법인파산실무(서울중앙지방법원), 서식 참고 및 인용

[기재례 22] 파산취소 통지

파산 취소에 따른 통지서

채무자 주식회사 ○○(○○시 ○○구 ○○로 ○○, 대표이사 ○○○)에 대한 이 법원 20○○하합○○ 파산사건에 관하여, 이 법원이 20○○. ○. ○. 선고한 파산결정이 20○○. ○. ○. 광주고등법원에서 다음과 같이 결정되고 이 결정이 확정되었으므로, 채무자 회생 및 파산에 관한 법률 제325조 제2항, 제313조 제2항에 의하여 통지합니다.

다 음

1. 주문

원 결정을 취소한다. 상대방의 파산신청을 기각한다. 이 사건 파산신청 및 항고의 비용은 상대방의 부담으로 한다.

20○○. ○. ○.

○○지방법원 제○○파산부 재판장 판 사 ○○○

주) 법인파산실무(서울중앙지방법원), 서식 참고 및 인용

[기재례 23] 파산취소결정 기입등기 촉탁

○○지방법원
제○파산부
등기촉탁서

○○지방법원 상업등기소 귀하

사　　건　　20○○하합○○　파산선고
채 무 자　　주식회사 ○○
　　　　　　○○시 ○○구 ○○로 ○○

위 사건에 관하여 다음과 같이 파산취소결정 기입등기를 촉탁합니다.

등기원인과 그 연월일　　20○○. ○. ○. 파산취소
등 기 목 적　　파산취소 기입등기
등록세, 교육세 및 등기촉탁수수료　　채무자 회생 및 파산에 관한 법률 제25조 제4항, 등기부 등·초본 등 수수료규칙 제5조의3 제2항 제1호에 의하여 면제

붙 임　　1. 파산취소결정 등본　　1통
　　　　2. 촉탁서 부본　　1통

20○○. ○. ○.

재 판 장　　판 사 ○○○

주) 법인파산실무(서울중앙지방법원), 서식 참고 및 인용

[기재례 24] 파산선고 신청 취하서

파산선고 신청 취하서

사 건 ○○하합○○○○호 파산선고
신청인 겸 채권자 ○○ 주식회사
대표이사 ○○○
주 소 ○○시 ○○구 ○○로 ○○○

피신청인 겸 채무자 ○○ 주식회사
대표이사 ○○○
주 소 ○○시 ○○구 ○○로 ○○○

위 당사자간의 귀원 ○○하합○○○○호 파산선고 신청사건에 대하여 당사자간에 원만한 합의가 되었으므로 이에 취하합니다.

첨 부 서 류

1. 동의서 1통

20○○. ○○. ○○.

위 신청인 ○○ 주식회사
대표이사 ○○○

○○지방법원 귀중

[기재례 25] 즉시항고장

즉시항고장

항고인 겸 채권자 ○○ 주식회사
○○시 ○○구 ○○로 ○○
대표이사 ○○○
소송대리인 법무법인 ○○
담당변호사 ○○○

항고의 대상인 결정

○○지방법원 20○○하합○○ 파산사건에 관하여 같은 법원이 20○○. ○○. ○○.자로 한 파산기각결정

항고의 취지

1. 원 결정을 취소한다.
2. 이 사건을 ○○지방법원으로 환송한다.

라는 결정을 구합니다.

항고의 이유

1. 파산신청과 그 기각결정

항고인 겸 채권자는 20○○. ○○. ○○. ○○지방법원에 파산신청을 하였고, 원심법원은 20○○하합○○호로 이를 접수하여 심리를 마친 후 20○○. ○○. ○○.자로 기각결정을 하였으며, 항고인 겸 채권자는 이 결정을 20○○. ○○. ○○.에 송달받았습니다.

2. 원 결정의 부당성

원 결정이 채무자에 대한 파산신청을 기각한 이유는 채권자의 파산신청이 이유 없다는 것인바, 이는 부당하다고 사료됩니다. 즉,

(1) 채무자 회사의 파산 원인의 존재

채무자 회사는 채무자 회생 및 파산에 관한 법률 제306조에 의한 파산원인이 존재합니

다(구체적으로 서술).

(2) 파산기각사유의 부존재

채권자의 파산신청에 있어서는 채무자 회생 및 파산에 관한 법률 제306조에 의한 파산기각사유가 존재하지 않습니다(구체적으로 서술).

3. 결 론

따라서 이 사건 파산신청은 인용되어야 함에도 불구하고 원심법원은 파산신청기각결정을 하였으므로 신청인 겸 채권자는 신청취지와 같은 결정을 받고자 이 사건 항고에 이르게 된 것입니다.

20○○. ○. ○.

신청인 겸 채권자의 소송대리인

법무법인 ○○

담당변호사 ○○○

○○지방법원 귀중

[2]
파산선고와 그 효과

1. 파산선고

가. 파산선고의 요건

법인파산에 있어서 일반적인 파산원인은 지급불능 또는 지급정지상태(305조)이고, 합명회사 및 합자회사를 제외한 그밖의 회사의 경우에는 채무초과상태(306조)도 파산원인으로 된다. 법인의 경우에는 해산 후라도 잔여재산의 인도 또는 분배가 종료하지 않는 동안은 파산신청을 할 수 있다(298조).

1) 지급불능 또는 지급정지 상태

지급불능이란 변제능력이 없어 변제기에 도달한 채무를 일반적·계속적으로 변제할 수 없는 객관적 상태(305조 1항)를 말한다(대판 1999.8.16. 99마2084). 재산이 없더라도 신용이 있어서 변제능력이 인정되면 지급불능이라 할 수 없고, 부동산 등 재산이 있더라도 잔존가치가 없으면 지급불능이라고 할 수 있다. 어음·수표 등의 부도로 지급정지가 있게 되면 지급불능으로 추정된다(305조 2항).

2) 채무초과 상태

채무초과는 법인파산에 특유한 파산원인인데, 이는 모든 법인에 있어서 공통적으로 파산원인이 되는 것이 아니고 합명회사나 합자회사와 같은 인적 회사의 경우에는 일정한 경우 파산원인으로 되지 않는다(305조 2항). 존립 중인 합명회사의 경우에는 모든 사원이, 존립 중인 합자회사의 경우에는 무한책임사원 전원이 회사의 채무에 대하여 직접·연대의 책임을 지는 것이기 때문에 채무초과를 파산원인으로 인정할 필요가 없기 때문이다. 따라서 합명회사나 합자회사라도 해산 중인 경우에는 채무초과가 파산원인으로 될 수 있을 것이다(상법 254조 4항, 269조, 민법 93조). 채무초과란 부채의 총액이 자산의 총액을 초과하는 것을 말하는데(대판 2007.11.15. 2007마887), 여기의 부채 및 자산의 개념은 회계상의 개념과 반드시 일치하는 것이 아니므로 대차대조표상의 부채가 자산을 초과한다고 해서 바로 채무초과라고 할 수 없고, 자산의 평가는 대상 기업의 계속기업가치(계속적인 기업활동이 예정된 경우) 또는 청산가치(기업활동이 이미 종료되었거나 상당한 기간 내에 종료가 예정된 경우)를 평가기준으로 하게 된다. 그런데 법인파산에 있어서 채무초과는 부가적인 파산원인에 불과하므로 법원이 파산결정을 함에 있어서는 파산원인에 관한 신청인의 주장에 기속되지 않는다(대판 2005.11.10. 2003다2345).

나. 일반 파산선고와 간이파산선고

1) 일반 파산선고

법원은 특별한 사정이 없는 한 파산신청일부터 30일 이내에 파산선고 여부를 결정하여야 한다. 따라서 법원은 파산기각사유가 없는 한 원칙적으로 파산선고를 한다. 파산선고는 법원의 결정으로 하고, 결정문에는 파산선고의 문구, 파산원인이 인정되는 사유(305조, 33조, 민사소송법 224조 1항, 208조), 파산선고의 연월일시를 기재한다(제310조). 파산선고는 결정의 확정시가 아니라 선고시부터 그 효력을 발생하며, 이는 채무자 등에 대한 파산선고의 통지가 송달불능되어도 마찬가지이다.

2) 간이파산선고

파산재단에 속하는 재산액이 5억원 미만이라고 인정하는 때에는 법원은 파산선고와 동시에 간이파산의 결정을 하여야 한다(549조 1항). 파산절차 중에 파산재단에 속하는 재산액이 5억원 미만임이 발견된 때에도 법원은 이해관계인의 신청이나 직권으로 간이파산의 결정을 할 수 있다. 간이파산결정을 한 때에는 법원은 결정의 주문을 공고하고, 파산관재인 및 감사위원과 알고 있는 채권자 및 채무자에게 결정의 주문을 기재한 서면을 송달하여야 한다(549조 2항). 간이파산은 일반의 파산절차에 비하여 절차가 간소화되어 있다. 즉 간이파산의 경우에는 제1회 채권자집회기일과 채권조사기일을 원칙적으로 병합하여 진행하며(552조), 감사위원을 두지 않고(553조), 제1회 채권자집회의 결의와 채권조사 및 계산보고를 위한 채권자집회의 결의를 제외하고는 채권자집회의 결의에 대신하여 법원의 결정으로 갈음할 수 있으며(554조), 배당에 있어서도 최후배당에 관한 규정에 의하여 1회 배당을 원칙으로 하되 추가배당을 할 수 있도록 하고 있는 것이다(555조).

다. 파산선고와 동시폐지 여부

1) 파산폐지와 동시폐지신청의 의미

파산폐지란 파산법인에게 적극재산이 없거나 재산적 가치가 거의 없어 파산재단만으로는 파산절차 비용조차도 조달할 수 없는 경우에 파산선고 후 파산관재인에 의한 재산의 환가 및 배당절차를 생략하고 파산절차를 장래에 향하여 중지시키는 것을 말하는데, 파산신청인으로서는 파산신청시 이러한 파산폐지신청도 동시에 하여야 할지 아니면 파산만을 신청하여야 할지를 먼저 결정해야 한다. 여기에서 말하는 파산절차비용이란 파산신청인 납부하게 될 파산관재인 선임비용, 공고비용, 송달비용 등 예납금을 말한다.

2) 법인파산의 경우에 동시폐지결정의 가능성

법인파산의 경우에는 해당 법인이 소유하고 있는 부동산 등의 재산이 많고 다양하여 재산의 정도를 파악하는 것이 쉽지 않고, 잦은 거래행위로 인하여 부인권의 대상이 된 행위의 유무를 확인하기도 곤란하며, 동시폐지 후 재산이 발견되면 청산인이 선임되어야 하는 등 절차가 복잡해지기 때문에 실무상 동시폐지결정이 내려지는 경우는 거의 없다고 본다. 다만 예외적으로 용역회사나 서비스업체 등 고정자산을 거의 소유하고 있지 않은 법인의 파산이라든가 장기간 영업정지상태로 있어서 유명무실하게 존재한 회사의 파산의 경우에만 동시폐지신청을 해볼 실익이 있다고 보이나 그렇다고 해서 반드시 동시폐지결정이 이루어진다는 보장은 없는 것이다.

동시폐지신청이 있는 경우 법원은 주요 채권자들에게 동시폐지에 대한 의견을 조회하고, 그 결과 채무자에게 다른 재산이 발견되지 않고 부인권 행사의 대상이 되는 행위도 노출되지 않으면 동시폐지결정을 할 수도 있지만 이는 어디까지나 법원의 재량사항이다.

라. 파산선고와 동시에 결정할 사항

법원은 동시폐지사건이 아닌 한 파산선고와 동시에 파산관재인을 선임하고, ① 채권신고기간(단, 파산선고를 한 날부터 2주 이상 3월 이하일 것), ② 제1회 채권자집회기일(단, 파산선고를 한 날부터 4월 이내의 날일 것), ③ 채권조사기일(단, 위 기일과 채권신고기간의 말일과의 사이에는 1주 이상 1월 이하 기간의 간격이 있을 것)을 정하여야 한다(312조). 또한 법원은 파산선고와 동시에 제1회 채권자집회·파산폐지에 관한 의견청취집회·파산관재인의 임무종료에 따른 계산보고집회의 각 기일 및 의견청취기일과 장소를 지정하여야 한다.

마. 파산선고의 고지·공고·송달 및 파산등기·등록의 촉탁

법원은 파산선고의 당일에 채무자의 출석을 확인한 후 채무자와 파산관재인에게 파산선고결정을 고지한다. 파산선고가 이루어지면 법원은 파산결정의 주문 등 일정 사항을 공고하고(313조 1항), 채권자 및 채무자와 재산소지자 등에 대하여 파산선고 내용을 기재한 서면을 송달하여야 한다(313조 2항, 83조 1항). 공고와 송달은 둘 다 하여야 하지만 송달하여야 할 장소를 알기 어렵거나 절차의 신속·원활한 진행을 위하여 필요한 경우에는 공고로써 송달에 갈음할 수 있다(10조, 규칙 7조 1호). 또한 법원은 수사단서의 제공 등 필요하다고 판단되는 경우에는 검사에게도 파산선고 사실을 통지할 수 있다(315조).

법원사무관 등은 파산선고를 받은 채무자에 관한 등기·등록이 있는 것을 안 때 또는 파산재단에 속하는 권리로서 등기·등록된 것이 있음을 안 때에는 직권으로 지체 없이 촉탁서에 파산결정서 등·초본을 첨부하여 파산선고 등기를 촉탁하여야 한다(24조 3항, 27조).

2. 파산선고의 효과

가. 파산재단의 성립과 관리처분권의 이전

1) 파산재단의 성립[53)]

파산재단이란 청산의 목적이 된 채무자의 재산의 집합체를 말하는데, 파산선고가 이루어지면 파산선고 당시 채무자가 가진 모든 재산은 파산재단을 구성하게 되고(382조 1항), 나아가 채무자가 파산선고 전에 생긴 원인으로 장래에 행사할 청구권도 파산재단에 속하게 된다(382조 2항). 이와 같이 파산선고가 내려지면 채무자와 채무자의 재

---

53) 파산선고와 관련하여 파산선고 및 동시폐지의 경우에는 처음부터 파산재단이 성립되지 않으므로 채무자의 재산에 대한 관리·처분권도 그대로 채무자에게 보유되며, 파산선고 당시 계속된 소송도 중단되지 않고, 파산선고 당시 진행 중이던 강제집행, 가압류·가처분 절차도 실효되지 않는다고 할 것이다.

산은 분리되는 것이다.[54)]

파산재단의 법적 성격에 대하여는 파산재단에 법인격을 부여할 것인지 여부에 따라 ① 법인격 긍정설(파산재단법주체설), ② 법인격 부정설(관리기구인격설)로 나누어지는데, 법인격은 실정법에 의하여만 인정되는 것이므로 법에 명문의 규정을 두고 있지 않는 이상 법인격을 인정하기는 곤란하다고 본다.[55)]

파산절차는 이러한 파산재단에 속하는 재산을 대상으로 하여 진행된다. 다만 ① 압류금지재산[56)] 등 집행면제재산, ② 파산선고 후 채무자가 새로이 취득한 신득(新得)재산, ③ 환가가 불가능하거나 환가의 실익이 없어 파산관재인이 파산재단으로부터 포기한 재산은 파산재단에 속하지 않는다. 이를 파산재단과 구별하여 자유재산이라고 하는데, 자유재산은 파산절차의 대상에서 제외되어 채무자의 처분이 가능한 재산에 해당되는 것이다.

자유재산을 가지고 파산절차 밖에서 파산채권자에게 임의로 변제할 수 있는지 여부에 대하여는 ① 긍정하는 입장,[57)] ② 부정하는 입장[58)]이 있을 수 있는데, 자유재산은 채무자의 자유 처분에 맡겨져 있는 재산이므로 긍정하는 것이 타당하다고 본다. 신탁재산과 관련해서는 수탁자가 파산하거나 위탁자가 파산한 경우에 신탁재산은 원칙적으로 파산재단에 속하지 않게 된다(신탁법 24조, 22조).

2) 관리처분권의 이전

파산선고로 인하여 채무자는 파산재단을 구성하는 재산에 관한 관리처분권을 상실하고, 파산관재인에게 관리처분권이 전속하며(384조), 파산재단에 관한 소송도 파산관재인이 당사자(원고 또는 피고)로서 소송행위를 하게 된다(359조). 따라서 파산선고를 받은 채무자가 파산선고를 받은 후에 파산재단에 속하는 재산에 관하여 한 법률행위는 파산채권자에게 대항할 수 없고(329조 1항), 파산선고 후에 파산재단에 속하는 재산에 관하여 채무자의 법률행위에 의하지 않고 권리를 취득한 경우에도 그 취득은 파산채

54) 오수근, 도산법의 이해, 244p.
55) 전병서, 제2판 도산법, 222p.
56) 민사집행법 195조(압류금지물건), 246조(압류금지채권)와 각종 특별법에 의하여 압류금지재산으로 규정된 것 등이 여기에 해당된다.
57) 加藤哲夫, 破産法, 제4판, 2005, 105p.
58) 김경욱, "파산재단의 범위에 관한 연구-파산법 제6조를 중심으로-", 비교사법(제14호, 2001), 506p.

권자에게 대항할 수 없다(330조). 여기에서 대항할 수 없다는 의미는 상대적 무효의 의미로서 파산채권자 전체의 공동의 이익을 위한 선량한 관리자의 주의로써 그 직무를 수행하는 파산관재인에게 대항할 수 없다는 것을 뜻하며,[59] 통합도산법의 해당 규정(329조, 330조)에서 상대방의 선의·악의를 구별하고 있지 않으므로 상대방의 선의·악의를 불문하고 대항할 수 없다고 본다.

한편 부동산에 관하여 파산선고 전에 생긴 채무의 이행으로써 파산선고 후에 한 등기 또는 가등기는 파산채권자에게 대항할 수 없다(332조 1항). 다만 등기권리자가 파산선고의 사실을 알지 못하고 한 등기에 관하여는 파산채권자에게 대항할 수 있다(332조 1항 단서). 파산선고 후에 그 사실을 알지 못하고 채무자에게 한 변제는 파산채권자에게 대항할 수 있고, 파산선고 후에 그 사실을 알고 채무자에게 한 변제는 파산재단이 받은 이익의 한도 내에서만 파산채권자에게 대항할 수 있다(332조).

나. 파산선고가 소송절차에 미치는 영향

1) 신소의 제기가 가능한지 여부

파산선고가 이루어지면 파산재단에 관한 소송에서는 파산관재인이 당사자적격을 가지므로(359조) 파산재단과 관련하여 소를 제기하려면 파산관재인을 피고로 하여야 한다. 파산재단에 관한 소송이란 '파산재단에 속하는 재산에 관한 소송'과 '파산채권으로 될 소송'[60]을 포함하는 개념이다. 그런데 파산채권은 파산절차에 의하지 않고는 행사할 수 없고 채권신고에 의한 확정절차에 의할 것이므로(424조) 파산채권에 기한 소송은 소의 이익이 없는 것으로 되어 부적법 각하될 것이다. 다만 재단채권은 파산채권과 같이 그에 기한 파산재단 소속 재산에 대한 개별적인 집행이 불가하기는 하지만 파산절차에 의하지 않고 수시로 변제되고 파산채권보다 먼저 변제되어야 할 것이므로(475조, 476조) 변제기가 도래하였음에도 불구하고 파산관재인이 임의로 이행하지 않거나 파산관재인이 그 채권의 존부 및 범위를 다투는 경우에는 파산관재인을 상대로 재단채권에 관한 이행의 소를 제기할 수 있다고 본다.[61] 물론 재단채권에 기한 이행판

59) 대법원 2008.2.1. 선고 2006다32187 판결.
60) 여기에는 채무자를 상대로 한 파산채권에 기한 이행의 소, 채권확인의 소, 채무자가 제기한 채무부존재확인의 소, 청구이의의 소 등이 해당될 것이다.
61) 전병서, 제2판 도산법, 216p; 서울중앙지방법원, 도산절차와 소송 및 집행절차, 188·210p.

결을 받더라도 파산재단에 대한 개별적인 집행은 불가할 것이고, 다만 파산재단으로부터 포기된 재산에 대하여만 강제집행 등이 가능할 것이다.

파산선고 후의 채권자취소소송이나 채권자대위소송도 허용되지 않는다고 본다.[62)]

2) 파산선고 당시 소송이 계속 중인 경우

가) 소송절차의 중단

파산선고 당시 이미 파산재단에 관한 소송절차가 계속 중인 경우에는 파산선고에 의하여 중단되며(민사소송법 239조), 원칙적으로 파산관재인이 이를 수계하게 된다(347조). 여기의 파산재단에 관한 소송에는 '파산재단에 속하는 재산에 관한 소송'과 '파산채권에 관한 소송'[63)]의 양자를 포함한다. 이때 수계방법이 문제되는데, 중단되는 '파산재단에 속하는 재산에 관한 소송'은 파산관재인이 수계할 것이지만, 중단되는 '파산채권에 관한 소송'은 파산관재인이 당연히 수계하는 것이 아니라 상대방의 파산채권 신고와 그에 대한 채권조사기일에서의 파산관재인의 조사결과에 따르게 되는데, 신고한 채권이 모두 시인된 경우에는 중단된 소송은 소의 이익이 없어 각하될 것이로되, 이의가 제기된 경우에는 중단된 소송은 파산채권확정소송으로 당사자 및 청구취지를 변경하여 속행될 것이므로 파산채권의 신고인은 이의자 전원을 상대방으로 하여 수계 신청을 하여야 할 것이다(462조 1항, 464조, 466조 2항).

재단채권에 관한 소송도 파산재단의 입장에서 보면 소극재산에 관한 소송으로 역시 파산재단에 관한 소송에 해당되므로 파산선고 전에 제기되어 파산선고 당시 계속 중인 경우에는 중단된다고 보며,[64)] 파산관재인이 이를 수계하여야 할 것이다. 한편 중단되는 절차는 파산재단에 관한 소송절차이므로 파산재단과 관계 없는 소송절차는 여전히 채무자가 당사자이고 그 절차는 중단되지 않는다. 그런데 파산재단으로부터 파산절차의 비용을 충당하기에도 부족하여 파산선고와 동시에 파산폐지가 이루어지는 동시폐지사건의 경우(317조 1항)에는 파산재단 자체가 성립하지 않으므로 파산선고 당시 계속되어 있는 소송에 대한 중단 및 수계의 문제는 발생할 여지가 없을 것이다. 소송

62) 대법원 2010.9.9. 선고 2010다37141 판결; 2000.12.22. 선고 2000다39780 판결.
63) 파산채권에 관한 소송이 파산선고 당시 계속 중이라 하더라도 파산채권자가 신고기간 내에 채권신고를 하여야만 파산절차에서 배당을 받을 수 있을 것이다.
64) 서울중앙지방법원, 도산절차와 소송 및 집행절차, 197·200·210p.

절차가 중단 중인 때에도 판결의 선고는 가능하다(민사소송법 247조 1항).

나) 채권자취소소송·채권자대위소송의 경우

파산채권자가 제기한 채권자취소소송은 파산선고를 받은 채무자가 피고는 아니지만 그 소송의 결과가 파산재단에 직접적인 영향을 미치고, 이를 부인소송으로 변경하여 통일적으로 수행할 필요가 있기 때문에 중단된다(406조 1항).

재단채권자가 제기한 채권자취소소송은 어떠한가? 법에는 규정하고 있지 않지만 역시 중단된다고 본다.[65] 채권자대위권에 기한 대위소송도 채권자취소소송의 경우를 유추·적용하여 채무자의 파산에 의하여 소송절차는 중단되고 파산관재인이 수계한다고 본다.[66] 채권자취소소송이나 채권자대위소송이 중단된 경우 파산관재인은 피고가 아니므로 원고나 피고 어느 쪽을 수계하는지 문제된다. 이에 대하여는 견해가 나누어지나 판례는 원고측을 수계한다고 한다.[67]

한편 채권자취소소송에 관하여 상대방(피고)의 수계신청이 있는 경우 파산관재인이 소송상태를 판단하여 원고(채권자)측의 수계를 거절할 수 있는지 문제된다. 이에 대하여는 ① 거절권 인정설,[68] ② 거절권 부정설[69]의 대립이 있다. 거절권 인정설은 원고 패소 판결의 구속력은 채무자에게 미치지 않는데도 파산관재인이 불리한 소송상태를 승계하도록 하는 것은 부당하다는 점, 파산관재인은 파산 전체를 고려하여야 하므로 어느 채권자가 제기한 소송에 관하여 파산관재인이 불리한 소송상태를 승계하도록 하는 것은 부당하다는 점을 논거로 들고 있고, 거절권 부정설의 근거는 상대방에게도 수계신청권이 인정되는 점(민사소송법 241조), 파산관재인의 수계거절권을 인정하면 기판력의 이익을 받을 수 있는 상대방의 이익이 부당하게 침해되고, 상대방은 별소인 부인의 소에도 대응해야 한다는 점 등을 들고 있다. 수계거절권 인정설에 동의한다. 이에 의할 경우 기존의 채권자취소소송은 파산절차가 종료될 때까지 중단되고 파산절차 종료 후 채권자취소소송의 원고인 채권자에 의하여 별도의 수계절차 없이 소송절

---

65) 서울중앙지방법원, 제4판 개인파산·회생실무, 103p; 일본 파산법에서는 재단채권자가 제기한 채권자취소소송도 중단된다고 명시하고 있다(제45조 제1항).

66) 서울중앙지방법원, 도산절차와 소송 및 집행절차, 199p; 대법원 2013.3.28. 선고 2012다100746 판결.

67) 대법원 2013.3.28. 선고 2012다100746 판결.

68) 서울중앙지방법원, 제4판 법인파산실무, 83p.

69) 전병서, 제2판 도산법, 153p; 정문경, "부인권 행사에 관한 실무상 몇 가지 쟁점", 도산법연구 제2권 제2호, 도산법연구회(2011), 54~55p.

차가 수계된다고 본다(민사소송법 239조 후단).

파산선고 전에 채권자가 제기한 채권자취소소송의 확정판결이 있는 경우에는 채무자의 파산선고 후 그 효력이 파산관재인에게 미쳐서 파산관재인이 부인권을 행사할 수 없게 되는지 문제된다. 파산채권자가 승소한 경우에는 파산재단의 이익을 위하여 도움이 되기 때문에 파산관재인이 승계집행문을 부여받아 집행할 수 있다고 보지만,[70] 패소한 경우에는 채권자취소소송과 부인권의 요건 및 효과가 다르기 때문에 파산관재인이 별도로 부인의 소 등을 제기할 수 있다고 본다.

다. 파산선고가 집행절차에 미치는 영향

1) 종전의 강제집행 등의 실효

가) 실효되는 절차

채무자에 대한 파산선고가 이루어지면 파산채권자의 개별적인 권리행사가 불가한데, 이는 파산재단에 대한 파산관재인의 관리·처분권이 개별집행에 의하여 제약받는 것을 방지함으로써 파산절차의 원만한 진행을 확보하고 동시에 채권간의 우선순위에 따른 변제 및 동순위 채권간의 평등한 변제를 확보할 필요가 있기 때문이다. 이에 파산선고가 이루어지면 파산채권에 기하여 파산재단에 속하는 재산에 대하여 기존에 행하여진 강제집행·가압류 또는 가처분은 파산재단에 대하여 그 효력이 상실된다(348조 1항 전단). 물론 파산신청만으로는 이러한 효력이 인정되지 않을 것이다.[71] 이와 같이 강제집행 등이 실효되면 파산관재인은 기존의 강제집행 등을 무시하고 법원의 허가를 받아 파산재단 소속 재산을 자유로이 관리·처분할 수 있으며,[72] 이를 위하여 강제집행 등의 외관 제거가 필요한 경우에는 별도의 소송제기 없이 파산선고결정등본을 첨부하여 집행기관에 강제집행 등의 집행취소를 신청하고, 그 집행법원의 등기말소촉탁에 의하여 강제집행 등의 외관을 제거할 수 있을 것이다. 다만 강제집행 등의 실효는 절대적인 것이 아니고 파산재단에 대한 관계에 있어서만 상대적으로 무효가 된

---

70) 대법원 1998.5.30.자 98그7 결정.

71) 우리나라와는 달리 미국 연방파산법에서는 파산신청에 의한 담보권 실행 등의 자동중지제도(automatic stay)가 있다.

72) 파산선고 후 실효되어야 할 파산재단에 속하는 재산에 대한 강제집행 등이 속행됨으로써 채권자가 이득을 얻은 경우에는 이는 파산절차를 통하여 재산이 환가·배당되었으면 배당이 이루어졌을 다른 파산채권자에 대하여 부당이득이 성립하게 된다.

다.[73)]

한편 위에서 본 바와 같이 파산선고가 이루어지면 파산채권에 기하여 파산재단에 속하는 재산에 대하여 행하여진 강제집행 등은 원칙적으로 파산재단에 대하여 그 효력이 상실되지만, 파산관재인은 위 강제집행 등을 실효시키지 않고 파산재단을 위하여 속행할 수도 있다(348조 1항 단서). 이는 종전의 강제집행 등을 속행하는 것이 신속한 환가에 도움이 된다든지 임의매각보다 고가로 매각할 수 있다고 판단되는 경우일 것이다. 이때 파산관재인은 별도의 승계집행문 없이 파산선고 및 파산관재인 선임 사실을 집행기관에 알리고 속행취지의 신청을 하면 된다. 다만 종전의 강제집행 등을 속행한다고 하지만 이는 강제집행 등의 형식만 차용한 것일 뿐 파산재단의 환가방법에 지나지 않는 것이므로 채권자들의 배당요구를 무시하고 파산절차에 따라 배당이 이루어지는 것이며,[74)] 파산관재인이 강제집행 절차를 속행할 때의 비용, 즉 집행채권자의 집행비용은 재단채권으로 되는 것이다(348조 2항).[75)]

나) 비실효 절차

(1) 파산채권에 기하지 않거나 명문으로 비실효를 규정한 강제집행 등

강제집행 등의 실효는 파산채권에 기한 경우에 실효된다는 것이므로 환취권 등과 같이 파산채권에 기하지 않은 강제집행 등은 실효되지 않는다. 또한 조세채권에 기한 체납처분과 같이 법에 명문의 규정(349조 1항)을 두어 실효되지 않는 것으로 규정한 절차도 실효되지 않는다.

(2) 제349조 제1항의 '속행을 방해하지 아니한다'의 취지

위에서 본 바와 같이 파산선고 전에 파산재단에 속하는 재산에 대하여 국세징

73) 대법원 2000.12.22. 선고 2000다39780 판결.

74) 강제집행 등을 속행할 때의 배당방법은 집행기관과 파산관재인이 담당하게 되는데, 먼저 별제권자와 파산선고 전에 체납처분을 한 조세채권자가 있는 경우에는 이들 몫에 대하여 집행기관에서 우선적으로 배당을 실시하고 그밖의 채권자들에 대해서는 집행기관에서 집행비용을 포함한 나머지 잔금을 파산관재인에게 교부하게 되면 그 교부를 받은 파산관재인이 파산절차에 따라 배당을 실시하는 것이다. 이와 같이 별제권자와 파산선고 전에 체납처분을 한 조세채권자에 대한 우선적 배당은 파산재단의 재산이 재단채권의 총액을 변제하기에 부족한 경우에도 마찬가지이다. 파산선고 후에 체납처분을 한 조세채권자에 대해서는 파산선고 전의 체납처분자와 달리 파산관재인에게 교부 후 파산절차에 따라 배당이 이루어지는 것이다(대법원 2003.8.22. 선고 2003다3768 판결).

75) 파산관재인은 어찌되었든 파산재단에 속하는 재산을 환가하여야 하므로 그 수단으로 강제집행절차의 속행을 선택할 수 있는데, 이때의 비용은 재단채권으로 되고, 강제집행에 대한 제3자의 이의의 소에서는 파산관재인이 피고로 된다(348조 1항 후단, 2항).

수법 또는 지방세기본법에 의하여 징수할 수 있는 청구권(국세징수의 예에 의하여 징수할 수 있는 청구권으로서 징수우선순위가 일반 파산채권보다 우선하는 것 포함)에 기하여 체납처분이 이루어진 때에는 파산선고는 그 '처분의 속행을 방해하지 아니한다'고 명문의 규정을 두어 비실효절차로 규정하고 있는데, 여기의 '처분의 속행을 방해하지 아니한다'는 의미에 대해서는 체납처분절차에 의한 환가대금에서 우선변제를 받는 것까지 허용하느냐 여부와 관련하여 논란이 있다.[76]

여기의 '처분의 속행을 방해하지 아니한다'는 의미에 대해서는 ① 우선변제권 인정설, ② 우선변제권 부정설로 견해가 나누어지는데, 전자는 '처분의 속행을 방해하지 아니한다'는 의미는 체납처분절차의 계속 진행 이외에 체납처분절차에 의한 환가대금에서의 우선변제권도 인정하는 취지라고 보아야 하며 따라서 환가대금에서 조세채권자는 바로 우선변제를 받고 그 나머지만 파산관재인에게 교부하면 된다는 견해이고, 후자는 '처분의 속행을 방해하지 아니한다'는 의미는 체납처분절차를 계속 진행할 수 있다는 취지에 불과할 뿐 체납처분절차에 의한 환가대금에서 우선변제권을 인정하는 취지는 아니어서 환가대금은 전액 파산관재인에게 교부되어야 하고 다른 재단채권자들도 조세채권자와 동등한 권리를 가진다는 견해이다.

생각건대 집단적 채무처리 절차인 파산절차의 특성을 감안한다면 정책적인 사유 이외에는 조세채권이라고 하여 다른 재단채권보다 우선시킬 하등의 이유가 있다고는 보이지 않으므로 우선변제권 부정설의 견해를 지지하지만, 판례는 우선변제권 인정설의 견해를 취하고 있다.[77]

다) 재단채권에 기한 강제집행 등의 실효 여부

임금채권 등 재단채권에 기하여 이루어진 기존의 강제집행 등도 파산채권에 기한 강제집행 등과 같이 실효되는지 문제된다. 법에서는 재단채권 중 조세채권에 기한 체납처분의 비실효(349조 1항)를 규정한 이외에 재단채권에 기한 강제집행 등의 실효 여부에 관하여는 규정하고 있지 않다.[78] 이에 ① 실효설[79]과 ② 비실효설(속행설)[80]의

---

76) 전병서, 제2판 도산법, 157p.

77) 대법원 2003.8.22. 선고 2003다3768 판결.

78) 일본의 신파산법에서는 재단채권에 기하여 파산재단에 속하는 재산에 대하여 이미 행하여진 강제집행 등은 파산절차개시결정으로 효력을 상실한다는 명문의 규정(제42조 제2항)을 두고 있다(서울중앙지방법원, 제4판 개인파산·회생실무, 329p).

견해가 있을 수 있다.

생각건대 파산관재인의 파산재단에 관한 관리·처분권이 개별집행에 의하여 제약을 받는 것이 방지되어야 한다는 점은 재단채권에 기한 강제집행 등이라고 하여 다르지 않으며, 재단채권간의 우선순위에 따른 변제 및 동순위 재단채권간의 평등한 변제를 확보할 필요성, 파산선고 후 재단채권에 기하여 파산재단에 속하는 재산에 대한 별도의 강제집행 등이 허용되지 않는다는 점 등에 비추어 재단채권에 기하여 파산선고 전에 강제집행 등이 이루어진 경우에도 그 강제집행 등은 파산선고로 인하여 효력을 상실한다고 보아야 할 것이다. 판례도 마찬가지로서 임금채권 등 재단채권에 기하여 파산선고 전에 이루어진 강제집행도 파산선고에 의하여 그 효력을 상실한다고 판시하고 있다.[81)]

그런데 재단채권 중 임금채권의 경우에는 이를 최종 3개월분의 임금 및 최종 3년분의 퇴직금 부분과 그밖의 부분으로 구분하여 전자의 경우에는 조세채권보다 우선하는 것이므로 조세채권에 기한 체납처분이 실효되지 않는 것과 마찬가지로 실효되지 않는 것으로 처리하는 것이 타당하다고 보며, 향후 이에 대한 판례 변경 내지 법 개정이 요청된다고 할 것이다.

라) 동시폐지사건의 경우의 실효 여부

파산선고로 인하여 강제집행 등이 실효되는 대상은 파산재단에 속하는 재산에 대한 것이어서 파산재단이 성립한 경우에 한하는 것이므로(제348조 제1항 본문) 파산선고 및 동시폐지되는 사건의 경우에는 파산재단 자체가 성립되지 않는 관계상 파산선고로 인한 강제집행 등의 실효의 문제는 발생하지 않는다고 할 수 있다.

2) 새로운 강제집행 등의 금지

가) 재단채권에 기한 강제집행 등의 금지 여부

파산선고가 이루어진 후에는 파산재단에 대하여 새로운 강제집행·가압류 또는 가처분은 허용되지 않는다.[82)] 여기에서 파산채권에 기한 강제집행 등 이외에 임금채

79) 임치용, "재단채권에 기한 이행소송과 강제집행은 가능한가", 파산법연구 2, 248p.
80) 정준영, "파산절차가 계속 중인 민사소송에 미치는 영향-판결절차와 집행절차를 포함하여", 재판자료 제83집(1999), 212p.
81) 대법원 2008.6.27.자 2006마260 결정.

권 등과 같은 재단채권에 기한 강제집행 등의 경우에도 불가한지 문제된다. 이에 대하여는 ① 재단채권에 기한 강제집행 가능설,[83] ② 재단채권에 기한 강제집행 불가설[84]의 견해가 있을 수 있다.

생각건대 재단채권자 사이의 공평과 파산절차의 원활한 진행을 위해서는 재단채권에 기한 강제집행 등도 불가하다고 보는 것이 타당하다고 보며, 실무도 마찬가지이다.[85] 따라서 파산채권자는 파산절차에 참가하여 배당 등을 통하여 만족을 얻는 수밖에 없고(424조),[86] 재단채권자도 수시로 변제받을 수 있는 권리를 행사하여 정당한 변제요구에 응하지 않는 파산관재인에 대하여 법원에 감독권 발동을 촉구하든지 파산관재인을 상대로 한 손해배상청구절차에 의하여 해결하는 수밖에 없다고 보아야 한다.

나) 체납처분의 허용 여부

파산선고 후에는 파산선고 전과는 달리 파산재단에 속하는 재산에 대하여 국세징수법 또는 지방세기본법에 의하여 징수할 수 있는 청구권(국세징수의 예에 의하여 징수할 수 있는 청구권 포함)에 기한 체납처분도 허용되지 않는다(349조 2항).[87]

3) 신득재산 등에 대한 강제집행 등의 금지 여부 등

채무자가 파산선고 후 취득한 재산을 신득재산이라고 하는데, 이는 파산재단[88]에 속하는 재산이 아니므로 '파산재단'에 속하는 재산에 대한 강제집행 등이나 그 강제집행 등의 효력의 상실(348조 1항)과 관련된 논의는 의미가 없다고 본다.

---

82) 다만 채무자의 파산은 보증인이나 물상보증인에 대하여는 그 효력이 미치지 않으므로 이들에 대해서는 아무런 지장 없이 강제집행 등이 가능할 것이다.

83) 山木戸克己, 破産法(제28쇄), 青林書院, 1995, 140p.

84) 전병서, 제2판 도산법, 법문사, 2007, 217p; 정준영, "파산절차가 계속 중인 민사소송에 미치는 영향-판결절차와 집행절차를 포함하여", 재판자료 제83집(1999), 214p.

85) 대법원 2007.7.12.자 2006마1277 결정.

86) 즉 파산채권자는 일정 기간 내에 파산채권을 신고한 후 그 채권에 대한 채권조사기일에서의 조사를 거쳐 확정된 채권액 및 순위에 따라 배당을 받는 절차로 채권의 만족을 얻을 수 있는 것이다.

87) 대법원 2003.6.24. 선고 2002다33191 판결.

88) 파산재단은 채무자가 파산선고 당시에 가진 모든 재산 및 채무자가 파산선고 전에 생긴 원인으로 장래에 행사할 청구권으로 구성된다(제382조 제1항, 제2항).

라. 그밖에 법률관계에 미치는 영향

1) 쌍방미이행 쌍무계약에 관한 선택 등 기존의 법률관계에 대한 효과

쌍무계약에 관하여 채무자 및 그 상대방이 모두 파산선고 당시 아직 이행을 완료하지 않은 때[89]에는 파산관재인은 계약을 해제 또는 해지하거나 채무자의 채무를 이행하고 상대방의 채무이행을 청구할 수 있다(335조 1항).

이 경우 파산관재인이 해지·해제를 선택한 경우에는 상대방의 손배배상청구권은 파산채권이 되고, 채무자가 받은 반대급부가 파산재단 중에 현존하는 때에는 환취권 행사를, 현존하지 않는 때에는 그 가액에 관하여 재단채권자로서 권리를 행사할 수 있으며(337조 1항, 337조 2항), 파산관재인이 이행을 선택한 경우에는 상대방의 반대채권은 재단채권으로 된다(473조 7호). 채무자가 파산선고를 받은 경우에는 채무자의 대리권은 소멸하며, 위임계약도 당연히 종료된다(민법 127조 2호·690조). 위임사의 파산을 위임계약의 종료원인으로 하지 않는다는 특약도 무효라고 보인다. 다만 수임자의 파산을 위임계약의 종료원인으로 하지 않는다는 특약은 파산선고를 받은 채무자도 수임자로 될 수 있음에 비추어 유효하다고 본다.

사용대차의 차주가 파산선고를 받으면 대주는 계약을 해지할 수 있고(민법 614조), 소비대차의 대주가 목적물을 인도하기 전에 당사자의 일방이 파산선고를 받으면 소비대차는 효력을 상실한다(민법 599조). 도급인이 파산선고를 받으면 수급인 또는 파산관재인은 계약을 해제할 수 있고(민법 674조 1항), 수급인이 파산선고를 받은 경우에는 파산관재인은 필요한 재료를 제공하여 채무자인 수급인으로 하여금 그 일을 하게 할 수 있다(341조 1항). 민법상 조합의 조합원이 파산선고를 받으면 당연 탈퇴하며(민법 717조 2호), 익명조합의 영업자 또는 익명조합원의 일방이 파산하면 익명조합계약의 종료사유가 된다(상법 84조 3호).

2) 임대차 당사자의 파산과 임대차 관계

가) 통상의 임대차[90]

임대인이나 임차인이 파산선고를 받은 경우에는 제335조(쌍방미이행 쌍무계약에 관한

89) 이행을 완료하지 않은 때란 채무자와 상대방 모두에게 채무의 전부 또는 일부가 남아있는 것을 말하며 미행의 정도는 문제되지 않고 종된 급부만의 불이행이나 불완전 이행도 포함된다.

90) 여기에서 통상의 임대차란 아래에서 별도로 논의하는 주택·상가건물에 대항력 있는 임차인이 있는 경우에

선택)의 규정에 의하여 파산선고를 받은 임대인 또는 임차인, 즉 채무자 및 그 상대방이 모두 파산선고 당시 아직 이행을 완료하지 않은 때에는 파산관재인은 계약을 해제·해지하거나 채무자의 채무를 이행하고 상대방의 채무이행을 청구할 수 있다(335조 1항). 임대인이 파산선고를 받은 때에는 차임의 선급 또는 차임채권의 처분은 파산선고시의 당기 및 차기에 관한 것을 제외하고는 파산채권자에게 대항할 수 없고,[91] 파산채권자에게 대항할 수 없음으로 인하여 손해를 받은 자는 손해배상에 관하여 파산채권자로서 권리를 행사할 수 있다(340조 1항, 2항). 임차인이 파산선고를 받은 경우에는 계약기간이 정하여져 있는 경우라도 임대인 또는 파산관재인은 파산을 이유로 계약을 해지할 수 있다(민법 635조, 637조 1항). 이는 주택·상가건물의 임차인이 파산한 경우에도 마찬가지이다.

임차인의 목적물 인도의무와 임차보증금반환채권의 동시이행 주장 여부에 관하여는 ① 긍정설, ② 부정설의 대립이 있는데, 실체법상의 권리가 파산절차라고 하여 당연히 상실한다고 볼 수 없으므로 긍정설이 타당하다고 본다. 또한 임차인이 파산선고를 받았으나 파산관재인이 이행을 선택하여 계속 임차한 경우에 있어서 파산선고 후의 차임은 재단채권에 해당하지만(473조 7호), 파산선고 전의 미지급 차임은 이를 ① 재단채권으로 취급하는 견해,[92] ② 파산채권으로 취급하는 견해[93]가 대립되나, 파산채권으로 보는 것이 타당하다고 본다. 임차인이 파산한 경우 파산관재인이 해지를 선택한 경우에는 파산선고 전의 미지급 차임은 파산채권에 해당되고, 파산선고일부터 계약해지에 의하여 임대차가 종료하는 날까지의 차임 및 그 후 명도시까지의 차임 상당의 손해배상금은 재단채권으로 된다(473조 8호).

나) 주택·상가건물임대인의 파산과 대항력 있는 임차인이 있는 경우

주택·상가건물임대인이 파산한 경우에 있어서는 임차인의 보호를 위하여 특별규정이 마련되어 있다. 즉 대항력을 갖춘 주택·상가건물임차인에 대해서는 파산관재인

있어서의 임대인이 파산한 경우 이외의 모든 임대차에 있어서 임대인 또는 임차인이 파산한 경우를 말한다. 주택·상가건물의 대항력 없는 임차인이 파산한 경우에도 마찬가지로 해당된다.

91) 따라서 임차인이 매월 말 지급하기로 한 차임을 일시불로 미리 선급한 경우라도 파산관재인이 채무자인 임대인이 파산선고를 받은 달과 그 다음 달 이후의 차임을 청구하면 임차인은 차임의 선급을 이유로 그 지급을 거절할 수 없는 것이다.

92) 임치용, 파산법연구 2, 142p.

93) 전병서, 제2판 도산법, 125p.

이 해지권을 행사할 수 없도록 한 것이다(340조 4항).[94] 이 경우 대항요건과 관련하여 선순위 저당권이 설정되어 있어서 선순위 저당권자에게 대항력을 주장할 수 없는 경우에도 마찬가지로 해지권을 행사할 수 없는지 여부에 대하여는 ① 해지권 행사 가능설, ② 해지권 행사 불가설[95]의 대립이 있으나, 임차인 보호를 위하여 해지권을 행사할 수 없다고 보는 것이 타당하다고 본다. 또한 주택임차인이나 상가건물임차인이 대항요건을 갖추고 임대차계약증서상의 확정일자를 받은 경우에는 우선변제권이 인정되며, 소액보증금의 최우선변제권도 보장된다(415조 1항·2항·3항). 여기에서 우선변제권을 인정받기 위한 대항요건의 구비 시점은 주택임대차보호법이나 상가건물임대차보호법과는 달리 경매신청등기일이 아니라 파산신청일 전까지 갖추어져야 하며, 그 이후에는 우선변제권이 인정되지 않는다. 이는 파산선고 후의 탈법행위를 방지하기 위한 취지이다.

3) 사용자의 파산과 근로관계

사용자가 파산선고를 받은 경우에는 고용기간의 약정이 있는 경우에도 근로자 또는 파산관재인은 계약을 해지할 수 있다(민법 663조 1항). 회사가 파산선고를 받아 사업의 폐지를 위하여 그 청산과정에서 근로자를 해고하는 것은 통상해고에 해당하는 것이어서 정리해고에 관한 근로기준법 규정이 적용될 여지가 없고 원칙적으로 부당노동행위에 해당하지 않는다고 본다.[96]

마. 파산신청의 취하 불가

파산신청 후에 파산신청을 취하하려면 파산선고 전에 하여야 한다. 따라서 파산선고가 이루어지면 파산선고가 확정되기 전이라도 파산신청을 취하할 수 없다고 본다.

---

94) 민법상으로는 임차인이 파산선고를 받은 경우에는 임대차기간의 약정이 있는 때에도 임대인 또는 파산관재인이 계약해지의 통고를 할 수 있도록 하고 있다(민법 제637조). 그러나 임대인이 파산선고를 받은 경우에 관하여는 민법상 규정이 없으므로 결국 통합도산법에 의하여야 한다. 따라서 대항요건을 갖추지 못한 임차인의 임대차계약이 쌍방미이행 쌍무계약에 해당되는 경우이거나 임차인에게 2기의 차임 연체 등 채무불이행 사유가 있는 경우에는 파산관재인이 임대차계약을 해지할 수 있을 것이다(2010 개인파산관재인 업무편람 35p). 한편 주택·상가건물임대인이 파산한 경우에는 특별규정을 두어 대항력 있는 주택·상가건물 임차인에 대하여는 제335조(쌍방미이행 쌍무계약에 관한 선택)의 규정의 적용을 배제하도록 함으로써 해지할 수 없도록 하고 있다(제340조 제4항).

95) 임치용, 파산법연구 2, 133~134p.

96) 대법원 2004.2.27. 선고 2003두902 판결.

이는 법에 명문으로 규정되어 있지는 않지만[97] 집단적 채무처리 절차인 파산절차의 특성상 파산선고 후에 파산신청의 취하를 인정하는 것은 불합리하기 때문에 실무상 파산선고 후의 취하를 인정하고 있지 않는 것이다.

97) 통합도산법과 달리 일본 파산법 제29조에서는 명문으로 규정하고 있다.

[기재례 26] 감독관청 의견조회

○○지방법원
제○○파산부

우) 12345 ○○구 ○○로 1701 / ☎ 530-○○○○ / 팩스 594-○○○○ / 주심: ○○○ 판사

시행일자 20○○. ○. ○.
수 신 ○○ 남부출장소장
(남부지법 ○○로 ○○ / 전화 / 전송)
제 목 의견조회

---

1. 재단법인 ○○공원(본점:○○시 ○○구 ○○로 ○○, 대표이사:○○)에 대한 이 법원 20○○하합○○호 파산사건과 관련된 내용입니다.
2. 위 재단법인에 대하여 20○○. ○. ○. ○○(주) 등 7인으로부터 이 법원에 파산신청이 있었는바, 위 재단법인의 목적사업(○○시 ○○ 공원묘지 유지관리)에 대한 감독관청인 귀 청의 의견을 조회하니, 20○○. ○. ○.까지 이 법원에 도착될 수 있도록 팩시밀리 전송 또는 문서로 회신하여 주시기 바랍니다.

◇ 다 음 ◇

(1) 감독관청의 관점에서 볼 때 위 재단법인이 현재 변제기에 도래 한 채무를 일반적으로 변제할 수 없는 객관적 상태(지급불능)에 있는가 여부
(2) 위 재단법인에게 파산원인이 존재하는 경우라도 파산선고를 하여서는 아니될 특별한 사정이 있는가 여부
(3) 기타 위 재단법인의 파산절차에 관한 의견. 끝.

재 판 장 판 사 ○○○

주) 법인파산실무(서울중앙지방법원), 서식 참고 및 인용

[기재례 27] 파산선고 결정(채무자가 신청한 경우)

○○지방법원
제○파산부
결 정

사 건 20○○하합○○ 파산선고

신청인 겸 주식회사 ○○○
채 무 자 ○○시 ○○구 ○○로 ○○
대표이사 ○○○
소송대리인 변호사 ○○○
선고 일시 20○○. ○. ○. 10:00

주 문

1. 채무자 주식회사 ○○○을 파산자로 한다.
2. 변호사 ◇◇◇(주민등록번호, 사무소)을 파산관재인으로 선임한다.
3. 채권신고기간을 20○○. ○. ○.까지로 한다.
4. 제1회 채권자집회 및 채권조사의 기일 및 장소를 20○○. ○. ○. 10:30 ○○지방법원 제202호 법정으로 한다.

이 유

1. 이 사건 기록에 첨부된 각 소명자료 및 이 법원의 채무자 회사 대표자 심문결과에 의하면 다음 사실이 소명된다.
   가. 채무자 회사는 20○○. 4. 20. 주식회사 ○○로 설립되어 20○○. 2. 15. 상호를 주식회사 ○○○로 변경한 주식회사로서, 부동산 임대관리업을 주로 영위하여 왔으며, 납입자본금은 금 50억원이고 주식은 모기업인 주식회사 ○○이 100% 보유하고 있다.
   나. 채무자 회사는 모기업인 주식회사 ○○의 도산과 함께 20○○. 1. 5. 부도가 발생하여 현재 영업이 중단되어 있는 상황으로서 금 80억여원에 달하는 채권을 변제할 수 없는 상태이다.

2. 위 소명사실에 의하면 채무자 회사에는 현재 지급불능의 파산원인 사실이 존재하므로

채무자 회사에 대하여 파산을 선고하기로 하고, 채무자 회생 및 파산에 관한 법률 제305조, 제306조를 적용하여 주문과 같이 결정한다.

20○○. ○. ○.

재 판 장　　판 사 ○○○

판 사 ○○○

판 사 ○○○

주) 법인파산실무(서울중앙지방법원), 서식 참고 및 인용

[기재례 28] 파산선고 결정(채권자가 신청한 경우)

○○지방법원
제○파산부
결 정

선고 일시 20○○. ○. ○. 10:00

사 건 20○○하합○○ 파산선고
신 청 인 주식회사 ○○
○○시 ○○구 ○○로 ○○
대표이사 ○○○
채 무 자 재단법인 ○○
○○시 ○○구 ○○로 ○○
대표자 이사 ○○○
선고 일시 20○○. ○. ○. 10:30

주 문

1. 채무자 재단법인 ○○을 파산자로 한다.
2. 변호사 ○○○(주민등록번호, 주소)을 파산관재인으로 선임한다.
3. 채권신고기간을 20○○. ○. ○.까지로 한다.
4. 제1회 채권자집회기일 및 채권조사기일의 기일 및 장소를 20○○. ○. ○. (금) 10:30 ○○지방법원 제202호 법정으로 한다.
5. 채무자 회생 및 파산에 관한 법률 제492조 단서의 금액을 800만원으로 한다.

이 유

이 사건 기록에 첨부된 각 소명자료 및 심문결과를 종합하면, 신청인은 20○○. 1. 21. 채무자와 ○○건설공사 도급계약을 체결하고 공사를 시행하여 채무자의 공사대금에 대하여 금 4,752,680,000원의 공사대금채권을 가지고 있는 사실, 그러나 채무자는 그 재산으로 공시지가 합계 약9억원 상당의 별지목록 기재 토지만을 소유하고 있는 사실이 인정된다.

그렇다면, 채무자는 그 재산으로써 지급불능 내지 채무초과의 파산원인 사실이 있으므로 채무자 회생 및 파산에 관한 법률 제305조, 제306조를 적용하여 채무자에 대하여 파산을 선고하고, 파산관재인의 선임에 관하여는 같은 법 제355조를, 채권신고기간·제1회 채권자 집회 기일 및 채권조사의 기일에 관하여는 같은 법 제312조를, 법원의 허가대상행위의 기준금액에 대하여는 같은 법 제492조 단서를 각 적용하여 주문과 같이 결정한다.

20○○. ○. ○. 10:30

재 판 장 판 사 ○○○
판 사 ○○○
판 사 ○○○

주) 법인파산실무(서울중앙지방법원), 서식 참고 및 인용

〈별지 생략〉

[기재례 29] 파산선고 결정(법인회생절차 폐지로 인한 파산선고)

○○지방법원
제10민사부
결 정

사 건 20○○하합(20○○회합) 파산선고
채 무 자 ○○○○○○조합법인
○○시 ○○○구 ○○○로 ○○○-○○○
대표이사 ○○○

주 문

1. 채무자 ○○○○영농조합법인에 대하여 파산을 선고한다.
2. 변호사 ○○○(사무실 주소 : ○○시 ○○구 ○○로 ○○○-○번지 ○○빌딩 ○○○호)을 파산관재인으로 선임한다.
3. 채권신고기간을 20○○. 12. 15.까지로 한다.
4. 제1회 채권자집회 및 채권조사의 기일 및 장소를 20○○. 1. 14. 11:00 대전지방법원 제○○○호 법정으로 한다.
5. 채무자 회생 및 파산에 관한 법률 제492조 단서의 금액을 3,000,000원으로 한다.

이 유

1. 인정사실

이 사건 기록에 의하면, 다음 사실을 인정할 수 있다.

가. 채무자는 김치와 단무지 등의 농산가공품 제조, 판매업 등을 목적으로 20○○. ○○. ○. 농어촌발전특별조치법에 의하여 설립된 회사이다.

나. 채무자는 중국산 김치와 단무지가 수입되면서 가격경쟁력을 상실하였고, 20○○년경 불규칙한 폭우로 인해 채소 등 원재료가격이 급등하여 수익이 악화되었으며, 위생시설을 설치하는데 약 13억원을 투자하는 등의 원인으로 현금흐름이 악화되어 20○○. 12. 10. 이 법원에 회생절차 개시신청을 하였다. 이 법원 20○○. 9. 19. 관계인집회에서 회생계획이 가결되자 같은 날 인가를 하였는데, 회생계획 수행기간은 20○○년을 준비연도로 하고 20○○년부터 20○○년까지 10년간으로 예정하였다.

다. 1) 채무자는 회생계획이 인가됨에 따라 그 수행에 들어갔으나, 20○○년 1월부터 3월까지의 채무자의 매출 실적이 회생계획 대비 37%에 그치는 등 영업상황이 개선되지 않자 새로운 영업유통망을 이용하기 위하여 종전 관리인 ○○○이 20○○. 5. 27. 이 법원에 사임의 의사를 표시하고, 현재의 관리인 ○○○를 추천하여 이 법원은 20○○. 5. 29. 위 ○○○를 채무자의 관리인으로 선임하였다.

2) 채무자의 영업상황 중 가장 중요한 자금유입원인 매출의 경우 회생계획대비 실적 비율이 20○○년 54%, 20○○년 42%로서 점점 예정치 달성 비율이 낮아지고 있으며, 채무자는 20○○년도에 매각이 예정되었던 비업무용 부동산을 매각하지 못하고 있다.

라. 1) 채무자는 위와 같은 영업부진 등으로 자금조달이 제대로 이루어지지 않음에 따라 20○○. 12. 30.자로 이미 변제기가 경과한 회생담보권 540,000,000원 및 공익채권 9,380,600원 전액의 지급을 지체하고 있다. 또한, 20○○. 1. 중순경부터는 운전자금의 부족으로 인하여 사실상 영업활동을 수행하고 못하고 있어 앞으로 변제기가 도래할 예정인 회생담보권, 회생채권 및 공익채권의 변제도 어려운 실정이다.

2) 채무자는 위와 같은 부진한 영업 상황을 개선하고 극심한 자금사정을 타개하기 위하여 20○○년경부터 계속하여 새로운 투자자의 확보에 노력을 기울였으나 현재까지 별다른 성과를 보지 못하고 있고, 채무자의 그 동안의 영업상황, 농산가공품업계의 경기 동향 등에 비추어 그 향후 전망 또한 회의적이다.

마. 이에 이 법원은 채무자가 회생계획을 제대로 수행하지 못하고 있고, 향후 회생계획을 수행할 수 없는 것이 명백하게 되었다고 판단하여 20○○. 8. 25. 채무자 회생 및 파산에 관한 법률 제288조 제1항에 따라 채무자에 대한 회생절차를 폐지한다는 결정을 하였고, 위 폐지결정은 20○○. 9. 10. 확정되었다.

바. 20○○. 12. 31. 현재 채무자의 총 자산은 약 31억원이고, 총 부채는 약 36억원으로서 채무초과상태이다.

2. 결 론

위 인정사실에 의하면, 채무자는 현재 지급불능 내지 채무초과의 파산원인사실이 있다고 인정되므로, 채무자 회생 및 파산에 관한 법률 제6조 제1항, 제305조, 제306조를 적용하여 채무자에 대하여 직권으로 파산을 선고하기로 하고, 파산관재인은 같은 법 제355조를 적용하여 변호사 ○○○을 선임하여, 채권신고기간, 제1회 채권자집회 기일 및 채권조사의 기일에 관하여는 같은 법 제312조를, 법원의 허가대상행위의 기준금액에 대하여는 같은 법 제492조 단서를 각 적용하여 주문과 같이 결정한다.

20○○. 9. 17. 15:00

재 판 장　　판 사 ○○○

판 사 ○○○

판 사 ○○○

[기재례 30] 우체국 배달촉탁

○○지 방 법 원

제○○파산부

촉 탁 서

○○우체국장 귀하

사 건 20○○하합○○ 파산선고

채 무 자 주식회사 ○○
○○시 ○○구 ○○로 ○○

위 사건에 관하여 채무자 회생 및 파산에 관한 법률 제484조에 의하여 다음과 같이 촉탁합니다.

다 음

채무자 주식회사 ○○에게 보내는 우편물 또는 전보는 이 법원 및 파산관재인이 발송한 것을 제외하고 파산관재인 ◇◇◇(사무실 소재지 : 서울 ○○구 ○○로 ○○)에게 배달하여 주시기 바랍니다. 끝.

붙임 1. 파산선고결정 등본 1통
2. 촉탁서 부본 1통

20○○. ○. ○.

재 판 장 판 사 ○○○

주) 법인파산실무(서울중앙지방법원), 서식 참고 및 인용

[기재례 31] 파산선고 및 간이파산결정

○○지방법원
제○파산부
결　　정

사　　건　20○○하합○○　파산선고

채 무 자　○○○
　　　　　○○시 ○○구 ○○로 ○○

선고 일시　20○○. ○. ○. 10:00

주　　문

1. 채무자 ○○주식회사를 파산자로 한다.
2. 변호사 ○○○(주민등록번호, 사무소)을 파산관재인으로 선임한다.
3. 채권신고기간을 20○○. ○. ○.까지로 한다.
4. 제1회 채권자집회 및 채권조사의 기일 및 장소를 20○○. ○. ○. 10:30 ○○지방법원 제202호 법정으로 한다.
5. 이 사건 파산을 간이파산으로 한다.
6. 채무자 회생 및 파산에 관한 법률 제492조 단서의 금액을 800만원으로 한다.

이　　유

이 사건 기록에 첨부된 각 소명자료 및 이 법원의 채무자 심문결과에 의하면, 채무자는 채권자 ○○은행 등 10개 채권자에 대하여 금 18,250,000원 상당의 채무를 부담하여 지급불능 상태에 있는 사실, 파산재단에 속하는 재산으로는 ○○ 등이 있는데 그 시가 합계가 금 ○○원인 사실이 인정된다. 채무자 회생 및 파산에 관한 법률 305조, 제306조, 제549조 제1항을 적용하여 채무자에 대하여 파산을 선고함과 동시에 간이파산의 결정을 하기로 하고, 파산관재인의 선임에 관여하는 같은 법 제355조를, 채권신고기간·제1회 채권자집회 기일 및 체권조사의 기일에 관하여는 같은 법 제312조를, 법원의 허가대상행위의 기준금액에 대하여는 같은 법 제492조 단서를 각 적용하여 주문과 같이 결정한다.

20○○. ○. ○.　10:00

재 판 장　　판 사 ○○○
판 사 ○○○
판 사 ○○○

주) 법인파산실무(서울중앙지방법원), 서식 참고 및 인용

[기재례 32] 간이파산으로 변경하는 결정

○○지방법원
제○파산부
결 정

사 건 20○○하합○○ 파산선고

채 무 자 ○○산업 주식회사
○○시 ○○구 ○○로 ○○

파산관재인 ○○○

주 문

이 사건 파산을 간이파산으로 한다.

이 유

이 사건에 관하여 이 법원은 20○○. ○. ○. 10:00 파산선고를 하고 파산절차를 진행하였으나, 파산관재인의 조사보고에 의하면 파산재단에 속하는 재산의 액이 5억원 미만인 사실이 인정되므로 채무자 회생 및 파산에 관한 법률 제550조를 적용하여 주문과 같이 결정한다.

20○○. ○. ○.

재판장 판사 ○○○
판사 ○○○
판사 ○○○

주) 법인파산실무(서울중앙지방법원), 서식 참고 및 인용

[기재례 33] 간이파산취소결정

○○지방법원
제○파산부
결 정

사 건 20○○하합○○ 파산선고

채 무 자 ○○산업 주식회사
○○시 ○○구 ○○로 ○○

파산관재인 변호사 ○○○

주 문

이 사건에 관하여 20○○. ○. ○. 선고한 파산결정 중 간이파산의 결정을 취소한다.

이 유

이 사건에 관하여 이 법원은 20○○. ○. ○. 10:00 파산선고와 동시에 간이파산의 결정을 하고 파산절차를 진행하였으나, 파산관재인의 조사보고에 의하면 파산재단에 속하는 재산의 액이 5억원 이상인 사실이 인정되므로 채무자 회생 및 파산에 관한 법률 제551조를 적용하여 주문과 같이 결정한다.

20○○. ○. ○.

재판장 판사 ○○○
판사 ○○○
판사 ○○○

주) 법인파산실무(서울중앙지방법원), 서식 참고 및 인용

[기재례 34] 파산선고 공고

주식회사○○ 파산선고 공고

사　　건　　20○○하합○○ 파산선고

채 무 자　　주식회사 ○○
○○시 ○○구 ○○로 ○○
대표이사 ○○○

위 사건에 관하여 이 법원은 20○○. ○. ○. 10:00 파산선고를 하였으므로, 채무자 회생 및 파산에 관한 법률 제313조 제1항에 의하여 다음과 같이 공고합니다.

다　　　음

1. 파산결정의 주문
   채무자 주식회사 ○○을 파산자로 한다.
2. 파산관재인의 성명 및 주소
   변호사 ◇◇◇(주민등록번호, 사무소)
3. 채권신고기간 및 채권자집회·채권조사 기일, 채권자집회 결의사항
   ① 채권신고기간 및 장소 : 20○○. ○. ○.까지, ○○지방법원 파산과(A동 202호)
   ② 채권자집회·채권조사 기일 및 장소 : 20○○. ○. ○. 11:00, ○○지방법원 제202호 법정
   ③ 채권자집회 결의사항 : 감사위원의 설치여부, 영업의 계속여부, 고가품 보관장소의 지정
4. 기타 목적사항 : 파산폐지에 관한 의견청취, 파산관재인의 임무종료에 따른 계산보고가 이루어질 수도 있음.
5. 유의사항
   파산자의 채무자 및 파산재단에 속하는 재산의 소유자는 파산자에게 채무를 변제하거나 그 재산을 교부하여서는 아니되며, 채무를 부담하는 사실, 그 재산을 소지하는 사실(소지자가 별제권을 가지고 있는 경우에는 그 채권을 가지고 있다는 사실)을 20○○. ○. ○.까지 파산관재인에게 신고하여야 한다.

20○○. ○. ○.

○○지방법원 제○○파산부

재 판 장 판 사 ○○○

판 사 ○○○

판 사 ○○○

주) 법인파산실무(서울중앙지방법원), 서식 참고 및 인용

[기재례 35] 파산선고 통지

파산선고에 따른 통지서

채무자 주식회사 ○○(서울시 ○○구 ○○로 ○○, 대표이사 ○○○)에 대한 이 법원 20○○하합○○ 파산사건에 관하여, 이 법원은20○○. ○. ○. 10:00 파산선고를 하였으므로, 채무자 회생 및 파산에 관한 법률 제313조에 의하여 다음과 같은 사항을 통지합니다.

다　　　음

1. 파산결정의 주문
   채무자 주식회사 ○○에 대하여 파산을 선고한다.
2. 파산관재인의 성명 및 주소
   변호사 ◇◇◇ (주민등록번호, 사무소)
3. 채권신고기간 및 채권자집회·채권조사 기일
   ① 채권신고기간 및 장소 : 20○○. ○. ○.까지, ○○지방법원 파산과(A동 202호)
   ② 채권자집회·채권조사 기일 및 장소 : 20○○. ○. ○. 11:00, ○○지방법원 제202호 법정
4. 기타 목적사항 : 파산폐지에 관한 의견청취, 파산관재인의 임무종료에 따른 계산보고가 이루어질 수도 있음.
5. 유의사항
   파산자의 채무자 및 파산재단에 속하는 재산의 소유자는 파산자에게 채무를 변제하거나 그 재산을 교부하여서는 아니되며, 채무를 부담하는 사실, 그 재산을 소지하는 사실(소지자가 별제권을 가지고 있는 경우에는 그 채권을 가지고 있다는 사실)을 20○○. ○. ○.까지 파산관재인에게 신고하여야 한다.

20○○. ○. ○.

○○지방법원 제○○파산부 재판장 판 사 ○○○

주) 법인파산실무(서울중앙지방법원), 서식 참고 및 인용

[기재례 36] 파산참가기관에 대한 파산선고 통지

○○지방법원
제○파산부
통 지 서

수 신 예금보험공사(파산참가기관)
사 건 20○○하합○○ 파산선고
채 무 자 ○○종합금융 주식회사(서울 ○○구 ○○로 ○○)

위 파산자에 대하여 이 법원은 20○○. ○. ○. 10:00 파산선고를 하였으므로, 금융 산업의 구조개선에 관한 법률 제17조, 채무자 회생 및 파산에 관한 법률 제313조에 의하여 다음 사항을 통지합니다.

다 음

1. 파산결정의 주문
   채무자 ○○종합금융 주식회사에 대하여 파산을 선고한다.
2. 파산관재인의 성명 및 주소
   변호사 ◇◇◇(주민등록번호, 주소)
3. 채권신고기간 및 채권자집회·채권조사 기일
   ① 채권신고기간 및 장소 : 20○○. ○. ○.까지, ○○지방법원 파산과(A동 202호)
   ② 채권자집회·채권조사 기일 및 장소 : 20○○. ○. ○. 11:00, ○○지방법원 제202호 법정
4. 기타 목적사항 : 파산폐지에 관한 의견청취, 파산관재인의 임무종료에 따른 계산보고가 이루어질 수도 있음.
5. 유의사항
   파산자의 채무자 및 파산재단에 속하는 재산의 소유자는 파산자에게 채무를 변제하거나 그 재산을 교부하여서는 안되며, 채무를 부담하는 사실, 그 재산을 소지하는 사실(소지자가 별제권을 가지고 있는 경우에는 그 채권을 가지고 있다는 사실)을 20○○. ○. ○.까지 파산관재인에게 신고하여야 한다.

20○○. ○. ○.

재 판 장 판 사 ○○○

주) 법인파산실무(서울중앙지방법원), 서식 참고 및 인용

[기재례 37] 송달에 갈음하는 공고

○○지방법원
제○파산부
결 정

사 건 20○○하합○○ 파산선고

채 무 자 주식회사 ○○
○○시 ○○구 ○○로 100의 1

주 문

채무자 회생 및 파산에 관한 법률 제313조에 의한 송달은 공고로써 갈음한다.

이 유

채무자 회생 및 파산에 관한 법률 제10조 제1항을 적용하여 주문과 같이 결정한다.

20○○. ○. ○.

재판장 판사 ○○○
판사 ○○○
판사 ○○○

주) 법인파산실무(서울중앙지방법원), 서식 참고 및 인용

[기재례 38] 파산선고 기입등기촉탁

○○지방법원
제○파산부
등기촉탁서

○○지방법원 상업등기소 귀하

사　　건　　20○○하합○○　파산선고

채 무 자　　주식회사 ○○
　　　　　　서울 ○○구 ○○로 ○○

위 사건에 관하여 다음과 같이 파산선고 기입등기 등을 촉탁합니다.

등기원인과 그 연월일

20○○. ○. ○. 10:00 파산선고 및 ◇◇◇(○○시 ○○구 ○○로 ○○)을 파산관재인으로 선임한 결정

등 기 목 적

파산선고 기입등기 및 파산관재인 선임등기 등록세, 교육세 및 채무자 회생 및 파산에 관한 법률 제24조 제4항, 등기부등·등기촉탁수수료 초본 등 수수료규칙 제5조의3 제2항 제1호에 의하여 면제

붙임　　1. 파산선고결정 등본　　1통
　　　　2. 인감신고서　　1통
　　　　3. 촉탁서 부본　　1통

20○○. ○. ○.

재 판 장　　판 사 ○○○

注) 법인파산실무(서울중앙지방법원), 서식 참고 및 인용

[기재례 39] 파산참가기관에 대한 의견조회

○○지방법원
제○파산부

우) 12345 ○○구 ○○로 1701-1 / ☎ 530-○○○○ / 팩스 594-○○○○ / 주심: ○○○ 판사

시행일자 20○○. ○. ○.
수 신 예금보험공사
참 조 청산관리부장 ○○○ (전화 / 팩스)
제 목 채권신고기간 및 채권조사기일 의견조회

1. ○○증권 주식회사에 대한 이 법원 20○○하합○○호 파산선고 신청사건 관련 내용입니다.
2. 금융산업의 구조개선에 관한 법률 제18조, 제19조, 채무자 회생 및 파산에 관한 법률 제312조에 의하여 위 금융기관의 파산참가기관인 귀 공사에 대하여 다음 사항에 대한 의견을 조회하니, 20○○. ○. ○.까지 이 법원에 도착할 수 있도록 팩시밀리, 이메일 또는 문서로 회신하여 주시기 바랍니다(신속한 파산절차 진행을 위하여 협조 바람).

◇ 다 음 ◇

(1) 채권신고기간을 파산선고일로부터 4주 후로 정함에 대한 의견
(2) 채권조사기일을 파산선고일로부터 8주 후로 정함에 대한 의견
(3) 위 금융기관의 파산절차 진행에 대한 기타 의견. 끝.

재판장 판사 ○○○

주) 법인파산실무(서울중앙지방법원), 서식 참고 및 인용

[3]
파산관재인의 선임과 채권신고 및 확정

1. 파산관재인의 선임

가. 파산관재인의 선임과 그 지위

1) 파산관재인의 선임 여부

파산사건은 파산선고와 동시에 폐지되는 사건과 파산관재인 선임사건으로 구분할 수 있다. 동시폐지는 파산재단으로 파산절차의 비용을 충당하기에도 부족하다고 인정하는 때에 파산선고와 동시에 파산을 폐지하는 것을 말한다. 그러나 실무상 개인파산의 경우와 달리 법인파산에 있어서는 동시폐지되는 경우는 거의 없고 대부분 파산관재인을 선임하고 있다. 즉 법원은 파산선고와 동시에 파산폐지결정을 하지 않는 한 파산선고와 동시에 관리위원회의 의견을 들어 1인 또는 수인의 파산관재인을 선임하여야 한다(312조 1항, 355조, 356조). 이를 위하여 법원은 파산선고 전에 비용예납명령을 내리고 예납여부를 확인한 후 파산관재인 선정에 착수하게 된다.

파산관재인의 자격에는 아무런 제한이 없으며 법인도 파산관재인이 될 수 있다. 파산관재인은 필요한 때에는 그 직무를 행하기 위하여 자기의 책임으로 대리인을 선임할 수 있고, 정당한 사유가 있는 때에는 법원의 허가를 받아 사임할 수 있으며, 법원은 채권자집회의 결의, 감사위원의 신청에 의하거나 직권으로 파산관재인을 해임할 수 있다(362조, 363조, 364조).

2) 파산관재인의 지위

파산관재인은 파산선고에 따라 채무자와는 독립된 지위에서 파산채권자 전체의 공동이익을 위하여 직무를 행하게 되는 제3자의 지위를 가지게 된다. 따라서 파산관재인은 통정한 허위의 의사표시(민법 108조)나 사기·강박에 의한 의사표시(민법 110조)에 있어서의 제3자에 해당되고, 이때의 파산관재인의 선의·악의는 파산관재인 개인이 아니라 총파산채권자를 기준으로 판단하여야 할 것이므로 파산채권자 모두가 악의로 되지 않는 한 파산관재인은 '선의의 제3자'라고 할 수 있는 것이다.[98] 또한 파산선고 전에 부동산에 대한 점유취득시효가 완성되었으나 파산선고시까지 이를 원인으로 한 소유권이전등기를 마치지 않는 자는 파산관재인을 상대로 파산선고 전의 점유취득시효 완성을 원인으로 한 소유권이전등기절차의 이행을 청구할 수 없고, 따라서 채권적 청구권인 점유취득시효 완성을 원인으로 한 소유권이전등기청구권은 파산선고 전의 원인으로 생긴 재산상의 청구권으로서 파산채권에 해당하므로 파산절차에 의하여서만 그 권리를 행사할 수 있을 뿐이다.[99] 한편 파산선고 후 해제권이 행사된 경우 파산관재인이 해제권의 행사로 보호되는 제3자(민법 548조 1항)에 해당되는지에 대하여는 견해의 대립이 있다.[100] 파산관재인은 선량한 관리자의 주의로써 그 직무를 행하여야 한다(361조 1항).

나. 파산관재인의 업무

파산관재인은 파산재단에 속하는 재산에 대한 점유관리, 파산재단에 대한 관리·처분권의 행사(부인권 행사, 환취권·별제권·상계권의 처리, 재단채권의 수시변제[101] 등), 중단된 소송의 수계, 소제기 및 가압류·가처분신청, 파산채권확정에 관한 소송에 대한 응소 및 소의 제기, 파산재단에 속하는 재산의 가액 평가, 파산경과 등에 대한 제1회 채권자집회에의 보고, 파산관재인 보고서 작성·제출, 파산재단의 환가(민사집행법에 의한 매각 또는 임의매각), 배당실시 등의 권한과 의무를 가진다. 파산관재인의 의무위반으로 인한 손해배상채권은 재단채권에 해당되며, 이때 파산관재인 개인의 책임과 파산재단의 손해배상책임은 부진정연대채무의 관계에 있다.

---

98) 대법원 2010.4.29. 선고 2009다96803 판결; 2006.11.10. 선고 2004다10299 판결.

99) 대법원 2008.2.1. 선고 2006다32187 판결.

100) 윤남근, "파산관재인-그 법률상 지위와 권한을 중심으로-", 재판자료 82집(1999), 191p; 양재호, "파산관재인이 통정허위표시의 법률관계에서 보호되는 제3자에 해당하는지 여부 및 이 경우 '선의성'의 판단기준", 민사판례연구 30권, 박영사(2008), 459p.

101) 재단채권은 파산절차에 의하지 않고 수시로 변제하여야 한다(475조). 따라서 파산관재인은 법원에 재단채권의 승인 및 임치금반환 허가서를 제출하여 허가를 받은 후 임치금 보관장소에서 금전을 인출하여 재단채권을 변제하여야 한다(492조 13호).

2. 파산채권의 신고 및 제1회 채권자집회

가. 파산채권의 신고

채무자에 대한 파산선고가 이루어진 경우 채권자는 파산채권을 신고함으로써 파산절차에 참여할 수 있다. 채권자가 파산채권을 신고하게 되면 파산채권자가 되고 파산절차를 통하여 배당을 받을 수 있다. 파산채권의 신고는 채권신고기간 내에 하여야 하며 대리인도 신고할 수 있다(규칙 73조). 법원은 파산선고와 동시에 채권신고기간 및 채권조사기일을 정하거나 추후 지정하게 된다. 별제권자도 별제권의 행사에 의하여 채권 전액을 변제받을 수 없는 경우에는 변제받을 수 없는 부분에 대하여 파산절차에서 배당받기 위하여 피담보채권의 액 및 예정부족액을 신고할 필요가 있다(447조 1항, 2항). 별제권자는 또한 별제권을 포기하고 채권 전액에 대하여 파산채권자로서 참가할 수 있다(513조 3호, 525조). 채권신고기간이 경과하더라도 신고의 종기를 제한하는 특별한 규정이 없으므로 최후배당의 배당제외기간까지는 신고할 수 있다.

채권신고서가 접수되면 법원사무관 등은 파산채권자표를 작성하는데, 이는 파산신고서와 일체로 만들어지고 파산관재인에게 그 등본을 교부한다. 파산채권의 신고에는 시효중단의 효력이 인정된다(32조 2호).

한편 채권신고 후에 채권양도 등에 의한 특정승계나 합병 등에 의한 포괄승계가 이루어진 경우에는 그로 인하여 파산채권을 취득한 자가 법원에 신고명의변경신고서를 제출함으로써 신고채권자의 지위가 승계될 수 있다. 채권이전 사실이 인정되면 법원사무관 등은 파산채권자표상의 채권자명의를 변경하고 파산관재인에게 명의변경신고서의 부본을 교부하게 된다.

나. 제1회 채권자집회[102]와 파산채권의 조사

파산관재인은 채권신고서와 첨부서류 등을 검토하여 채권에 대한 시·부인을 하고, 파산채권조사결과표(시·부인표)와 파산관재인보고서를 작성하여 제1회 채권자집회에서 보고하여야 한다. 한편 법원은 채권조사기일을 열어 신고한 각 채권을 조사하게 되는

102) 제1회 채권자집회 기일은 법원이 파산선고와 동시에 파산선고일로부터 4월 이내의 날로 정하게 되며, 그 후의 채권자집회는 법원이 파산관재인, 감사위원, 신고한 총채권에 관하여 법원이 평가한 액의 5분의 1이상에 해당하는 파산채권자의 신청 또는 직권으로 소집하게 된다(312조 1항 3호, 367조).

데(450조), 채권조사기일은 통상 제1회 채권자집회와 병합하여 열고 있다(312조 2항). 즉 순서적으로 보면 제1회 채권자집회를 열어 파산관재인의 보고를 받고, 이어 채권조사기일을 열어 파산채권을 확정시킨 후, 채권자집회를 속행하여 결의사항에 대한 결의를 하는 방식으로 운영하는 것이다. 조사기일이 종료된 후에는 법원은 채권조사의 결과와 채무자의 이의의 진술이 있는 경우 그 이의를 파산채권자표에 기재하고(459조 1항), 채권조사기일에 출석하지 않은 파산채권자의 채권에 관하여 이의가 있는 때에는 그 사실을 파산채권자에게 통지하여야 한다(461조 1항). 신고기간이 경과한 후에 신고된 채권도 일반조사기일에서 조사할 수 있지만(453조 1항), 파산관재인이나 파산채권자의 이의가 있는 때나 일반조사기일 이후에 신고된 채권의 경우에는 특별기일을 정하여 조사하게 된다(453조 2항, 454조, 455조).

3. 파산채권의 확정

파산채권의 확정절차는 이의가 없는 채권이냐 이의가 있는 채권이냐에 따라 확정방법이 달라진다.

먼저 채권조사기일에 파산관재인 등으로부터 이의의 진술이 없거나 이의가 철회된 경우에는 해당 파산채권은 확정되며, 법원사무관 등은 조사결과를 파산채권자표에 기재하여야 하고,[103] 확정된 채권의 증서에는 확정된 뜻을 기재하고 법원의 인을 찍어야 한다(459조 1항, 2항). 확정된 파산채권을 파산채권자표에 기재한 때에는 그 기재는 파산채권자 전원에 대하여 확정판결과 동일한 효력이 인정된다(460조).

다음으로 이의 있는 파산채권은 채권조사확정재판 등을 통하여 확정된다. 즉 신고한 파산채권에 관하여 파산관재인 또는 다른 파산채권자가 이의한 때에는 그 이의채권을 보유한 파산채권자는 파산채권의 존부와 그 내용을 확정하기 위하여 이의자 전원을 상대방으로 하여 법원에 채권조사확정재판을 신청할 수 있다(462조).[104] 신청기간은 파산채권의 조사를 위한 일반조사기일 또는 특별조사기일로부터 1월 이내이며, 재판은 간이·신

---

103) 파산관재인 등으로부터 이의의 진술이 있는 때에는 진술한 이의를 파산채권자표에 기재하여야 한다(제459조 제1항).

104) 다만 집행력있는 집행권원이나 종국판결 있는 채권에 관하여 이의가 있는 자는 채무자가 할 수 있는 소송절차, 즉 미확정의 종국판결에 대하여는 상소로써, 확정판결에 대하여는 청구이의의 소나 재심의 소에 의해서만 이의를 주장할 수 있다(462조 1항 단서, 466조 1항·2항).

속한 결정절차에 의한다. 파산선고 당시 이미 이의채권에 관하여 소송이 계속 중인 경우에는 이의자 전원을 상대방으로 하여 소송을 수계하여야 하는 것이며(464조),[105] 별도로 조사확정재판을 신청하는 것은 권리보호의 이익이 없어 부적법 각하된다.[106] 이러한 채권조사확정재판에 대하여 불복이 있는 경우에는 즉시항고가 아니라 판결절차인 채권조사확정재판에 대한 이의의 소를 제기하여야 한다(463조).[107] 이의의 소의 제기기간은 채권조사확정재판결정서를 송달받은 날부터 1월 이내이다(463조 1항).

법원사무관 등은 파산관재인 또는 파산채권자의 신청에 의하여 파산채권의 확정에 관한 소송의 결과(채권조사확정재판에 대한 이의의 소가 소제기 기간 안에 제기되지 않았거나 각하된 때에는 그 재판의 내용)를 파산채권자표에 기재하여야 한다(467조). 이의 없음으로 인하여 확정된 파산채권의 조사결과에 대한 파산채권자표에의 기재가 당사자의 신청 여부에 불구하고 필수적인데 반하여 이 경우에는 파산관재인 또는 파산채권자의 신청이 있을 때에만 소송의 결과를 파산채권자표에 기재한다는 점에서 차이가 있다. 파산채권의 확정에 관한 소송에 대한 판결은 파산채권자 전원에 대하여 그 효력이 있고(468조 1항), 채권조사확정재판에 대하여 그에 대한 이의의 소가 제기기간(463조 1항) 내에 제기되지 않았거나 각하된 때에 있어서의 그 채권조사확정재판도 파산채권자 전원에 대하여 확정판결과 동일한 효력이 인정된다(468조 2항).

---

105) 수계신청의 시기와 관련하여 파산절차에서는 회생절차에서와 같은 조사기간의 말일 또는 특별조사기일부터 1월 이내라는 제한 규정(172조 2항)이 없다.

106) 대법원 1991.12.24. 선고 91다22698·22704 판결.

107) 채권조사확정재판에 대한 이의의 소의 제기는 채권조사확정재판을 전제로 한다.

제 2 절 파산재단과 채무자 재산의 확보

[1]
파산재단

1. 파산재단의 의의

파산재단이란 채무자가 파산선고 당시에 가진 재산[108]으로서, 파산선고 후 법원에 의하여 선임된 파산관재인에 의하여 관리되고, 환가되어 종국적으로 파산채권자에게 배당이 이루어질 운명에 놓여져 있는 채무자의 재산을 말한다.

파산재단의 법적 성격에 대하여는 파산재단에 법인격을 부여할 것인지 여부에 따라 ① 법인격 긍정설(파산재단법주체설), ② 법인격 부정설(관리기구인격설)로 나누어지는데, 법인격은 실정법에 의하여만 인정되는 것이므로 법에 명문의 규정을 두고 있지 않는 이상 법인격을 인정하기는 곤란하다고 본다.[109]

2. 파산재단의 구성

파산재단은 채무자가 파산선고 당시에 가진 모든 재산 및 채무자가 파산선고 전에 생긴 원인으로 장래에 행사할 청구권 중에서 압류금지재산을 제외하고, 파산관재인의 부인권행사에 의하여 파산재단으로 회복될 재산 등이 포함되는 것으로 구성된다(382조, 383조, 397조 1항). 채무자가 파산선고 전에 상대방과 통정한 허위의 의사표시를 통하여 가장채권을 보유하고 있다가 파산이 선고된 경우, 파산관재인은 민법상 제3자에 해당하므로 상대방은 파산관재인에게 통정허위표시임을 들어 해당 가장채권의 무효를 주장할 수 없다

108) 여기의 재산에는 국내외 모든 재산이 포함된다. 종전의 파산법과는 달리 통합도산법에서는 속지주의를 폐지했기 때문이다. 따라서 파산관재인은 채무자 소유의 국외 부동산, 국외 자회사의 주식, 국외 회사에 대한 투자금, 국외 채무자에 대한 채권, 국외에 등록한 특허권, 국외 금융기관에 임치·신탁한 유가증권 등도 파악해서 이를 해당 외국법이 허용되는 바에 따라 국내에의 반입 내지 환가조치를 위한 노력을 하여야 할 것이다(서울중앙지방법원, 제4판 법인파산실무, 150p).

109) 전병서, 제2판 도산법, 222p.

(민법 108조 2항, 대판 2005.5.12. 2004다68366, 2006.11.23. 2005다60116).

수탁자가 신탁사무를 처리하는 과정에서 수익자 외의 제3자에게 채무를 부담하는 경우 그 이행책임은 신탁재산의 한도 내로 제한되는 것이 아니라 수탁자의 고유재산에 대하여도 미치며, 신탁법에서는 수탁자의 일반채권자에 대하여 신탁재산에 대한 강제집행을 금지하는 한편 신탁사무의 처리상 발생한 채권을 가지고 있는 채권자는 수탁자의 고유재산뿐 아니라 신탁재산에 대하여도 강제집행을 할 수 있다는 취지이므로(신탁법 12조), 수탁자에 대하여 신탁사무의 처리상 발생한 채권을 가진 채권자는 수탁자가 파산할 경우 파산선고 당시의 채권 전액에 관하여 파산재단에 대하여 파산채권자로서 권리를 행사할 수 있다.[110]

3. 파산재단에 속하지 아니하는 재산

가. 압류금지재산

압류할 수 없는 재산은 모두 파산재단에 속하지 않으며(383조 1항), 따라서 환가·배당의 대상에서도 제외된다. 압류할 수 없는 재산이란 민사집행법(195조, 246조) 및 개별 법률에서 압류할 수 없는 것으로 규정하고 있는 재산을 말한다. 민사집행법상 압류금지재산으로는 압류금지물건(195조)과 압류금지채권(246조)이 있다. 실무상 문제되는 것은 주로 압류금지채권인데, 임금채권의 1/2(단, 대통령령이 정하는 금액에 미달하거나 초과하는 경우에는 대통령령이 정하는 금액),[111] 퇴직급여의 1/2, 근로자의 퇴직연금,[112] 주택임차

110) 수탁자가 신탁사무를 처리하는 과정에서 수익자 외의 제3자에게 채무를 부담하는 경우 그 이행책임은 신탁재산의 한도 내로 제한되는 것이 아니라 수탁자의 고유재산에 대하여도 미친다. 신탁법 제21조는 수탁자의 일반채권자에 대하여 신탁재산에 대한 강제집행을 금지하는 한편, 신탁사무의 처리상 발생한 채권을 가지고 있는 채권자는 수탁자의 고유재산뿐 아니라 신탁재산에 대하여도 강제집행을 할 수 있다는 취지이므로, 수탁자에 대하여 신탁사무의 처리상 발생한 채권을 가진 채권자는 수탁자가 파산할 경우 파산선고 당시의 채권 전액에 관하여 파산재단에 대하여 파산채권자로서 권리를 행사할 수 있다(대법원 2006.11.23. 선고 2004다3925 판결).

111) 즉 최저생계비인 150만원 이하에 대하여는 압류할 수 없고, 고임금 채무자에 대하여는 1/2 이하에 해당하는 부분이라도 표준가구생계비, 즉(300만원+(임금의 1/2-300만원)×1/2)의 공식에 의하여 산출된 금액 수준을 초과하는 부분에 대하여는 압류할 수 있는 것이다(민사집행법 시행령 제3조, 제4조).

112) 퇴직연금과 관련해서는 민사집행법상 그 2분의 1에 대하여만 압류금지채권으로 규정하고 있지만(동법 제246조 제1항 제4호), 근로자퇴직급여보장법(2005년 1월 27일 제정, 동년 12월 1일 시행)에서는 퇴직연금의 급여를 받을 권리는 이를 양도하거나 담보로 제공할 수 없도록 하고 있어서(동법 제7조) 양자의 관계가 문제되는데, 이에 관하여 판례는 근로자퇴직급여보장법을 우선시하여 근로자퇴직급여보장법상의 퇴직연금채권 전액에 관하여 압류가 금지된다고 판시하고 있다(대법원 2014.1.23. 선고 2013다71180 판결).

인의 최우선변제금액(주택임대차보호법 제8조) 등이 포함된다.

나. 신득재산

채무자가 파산선고 후 취득한 재산을 신득재산이라고 하는데, 이는 파산재단[113]에 속하지 않는 것이므로 '파산재단'에 대한 강제집행 등(348조 1항)의 논의는 의미가 없다.

4. 파산재단에 대한 권리의 순위

파산재단에 속하는 재산에 대하여 가지는 권리 또는 배당의 우선순위를 개략적으로 살펴보면, ① 주택·상가건물임차인의 최우선변제금액(415조 2항, 3항, 주택임대차보호법 8조, 상가건물임대차보호법 14조)과 최종 3개월분의 임금 및 최종 3년분의 퇴직금(415조의2, 근로기준법 38조 2항, 근로자퇴직급여보장법 12조 2항), ② 별제권(411조)과 주택·상가건물임차인의 우선변제금액(415조 1항, 주택임대차보호법 3조, 상가건물임대차보호법 3조), ③ 재단채권(473조), ④ 파산채권 중 우선권 있는 파산채권(441조), ⑤ 파산채권 중 일반파산채권, ⑥ 파산채권 중 후순위파산채권(446조)의 순으로 행사 또는 변제된다고 보인다. 다만 별제권자는 파산절차에 의하지 않고 그 권리를 행사할 수 있고, 재단채권도 파산절차에 의하지 않고 수시로 변제된다(412조, 476조). 여기에서 별제권자란 파산재단에 속하는 재산에 대하여 유치권, 질권, 저당권, 전세권을 가진 자를 의미하며(411조), 재단채권이란 파산채권자의 재판비용, 국세·지방세·국세징수의 예에 의하여 징수할 수 있는 청구권으로서 일반파산채권보다 우선하는 청구권, 파산재단의 관리·환가 및 배당비용, 파산재단에 관하여 파산관재인이 한 행위로 인한 청구권, 사무관리 또는 부당이득으로 인하여 파산선고 후 파산재단에 대하여 생긴 청구권, 위임의 종료 또는 대리권의 소멸 후 긴급 필요에 의하여 한 행위로 인하여 파산재단에 대하여 생긴 청구권, 쌍방미이행 쌍무계약(335조 1항)에 관하여 파산관재인이 채무를 이행하는 경우에 상대방이 가지는 청구권, 파산선고로 인하여 쌍무계약이 해지된 경우 그 때까지 생긴 청구권, 채무자 및 그 부양을 받는 자의 부조료, 근로자의 임금·퇴직금 및 재해보상금, 파산선고 전의 원인으로 생긴 근로자의 임치금 및 신원보증금의 반환청구권 등을 말한다(473조).

---

113) 파산재단은 채무자가 파산선고 당시에 가진 모든 재산 또는 채무자가 파산선고 전에 생긴 원인으로 장래에 행사할 청구권으로 구성된다(제382조 제1항, 제2항).

5. 파산재단의 점유·관리

파산관재인은 취임 후 즉시 파산재단에 속하는 재산의 점유 및 관리에 착수하여야 한다(479조). 실무상 점유의 착수는 파산선고일에 파산관재인이 채무자의 사무실·영업소·공장 등에 가서 공고문을 부착하는 방법으로 하고, 파산재단 소속 재산이 여러 군데 흩어져 있는 경우에는 상시대리인이나 임시대리인을 선임하여 동시에 점유에 착수하도록 하고 있다. 필요한 경우에는 봉인도 할 수 있지만(480조 1항), 실무상으로는 그 예가 드물다. 파산관재인은 파산선고 후 지체 없이 채무자의 재산에 관한 장부를 폐쇄하고 그 취지를 기재한 후 기명날인하여야 한다(481조).

[기재례 40] 파산관재인 점유 공고문

알 림
채무자 ○○ 주식회사 위 채무자는 20○○.○○.○○. 10:00 ○○지방법원 제○○파산부로부터 20○○하합 ○○○○호로 파산선고를 받고, 본인이 파산관재인으로 선임되었습니다. 이 주거, 사무실 및 그 안의 일체의 유체동산은 본인의 점유 관리하에 있으므로 본인의 허가 없이 출입하거나 이를 반출하는 경우에는 형법에 의하여 처벌될 것입니다. 파산관재인 변호사 ○○○ (연락처 : ○○시 ○○구 ○○로 ○○○, T. 00-0000-0000)

6. 파산재단의 평가 및 그 결과의 작성 등

파산관재인은 지체 없이 파산재단에 속하는 모든 재산에 대하여 파산선고 당시의 가액을 평가하여야 한다(482조). 이 경우 채무자를 참여하게 할 수 있다. 실무상으로는 통상 회계사 등 전문가에게 일괄하여 평가를 맡기고 있다. 평가는 파산선고 후 지체 없이 하여야 하는데, 실무상으로는 파산선고 후 점유·관리에 착수한 다음 바로 평가를 시작하여 적어도 제1회 채권자집회 전까지 마쳐서 그 결과를 채권자들에게 보고하도록 하고 있다. 평가기준일은 파산선고일을 기준으로 하고, 평가기준은 각 자산을 처분할 때의 가격을 기준으로 한다. 파산관재인은 재산평가의 결과를 청산재산목록·청산대차대조표의 형식으로 정리한 후 이를 법원에 제출하여 이해관계인이 열람할 수 있도록 하여야 한다(483조). 파산관재인은 법원의 허가를 받아 채무자의 영업을 계속할 수 있고, 채권자집회는 영업의 폐지 또는 계속에 관하여 결의를 할 수 있다(486조, 489조).

[기재례 41] 봉인집행 조서

○○지방법원
조 서

20○○하합○○ 파산선고 기일 : 20○○. ○. ○. 10:00
법원사무관 ○ ○ ○ 장소 : ○○시 ○구 ○로 100

본직은 파산관재인 변호사 ○ ○ ○의 신청에 의하여 서울 ○구 ○로 100의1 사건본인 회사 구 본사 사옥에 임하여 채무자 대표이사 ○○○에 대하여 파산결정 정본을 제시하고, 채무자 소유의 재산을 봉인하는 취지를 고지한 후, 별지목록 기재 물건에 대하여 봉인을 하였다.

입회인(채무자 대표이사) ○ ○ ○ ㊞
입회인 파산관재인 변호사 ○ ○ ○ ㊞
법원 사무관 ○ ○ ○ ㊞

〈별지〉

목 록

순번	물건의 표시	수량	비고

주) 법인파산실무(서울중앙지방법원), 서식 참고 및 인용

[기재례 42] 고가품보관방법 지정결정

○○지방법원
제○○파산부
결 정

사 건 20○○하합○○ 파산선고

채 무 자 ○○ 주식회사
○○시 ○○구 ○○로 ○○
대표이사 ○○○

파산관재인 변호사 ◇◇◇
○○시 ○○구 ○○로 ○○

주 문

이 사건 파산재단에 속하는 현금 등 고가품을 ○○은행 ○○○지점에 보관한다.

이 유

채무자 회생 및 파산에 관한 법률 제487조를 적용하여 주문과 같이 결정한다.

20○○. ○. ○.

재판장 판사 ○○○
판사 ○○○
판사 ○○○

주) 법인파산실무(서울중앙지방법원), 서식 참고 및 인용

[기재례 43] 고가품보관장소에 대한 통지

○○지방법원

제○파산부

의 뢰 서

수 신 수신처 참조
사 건 20○○하합○○ 파산선고
채 무 자 ○○증권 주식회사
파산관재인 변호사 ○○○

위 사건에 관하여 이 법원은 채무자 회생 및 파산에 관한 법률 제487조에 의하여 파산재단에 속하는 현금 등 고가품의 보관장소를 귀 지점의 파산관재인 명의 예금구좌로 지정하였는바, 파산관재인 명의 예금의 지급절차 등에 관하여 다음과 같은 사항을 의뢰합니다.

다 음

1. 파산관재인으로부터 그 명의 예금의 지급·해약청구, 타 구좌로의 이체의뢰, 자동계좌이체의뢰 등이 있는 때에는, 이 법원의 임치금반환허가 허가서등본(또는 채권자집회의 결의가 있음을 증명하는 서면)의 제시를 요구하고, 이를 확인한 다음 지급 등에 응하여 주십시오.
2. 위 예금구좌에 관하여는 현금카드가 발행되지 않도록 하여 주십시오.
3. 파산관재인이 위 예금을 담보로 융자를 신청하는 경우에는 이 법원의 차재허가 허가서등본 또는 채권자집회의 결의가 있음을 증명하는 서면의 제시를 요구하고 이를 확인한 다음 응하시기 바랍니다. 끝.

20○○. ○. ○.

재판장 판사 ○○○

수신처 : ○○은행 ○○○지점, ○○은행 ○○○○지점, ○○은행 ○○출장소, ○○증권 영업부, ○○증권 영업부, ○○증권 영업부. 끝.

주) 법인파산실무(서울중앙지방법원), 서식 참고 및 인용

[기재례 44] 고가품보관장소 추가지정결정

○○지방법원
제○파산부
결 정

사 건 20○○하합○○ 파산선고

채 무 자 ○○증권 주식회사
○○시 ○○구 ○○로 ○○

파산관재인 ○○○

주 문

이 사건 파산재단에 속하는 현금, 유가증권 기타 고가품의 보관장소로 ○○은행 ○○로 지점을 추가한다.

이 유

채무자 회생 및 파산에 관한 법률 제487조를 적용하여 주문과 같이 결정한다.

20○○. ○. ○.

재판장 판사 ○○○
판사 ○○○
판사 ○○○

주) 법인파산실무(서울중앙지방법원), 서식 참고 및 인용

[2] 보전처분

1. 보전처분의 필요성

채무자인 법인은 파산신청 후라도 파산선고결정 전까지는 별다른 제한 없이 자기 재산에 대한 관리처분권을 가지고 있고, 따라서 악의의 파산채무자에 의하여 파산재단에 속할 재산에 대한 은닉이나 처분 등이 이루어질 수 있어 파산채권자들을 보호할 필요성이 있다. 이에 법원은 파산심리 중에 채무자가 재산을 은닉하거나 편파변제, 재산의 양도, 담보의 제공 등의 행위를 하거나 일부 채권자에 의한 강제집행 등으로 개별적인 추심을 당하는 것을 방지하기 위하여 파산선고 전이라도 직권으로 채무자의 이사나 지배인의 신체에 대하여(인적 보전처분) 또는 채무자의 재산에 관하여(물적 보전처분) 가압류·가처분 등 필요한 보전처분을 명할 수 있고, 이미 명하여진 보전처분을 변경하거나 취소할 수 있다(323조 1항, 2항). 다만 실무상 파산선고 절차를 신속히 진행하도록 하는 대신 보전처분을 내리는 사례는 거의 없다.[114]

2. 보전처분 신청절차

가. 관할법원

보전처분의 관할은 회생법원의 관할에 전속하므로 보존처분신청서는 관할 회생법원에 제출하면 된다(322조, 323조, 3조 1항).

나. 신청권자

보전처분에는 인적 보전처분과 물적 보전처분이 있는데, 인적 보전처분은 법원의 직권으로 행하는 것이므로 신청권이 인정되지 않지만(322조), 물적 처분에 대하여는 법원의 직권 외에도 채권자 등 이해관계인에게 신청권이 인정된다(323조). 여기에서 이해관계인에는 파산채권자, 별제권자, 이사 등 채무자의 임원이나 종업원도 해당되지

114) 서울중앙지방법원, 제4판 법인파산실무, 45p.

만 주주는 포함되지 않는다.

다. 비 용

1) 인 지 대

이해관계인이 보전처분을 신청할 경우에는 신청서에 2,000원의 인지를 첨부하여야 한다.[115]

2) 담보제공

보전처분을 신청할 때에는 원칙적으로 담보를 제공하지 않는다. 다만 보전처분의 내용에 따라 채무자에게 큰 손해가 발생할 가능성이 있는 경우에는 담보를 제공하게 할 수 있다.

라. 접 수

신청서는 문건으로 접수하고 사건번호는 부여하지 않으며 파산사건기록에 가철한다.

마. 심리 및 재판

보전처분을 신청하려면 파산원인 및 보전의 필요성에 대한 소명이 필요하다. 보전처분의 종류에는 여러 가지가 있고 법원은 보전처분 신청의 내용에 구속되지 않으므로 심리를 거쳐 필요하다고 인정하는 내용의 보전처분을 발령할 수 있다. 보전처분에 대하여는 즉시항고할 수 있으되(323조 4항), 즉시항고에는 집행정지의 효력이 인정되지 않는다(323조 5항).

3. 보전처분의 집행

가. 인적 보전처분의 집행

파산의 신청이 있는 때에는 법원은 파산선고 전이라도 채무자의 이사나 지배인 등의 구인을 명할 수 있다(322조, 320조). 이러한 구인은 법인의 대표이사 등이 파산관재

115) 민사접수 서류에 붙일 인지액 그 편철방법 등에 관한 예규 제2조.

인의 업무에 협조하지 않고 법원의 출석요구에도 응하지 않는 경우에 그 필요성이 인정된다.

나. 물적 보전처분의 집행

1) 민사집행법상의 집행방법에 의한 집행

법원은 채무자의 재산에 대하여 가압류, 가처분 그밖의 처분(변제금지·차재금지가처분, 점유이전금지가처분, 처분금지가처분, 동산·채권가압류, 채무자의 상업장부를 집행관에게 보관시키는 가처분 등)을 명할 수 있는데, 이러한 물적 보전처분에 대한 집행은 민사집행법상 보전처분의 집행방법에 의하도록 하고 있다. 물적 보전처분과 관련하여 강제집행 등 중지명령이 가능한지에 대하여는 회생절차와 같은 명문의 규정(44조)은 없으나 인정된다고 본다. 또한 강제집행정지의 가처분이나 장차 파산관재인이 부인권을 행사할 것으로 예상되는 경우의 제3자 명의의 재산에 대한 보전처분도 가능하다고 본다. 다만 회생절차에서 인정되는 강제집행 등의 포괄적 금지명령제도는 파산절차에서는 인정되지 않는다고 본다.

2) 등기·등록의 촉탁

채무자의 재산에 속하는 권리로서 등기·등록된 것에 관하여 보전처분이 있는 때에는 법원사무관 등은 직권으로 지체 없이 촉탁서에 결정서 등·초본을 첨부하여 보전처분의 등기·등록을 촉탁하여야 한다.[116] 보전처분이 취소·변경되거나 효력을 상실한 때에도 마찬가지이다(규칙 10조 1항 1호, 2항).[117]

116) 법원사무관 등은 채무자의 부동산 등 등기된 권리에 관하여 보전처분이 있는 때에는 직권으로 지체 없이 촉탁서에 결정서의 등본 또는 초본을 첨부하여 보전처분의 등기를 촉탁하여야 한다(규칙 10조 1, 2항). 보전처분 기입등기 등의 촉탁서에는 등기의 목적을 "보전처분"으로, 등기의 원인을 "ㅇㅇ지방법원의 재산보전처분"으로 그 일자는 "보전처분 등의 결정을 한 연월일"로, 보전처분 등의 결정을 한 법원을 각 기재하고, 결정서의 등본 또는 초본과 촉탁서 부본을 첨부하여야 한다(규칙 10조 및 채무자 회생 및 파산에 관한 법률에 따른 부동산 등의 등기사무처리지침 8조 2항).

117) 법원사무관 등은 보전처분이 변경 또는 취소되거나, 보전처분 이후 파산신청의 기각결정, 취하 또는 취하허가 기타 사유로 보전처분이 그 효력을 상실한 경우, 결정문의 등본(또는 초본)이나 취하서 등의 소명자료를 첨부하여 법인채무자의 각 사무소 및 영업소 소재지의 등기소에 보전처분 등기 등을 변경 또는 말소촉탁하여야 한다(채무자 회생 및 파산에 관한 법률에 따른 부동산의 등기사무처리지침 10조 1, 2항, 파산·개인회생실무, 법원공무원교육원, 50p 참고).

4. 보전처분의 효력

보전처분은 채무자의 행위만 제한할 뿐이므로 보전처분의 결정이 이루어졌다고 해서 파산채권자의 채무자에 대한 가압류·가처분이나 강제집행에 어떠한 영향이 미치는 것이 아니다. 보전처분에 반한 채무자의 행위는 원칙적으로 무효로 되며, 보전처분에 반한 행위를 한 법인의 대표이사 등은 별도로 손해배상책임까지 지게 될 것이다.

[기재례 45] 파산선고 전 보전처분신청서(부동산권리 등에 관한 보전처분)

파산선고 전 보전처분신청서

신청인 겸 채권자 ○○ 주식회사
○○시 ○○구 ○○로 ○○
대표이사 ○○○
소송대리인 법무법인 ○○
담당변호사 ○○○
○○시 ○○구 ○○로 ○○

피신청인 겸 채무자 ○○ 주식회사
○○시 ○○구 ○○로 ○○
대표이사 ○○○

신 청 취 지

1. 채무자 소유의 별지 목록 기재물건과 권리에 관하여 소유권을 양도하거나, 저당권·전세권 등 담보권의 설정, 임대 등 일체의 처분을 하여서는 아니된다.
2. 채무자는 보전명령 이전의 원인에 기하여 발생한 금전채무를 변제하여서는 아니된다(다만 고용관계로 발생한 임금은 예외).
3. 채무자는 명목 여하를 불문하고 차재(借財)를 하여서는 아니된다.

라는 결정을 구합니다.

신 청 원 인

1. 당사자의 지위

신청인 겸 채권자는 파산신청 중인 피신청인 겸 채무자에 대하여 공사대금 채권 금 5억원을 가지고 있고, 또한 채무자 회사에 대한 파산신청자입니다.

2. 채무자 회사의 파산 현황 및 보전처분의 필요성

(1) 채무자는 20○○년 ○○월 ○○일 전자부품 생산업, 금속의 가공 표면처리 인쇄 및 그 부대사업, 위 각호에 관한 판매 및 제품의 수출입사업, 전기기 제조 판매업, 창호·철물구조물 제작 및 설치업, 각호에 관련된 부대사업일체를 목적으로 설립된 자본금 50,000,000원의 주식회사였습니다. 이후, 정관을 변경하여 채무자가 현재 주로

영위하고 있는 업종은 자동차부품 제조 판매, 기계기구 제조 판매, 주방용 환풍기 및 관련제품 제조 판매, 통신 및 영상장비 제조 판매로 정관 및 등기부상의 사업목적은 자동차부품 제조 및 판매업, 기계기구 제조 판매업, 주방용 환풍기 및 관련제품 제조 판매업, 통신 및 영상장비 제조 판매업, 위 각호와 관련된 수출입업, 위 각호와 관련된 기타 부대사업으로 되어 있습니다.

(2) 채무자 회사는 ○○○○. 말경 설립된 자동차부품 제조 판매회사로서, 주요 생산품은 모터입니다. 채무자 회사는 모터와 관련하여 과학기술부로부터 국산신기술로 인정받았고(일명 KT마크획득), 유럽에 수출을 하기 위하여 영국 SGS로부터 유럽통합규격CE인증을 획득하였으며, 미국 산업 안정청(FDA)로부터 인증을 획득하여, 국내외적으로 최첨단의 기술력을 인정받은 회사인 바, 그 자세한 활동에 대한 연혁은 별지1목록 기재와 같습니다.

(3) 자동차 부품인 모터의 특성 상, 제품개발 후 검증기간이 6년 내지 7년여의 장시간이 소요되므로 모터회사가 존립하기 위해서는 개발한 제품을 검증받는 기간 동안 다른 제품을 생산, 판매하는 등, 소득의 창출방안이 모색되어야 회사의 존립을 보장할 수 있을 것이나, 채무자 회사는 위와 같은 기술력을 보유하였으면서도, 모터를 검증 받는 동안 다른 제품을 개발, 생산하거나 별단의 소득을 창출하지 못하였고, 오히려, 외환위기 이후 극심한 경기침체로 주요 고객인 병원들이 도산하는 등의 사태가 발생하여 매출이 급감하여 회사의 자금상황은 최악의 상황으로 전락하였습니다. 이에 채무자 회사는 별지1목록 연혁 및 별지2목록 전환사채내역에서 보는 바와 같이, ○○○○. ○○. ○○. 기술신용기금으로부터 22억원의 전환사채를 발행하여 자금을 유입하고, 동남아의 대만, 말레시아, 호주 등의 모터회사와 판매계약을 체결하는 등 모터 생산 및 판매를 하였습니다.

(4) 그러나 모터 판매부진으로, 채무자 회사의 최근 3개년 동안의 자산, 부채, 매출액 변동 상황은 별지3목록 기재와 같이 매년 30% 정도 감소가 지속되었습니다. 위와 같은 매출감소상황임에도 불구하고 부채는 상환하지 않을 수 없었고, 매월 5천여만원의 매출을 가지고는 부채상환과 인건비 등 회사운영자금을 충당하기에 턱 없이 부족하여 결국 채무자 회사는 부채 원금 및 이자상환 및 인건비 등 운영자금 지출로 지속적인 자본잠식이 발생하였습니다. 참고로 채무자 회사는 기술신용보증기금으로부터 ○○○○. ○○. 금 22억원을 빌리고, 연리 11.31%의 이자의 변제로 매년 금 1억 상당의 이자를 변제하여 현제까지 이자로 금 3억 2천 7백여만원과 원금으로 금 9억 8백만원 상당 등 도합 금 12억 4천만원 상당을 변제하여 왔습니다. 그리고 회사자산으로 가지고 있던 부동산 전부에 대하여 위 기금의 채권에 담보제공하여 저당권을 설정하여 준 상황입니다.

(5) 채무자 회사의 현재 자산은, 자채 평가한 결과, 별지4목록 기재와 같이 도합 금

2,137,566,405원입니다.

반면, 채무자 회사의 부채는 별지5목록 기재와 같이 금 2,941,035,563원에 이르고 있습니다.

결국, 채무자 회사는 자산에 대한 채무초과상태에 이른 것이나, 채무자 회사의 현재 영업상황이나 능력으로 보아 채무를 상환하거나 변제할 능력이나 가능성은 전혀 없습니다.

(6) 이에 신청인 겸 채권자는 채무자 회사에 대하여 20○○.○○.○○. 귀원에 파산신청을 하여, 현재 파산절차 진행 중에 있습니다(○○지방법원 20○○하합○○○).

3. 결 론

이상과 같이 채무자 회사는 채무가 자산으로 초과한 상황이고, 채무자 회사의 능력으로 보아 더 이상 채무를 변제할 능력이나 가능성이 전무하여 신청인 겸 채권자는 귀원에 파산신청을 하였는 바, 그 재판이 있을 때까지 재산의 일탈을 방지하여 파산선고가 있을 때에 원활한 파산절차가 이루어지도록 하기 위하여 채무자 회생 및 파산에 관한 법률 제323조에 의거, 신청인 겸 채권자는 신청취지와 같은 결정을 받고자 이 건 신청에 이르게 된 것입니다.

20○○. ○. ○.

신청인 겸 채권자의 소송대리인
법무법인 ○○
담당변호사 ○○○

○○지방법원 파산부 귀중

[기재례 46] 파산선고 전 보전처분신청서(유체동산에 대한 보전처분)

파산선고 전 보전처분신청서

신 청 인 ○○ 주식회사
○○시 ○○구 ○○로 ○○
대표이사 ○○○
소송대리인 법무법인 ○○
담당변호사 ○○○
○○시 ○○구 ○○로 ○○

피신청인 ○○ 주식회사
○○시 ○○구 ○○로 ○○
대표이사 ○○○

신 청 취 지

1. 피신청인이 현재 소유하고 있는 일체의 동산은 이를 가압류한다.
2. 집행관은 위 가압류를 명시하기 위하여 적당한 조치를 하여야 한다.

라는 결정을 구합니다.

신 청 원 인

1. 신청인은 신청외 채권자 ○○주식회사, △△유한회사, 주식회사 ○○와 함께 합계 금 ○○억원의 물품대금 등 청구채권에 기하여 20○○. ○○. ○○.에 피신청인 회사에 대하여 귀원에 파산신청을 하여 현재 20○○하합 ○○호 파산사건으로 심리 중에 있습니다.
2. 그런데 신청인 등 채권자들은 피신청인의 요청에 의하여 20○○. ○○. ○○.에 서울 ○○구 ○○로 ○○, ○○빌딩에 집합하여 향후 변제방법에 대하여 결정한 채권자회의를 개최하고 채권자회의 의사록과 같은 협의를 한 사실이 있습니다.
3. 그러나 피신청인 회사는 위 합의사항을 이행하지 아니할 뿐만 아니라 채권자회의 의사록에 표시된 대차대조표상의 재고상품과 피신청인 소유의 서울 ○○구 ○○로 ○○ 소재 ○○ 공장 내에 있는 기계 등 유체동산을 임의로 처분하려 하고 있습니다.
4. 위와 같은 사정으로 인하여 후일 피신청인이 파산선고를 받아도 배당금에 충당할 것이

거의 남아 있지 못하게 될 실정이어서 파산선고가 있을 때까지 재산의 일탈을 방지하여 파산선고가 있을 때에 원활한 파산절차가 이루어지도록 하기 위하여 채무자 회생 및 파산에 관한 법률 제323조에 의거, 신청인은 신청취지와 같은 결정을 받고자 이 건 신청에 이르게 된 것입니다.

소 명 방 법

1. 채권자회의 의사록
1. 파산신청 접수증

첨 부 서 류

1. 위 소명방법 각 1통
1. 피신청인 법인등기부등본 1통
1. 위임장 1통

20○○. ○○. ○○.

신청인 ○○ 주식회사
소송대리인 법무법인 ○○
담당변호사 ○○○

○○지방법원 귀중

[3]
부 인 권

1. 부인권의 의미와 유형

가. 파산절차상 부인권의 의의

1) 부인권의 개념

파산절차에서의 부인권이란 파산선고 전에 파산채권자를 해하는 채무자의 일정한 행위, 즉 파산채권자를 해하는 것을 알고 한 행위, 담보제공 또는 채무소멸행위, 무상행위 및 이와 동일시할 수 있는 유상행위 등을 부인함으로써 그 일탈된 재산을 파산재단에 회복시키기 위하여 행사하는 파산관재인의 권리를 말한다(391조). 부인권은 책임재산을 감소시켜 채권자 전체의 이익을 해하는 사해행위와 다른 채권자와의 공평을 해하는 결과를 초래하는 편파행위의 효력을 부인하여 책임재산으로부터 일탈된 재산을 파산재단으로 회복시킴으로써 파산채권자에 대하여 공평한 분배를 가능하게 하는 제도이다.[118]

2) 부인권의 법적 성질

부인권의 법적 성질에 관하여는 ① 공권설과 ② 사권설의 대립이 있고, 사권설은 다시 ⓐ 청구권설(이행·확인소송설)과 ⓑ 형성권설로 나누어진다. 청구권설은 판결주문에서 부인의 선언이 아닌 금전의 지급이나 물건의 반환 등 부인에 기초하여 생기는 상대방의 의무를 기재하면 족하다는 견해이고, 형성권설은 판결주문에서 부인을 선언하여야 한다는 견해이다. 통설[119]은 형성권설을 취하고 있으나, 실무[120] 및 판례[121]는 청구권설을 취하고 있는 것으로 보인다. 청구권설에 의할 경우 부인소송의 소송물은 부인권 자체가 아니라 부인의 효과로서 발생한 권리관계에 기초한 이행청구권 또는

118) 대법원 2004.1.29. 선고 2003다40743 판결; 이진만, "통합도산법상의 부인권", 민사판례연구 제28권, 민사판례연구회(2006), 867p.

119) 전병서, 제3판 도산법, 266p.

120) 서울중앙지방법원 2009.12.10. 선고 2009나42361 판결, 서울중앙지방법원 2009.4.15. 선고 2007가합46195 판결, 서울중앙지방법원 2009.5.20. 선고 2009가합27761 판결.

121) 대법원 2009.5.28. 선고 2005다56865 판결, 대법원 2010.6.10. 선고 2010다6024 상고기각 판결.

확인청구권이고, 부인의 주장은 공격방어방법으로서 판결이유 중에서 판단된다.[122)]

3) 부인권의 존재 실익

채무자는 어느 누구보다도 자신의 재정적 위기상태나 앞으로 다가올 위험상황을 잘 파악하고 있을 것이다. 이에 채무자로서는 자신의 이익을 최대한 확보하기 위하여 미리 그 재산을 은닉하거나 빼돌릴 수 있고, 경우에 따라서는 자신의 이해관계나 친소관계에 따라 채권자들간에 편파변제를 하는 경우도 생길 수 있다. 또한 특정 채권자는 자신의 우월적 지위 내지 채무자와의 친분관계를 이용하여 자신의 채권을 우선적으로 변제받는 경우도 있을 수 있다. 그런데 이러한 행위들은 파산절차의 이해관계인 사이에 불평등을 초래함으로써 채무자의 재산을 공정하게 환가·배당하여 채권자 등 이해관계인 사이의 공평을 기하고자 하는 파산제도의 근본 목적을 훼손할 수 있는 것이다. 여기에 부인권의 존재 이유가 있다. 즉 파산절차 전에 행한 채무자의 일정한 행위를 사후적으로 부인하여 파산재단으로부터 일탈된 재산을 원상으로 회복시켜 채권자 등 이해관계인 사이의 공평한 배당을 가능케 하는 제도가 바로 부인권인 것이다.

나. 부인유형[123)]

통합도산법에서는 부인대상 행위의 태양·내용·시기 등을 기준으로 하여 몇 가지의 부인유형으로 분류해 놓고 있다. 다만 이와 같이 통합도산법에서는 부인대상 행위를 각 유형별로 규정하고 있지만 실무상 부인대상 행위에 해당되느냐 여부는 각 유형별로 엄격히 분리하지 않고 여러 유형을 종합적으로 고려하여 판단하고 있다. 또한 부인권 행사에 있어서 각 부인의 유형은 공격방어방법에 해당하는 것이므로 부인대상 행위가 여러 부인유형에 해당될 경우에는 파산관재인은 그중 어느 유형이라도 주장하여 부인대상 행위를 부인할 수 있다.

1) 고의부인(악의부인)(391조 1호)

채무자가 파산채권자를 해하는 것을 알고 한 행위는 부인의 대상이 된다(391조 1호

122) 대법원 2009.5.28. 선고 2005다56865 판결.

123) 각국의 부인유형을 보면, 미국은 편파행위부인과 사해행위부인으로 나누고 있고, 일본은 사해행위부인, 편파행위부인, 무상행위부인으로 나누고 있으며, 독일은 본지행위부인, 비본지행위부인, 직접부인, 고의부인, 무상부인으로 나누고 있다(서울중앙지방법원, 제4판 법인파산실무, 381p).

본문). 이와 같이 고의부인은 객관적 요건으로 사해행위의 존재와 주관적 요건으로 사해의사의 존재라는 두 요건이 갖추어져야 성립된다. 다만 이로 인하여 이익을 받은 자가 그 행위 당시 파산채권자를 해하게 되는 사실을 알지 못한 경우에는 제외된다(391조 1호 단서). 사해행위와 사해의사에 대한 입증책임은 부인권을 행사하는 자가 부담한다. 고의부인은 민법상 사해행위취소권과 그 실질을 같이 한다.

2) 위기부인(391조 2호·3호)

가) 채무자의 의무에 속한 본지행위부인(391조 2호)

채무자가 지급정지 또는 파산신청이 있은 후에 한 담보제공, 채무소멸행위, 기타 채권자의 이익을 해하는 행위는 설령 채무자의 의무에 속한 행위이더라도 채무자의 사해의사의 존부와 관계없이 부인된다(391조 2호 본문). 다만 이는 이로 인하여 이익을 받은 자가 그 행위 당시 지급정지 또는 파산신청이 있은 것을 알고 있은 때에 한한다(391조 2호 단서).[124]

나) 채무자의 의무에 속하지 않는 비본지행위부인(391조 3호)

채무자가 지급정지나 파산신청이 있은 후 또는 그 전 60일[125] 이내에 한 담보제공 또는 채무소멸행위는 그것이 채무자의 의무에 속하지 않거나 그 방법 또는 시기가 채무자의 의무에 속하지 않는 경우에는 채무자의 사해의사의 존부와 관계없이 부인된다(391조 3호 본문). 다만 채권자가 그 행위 당시 지급정지나 파산신청이 있은 것 또는 파산채권자를 해하게 되는 사실을 알지 못한 경우에는 부인되지 않는다(391조 3호 단서).[126]

다) 무상부인(391조 4호)

채무자가 지급정지 또는 파산신청이 있은 후 또는 그 전 6월[127] 이내에 한 무상행

---

124) 이 경우 이익을 받는 자가 채무자와 대통령령이 정하는 범위의 특수관계에 있는 자인 때에는 그 특수관계인이 행위 당시 지급정지 또는 파산신청이 있은 것을 알고 있었던 것으로 추정한다(392조 1항). 대통령령이 정하는 범위의 특수관계에 있는 자란 배우자(사실혼 포함), 8촌 이내 혈족 또는 4촌 이내 인척, 본인에 의하여 생계를 유지하거나 본인과 생계를 함께하는 자, 100분의 30 이상을 출자하거나 주요 경영사항에 사실상 영향력을 행사하고 있는 법인·단체와 그 임원 등을 말한다(시행령 4조 1호).

125) 이 경우 특수관계인을 상대방으로 하는 행위에 대하여는 위 '60일'을 '1년'으로 한다(392조 2항 전단).

126) 이 경우 특수관계인을 상대방으로 하는 행위에 대하여는 그 특수관계인이 그 행위 당시 지급정지 또는 파산신청이 있은 것과 파산채권자를 해하는 사실을 알고 있었던 것으로 추정한다(392조 2항 후단).

127) 이 경우 특수관계인을 상대방으로 하는 행위인 때에는 위 '6월'을 '1년'으로 한다(392조 3항).

위 및 이와 동일시할 수 있는 유상행위는 부인된다(391조 4호). 이러한 무상행위의 부인은 채무자의 사해의사나 수익자의 사해의사 존부와 관계없이 부인된다. 무상행위인지 여부는 채무자를 기준으로 판단한다. 채무자의 인적·물적 보증행위는 채무자가 그 대가를 받지 않는 한 무상행위에 해당된다.

이러한 부인 유형들은 상호 배타적인 것이 아니므로 파산관재인은 하나의 행위가 각 부인유형에 해당되는 경우에는 어느 것이라도 주장하여 부인할 수 있고, 부인사유를 선택적 또는 예비적으로 주장하는 것도 가능하며, 부인의 주장은 공격방어방법에 지나지 않는 것으로서 변론종결시까지 부인의 주장을 변경·보완할 수 있고,[128] 법원도 당사자의 부인유형의 주장에 구속됨이 없이 다른 유형의 부인을 인정할 수 있다.

2. 부인권의 성립요건

부인의 유형에는 행위의 내용, 시기, 상대방에 따라 고의부인, 위기부인, 무상부인, 그 밖의 특수한 부인유형이 있는 바, 이에 따라 성립요건도 모든 유형에 공통적·일반적인 성립요건과 각 부인유형에 특유한 성립요건으로 구분할 수 있다.

가. 일반적 성립요건

고의부인, 위기부인, 무상부인 등 각 부인유형에 공통되는 일반적 성립요건은 행위의 유해성, 행위의 상당성, 채무자의 행위성 등이 있다.

1) 부인대상 행위의 유해성(적극적 요건)

부인의 대상이 되는 행위는 파산채권자에게 「해를 끼치는 행위」이어야 하는데,[129] 해를 끼친다 함은 사해행위 이외에 편파행위도 포함된다는 것이 판례의 태도이다.[130] 즉 해당 행위로 인하여 채권자들에게 배당률이 낮아지면 사해행위이든 편파행위이든 행위의 유해성이 인정된다는 것이다. 그리고 유해성은 행위 당시 채무초과상태가 아니더라도 장차 파산절차에서 배당재원이 공익채권과 파산채권 전부를 만족시킬 수 없는 개연성이 존재하는 이상 특정 채권자에 대판 편파행위는 유해성이 인정될 수 있

128) 서울고등법원 2002.7.5. 선고 2001나72342 판결.
129) 대법원 2002.9.24. 선고 2001다39473 판결.
130) 대법원 2005.11.10. 선고 2003다2345 판결, 대법원 2005.11.10. 선고 2003271 판결.

다.[131] 다만 일체로 이루어진 행위의 경우에는 개별 약정을 분리하여 판단할 것이 아니라 행위 전체가 채권자에게 미치는 영향을 두고 유해성 여부를 판단하여야 할 것이다.[132] 구체적으로 몇 가지를 살펴보면 다음과 같다.

가) 변제행위

변제행위가 행위의 유해성에 해당되어 부인권의 대상이 되는지 문제된다. 변제행위도 여러 가지의 형태가 있으므로 아래에서 변제행위의 형태에 따라 살펴보기로 한다.

(1) 본지변제

변제기가 도래한 채권을 변제하는 행위를 본지변제행위라고 하는데, 본지변제행위라 하더라도 형식적 위기시에 한 행위에 대하여는 위기부인의 대상이 될 수 있음은 당연하다고 할 수 있으나 나아가 고의부인의 대상도 될 수 있는지에 관하여는 논란이 있다. 본지변제행위 중 특히 특정채권자에게만 변제하는 편파행위의 경우에 문제된다. 판례는 고의부인대상 행위(391조 1호)에 본지변제가 제외되어 있다고 볼 수 없다는 이유에서 편파행위의 경우에는 고의부인의 대상이 된다고 하고 있다.[133] 다만 여기에서 고의부인이 인정되기 위해서는 법이 정한 부인대상행위 유형화의 취지를 몰각시키는 것을 방지하고 거래 안전과의 균형을 도모하기 위하여 주관적 요건으로서 채권자들에 대한 적극적인 가해의사 내지 의욕까지 필요한 것은 아니지만 채권자평등의 원칙을 회피하기 위하여 특정채권자에게만 변제한다는 인식 정도는 필요하다고 본다.[134]

(2) 차입금에 의한 변제

제3자로부터의 차입을 통하여 특정채권자에게만 변제한 경우 이는 다른 채권자와의 평등을 해치는 것이므로 원칙적으로 부인의 대상이 된다. 다만 차입채무가 변제된 채무보다 이자 등이 저렴하고 유용의 우려가 없는 경우에는 채권자의 공동담

---

131) 대법원 2005.11.10. 선고 2003다271 판결, 대법원 2005.11.10. 선고 2003다2345 판결.

132) 대법원 2002.9.24. 선고 2001다39473 판결.

133) 대법원 2005.11.10. 선고 2003다271 판결; 다만 고의부인을 인정하기 위해서는 채권자평등의 원칙을 회피하기 위하여 특정채권자에게만 변제한다는 인식은 필요하다고 본다.

134) 대법원 2005.11.10. 선고 2003다271 판결, 대법원 2006.6.15. 선고 2004다46519 판결.

보를 감소시키는 것이 아니므로 채권자를 해하는 행위가 아니라고 보는 것이 타당하다.[135)]

(3) 담보권자에 대한 변제·대물변제

별제권자인 담보권자에 대한 변제는 원칙적으로 부인의 대상이 되지 않는다. 대물변제의 경우에도 피담보채권과 목적물 가액이 균형을 유지하고 있는 한 원칙적으로 부인의 대상이 되지 않는다.[136)] 다만 피담보채권보다 목적물 가액이 초과하는 경우 그 초과부분에 대하여는 부인권을 행사하여 차액에 대한 상환청구가 가능할 것이다.[137)]

(4) 재단채권에 대한 변제

임금 등 재단채권도 파산절차에 의하여 변제되어야 하는 채권이므로 이에 대한 변제도 원칙적으로 부인권의 대상이 된다.[138)] 다만 최우선변제권 있는 최종 3개월분의 임금 부분이나 최종 3년분의 퇴직금 부분과 같이 부인권이 행사되더라도 동일한 임금 등 재단채권자에게 귀속되는 경우에는 행위의 상당성이 인정되어 부인권행사의 대상이 되지 않는다고 보아야 할 것이다.[139)]

(5) 제3자에 의한 변제

제3자에 의한 변제 행위가 부인의 대상이 되는지 여부는 채무자 이외의 자의 행위를 부인할 수 있는가의 논의가 그대로 적용된다고 본다. 따라서 채무자와 동일시할 수 있는 제3자의 행위도 부인할 수 있는 입장이라면 해당 제3자의 변제가 여

135) 채무자가 지급정지 이전 60일 이내에 한 채무의 소멸에 관한 행위로서 그 시기가 채무자의 의무에 속하지 아니한 경우에는 특별한 사정이 없는 이상 회생채권자 등을 해하여 부인의 대상이 된다(법 제100조 제1항 제3호). 그러나 채무자가 변제 등 채무를 소멸시키기 위한 자금을 마련하기 위하여 제3자로부터 자금을 차입하는 경우, 제3자와 채무자가 그 차입금을 특정의 채무를 소멸시키기 위하여 사용하기로 약정하고, 실제 그와 같은 약정에 따라 특정의 채무에 대한 변제 등이 이루어졌으며, 차입과 변제 등이 이루어진 시기와 경위, 방법 등 제반 사정에 비추어 실질적으로 그 특정 채무의 변제 등이 해당 차입금에 의하여 이루어진 것이라고 볼 수 있고, 이자, 변제기, 담보제공 여부 등 차입금의 차입 조건이나 차입금을 제공하는 제3자와 채무자의 관계 등에 비추어 차입 이전과 비교할 때 변제 등 채무 소멸이 이루어진 이후에 채무자의 재산이 감소되지 아니한 등의 사정이 인정된다면, 해당 변제 등 채무소멸행위는 전체적으로 보아 회생채권자 등을 해하지 아니하여 부인의 대상이 되지 아니하는 특별한 사정이 존재한다고 할 수 있다(대법원 2011.05.13. 선고 2009다75291 판결).

136) 서울중앙지방법원, 제4판 법인파산실무, 385p

137) 대법원 1999.9.3. 선고 99다6982 판결.

138) 대법원 2004.1.29. 선고 2003다40743 판결, 대법원 1999.9.3. 선고 99다6982 판결.

139) 서울중앙지방법원, 제4판 법인파산실무, 385p.

기에 해당될 때 부인의 대상이 될 수 있을 것으로 보인다.

나) 매각행위

부동산의 매각행위는 부당한 가격에 의한 매각이든 적정한 가격에 의한 매각이든 소비하기 쉬운 금전으로 환가하는 것은 원칙적으로 채권자를 해하게 되는 행위로 본다.[140] 다만 동산의 매각행위는 어차피 유동성이 있고 담보가치가 적은 것이므로 부당한 염가매각이 아닌 한 부인의 대상이 되지 않는다고 본다. 다만 고가 또는 중요한 동산의 매각은 부동산에 준하여 판단하여야 할 것으로 보인다.[141]

다) 담보권 설정행위 및 실행행위

담보권 설정행위는 기존 채무의 담보를 위한 경우도 있고 신규차입을 위한 경우도 있는데, 전자의 경우에는 원칙적으로 부인의 대상이 되지만 후자의 경우에는 원칙적으로 부인의 대상이 되지 않는다.[142] 다만 형식은 신규차입이지만 대환의 경우처럼 실질은 기존 채무에 대한 기한의 연장에 불과한 경우 이를 담보하기 위한 근저당권 설정행위는 이른바 편파행위로서 부인의 대상이 될 수 있다.[143] 한편 파산절차에서는 담보권 등 별제권자는 회생절차와는 달리 파산절차에 의하지 않고 별제권을 행사할 수 있으므로(제412조) 담보권설정행위 자체가 부인되지 않는 한 담보권 실행행위는 부인의 대상이 되지 않는다.[144]

라) 어음·수표의 발행행위 등

기존채무의 변제를 위하여 또는 변제에 갈음하여 어음·수표 등의 발생·인수·배

---

140) 대법원 1997.5.9. 선고 96다2606·2613 판결, 대법원 1998.4.14. 선고 97다54420 판결; 민법주해(9), 곽윤직 편, 박영사(1992) 828p; 다만 최근의 부인권에 관한 경향은 모든 부동산의 매각을 부인의 대상으로 할 경우에는 채무자의 자체적인 자구노력을 봉쇄하여 재정적 위기를 극복할 기회를 봉쇄함으로써 오히려 채무자를 파탄에 빠뜨릴 수 있다는 비판을 반영하여 염가 매각이 아닌 적정 가격에 의한 부동산의 매각은 매각의 목적이나 대금의 사용처 등을 종합적으로 판단하여 부인 여부를 신중히 결정해야 한다는 입장을 취하고 있다(서울중앙지방법원, 제4판 개인파산·회생실무, 172~173p).

141) 박성철, "파산법상의 부인권", 재판자료 제83집, 259p.

142) 대법원 2002.3.29. 선고 2000다25842 판결.

143) 형식적으로는 기존 채무의 변제를 받고 그 직후 같은 금액을 신규대출하는 방식을 취하였지만, 그 실질 및 경제적 효과에 있어서는 기존 채무에 대한 기한의 연장에 불과한 점 등 제반 사정에 비추어, 이를 담보하기 위하여 이루어진 근저당권설정행위가 이른바 편파행위로서 파산법 제64조 제1호에서 정한 부인의 대상이 된다(대법원 2005.11.10. 선고 2003다271 판결).

144) 대법원 2009.5.28. 선고 2005다56865 판결.

서행위를 한 경우 부인의 대상이 될 수 있는지에 대하여는 어음채권에 강한 권리추정력이 인정되어 채권확정소송에서 입증책임을 전환시키고 어음채권이 양도된 경우 인적 항변이 절단될 수 있으므로 부인의 대상이 된다고 본다.[145)]

마) 현물출자에 의한 신주발행

회사가 현물출자를 받고 신주를 발행하는 행위는 비록 현물출자의 목적물이 과대평가되었다고 하더라도 특별한 사정이 없는 한 회사의 재산이 감소하지 않고 증가하게 되는 것이므로 부인권행사의 대상이 되지 않는다.[146)]

2) 채무자의 행위성

가) 행위의 주체

부인권이 성립하기 위해서는 채무자의 행위가 필요한지 문제된다. 이에 관하여는 ① 채무자의 행위 필요설,[147)] ② 채무자의 행위 불필요설,[148)] ③ 절충설[149)][150)] 등의 견해가 있는데, 최근에는 절충설이 다수설이고, 판례는 일정하지 않는다.[151)] 생각건대 법에서 채무자의 행위의 개입 없이도 부인권이 성립하도록 한 집행행위의 부인(395조), 상속재산의 파산의 경우의 부인권(400조), 유증을 받은 자에 대한 변제 등의 부인(401조) 등 일부 예외적인 경우를 제외하고는 채무자의 행위 또는 채무자의 행위와 동일시

---

145) 서울고등법원 2000.7.21. 선고 2000나13339 판결; 서울중앙지방법원, 제4판 법인파산실무, 386p.

146) 대법원 2004.9.3. 선고 2004다27686 판결.

147) 伊藤眞, 破産法(第4版 補訂版), 有斐閣, 2006, 376~377p. 이 견해에 의하면 기본적으로 채무자의 행위가 없으면 부인의 여지가 없는바, 예외적으로 채무자의 행위가 없어도 부인되는 경우가 있기는 하나 이는 법에서 특별히 인정한 경우이거나 극히 예외적으로 필요한 경우, 예컨대 채무자의 행위가 없더라도 채무자의 행위가 있던 것과 동일시할 수 있는 경우에 부인을 허용하게 된다.

148) 宗田親彦, 全訂破産法概說, 法學書院, 1983, 194p.

149) 谷口安平, 倒産處理法, 第2版, 筑摩書房, 1980, 255p; 전병서, 제3판 도산법, 242p; 임채웅, "도산법상 부인권의 행사대상에 관한 연구", 서울대학교대학원 박사학위논문, 2007, 49p; 강대성, "부인권의 법리", 민사재판의 제문제: 송천 이시윤 박사 화갑기념(하), 1995, 586p.

150) 이는 고의부인의 경우에는 채무자의 사해의사를 요구하고 있으므로 채무자의 행위가 필요하고 위기부인의 경우에는 채무자의 의사를 문제삼지 아니하므로 채무자의 행위일 필요가 없다는 견해로서 다수설의 입장이다(전병서, 제3판 도산법, 242p).

151) 판례는 제391조 제2호의 채무소멸에 관한 행위에 집행행위에 기한 경우도 포함된다고 하여 채무자 행위 불필요설을 취한 경우도 있고(대법원 1998.12.22. 선고 98다23614 판결), 부인의 대상은 원칙적으로 채무자의 행위라 할 것이지만 채무자의 행위가 없었다고 하더라도 채무자와 통모하는 등 채권자 또는 제3자의 행위를 채무자의 행위와 동일시할 수 있는 경우에는 예외적으로 부인의 대상이 될 수 있다고 함으로써 필요설을 취한 경우도 있다(대법원 2002.7.9. 선고 2001다46761 판결, 대법원 2002.7.9. 선고 99다73159 판결, 대법원 2004.2.12. 선고 2003다53497 판결).

되는 행위가 요구된다고 보는 것이 법조문에 가장 충실한 해석이 아닌가 싶다. 즉 부인의 대상은 원칙적으로 채무자의 행위 또는 채무자의 행위와 동일시되는 행위[152]라고 할 것이다.

이와 같이 부인의 대상은 원칙적으로 채무자의 행위라고 할 것이지만 채권자 또는 제3자의 행위도 부인의 대상이 될 수 있는지 문제된다. 채무자의 행위가 없었다고 하더라도 예외적으로 채무자와의 통모 등 특별한 사정이 있어서 채권자 또는 제3자의 행위를 채무자의 행위와 동일시할 수 있는 사유[153]가 있는 경우에는 예외적으로 채권자 또는 제3자의 행위도 부인의 대상으로 할 수 있을 것이다.[154][155] 이러한 경우에도 부인의 대상이 되지 못한다고 하게 되면 그 결과가 지나치게 부당하여 구체적 타당성을 결하는 것이 되기 때문이다.

특정 채권자에 대한 매출채권의 포괄적 양도를 목적으로 하는 대물변제예약 또는 양도담보계약은 편파행위에 해당되므로 채권양도계약을 성립시키는 상대방의 예약완결의 의사표시가 실질적으로 채무자의 행위와 동일시할 수 있는 경우에는 부인의 대상이 될 수 있다.[156] 다만 집행행위의 부인(395조)은 그 특성상 채무자의 행위와 동일시할 수 있는 특별한 사정을 요하지 않는다.[157]

나) 행위의 태양

부인권 행사의 대상이 되는 행위에는 법률행위 외에 법률효과를 발생시키는 일체의 행위가 포함된다. 따라서 부동산 또는 동산의 매각행위, 채권양도, 채무면제, 영업양도, 증여, 변제행위, 채권양도통지·승낙, 채무승인, 등기·등록, 동산의 인도 등이 모

---

152) 채무자의 행위가 아니지만 채무자의 행위와 동일시할 수 있는 경우에는 이를 부인의 대상으로 할 수 있도록 하는 견해를 동시론이라고 하는데, 그 일응의 기준으로 채무자와 수익자간의 '통모'를 들 수 있을 것이다(임채웅, "도산법상 부인권의 행사대상에 관한 연구", 서울대학교대학원 박사학위논문, 2007, 156p); 대법원 2002.7.9. 선고 99다73159 판결, 대법원 2002.7.23. 선고 2000다55485 판결, 대법원 2003.5.16. 선고 2003다1335 판결, 대법원 2003.9.26. 선고 2003다29128 판결, 대법원 2004.2.12. 선고 2003다53497 판결.

153) 서울중앙지방법원 2010.9.3. 선고 2010가합22649·22755 판결.

154) 대법원 2011.10.13. 선고 2011다56637 판결, 대법원 2004.2.12. 선고 2003다53497 판결, 대법원 2003.5.30. 선고 2002다67482 판결, 대법원 2002.7.9. 선고 99다73159 판결, 대법원 2002.7.9. 선고 2001다46761 판결.

155) 채무자 회생 및 파산에 관한 법률상 부인은 원칙적으로 채무자의 행위를 대상으로 하는 것이고, 채무자의 행위가 없이 채권자 또는 제3자의 행위만 있는 경우에는 채무자가 채권자와 통모하여 가공하였거나 기타의 특별한 사정으로 인하여 채무자의 행위가 있었던 것과 같이 볼 수 있는 예외적 사유가 있을 때에 한하여 부인의 대상이 될 수 있다(대법원 2011.11.24. 선고 2009다76362 판결).

156) 대법원 2011.10.13. 선고 2011다56637·56644 판결.

157) 대법원 2011.11.24. 선고 2009다76362 판결.

두 부인의 대상이 될 수 있다. 또한 소송법상의 행위나 공법행위, 회사조직에 관한 행위도 부인의 대상이 된다. 따라서 청구의 포기·인낙, 재판상 자백, 재판상 화해, 법정추인, 소취하, 상소취하, 상소권의 포기, 공정증서작성, 회사설립, 현물출자, 합병, 회사분할, 신주발행, 무의결권 상환우선주에 대한 상환행위 등도 부인의 대상이 된다.

채무자의 작위뿐만 아니라 부작위도 부인의 대상이 되므로[158] 시효중단의 해태, 지급명령에 대한 이의신청의 부제기, 공격방어방법의 부제출, 지급거절증서의 부작성 등도 부인의 대상이 될 수 있다. 한편 부인대상 행위는 허위표시·반사회질서·착오에 의한 법률행위로서 무효·취소의 사유가 있더라도 무방하다.[159] 불법원인급여의 행위에 대하여도 채무자는 그 반환을 청구할 수 없을 것이지만 파산관재인은 부인권을 행사하여 그 반환을 청구할 수 있다고 본다.

다) 행위의 부당성

파산채권자를 해하는 행위라고 하더라도 개별적·구체적 사정에 따라 채무자의 행위가 사회적으로 상당하거나 불가피하였다고 인정되어 파산채권자가 파산재단의 감소나 불공평을 감수할 수밖에 없는 경우에는 법의 지도이념이나 정의 관념에 비추어 부인권의 대상이 될 수 없다고 본다.[160] 다만 이에 대한 주장·입증책임은 상대방인 수익자에게 있다.[161]

나. 개별적 성립요건

1) 고의부인(악의부인)(391조 1호)

가) 의 의

채무자가 파산채권자를 해하는 것을 알고 한 행위는 부인의 대상이 되는데, 이를 고의부인이라고 한다(제391조 제1호 본문).[162] 즉 채무자의 사해의사를 요건으로 하여 부

158) 임채웅, "사해행위로서의 소송행위의 취소 및 부인에 관한 연구", 민사재판의 제문제 제16권(2007), 한국사법행정학회, 310p.

159) 이때 파산관재인은 행위의 무효·취소와 부인권의 행사를 동시에 할 수도 있고 부인권의 행사만을 할 수도 있을 것이다.

160) 대법원 2005.11.10. 선고 2003다2345 판결, 대법원 2011.10.13. 선고 2011다56637 판결, 대법원 2011.5.13. 선고 2009다75291 판결, 대법원 2007.10.11. 선고 2005다43999 판결, 대법원 2004.3.26. 선고 2003다65049 판결, 대법원 2004.1.29. 선고 2003다40743 판결, 대법원 2002.8.23. 선고 2001다78898 판결, 대법원 2002.7.9. 선고 2001다46761 판결.

161) 대법원 2002.8.23. 선고 2001다78898 판결.

인권을 인정하는 것을 말하는 것으로서 민법상의 사해행위취소권과 그 실질이 같은 것이다.

나) 성립요건

고의부인이 인정되기 위해서는 먼저 채무자에게 있어서 ① 객관적으로 파산채권자를 해하는 채무자의 행위가 존재하여야 하고(사해행위 또는 편파행위의 존재), ② 주관적으로 채무자에게 사해의사[163]가 있어야 한다(사해의사의 존재).

여기에서 파산채권자를 해하는 행위란 파산재단을 감소시키는 행위(사해행위)뿐만 아니라 파산재단을 감소시키지 않더라도 파산채권자들 사이의 평등한 배당을 저해하는 행위(편파행위)도 포함되는 것이며,[164] 채무자의 사해의사란 변제자력의 부족 및 파산재단의 감소에 대한 인식(사해행위에 대한 인식) 또는 특정채권자에 대한 변제 및 파산채권자들 사이의 평등한 배당을 저해한다는 인식(편파행위에 대한 인식)으로 족할 뿐이고 나아가 사해의 의도 내지 악의까지는 필요치 않는다.[165] 그런데 부인권은 파산관재인이 파산재단으로부터 일탈한 재산을 파산재단에 회복시키는데 그 취지가 있는 것이므로 채무자의 행위의 대상이 되는 재산이 애초부터 파산재단에 속하지 않아 파산관재인이 부인권을 행사하더라도 그 재산을 파산재단으로 회복할 수 없는 경우에는 부인의 대상이 되지 않는다.[166]

그리고 고의부인은 위에서 본 바와 같이 채무자의 사해행위뿐만 아니라 편파행위의 경우에도 성립되므로 고의부인이 성립하기 위하여는 각각의 경우에 그 주관적 의사가 필요하다. 즉 사해행위의 경우에는 채무자의 사해의사 내지 채무자에게 주관적으로

---

162) 고의부인을 인정한 판례 또는 판결 : 2004.1.29. 선고 2003다40743 판결, 대법원 2003.7.22. 선고 2003다5566 판결, 서울고등법원 2002.1.31. 선고 2001나24237 판결, 서울고등법원 2001.6.5. 선고 2000나41426 판결, 서울지방법원 2001.11.7. 선고 2000가합77596 판결, 서울지방법원 2000.8.10. 선고 98가합105221 판결, 서울지방법원 2001.3.30. 선고 2000가합16683 판결, 서울지방법원 2008.8.10. 선고 2000가합16683 판결, 서울지방법원 1999.11.11. 선고 99가합66804 판결, 서울지방법원 2001.1.9. 선고 2000가합15314 판결, 서울중앙지방법원 2005.10.7. 선고 2004가합110576 판결; 고의부인을 부정한 판례 또는 판결: 서울중앙지방법원 2004.9.2. 선고 2003가합94509 판결.

163) 사해의사와 관련하여 대법원은 인식설을 취함으로써 파산채권자를 해한다는 인식으로 족하며 더 나아가 가해의 의사나 의욕까지 필요한 것은 아니라고 판시하고 있다(대법원 2005.11.10. 선고 2003다271 판결).

164) 대법원 2011.10.13. 선고 2011다56637 판결, 대법원 2005.11.10. 선고 2003다271 판결; 박성철, "파산법상의 부인권, 파산법의 제문제", 사법연수원(1998), 21~22p.

165) 대법원 2005.11.10. 선고 2003다271 판결, 대법원 2004.1.29. 선고 2003다40743 판결.

166) 대법원 2010.3.11. 선고 2007다71271 판결.

파산채권자를 해한다는 인식이 있어야 한다. 다만 파산채권자에 대한 가해의 의사나 의욕까지는 요구되지 않는다고 할 것이다.[167] 만약 대리인이 행위를 한 경우에는 대리인을 기준으로 고의 여부를 판단하여야 한다(민법 제116조). 편파행위의 경우에도 특정채권자에게만 변제 또는 담보제공 등의 편파행위를 한다는 인식이 요구된다.[168] 한편 수익자가 파산채권자를 해하는 사실을 알지 못한 때에는 부인권을 행사할 수 없다(제391조 제1호 단서). 결국 채무자와 수익자 모두에게 파산채권자를 해한다는 인식이 있어야만 부인권을 행사할 수 있게 되는 것이다.

고의부인에 있어서 입증책임[169]이 문제되는데, 채무자의 사해의사에 대한 입증책임은 파산관재인에게 있고,[170] 수익자에게 있어서는 그 악의가 추정되므로 그 선의에 대한 입증책임은 수익자가 부담하게 된다.[171] 채무자 또는 수익자의 선의가 인정된 이상 그 과실여부는 묻지 않는다.

2) 위기부인(391조 2호·3호)

가) 의 의

채무자가 지급정지나 파산신청 등 위기의 시기에 있어서 파산채권자를 해하는 행위를 하거나 담보제공 또는 채무소멸행위를 한 경우에는 채무자의 사해의사의 존부와 무관하게 부인할 수 있는데, 이를 위기부인이라고 한다(391조 2호, 3호). 위기부인은 위기의 시기에 한 채무자의 행위를 문제삼는 것으로 어느 것이나 채무자의 사해의사는 그 요건으로 하지 않는다는 점에서 고의부인이나 민법상의 사해행위취소권과 구별된다. 위기부인은 다시 채무자의 의무에 속하는 본지행위를 대상하는 하는 부인(391조 2호)과 채무자의 의무에 속하지 않는 비본지행위를 대상으로 하는 부인(391조 3호)으로 구별할 수 있다.

---

167) 대법원 2005.11.10. 선고 2003다271 판결, 대법원 2004.1.29. 선고 2003다40743 판결.

168) 대법원 2005.11.10. 선고 2003다271 판결.

169) 부인권의 행사에 있어서 입증책임을 누가 부담하느냐에 대하여 그 판단이 어려운 점이 있는데, 통상 법조문의 표현이 '알고한 행위', 또는 '알고 있는 때'로 되어 있으면 파산관재인이 부담하는 것이고, '알지 못한 경우'라고 되어 있는 경우에는 파산관재인의 상대방, 즉 수익자가 부담하는 것이라고 정리하면 쉬울 것이다.

170) 대법원 2006.6.15. 선고 2004다46519 판결.

171) 대법원 2011.10.13. 선고 2011다56637·56644 판결.

나) 위기부인의 구분

(1) 본지행위에 대한 위기부인(391조 2호)

채무자가 「지급정지」 또는 「파산신청」이 있은 후에 한 파산채권자를 해하는 행위[172]나 담보제공[173] 또는 채무소멸행위[174]는 부인된다(391조 2호 본문). 이를 위기부인 중에서도 채무자의 의무에 속하는 행위를 부인의 대상으로 한다는 점에서 본지행위에 대한 위기부인이라고 한다.[175]

여기에서 지급정지란 채무자가 그 자력의 결핍[176]으로 변제기 도래의 채무를 일반적·계속적으로 변제하는 것이 불가능함을 명시적·묵시적으로 외부에 표시하는 것을 말한다. 채무자가 당좌거래정지처분을 받은 때에는 지급정지의 상태라고 볼 수 있으되,[177] 부도유예협약 대상업체로 선정된 사실은 지급정지에 해당되지 않는다.[178]

파산신청이란 채무자가 지급불능을 사유로 채권채무의 청산을 위하여 법원에 파산을 신청하는 것을 말한다. 지급정지 또는 파산신청 후에 그 지급정지가 해소되거나 파산신청이 취하된 경우에는 이러한 지급정지나 파산신청을 이유로 부인할 수 없음은 물론이다.[179]

본지행위에 대한 위기부인에 있어서는 채무자의 주관적 인식은 요하지 않는다. 그러나 수익자의 주관적 인식은 요구된다. 즉 수익자에게는 그 행위 당시 채무자가 지급정지 또는 파산신청이 있은 것을 알고 있어야만 본지행위에 대한 위기부인이

---

172) 여기에서 파산채권자를 해하는 행위란 조문에서 뒤에 병렬적으로 열거된 담보제공 또는 채무소멸행위를 제외한 총채권자를 해하는 사해행위, 즉 일반재산 감소행위를 의미한다.

173) 여기의 담보제공이란 이미 체결한 담보권설정계약에 따라서 이에 대한 이행으로서 저당권·질권·양도담보권 등 담보권을 설정해 주는 행위를 말한다.

174) 채무소멸행위란 변제기가 도래한 채권을 변제하는 본지변제행위나 기존의 대물변제계약에 따른 대물변제 등을 말한다(대법원 2004.3.26. 선고 2003다65049 판결).

175) 본지행위에 대한 위기부인을 인정한 판례 또는 판결 : 대법원 2002.11.8. 선고 2002다28746 판결, 대법원 2007.7.13. 선고 2005다71710 판결, 서울지방법원 2000.3.17. 선고 99가합44248 판결, 서울지방법원 2000.3.23. 선고 99가합75822 판결, 서울지방법원 2000.4.11. 선고 99가합75815 판결, 인천지방법원 2000.11.29. 선고 2000가합3824 판결; 본지행위에 대한 위기부인을 부정한 판례 또는 판결 : 서울고등법원 2000.5.3. 선고 99나58367 판결.

176) 자력의 결핍이란 채무자에게 채무를 변제할 자산이나 자산을 융통받을 신용도 없는 경우를 말한다(대법원 2007.8.24. 선고 2006다80636 판결).

177) 대법원 2011.11.10. 선고 2011다55504 판결, 대법원 2002.11.8. 선고 2002다28746 판결.

178) 대법원 2001.6.29. 선고 2000다63554 판결.

179) 대법원 2007.8.24. 선고 2006다80636 판결.

성립할 수 있는 것이다(391조 2호 단서).[180] 다만 수익자에게는 그 행위 당시 채무자가 지급정지 또는 파산신청의 상태에 있었다는 것을 알고 있는 것으로 족할 뿐 그의 행위[181]가 파산채권자를 해함을 알지 못하였다든가 그가 파산채권자를 해할 의사가 없었다든가 하는 것은 부인권 행사에 영향을 미치지 않는다.[182]

입증책임과 관련해서는 본지행위에 대한 위기부인의 성립요건은 모두 파산관재인이 부담한다. 수익자의 악의에 대한 입증책임도 마찬가지이다.[183]

한편 파산선고가 있은 날부터 1년 전에 한 행위는 지급정지의 사실을 안 것을 이유로 하여 부인할 수 없다(404조). 이는 부인권의 행사에 시간적 한계를 설정하여 거래의 안전을 도모하기 위한 것으로 보인다.

(2) 비본지행위에 대한 위기부인(391조 3호)

채무자가 지급정지나 파산신청이 있은 후 또는 그 전 60일 이내에 한 담보의 제공 또는 채무소멸에 관한 행위로서 채무자의 의무에 속하지 않거나[184] 그 방법 또는 시기가 채무자의 의무에 속하지 않는 것은 부인된다(391조 3호 본문). 이와 같이 파산관재인이 채무자의 위기 후 또는 그 전 60일 이내에 채무자의 의무에 속하지 않는 담보제공이나 채무소멸행위에 대하여 부인하는 것을 비본지행위에 대한 위기부인이라고 한다.[185] 여기에서 채무자의 의무에 속하지 않는다는 것은 일반적·추상적 의무에 속하지 않는다는 것이 아니라 구체적 의무에 속하지 않음을 의미한다.[186]

---

180) 다만 수익자가 채무자와 대통령령이 정하는 범위의 특수관계에 있는 자인 때에는 그 수익자는 행위 당시 지급정지 또는 파산신청이 있은 것을 알고 있었던 것으로 추정되므로(제392조 제1항), 수익자 본인이 자신의 선의를 증명할 책임을 부담한다.

181) 부인대상 행위는 채무자와 수익자간에 이루어지는 것이므로 채무자의 행위란 곧 수익자의 행위도 되는 것이다.

182) 서울중앙지방법원 1999.12.14. 선고 99가합73826 판결.

183) 서울중앙지방법원, 제4판 법인파산실무, 393p.

184) 여기에서 '파산자의 의무에 속한다'라는 의미와 관련하여 그 의무는 일반적·추상적 의무로는 부족하고 구체적 의무를 부담하여 채권자가 그 구체적 의무의 이행을 청구할 권리를 가지는 경우를 의미하므로 어음거래약정서 등 여신거래약정과 같은 약관 규정에 의한 의무는 파산자의 의무에 속하는 행위라고 볼 수 없다(대법원 2002.2.8. 선고 2001다55116 판결, 대법원 2000.12.8. 선고 2000다26067 판결, 대법원 2006.6.29. 선고 2004다32503 판결).

185) 비본지행위에 대한 위기부인을 인정한 판례 또는 판결 : 대법원 2001.5.15. 선고 2001다16852 판결, 대법원 2006.6.29. 선고 2004다32503 판결, 서울고등법원 2000.6.23. 선고 99나54624 판결, 서울고등법원 2000.5.3. 선고 99나58367 판결, 서울중앙지방법원 1998.7.2. 선고 98가합4953 판결, 서울지방법원 2000.10.4. 선고 99가합94670 판결, 서울중앙지방법원 2013.6. 28. 선고 2013가합500010 판결.

변제기한의 유예나 집행을 면하기 위한 담보제공에 대한 부인[187] 또는 기존 채무에 대한 담보제공의 약속이 없음에도 담보제공을 하는 경우[188] 등의 부인이 여기에 해당된다.

이러한 비본지행위에 대한 위기부인은 본지행위에 대한 위기부인과 같이 담보제공 또는 채무소멸행위를 부인의 대상으로 한다는 점에서 같으나 채무자의 의무에 속하지 않는 담보제공 또는 채무소멸행위를 부인의 대상으로 한다는 점에서 차이가 있다. 따라서 본지행위에 대한 위기부인보다 부인의 대상 범위를 확대시켜 지급정지 등이 있기 전 60일[189] 내에 이루어진 행위까지 부인의 대상으로 한 것이다.

그러나 파산선고가 있은 날부터 1년 전에 한 행위는 지급정지의 사실을 안 것을 이유로 하여 부인할 수 없음은 본지행위에 대한 위기부인과 같다(404조). 이는 부인권의 행사에 시간적 한계를 설정하여 거래의 안전을 도모하기 위한 것으로 보인다.

한편 수익자가 그 행위 당시 지급정지나 파산신청이 있은 것 또는 파산채권자를 해하게 되는 사실을 알지 못한 경우에는 부인권의 행사가 불가하다(391조 3호 단서).[190]

입증책임과 관련해서는 비본지행위에 대한 위기부인의 성립요건에 대한 입증책임은 원칙적으로 파산관재인이 부담한다. 다만 수익자의 선의에 대한 입증책임은 수익자가 부담한다.[191] 본지행위에 대한 위기부인에 있어서 수익자에 대한 입증책임을 파산관재인이 부담하도록 하는 것과 달리, 비본지행위에 대한 위기부인에 있어서 수익자에 대한 입증책임을 수익자로 하여금 부담하도록 하는 것은 비난가능성의 질적 차이에 따른 것으로 보인다.

(3) 고의부인과의 관계

고의부인은 채무자가 파산채권자를 해하는 것을 알고 한 행위에 대하여는 그 행위의 시점이 채무자가 지급정지 또는 파산신청 후인지 전인지 여부에 불문하고

186) 대법원 2000.12.8. 선고 2000다26067 판결, 2011.11.10. 선고 2011다55504 판결.
187) 대법원 2011.11.10. 선고 2011다55504 판결, 서울고등법원 2000.6.23. 선고 99나54624 판결.
188) 서울중앙지방법원 2005.10.7. 선고 2004가합110576 판결.
189) 다만 특수관계인을 상대방으로 하는 행위에 대하여는 위 '60일'의 기간을 '1년'으로 한다(392조 3항 전단).
190) 이 경우 특수관계인을 상대방으로 하는 행위에 대하여는 그 특수관계인이 행위 당시 지급정지 또는 파산신청이 있은 것과 파산채권자를 해하는 사실을 알고 있었던 것으로 추정한다(392조 제2항 후단).
191) 대법원 2011.11.10. 선고 2011다55504 판결, 대법원 2011.5.13. 선고 2009다75291 판결.

부인권을 행사할 수 있도록 하되(392조 1호), 채무자의 고의를 요구하고 있는 반면, 위기부인의 경우에는 채무자의 고의를 요구하지 않되 채무자의 행위의 시점이 채무자의 지급정지 또는 파산신청 후일 것을 요구하고 있다(391조 2호, 3호). 따라서 채무자의 행위의 시점이 채무자의 지급정지 또는 파산신청 후이고 채무자에게 고의가 인정된 경우에는 고의부인도 가능하고 위기부인도 가능하게 된다.

그런데 부인권 행사에 있어서 각 부인의 유형은 공격방어방법에 지나지 않고 위와 같이 부인대상 행위가 여러 부인유형에 해당될 경우에는 파산관재인은 그중 어느 유형이라도 주장하여 부인대상 행위를 부인할 수 있으므로, 이 경우 파산관재인은 고의부인이나 위기부인 중 어느 것이라도 주장할 수 있을 것이지만 채무자의 고의를 요건으로 하지 않는 위기부인의 주장이 보다 쉬울 것이므로 채무자의 고의를 입증해야 하는 고의부인[192]을 굳이 주장할 필요는 없을 것이다.

다) 무상부인(제391조 제4호)

채무자가 지급정지 또는 파산신청이 있은 후 또는 그 전 6월[193] 이내에 한 무상행위 및 이와 동일시할 수 있는 유상행위는 부인된다(391조 4호). 이를 무상부인이라고 한다. 여기에서 무상행위란 채무자가 그 대가로서 경제적 이익을 받지 않는 경우를 말하는 것으로[194] 사용대차, 증여, 유증, 권리포기, 채무면제, 시효이익의 포기, 청구의 포기·인낙, 소의 취하, 재판상 자백 등이 해당되고, 계열회사에 대한 지급보증,[195] 부도 후 부동산의 증여,[196] 연대보증채무의 기한유예를 위한 물상담보 내지 담보제공 행위,[197] 대가 없는 약속어음 배서행위[198] 등도 포함된다. 무상행위와 동일시할 수 있는 유상행위란 상대방의 반대급부가 지극히 근소하여 무상행위와 다름없는 경우를 말한다.[199]

---

192) 대법원 2006.6.15. 선고 2004다46519 판결.

193) 다만 특수관계인을 상대방으로 하는 행위인 때에는 위 '6월'을 '1년'으로 한다(392조 3항). 채무자의 행위가 연대보증행위인 경우에 있어서 특수관계에 있는 경우란 보증에 관한 권리를 취득하는 채권자와 채무자간의 특수관계를 의미하는 것이지 주채무자와 채무자간의 특수관계를 의미하는 것이 아니다(대법원 2009.2.12. 선고 2008다48117 판결).

194) 대법원 2002.2.26. 선고 2001다67331 판결.

195) 대법원 1999.3.26. 선고 97다20755 판결, 대법원 2001.5.8. 선고 99다32875 판결, 서울고등법원 2000.4.25. 선고 99나58152 판결, 서울지방법원 1999.12.14. 선고 98가합88104 판결.

196) 서울지방법원 2001.11.15. 선고 2001가합968 판결.

197) 대법원 2002.3.26. 선고 2000다67075 판결.

198) 서울고등법원 2000.7.21. 선고 2000나13339 판결.

그리고 무상행위인지 여부는 채무자를 기준으로 판단해야 하며 수익자의 입장에서 판단해서는 안된다. 따라서 채무자의 타인을 위한 인적 보증 또는 물상보증행위는 해당 채무자가 그 대가로서 경제적인 이익을 받지 않는 한 무상행위에 해당된다.[200]

이러한 무상부인 행위는 파산채권자를 해할 위험성이 현저한 반면 상대방의 이익을 고려할 필요성은 적으므로 채무자의 악의뿐만 아니라 수익자의 악의까지 그 요건으로 하지 않고 있으며,[201] 부인의 대상범위도 확대시켜 지급정지나 파산신청 전 6개월 내에 한 무상행위까지 부인의 대상으로 하고 있다(391조 4호). 이와 관련하여 금융기관과 채무자가 새로운 자금의 실질적 수수 없이 문서상으로만 신규대출의 형식을 구비하여 기존 채무를 변제한 것으로 처리하는 이른바 대환은 특별한 사정이 없는 한 실질적으로는 기존 채무의 변제기의 연장에 불과하고 이렇게 대환이 이루어진 경우에는 기존 채무가 동일성을 유지한 채 존속하는 것이므로 최초의 어음할인과 이에 관한 채무자 회사의 연대보증 등 대출거래가 있은 후 이와 같은 대환에 의하여 변제기가 연장되어 옴에 따라 최초의 대출거래시기가 채무자 회사의 지급정지일부터 6월 전 이전에 해당하게 된 경우에는 채무자 회사의 연대보증행위는 무상행위 부인권의 대상이 되지 않는다.[202]

무상부인의 성립요건에 대한 입증책임은 파산관재인이 부담한다.[203]

다. 특례요건

1) 특수관계인을 상대방으로 한 행위에 관한 특칙(제392조)

통합도산법에서는 채무자와 행위를 한 상대방이 채무자의 특수관계인[204]의 지위에

199) 대법원 2001.7.13. 선고 2001다5388 판결, 대법원 2002.3.12. 선고 2000다55478 판결, 대법원 2003.9.26. 선고 97다20755 판결, 대법원 1999.3.26. 선고 97다20755 판결, 대법원 2009.5.28. 선고 2005다56965 판결, 대법원 2012.6.28. 선고 2012다30427 판결, 서울중앙지방법원 1999.6.9. 선고 98가합70776 판결, 서울중앙지방법원 2005.7.28. 선고 2004가합3159 판결.

200) 대법원 1999.3.26. 선고 97다20755 판결, 대법원 2009.5.28. 선고 2005다56865 판결, 대법원 2009.2.12. 선고 2008다48117 판결, 대법원 2008.11.27. 선고 2006다50444 판결, 대법원 2002.2.26. 선고 2001다67331 판결.

201) 대법원 2009.5.28. 선고 2005다56865 판결; 대법원 2002.2.26. 선고 2001다67331 판결.

202) 대법원 2001.7.13. 선고 2001다5388 판결, 대법원 2001.11.13. 선고 2001다55222·55239 판결, 대법원 2001.5.29. 선고 2001다16814 판결.

203) 서울중앙지방법원, 제4판 법인파산실무, 398p.

204) 통합도산법 시행령 제4조(특수관계인) "법 제101조 제1항, 법 제218조 제2항 각호 및 법 제392조 제1항에서 '대통령령이 정하는 범위의 특수관계에 있는 자'라 함은 다음 각 호의 어느 하나에 해당하는 자를 말한다.

있는 경우에는 부인대상의 범위를 확대시키고 있다.

즉 본지행위에 대한 위기부인(391조 2호)에 있어서는 수익자가 채무자의 특수관계인인 때에는 해당 특수관계인이 그 행위 당시 지급정지 또는 파산신청이 있은 것을 알고 있었던 것으로 추정하고 있고(392조 1항),[205] 비본지행위에 대한 위기부인(391조 3호)에 있어서는 지급정지 또는 파산신청 전의 담보제공 또는 채무소멸행위도 60일 전이 아니라 1년 전의 행위까지 부인의 대상으로 확대한 외에 특수관계인에 대하여 그 행위 당시 지급정지 또는 파산신청이 있은 것과 파산채권자를 해하는 사실을 알고 있었던 것으로 추정하고 있으며(392조 2항), 무상부인(391조 4호)에 있어서는 지급정지 또는 파산신청이 있은 전의 무상행위 및 이와 동일시할 수 있는 유상행위에 대하여 6월 전이 아니라 1년 전의 행위까지 부인의 대상으로 확대하고 있는 것이다(392조 3항).

그리고 이와 같이 특수관계인이 수익자인 경우에는 해당 특수관계인이 그 선의에 대한 입증책임을 부담하게 된다.[206]

---

1. 본인이 개인인 경우에는 다음 각 목의 어느 하나에 해당하는 자
   가. 배우자(사실상의 혼인관계에 있는 자를 포함한다. 이하 같다)
   나. 8촌 이내의 혈족이거나 4촌 이내의 인척
   다. 본인의 금전 그밖의 재산에 의하여 생계를 유지하는 자이거나 본인과 생계를 함께 하는 자
   라. 본인이 단독으로 또는 그와 가목 내지 다목의 관계에 있는 자와 합하여 100분의 30 이상을 출자하거나 임원의 임면 등의 방법으로 법인 그밖의 단체의 주요 경영사항에 대하여 사실상 영향력을 행사하고 있는 경우에는 해당 법인 그밖의 단체와 그 임원
   마. 본인이 단독으로 또는 그와 가목 내지 라목의 관계에 있는 자와 합하여 100분의 30 이상을 출자하거나 임원의 임면 등의 방법으로 법인 그밖의 단체의 주요 경영사항에 대하여 사실상 영향력을 행사하고 있는 경우에는 해당 법인 그밖의 단체와 그 임원
2. 본인이 법인 그밖의 단체인 경우에는 다음 각 목의 어느 하나에 해당하는 자
   가. 임원
   나. 계열회사(「독점규제 및 공정거래에 관한 법률」 제2조 제3호에 따른 계열회사를 말한다) 및 그 임원
   다. 단독으로 또는 제1호 각 목의 관계에 있는 자와 합하여 본인에게 100분의 30 이상을 출자하거나 임원의 임면 등의 방법으로 본인의 주요 경영사항에 대하여 사실상 영향력을 행사하고 있는 개인 및 그와 제1호 각 목의 관계에 있는 자와 법인 그밖의 단체(계열회사를 제외한다. 이하 이 호에서 같다) 및 그 임원
   라. 본인이 단독으로 또는 그와 가목 내지 다목의 관계에 있는 자와 합하여 100분의 30이상을 출자하거나 임원의 임면 등의 방법으로 단체의 주요 경영사항에 대하여 사실상 영향력을 행사하고 있는 경우에는 해당 법인 그밖의 단체 및 그 임원"

205) 따라서 이 경우에는 수익자의 악의를 파산관재인이 부담하는 통상의 경우와 달리 수익자 자신이 그 선의에 대한 입증책임을 부담하게 된다.

206) 이와 같이 특수관계인이 수익자인 경우에는 특수관계인이 선의의 입증책임을 부담한다고 하지만 무상부인의 경우에는 애당초 입증책임의 문제는 발생하지 않는 것이며, 비본지행위에 대한 위기부인의 경우에는 통상의 경우에도 수익자가 선의의 입증책임을 부담하는 것이므로 그 의미가 있지 않는 바, 결국 본지

한편 부인의 대상이 연대보증행위인 경우에 있어서 특수관계인의 관계란 연대보증행위의 직접 상대방으로서 보증에 관한 권리를 취득하여 이를 행사하는 채권자가 연대보증채무자와 특수관계인인 경우를 말하는 것이며 주채무자가 연대보증채무자와 특수관계인 경우에도 연대보증행위의 상대방인 채권자가 연대보증채무자와 특수관계인이 아닌 경우에는 특수관계인을 상대방으로 한 행위에 관한 특칙(392조)이 적용되지 않는다.[207]

2) 어음채무의 지급에 관한 부인의 특칙(제393조)

어음지급의 경우에는 어음거래의 안전을 위하여 일정한 요건 아래 부인유형에 해당하더라도 부인할 수 없도록 하고 있다. 즉 채무자로부터 어음의 지급을 받은 자가 그 지급을 받지 않으면 채무자의 1인 또는 여럿에 대한 어음상의 권리를 상실하게 되었을 경우에는 부인할 수 없는 것이다(391조, 393조 1항).[208] 이는 어음소지인의 소구권의 상실을 방지함으로써 어음거래의 안진을 도모하기 위한 것이다. 다만 이를 악용하여 우선변제받는 것을 방지하기 위하여 이 경우 최종의 상환의무자 또는 어음의 발행을 위탁한 자가 그 발행 당시에 지급정지 또는 파산신청이 있었음을 알았거나 또는 과실로 인하여 이를 알지 못한 때에는 파산관재인은 그로 하여금 채무자가 지급한 금액을 상환하게 할 수 있도록 하고 있다(393조 2항).

3) 권리변동의 성립요건·대항요건의 부인(제394조)

가) 의 의

통합도산법에서는[209]별도의 규정을 두어 원인행위를 부인할 수 없는 경우에도 권리변동의 성립요건(예, 등기·등록) 또는 대항요건(예, 채권양도통지)의 구비행위만을 대상으로 독자적으로 부인할 수 있도록 하고 있다(394조). 즉 지급정지 또는 파산신청이

행위에 대한 위기부인에 있어서만 특수관계인이 입증책임을 부담한다는데 그 의미가 있는 것이다.

207) 대법원 2009.2.12. 선고 2008다48117 판결.

208) 이는 어음소지자가 채무자로부터 어음금을 수령하지 않으면 소구권을 상실하게 되고 또한 어음금을 수령한 후 그 변제가 부인된다면 거절증서작성기간의 도과로 역시 소구권을 상실하게 되는 불합리한 결과가 초래되는 것을 막기 위한 취지이다.

209) 구 파산법에서는 그 표제를 '권리변동의 효력요건 또는 대항요건의 부인'이라고 표시하였으나(제66조), 통합도산법에서는 '권리변동의 성립요건 또는 대항요건의 부인'이라는 용어를 사용하고 있으므로(제103조, 제394조) 차후에는 '권리변동의 성립요건'이라는 용어 대신 '권리변동의 성립요건'이라는 용어를 사용하는 것이 타당하다고 사료된다.

있은 후에 권리의 설정·이전 또는 변경의 효력을 생기게 하는 등기 또는 등록이 행하여진 경우 그 등기 또는 등록이 그 원인인 채무부담행위가 있은 날부터 15일[210]을 경과한 후에 지급정지 또는 파산신청이 있음을 알고 행한 것인 때에는 이를 부인할 수 있는 것이다(394조 1항 본문). 이를 권리변동의 성립요건의 부인이라고 한다. 다만 가등기·가등록한 후 이에 기하여 본등기·본등록을 한 때에는 가등기·가등록에 의하여 이미 일반재산으로부터의 일탈이 공시되어 있기에 부인의 대상이 되지 않는다(394조 1항 단서).[211] 이러한 원리는 지급정지 또는 파산신청이 있은 후에 권리의 설정·이전 또는 변경을 제3자에게 대항하기 위하여 필요한 행위를 한 경우 그 행위가 권리의 설정·이전 또는 변경이 있은 날부터 15일을 경과한 후에 지급정지 또는 파산신청이 있음을 알고 행한 것인 때에도 마찬가지이다(394조 2항). 이를 권리변동의 대항요건의 부인이라고 한다.

권리변동의 원인행위에 대한 부인과 별도로 권리변동의 성립요건 또는 대항요건의 부인을 인정하는 취지는 원인행위의 부인의 요건 불비로 원인행위에 대한 부인이 불가능하거나 곤란한 경우에 그 완성행위로서 그것과 실질을 같이하는 성립요건 또는 대항요건의 구비행위를 부인함으로써 결과적으로 원인행위를 부인하는 것과 같은 결과를 얻기 위한 것이며, 원인행위 이후 상당기간 대항요건 등의 구비행위를 하고 있지 않다가 채무자의 지급정지 또는 파산신청 후에 이르러 구비행위를 하는 것은 채권자들에게 불측의 손해를 주기 때문에 인정하는 것이다.

만약 권리변동의 원인행위도 부인할 수 있고 권리변동의 성립요건 또는 대항요건도 부인할 수 있는 경우에는 파산관재인의 선택에 따라 어느 것을 부인해도 무관할 것이다.[212]

나) 일반 부인권(제394조)과의 관계

통합도산법에서는 부인권에 관한 일반규정인 제391조(부인할 수 있는 행위)를 둔 외

210) 구 회사정리법 제80조 제1항은 "지급의 정지 또는 파산, 화의개시, 정리절차개시의 신청이 있은 후 권리의 설정, 이전 또는 변경으로써 제3자에 대항하기 위하여 필요한 행위를 한 경우에 그 행위가 권리의 설정, 이전 또는 변경이 있은 날로부터 15일을 경과한 후 악의로 한 것인 때에는 이를 부인할 수 있다."라고 규정하고 있는바, 대항요건을 구비하여야 하는 위 15일의 기간은 권리변동의 원인행위가 이루어진 날이 아니고 그 원인행위의 효력이 발생하는 날부터 기산하여야 한다(대법원 2004.2.12. 선고 2003다53497 판결).

211) 물론 가등기 또는 가등록 자체에 부인의 요건(제394조 제1항 본문)이 충족된 경우에는 부인될 수 있을 것이다.

212) 서울중앙지방법원, 제4판 법인파산실무, 401p.

에 별도로 권리변동의 성립요건 또는 대항요건의 부인에 관한 제394조(권리변동의 성립요건 또는 대항요건의 부인)를 둔 입법 의도가 무엇인지에 대하여는 논란이 있다. 즉 권리변동의 원인행위에 대한 부인이든 권리변동의 성립요건(효력요건) 또는 대항요건의 부인이든 모두 부인권에 관한 일반규정인 제391조에 의하여 규율하면 될 것이지 왜 권리변동의 성립요건 또는 대항요건의 부인에 관한 규정을 별도로 두었는지 문제되는 것이다.

이에 관하여는 ① 창조설(창설설)과 ② 제한설의 대립이 있다. 전자는 성립요건 또는 대항요건의 부인은 부인권에 관한 일반규정인 제391조의 부인의 대상이 될 수 없어 원래 부인의 대상이 될 수 없지만 제394조의 규정을 특별히 둠으로써 비로소 부인의 대상이 되도록 한 것이라는 견해이고, 후자는 권리변동의 성립요건 또는 대항요건의 부인도 원래 부인권에 관한 일반규정인 제391조의 부인의 대상이 되는 것이지만 그 특수성 때문에 권리변동의 성립요건 또는 대항요건의 구비행위에 대하여는 그 부인의 요건을 엄격화하여 제391조에 의한 부인을 제한한 특칙이 바로 제394조라는 견해이다.

판례는 제한설을 취하여 원래 권리변동의 성립요건 또는 대항요건의 구비행위도 본래 제391조의 일반 규정에 의한 부인의 대상이 되어야 할 것이지만 권리변동의 원인행위를 부인할 수 없는 경우에는 가능한 한 성립요건 또는 대항요건을 구비시켜 당사자가 의도한 목적을 달성시키면서 제394조 소정의 엄격한 요건을 충족시키는 경우에만 특별히 이를 부인할 수 있도록 한 것이고, 따라서 권리변동의 성립요건 또는 대항요건의 구비행위에 대해서는 제394조에 의해서만 부인의 대상이 될 뿐 이와 별도로 제391조에 의한 부인의 대상이 될 수는 없다고 하고 있다.[213] 즉 권리변동의 성립요건 또는 대항요건의 구비행위에 대해서는 고의부인(391조 1호)이나 위기부인(391조 2호, 3호)의 대상이 되지 않는다는 것이다.

다) 권리변동의 성립요건·대항요건의 부인의 성립요건

(1) 지급정지 또는 파산신청 후의 권리변동의 성립요건 또는 대항요건의 구비

권리변동의 성립요건 또는 대항요건의 부인이 성립하려면 지급정지 또는 파산신청이 있은 후에 권리의 설정·이전 또는 변경의 효력을 생기게 하는 등기 또는

213) 대법원 2004.2.12. 선고 2003다53497 판결, 대법원 2001.9.4. 선고 2001다25931 판결, 대법원 2007.7.13. 선고 2005다72348 판결, 대법원 2007.7.13. 선고 2006다13223 판결.

등록이 행하여진 경우이거나 지급정지 또는 파산신청이 있은 후에 권리의 설정·이전 또는 변경을 제3자에게 대항하기 위하여 필요한 행위를 한 경우이어야 한다(394조 1항, 2항). 즉 지급정지 또는 파산신청이 있은 후에 부동산등기, 선박등기, 자동차등록, 동산의 인도, 채권양도 및 입질에 대한 통지 또는 승낙, 지시채권의 배서·교부 등의 행위가 있어야 하는 것이다. 위 성립요건에 대한 입증책임은 파산관재인에게 있다.

(2) 권리변동의 원인행위의 날부터 15일 후에 등기·등록이 이루어진 경우 또는 권리변동이 있은 날부터 15일 후에 그 대항요건의 구비행위가 있는 경우일 것

권리변동의 성립요건의 부인의 경우에는 권리의 설정·이전 또는 변경의 효력을 생기게 하는 등기·등록이 그 원인인 채무부담행위가 있은 날부터 15일을 경과한 후에 행하여져야 하고, 권리변동의 대항요건의 부인의 경우에는 권리의 설정·이전 또는 변경을 제3자에게 대항하기 위하여 필요한 행위가 권리의 설정·이전 또는 변경이 있은 날부터 15일이 경과한 후에 행하여진 경우이어야 한다(394조 1항, 2항). 여기에서 대항요건의 부인의 경우에 대항요건을 구비하여야 하는 위 15일의 기산점은 권리변동의 원인행위가 이루어진 날이 아니고 그 원인행위의 효력이 발생하는 날을 의미한다.[214] 따라서 대물변제예약의 경우에는 대물변제예약시가 아니라 예약완결시에 권리가 이전되었다고 보아야 할 것이며 이로 볼 때 위 예약완결일로부터 15일 이내에 채권양도사실을 통지함으로써 대항요건의 구비행위를 한 경우에는 부인권의 행사가 인정되지 않는다고 할 것이다.[215] 또한 이른바 '예약형 집합채권의 양도담보'의 약정[216]의 경우에는 금융기관이 위 약정에 따라 양도받을 매출채권에 대한 선택권 및 대물변제예약을 완결하여 채권양도를 성립시키는 예약완결권의 취득과 아울러 채무자를 대신하여 제3채무자에게 채권양도사실을 통지할 수 있는 권한까지 수여받게 되는데, 이때에도 대물변제예약시가 아니라 예약완결시부터 15

214) 대법원 2004.2.12. 선고 2003다53497 판결, 대법원 2001.9.4. 선고 2001다25931 판결, 서울지방법원 2000.9.5. 선고 99가합65245 판결.

215) 대법원 2004.2.12. 선고 2003다53497 판결.

216) 집합채권의 양도담보에는 기본형, 통지유보형, 정지조건형, 예약형 등이 있는데(오영준, "집합채권양도담보와 도산절차의 개시", 사법논집 제43집, 법원도서관, 2006, 233p 이하), 실무상 우리나라에서는 '예약형 집합채권의 양도담보'가 주로 이용되고 있고, 이에 따라 판례도 '예약형 집합채권의 양도담보'에 관한 것이 대부분이다. '예약형 집합채권의 양도담보'의 약정이란 금융기관이 대출채권을 담보하기 위하여 채무자(주로 기업채무자)의 매출채권에 대하여 채권양도를 목적으로 하여 대물변제예약을 체결하는 것을 말한다.

일 이내에 채무기업을 대신하여 제3채무자들에게 채권양도사실을 통지하여 대항요건을 구비하는 행위를 한 이상 부인권은 인정되지 않는다고 할 것이다.[217]

위 성립요건에 대한 입증책임은 파산관재인에게 있다.[218]

(3) 행위자(수익자)가 악의일 것

권리변동의 성립요건 또는 대항요건의 부인이 성립하려면 행위자(수익자)가 지급정지 또는 파산신청이 있음을 알고 이러한 권리변동의 성립요건 또는 대항요건의 구비행위를 행하는 경우이어야 한다(394조 1항, 2항). 이러한 수익자의 악의에 대한 입증책임은 파산관재인에게 있다.[219]

라) 집행행위의 부인(제395조)

(1) 의 의

부인권은 부인하고자 하는 행위에 관하여 집행력있는 집행권원이 있는 때에도 행사할 수 있고(395조 전단), 부인대상 행위가 집행행위에 의하여 이루어진 것이라도 행사할 수 있다(395조 후단). 이들을 집행행위의 부인이라고 한다.

집행행위의 부인의 성질에 관하여는 ① 확인적 규정설, ② 예외적 규정설의 대립이 있지만, 이는 새로운 부인의 유형을 규정한 것이라기보다는 집행행위도 부인권에 관한 일반규정인 제391조(부인할 수 있는 행위)의 각호에 의하여 부인의 대상이 된다는 것을 주의적으로 규정한 것으로 보이므로 확인적 규정설이 타당하다고 본다.[220] 즉 집행행위에 대한 부인의 경우에도 행위 주체가 채무자가 아닌 점을 제외하고는 부인권에 관한 일반규정인 제391조(부인할 수 있는 행위) 각호 중 어느 하나의 요건이 갖추어져야 그 행사가 가능하다는 것이다.[221]

(2) 집행권원 있는 행위에 대한 부인

부인권은 부인하고자 하는 행위에 관하여 집행력있는 집행권원이 있는 때에도 부인할 수 있다. 여기에서 부인의 대상이 되는 행위로는 ① 매매계약 등 집행권원

---

217) 대법원 2004.2.12. 선고 2003다53497 판결.
218) 서울중앙지방법원, 제4판 개인파산·회생실무, 189p.
219) 서울중앙지방법원, 제4판 법인파산실무, 402p.
220) 전병서, 제3판 도산법, 262p.
221) 대법원 2011.11.24. 선고 2009다76362 판결.

상의 의무를 발생시키는 채무자의 원인행위일 수도 있고,[222] ② 강제집행 등 집행권원상의 의무이행행위일 수도 있으며,[223] ③ 청구의 포기·인낙 등 집행권원 자체를 성립시킨 채무자의 소송행위일 수도 있다.[224]

(3) 집행행위에 대한 부인

부인권은 부인하고자 하는 행위가 집행행위에 의한 것인 때에도 행사할 수 있다(제395조 후단). 즉 집행행위 자체가 부인의 대상이 된다는 것이다. 여기의 집행행위에는 집행기관의 행위인 경우와 등기공무원의 등기기입행위와 같은 집행기관으로서의 행위가 포함된다. 추심명령에 의하여 압류된 채권을 추심하는 행위,[225][226] 채권압류 및 전부명령에 기하여 은행예금을 인출하는 행위,[227] 강제집행절차에서 배당금을 수령하는 행위[228] 등에 대한 부인이 여기에 해당된다. 다만 파산절차에서 담보권자는 별제권자로서 파산절차에 의하지 않고 행사할 수 있는 것이므로 별제권의 행사로서의 담보권실행을 위한 경매는 여기의 부인의 대상이 되는 집행행위에 포함되지 않는다.[229] 담보권의 취득이나 담보권의 설정도 채권의 만족적 실현이 아니므로 집행행위에 해당되지 않는다.[230]

집행행위를 부인할 경우 집행행위가 채무자의 행위와 같이 볼만한 특별한 사정

---

222) 예컨대, 채무자가 부당하게 고가로 매수한 대금을 지급하지 않아 채권자에게 대금의 지급을 명하는 확정판결이 나온 경우에 있어서 확정판결의 내용을 이루는 대금지급의무가 그것이다.

223) 예컨대, 부동산소유권이전등기청구권자가 이전등기절차의 이행을 명하는 확정판결에 기하여 이전등기를 한 경우에 그 이전등기에 대한 부인이 그것이다.

224) 예컨대, 채권자가 제기한 소송에서 채무자가 채권자의 청구를 인낙한 경우에 집행권원 성립의 전제가 되는 채무자의 위 인낙의 의사표시를 부인하는 경우가 그것이다.

225) 부산고등법원 1998.4.24. 선고 97나7936 판결.

226) "원심은 그 판시와 같은 사정만으로 피고가 이 사건 채무변제를 받을 당시에 ○○전자의 지급정지 상태에 관한 사실 또는 그 변제가 정리채권자 등을 해하는 사실을 알았다고 인정할 수 없다고 판단하였는바, 거기에는 채증법칙에 위반하여 사실을 오인하고 회사정리법 제78조 제1항 제2호의 '지급의 정지 등이 있는 것 또는 정리채권자를 해하는 사실을 알고 있은 때'에 관한 법리를 오해하여 판결에 영향을 미친 잘못이 있다. 그러므로 원심판결 중 피고가 압류 및 추심명령에 기하여 변제받은 금 844,274,120원에 관한 부분을 파기하고, 그 부분 사건을 다시 심리·판단하도록 원심법원에 환송하기로 하여 관여 법관의 일치된 의견으로 주문과 같이 판결한다."(대법원 2002.11.8. 선고 2002다28746 판결).

227) 서울고등법원 2000.3.30. 선고 99나52178 판결, 서울고등법원 2013.1.17. 선고 2012나52191 판결; 이 경우의 부인권의 행사는 전부금을 아직 변제받지 아니한 경우에는 전부명령을 대상으로, 전부금을 변제받은 경우에는 전부명령과 전부금의 수령행위 모두를 그 대상으로 하여야 한다.

228) 대법원 2005.9.29. 선고 2003다30135 판결.

229) 김형두, "담보권의 실행행위에 대한 관리인의 부인권", 민사판례연구 제26권(2004), 404p.

230) 대법원 2011.11.24. 선고 2009다76362 판결.

이 있을 것을 요하는지 문제된다. 집행행위를 위기부인으로 부인하는 경우에는 이를 요하지 않는다고 할 것이지만[231] 고의부인으로 부인하는 경우에는 이것이 요구된다고 본다.[232]

한편 집행행위는 원칙적으로 집행기관의 행위를 가리키는 것이지만 집행기관에 의하지 않고 질권자가 직접 질물을 매각하거나 스스로 취득하여 피담보채권에 충당하는 등의 행위에 대해서도 집행기관에 의한 집행행위의 경우를 유추하여 부인권 행사의 대상이 될 수 있다고 보아야 한다.[233] 이와 같이 보지 않으면 동일한 질권의 실행행위임에도 집행기관에 의하는지 여부라는 우연한 사정에 따라 부인의 대상이 되는지가 달라져서 불합리하기 때문이다.

마) 전득자에 대한 부인(제403조)

(1) 의 의

일정한 경우에는 전득자에 대해서도 부인권을 행시할 수 있다. 즉 ① 전득자가 전득 당시 각각 그 전자(前者)에 대한 부인의 원인이 있음을 안 때, ② 전득자가 제392조(특수관계인을 상대방으로 한 행위에 대한 특칙)의 규정에 의한 특수관계인인 때,[234] ③ 전득자가 무상행위 또는 이와 동일시할 수 있는 유상행위로 인하여 전득한 경우 각각 그 전자(前者)에 대하여 부인의 원인이 있는 때[235] 중의 어느 하나에 해당하는 경우에는 전득자에 대하여도 부인권을 행사할 수 있는 것이다(제403조). 여기의 전득자란 특정승계인을 말하는 것이며 포괄승계인은 포함되지 않는다.

---

231) 채무자 회생 및 파산에 관한 법률 제104조 후단에 의하면 부인하고자 하는 행위가 집행행위에 의한 것인 때에도 부인권을 행사할 수 있는데, 집행행위를 같은 법 제100조 제1항 제2호에 의하여 부인할 경우에는 반드시 그것을 채무자의 행위와 같이 볼만한 특별한 사정이 있을 것을 요하지 않는다. 왜냐하면 같은 법 제104조에서 부인하고자 하는 행위가 '집행행위에 의한 것인 때'는 집행법원 등 집행기관에 의한 집행절차상 결정에 의한 경우를 당연히 예정하고 있다 할 것인데 그러한 경우에는 채무자의 행위가 개입할 여지가 없고, 또한 같은 법 제100조 제1항 각 호에서 부인권의 행사 대상인 행위의 주체를 채무자로 규정한 것과 달리 제104조에서는 아무런 제한을 두지 않고 있기 때문이다. 그리고 이 경우 집행행위는 집행권원이나 담보권의 실행에 의한 채권의 만족적 실현을 직접적인 목적으로 하는 행위를 의미하고, 담보권의 취득이나 설정을 위한 행위는 이에 해당하지 않는다(대법원 2011.11.24. 선고 2009다76362 판결).

232) 서울고등법원 2003.2.6. 선고 2002나69930 판결, 서울고등법원 2012.3.15. 선고 2011나67479 판결.

233) 대법원 2011.11.24. 선고 2009다76362 판결.

234) 다만 전득 당시 각각 그 전자(前者)에 대한 부인의 원인이 있음을 알지 못한 때에는 그러하지 아니하다(제403조 제1항 제2호 단서).

235) 이 경우 상대방이 그 행위 당시 선의인 때에는 이익이 현존하는 한도 안에서 상환하면 된다(제403조 제2항, 제397조 제2항).

통합도산법에서는 부인권의 실효성 확보를 위하여 전득자에 대하여도 부인의 효과가 미치도록 하는 규정을 두고 있으면서도 거래의 안전을 위하여 그에 대한 일정한 제한 요건을 두고 있는 것이다.

(2) 부인의 상대방과 부인의 대상

전득자에 대한 부인권의 행사에 있어서는 전득자를 상대방으로 부인권을 행사하는 것이지만 부인의 대상은 채무자와 수익자 사이에서 행하여진 법률행위에 국한되고 수익자와 전득자 사이의 법률행위는 취소의 대상이 되지 않는다.[236] 수익자가 파산하여 파산관재인이 선임된 경우에는 파산관재인을 수익자로 취급하는 것이 타당하다.[237]

(3) 성립요건

앞서 본 바와 같이 통합도산법상 전득자에 대해서 부인권을 행사할 수 있는 경우로는 3가지 경우를 들고 있는데, 위 3가지의 경우에 공통적인 성립요건은 전득자의 전자(前者)에 대한 부인의 원인이 존재하여야 한다는 것이다.[238] 그밖에 특별 성립요건으로서 ① 전득자가 전득 당시 각각 그 전자에 대한 부인의 원인이 있음을 안 때, ② 전득자가 특수관계인인 때(다만 전득 당시 각각 그 전자에 대한 부인의 원인이 있음을 알지 못한 때에는 제외), ③ 전득자가 무상행위 또는 이와 동일시할 수 있는 유상행위로 인하여 전득한 때의 어느 하나에 해당되면 부인권을 행사할 수 있는 것이다(394조 1항 각호).

입증책임과 관련해서는 위 ①, ②의 경우에는 전득자의 악의에 대해서는 파산관재인이 입증책임을 부담하되,[239] 전득자가 특수관계인인 때에는 전득자가 그 선의를 입증해야 하는 것이며(403조 1항 2호), 위 ③ 무상부인의 경우에는 전득자의 선·악에 불문하고 성립하는 것이므로 입증책임의 문제는 발생하지 않는다(403조 1항 3호).

---

236) 대법원 2004.8.30. 선고 2004다21923 판결.

237) 서울고등법원 2003.11.5. 선고 2002다34088 판결.

238) 따라서 전득자의 전자인 수익자에 대해서는 제391조(부인할 수 있는 행위) 각호, 제392조(특수관계인을 상대방으로 한 행위에 대한 특칙), 제393조(어음지급의 예외), 제394조(권리변동의 성립요건 또는 대항요건의 부인), 제395조(집행행위의 부인)의 요건이 충족되어야 할 것이고, 중간전득자가 있는 경우에는 중간전득자에 대하여 제403조(전득자에 대한 부인권)의 요건이 갖추어져 있어야 할 것이다.

239) 대법원 2011.5.13. 선고 2009다75291 판결.

(4) 부인의 효과

전득자에 대한 부인은 전득자를 상대방으로 하여 채무자와 수익자 사이에서 행하여진 법률행위를 부인하는 것이며, 그 효과는 전득자에 대하여만 미치는 것이다. 즉 전득자에 대한 부인의 효과는 전득자에게만 생기는 것이며 수익자에게는 생기지 않는 것이다. 다만 이때 전득자는 수익자에 대하여 하자담보책임을 물을 수 있을 것이다.[240] 전득자에 대한 부인권의 행사를 위하여 그 전제로 수익자에 대한 부인권의 행사는 필요치 않을 것이다.[241]

바) 상속재산에 대한 파산의 특칙(제400조~제402조)

제391조(부인할 수 있는 행위)·제392조(특수관계인을 상대방으로 한 행위에 대한 특칙)·제393조(어음지급의 예외)·제398조(상대방의 지위) 및 제399조(상대방의 채권의 회복)의 규정은 상속재산에 대하여 파신선고가 있은 경우 피싱속인·상속인·상속재산관리인 및 유언집행자가 상속재산에 관하여 한 행위에 관하여 준용한다(400조).

상속재산에 대하여 파산선고가 있은 경우 유증을 받은 자에 대한 변제 그밖의 채무의 소멸에 관한 행위가 그 채권에 우선하는 채권을 가진 파산채권자를 해하는 때에는 이를 부인할 수 있다(401조). 상속재산에 대하여 파산선고가 있은 경우 피상속인·상속인·상속재산관리인 및 유언집행자가 상속재산에 관하여 한 행위가 부인된 때에는 상속채권자에게 변제한 후 부인된 행위의 상대방에게 그 권리의 가액에 따라 잔여재산을 분배하여야 한다(402조).

사) 신탁행위의 부인에 관한 특칙(제406조의2)

위탁자인 채무자에 대하여 파산이 선고된 경우 해당 채무자가 신탁법에 따라 한 신탁행위의 부인에 관하여는 회생절차상의 신탁행위의 부인에 관한 특칙(113조의2)을 준용한다(406조의2). 즉 채무자가 신탁법에 따라 위탁자로서 한 신탁행위를 부인할 때에는 수탁자, 수익자 또는 그 전득자를 상대방으로 하여야 한다(113조의2 1항). 신탁행위가 고의부인(391조 1호)이나 위기부인(391조 2호, 3호)의 행위에 해당하여 수탁자를 상대방으로 하여 신탁행위를 부인할 때에는 위 각호의 단서에 규정되어 있는 수익자에

240) 박성철, "파산법상의 부인권", 재판자료 제83집, 법원도서관, 1999, 290p.
241) 전병서, 제3판 도산법, 264p.

관한 성립요건은 고려하지 않되(113조의2 2항), 신탁행위가 고의부인(391조 1호) 또는 비본지행위에 대한 부인(391조 2호)의 행위에 해당하여 수익자를 상대방으로 하여 신탁행위를 부인하는 경우에는 위 각호 단서를 적용할 때에는 '이로 인하여 이익을 받은 자'를 부인의 상대방인 수익자로 보고 적용한다(113조의2 3항).

파산관재인은 수익자(수익권의 전득자가 있는 경우에는 그 전득자를 의미) 전부에 대하여 부인의 원인이 있을 때에만 수탁자에게 신탁재산의 원상회복을 청구할 수 있으되(113조의2 4항 전단),[242] 수익권 취득 당시 부인의 원인이 있음을 알고 있는 수익자(전득자가 있는 경우 전득자를 포함)에 대해서는 그가 취득한 수익권을 파산재단으로 반환할 것을 청구할 수 있다(113조의2 5항).

한편 채무자가 위탁자로서 한 신탁행위가 부인되어 신탁재산이 원상회복된 경우 그 신탁과 관련하여 수탁자와 거래한 선의의 제3자는 그로 인하여 생긴 채권을 원상회복된 신탁재산의 한도에서 재단채권자로서 행사할 수 있다(113조의2 6항).

3. 부인권 행사의 절차

가. 부인권 행사의 주체와 그 상대방

부인권은 파산관재인만이 행사할 수 있다(396조 1항).[243][244] 따라서 제3자가 채무자와 수익자간의 행위가 부인대상 행위에 해당한다는 이유로 무효확인을 구하는 것은 부적법하다.[245] 파산채권자는 법원에 대하여 파산관재인에게 부인권의 행사를 명하도록 신청할 수 있을 뿐 부인권을 행사할 수 없으며[246] 파산관재인을 대위하여서도 부인권을 행사할 수 없다.[247] 법원은 파산채권자의 신청에 의하거나 직권으로 파산관재

242) 다만 이때 부인의 원인이 있음을 알지 못한 수탁자에 대해서는 현존하는 신탁재산의 범위에서만 원상회복을 청구할 수 있다(제113조의2 제4항 후단).

243) 이와 같이 파산절차에서는 부인권의 행사주체가 파산관재인이지만 개인회생절차에서는 채무자 자신이 주체가 되고, 일반회생절차에서는 관리인이 주체가 된다.

244) 여기에서 부인권 행사의 주체와 부인권의 귀속주체는 구별되어야 한다. 부인권의 행사 주체는 파산관재인이지만 부인권의 귀속주체에 관하여는 ① 파산관재인설, ② 채무자설, ③ 파산재단설, ④ 파산채권자설, ⑤ 파산관재인기구설 등의 견해가 있다(서울중앙지방법원, 제4판 법인파산실무, 406p).

245) 대법원 2005.12.22. 선고 2003다55059 판결.

246) 이에 의하여 법원이 부인권 행사명령을 발하는 경우에는 부인권 행사는 부인의 청구가 아닌 부인의 소의 방법에 의하여 하도록 함이 바람직하다(서울중앙지방법원, 제4판 법인파산실무, 406p).

247) 대법원 2002.9.10. 선고 2002다9189 판결.

인에게 부인권의 행사를 명할 수 있다(396조 2항). 견련파산의 경우에는 파산관재인이 회생절차에서의 관리인의 부인권 행사를 수계하게 된다(6조 6항).

한편 부인권 행사의 상대방은 수익자 또는 전득자의 어느 일방 또는 쌍방이 되며, 쌍방을 상대방으로 하더라도 이는 필수적 공동소송이 아니라 통상의 공동소송에 해당된다.[248]

나. 부인권 행사의 방법

부인권은 부인의 소,[249] 부인의 청구[250] 또는 항변의 방법으로 파산관재인이 행사한다(396조 1항). 이 중 어느 절차에 의할지는 파산관재인이 선택할 문제이다.

파산절차상 부인의 청구나 부인의 청구를 인용하는 결정에 대한 이의의 소에 관하여는 회생절차의 해당 규정이 준용된다(396조 4항, 106조, 107조).

1) 부인의 소

가) 소제기 절차

(1) 파산법원의 허가

부인의 소는 비교적 장기간 소요되므로 파산절차의 지연을 방지하기 위하여는 파산관재인은 먼저 상대방과 협의 내지 화해를 시도해 보고 그것이 여의치 않을 경우에 부인의 청구나 부인의 소를 제기하여야 할 것이다. 다만 파산관재인은 부인의 청구가 부인의 소에 비하여 비교적 신속히 진행되므로 부인권 행사가 명백히

---

248) 서울중앙지방법원, 제4판 회생사건실무(上), 338p.

249) 부인의 소의 소송물은 부인권 자체가 아니라 부인의 효과로서 발생한 권리관계에 기한 이행청구권 또는 확인청구권이다(실무). 따라서 청구취지를 기재할 때에는 원상회복 또는 가액배상인 경우에는 “피고는 원고에게 금 ○억원 및 이에 대하여 20○○.○.○.부터 다 갚는 날까지 연 ○○%의 비율에 의한 금원을 지급하라.”로, 등기원인 또는 등기자체를 부인할 경우에는 이전등기 또는 말소등기가 아닌 부인등기절차를 신청하여야 하며, 따라서 등기원인행위를 부인할 경우에는 “피고는 원고에게 별지 목록 기재 부동산에 관하여 ○○지방법원 20○○.○.○. 접수 제○○호로 마친 소유권이전등기의 원인의 부인등기절차를 이행하라.”로, 등기자체를 부인할 경우에는 “피고는 원고에게 별지 목록 기재 부동산에 관하여 ○○지방법원 20○○.○.○. 접수 제○○호로 마친 소유권이전등기의 부인등기절차를 이행하라.”로 기재하여야 한다. 또한 채권양도 또는 그 대항요건을 부인할 경우에는 “피고는 제3채무자 ○○○에게 피고와 채무자 사이의 별지 목록 기재 채권에 관한 20○○.○.○.자 양도행위가 20○○.○.○. 부인되어 그 효력이 상실되었다는 취지의 통지를 하라.”로, 제3채무자가 공탁한 경우에는 “제3채무자 ○○○이 20○○.○.○. ○○지방법원 20○○년 금 제○○호로 공탁한 공탁금 금 ○억원에 대한 출급청구권이 원고에게 있음을 확인한다.”라고 기재하여야 한다.

250) 부인의 청구에 관하여는 제106조(부인의 청구) 및 제107조(부인의 청구를 인용하는 결정에 대한 이의의 소)의 규정이 준용된다(제396조 제4항).

인정될 사건이라면 신속한 처리를 위하여 부인의 청구를 신청하도록 할 것이지만, 부인권이 인정될지 여부가 불투명하거나 부인의 청구가 인용되더라도 상대방으로부터 이의의 소의 제기가 예상될 경우에는 부인의 청구가 오히려 그 처리를 늦어지게 할 수 있으므로 바로 부인의 소를 제기하는 것이 바람직할 것이다.[251] 실무상으로는 부인의 청구는 부인의 소와 달리 상대방의 동의 없이 자유로이 취하가 가능하므로 먼저 부인의 청구를 하여 상대방의 반론을 들어본 다음 그 결과에 따라 부인의 청구를 취하하고 부인의 소를 제기하는 경우도 있다.

파산관재인이 부인의 소를 제기하려면 파산법원의 허가가 필요하다(492조 10호). 부인의 소의 취하나 소송상 화해, 청구의 포기 등에 있어서도 마찬가지이다(492조 11호, 12호). 파산관재인의 허가신청에 대하여 파산법원에서는 그 승소가능성 및 승소시의 실익 등을 고려하여 허가여부를 결정하고 있다.

(2) 당 사 자

부인의 소의 행사주체는 파산관재인이다. 파산채권자는 부인의 소를 제기할 수 없고 법원에 대하여 파산관재인으로 하여금 부인권의 행사를 명하도록 신청할 수 있을 뿐이다. 다만 파산채권자로서는 부인의 소에서의 보조참가는 가능하다.[252] 법원은 파산채권자의 신청 또는 직권에 의하여 파산관재인에게 부인권의 행사를 명할 수 있다(396조).

부인의 소의 상대방은 수익자 또는 전득자 중 어느 일방 또는 쌍방을 상대로 하여 행사할 수 있고, 쌍방을 상대로 하는 경우에는 통상공동소송이 된다.

(3) 관할법원

부인의 소는 파산법원이 전속적으로 관할한다(396조 3항). 다만 아직 파산법원이 설치되어 있지 않는 지역에서는[253] 실무상 파산사건이 계속되어 있는 지방법원의 민사부에서 관할하고 있다.[254] 파산선고 전에 제기된 사해행위취소소송에 대하여 파산선고 후에 파산관재인이 이를 수계하여 부인의 소로 청구취지를 변경하게 되

251) 서울중앙지방법원, 제4판 법인파산실무, 407p.
252) 서울중앙지방법원, 제4판 법인파산실무, 407p.
253) 파산법원으로는 서울회생법원만 2017년 3월 1일 설치되었는 바, 그밖의 지역은 향후 예산사정에 따라 점차 설치될 것으로 보인다.
254) 서울중앙지방법원, 제4판 법인파산실무, 408p.

면 해당 법원은 그 소송을 관할법원으로 이송하여야 한다.

나) 청구취지 작성방법(이행·확인소송설에 의함)[255]

(1) 부인의 소의 소송물

부인의 소의 법적 성질에 관하여는 ① 확인소송설과 ② 이행·확인소송설의 대립이 있는데, 주된 차이점은 주문에 '부인한다'라는 문구를 넣어 부인을 선언하느냐 여부의 문제라고 할 수 있는 바, 대법원 판례는 일관되어 있지 않지만,[256] 후자의 이행·확인소송설이 실무의 대체적인 태도이다.[257] 이행·확인소송설에 의할 때 부인의 소의 소송물은 부인권 자체가 아니라 부인의 효과로서 발생한 권리관계에 기한 이행청구권 또는 확인청구권이며 따라서 부인권을 행사한다는 주장은 공격방어방법으로서 청구원인에 기재하면 되고[258] 청구취지에는 부인의 선언이 아니라 부인권의 행사로 인하여 발생하는 법률효과인 금전의 반환이나 물선의 반환 또는 부인의 등기절차이행 등 상대방의 의무를 구하면 되는 것이다. 요컨대 부인권을 소로써 행사한다는 것은 원상회복의무의 이행을 구하는 소를 제기하거나 부인대상 행위가 소급적으로 그 효력을 상실함으로써 발생하는 법률효과에 따라 해당 법률관계의 존재 또는 부존재의 확인을 구하는 소를 제기하는 방법에 의할 수도 있다는 것을 의미한다.[259]

이와 같은 이행·확인소송설에 의할 경우 통합도산법에서는 부인의 유형을 부인요건에 따라 고의부인, 위기부인, 무상부인 등으로 별개로 나누어 규정하고 있지만

255) 판례는 이행·확인소송설에 의하고 있으므로 만약 파산관재인이 주문에 '부인한다'라는 문구를 기재하여 소를 제기한 경우에는 부인의 선언을 구하는 확인청구로 해석하여 확인의 이익이 있는지 여부를 판단하여야 할 것이로되, 별도로 원상회복이나 가액배상도 구하고 있는 경우에는 확인의 이익이 없다고 볼 것이다(서울중앙지방법원 2009.4.15. 선고 2007가합46195 판결, 서울중앙지방법원 2006.4.12. 선고 2005가합89228 판결).

256) 형성소송설을 취한 판례 및 판결: 대법원 2003.3.11. 선고 2002다71054 판결, 서울지방법원 2002.4.25. 선고 2001가합30914 판결, 서울고등법원 2009.12.10. 선고 2009나42361 판결, 서울중앙지방법원 2009.4.15. 선고 2007가합46195 판결, 서울중앙지방법원 2009.5.20. 선고 2009가합27761 판결; 이행·확인소송설을 취한 판례 및 판결: 대법원 2003.2.28. 선고 2000다50275 판결, 인천지방법원 2000.4.12. 선고 99가합16763 판결.

257) 서울중앙지방법원, 제4판 법인파산실무, 408p; 정문경, "부인권 행사에 관한 실무상 몇 가지 쟁점", 도산법연구 제2권 제2호, 사단법인 도산법연구회(2011), 41p; 박성철, "파산법상의 부인권", 재판자료 제83집, 295~296p; 전병서, 제3판 도산법, 268~269p.

258) 따라서 부인의 주장은 변론종결일까지 변경 또는 보완할 수 있을 것이다(서울고등법원 2002.7. 5. 선고 2001나72342 판결).

259) 대법원 2009.5.28. 선고 2005다56865 판결.

부인의 유형에 따라 별개의 형성소송이 인정되는 것이 아니고 부인의 요건은 공격방어방법에 지나지 않으며 부인의 유형간에 상호 배타적인 관계에 있는 것도 아니므로 1개의 행위가 각 부인의 유형에 해당하는 경우에는 파산관재인으로서는 어느 유형이라도 주장하여 부인대상 행위를 부인할 수 있고[260] 법원도 당사자가 주장하는 부인의 유형에 구속됨이 없이 다른 유형의 부인을 인정할 수 있게 된다.[261]

한편 부인권을 소에 의하여 행사한다는 것은 부인의 대상이 되는 행위가 그 효력을 소급적으로 상실하게 됨으로써 발생하는 법률적인 효과에 따라 원상회복의무의 이행을 구하는 소를 제기하거나, 그 법률관계의 존재 또는 부존재 확인을 구하는 소를 제기하는 방법에 의할 수도 있다는 의미로 보아야 할 것이고, 이와 같이 부인권행사의 결과로 생기는 권리관계의 변동에 따라 그 이행 또는 확인의 소를 제기하는 경우에는 시효중단의 효력이 생긴다고 할 것이다.[262]

(2) 가액배상 등에서 지연손해금의 이율

부인의 소에 있어서 가액배상 등의 지연손해금의 이율과 관련해서는 소송촉진 등에 관한 특례법 제3조 제1항이 적용되는지 여부에 관하여 다툼이 있다. 이에 관하여는 ① 부인의 소에 있어서 가액배상청구는 장래 이행의 소에 해당되며, 이는 '소송촉진 등에 관한 특례법' 제3조 제1항 단서[263]에 의거, 동법이 적용되지 않는 결과 가액배상의 이율은 기본행위의 성질에 따라 민사 또는 상사 법정이율이 적용되는 것이고, 따라서 부인의 소에 있어서 가액배상금에 대한 지연손해금의 지급을

260) 다만 위와 같이 1개의 행위가 각 부인의 유형에 해당하더라도 부인의 유형에 따라 그 요건이나 효과가 각기 다르기 때문에 파산관재인은 부인의 주장이 어느 부인의 유형에 속하는지 명확히 밝혀야 하고, 부인의 유형에 따라 주위적·예비적·택일적으로 주장을 구성해야 할 것으로 보인다(서울중앙지방법원, 제4판 법인파산실무, 409p).

261) 서울중앙지방법원, 제4판 법인파산실무, 409p.

262) 대법원 2009.5.28. 선고 2005다56865 판결.

263) 소송촉진 등에 관한 특례법 제3조(법정이율)
① 금전채무의 전부 또는 일부의 이행을 명하는 판결(심판을 포함한다. 이하 같다)을 선고할 경우, 금전채무 불이행으로 인한 손해배상액 산정의 기준이 되는 법정이율은 그 금전채무의 이행을 구하는 소장 또는 이에 준하는 서면이 채무자에게 송달된 날의 다음 날부터는 연 100분의 40 이내의 범위에서 「은행법」에 따른 은행이 적용하는 연체금리 등 경제 여건을 고려하여 대통령령으로 정하는 이율에 따른다. 다만 민사소송법 제251조에 규정된 소에 해당하는 경우에는 그러하지 아니하다.
② 채무자에게 그 이행의무가 있음을 선언하는 사실심판결이 선고되기 전까지 채무자가 그 이행의무의 존재 여부나 범위에 관하여 항쟁하는 것이 타당하다고 인정되는 경우에는 그 타당한 범위에서 제1항을 적용하지 아니한다.

구할 경우에는 연 5% 또는 연 6%의 비율에 의한 지연손해금의 지급을 구하는 형식으로 기재하여야 한다는 견해,[264] ② 실체법상 부인권의 행사로 이미 부인의 효과가 발생하였으므로 부인의 소를 장래이행의 소라 할 수 없고 '소송촉진 등에 관한 특례법' 제3조 제1항 본문이 적용되어 연 15%의 비율에 의한 지연손해금의 지급을 구하는 형식으로 기재하여야 한다는 견해로 나누어지는데, 후자의 견해가 타당하다고 본다.[265]

다) 재판의 진행 및 결정

소송의 진행은 일반 소송절차와 동일하다. 부인의 소에 대하여 법원은 소송요건이 갖추어져 있지 않거나 소의 이익이 없으면 각하, 부인요건에 해당되지 않으면 기각, 부인요건에 해당되면 인용판결을 각각 내리게 된다. 한편 인용판결에 있어서는 그것이 원상회복 등에 관한 이행판결의 경우에는 가집행선고도 가능하다. 부인의 소와 병합하여 금전의 지급을 구하고 있는 경우에 그 금전지급을 명하는 부분에 대하여도 가집행이 가능하다.[266] 부인의 소도 통상의 소이므로 소송비용 부담의 재판을 하여야 한다(민사소송법 104조).

부인의 소에서도 파산관재인은 법원의 허가를 얻어 조정 또는 화해를 할 수 있다(492조). 법원의 허가를 얻어 소의 취하나 청구의 포기도 가능하다(492조).

라) 재판에 대한 불복

부인의 소는 일반 소송절차와 동일하므로 부인의 소에 대한 법원의 결정에 대하여는 항소, 상고 등 일반 소송에서와 같은 불복절차에 의하여 불복할 수 있다.

2) 부인의 청구

가) 의 의

부인의 청구란 부인권의 행사방법 중의 하나로서 파산관재인이 부인권을 용이하게 행사할 수 있도록 통합도산법이 인정한 약식의 결정절차를 말한다(396조 1항, 4항). 파산절차에서의 부인의 청구에 관하여는 회생절차에서의 부인의 청구에 관한 규정을

---

264) 서울중앙지방법원 2004.9.21. 선고 2001가합33395 판결.

265) 대법원 2014.9.25. 선고 2014다214885 판결; 서울중앙지방법원, 제4판 법인파산실무, 412p; 임채웅, "부인소송의 연구", 사법 제4호, 사법연구지원재단(2008), 99p.

266) 대법원 2000.3.13.자 99그90 결정.

준용하도록 하고 있다(396조 4항, 106조, 107조).[267] 부인의 청구사건의 사건부호는 '하기'를 붙인다.

나) 부인의 청구 절차

(1) 파산법원의 허가 여부

실무상 지방법원 민사부에서 부인의 소를 담당하고 있는 것과는 달리 부인의 청구는 파산부에서 담당하고 있는 관계로 부인의 청구는 파산법원의 허가사항으로 보고 있지 않는다.[268] 파산부에서 부인의 청구를 허가하고 파산부에서 결정하는 것은 법원의 중립성·객관성을 해치게 될 것이기 때문이다.[269]

(2) 당 사 자

부인의 청구의 당사자는 부인의 소와 마찬가지로 부인의 청구의 행사주체는 파산관재인이고, 그 상대방은 수익자 또는 전득자 중 어느 일방 또는 쌍방이다.

당사자를 표시하는 방법은 부인의 청구를 제기하는 자를 '청구인(또는 신청인)'이라고 표시하고, 그 상대방은 '상대방'이라고 표시한다.

(3) 관할법원

부인의 청구는 파산법원이 전속적으로 관할한다(396조 3항). 다만 아직 파산법원이 설치되어 있지 않는 지역에서는 실무상으로는 파산사건이 계속되어 있는 지방

---

267) 제106조(부인의 청구)
① 관리인은 부인의 청구를 하는 때에는 그 원인인 사실을 소명하여야 한다.
② 부인의 청구를 인용하거나 그것을 기각하는 재판은 이유를 붙인 결정으로 하여야 한다.
③ 법원은 제2항의 결정을 하는 때에는 상대방을 심문하여야 한다.
④ 법원은 부인의 청구를 인용하는 결정을 한 때에는 그 결정서를 당사자에게 송달하여야 한다.
제107조(부인의 청구를 인용하는 결정에 대한 이의의 소)
① 부인의 청구를 인용하는 결정에 불복이 있는 자는 그 송달을 받은 날부터 1월 이내에 이의의 소를 제기할 수 있다.
② 제1항의 규정에 의한 기간은 불변기간으로 한다.
③ 제1항의 규정에 의한 소는 회생법원의 관할에 전속한다.
④ 제1항의 규정에 의한 소에 대한 판결에서는 부인의 청구를 인용하는 결정을 인가·변경 또는 취소한다. 다만 부적법한 것으로 각하하는 때에는 그러하지 아니하다.
⑤ 부인의 청구를 인용하는 결정의 전부 또는 일부를 인가하는 판결이 확정된 때에는 그 결정(그 판결에서 인가된 부분에 한한다)은 확정판결. 동일한 효력이 있다. 제1항의 소가 같은 항에서 규정한 기간 이내에 제기되지 아니한 때, 취하된 때 또는 각하된 경우의 부인의 청구를 인용하는 결정에 관하여도 또한 같다.

268) 서울중앙지방법원, 제4판 법인파산실무, 412p.

269) 서울중앙지방법원, 제4판 법인파산실무, 412p.

법원의 파산부에서 관할하고 있다.

(4) 청구취지의 작성방법

부인의 청구에서 청구취지의 작성방법은 부인의 소와 같다. 다만 청구이의의 소에서와 같이 집행권원의 집행력을 배제하기 위한 취지의 청구취지를 기재할 수 있는지가 문제되는데 부인의 청구는 소의 절차가 아니므로 불가하다고 보아야 한다.[270] 따라서 부인의 청구에서 집행권원의 집행력을 배제하기 위해서는 형성판결의 청구취지가 아니라 채무부존재확인의 청구취지의 형식으로 기재하여야 할 것이다.[271] 한편 부인의 청구에 있어서 가액배상 등의 지연손해금의 이율과 관련해서는 부인의 소에서 본 바와 같이 소송촉진 등에 관한 특례법 제3조 제1항이 적용되는지 여부에 관하여 다툼이 있으나, 실무에서는 긍정하고 있는 것으로 보인다.[272]

(5) 신청비용

부인의 청구에 있어서는 소가와 무관하게 1,000원의 인지액을 납부하면 된다.

다) 재판의 진행 및 결정

부인의 청구사건이 접수되면 법원은 사건번호 '하기'를 부여하고, 재판의 진행절차에 관하여는 회생절차에서의 부인의 청구에 관한 규정을 준용하여 진행한다(396조 4항, 106조). 즉 파산관재인은 부인의 원인인 사실을 소명하여야 하고(106조 1항), 법원에서는 상대방을 심문한 후 이유를 붙인 결정으로 부인의 청구를 인용하거나 기각하는 재판을 하여야 한다(106조 2항, 3항). 이때 법원에서 부인의 청구를 인용하는 결정을 한 때에는 그 결정서를 당사자에게 송달하여야 한다(106조 2항, 8조 4항). 인용결정에 있어서 그것이 원상회복 등에 관한 이행결정의 경우에는 가집행선고가 가능한지 문제되지만 부인의 소의 경우와는 달리 판결이 아니므로 가집행선고는 불가할 것이다.[273]

부인의 청구에서 조정이 가능한지 논란이 있으나 조정이 가능하다고 보아야 한다.[274] 다만 실무에서는 이러한 논란을 피하기 위하여 조정결정이나 조정에 갈음하는

---

270) 서울중앙지방법원, 제4판 법인파산실무, 413p.

271) 예컨대, "청구인의 상대방에 대한 공증인가 법무법인 ○○ 2016. 11. 1. 작성 2016년 증서 제111호 약속어음공정증서에 기한 파산채무는 존재하지 아니함을 확인한다."라는 형식으로 청구취지를 기재하여야 하는 것이다(수원지방법원 2007.12.28. 선고 2007가합11203 판결).

272) 서울중앙지방법원 2011.4.20.자 2011하기17 결정; 서울중앙지방법원, 제4판 법인파산실무, 413p.

273) 서울중앙지방법원, 제4판 법인파산실무, 413p.

결정보다는 화해권고결정(33조, 민사소송법 225조 이하)을 활용하고 있는 것으로 보인다.[275]

부인의 청구에 대한 결정도 사건을 완결하는 재판이므로 소송비용 부담의 재판을 하여야 한다(민사소송법 104조). 부인의 청구에 대한 인용결정에 대하여 소정의 제기기간 내에 이의의 소가 제기되지 않거나 취하 또는 각하된 때에는 부인의 청구를 인용하는 결정은 확정판결과 동일한 효력이 있다(396조 4항, 107조 5항 후단).

라) 재판에 대한 불복

(1) 인용결정에 대한 불복

부인의 청구를 인용하는 결정에 불복이 있는 자는 그 송달을 받은 날부터 1월의 불변기간 내에 파산법원에 이의의 소를 제기할 수 있다(107조 1항, 2항, 3항). 실무상 이의의 소는 파산부가 아닌 민사부에서 담당하고 있다.[276]

이의의 소에 대한 판결에서는 부적법 각하한 때를 제외하고는 부인의 청구를 인용하는 결정을 인가·변경 또는 취소를 명한다(107조 4항). 이의의 소에서 부인의 청구를 인가 또는 변경시 그것이 급부를 명하는 내용의 경우에 가집행선고를 할 수 있는지 논란이 있으나 가집행선고를 할 수 있다고 보는 것이 타당하다.[277]

부인의 청구를 인용하는 결정의 전부 또는 일부를 인가하는 판결이 확정된 때에는 그 결정은 확정판결과 동일한 효력이 있다(107조 5항 전단).

(2) 기각결정에 대한 불복

부인의 청구를 기각하는 결정에 대하여는 별도로 부인의 소를 제기하면 되는 것이므로 불복할 수 없다.

마) 부인의 청구의 취하

부인의 청구는 이에 대한 결정의 확정 전까지 취하할 수 있다. 부인의 청구를 취하함에는 상대방의 동의를 요하지 않는다.

---

274) 임채웅, "부인소송의 연구", 사법 제4호, 사법연구지원재단(2008), 104p.
275) 서울중앙지방법원, 제4판 법인파산실무, 413p.
276) 서울중앙지방법원, 제4판 법인파산실무, 414p.
277) 임채웅, "부인소송의 연구", 사법 제4호, 사법연구지원재단(2008), 101p.

3) 부인의 항변

가) 의 의

부인권은 부인의 소나 부인의 청구 외에도 파산관재인이 상대방이 제기한 소에서 항변으로 부인의 의사를 제출하여 그 청구의 기각을 구하거나 상대방의 항변에 대하여 재항변으로 부인의 의사표시를 제출하는 방법에 의하여도 행사할 수 있다.

나) 부인의 항변 방법

부인의 항변에 의한 부인권 행사의 방법도 재판상 행사하는 것이다. 즉 상대방이 제기한 소에 대하여 준비서면이나 답변서 등을 통하여 부인의 항변이나 재항변을 제기함으로써 부인권을 행사하는 것이다. 여기에서 상대방이 제기한 소란 주로 파산채권확정소송 또는 파산담보권확정소송 등 그 신고한 채권의 확정을 구하기 위하여 제기한 소를 말하며, 이 소송에서 공격방어방법으로서 답변서 또는 준비서면 등을 통하여 부인의 항변을 함으로써 부인권을 행사하는 방법이 여기의 부인의 항변에 의한 부인권의 행사인 것이다. 한편 채권조사기일에서 파산관재인이 아무런 이의를 제기하지 않고 다른 채권자들 역시 이의를 제기하지 않아 파산채권이 그대로 확정된 경우 그 후에는 부인권을 행사하여 파산채권자표 기재 무효확인을 구할 수 없다고 본다.[278)]

다) 제척기간

부인의 항변에 의한 부인권의 행사도 제척기간 내에 행사되어야 한다. 즉 부인권은 파산선고가 있은 날부터 2년 내, 부인대상 행위를 한 날부터 10년 내에 행사하여야 하므로(405조) 위 기간 내에 부인의 항변을 하여야 하는 것이다. 그런데 이러한 부인의 항변은 상대방에 의한 소의 제기가 전제되어야 하므로 상대방이 제기한 소가 부인권 행사의 제척기간이 경과한 후에 제기된 경우에는 결과적으로 부인의 항변을 제기할 수 없는 것이므로 부인의 항변에 의한 부인권의 행사를 위해서는 부인권 행사의 제척기간 내에 상대방에 의한 소의 제기가 전제되어야 할 것이다. 만약 상대방이 부인권 행사의 제척기간이 임박하도록 소를 제기하지 않을 경우에는 부인의 항변에 의한 부인권의 행사가 곤란할 수 있으므로 파산관재인으로서는 적극적으로 부인의 소나 부인

278) 채권조사기일에 파산관재인이 아무런 이의를 제기하지 아니하고 다른 채권자들 역시 이의를 제기하지 아니하여 파산채권이 그대로 확정된 경우 그 후에는 부인권을 행사하여 파산채권자표 기재 무효확인을 구할 수 없다(대법원 2006.7.6. 선고 2004다17436 판결, 대법원 2003.5.30. 선고 2003다18685 판결).

의 청구의 방법에 의하여 부인권을 행사하여야 할 것이다.

4) 재판 외에서의 부인권 행사의 여부

파산관재인이 재판 외에서 부인의 의사표시를 하고 상대방이 그것을 승인하여 합의가 성립하고 그 합의에 따라 재산을 반환하면 사실상 부인권을 재판상 행사하는 것과 같은 결과가 이루어진다. 이에 대하여는 ① 이를 재판상 부인에 준하여 취급하여야 한다는 견해,[279] ② 이는 부인권 행사의 효과가 아니고 화해계약의 효과에 지나지 않는다는 견해가 있을 수 있다. 생각건대 부인권의 행사는 집단적 채무처리 절차인 도산절차에서 상대방의 지위나 이해관계인에게 중대한 영향을 미칠 수 있고 법에서도 부인권은 재판상 행사할 것을 요구하고 있으므로(396조 1항) 재판 외에서 행사한 부인권의 효과는 화해계약의 효과라고 보는 것이 타당하다고 본다.

5) 사해행위취소소송의 계속 중 파산선고가 이루어진 경우의 처리

파산선고 전에 채권자가 제기한 사해행위취소소송이 파산선고 당시에도 계속되고 있는 때에는 그 소송절차는 수계 또는 파산절차의 종료에 이르기까지 중단되고, 파산관재인 또는 상대방이 이를 수계할 있다(406조, 347조 1항). 이때 파산관재인은 위 사해행위취소소송을 수계할 수도 있지만 수계하지 않고 부인권을 행사하여 부인의 소나 부인의 청구를 제기할 수도 있다. 만약 파산관재인이 사해행위취소소송을 수계한 경우에는 파산관재인은 이를 부인의 소로 변경하여야 하며, 이 경우 사해행위취소소송을 제기한 채권자는 위 소송에 보조참가인으로 참가할 수 있다. 책임재산의 보전과 관련하여 파산선고 후에는 파산관재인에게만 부인권 행사의 권한이 주어져 있을 뿐 파산채권자의 개별적인 권리행사는 불가하게 되어 있으므로 파산선고 후 제기된 사해행위취소소송은 부적법 각하를 면치 못할 것이다.

4. 부인권 행사의 기간과 제한

가. 기간적 제한

부인권은 파산선고가 있은 날[280]부터 2년이 경과되거나 부인할 수 있는 행위(391조

279) 전병서, 제3판 도산법, 272p.

각호)를 한 날부터 10년이 경과되면 행사할 수 없다(405조). 법률관계의 확정을 통한 거래의 안전을 위하여 두 기간은 모두 제척기간으로 하고 있다. 또한 지급정지의 사실을 안 것을 이유로 하는 부인, 즉 위기부인의 경우(391조 2호, 3호)[281]에는 파산선고가 있은 날부터 1년 전에 한 행위는 부인할 수 없다(404조). 파산선고일부터 1년 전의 행위까지 부인할 수 있도록 하는 것은 수익자의 지위를 장기간 불안정한 상태에 놓이게 하여 거래의 안전을 해칠 수 있을 뿐만 아니라 파산선고일부터 1년 전의 행위까지 파산선고와 인과관계를 인정한다는 것은 곤란하기 때문이다.

한편 부인권은 파산절차의 목적을 달성하기 위한 것으로 파산절차 중에만 인정되는 권리이므로 파산절차가 취소, 폐지, 종결 등의 사유로 종료하면 더 이상 부인권의 존재의 이유가 없으므로 부인권은 당연히 소멸한다.[282] 부인소송이 법원에 계속 중에 파산절차가 그 취소, 폐지, 종결 등으로 종료되어 부인권이 소멸하면 파산관재인은 당사자 적격을 상실하게 되고 또 이를 수계할 자도 없으므로[283] 부인소송은 당연히 종료하고[284] 법원은 소송종료선언을 하여야 한다.[285] 이때 부인권의 행사에 따른 원상회복은 더 이상 불가하게 되며 원상회복된 재산이 환가되기 전이라면 이를 상대방에게 반환하여야 한다.[286]

나. 절차적 제한

채권조사기일 당시 유효하게 존재하였던 채권에 대하여 파산관재인 등으로부터의 이의가 없는 채로 파산채권자표가 확정되어 그에 대하여 불가쟁의 효력이 발생한 경우에는 파산관재인으로서는 더 이상 부인권을 행사하여 그 채권의 존재를 다툴 수 없게 되었다고 할 것이고, 나아가 파산관재인이 사후에 한 그러한 부인권 행사의 적법성

280) 회생절차로부터의 견련파산의 경우에 회생절차에서 부인권 행사의 제척기간(제112조)이 경과한 후에도 파산절차에서의 부인권 행사의 제척기간의 기산일은 파산선고일이라고 보는 것이 타당하다(박성철, "파산법상의 부인권", 재판자료 제83집, 317p).

281) 이는 통합도산법 제391조 제2호 또는 제3호의 위기부인을 말한다.

282) 대법원 2004.7.22. 선고 2002다46058 판결, 대법원 1995.10.13. 선고 95다30253 판결, 대법원 2006.10.12. 선고 2005다59307 판결, 대법원 2006.10.12. 선고 2006다32507 판결.

283) 다만 채권자가 제기한 사해행위취소소송이 파산관재인에게 수계된 후 파산절차가 종료된 경우에는 종전의 채권자가 다시 이를 수계하게 될 것이다.

284) 대법원 2007.2.22. 선고 2006다20429 판결.

285) 서울중앙지방법원, 제4판 법인파산실무, 422p.

286) 전병서, 제3판 도산법, 273p.

을 용인하는 전제에서 파산채권으로 이미 확정된 파산채권자표 기재의 효력을 다투어 그 무효확인을 구하는 것 역시 허용되지 않는다.[287)]

다. 사해행위취소소송을 수계한 경우의 제척기간의 기산점

부인권은 파산선고가 있은 날부터 2년, 부인할 수 있는 행위(391조 각호)를 한 날부터 10년 내에 행사하여야 하는데(405조), 파산선고 전에 기왕에 계속 중인 사해행위취소소송을 파산선고 후에 파산관재인이 수계한 후 청구취지를 종전의 사해행위취소소송에서 부인의 소로 변경함으로써 청구취지가 교환적으로 변경된 경우에 있어서 그 부인권 행사의 제척기간이 문제된다.

채권자가 채무자에 대하여 파산선고 전에 적법하게 제기한 사해행위취소소송을 파산관재인이 수계하면 채권자가 제기한 사해행위취소소송의 소송상 효과는 파산관재인에게 그대로 승계되므로 파산관재인이 사해행위취소소송을 수계한 후 이를 승계한 한도에서 청구변경의 방법으로 부인권을 행사한 경우에는 특별한 사정이 없는 한 제척기간의 준수 여부는 중단 전 사해행위취소소송이 제기된 시점을 기준으로 판단하여야 한다고 보이므로 사해행위취소소송이 법원에 처음 제기된 때에 사해행위취소소송에 대한 제척기간이 준수되었다면 파산선고 후 취임한 파산관재인이 종전의 사해행위취소소송을 부인소송으로 변경한 경우에도 양 소송의 동일성이 인정된다고 보아 부인소송의 제척기간도 준수된 것으로 보아야 할 것이다(대판 2016.7.29. 2015다33656).[288)]

---

287) 대법원 2006.7.6. 선고 2004다17436 판결, 대법원 2003.5.30. 선고 2003다18685 판결.

288) 채무자 회생 및 파산에 관한 법률(이하 '통합도산법')은 파산채권자가 제기한 채권자취소소송이 파산채무자에 대한 파산선고 당시 법원에 계속되어 있는 때에 그 소송절차가 중단된다고 규정하고 있는데, 이는 채권자취소소송이 파산선고를 받은 파산채무자를 당사자로 하는 것은 아니지만 소송 결과가 파산재단의 증감에 직접적인 영향을 미칠 수 있을 뿐만 아니라, 파산채권자는 파산절차에 의하지 아니하고는 개별적인 권리행사가 금지되는 점(424조 참조) 등을 고려하여, 파산채권자가 파산채무자에 대한 파산선고 이후에는 채권자취소권을 행사할 수 없도록 하기 위한 것이다. 그 대신 통합도산법은 파산관재인이 파산채무자에 대한 파산선고 이후 파산채권자가 제기한 채권자취소소송을 수계할 수 있다고 규정하여, 파산채권자의 채권자취소권이라는 개별적인 권리행사를 파산채권자 전체의 공동의 이익을 위하여 직무를 행하는 파산관재인의 부인권 행사라는 파산재단의 증식의 형태로 흡수시킴으로써, 파산채무자의 재산을 공정하게 환가·배당하는 것을 목적으로 하는 파산절차에서의 통일적인 처리를 꾀하고 있다. 이는 부인권이 파산채무자가 파산채권자를 해함을 알고 한 행위를 부인하고 파산채무자로부터 일탈된 재산의 원상회복을 구할 수 있는 권리라는 점에서 채권자취소권과 동일한 목적을 가지고 있기 때문이다. 위와 같이 파산채권자가 제기한 채권자취소소송의 중단 및 파산관재인의 소송수계를 규정한 통합도산법의 규정 취지 등에 비추어 보면, 파산채권자가 파산채무자에 대한 파산선고 이전에 적법하게 제기한 채권자취소소송을 파산관재인이 수계하면, 파산채권자가 제기한 채권자취소소송의 소송상 효과는 파산관재인에게 그대로 승계되므로, 파산관재인이 채권자취소소송을 수계한 후 이를 승계한 한도에서 청구변경의 방법으로 부인권

5. 부인권 행사의 효과

가. 부인권 행사의 효력발생시기

부인권 행사의 효력발생시기에 관하여는 ① 판결확정시설, ② 의사표시설(행사시설), ③ 절충설[289] 등으로 나누어지는데, 통설 및 실무는 의사표시설(행사시설)을 취하고 있는 것으로 보인다.[290] 이에 부인권 행사의 효력은 판결의 확정시가 아니라 의사표시가 상대방에게 도달한 때에 발생하는 것이며, 따라서 부인의 소장 또는 부인의 청구서가 상대방에게 도달한 때부터 상대방은 반환할 금원에 대한 지연손해금을 지급할 의무가 생기는 것이다.[291]

나. 원칙적 원상회복과 예외적 가액배상

1) 원칙적 원상회복

가) 물권적 효과 및 상대적 무효

부인권의 행사는 변제행위나 담보권설정행위, 채무면제, 채무보증, 권리포기 등 채무자의 행위를 파산재단과의 관계에서 소급적으로 무효화시켜 파산재단을 원상으로 회복시킨다(397조 1항). 즉 부인권행사의 효과는 상대방의 행위를 기다리지 않고 물권적으로 발생하는 것이며, 다만 그 효과는 파산재단과 상대방과의 사이에서 상대적으로 발생할 뿐 제3자에 대하여는 그 효력이 미치지 않는다.[292] 여기에서 제3자란 상대방 이외의 자로서 부인권이 행사되기 전 부인의 대상이 될 행위에서 생긴 법률효과를 기초로 새로운 권리를 취득한 자를 말하며, 채무자가 보증인인 경우의 주채무자,

---

행사를 한 경우, 특별한 사정이 없는 한, 제척기간의 준수 여부는 중단 전 채권자취소소송이 법원에 처음 계속된 때를 기준으로 판단하여야 한다(대법원 2016.7.29. 선고 2015다33656 판결).

289) 절충설이란 부인의 소의 제기 또는 부인의 항변의 제출에 의하여 불확정적 효력이 발생하고 판결이 확정되었을 때 소급적으로 효력이 발생한다는 견해를 말한다.

290) 임채웅, "부인소송의 연구", 사법 제4호, 사법연구지원재단(2008), 79~81p; 서울중앙지방법원, 제4판 법인파산실무, 416p.

291) 서울중앙지방법원, 제4판 회생사건실무(上), 194p.

292) 부인권 행사의 효과에 대해서는 ① 물권적 효과설, ② 채권적 효과설, ③ 책임설 등의 견해가 있지만 통설은 물권적 효과설을 취하고 있고(伊藤眞, 破産法·民事再生法(第2版), 423P), 부인권 행사의 효과가 미치는 범위와 관련해서는 ① 절대적 무효설, ② 상대적 무효설의 견해로 나누어지지만 통설 및 실무는 상대적 무효설을 취하고 있다(대법원 2005.12.22. 선고 2003다55059 판결, 서울고등법원 2006.9.28. 선고 2005나87427 판결).

부보금융기관이 채무자인 경우의 예금보험공사는 제3자에 해당되지 않는다.[293] 제3자는 부인의 대상이 되는 행위에 대하여 무효를 주장할 수 없다.[294]

나) 원상회복의 절차

(1) 원상회복의 상대방

부인권의 행사 주체는 파산관재인에 한하며, 원상회복의 상대방 역시 파산관재인이다.

(2) 원상회복의 방법

원상회복은 원칙적으로 채무자로부터 상대방이 받은 원물을 반환하는 방법에 의한다. 채무자의 상대방에 대한 변제행위 등 금전교부행위가 부인된 결과 상대방이 변제받거나 교부받은 금액을 반환하는 경우에는 변제받은 날부터 발생한 법정이자 역시 과실로서 함께 반환되어야 하므로 상대방은 채무자로부터 교부받은 액수와 동액의 금전 및 그 교부받은 날 이후의 법정 지연이자(연 5% 또는 연 6%)[295]를 반환하여야 한다.[296]

원상회복되는 권리의 변동에 있어서 등기 등의 공시방법이 필요한 경우 또는 채권양도통지 등의 대항요건이 필요한 경우에 그 권리취득의 원인행위가 부인되면 파산관재인은 부인의 등기 등을 신청하거나(26조) 통지 등의 대항요건을 구비하여야 할 것이다.[297] 등기 자체가 부인된 때에도 파산관재인은 부인의 등기를 신청하여야 한다(26조).

한편 무상부인(무상행위와 동일시할 수 있는 유상행위의 부인 포함)의 경우에는 상대방(수익자·전득자)의 선·악에 불구하고 부인의 대상이 되는 것이므로(391조 4호) 통합도산법에서는 선의[298]의 상대방의 보호를 위하여 별도의 규정을 두어 무상부인이 이

293) 서울중앙지방법원 2006.5.18. 선고 2005가합76482 판결, 서울고등법원 2006.4.13. 선고 2005나75660 판결.

294) 서울고등법원 2006.9.28. 선고 2005나87427 판결.

295) 여기의 법정 지연이자란 부인대상 행위의 법적 성질에 따라 그것이 민사상의 행위인 경우에는 연 5%, 상행위인 경우에는 연 6%가 될 것이다(상사이율의 적용여부에 관하여는 서울고등법원 2005.6.23. 선고 2004나78303 판결 참고).

296) 따라서 지연손해와 관련해서는 소장부본이 송달되기 전까지는 민법 또는 상법상의 지연이율 연 5% 또는 연 6%를, 소장 부본 송달 다음날부터는 「소송촉진 등에 관한 특례법」상의 지연이율(연 15%)을 적용하여야 하는 것이다.

297) 서울고등법원 2001.6.26. 선고 2000다52006 판결, 서울고등법원 2002.11.28. 선고 2001다9955 판결.

298) 여기에서 선의라 함은 수익자가 파산자와 사이에 나중에 부인의 대상이 될 행위를 할 당시에 그 행위가

루어진 경우 선의의 상대방은 이익이 현존하는 한도 안에서 상환하면 되도록 하고 있다(397조 2항, 403조 3항).

2) 예외적 가액배상

파산관재인이 부인권을 행사할 당시 이미 그 대상이 되는 재산이 멸실·훼손되거나 제3자에게 처분되어 현존하지 않는 경우 또는 담보물이 매각·처분되어 매각대금·배당금 등을 수령한 경우 등의 경우에는 가액배상을 청구할 수 있다.[299] 가액배상 제도는 통합도산법상의 규정은 없으나 통설·판례에 의하여 인정된 것이다.[300]

가액배상시 배상액산정의 기준시점에 관하여는 실무상 부인권의 효력발생시기[301]와 일치시키기 위하여 의사표시설을 취함으로써 의사표시가 상대방에 도달할 때의 가액을 기준으로 산정하고 있는 것으로 보인다.[302]

3) 원상회복 또는 가액배상시 지연손해금의 이율

부인의 소나 부인의 청구에 있어서 원상회복으로 금전의 반환을 구하거나 원상회복의 불가 또는 곤란으로 가액배상을 하여야 하는 경우에 지연손해금의 이율과 관련하여 「소송촉진 등에 관한 특례법」상의 지연이율이 적용되는지 논란이 있다. 실무에서는 이의 적용을 긍정하고 있다.[303] 따라서 상대방은 소장 부본 송달일 다음날부

파산채권자를 해친다는 것과 파산자에 대하여 지급정지 또는 파산신청이 이루어진 사실을 알지 못한 것을 말한다(대법원 2009.5.28. 선고 2005다56865 판결).

299) 대법원 2003.2.28. 선고 2000다50275 판결, 대법원 2003.7.22. 선고 2003다5566 판결, 서울중앙지방법원 2005.10.7. 선고 2004가합110576 판결, 서울중앙지방법원 1999.12.21. 선고 99가합48523 판결.

300) 대법원 2003.2.28. 선고 2000다50275 판결, 서울고등법원 2003.11.5. 선고 2002나34088 판결.

301) 부인권의 효력발생시기에 관하여는 ① 판결확정시설, ② 의사표시설(행사시설), ③ 절충설(소제기 등에 의하여 불확정적 효력이 발생하고 판결이 확정되었을 때 소급하여 확정적 효력이 발생)의 대립이 있으나 실무는 의사표시설을 취하고 있다(서울중앙지방법원, 제4판 법인파산실무, 416p).

302) 서울중앙지방법원 1999.12.21. 선고 99가합48523 판결, 서울중앙지방법원 2009.4.15. 선고 2007가합46195 판결; 서울중앙지방법원, 제4판 법인파산실무, 417p.

303) 부인권 행사에 따른 원상회복은 부인된 행위가 없었던 원상태로 회복되게 하는 것을 말하므로, 채무자의 채권자에 대한 변제행위가 부인된 결과 채권자가 변제받은 금액을 반환하는 경우 변제받은 날부터 발생한 법정이자 역시 과실로서 함께 반환되어야 하고, 한편 소로써 부인권을 행사함과 아울러 원상회복으로 금전의 반환을 구하는 경우 채무자는 그 소장 부본을 송달받은 다음 날부터 반환의무의 이행지체로 인한 지체책임을 진다고 할 것이다(대법원 2007.10.11. 선고 2005다43999 판결 참조). 원심이 위 법리와 같은 취지에서, 피고는 원고에게 예금인출일부터 적어도 원심판결 선고일까지는 민법이 정한 연 5%의, 그 다음 날부터는 다 갚는 날까지는 소송촉진 등에 관한 특례법이 정한 연 20%(단, 현재는 15%)의 각 비율로 계산한 이자 및 지연손해금을 지급할 의무가 있다고 판단한 것은 정당하고, 거기에 상고이유 주장과 같이 부인권 행사에 따른 지연손해금의 기산일에 관한 법리를 오해하는 등의 위법이 없다(대법원 2014.9.25. 선고 2014다214885 판결).

터[304] 「소송촉진 등에 관한 특례법」상의 지연이율(연 15%)을 지급하여야 한다. 이에 원상회복 또는 가액배상시 금전의 반환과 관련하여 법정이자 및 지연이율을 기재하는 방법은 "피고는 원고에게 예금인출일부터 이 소장 부본 송달일까지는 민법이 정한 연 5%의(또는 상법이 정한 연 6%의), 그 다음날부터 다 갚는 날까지 소송촉진 등에 관한 특례법이 정한 연 15%의 각 비율로 계산한 이자 및 지연손해금을 각 지급하라."와 같이 기재하면 되는 것이다.

다. 상대방의 지위

1) 상대방 채권의 부활

가) 의 의

부인권의 행사는 파산재단을 부인대상 행위 이전의 상태로 원상회복하는데 그 목적이 있는 것이므로 채무자의 행위가 부인되어 상대방이 그 받은 급부를 반환하거나 가액을 상환할 때에는 상대방의 채권도 원상으로 회복되어 부활되어야 한다(399조). 이때 상대방의 채권이 부활하는 것은 변제나 물상보증인으로서의 채무의 이행 등 채무의 이행행위 내지 채무소멸행위가 부인된 경우에 한하는 것이고, 원인행위가 부인된 경우에는 적용되지 않으며,[305] 또한 상대방의 채권의 부활은 상대방의 의무가 선이행되어 파산재단이 원상으로 회복된 후 부활되는 것이다. 이는 파산재단의 충실을 기하기 위한 것이다. 따라서 상대방은 부활한 채권을 가지고 파산관재인의 원상회복청구권과 상계할 수 없다.[306] 일부의 급부가 반환된 경우에는 상대방의 채권도 그 비율만큼 부활한다고 본다.[307]

나) 종전의 물적 담보 또는 인적 담보의 부활 여부

채무자의 변제행위가 부인되어 상대방의 채권이 부활한 경우에 종전의 물적 담보와 인적담보도 부활하는지에 대해서는 견해가 대립되는데, 부활을 인정하는 것이 실

304) 여기에서 「소송촉진 등에 관한 특례법」상의 지연이율의 적용시점에 관하여는 위에서 본 바와 같이 소장 부본 송달일 다음날부터가 원칙이라고 할 수 있지만 실무에서는 판결선고일부터 적용하고 있는 것으로 보인다(대전고등법원 2014.6.11. 선고 2013나11636 판결).

305) 서울중앙지방법원, 제4판 법인파산실무, 419p.

306) 대법원 2007.7.13. 선고 2005다71710 판결, 서울고등법원 2000.3.30. 선고 99나52178 판결.

307) 박성철, "파산법상의 부인권", 재판자료 제83집, 316p. 서울중앙지방법원, 제4판 법인파산실무, 419p.

무 및 통설[308]의 태도이고, 타당하다고 본다. 이때 부활한 담보권은 종전의 후순위 담보권에 대하여는 등기 없이도 대항이 가능하다고 본다.[309] 그러나 변제행위로 담보권의 등기가 말소된 후 부인권의 행사로 담보권이 부활하기까지 사이에 담보목적물에 대한 소유권이나 담보권을 취득한 제3자가 있는 경우에 상대방이 그 부활한 담보권에 대하여 제3자에게 대항할 수 있는지는 논란이 있는 바, 앞서 본 후순위 담보권자와는 달리 담보권 등기 말소 후 새롭게 이해관계를 가진 제3자로서는 담보권의 부활로 예측하지 못한 손해를 입을 수 있으므로 대항할 수 없다고 보는 것이 타당하다고 본다.

2) 반대급부의 반환청구권

부인권의 행사는 채무자의 재산을 부인대상 행위 이전의 상태로 원상회복하는데 목적이 있는 것이지 채무자로 하여금 부당하게 이득을 얻게 하는 것이 아니므로 채무자의 행위가 부인된 경우에는 상대방의 반대급부는 파산재단으로부터 반환되어야 한다.[310] 구체적인 반환방법은 반대급부가 파산재단에 현존하는 여부에 따라 달라지는데, 채무자의 행위가 부인된 경우에 상대방으로서는 채무자가 받은 반대급부가 파산재단 중에 현존하는 때에는 그 반환을 청구할 수 있고, 반대급부가 현존하지 않지만 반대급부로 인하여 생긴 이익이 현존하는 때에는 그 이익의 한도 안에서는 재단채권자로서, 그 부족분에 대하여는 파산채권자로서 권리를 행사할 수 있으며, 반대급부로 인하여 생긴 이익도 현존하지 않는 때에는 그 가액의 상환에 관하여 파산채권자로서 권리를 행사할 수 있다(398조 1항, 2항). 여기에서 반대급부라 함은 부인의 목적인 채무자의 행위의 대가로 채무자가 얻은 급부를 말한다.[311] 그리고 현존이익의 존재여부에 대한 입증책임은 상대방에게 있고, 현존이익의 존재여부에 대한 판단시점은 변론종결시점이라고 보인다.[312] 상대방의 반대급부의 반환청구권 또는 현존이익의 반환청구권과 파산채권자의 원상회복청구권은 동시이행관계에 있고, 상호 상계도 가능하다.[313]

---

308) 박성철, "파산법상의 부인권", 재판자료 제83집, 316p ; 김주학, 기업도산법(제2판), 법문사(2012), 350p ; 전병서, 제3판 도산법, 279p ; 서울중앙지방법원, 제4판 법인파산실무, 419p.

309) 서울중앙지방법원, 제4판 법인파산실무, 420p.

310) 부인권의 행사로 상대방에게 반대급부의 반환청구권이 생기는 경우는 주로 사해행위(재산감소행위)가 부인된 경우이다.

311) 대법원 2009.5.28. 선고 2005다56865 판결.

312) 박성철, "파산법상의 부인권", 재판자료 제83집, 313p; 김주학, 기업도산법(제2판), 법문사(2012), 344~345p.

313) 서울중앙지방법원, 제4판 법인파산실무, 418p.

다만 현존이익이 존재하지 않는 경우의 상대방의 가액상환청구권은 파산채권에 지나지 않으므로 파산채권자의 원상회복청구권과 동시이행관계에 있지도 않고 상계도 주장할 수 없다.[314)]

3) 부인의 상대방이 전득자인 경우

상대방 채권의 부활(399조)과 상대방의 반대급부의 반환청구권(398조)은 부인의 상대방이 수익자인 경우를 전제로 하는 것이며 상대방이 전득자인 경우에는 이들 권리를 주장할 수 없고 자신의 전자에 대한 담보책임의 문제로 해결하여야 한다.[315)]

6. 부인의 등기

가. 의 의

등기의 원인인 행위가 부인된 때 또는 등기 자체가 부인된 때에는 파산관재인은 부인의 등기를 신청하여야 한다(26조 1항). 이에 따라 부인 대상 목적물에 부인의 등기를 하는 것을 부인의 등기라고 한다. 부인의 등기의 성질에 관하여는 ① 제3자에게 경고하기 위한 예고등기의 일종이라는 예고등기설, ② 부인의 등기는 말소등기와 같은 통상적인 등기의 총칭에 불과하다는 통상등기설, ③ 부인권의 행사에 의하여 생기는 법률관계를 공시하기 위하여 법이 인정한 특별한 등기라는 특수등기설 등 여러 견해가 있는데, 통합도산법에서는 특수등기설을 취하고 있다(26조).[316)]

한편 부인의 등기는 부인의 소나 부인의 청구에서 부동산의 회복이 인용된 경우에 하는 것이므로 부인의 소나 부인의 청구에 의하지 않고 화해 등에 의하여 부동산의 회복이 인정된 경우에는 부인의 등기가 아니라 소유권이전등기의 말소나 이에 갈음하는 소유권이전등기를 통하여야 할 것이다.[317)]

---

314) 서울중앙지방법원, 제4판 법인파산실무, 418p.

315) 서울중앙지방법원, 제4판 법인파산실무, 420p.

316) 예고등기설이나 통상등기설에서는 그 주문이 통상적인 소송의 경우와 같이 소유권이전등기의 말소 또는 이에 갈음하는 이전등기를 명하는 형태가 될 것이지만, 특수등기설에서의 주문은 “부인등기절차를 이행하라”와 같은 형태가 되는 것이다.

317) 서울중앙지방법원, 제4판 법인파산실무, 424p.

나. 부인의 등기

1) 의 의

등기의 원인행위가 부인되거나 등기 자체가 부인된 때에는 파산관재인은 단독으로 부인의 등기를 신청하여야 한다(26조 1항). 부인의 등기의 신청서에는 등기원인을 증명하는 서면으로 부인의 소와 관련된 청구를 인용하는 판결 또는 부인의 청구를 인용하는 결정을 인가하는 판결의 판결서 등본 및 그 확정증명서 또는 부인의 청구를 인용하는 결정서 등본 및 그 확정증명서를 첨부하여야 하고,[318] 부인권자가 단독으로 행하는 것이므로 신청인이 파산관재인이라는 사실을 소명하는 자료를 함께 제출하여야 한다(등기지침 11조 3항).

2) 부인의 등기의 신청 방법

등기의 원인행위의 부인의 경우와 등기 자체의 부인의 경우는 명백히 구분된다. 등기의 원인행위의 부인등기에 있어서는 등기목적을 'ㅇ번 소유권이전등기원인의 「채무자 회생 및 파산에 관한 법률」에 의한 부인'으로, 등기원인을 'ㅇ년 ㅇ월 ㅇ일 판결(또는 결정)'로 각 기록하되, 그 일자는 판결 또는 결정의 확정일로 기재하고(등기지침 11조 4항), 소유자란에는 부인 대상 목적물의 등기명의인을, 신청인란에는 파산관재인을 기재하여야 한다.

등기 자체의 부인등기에 있어서는 등기목적을 'ㅇ번 근저당권설정등기의 「채무자 회생 및 파산에 관한 법률」에 의한 부인'으로, 등기원인을 'ㅇ년 ㅇ월 ㅇ일 판결(또는 결정)'로 각 기록하되, 그 일자는 판결 또는 결정의 확정일로 기재하고(등기지침 11조 5항), 저당권자란에는 부인 대상 목적인 권리의 등기명의인을, 신청인란에는 파산관재인을 기재하여야 한다.

3) 부인의 등기의 실행 방법

부인의 등기의 실행은 말소등기와 달리 말소의 대상이 되는 등기를 주말하는 것이 아니라 주등기로 'ㅇ번 등기'가 말소되었다는 것을 기재하는 형식에 의한다. 이때 등록세는 면제된다(26조 2항).

---

318) 「채무자 회생 및 파산에 관한 법률」에 따른 부동산 등의 등기 사무처리지침(이하 '등기지침') 11조 2항.

4) 부인의 등기의 효력

부인의 등기가 이루어진 경우에는 부인 대상 목적인 부동산 또는 부동산 위의 권리는 등기부상 명의인이 아니라 파산재단에 속하게 된다. 부인의 등기에 의하여 등기부상 명의인의 해당 부동산 또는 해당 부동산 위의 권리에 대한 관리·처분권이 상실되었다는 것이 공시된 것이므로 부인된 등기의 명의인을 등기의무자로 하는 등기신청은 각하되어야 한다(등기지침 12조). 다만 부인의 등기가 이루어진 후에도 진정한 소유자를 등기의무자로 하는 등기신청이나 파산에 관한 등기의 촉탁은 수리될 수 있을 것이다.[319]

다. 부인의 등기가 마쳐진 후의 부인의 등기의 취급

1) 부인의 등기 후 부인의 효과를 실효시키는 결정이 있는 경우의 등기촉탁

채무자에 대하여 부인의 등기가 이루어진 후에 파산취소·파산폐지 또는 파산종결의 결정이 있는 경우 법원사무관 등은 직권으로 지체 없이 촉탁서에 결정서의 등본 또는 초본 등 관련 서류를 첨부하여 해당 등기소에 그 등기를 촉탁하여야 한다(26조 3항, 23조 1항 5호). 부인권은 파산절차의 목적을 달성하기 위하여 존재하는 것이므로 파산절차가 종료되면 그 존재의 이유가 사라지고 부인의 효과도 소멸되어야 하는 것이 당연하고, 이때 부인의 등기가 이루어진 재산이 환가되지 않고 파산재단 중에 현존하고 있는 경우에는 이를 부인의 상대방에게 반환되어야 할 것이므로 파산취소 등의 결정에 대한 기입등기촉탁 규정을 두고 있는 것이다. 그런데 위 파산취소 등의 결정에 대한 기입등기촉탁만으로는 부인의 등기가 말소되는 것이 아니므로 부인대상 행위의 상대방은 그 권리행사에 제약이 될 수 있는 바, 이에 부인등기가 마쳐진 이후 파산취소 등의 결정이 확정된 때에는 법원의 촉탁에 의하여 등기상 이해관계 있는 제3자가 있는 경우를 제외하고는 부인의 등기 자체를 말소할 수 있도록 하고 있다(등기지침 제24조).[320]

---

319) 법원행정처, 부동산등기실무(Ⅲ), 352~354p.

320) 채무자 회생 및 파산에 관한 법률에 따른 부동산 등의 등기 사무처리지침 제24조(파산절차에 있어서 부인등기 등의 말소) "부인등기가 마쳐진 이후 파산선고 취소결정이 확정되거나, 법 제26조 제4항에 의한 임의매각 등에 의하여 제3자에게 이전등기를 하지 아니한 채 파산폐지결정이 확정된 때 또는 파산종결결정이 있는 때에는 부인의 효과는 상실되므로, 등기상 이해관계 있는 제3자가 있는 경우를 제외하고는, 부인의 등기는 법원의 촉탁에 의하여 이를 말소할 수 있다."
채무자 회생 및 파산에 관한 법률 제26조(부인의 등기) "④ 법원은 관리인 또는 파산관재인이 제1항의 부인의 등기가 된 재산을 임의매각한 경우에 그 임의매각을 원인으로 하는 등기가 된 때에는 이해관계인의 여기에서 등기상 이해관계 있는 제3자의 존재 여부를 판단하는 시점은 파산취소·파산폐지결정의 확정 또는 파산종결결정시이다.[321)]

2) 부인의 등기 후 해당 재산 임의매각시의 부인의 등기 등 말소

법원은 파산관재인이 부인의 등기가 된 재산을 임의매각한 경우에 그 임의매각을 원인으로 하는 등기가 된 때에는 이해관계인의 신청에 의하여 부인의 등기, 부인된 행위를 원인으로 하는 등기, 부인된 등기 및 위 각 등기의 뒤에 되어 있는 등기로서 파산채권자에게 대항할 수 없는 것의 말소를 촉탁하여야 한다(26조 4항). 이는 파산관재인이 부인권의 행사로 찾아온 부동산에 대한 환가업무를 용이하게 하고 해당 부동산을 취득한 매수인의 권리행사에 지장이 없도록 하기 위한 것이다. 이 경우 말소촉탁에 있어서 파산채권자에게 대항할 수 있는 것을 제외한 것은 등기상 이해관계 있는 제3자를 보호하기 위한 것이며, 법원의 직권에 의해서가 아니라 이해관계인의 신청이 있어야 한다는 점, 임의매각을 원인으로 하는 등기 이후에만 가능하다는 점, 말소촉탁의 주체가 부인의 등기와 달리 법원사무관 등이 아니라 법원이라는 점을 유의하여야 한다.

신청에 의하여 제1항의 부인의 등기, 부인된 행위를 원인으로 하는 등기, 부인된 등기 및 위 각 등기의 뒤에 되어 있는 등기로서 회생채권자 또는 파산채권자에게 대항할 수 없는 것의 말소를 촉탁하여야 한다."

321) 서울중앙지방법원, 제4판 법인파산실무, 426p.

[기재례 47] 부인의 소(근저당권설정계약부인 등)

소 장

원 고 채무자 ○○증권 주식회사의 파산관재인 ○○○
○○시 ○○구 ○○로 ○○번지
소송대리인 변호사 ○○○
○○시 ○○구 ○○로 ○○-○번지

피 고 주식회사 ◇◇건축사사무소
○○시 ○○구 ○○로 ○○-○○번지
대표이사 ○○○

근저당권설정계약부인 등

청 구 취 지

1. 피고와 ○○증권 주식회사 사이에 별지 목록 기재 각 부동산에 관하여 20○○. 12. 23. 체결된 근저당권설정계약을 부인한다.
2. 피고는 원고에게 별지 목록 기재 각 부동산에 관하여 ○○지방법원 ○○지원 ○○○ 등기소 20○○. 12. 23. 접수 제○○○○○호로 마친 근저당권설정등기에 대하여 부인의 등기절차를 이행하라.
3. 소송비용은 피고의 부담으로 한다.

라는 판결을 구합니다.

청 구 원 인

1. 기본적 사실관계

가. 소외 ○○증권 주식회사(이하 '채무자'라고 한다.)는 20○○. 12. 12. 부도를 냈고, 20○○. 6. 1. 증권회사 설립인가가 취소되어 해산절차를 밟던 중 20○○. 11. 25. ○○지방법원으로부터 파산선고를 받았습니다.

나. 피고는 20○○. 8. 13. 채무자로부터 ○○시 ○○구 ○○로 ○○의 ○ 소재 채무자의 ○○사옥 5층 525.82㎡를 전세얻는 채권적 전세계약을 체결하였는바, 전세기간은 20○○. 9. 1.부터 20○○. 8. 31.까지, 전세금은 445,368,000원으로 정하였습니다.

다. 피고는 20○○. 12. 23.(채무자가 부도난 지 11일 후이다) 채무자와 사이에 위 전세계약에 따른 전세금 반환채권을 담보하기 위하여 채무자의 본사 사옥인 별지 목록 기재 각 부동산(이하 '이 사건 부동산'이라고 한다)상에 근저당권을 설정하기로 하는 계약을 체결하고 그에 따라 같은 날 주문 제2항 기재와 같이 채권최고액 445,368,000원의 근저당권설정등기를 마쳤습니다.

2. 원고의 부인권의 행사

가. 채무자가 위와 같이 피고와 사이에 근저당권설정계약을 체결한 것은 채무자 회생 및 파산에 관한 법률(이하 '통합도산법'이라 한다) 제391조 제1호, 제3호 소정의 행위에 해당하고, 따라서 이를 부인하는 바이며 그에 따라 피고는 위와 같이 마친 근저당권설정등기의 부인의 등기절차를 이행할 의무가 있다고 할 것입니다.

나. 즉 채무자가 일반 채권자(전세금 반환채권)로서의 지위를 가지고 있는 피고와 사이에 특별히 근저당권설정계약을 체결하고 그에 따라 근저당권설정등기를 마쳐 줌에 따라 피고는 다른 파산채권자들에 우선하여 파산재단으로부터 그의 채권을 변제받을 수 있는 지위를 가지게 되었는바, 이는 다른 파산채권자들을 해하는 행위에 해당한다고 할 것이고 채무자가 부도를 낸 지 얼마 지나지 않아 근저당권설정계약이 이루어진 점에 비추어 볼 때 채무자는 피고와 근저당권설정계약을 체결할 때 그것이 다른 파산채권자들을 해하는 행위라는 것을 알고 있었다고 봄이 상당합니다. 또한 이 사건 임대차계약서에 의하면 채무자의 전세금 반환의무를 담보하기 위하여 별도로 피고 명의의 근저당권설정등기를 마쳐 주기로 약정한 내용을 찾아 볼 수 없으므로 채무자에게 피고와 사이에 위와 같은 근저당권설정계약을 체결할 의무는 없다고 할 것임에도 불구하고 앞서 본 것처럼 채무자는 지급정지가 있은 후 이 사건 근저당권설정계약을 체결한 것입니다. 그렇다면 피고와 채무자 사이에 이 사건 부동산에 관하여 20○○. 12. 23. 체결된 근저당권설정계약은 통합도산법 제391조 제1호, 제3호 의 규정에 따라 부인의 대상이 되고, 그에 따라 피고는 원고에게 위 계약에 기하여 이 사건 부동산에 관하여 마친 주문 제2항 기재의 근저당권설정등기에 대하여 부인의 등기절차를 이행할 의무가 있다고 할 것입니다.

3. 결 어

이에 원고는 피고에 대하여 청구취지와 같은 재판을 구하고자 이 사건 청구에 이르게 된 것입니다.

입 증 방 법

갑 제1호증 ○○○○
갑 제2호증 ○○○○

갑 제3호증　　○○○○
갑 제4호증　　○○○○

첨 부 서 류

1. 위 입증방법　　　　각 1통
2. 소송위임장　　　　　1통
3. 소장부본　　　　　　1통

20○○. ○. ○.

원고 소송대리인
변호사 ○ ○ ○ (인)

○○지방법원 귀중

[기재례 48] 부인청구(동산의 양도담보설정계약 체결행위 부인)

소 장

사 건 20○○하합○○ 파산

청 구 인 주식회사 ○○의 파산관재인 ○○○
○○시 ○○구 ○○로 ○○
소송대리인 변호사 ○○○
○○시 ○○구 ○○로 ○○-○

상 대 방 □□□
○○시 ○○구 ○○로 ○○-○○

부인의 청구

청 구 취 지

1. 상대방은 청구인에게 210,000,000원 및 이에 대하여 이 사건 부인의 청구서 부본 송달일의 다음 날부터 다 갚는 날까지 연 15%의 비율로 계산한 금원을 지급하라.
2. 소송비용은 상대방이 부담한다.

라는 재판을 구합니다.

청 구 원 인

1. 기본적 사실관계
   (1) 채무자 주식회사 ○○은 20○○. 7. 14. 직업능력개발훈련, 직업전문학교운영 등을 목적으로 설립된 자본금 2억원의 비상장 주식회사입니다. 그런데 채무자 주식회사 ○○ 는 20○○.부터 20○○.까지 매년 당기순손실을 발생하면서 지속적인 부채초과상태에 있었고, 그로 인해 대표이사 ○○○의 친동생인 상대방 □□□ 및 주식회사 ○○은행으로부터 차입에 의존하여 운영되고 있는 상태였습니다.
   (2) 상대방은 20○○. 10. 15. 채무자 주식회사 ○○와, 채무자 주식회사 ○○ 에 대한 기존 대출금채권을 담보하기 위하여 별지 목록 기재 동산(이하 '이 사건 동산'이라 한다)에 대한 양도담보설정계약을 체결하였고, 20○○. 2. 제3자에게 이 사건 동산을 210,000,000원에 매각하였습니다.

(3) 채무자 주식회사 ○○ 는 20○○. 9. 기준으로 자산이 약 15억원(○○은행에 대한 예금채권 25,000,000원을 제외하면 사실상 자산의 대부분은 훈련생들의 교육을 위해 구입한 기자재 및 장비임)임에 반하여 부채가 약 40억원으로, 현저한 부채초과 및 지급불능 상태에 있어 이 법원은 20○○. 10. 21. 10:00 채무자 주식회사 ○○에 대하여 파산을 선고하면서, 청구인을 파산관재인으로 선임하였습니다.

2. 청구인의 부인권 행사

가. 부인의 청구

청구인은 위 양도담보설정계약에 대한 부인권 행사의 의사표시가 기재된 부인의 청구서를 제출하여 부인권을 행사하는 바입니다.

나. 부인의 청구의 근거

(1) 채무자 회생 및 파산에 관한 법률(이하 '통합도산법'이라 한다) 제391조 제1호는 파산관재인은 파산재단을 위하여 채무자가 파산채권자를 해하는 것을 알고 한 행위를 부인할 수 있다고 규정하고 있는바, 여기에서 '채무자가 파산채권자를 해하는 것을 알고 한 행위'라 함은 총채권자의 담보가 되는 채무자의 일반재산을 파산재단으로부터 일탈시킴으로써 파산재단을 감소시키는 행위뿐만 아니라 지급능력이 부족한 상황에서 특정 채무자에게만 변제하거나 담보를 제공하는 편파행위를 포함한다고 할 것입니다.

(2) 따라서 이 사건을 보건데, 앞서 본 바와 같이 채무자 주식회사 ○○가 상대방과 사이에 이 사건 양도 담보설정계약을 체결한 행위는 부채초과상태에서 총채권자의 담보가 되는 이 사건 동산을 기존채무의 담보로 제공하여 향후 파산채권자들 사이의 평등한 배당을 저해하는 편파행위로서 다른 파산채권자를 해하는 행위라고 할 것이므로 통합도산법 제391조 제1호 소정의 '채무자가 파산채권자를 해하는 것을 알고 한 행위'에 해당한다고 할 것입니다. 또한 지속적인 부채초과상태에 있었던 채무자 주식회사 ○○의 사해의사 또한 넉넉히 추단할 수 있을 것입니다. 즉 상대방은 채무자 주식회사 ○○의 대표이사의 친동생인 점, 상대방 스스로도 심문기일에 이 사건 동산에 대하여 양도담보를 설정하게 된 것은 채무자 주식회사 ○○을 둘러보았을 때 돈이 될 만한 것은 위 동산들뿐이었기 때문이라고 말하고 있는 점 등을 보태어 보면 상대방은 다른 채권자에 앞서 편파변제를 받는다는 사실을 알았다고 보아야 할 것입니다. 따라서 청구인은 파산 전 채무자 주식회사 ○○의 상대방과의 이 사건 양도담보설정계약체결행위를 부인할 수 있다고 할 것이므로 이 사건 양도담보설정계약 체결행위는 청구인이 이 사건 청구를 통하여 부인권을 행사함으로써 무효가 되었다고 할 것입니다.

다. 가액반환의 청구

그런데 앞서 본 바와 같이 상대방은 이 사건 동산을 제3자에게 처분하고 그 대가로 금전을 수령하였으므로 원상회복은 가액배상의 방법에 의하여야 할 것이며, 배상액산정의 기준시점은 청구인이 부인권을 행사한 때, 즉 이 사건 부인의 청구서 부본 송달일이 되어야 하고, 그 가액은 20○○. 2.경 이 사건 동산의 매각가액인 210,000,000원이라고 봄이 상당할 것입니다. 또한 채무자 주식회사 ○○의 양도담보설정계약체결행위가 부인된 결과 상대방이 이 사건 동산을 제3자에게 매각하고 받은 금전을 반환하는 경우 그 금전을 수령한 날로부터 발생한 법정이자 역시 과실로서 함께 반환되어야 할 것이며, 한편 부인의 청구로써 부인권을 행사함과 아울러 원상회복으로 금전의 반환을 구하는 경우에는 상대방은 그 청구서를 송달받은 다음 날부터 반환의무의 이행지체로 인한 지체책임을 진다고 할 것입니다.

4. 결 론

따라서 상대방은 청구인에게 210,000,000원 및 이에 대하여 이 사건 부인의 청구서 부본 송달일의 다음 날부터 다 갚는 날까지 소송촉진 등에 관한 특례법이 정한 연 15%의 지연손해금을 지급할 의무가 있다고 할 것입니다.

입 증 방 법

갑 제1호증 ○○○○
갑 제2호증 ○○○○
갑 제3호증 ○○○○
갑 제4호증 ○○○○

첨 부 서 류

1. 위 입증방법 각 1통
2. 소송위임장 1통
3. 소장부본 1통

20○○. ○. ○.

청구인의 소송대리인
변호사 ○ ○ ○ (인)

○○지방법원 귀중

주) 「별지」(양도담보 목적물 목록) 생략

[기재례 49] 부인의 항변(편파행위 부인)

답 변 서

사 건 20○○○가합○○○○○ 채권인도

원 고 ○○생명 주식회사

피 고 채무자 □□증권 주식회사의 파산관재인 ○○○

위 당사자간 귀원 위 사건에 관하여 피고는 다음과 같이 답변서를 제출합니다.

청구취지에 대한 답변

1. 원고의 청구를 기각한다.
2. 소송비용은 원고의 부담으로 한다.

청구원인에 대한 답변

1. 기본적 사실관계

(1) □□증권 주식회사(이하 '□□증권'이라 한다)는 20○○. 10. 1. 피고로부터 금 100억원을 이자율 연 10.5%, 만기 20○○. 3. 2로 정하여 신용대출을 받았습니다.

(2) 기획재정부는 20○○. 11. 25. 금융산업의 구조조정의 시행으로 예상되는 금융시장의 동요를 막기 위하여, 금융기관이 파산하는 경우 예금자에 대하여 20○○. 11. 19.부터 20○○년 말까지 원리금 전액을 보장하는 것을 골자로 한 예금자보호법시행령, 증권거래법시행령 등 4개 예금 보험기금 관련 법률 시행령을 개정하기로 한다고 발표한바 있었는데, 20○○. 12. 초순경에 이르러 금융가에 □□증권의 부도가 임박했음이 널리 알려졌습니다.

(3) 그러자 원고는 □□증권이 부도가 날 경우 위 대여금이 예금자 보호를 받을 수 없어 그 회수가 어려워질 것으로 예상하고, 위 대여금을 예금자보호를 받을 수 있는 환매조건부채권 매도대금(이하 '환매대금'이라 한다)으로 전환하기로 하여, 20○○. 12. 6. 단기차입금의 만기 연장에 다급하였던 □□증권의 동의를 얻어 기존의 위 대여금 100억원으로 환매예정기일 같은 달 12., 이율 연 12%로 하는 내용의 환매조건부채권매매계약(Repurchase Agreement, 이하 이 사건 'RP계약'이라 한다)을 체결하였습니다.

(4) 그 후 □□증권은 부도가 발생하여 20○○. 12. 12. 증권관리위원회로부터 영업정

지처분을 받았는데, 그 무렵 실시된 증권감독원의 ㅁㅁ증권에 대한 영업실사 과정에서 원고의 대여금이 위와 같이 환매조건부채권 매수대금으로 변칙적으로 전환되었음이 드러나, 원고는 위 환매대금에 대하여 예금자 보호를 받지 못하게 되었습니다.

(5) 이후 ㅁㅁ증권은 20○○. 11. 25. ○○지방법원으로부터 파산선고를 받았고, 이에 원고는 파산채권 신고기간 내에 20○○. 12. 24. 이 사건 RP계약에 따른 약정환매대금채권을 파산채권으로 신고하였으나, 피고 ㅁㅁ증권의 파산관계인(이하 '피고 파산관재인'이라 한다)은 파산채권 조사기일인 20○○. 1. 15. 위와 같은 전환처리가 부당한 것이라며 위 파산채권에 대하여 이의를 제기하자, 원고가 본 건 소를 제기하게 된 것입니다.

2. 피고의 부인권 행사 및 부인의 항변

가. 부인의 요지

(1) ㅁㅁ증권의 부도에 임박하여 체결된 이 사건 RP계약은 원고가 기존의 대여금채권을 다른 채권자들보다 우선하여 변제받고자 현실적인 자금의 수수 없이 그 형식만을 달리하여 전환한 것에 불과한데, 이로써 원고는 원래 ㅁㅁ증권의 일반재산에 속하였던 별지 기재 채권들을 매수하여 원고만을 위한 담보를 사실상 활용할 수 있게 되어 다른 채권자들의 평등한 채권만족을 해하고, 더구나 원고의 대여금채권은 이 사건 RP계약 당일(20○○. 12. 6.)에 그 변제기(20○○. 3. 2.)가 아직 도래하지 않았음에도 불구하고 ㅁㅁ증권의 임직원을 강요하여 이 사건 RP계약을 체결한 것입니다.

(2) 이에 파산관재인은 이 사건 RP계약으로 인하여 기존의 단기대여금채권에 비하여 다액인 환매대금채권이 파산채권이 되어 배당에 참가할 수 있게 됨으로써 파산채권자들 사이의 공평한 배당을 저해할 수 있는바, 채무자 ㅁㅁ증권과 파산채권자들을 해함을 알고 이 사건 RP계약을 체결하였으므로 이에 대하여 채무자 회생 및 파산에 관한 법률(이하 '통합도산법'이라 한다)상의 부인권을 행사하는 바입니다.

나. 부인의 구체적 근거

(1) 통합도산법 제391조 제1호는 부인권의 대상이 되는 행위 중 하나로 '채무자가 파산채권자를 해함을 알고 한 행위(제1호)'라고 규정하고 있는바, 여기에서 파산채권자를 해하는 행위는 총채권자의 공동담보가 되는 채무자의 일반재산을 파산재단으로부터 일탈시킴으로써 파산재단을 감소시키는 행위 외에도, 그 행위가 채무자의 재산관계에 영향을 미쳐 특정한 파산채권자를 배당에서 유리하게 하고 이로 인하여 파산채권자들 사이의 평등한 배당을 저해하는 이른바 편파행위도 포함된다고 할 것입니다.

(2) 그러므로 이 사건을 보건대, 이 사건 RP계약으로 인하여 파산채권자들 사이의 공평한 배당이 저해되는지에 관하여 살펴보면, 이 사건 RP계약은 ㅁㅁ증권이 부도나기 5일전에 체결된 것으로서 그 체결 동기가 예금자보호를 받지 못하는 원고의 단기대

여금채권을 예금자보호를 받는 환매대금채권으로 변칙적으로 전환하기 위한 데에 있었으므로 그로 인하여 채무자인 ㅁㅁ증권의 일반재산이 증가한 바 없는데도, 이율이 더 높은 환매대금채권(원금 100,000,000,000원, 약정이율 연 12%)으로 전환되어, 그 결과 원고가 위 환매대금채권을 파산채권으로 하여 파산재단의 배당에 참가하면 원고의 배당금은 기존의 단기대여금채권으로 참가할 경우 보다 그 수액이 늘어나게 됨에 반하여, 다른 파산채권자들의 총배당금은 그만큼 줄어들게 될 것이 명백하므로, 채무자인 ㅁㅁ증권이 체결한 이 사건 RP계약은 채무자의 재산관계에 영향을 미쳐 파산채권자 사이의 평등한 배당을 저해하는 이른바 편파행위로서 통합도산법 제391조 제1호 소정의 파산채권자를 해하는 행위에 해당한다고 할 것이고, 앞서 본 바와 같이 이 사건 RP계약의 체결 동기 및 시점에 비추어 볼 때 채무자 ㅁㅁ증권은 이 사건 RP계약이 파산채권자를 해함을 알고 있었다고 인정되므로, 피고 파산관재인은 파산재단을 위하여 이 사건 RP계약의 효력을 부인할 수 있다고 할 것이며, 따라서 피고 파산관재인의 이 부분 부인권 행사의 항변은 이유 있다고 할 것입니다.

3. 결 론

그렇다면, 채무자 ㅁㅁ증권이 체결한 이 사건 RP계약은 피고 파산관재인의 부인권행사로 인하여 파산재단과의 관계에서 효력이 없다고 할 것이어서 원고는 채무자 ㅁㅁ증권에 대하여 위 RP계약에 따른 환매대금과 이에 대한 약정이자의 파산채권을 가진다고 할 수 없을 것이며, 따라서 위와 같은 근거에 의거하여 원고의 청구는 기각되어야 할 것입니다.

20○○. ○. ○.

피고의 소송대리인

변호사 ○ ○ ○ (인)

○○지방법원 귀중

[4] 환취권·상계권

1. 환 취 권

가. 환취권이란

파산선고에 의하여 파산관재인이 점유·관리하게 된 파산재단 소속 재산 중에는 채무자에게 귀속되지 않고 제3자의 권리의 대상인 재산이 있는 경우가 있다. 이때 제3자는 파산재단으로부터 그 재산을 환취할 수 있는 권리를 가지는데, 이를 환취권이라고 한다.[322] 파산선고는 채무자에 속하지 않는 재산을 파산재단으로부터 환취하는 권리에 영향을 미치지 않는다(407조). 환취권의 기초가 되는 권리는 소유권뿐만 아니라 용익권, 점유권, 채무자에 대한 임대인 또는 임차인이 가지는 임대차계약상의 반환청구권, 전대인이 채무자인 전차인에 대하여 가지는 목적물 반환청구권 등도 포함된다. 다만 파산산고 전에 채무자로부터 목적물을 매수함으로써 가지게 되는 목적물인도청구권과 같은 채권적 청구권은 환취권의 대상이 아니고 파산채권에 해당될 뿐이다. 수탁자가 파산한 경우 신탁재산은 파산재단을 구성하지 않지만 법원은 신탁재산관리인을 두어 관리하게 되므로 위탁자 또는 수익자는 신탁계약을 해제·해지한 후에야 환취권을 행사할 수 있다(신탁법 24조, 18조 1항·2항). 위탁매매인이 위탁자로부터 물건 또는 유가증권을 받은 후 파산한 경우에는 위탁자는 환취권을 행사할 수 있다.[323] 리스물건이나 소유권유보부매매에 있어서 리스이용자나 매수인이 파산한 경우 이를 별제권으로 승인할 것인지 환취권으로 승인할 것인지 논란이 있다. 판례는 동산의 소유권유보부매매에 관하여 별제권으로 승인하여야 한다고 판시하고 있다.[324] 동산의 양도담보나 부동산의 양도담보도 별제권의 대상이 된다고 본다.[325]

322) 윤남근, 일반환취권과 관리인·파산관재인의 제3자적 지위, 회생과 파산(vol.1), 사법발전재단(2002), 4p.
323) 상법 제103조; 대법원 2008.5.29. 선고 2005다6297 판결.
324) 대법원 2014.4.10. 선고 2013다61190 판결.
325) 김재형, "도산절차에서의 담보권자의 지위", 민사판례연구(28)(2006), 박영사, 1141~1142p; 임준호, "파산절차상 담보권의 처리", 재판자료 제83집(1999), 법원도서관, 86p.

나. 구체적인 환취권의 행사

① 매도인이 매매의 목적인 물건을 매수인에게 발송하였으나 매수인이 그 대금의 전액을 변제하지 않고 도달지에서 그 물건을 수령하지 않은 상태에서 매수인이 파산선고를 받은 때에는 매도인은 그 물건을 환취할 수 있다(408조, 운송 중인 매도물의 환취. 단, 파산관재인이 대금전액을 지급하고 그 물건의 인도를 청구한 때에는 예외).

이 경우에 매수인 및 매도인이 모두 파산선고 당시 아직 이행을 완료하지 않는 상태에 있는 때에는 파산관재인은 계약을 해제 또는 해지하거나 매수인의 채무를 이행하고 매도인의 채무이행을 청구할 수 있다(408조 2항, 335조).

② 물품매수의 위탁을 받은 위탁매매인이 그 물품을 위탁자에게 발송하였으나 위탁자가 그 대금의 전액을 변제하지 않고 도달지에서 그 물건을 수령하지 않는 상태에서 위탁자가 파산선고를 받은 때에는 위탁매매인은 그 물건을 환취할 수 있다(409조, 위탁매매인의 환취권. 단, 파산관재인이 대금전액을 지급하고 그 물건의 인도를 청구한 때에는 예외). 이 경우에 위탁매매인 및 위탁자 모두 파산선고당시에 아직 이행을 완료하지 않는 상태에 있는 때에는 파산관재인은 계약을 해제 또는 해지하거나 위탁자의 채무를 이행하고 위탁매매인의 채무이행을 청구할 수 있다(409조, 335조).

③ 채무자가 파산선고 전에 환취권의 목적인 재산을 양도한 때에는 환취권자는 반대급부의 이행청구권의 이전을 청구할 수 있다(410조 1항, 대체적 환취권). 파산관재인이 환취권의 목적인 재산을 양도한 때에도 또한 같다. 이 경우에 파산관재인이 반대급부의 이행을 받은 때에는 환취권자는 파산관재인이 반대급부로 받은 재산의 반환을 청구할 수 있다(410조 2항).

④ 위탁매매인이 위탁자로부터 받은 물건 또는 유가증권이나 위탁매매로 인하여 취득한 물건, 유가증권 또는 채권은 위탁자와 위탁매매인 또는 위탁매매인의 채권자간의 관계에서는 이를 위탁자의 소유 또는 채권으로 보므로(상법 제103조), 위탁매매인이 위탁자로부터 물건 또는 유가증권을 받은 후 파산한 경우에는 위탁자는 위 물건 또는 유가증권을 환취할 권리가 있고, 위탁매매의 반대급부로 위탁매매인이 취득한 물건, 유가증권 또는 채권에 대하여는 대상적 환취권(대체적 환취권)으로 그 이전을 구할 수 있다.[326]

---

326) 위탁매매인이 위탁자로부터 받은 물건 또는 유가증권이나 위탁매매로 인하여 취득한 물건, 유가증권 또는

⑤ 외국 정부가 국내법원에서 파산선고를 받은 위탁매매인에 대한 세금청구권에 기하여 위탁자의 대상적 환취권의 목적이 되는 물건, 유가증권 또는 채권을 강제징수한 경우, 그로 인해 위탁매매인의 세금채무가 소멸하여 위탁매매인의 파산재단은 동액 상당의 부당이득을 얻은 것이 되며, 이 경우 위탁자는 위탁매매인의 파산재단에 대해 부당이득반환청구권을 가지게 되는데, 이는 재단채권이다.[327]

2. 상 계 권

가. 의 의

상계란 채권자와 채무자가 서로 동종의 채권채무를 가지는 경우에 그 채권과 채무를 대등액에 있어서 소멸케 하는 일방적 의사표시를 말하며(민법 492조), 채권자와 채무자가 서로 청구하고 이행하는 번거로움을 덜고 어느 일방이 파산 등 자력이 악화된 경우에 다른 일방이 불이익을 입는 불공평한 결과를 방지하는 담보작용을 하고 있다. 상계가 있으면 쌍방의 채무는 상계할 수 있는 때로 소급하여 대등액에 관하여 소멸한다(민법 493조). 파산절차에서도 이러한 상계가 가능하며, 상계권의 행사에 의하여 파산채권자의 자동채권이 소멸된 만큼 파산재단에 속하는 수동채권도 소멸하게 되는 것이다. 다만 파산절차에서는 민법 등 실체법상의 상계요건이 파산절차와의 관계에서 완화 내지 그 범위가 확장되기도 하고(417조~420조), 공평의 관점에서 강화되기도 한다(422조).

나. 상계권의 행사

파산절차에서는 파산채권은 파산절차에 의하지 않고는 행사할 수 없는 것이 원칙

채권은 위탁자와 위탁매매인 또는 위탁매매인의 채권자 간의 관계에서는 이를 위탁자의 소유 또는 채권으로 보므로(상법 제103조), 위탁매매인이 위탁자로부터 물건 또는 유가증권을 받은 후 파산한 경우에는 위탁자는 구 파산법 제79조에 의하여 위 물건 또는 유가증권을 환취할 권리가 있고, 위탁매매의 반대급부로 위탁매매인이 취득한 물건, 유가증권 또는 채권에 대하여는 구 파산법 제83조 제1항에 의하여 대상적 환취권(대체적 환취권)으로 그 이전을 구할 수 있다(대법원 2008.5.29. 선고 2005다6297 판결).

327) 외국 정부가 국내법원에서 파산선고를 받은 위탁매매인에 대한 세금청구권에 기하여 위탁자의 대상적 환취권의 목적이 되는 물건, 유가증권 또는 채권을 강제징수한 경우, 그로 인해 위탁매매인의 세금채무가 소멸하여 위탁매매인의 파산재단은 동액 상당의 부당이득을 얻은 것이 되며, 이 경우 위탁자는 위탁매매인의 파산재단에 대해 부당이득반환청구권을 가지게 되는데, 이는 구 파산법 제38조 제5호의 재단채권이다(대법원 2008.5.29. 선고 2005다6297 판결).

이지만(424조), 예외적으로 파산채권자가 파산선고 당시 채무자에 대하여 채무를 부담하는 때에는 파산절차에 의하지 않고 상계할 수 있다(416조). 상계권은 파산채권자의 일방적 의사표시에 의하여 파산관재인을 상대로 재판상 또는 재판외에서 행사할 수 있으며, 의사표시의 시기는 법정되어 있지 않으므로 파산절차가 종료되기까지 행사하면 된다.[328] 상계는 상계의 한도에서 파산채권의 우선적 만족을 얻는 것이므로 별제권과 마찬가지이다.[329] 파산선고 당시 기한미도래의 기한부채권, 해제조건부 채권, 비금전채권, 금액이 불확정한 채권, 외국통화로 된 채권, 금액 또는 존속기간이 불확정한 정기금채권도 이를 자동채권으로 하여 상계가 가능하다(417조 전단, 426조). 수동채권의 경우 기한부채권, 조건부 채권 또는 장래의 청구권인 경우에도 파산채권자 스스로 기한의 이익 또는 조건 성부의 기회를 포기함으로써 상계할 수 있다(417조 후단). 임대인이 파산선고를 받은 경우에는 파산채권자인 임차인은 임대인에 대한 파산선고시의 당기 및 차기의 차임에 관하여만 상계할 수 있지만, 보증금이 있는 경우에는 그 후의 차임에 관하여도 상계가 가능하다(421조 1항).

다. 상계의 금지

파산절차에서 상계를 무제한적으로 허용하게 되면 특정한 채권자에게만 우선적인 만족을 주게 되어 채권자들 간에 불공평이 초래될 수 있다. 이에 법에서는 일정한 경우 상계를 금지하고 있는데, 상계가 금지되는 경우로는 ① 파산채권자가 파산선고 후에 파산재단에 대하여 채무를 부담한 때, ② 파산채권자가 지급정지 또는 파산신청이 있었음을 알고 채무자에 대하여 채무를 부담한 때,[330] ③ 파산선고를 받은 채무자의 채무자가 파산선고 후에 타인의 파산채권을 취득한 때, ④ 파산선고를 받은 채무자의 채무자가 지급정지 또는 파산신청이 있었음을 알고 파산채권을 취득한 때[331]이다. 이러한 상계의 제한규정은 강행법규에 해당하며 따라서 이에 위반되는 상계는 무효로

---

328) 전병서, 제2판 도산법, 343p.

329) 전병서, 제2판 도산법, 321p.

330) 다만 그 부담이 법정의 원인에 의한 때, 파산채권자가 지급정지나 파산신청이 있었음을 알기 전에 생긴 원인에 의한 때, 파산선고가 있은 날부터 1년 전에 생긴 원인에 의한 때의 어느 하나에 해당하는 때에는 제외된다(제422조 제2호 단서).

331) 다만 그 부담이 법정의 원인에 의한 때, 파산채권자가 지급정지나 파산신청이 있었음을 알기 전에 생긴 원인에 의한 때, 파산선고가 있은 날부터 1년 전에 생긴 원인에 의한 때의 어느 하나에 해당하는 때에는 제외된다(제422조 제4호 단서).

된다. 파산절차에서 상계의 제한은 채권자들에게 환가·배당될 변제재원이 되는 파산재단에 직접적인 영향을 미치는 것이므로 중요한 의미가 있다.

제 3 절 파산재단의 환가와 배당

[I] 파산재단의 관리 및 평가

1. 파산재단의 파악·관리

파산재단의 파악 및 관리업무는 파산관재인에게 맡겨진 가장 중요한 업무 중의 하나이므로 파산관재인은 취임 즉시 파산재단에 속하는 재산을 점유하여 재산내역을 파악하고 그 관리에 착수하여야 한다(479조). 여기에서 파산재단의 점유란 채무자의 사무실에서 인감이나 예금통장, 현금 또는 유가증권, 법인카드, 영업·회계장부, 공인인증서 등 고가품이나 중요서류를 파산관재인 사무실로 옮겨오고 사무실이나 공장 또는 창고 등에 열쇄장치를 하여 외부인이 출입하지 못하도록 하는 등의 방법을 실행하는 것을 말하고, 파산재단의 관리란 채무자의 재산 및 부채 관계의 조사, 채권에 대한 시효중단조치, 파산재단에 관한 소송수행, 부인권행사 등 파산재단에 속한 재산을 보전하고 그 효용을 증대시키는 일체의 행위를 말한다. 파산재단에 속하는 재산을 파악한 후에는 파산관재인은 재산목록을 작성하여 법원에 제출하여야 한다(483조 1항, 2항). 이해관계인은 이러한 서류의 열람을 청구할 수 있다(483조 3항).

한편 파산관재인은 파산재단의 관리를 위하여 필요하다고 인정하는 때에는 법원사무관 등이나 집행관 또는 공증인으로 하여금 파산재단에 속하는 재산에 대하여 봉인을 하게 할 수 있다(480조 1항). 이 경우 봉인을 한 자는 조서를 작성하여야 한다(480조 1항 후단). 또한 파산관재인은 파산재단의 관리에 대한 일환으로 법원의 허가를 받아 채무자의 영업을 계속할 수도 있다(486조).[332] 화폐, 유가증권 그밖의 고가품의 보관방법은 법원이 정한다(487조).

332) 영업의 계속이나 폐지는 채권자집회의 결의사항이다(489조 1호).

2. 파산재단의 평가

파산관재인은 지체 없이 파산재단에 속하는 모든 재산의 파산선고 당시의 가액을 평가하여야 한다. 평가방법이나 구체적인 평가액은 파산관재인이 정하는데, 실무상 회계사 등에게 일괄적으로 맡겨 그 평가결과를 반영하되, 도자기·그림 등 전문성을 요하고 고가품인 경우에는 전문감정인의 감정결과도 참고하여 정하고 있는 것으로 보인다. 평가시기는 제1회 채권자집회에서 채권자들에게 재산가액의 평가결과를 보고하여야 하는 관계상 파산재단에 관한 점유·관리에 착수한 후 늦어도 제1회 채권자집회 전에 마치는 것이 실무이다.

파산관재인이 재산평가를 마친 후에는 그 평가결과를 대차대조표의 형식으로 정리하고, 이를 법원에 제출하여 이해관계인이 열람할 수 있도록 하여야 한다(482조, 483조 1항).

[2] 파산재단의 환가

1. 환가의 의의

법인파산이란 법인의 재산을 적정가격으로 평가 및 환가하여 이를 채권자들에게 공정·공평하게 분배 또는 배당하는 절차를 거친 후 궁극적으로는 법인의 소멸을 목표로 하는 절차이다. 따라서 법인파산의 목적을 달성하기 위하여는 그 전제로서 청산절차가 필요하고 청산을 위하여는 법인의 각종 재산을 배당하기 쉬운 금전으로 바꾸는 작업이 필요한데, 이를 파산재단의 환가라고 한다. 파산재단의 환가업무는 파산관재인이 담당한다. 환가의 대상인 법인의 재산은 파산재단이다. 파산관재인은 파산채권조사기일이 종료되면 파산재단에 속한 재산을 임의로 환가할 수 있고 환가된 재산을 파산채권자 등에게 배분 또는 배당하여야 한다.

2. 환가의 대상과 비대상

가. 환가의 대상이 되는 재산

환가의 대상인 재산은 파산재단에 속하는 재산이다. 파산재단은 파산선고 당시 채무자가 가진 국내·외의 모든 재산과 채무자가 파산선고 전에 생긴 원인으로 장래에 행사할 청구권으로 구성된다(382조 1항, 2항).

나. 환가의 대상에서 제외되는 재산

환가의 대상인 재산은 파산재단에 속하는 재산이므로 파산재단에 속하지 않는 재산은 환가의 대상에서 제외된다. 따라서 압류금지재산(383조 1항)이나 파산선고 후의 신득재산은 파산재단에 속하지 않으므로 환가의 대상에서 제외된다. 환취권의 대상인 재산이나 파산재단에서 포기된 재산, 파산채권자의 상계에 의하여 소멸될 반대채권 등도 파산재단에 속하지 않는 것이므로 환가의 대상에서 제외된다. 이에 관하여는 항을 바꾸어 자세히 살펴보기로 한다.

다. 환가방법과 파산재단의 포기

1) 환가방법

파산재단을 환가하는 방법은 민사집행법이 정한 바에 따라 하게 되지만,[333] 법원의 허가를 받아 영업양도 등 다른 방법으로 환가할 수도 있다(496조). 즉 파산관재인은 선량한 관리자의 주의의무에 반하지 않는 한 파산재단의 재산을 적당한 시기와 방법에 의하여 환가할 수 있는 재량권이 있는 것이다.[334] 물론 중요한 재산에 대한 환가처분에는 법원의 허가가 필요할 것이다(492조).

실무상 부동산은 통상 임의매각의 방법으로 환가하는 경우가 많다. 구체적으로 살펴보면 파산관재인이 채권자나 채무자 등 이해관계인의 의견을 청취하여 최저한의 매각조건을 제시하고 이에 따라 매수희망자를 모집한 후 매수희망자가 나타나면 매각조건의 충족가능성 등을 심사하고, 매수희망자가 경합한 경우에는 입찰에 부쳐 법원의 허가를 조건으로 매매계약을 체결하는 방식으로 환가한다. 매각조건을 결정함에 있어서는 시가감정을 하는 것이 가장 좋겠지만 비용이 많이 소요되므로 부동산중개업자의 인근 거래 사례, 별제권자 등 금융기관의 내부 평가액, 파산회사의 영업당담자의 평가액, 공시지가, 과세표준 등의 자료를 종합적으로 고려하여 적정한 가격을 설정하는 것도 무방할 것이다.

민사집행법에 의한 환가방법은 형식적 경매 중 청산을 위한 경매에 해당하므로(민사집행법 247조 1항) 집행권원은 요하지 않으며 파산선고결정 등본을 제출하면 족하다. 이때 배당요구나 배당절차가 필요한지 여부에 대하여는 ① 필요설, ② 불필요설의 대립이 있다.[335] 필요설은 소멸주의가 적용되는 이상 소멸되는 부담과 관계된 채권자들에 대한 배당절차가 필요하다는 견해이고, 불필요설은 파산절차에서 변제하도록 파산관재인에게 매각대금을 교부하면 되고 따로 배당요구나 배당절차를 밟아서는 안된다는 견해인데, 판례는 배당절차를 인정하고 있고 실무에서도 배당절차를 실시하고 있는 바,[336] 필요설이 타당하다고 본다.

---

333) 파산관재인은 별제권자의 의사에 관계없이 민사집행법에 의하여 별제권의 목적인 재산을 환가할 수 있다(제497조).

334) 한승, "파산재단의 점유관리환가", 재판자료 제82집(1999), 256p.

335) 법원행정처, 법원실무제요 민사집행(Ⅱ), 821~822p.

336) 서울중앙지방법원, 제4판 법인파산실무, 300p; 대법원 2011.6.15.자 2010마1059 결정, 대법원 2011.6.17. 선고 2009마2063 판결, 대법원 2011.8.18. 선고 2011다35593 판결.

채무자가 대여금 채권에 대하여 확정판결을 받은 후 채권압류 및 추심명령을 받은 상태에서 파산선고를 받은 경우에는 해당 대여금 채권을 환가함에 있어서 대법원 인터넷 사이트의 매각공고를 통하여 입찰하는 방법도 가능하다.

채무자가 다수의 보험에 가입한 상태에서 파산선고를 받은 경우에는 파산관재인은 파산재단에 대한 관리·처분권을 가지고 있으므로 파산관재인의 이름으로 보험계약해지권을 행사하여 보험해약환급금의 지급을 청구할 수 있다.[337] 이때 보험회사가 채무자에 대한 신용대출금채권을 자동채권으로 하여 위 보험해약환급금채권을 대등액의 범위 내에서 상계할 수 있는지 문제되는데, 이에 대하여는 긍정설, 부정설의 대립이 있는 바,[338] 상계적상에 있었던 경우에는 긍정하는 것이 타당하다고 본다.

파산관재인은 별제권자에 대하여 별제권의 목적인 재산의 제시를 요구할 수 있고, 이에 따라 파산관재인이 재산을 평가하고자 한 때에는 별제권자는 이를 거절할 수 없는데(490조 1항, 2항), 이러한 저당권 등 별제권이 설정되어 있는 부동산을 환가하는 방법은 별제권 목적의 환수의 방법으로 환가하는 방법(492조 14호), 별제권의 실행을 촉구하여 그 절차에서 생긴 잉여금 또는 청산금을 파산재단에 편입하는 방법, 별제권부 부동산을 경매신청하여 절차비용 및 피담보채권액을 공제한 잔액을 파산재단에 편입하는 방법(497조),[339] 별제권이 붙은 채 임의매각하여 그 매각대금을 파산재단에 편입하는 방법, 잉여의 가망이 없는 경우의 파산재단으로부터의 포기 등이 있다.

2) 파산재단의 포기

파산관재인은 파산재단에 속해 있는 모든 재산을 환가하여야 하는 것이 아니며, 환가가 불가능하거나 환가의 실익이 거의 없는 경우, 파산재단의 보유로 세금이나 관리비용만 증가되는 경우 또는 환가로 인하여 파산절차가 지연되는 등의 사유가 있는 경

---

337) 다만 해당 보험이 의료보장성 보험이거나 생명보험인 경우에는 채무자나 피보험자의 건강상태 등을 고려하여 해약환급금 상당액을 제공받고 보험계약상의 권리를 양도하는 경우도 있다.

338) 긍정설은 보험해약환급금채권은 보험해약의 의사표시에 의하여 효력을 발생하는 조건부 채권에 해당하므로 제417조(기한부 및 해제조건부 등 채권채무의 상계) 후단에 의하여 상계가 가능하다고 보아야 한다는 견해이고, 부정설은 보험해약환급금채권은 보험해약의 의사표시가 있는 때에 비로소 발생하는 것으로 이는 파산선고 후 파산재단에 대하여 채무를 부담한 때에 해당하므로 제422조(상계의 금지) 제1호에 의하여 상계할 수 없다는 견해이다.

339) 즉 별제권부 부동산의 경우에는 파산관재인은 민사집행법에 따라 별제권의 목적인 재산을 환가할 수 있고, 이때 별제권자는 이를 거절할 수 없다(497조 1항). 만약 별제권자가 받을 금액이 아직 확정되지 않은 때에는 파산관재인은 대금을 따로 임치하여야 하며, 이 경우 별제권은 그 대금 위에 존재한다(497조 2항).

우에는 채권자집회의 결의(529조) 또는 법원의 허가를 얻어 해당 재산을 파산재단으로부터 포기할 수 있다(492조 12호). 실무상 부동산의 경우에는 재산세나 관리비 등의 부담을 면하고 관재업무를 조기에 종결시키기 위하여 포기하는 경우가 많다. 또한 부동산에 설정되어 있는 근저당권의 피담보채무액이 부동산의 가액을 초과함이 명백한 경우에도 재단포기하는 경우가 많다.

포기된 재산은 채무자의 자유재산으로 되어 관리·처분권은 채무자에게 귀속되며, 조세 역시 채무자가 부담하게 된다.

라. 파산재단의 배당

채권조사기일이 종료된 후 파산관재인은 파산재단에 속한 재산에 대한 환가 등을 통하여 배당하기에 적당한 금전이 있을 때에는 그 때마다 법원의 허가를 얻어 지체 없이 배당을 하여야 한다(505조). 이를 위하여 파산관재인은 배당표를 작성하고, 배당에 참가시킬 채권의 총액과 배당할 수 있는 금액을 공고하여야 한다(507조, 509조).

2. 환가·배당의 대상에서 제외되는 재산

가. 압류금지재산

압류할 수 없는 재산은 모두 파산재단에 속하지 않으며(383조 1항), 따라서 환가·배당의 대상에서도 제외된다. 압류할 수 없는 재산이란 민사집행법(195조, 246조) 및 개별 법률에서 압류할 수 없는 것으로 규정하고 있는 재산을 말한다. 민사집행법상 압류금지재산으로는 압류금지물건(195조)과 압류금지채권(246조)이 있다. 실무상 문제되는 것은 주로 압류금지채권인데, 임금채권의 1/2(단, 대통령령이 정하는 금액에 미달하거나 초과하는 경우에는 대통령령이 정하는 금액),[340] 퇴직급여의 1/2, 근로자의 퇴직연금,[341] 주택임차

340) 즉 최저생계비인 150만원 이하에 대하여는 압류할 수 없고, 고임금 채무자에 대하여는 1/2 이하에 해당하는 부분이라도 표준가구생계비, 즉 {300만원+(임금의 1/2-300만원)×1/2}의 공식에 의하여 산출된 금액 수준을 초과하는 부분에 대하여는 압류할 수 있는 것이다(민사집행법 시행령 제3조, 제4조).

341) 퇴직연금과 관련해서는 민사집행법상 그 2분의 1에 대하여만 압류금지채권으로 규정하고 있지만(동법 제246조 제1항 제4호), 근로자퇴직급여보장법(2005년 1월 27일 제정, 동년 12월 1일 시행)에서는 퇴직연금의 급여를 받을 권리는 이를 양도하거나 담보로 제공할 수 없도록 하고 있어서(동법 제7조) 양자의 관계가 문제되는데, 이에 관하여 판례는 근로자퇴직급여보장법을 우선시하여 근로자퇴직급여보장법상의 퇴직연금채권 전액에 관하여 압류가 금지된다고 판시하고 있다(대법원 2014.1.23. 선고 2013다71180 판결).

인의 최우선변제금액(주택임대차보호법 8조) 등이 포함된다.

나. 환취권의 대상이 되는 재산

파산선고에 의하여 파산관재인이 점유·관리하게 된 파산재단 소속 재산 중에는 채무자에게 귀속되지 않고 제3자의 권리의 대상인 재산이 있는 경우가 있다. 이때 제3자는 파산재단으로부터 그 재산을 환취할 수 있는 권리를 가지는데, 이를 환취권이라고 한다.[342] 파산선고는 채무자에 속하지 않는 재산을 파산재단으로부터 환취하는 권리에 영향을 미치지 않는다(407조). 환취권의 기초가 되는 권리는 소유권뿐만 아니라 용익권, 점유권, 채무자에 대한 임대인 또는 임차인이 가지는 임대차계약상의 반환청구권, 전대인이 채무자인 전차인에 대하여 가지는 목적물 반환청구권 등도 포함된다. 다만 파산산고 전에 채무자로부터 목적물을 매수함으로써 가지게 되는 목적물인도청구권과 같은 채권적 청구권은 환취권의 대상이 아니고 파산채권에 해당될 뿐이다. 수탁자가 파산한 경우 신탁재산은 파산재단을 구성하지 않지만 법원은 신탁재산관리인을 두어 관리하게 되므로 위탁자 또는 수익자는 신탁계약을 해제·해지한 후에야 환취권을 행사할 수 있다(신탁법 24조, 18조 1항·2항). 위탁매매인이 위탁자로부터 물건 또는 유가증권을 받은 후 파산한 경우에는 위탁자는 환취권을 행사할 수 있다.[343] 리스물건이나 소유권유보부매매에 있어서 리스이용자나 매수인이 파산한 경우 이를 별제권으로 승인할 것인지 환취권으로 승인할 것인지 논란이 있다. 판례는 동산의 소유권유보부매매에 관하여 별제권으로 승인하여야 한다고 판시하고 있다.[344] 동산의 양도담보나 부동산의 양도담보도 별제권의 대상이 된다고 본다.[345]

라. 상계권 행사로 소멸될 파산재단 소속 수동채권

상계란 채권자와 채무자가 서로 동종의 채권채무를 가지는 경우에 그 채권과 채무를 대등액에 있어서 소멸케 하는 일방적 의사표시를 말하며(민법 492조), 채권자와 채무자가 서로 청구하고 이행하는 번거로움을 덜고 어느 일방이 파산 등 자력이 악화된

---

342) 윤남근, 일반환취권과 관리인·파산관재인의 제3자적 지위, 회생과 파산(vol.1), 사법발전재단(2002), 4p.
343) 상법 제103조; 대법원 2008.5.29. 선고 2005다6297 판결.
344) 대법원 2014.4.10. 선고 2013다61190 판결.
345) 김재형, "도산절차에서의 담보권자의 지위", 민사판례연구(28)(2006), 박영사, 1141~1142p; 임준호, "파산절차상 담보권의 처리", 재판자료 제83집(1999), 법원도서관, 86p.

경우에 다른 일방이 불이익을 입는 불공평한 결과를 방지하는 담보작용을 하고 있다. 상계가 있으면 쌍방의 채무는 상계할 수 있는 때로 소급하여 대등액에 관하여 소멸한다(민법 493조). 법인파산절차에서도 이러한 상계가 가능하며, 상계권의 행사에 의하여 파산채권자의 자동채권이 소멸된 만큼 파산재단에 속하는 수동채권도 소멸하게 되는 것이다. 다만 파산절차에서는 민법 등 실체법상의 상계요건이 파산절차와의 관계에서 완화 내지 그 범위가 확장되기도 하고(417조~420조), 공평의 관점에서 강화되기도 한다는 점은 앞서본 바와 같다(422조).

마. 신득재산

채무자가 파산선고 후 취득한 재산을 신득재산이라고 하는데, 이는 파산재단[346)]에 속하지 않는 것이므로 '파산재단'에 대한 강제집행 등(348조 1항)의 논의는 의미가 없다.

346) 파산재단은 채무자가 파산선고 당시에 가진 모든 재산 또는 채무자가 파산선고 전에 생긴 원인으로 장래에 행사할 청구권으로 구성된다(382조 1항, 2항).

[3] 파산채권과 재단채권

1. 파산채권

가. 파산채권의 의미

파산채권이란 파산선고 전의 원인으로 채무자에 대하여 가지는 재산상의 청구권을 밀하고(422조), 이러한 청구권을 가진 자를 파산채권자라고 한다. 파산채권으로 된다는 의미는 채권자일람표(채권자명부)에 기재되어 파산절차에 의하지 않고는 변제를 받지 못하고 오로지 배당을 통하여만 변제를 받을 수 있고 잔여 채권에 대하여는 법인의 소멸과 함께 더 이상 변제를 받는 것이 불가하게 된다는 것을 말한다.

나. 파산채권자의 권리행사

파산채권자는 파산절차에 의하여만 채권을 행사할 수 있고 변제를 받을 수 있을 뿐이다(424). 즉 파산채권자는 개별적으로 강제집행을 통하여 채권을 회수할 수 없으며 배당절차에 따라 파산재단으로부터 변제를 받는 방법으로 채권을 회수할 수 있을 뿐이다(348조).[347)]

파산채권자가 얼마나 배당을 받을 수 있는지는 별제권자나 주택·상가건물임차인의 존재여부, 재단채권의 존재여부와 그 크기, 해당 파산채권이 우선권 있는 파산채권·일반의 파산채권·후순위 파산채권 중 어느 것에 해당되는지의 여부 등에 따라 달라진다. 저당권자 등 별제권자도 별제권의 행사에 의하여 변제받을 수 없는 채권액이나 별제권을 포기한 채권액에 관하여는 파산채권자로서 권리를 행사할 수 있으며, 파산

347) "파산절차는 파산자에 대한 포괄적인 강제집행절차로서 이와 별도의 강제집행절차는 원칙적으로 필요하지 않는 것인 바, 구 파산법에 강제집행을 허용하는 특별한 규정이 있다거나 구 파산법의 해석상 강제집행을 허용하여야 할 특별한 사정이 있다고 인정되지 아니하는 한 파산재단에 속하는 재산에 대한 별도의 강제집행은 허용되지 않고, 이는 재단채권에 기한 강제집행에 있어서도 마찬가지로서 재단채권자의 정당한 변제요구에 대하여 파산관재인이 응하지 아니하면 재단채권자는 법원에 대하여 구 파산법 제151조, 제157조에 기한 감독권 발동을 촉구하든지, 파산관재인을 상대로 불법행위 손해배상청구를 하는 등의 별도의 조치를 취할 수는 있을 것이나, 그 채권 만족을 위해 파산재단에 대해 개별적 강제집행에 나아가는 것은 구 파산법상 허용되지 않는다(대법원 2007.7.12.자 2006마1277 결정)."

재단에 속하지 않는 채무자의 재산상에 질권 또는 저당권을 가진 자, 즉 준별제권자도 그 권리의 행사에 의하여 변제받을 수 없는 채권액에 관하여는 역시 파산채권자로서 권리를 행사할 수 있다(413조, 414조).

수탁자가 파산한 경우 신탁사무의 처리상 발생한 채권을 가진 채권자는 파산재단에 대하여 파산채권자로서 권리를 행사할 수 있다(대판 2004.10.15. 2004다31883, 31890). 그러나 파산채권자가 파산자에 대한 채권을 보전하기 위하여 파산재단에 관하여 파산관재인에 속하는 권리를 대위하여 행사할 수는 없다(대판 2000.12.22. 2000다39780).

파산선고 후에 파산재단에 속하는 재산에 관하여 채무자의 법률행위에 의하지 않고 권리를 취득한 자는 파산채권자에게 대항하여 그 취득한 권리를 주장할 수 없다(330조 1항). 또한 부동산이나 선박에 관하여 파산선고 전에 생긴 채무의 이행으로서 파산선고 후에 한 등기·등록 또는 가등기·가등록은, 그 권리자가 파산선고의 사실을 알지 못하고 한 경우가 아닌 한, 파산채권자에게 대항할 수 없다(331조).[348][349]

채무자가 파산선고를 받은 후에 그 사실을 알지 못하고 채무자에게 변제를 한 때에는 파산채권자게 대항하여 변제의 유효를 주장할 수 있을 것이지만(332조 1항), 파산선고의 사실을 알면서도 채무자에게 변제를 한 때에는 원칙적으로 파산채권자에게 대항할 수 없고, 다만 파산재단이 이익을 받은 한도 내에서 파산채권자에게 대항하여 변제의 유효를 주장할 수 있을 뿐이다(332조 2항).

다. 파산채권액의 산정

확정된 파산채권은 그 확정액이 파산채권액이 될 것이다. 기한부채권은 파산선고시에 변제기에 이른 것으로 보아 파산선고시의 채권액이 파산채권액으로 될 것이다(425조). 다만 기한부채권이 파산선고시에 변제기에 이른 것으로 보게 되는 것은 채무

348) 구 파산법 제46조 제1항의 규정 취지에는 파산선고시까지 부동산 또는 선박에 관한 등기·가등기를 아직 마치지 않은 경우 그 파산선고 전에 생긴 등기·가등기청구권에 기하여 파산선고 후에 파산관재인을 상대로 그 등기·가등기절차의 이행을 청구할 수 없다는 취지도 당연히 포함되어 있다고 해석된다(대법원 2008.2.1. 선고 2006다32187 판결).

349) 파산선고 전에 부동산에 대한 점유취득시효가 완성되었으나 파산선고시까지 이를 원인으로 한 소유권이전등기를 마치지 않은 자는, 그 부동산의 소유자에 대한 파산선고와 동시에 파산채권자 전체의 공동의 이익을 위하여 파산재단에 속하는 그 부동산에 관하여 이해관계를 갖는 제3자의 지위에 있는 파산관재인이 선임된 이상, 파산관재인을 상대로 파산선고 전의 점유취득시효 완성을 원인으로 한 소유권이전등기절차의 이행을 청구할 수 없다(대법원 2008.2.1. 선고 2006다32187 판결).

자에 대한 관계에서만 해당되는 것이고 보증인에 대하여는 적용되지 않는다(대판 2006.4.28. 2004다70260).

채권의 목적이 금전이 아니거나 그 액이 불확정한 때, 외국의 통화로 정하여진 때, 정기금채권의 금액이나 존속기간이 확정되지 않은 때에는 파산선고시의 평가액을 파산채권액으로 한다(426조). 조건부채권이나 채무자에 대한 장래의 청구권은 그 전액을 파산채권액으로 한다(427조).

수인의 채무자가 각각 전부의 채무를 이행하여야 하는 경우(예, 연대채무, 연대보증채무, 부진정연대채무, 어음·수표 등의 합동채무)에 있어서 채무자의 전원 또는 일부가 파산선고를 받은 때에는 채권자나 채무자에 대한 장래의 구상권자는 파산선고시 가진 채권 전액으로 각 파산재단에서 권리를 행사할 수 있으며(428조, 430조), 이때 채권자가 다른 채무자로부터 일부 변제 등을 받더라도 마찬가지이다(대판 2002.12.24. 2002다24379).[350] 다만 채권자가 채권의 전액에 관하여 파산채권자로서 권리를 행사한 때에는 채무자의 장래의 구상권자는 파산채권자로서 권리를 행사할 수 없지만, 구상권자가 채권자에게 변제를 한 때에는 그 변제의 비율에 따라 채권자의 권리를 취득하게 된다(430조 1항 단서, 3항). 보증인이 파산선고를 받은 때에는 채권자는 파산선고시 가진 채권 전액에 관하여 파산채권자로서 권리를 행사할 수 있다(429조).

법인의 채무에 관하여 무한책임사원이 파산선고를 받은 때에는 법인의 채권자는 파산선고시 가진 채권 전액에 관하여 파산채권자로서 권리를 행사할 수 있지만(432조), 법인의 채무에 관하여 유한책임사원이 파산선고를 받은 때에는 법인의 채권자는 유한책임사원에 대하여 그 권리를 행사할 수 없다(433조). 파산절차참가의 비용은 파산채권에 속하되, 후순위파산채권에 해당된다(439조).

---

350) 구 파산법 제19조는 "수인의 채무자가 각각 전부의 채무를 이행하여야 할 경우에 그 채무자의 전원 또는 수인이나 1인이 파산선고를 받은 때에는 채권자는 파산선고시에 가진 채권의 전액에 관하여 각 파산재단에 대하여 파산채권자로서 그 권리를 행사할 수 있다."고 규정하고, 제20조는 "보증인이 파산선고를 받은 때에는 채권자는 파산선고시에 가진 채권의 전액에 관하여 파산채권자로서 그 권리를 행사할 수 있다."고 규정하고 있으므로, 파산선고 후에 파산채권자가 다른 채무자로부터 일부 변제를 받거나 다른 채무자에 대한 회사정리절차 내지 파산절차에 참가하여 변제 또는 배당을 받았다 하더라도 그에 의하여 채권자가 채권 전액에 대하여 만족을 얻은 것이 아닌 한 파산채권액에 감소를 가져오는 것은 아니므로, 채권자는 여전히 파산선고시의 채권 전액으로써 계속하여 파산절차에 참가할 수 있다(대법원 2002.12.24. 선고 2002다24379 판결).

라. 파산채권의 변제 순위

1) 우선권 있는 파산채권

파산채권 중에서 일반 파산채권보다 우선하여 파산재단으로부터 변제를 받을 수 있는 채권을 우선권 있는 파산채권이라고 한다(441조). 우선권 있는 파산채권은 일반 파산채권이나 후순위 파산채권보다 우선변제권이 인정된다. 우선권 있는 파산채권이란 민법, 상법, 그밖의 특별법에 의하여 채무자의 일반재산에 대하여 다른 채권보다 우선변제권이 인정되는 채권을 말한다. 물론 통합도산법에서는 이러한 우선변제권이 인정되는 채권을 재단채권으로 규정해 놓음으로써 우선권 있는 파산채권보다 더 우선변제권을 인정하고 있으므로 여기의 우선권 있는 파산채권이란 재단채권으로 분류된 채권을 제외한 나머지 우선권 있는 파산채권만을 포함하는 것으로 보는 것이 타당할 것이다.

2) 일반의 파산채권

파산채권 중에서 우선권 있는 파산채권과 우순위 파산채권을 제외한 나머지의 채권을 일반 파산채권이라고 하는데, 일반 파산채권 간에는 각각 동순위로서 채권액의 비율에 따라 평등하게 변제를 받게 된다(440조).

3) 후순위 파산채권

파산채권 중에서 일반 파산채권보다 후순위로 변제를 받게 되는 채권을 후순위 파산채권이라고 한다(446조). 채무자와 채권자간의 약정에 의한 후순위 채권도 일반 파산채권보다 후순위로 변제되는 후순위 파산채권이 된다(446조 2항). 후순위 파산채권에 해당되는 것으로는 ① 파산선고 후의 이자, ② 파산선고 후의 불이행으로 인한 손해배상액 및 위약금, ③ 파산절차의 참가비용, ④ 벌금·과료·형사소송비용·추징금 및 과태료, ⑤ 기한이 파산선고 후에 도래하는 이자 없는 채권의 경우 파산선고가 있은 때부터 그 기한에 이르기까지의 법정이율에 의한 원리의 합계액이 채권액이 될 계산에 의하여 산출되는 이자의 액에 상당하는 부분, ⑥ 기한이 불확정한 이자 없는 채권의 경우 그 채권액과 파산선고 당시의 평가액과의 차액에 상당하는 부분, ⑦ 채권액 및 존속기간이 확정된 정기금채권인 경우 각 정기금에 관하여 위 ⑤호의 규정에 준하여 산출되는 이자의 액의 합계액에 상당하는 부분과 각 정기금에 관하여 같은 호의 규정에 준하여 산출되는 원본의 액의 합계액이 법정이율에 의하여 그 정기금에 상당하는 이자가 생길 원본액을 초과하는 때에는 그 초과액에 상당하는 부분 등이 해당된다(446조).

마. 채권신고와 파산채권자표의 작성

1) 파산채권의 신고

파산채권의 신고는 파산채권자가 법원에 대하여 파산절차에 참가를 신청하는 형식을 말하며, 이에 의하여 파산채권자는 채권자집회에서의 의결권, 채권조사절차에서의 이의권, 배당절차에서의 배당수령권 등을 가지게 된다. 파산채권의 신고는 정형화된 채권신고서에 의하여야 하는데, 알려진 채권자에 대하여는 파산선고 통지와 함께 채권신고서 양식을 송부하여 채권신고서와 그에 대한 증거서류를 각각 2부씩 법원에 제출하도록 하고 있다. 채권신고서의 제출에는 인지대나 송달료의 납부를 요하지 않는다.

파산채권자는 법원이 정하는 채권신고기간 내에 파산채권을 신고하여야 하며, 채권신고서에는 ① 채권액 및 원인, ② 일반의 우선권이 있는 때에는 그 권리, ④ 후순위파산채권(446조 1항 각호)에 해당하는 때에는 그 내역을 법원에 신고하고, 증거서류 또는 그 등본이나 초본을 제출하여야 한다(447조 1항). 별제권자는 위 사항 외에도 별제권의 목적과 그 행사에 의하여 변제받을 수 없는 채권액도 신고하여야 한다(447조 2항).

파산절차에 참가하면 시효중단의 효력이 생기며(민법 168조, 171조), 파산절차참가로 인한 시효중단의 효력은 파산절차가 종결될 때까지 존속하게 된다(대판 2005.10.28. 2005다28273).

2) 파산채권 신고기간

채권신고기간은 파산선고와 함께 법원이 정하는데, 파산선고일로부터 2주 이상 3월 이하의 기간 중의 일정한 기간으로 정하고 있다(312조 1항 1호). 실무상으로는 통상 파산선고일로부터 4주 전후의 기간 중 일정한 기간으로 정하고 있는 듯하다. 채권신고기간이 경과한 후라도 신고의 종기에 대한 명문의 규정이 없으므로 최후배당의 배당제외기간까지의 채권신고는 유효하다. 따라서 채권신고기간이 경과한 후 일반조사기일 전까지 신고된 채권도 일반조사기일에 조사할 수 있지만, 파산관재인 및 파산채권자로부터 이의가 있거나 일반조사기일 이후에 신고된 채권에 대하여는 특별조사기일을 열어 조사를 하여야 한다(453조 2항, 455조).

3) 파산채권자표의 작성

채권신고서가 접수되면 법원사무관 등은 채권신고서를 토대로 파산채권자표를 작성하게 되는데, 파산채권자표는 채권신고서와 일체로 만들어진다. 파산채권자표에는 ① 채권자의 성명 및 주소, ② 채권액 및 원인, ③ 일반의 우선권이 있는 때에는 그 권리, ④ 후순위파산채권(446조 1항 각호)에 해당하는 때에는 그 내역, ⑤ 별제권자가 신고한 채권액 등이 기재된다(448조). 법원사무관 등은 작성한 파산채권자표등본을 파산관재인에게 교부하고, 법원에도 제출하여 이해관계인이 열람할 수 있도록 하여야 한다(448조 2항, 449조 1항). 파산관재인은 법원사무관 등으로부터 파산채권자표등본을 교부받은 경우 채권신고 내역에 미비점이 있으면 신고한 채권자에게 그에 대한 보정을 요구하고 이에 응하지 않으면 법원에 채권신고의 각하를 요청하거나 채권조사기일에 이의하여야 한다.

4) 채권신고의 변경

파산채권자가 채권신고를 한 후 그 내용에 변경 사항이 있는 경우에는 증거서류 또는 그 사본을 첨부하여 변경의 내용 및 원인을 법원에 신고하여야 한다. 이때 법원사무관 등은 그 신고내용을 파산채권자표에 기재하여야 한다(규칙 75조). 이때 변경된 내용이 다른 채권자에게 불리한 영향을 미치는 경우에는 새로운 신고와 동일하게 취급하여 특별조사기일을 열어 조사를 하여야 한다(453조, 454조).

파산채권에 대한 신고 후에 상속·합병 등에 의한 포괄승계나 채권양도·대위 등에 의한 특정승계가 이루어진 경우에는 그로 인하여 파산채권을 취득한 자가 법원에 신고명의변경신고서를 제출하여야 하며, 그 신고서의 제출로써 신고인은 해당 채권에 대한 승계자로서의 지위가 인정된다.

5) 채권신고의 취하

파산채권을 신고한 후에도 그 확정 전까지는 신고취하서를 제출함으로써 파산채권의 신고를 취하할 수 있다. 다만 신고를 취하했더라도 최후배당의 배당제외기간 종료

시까지는 재차 신고하는 것은 가능하다. 파산채권이 확정된 후에도 취하할 수 있는지에 대하여는 논란이 있으나, 실무상으로는 취하를 허용하고 있다. 즉 파산채권이 확정된 후에 취하한 경우에는 채권신고의 효력이나 파산채권자표확정의 효력에는 아무런 영향을 미치는 것은 아니며, 다만 장래의 배당수령권을 포기하는 것으로 처리될 수 있는 것이다.

바. 파산채권 조사

1) 채권조사의 일반기일

법원은 채권조사기일에 채권자가 신고한 각 채권을 조사한다(450조). 채권조사의 일반기일은 파산선고와 동시에 채권신고기간의 말일로부터 1주일 이상 1월 이하의 기간 내에서 법원이 정한다(312조 1항 3호). 채권조사기일에서의 채권조사는 파산관재인이 출석하지 않으면 진행할 수 없으며(452조), 채무자, 신고한 파산채권자 또는 그 대리인이 출석하여 의견을 진술할 수 있다(451조). 신고기간 경과 후에 신고한 채권에 관하여도 파산관재인 및 파산채권자의 이의가 있는 때를 제외하고는 채권조사의 일반기일에서 조사할 수 있다(453조 1항). 파산관재인은 채권신고서와 첨부서류, 회사 장부, 채무자 및 채권신고자의 진술 등을 대조·검토하여 채권에 대한 시·부인 결정을 하게 된다. 채권조사의 대상은 파산선고시의 신고채권의 존재와 채권액, 파산채권으로서의 적격 여부, 우선권 유무, 후순위 파산채권의 구분, 별제권자가 신고한 피담보채권액의 존부 및 예정부족액 등이다(448조 1항, 450조).

파산관재인과 파산채권자 및 채무자는 채권의 일반조사기일에서 이의할 수 있고, 특히 파산관재인 및 파산채권자의 이의는 채권의 확정을 저지하는 효력이 있다(458조). 이의가 없는 채권은 신고한 내용대로 확정되고, 파산채권자표에 기재되면 확정판결과 동일한 효력이 인정된다(460조). 이의가 제기된 경우에는 법원사무관 등이 조서에 이의자의 성명과 이의의 내용을 기재하고 파산채권자표에도 기재한다. 이의는 언제든지 철회할 수 있고, 이의철회서가 법원에 접수되면 법원사무관 등은 이를 파산채권자표에 기재하는데, 이로써 파산채권은 신고한 내용대로 확정하게 된다.

2) 채권조사의 특별기일

신고기간 경과 후에 신고된 채권에 관하여 파산관재인이나 파산채권자가 이의를 제기한 때에는 법원은 특별기일을 정하여 해당 채권을 조사하여야 한다(453조 2항). 채권자가 채권조사의 일반기일 후에 채권을 신고한 경우에도 마찬가지로 특별기일을 정하여 조사하여야 한다(455조). 그러나 채권신고가 최후배당의 배당제외기간 만료 후에 이루어진 경우에는 채권조사의 여지가 없고 배당에서 제외된다. 실무상 추가채권신고가 있는 경우에도 재단채권의 변제에 그쳐 배당이 불가능할 것으로 예상되는 사건의 경우에는 특별기일을 개최하지 않고 있다. 특별기일은 파산관재인의 신청에 의하여 법원이 결정하는데, 법원은 특별기일에 대한 지정신청이 있으면 조사대상의 채권자에게 비용예납을 명하고, 이에 응하지 않으면 채권신고를 각하하게 된다. 예납이 확인된 경우에는 지체 없이 기일을 결정하여 공고하고 모든 채권자에게 송달하여야 한다. 통상 특별기일은 그 결정일로부터 3주 내지 4주 이내의 기간 중 일정 기간으로 정한다. 특별기일의 진행절차는 일반기일과 같다.

사. 파산채권의 확정과 채권조사확정재판

1) 이의 없는 파산채권의 확정

가) 파산채권의 확정과 파산채권자표에의 기재

채권조사기일에 파산관재인 등으로부터 이의의 진술이 없거나 이의가 철회된 경우에는 해당 파산채권은 확정되며, 법원사무관 등은 조사결과를 파산채권자표에 기재하고,[351] 확정된 채권의 증서에는 확정된 뜻을 기재한 후 법원의 인을 찍어야 한다(459조 1항, 2항).

나) 파산채권자표에의 기재의 효력

확정된 파산채권을 파산채권자표에 기재한 때에는 그 기재는 파산채권자 전원에 대하여 확정판결과 동일한 효력이 인정된다(460조). 여기에서 확정판결과 동일한 효력이 인정된다는 의미에 관하여는 기판력이 포함되느냐 여부가 문제되는데, 이에 관하여는 ① 기판력 긍정설, ② 기판력 부정설(불가쟁력설) 등 학설의 대립이 있지만, 판례는 기판력 부정설을 취하고 있다.[352] 이러한 판례의 입장에 따른다면 파산채권자표에

351) 파산관재인 등으로부터 이의의 진술이 있는 때에는 진술한 이의를 파산채권자표에 기재하여야 한다(459조 1항).

352) 대법원 2006.7.6. 선고 2004다17436 판결.

기재된 채권에 대하여는 일반 원리에 따라 명백한 오기 등은 판결의 경정에 준하여 경정할 수 있고, 실체적 사항에 관한 것은 각 해당사유에 따라 재심의 소나 청구이의의 소 또는 파산채권자표기재 무효확인의 소를 제기할 수 있을 것이지만,[353] 파산채권자표 기재의 불가쟁의 효력 때문에 채권조사기일 당시 아무런 이의가 없어 불가쟁의 효력이 발생한 파산채권자표의 기재에 대하여는 파산관재인이 그 효력을 다투어 무효확인을 구할 수 없다고 보아야 한다.[354]

2) 이의 있는 파산채권의 확정

가) 채권조사확정재판 등을 통한 확정

신고한 파산채권에 관하여 파산관재인 또는 다른 파산채권자가 이의를 제기한 때에는 해당 이의채권을 보유한 파산채권자는 파산채권의 존부와 내용을 확정하기 위하여 이의자 전원을 상대방으로 법원에 채권조사확정재판을 신청할 수 있다(462조).[355] 신청기간은 파산채권의 조사를 위한 일반조사기일 또는 특별조사기일로부터 1월 이내이며, 재판은 간이·신속한 결정절차에 의하게 된다. 다만 파산선고 당시 이미 이의채권에 관하여 소송이 계속 중인 때에는 이의자 전원을 상대방으로 하여 소송을 수계하여야 하며(464조),[356] 별도로 조사확정재판을 신청하는 것은 권리보호의 이익이 없어 부적법 각하될 것이다.[357] 이러한 채권조사확정재판에 대하여 불복이 있는 경우에는 즉시항고가 아니라 판결절차인 채권조사확정재판에 대한 이의의 소를 제기하여 다투어야 한다(463조).[358] 이의의 소의 제기기간은 채권조사확정재판결정서를 송달받은 날부터 1월 이내이다(463조 1항).

법원사무관 등은 파산관재인 또는 파산채권자의 신청에 따라 파산채권확정에 관한 소송결과(채권조사확정재판에 대한 이의의 소를 소제기 기간 안에 제기되지 않았거나 각하된 때에는 그 재판의 내용)를 파산채권자표에 기재하여야 한다(467조). 앞서 본 이의 없음으로 인하

353) 대법원 2006.7.6. 선고 2004다17436 판결.

354) 대법원 2006.7.6. 선고 2004다17436 판결.

355) 다만 집행력있는 집행권원이나 종국판결 있는 채권에 관하여 이의가 있는 자는 채무자가 할 수 있는 소송절차, 즉 미확정의 종국판결에 대하여는 상소로써, 확정판결에 대하여는 청구이의의 소나 재심의 소에 의해서만 이의를 주장할 수 있다(462조 1항 단서, 466조 1항·2항).

356) 수계신청의 시기와 관련하여 파산절차에서는 회생절차에서와 같은 조사기간의 말일 또는 특별조사기일부터 1월 이내라는 제한 규정(172조 2항)이 없다.

357) 대법원 1991.12.24. 선고 91다22698·22704 판결.

358) 채권조사확정재판에 대한 이의의 소의 제기는 채권조사확정재판을 전제로 한다.

여 확정된 채권에 대한 파산채권자표에의 기재가 필수적인데 반하여 이 경우에는 파산관재인 또는 파산채권자의 신청이 있을 때에만 소송결과를 파산채권자표에 기재한다는 점에서 차이가 있다.

나) 파산채권확정소송에 대한 판결 등의 효력

파산채권확정소송에 대한 판결은 파산채권자 전원에 대하여 효력이 있다(468조 1항). 채권조사확정재판에 대한 이의의 소가 제기기간(463조 1항) 내에 제기되지 않았거나 각하된 때에 있어서의 채권조사확정재판도 파산채권자 전원에 대하여 확정판결과 동일한 효력이 인정된다(468조 2항).

2. 재단채권

가. 재단채권의 개념

1) 의 의

재단채권이란 파산채권과는 달리 파산절차에 의하지 않고 파산재단으로부터 수시로 파산채권에 우선하여 직접 변제받을 수 있는 채권을 말한다. 통합도산법상 재단채권은 그 성질이나 종류의 측면에서 파악하는 것이 곤란하므로 그 효력의 측면에서 실무상 이와 같이 정의하고 있다.[359] 즉 재단채권은 채권의 성질이나 종류면에서 공통점을 찾아 일률적으로 정의할 수 없는 것으로서 통합도산법에서 정책상의 이유 또는 정의의 관점에서 재단채권이라고 규정하고 있는 것을 모아 재단채권으로 하고 있는 것이다. 여기에서 파산절차에 의하지 않는다는 의미는 채권신고·조사·확정이라는 파산절차에 의하지 않고 재단채권의 본래의 이행기에 따라 권리를 행사함으로써 파산관재인으로부터 수시로 직접 변제받을 수 있다는 것을 말한다. 재단채권은 주로 파산선고 후에 파산재단의 관리·처분·배당 등과 관련하여 생긴 절차비용이거나 조세 또는 임금 등과 같은 공익적 목적의 채권 등이 주로 포함된다.

2) 파산채권 또는 별제권과 재단채권의 구별

파산채권은 파산절차에서의 배당에 의하여서만 변제를 받을 수 있을 뿐 개별적인

---

359) 전병서, 제2판 도산법, 197p; 서울중앙지방법원, 제4판 개인파산·회생실무, 139p.

강제집행 등을 통하여 채권을 회수할 수 없다(424조). 그러나 재단채권은 파산절차에 의하지 않고 그 본래의 변제기에 따라 수시로 변제되어야 하며 파산채권보다 우선적으로 변제되어야 한다(475조, 476조). 여기에서 우선적으로 변제된다는 의미는 파산재단에서 별제권에 의하여 담보된 특정 재산(단, 피담보채권의 범위 내)을 제외한 재산 일반으로부터 파산채권보다 우선적으로 변제받는다는 것을 말한다. 파산관재인이 재단채권에 대한 변제를 해태한 때에는 재단채권자가 파산재단에 속한 재산에 대하여 직접 강제집행을 실행할 수 있느냐가 문제되는데, 판례는 파산선고 후 재단채권에 기한 강제집행은 허용되지 않고(대판 2007.7.12. 2006마1277),[360] 다만 파산관재인에 대하여 법원의 감독권발동을 촉구한다든지 파산관재인을 상대로 손해배상을 청구하는 등 별도의 조치를 취할 수 있을 뿐이라고 하고 있다.[361] 뿐만 아니라 파산선고 전에 이루어진 재단채권에 기한 강제집행도, 통합도산법에서 별도의 규정을 두어 그 속행을 인정한 체납처분(349조 1항)을 제외하고는, 파산선고로 인하여 실효된다고 본다(대판 2008.6.27. 2006마260).[362]

별제권자도 파산절차와 무관하게 파산절차 밖에서 임의로 별제권을 행사하여 별제

360) 파산절차는 파산자에 대한 포괄적인 강제집행절차로서 이와 별도의 강제집행절차는 원칙적으로 필요하지 않는 것인 바, 구 파산법(2005. 3. 31. 법률 제7428호 채무자 회생 및 파산에 관한 법률 부칙 제2조로 폐지)에 강제집행을 허용하는 특별한 규정이 있다거나 구 파산법의 해석상 강제집행을 허용하여야 할 특별한 사정이 있다고 인정되지 않는 한 파산재단에 속하는 재산에 대한 별도의 강제집행은 허용되지 않고, 이는 재단채권에 기한 강제집행에 있어서도 마찬가지로서 재단채권자의 정당한 변제요구에 대하여 파산관재인이 응하지 않으면 재단채권자는 법원에 대하여 구 파산법 제151조, 제157조에 기한 감독권 발동을 촉구하든지, 파산관재인을 상대로 불법행위 손해배상청구를 하는 등의 별도의 조치를 취할 수는 있을 것이나, 그 채권 만족을 위해 파산재단에 대해 개별적 강제집행에 나아가는 것은 구 파산법상 허용되지 않는다(대법원 2007.7.12. 자 2006마1277 결정).

361) 서울중앙지방법원, 제4판 법인파산실무, 347p.

362) 파산관재인의 파산재단에 관한 관리처분권이 개별집행에 의해 제약을 받는 것을 방지함으로써 파산절차의 원만한 진행을 확보함과 동시에, 재단채권 간의 우선순위에 따른 변제 및 동순위 재단채권 간의 평등한 변제를 확보할 필요성이 있는 점, 파산선고 후 재단채권에 기하여 파산재단에 속하는 재산에 대한 별도의 강제집행은 허용되지 않는 점, 강제집행의 속행을 허용한다고 하더라도 재단채권에 대한 배당액에 관하여는 재단채권자가 직접 수령하지 못하고 파산관재인이 수령하여 이를 재단채권자들에 대한 변제자원 등으로 사용하게 되므로(대법원 2003.8.22. 선고 2003다3768 판결 참조), 재단채권자로서는 단지 강제집행의 대상이 된 파산재산의 신속한 처분을 도모한다는 측면 외에는 강제집행을 유지할 실익이 없을 뿐 아니라, 파산관재인이 강제경매절차에 의한 파산재산의 처분을 선택하지 아니하는 한 강제집행절차에 의한 파산재산의 처분은 매매 등의 통상적인 환가 방법에 비하여 그 환가액의 측면에서 일반적으로 파산재단이나 재단채권자에게 모두 불리한 결과를 낳게 되므로, 강제집행을 불허하고 다른 파산재산과 마찬가지로 파산관재인이 환가하도록 함이 상당하다고 인정되는 점 등을 고려할 때, 임금채권 등 재단채권에 기하여 파산선고 전에 강제집행이 이루어진 경우에도, 그 강제집행은 파산선고로 인하여 그 효력을 잃는다고 보아야 할 것이다(대법원 2008.6.27. 자 2006마260 결정).

권의 피담보채권을 우선적으로 회수할 수 있다는 점에서 파산채권과 구별된다. 이와 같이 재단채권이나 별제권은 파산절차에 의하지 않고 변제받거나 행사할 수 있다는 점에서 유사하나(412조, 475조), 재단채권은 파산재단에 속한 재산 일반으로부터 우선변제를 받는데 반하여, 별제권은 그 담보된 특정재산으로부터만 우선변제를 받게 된다는 점에서 차이가 있다.[363)]

나. 재단채권에 속하는 채권

통합도산법상 재단채권은 재단채권에 관한 일반 규정인 통합도산법 제473조(재단채권의 범위) 제1호~제11호에 규정된 바에 따라 재단채권으로 인정된 재단채권과 그밖에 통합도산법의 개별 규정에서 재단채권으로 규정한 바에 따라 재단채권으로 인정된 재단채권이 있다(474조, 337조 2항, 335조, 347조, 335조 1항, 348조, 398조 1항, 2항, 469조, 6조 4항, 9항). 전자를 일반재단채권, 후자를 특별재단채권이라고 한다.

1) 재판상 비용청구권

파산채권자의 공동의 이익을 위한 재판상 비용에 대한 청구권은 재단채권에 해당된다(473조 1호). 이는 파산신청으로부터 파산종결에 이르기까지의 재판비용을 말하며, 구체적으로는 파산신청비용, 공고비용, 채권자집회소집비용, 배당비용, 파산종결에 관한 재판비용, 채권자가 파산신청한 경우의 예납금(303조) 등이 여기에 해당된다. 다만 채권자가 파산신청을 한 경우의 변호사선임비용[364)]이나 채권자의 파산절차 참가비용(446조 1항 3호), 채권조사의 특별기일 소집비용, 파산선고 전에 채무자의 채권을 압류한 경우의 압류채권자의 지출비용 등은 여기에 해당되지 않는다.

---

363) 구 회사정리법상 정리담보권은 정리채권 또는 정리절차 개시 전의 원인으로 생긴 회사 이외의 자에 대한 재산상의 청구권으로서 정리절차 개시 당시 회사재산상에 존재하는 담보권으로 담보된 범위의 것을 말하므로, 정리회사가 정리절차 개시 전에 제3자 소유의 담보권부재산을 양수하는 계약을 체결하였더라도 정리절차 개시 후에 소유권이전등기를 마친 이상, 그 재산은 정리절차 개시 당시에는 회사재산이 아니었으므로 담보권자를 정리담보권자로 볼 수 없지만, 담보권자가 이와 같은 정리절차 개시 후의 소유권이전 사실을 알면서, 담보권을 실행하는 것보다는 정리담보권으로 취급되어 정리계획에 따라 변제받는 것이 유리하다고 판단하여 스스로 자기의 권리를 정리담보권으로 신고하고 정리회사의 관리인도 이의하지 아니함에 따라 정리절차에서 정리담보권으로 취급되어 확정된 후 정리계획까지 인가되었다면, 신의칙상 담보권자는 더 이상 정리절차 밖에서 담보권 실행을 할 수 없다(대법원 2008.6.13. 자 2007마249 결정).

364) 대법원 1967.3.27.자 66마612 결정.

2) 조세채권 등

여기에서 재단채권에 해당되는 「조세채권 등」이란 국세징수법 또는 지방세기본법에 의하여 징수할 수 있는 청구권과 국세징수의 예에 의하여 징수할 수 있는 청구권으로서 그 징수우선순위가 일반 파산채권보다 우선하는 것[365]을 말한다(473조 2호 본문). 원래 파산선고 전의 원인으로 생긴 「조세채권 등」은 파산채권에 해당될 것이지만 조세징수 등 정책적인 이유로 이를 재단채권으로 한 것이다. 그러나 파산선고 전의 원인에 기하여 발생한 「조세채권 등」의 모두를 일률적으로 재단채권으로 취급할 이유나 근거는 없다고 보이므로 재단채권으로 되는 「조세채권 등」의 범위에 대하여는 시기적 제한을 두는 등으로 합리적인 조정이 필요하다고 본다.[366]

3) 파산재단의 관리·환가·배당비용

파산재단의 관리 및 환가·배당에 관한 비용은 재단채권에 해당되며(473조 3호), 여기에 해당되는 것으로는 파산관재인사무실 운영비용, 파산관재인보수, 감사위원보수, 재산목록작성비용, 대차대조표작성비용, 매각수수료 등이 있다.

4) 파산관재인의 파산재단에 관한 행위로 인한 청구권

파산재단에 관하여 파산관재인이 한 행위로 인하여 생긴 청구권은 재단채권에 해당된다(473조 4호). 여기에는 파산관재인의 임대차, 위임, 도급, 소비대차 등에 의하여 상대방이 취득하는 채권, 파산관재인의 불법행위로 인한 상대방의 손해배상청구권, 미이행 쌍무계약에서 파산관재인이 이행을 선택한 후 그 채무를 이행하지 않음으로 인하여 상대방이 계약을 해제한 경우에 있어서의 상대방의 원상회복청구권 등이 해당된다.

5) 파산재단에 관한 사무관리·부당이득으로 인한 청구권

사무관리 또는 부당이득으로 인하여 파산선고 후 파산재단에 대하여 생긴 청구권은 재단채권에 해당된다(473조 5호). 예컨대 환취권의 대상물에 대한 매각대금이 파산재단에 편입된 경우나 부동산경매로 인한 매각대금이 다른 채권자에게 배당되어야 할

365) 여기에 해당되는 것으로는 건강보험료(국민건강보험법 제85조), 국민연금보험료(국민연금법 제98조), 산업재해보상보험료(고용보험 및 산업재해보상보험의 보험료징수 등에 관한 법률 제30조), 한국장애인고용공단의 고용부담금(장애인고용촉진 및 직업재활법 제38조) 등이 있다. 국유재산법상의 사용료·대부료·변상금채권 등은 여기에 해당되지 않는다.

366) 전병서, 제2판 도산법, 202p.

것이 파산재단에 편입된 경우 등이 여기에 해당된다.

6) 위임 종료 또는 대리권 소멸 후 긴급처리로 인한 청구권

위임의 종료 또는 대리권의 소멸 후에 긴급한 필요에 의하여 한 행위로 인하여 파산재단에 대하여 생긴 청구권은 재단채권에 해당된다(473조 6호). 위임 종료 또는 대리권 소멸 후 수임자의 긴급처리로 인한 보수청구권이나 비용상환청구권 등이 여기에 해당된다.

7) 미이행 쌍무계약에서 파산관재인이 이행을 선택한 경우의 상대방의 반대급부청구권

쌍방미이행의 쌍무계약에서 파산관재인이 채무의 이행을 선택한 경우에 상대방이 가지는 반대급부청구권은 재단채권으로 된다(473조 7호).

8) 쌍무계약이 해지된 경우 그때까지 생긴 청구권

파산선고로 인하여 쌍무계약이 해지된 경우에 있어서 그때까지 생긴 청구권은 재단채권에 해당된다(제473조 제8호). 예컨대 고용이나 임대차 등 계속적 쌍무계약에 있어서는 사용자 또는 임차인의 파산을 이유로 해지통보를 한 경우에도 일정 기간 동안 계약이 유지되는데(민법 635조·637조·663조, 근로기준법 32조), 파산선고 후 계약종료시까지 발생한 임금채권 또는 해고예고수당이나 차임채권 등이 여기에 해당될 것이다.

9) 부 양 료

채무자에 의하여 부양을 받는 자의 부양료는 재단채권에 해당된다(473조 9호). 그러나 법인이 부양의무를 지는 경우는 거의 없을 것이므로 본호는 개인파산의 경우에 해당되는 규정으로서 법인파산의 경우에는 큰 의미가 없다고 본다.

10) 임금·퇴직금 및 재해보상금

채무자가 고용한 근로자의 임금·퇴직금 및 재해보상금은 재단채권에 해당된다(473조 10호).[367] 여기의 임금에는 가족수당, 초과근무수당, 휴업수당을 포함하며, 발생시기가 파산선고 전후인지 여부나 최종 3개월의 임금 또는 최종 3년분의 퇴직금 여부를

367) 주의할 것은 임금·퇴직금이 재단채권으로 되는 것은 사용자가 파산하여 채무자가 된 경우에 그의 근로자가 받을 임금·퇴직금채권을 말하는 것이며, 근로자가 파산하여 채무자가 된 경우에 해당 근로자가 받을 임금·퇴직금채권은 파산선고 전의 것은 파산재단에 속하게 되고, 파산선고 후의 것은 이른바 신득재산이 되는 것이다.

묻지 않는다. 퇴직위로금이나 명예퇴직금도 해당된다.[368] 다만 실비변상적 급여는 재단채권으로 인정되지 않는다.[369] 재해보상금은 근로기준법에서 정한 한도 내에서만 재단채권으로 인정되며, 산업재해보상보험법상 보험급여를 받았거나 받을 수 있으면 재단채권으로 주장할 수 없게 된다(산업재해보상보험법 80조 1항). 특히 최종 3개월의 임금 또는 최종 3년분의 퇴직금은 통합도산법에서 특별 규정을 두어 파산재단에 속하는 재산에 대한 별제권 행사 또는 체납처분에 따른 환가대금에서 다른 담보물권자보다 우선하여 변제를 받을 수 있도록 하고 있다(415조의2).

11) 근로자의 임치금 및 신원보증금의 반환청구권

파산선고 전의 원인으로 생긴 채무자가 고용한 근로자의 임치금 및 신원보증금의 반환청구권은 재단채권에 해당된다(473조 11호).

12) 부담있는 유증의 부담청구권

법인이 유증을 받은 자, 즉 수유자에 해당되고 해당 법인이 파산선고를 받은 경우에 파산관재인이 부담있는 유증의 이행을 받은 때에는 수익자가 법인에 대하여 가지는 부담의 이익을 받을 청구권은 유증목적의 가액을 초과하지 않는 한도 안에서 재단채권으로 된다(474조). 이는 쌍방미이행 쌍무계약에 관하여 파산관재인이 이행을 선택한 경우와 마찬가지로 취급한 것이다.

13) 쌍방미이행 쌍무계약에 관하여 파산관재인이 해제·해지 선택시 상대방이 가지는 가액반환청구권

쌍방미이행 쌍무계약에 관한 선택에서 파산관재인이 계약의 해제 또는 해지를 선택한 경우에 채무자가 받은 반대급부가 파산재단 중에 현존하는 때에는 상대방은 그 반환을 청구할 수 있으되, 현존하지 않는 때에는 그 가액에 관하여 재단채권자로서 권리를 행사할 수 있다(337조 2항, 335조).

14) 파산선고 당시 계속된 소송의 수계로 인한 소송비용

파산재단에 속하는 재산에 관하여 파산선고 당시 법원에 계속되어 있는 소송은 파

---

368) 대법원 2000.6.8.자 2000마1439 결정.
369) 대법원 1990.11.9. 선고 90다카4683 판결.

산관재인 또는 상대방이 이를 수계할 수 있고, 이는 쌍방미이행 쌍무계약에 관하여 파산관재인이 채무를 이행하는 경우에 상대방이 가지는 청구권에 관한 소송의 경우에도 마찬가지인데, 이 경우의 소송비용은 재단채권으로 된다(347조, 335조 1항).

15) 파산관재인의 파산재단 소속 재산에 대한 강제집행의 속행비용

파산채권에 기하여 파산재단에 속하는 재산에 대하여 행하여진 강제집행·가압류 또는 가처분은 파산선고시 이로 인하여 성립한 파산재단에 대하여는 원칙적으로 그 효력이 상실될 것이지만 예외적으로 파산관재인이 파산재단을 위하여 강제집행절차를 속행할 경우에는 종전에 강제집행 등을 신청한 채권자 등의 강제집행비용은 재단채권으로 인정된다(348조).

16) 채무자의 행위가 부인된 경우에 상대방의 반대급부로 인해 생긴 현존이익에 대한 상환청구권

채무자의 행위가 부인된 경우 그가 받은 반대급부가 파산재단 중에 현존하는 때에는 상대방은 그 반환을 청구할 수 있고, 반대급부로 인하여 생긴 이익이 현존하는 때에는 그 이익의 한도 안에서 재단채권자로서 권리를 행사할 수 있다(398조 1항). 한편 반대급부로 인하여 생긴 이익이 현존하지 않는 때에는 상대방은 그 가액 상환에 관하여 파산채권자로서 권리를 행사할 수 있을 뿐인데, 이는 반대급부의 가액이 현존하는 이익보다 큰 경우 그 차액에 관하여도 마찬가지이다(398조 2항).

17) 파산재단이 파산채권확정소송에서 이익을 받은 경우 이의를 주장한 파산채권자의 소송비용상환청구권

파산재단이 파산채권의 확정에 관한 소송(채권조사확정재판 포함)으로 이익을 받은 때에는 이의를 주장한 파산채권자는 그 이익의 한도 안에서 재단채권자로서 소송비용의 상환을 청구할 수 있다(469조).

18) 견련파산의 경우 선행절차를 위하여 생긴 공익채권

파산선고 전에 회생절차가 선행하였으나 실패하고 파산선고로 이행되는 견련파산의 경우에 있어서 그 선행절차를 위하여 발생한 공익채권은 재단채권으로 된다(6조 4항, 9항).

다. 재단채권의 효력

1) 수시변제 등

재단채권에 대하여는 파산관재인은 파산절차와 무관하게 파산재단으로부터 변제할 재산이 있는 경우에 수시로 변제하여야 한다(475조). 따라서 재단채권에 있어서는 파산채권과 달리 채권신고나 채권조사 또는 그 확정절차가 필요치 않는다.[370] 재단채권의 변제기가 도래하였음에도 불구하고 파산관재인이 임의로 변제하지 않는 경우에는 재단채권에 기한 소송의 제기가 가능하다고 보이지만,[371] 그렇다고 재단채권에 기한 강제집행은 불가하다고 본다. 이러한 경우에는 법원에 재단채권의 변제에 대한 직권명령의 발동을 촉구한다든가 파산관재인을 상대로 손해배상청구소송을 강구할 수 있을 것이다.

2) 파산선고와 재단채권에 기한 강제집행 등의 관계

가) 기존의 재단채권에 기한 강제집행 등의 실효 여부

파산선고 전에 재단채권에 기하여 파산재단에 속하는 재산에 관하여 행하여진 강제집행 등이 파산선고로 실효되느냐 여부에 관하여는, 아래에서 보는 바와 같이 체납처분을 제외하고는, 법에서 명시적으로 규정해 놓고 있지 않는 관계로 ① 속행설,[372] ② 효력상실설[373]로 견해가 나누어진다. 실무에서는 파산선고로 인하여 실효된다고 하고 있다.[374] 재단채권인 임금채권에 기하여 파산선고 전에 강제집행이 이루어진 경우에도 마찬가지로서 실무에서는 실효되는 것으로 처리하고 있다.[375] 그런데 근로기준법 등 특별법상 최종 3개월분의 임금 및 최종 3년분의 퇴직금 등 우선변제권 있는 임금채권 부분은 근로자에 대한 최소한도의 생계를 보장하는 취지에서 조세채권보다 우선시하고 있고 또한 최근 개정된 통합도산법에서도 위 부분에 대한 우선변제권 규정을 신설한 취지로 볼 때(415조의2) 파산선고 전의 임금채권에 기한 강제집행 등

---

370) 서울중앙지방법원, 제4판 법인파산실무, 211p.
371) 전병서, 제2판 도산법, 216p.
372) 정준영, "파산절차가 계속 중인 민사소송에 미치는 영향-판결절차와 강제집행을 포함하여", 재판자료 제83집(1999), 212p. 이하; 양형우, "파산절차개시의 일반적 효과", 법조 제55권 제7호, 2006, 161p.
373) 임치용, 파산법연구 2, 2006, 248p.
374) 서울중앙지방법원, 제4판 개인파산·회생실무, 140p.
375) 대법원 2008.6.27.자 2006마260 결정.

을 실효시키는 것이 타당한지는 의문이며, 향후 판례의 변경이나 법 개정을 통하여 그 속행이 가능하도록 하는 검토가 필요하다고 본다.

한편 재단채권 중 「조세채권 등」, 즉 국세징수법 또는 지방세기본법에 의하여 징수할 수 있는 청구권(국세징수의 예에 의하여 징수할 수 있는 청구권으로서 징수우선순위가 일반 파산채권보다 우선하는 것 포함)에 기한 체납처분에 대해서는 법에서 명문의 규정을 두어 파산선고 후에도 실효되지 않고 체납처분을 속행할 수 있도록 하고 있다(349조 1항, 473조 2호 본문).

나) 재단채권에 기한 새로운 강제집행의 가능 여부

파산선고 후 재단채권에 기한 강제집행이 가능한지 여부에 대하여는 ① 긍정설,[376] ② 부정설[377]의 대립이 있으나, 실무상으로는 파산절차는 채무자에 대한 포괄적인 강제집행절차로서 이외 별도의 강제집행절차는 원칙적으로 필요치 않다는 이유로 재단채권에 기한 강제집행을 허용하고 있지 않는 것으로 보인다.[378] 임금채권에 기한 강제집행도 마찬가지이다. 다만 「조세채권 등」에 기한 체납처분의 경우에는 파산선고 전의 체납처분에 대해서는 파산선고에도 불구하고 속행할 수 있도록 하되, 파산선고 후의 체납처분에 대하여는 이를 금지하고 있다(349조 1항, 2항).

이와 같이 파산관재인이 재단채권의 변제에 응하지 않더라도 재단채권에 기한 강제집행이 허용되지 않는 관계로 재단채권자로서는 부득이 법원에 대하여 감독권의 발동을 촉구한다든지 파산관재인을 상대로 불법행위로 인한 손해배상의 청구를 검토해볼 수 있을 것이지만,[379] 그 성립요건에 대한 입증의 곤란 등의 문제로 실익이 있는지는 의문이다.

---

376) 山木戸克己, 破産法(제28쇄), 青林書院, 1995, 140p.
377) 전병서, 제2판 도산법, 217p; 정준영, "파산절차가 계속 중인 민사소송에 미치는 영향-판결절차와 강제집행을 포함하여", 재판자료 제83집(1999), 212p 이하.
378) 대법원 2007.7.12.자 2006마1277 결정; 일본의 2004년 신파산법에서는 제42조에서 재단채권에 기한 강제집행 등의 금지·실효를 규정함으로써 입법적으로 해결하였다(서울중앙지방법원, 제4판 개인파산·회생실무, 140p).
379) 대법원 2007.7.12.자 2006마1277 결정; 정준영, "파산절차가 계속 중인 민사소송에 미치는 영향-판결절차와 집행절차를 포함하여", 재판자료 제83집(1999), 법원도서관, 211p 이하.

라. 재단부족의 경우의 변제방법

1) 의 의

재단채권은 파산재단으로부터 수시로 변제되고 파산채권보다 우선적으로 변제되어야 하지만 재단채권의 규모가 너무 커서 재단채권의 총액조차 변제하기에도 부족한 경우가 있다. 이와 같이 재단부족의 경우에 재단채권간의 변제를 어떻게 할 것인지 문제된다. 이미 행하여진 재단채권의 변제는 그 영향을 받지 않을 것이지만 미지급 재단채권에 관하여는 변제의 순서가 문제되는 것이다. 이에 통합도산법에서는 특별규정을 두어 파산재단이 재단채권의 총액을 변제하기에 부족한 것이 분명하게 된 경우의 재단채권의 변제는 다른 법령이 규정하는 우선권에 불구하고 아직 변제하지 않는 채권액의 율에 따라 변제하되, 제473조(재단채권의 범위) 제1호~제7호 및 제10호에 열거된 재단채권은, 재단채권에 관하여 존재하는 유치권·질권·저당권·「동산·채권 등의 담보에 관한 법률」에 따른 담보권 및 전세권의 효력에 영향을 미치지 않는 범위 내에서, 다른 재단채권보다 우선변제하도록 하고 있다(477조 1항, 2항).

이 기준에 따라 재단부족의 경우의 변제 순서를 개략적으로 살펴보면 ① 주택·상가 임차인의 최우선변제금액과 최종 3개월분의 임금 및 최종 3년분의 퇴직금(415조 2항, 3항, 415조의2), ② 재단채권에 존재하는 유치권·질권·저당권·「동산·채권 등의 담보에 관한 법률」에 따른 담보권 및 전세권(477조 1항 단서), ③ 재단채권 중 우선변제권이 인정된 재단채권, 즉 재판상비용청구권, 조세채권, 파산재단의 관리·환가·배당비용, 근로자의 임금채권 등 제473조(재단채권의 범위) 제1호~제7호 및 제10호에 열거된 재단채권(477조 2항, 473조 1호~7호 및 10호),[380] ④ '그밖의 재단채권'의 순서로 변제가 이루어질 것이다(477조 1항 본문).[381] 위 '그밖의 재단채권'간의 변제는 통합도산법 외의 다른 법령에서 규정하는 우선권, 예컨대 압류선착주의나 당해세 우선주의 등에 불구하고 아직 변제하지 않은 채권액의 비율에 따라 안분하여 평등하게 변제가 될 것이다(477조

---

380) 여기에서 다른 재단채권보다 우선하게 되어 있는 이들 재단채권 중에서도 공익비용의 성질을 가지는 재판상비용청구권(제473조 제1호)과 파산재단의 관리·환가·배당비용(제473조 제3호)은 여타의 다른 우선적 재단채권들과는 성질을 달리하는 것으로서 이들 우선적 재단채권들보다 먼저 변제되어야 할 성질이라고 보아 우선적으로 변제하고 있는 것이 법원의 실무이다(서울중앙지방법원, 제4판 법인파산실무, 358-359p).

381) 즉 동순위의 재단채권 사이에는 통합도산법 외의 다른 법령에서 우선권이 있는 것으로 규정하고 있더라도 이를 무시하고 평등하게 안분하여 변제하여야 하는 것이다.

1항 본문).

2) 변제 방법에 대한 실무적 검토

재단채권의 변제 또는 분배는 파산관재인이 담당하므로 파산재단에 속하는 재산이 경매되거나 체납처분에 의하여 환가된 경우에는 그 매각대금 중 법원 등이 채권자에게 직접 지급·교부하는 별제권자 또는 파산선고 전의 체납처분자에 대한 배당금·교부금을 제외하고는[382] 모두 파산관재인에게 교부되어야 할 것이다.[383][384] 별제권자 또는 체납처분자에 우선하는 채권자의 채권에 대하여도 마찬가지라고 보인다.[385]

재단부족이 발생하지 않는 경우에는 문제될 것이 없지만 재단부족의 경우에는 그 교부를 받은 파산관재인은 먼저 별제권자 또는 체납처분자에 우선하는 채권자가 있는 경우에는 그 채권자에 대하여 배당을 한 후, 나머지에 대해서는 제477조의 재단채권에 대한 변제순위에 따라 우선권 있는 재단채권자에게 변제한 후 동순위의 재단채권지 시이에는 안분의 원리로 채권액의 비율에 따라서 평등하게 변제하게 될 것이다(477조 1항 본문, 2항).

382) 별제권자는 파산절차에 의하지 않고 별제권을 행사하여 자신의 채권을 만족할 수 있으므로(제586조) 그 성질상 별제권의 행사로서 이루어진 경매절차의 매각대금에서 직접 배당을 받을 수 있는 자이다. 한편 파산선고 전의 체납처분자는 파산선고로 인하여 그 속행에 방해를 받지 않도록 하고 있는데(제349조 제1항), 그 의미에 관하여 판례는 체납처분의 속행 및 체납처분의 우선성을 인정하여 체납처분자는 경매절차의 매각대금으로부터 직접 배당금을 받을 수 있고, 이는 재단부족(제477조)의 경우에도 마찬가지라고 판시하고 있다(대법원 2003.8.22. 선고 2003다3768 판결). 따라서 실무상 별제권자와 파산선고 전의 체납처분자는 경매절차에서 법원으로부터 직접 배당금을 수령할 수 있는 자에 해당되는 것이다.

383) 이는 파산선고 후의 조세채권의 경우에도 마찬가지이다. 즉 파산선고 후에는 조세채권에 기하더라도 새로운 체납처분을 할 수 없고 다만 별제권의 실행으로서의 경매절차에서 교부청구를 통하여 배당을 받는 수밖에 없는데, 그 교부청구에 따른 배당금도 조세채권자인 과세관청에 직접 교부될 것이 아니고 파산관재인에게 교부되어 분배의 대상이 되는 것으로 재단부족의 경우에는 제477조에서 규정한 바에 따라 변제가 이루어지는 것이다(대법원 2003.6.24. 선고 2002다70129 판결).

384) 이 경우 매각대금 중에서 파산관재인에게 교부하지 않고 법원 등에서 직접 별제권자 또는 파산선고 전의 체납처분자에게 지급하는 배당금은 그 별제권자나 체납처분자에 우선하는 채권이 있는 경우에 있어서는 그 해당액을 공제한 나머지 매각대금 중에서 지급하게 될 것이다(이때 그 별제권자나 체납처분자에 우선하는 채권 해당액은 파산관재인에게 교부되어 우선적으로 교부될 것으로 보인다).

385) 여기에서 별제권자 또는 체납처분자에 우선하는 채권자란 최우선변제권 있는 주택·상가건물임차인(제415조 제2항, 제3항)과 근로기준법상 최종 3개월분의 임금과 재해보상금 및 근로자퇴직급여보장법상 최종 3년간의 퇴직급여 등(제415조의2, 근로기준법 제38조 제2항, 근로자퇴직급여보장법 제12조 제2항)을 말하는 것인데, 이들은 별제권자가 아니기 때문에 별제권자처럼 법원에서 직접 배당금을 교부해 주는 것이 아니라 해당 배당금은 파산관재인에게 교부될 것이고 그 교부를 받은 파산관재인이 해당 채권자에게 우선적으로 배당을 하는 방법으로 배분이 이루어질 것으로 보인다.

[기재례 50] 파산채권신고에 관한 주의사항

파산채권신고에 관한 주의사항

채권신고용지 및 채권목록용지를 보내드리니, 다음 주의사항을 잘 읽어보시고 정확하게 기재한 다음, 필요 제출서류와 함께 신고기간 내에 이 재판부에 제출 또는 우송하여 주십시오.

(우송하는 경우에는 봉투 표면에 "채무자 000의 채권신고서 재중"이라고 적어주십시오)

○○시 ○○구 ○○로 1701의 ○ (우 12345)

○○지방법원 제○○파산부(☎ ○○○-○○○○)

채권신고시 제출서류

① 채권신고서·채권목록 2통　　② 증거서류의 사본 2통

③ 채권자의 주민등록등본 또는 법인등기사항전부증명서 2통

④ [대리인 신고]위임장(인감증명첨부) 2통

채권신고시 유의사항

1. 채권신고를 하지 아니한 파산채권자는 채권자집회에 출석할 수 없고 배당청구권을 상실합니다.
2. 허위채권을 신고하면 형사처벌의 대상이 됩니다.
3. 어음수표금 신고시에는 반드시 증거서류로 어음·수표의 앞, 뒷면 모두 사본하여 제출하여야 합니다.
4. 예금통장 사본을 제출한 경우에는 제출된 통장의 계좌로 배당금을 지급합니다.

채권신고서·채권목록 작성요령

1. 신고할 채권이 2개 이상인 경우(예: 약속어음 여러 장에 의한 신고 등)에도 반드시 1개의 채권신고서로 신고하여야 한다. 이 경우에는 여러 채권의 합계금액을 채권신고서 〈채권액〉란에 기재한다.
2. 이자약정이 있는 경우, 또는 어음의 지급제시를 하여 만기 후 법정이자를 청구하는 경우 등에는 파산선고전일까지 발생한 이자를 "이자채권"으로서 〈채권목록〉에 기재한다.
3. 법률에 의하여 일반적으로 우선변제권이 인정되어 있는 채권의 경우에는 〈우선권이 있

는 경우 그 권리〉란에 그 내용·금액을 기재한다.

4. 별제권자(저당권, 질권, 양도담보 등의 담보권자)는 채권신고를 할 필요가 없다(파산선고 후에도 개별적으로 담보권실행 가능함). 그러나 예컨대 피담보채권(대여금채권)은 2억원인데 담보가치는 1억 5000만원인 경우 〈별제권···〉란에 담보목적물을 특정하여 기재하고, 부족채권액으로 5,000만원을 기재한다.

5. 채권목록 기재례

〈어음수표금 채권용 채권목록〉

순번	채권액(원)	채권의 종류	발행일	액 면(원)	만기	발행지	지급지	지급 장소	발행인	배서인	소지인
1	10,000,000	약속 어음	18.3.3.	10,000,000	18.6.3.	서울	서울	국민은행 성동지점	채무자	甲 乙	신고인

〈기타 채권용 채권목록〉

순번	채권액(원)	채권의 종류	채권의 내용 및 원인
1	10,000,000	대여금채권	20○○. 5. 30.에 금 10,000,000원, 변제기 7. 30, 이사 월2%로 한 금선소비대자계약에 기한 원금
2	2,300,000	이자채권	위 제1항에 대한 5. 30.부터 파산선고전일까지 0개월 0일간의 이자
3	30,000,000	매매대금채권	20○○. 6. 20.부터 8. 20.까지 상품 00(단가 100만원, 수량 50개)의 납입대금 5000만원 중 잔대금(금 2,000만원은 이미 수령함)

[기재례 51] 파산채권신고서

채권신고서

사　　건　　20○○하합○○○○호 파산선고
채 권 자　　○○ 주식회사
대표이사 ○○○
주 소 ○○시 ○○구 ○○로 ○○○

파산자 ○○ 주식회사의 귀원 ○○하합○○○○호 파산선고 신청사건에 대하여 채권자는 별지와 같이 증빙서류를 갖추어 채권을 신고합니다.

첨 부 서 류

1. ○○○○　　1통
1. ○○○○　　1통
1. ○○○○　　1통

20○○. ○○. ○○.

위 채권자 ○○ 주식회사
대표이사 ○○○ (인)

○○지방법원 귀중

〈별지〉 채 권 액

1. 채권액
   - 원 금 : ○○,○○○,○○○원
   - 이 자 : ○,○○○,○○○원
     (20○○.○○.○○.부터 20○○.○○.○○.까지 ○○월 ○○일분)
   - 합 계 : ○○,○○○,○○○원

- 아래 사항 중 해당부분이 있을 때에는 그 표시 -

1. 위 채권에 대해 우선권이 있는 경우에는 그 권리를 표시
1. 별제권이 있는 때에는 그 별제권의 표시
1. 별제권 행사로 변제를 받지 못하게 될 예정부족채권액 표시
1. 채무자회생 및 파산에 관한 법률 제446조의 후순위청구청구권이 포함되어 있을 때에는 그 구분의 표시
1. 채권의 발생원인
1. 소송계속 중일 때에는 법원, 사건번호, 당사자표시, 집행력 있는 집행권원이나 종국판결이 있는 때에는 그 표시

[기재례 52] 파산채권자표

(A면)···채권자는 기재하지 마십시오.

파 산 채 권 자 표

채권표 번호	

사건번호, 채무자의 성명, 신고연월일, 채권자의 성명 및 주소, 채권액 및 원인, 우선권·열후권의 유무 및 내용, 별제권의 목적 및 별제권 행사에 의하여 변제받을 수 없는 예정부족채권액은 뒷면의 채권신고서 기재와 같음.

① 채권신고접수일 작성 ○○지방법원 제○파산부 법원사무관 등 ㉞

② (채권조사전의 변동) 20 . . . 금 원 취하

신고액 금 원 으로 변동

법원사무관 등 ㉞

〈채권조사의 결과〉	
③ 조사기일 20○○. . . . 법원사무관 등 ㉞	
④ 관재인 인부	전액 시인 ( ) 전액 부인 ( ) 일부 이의 (이의금액 원) ※ 구체적인부의 내용은 별지 채권인부표 기재와 같음
	별제권 행사로 변제받지 못할 채권액 시인액 (금 원)
⑤ 채권자 이의	
⑥채무자 이의	
⑦ 이의철회	일시 . . . 법원사무관 등 ㉞ (일부철회인 경우 금액 원)
⑧ 신고취하	일시 . . . 법원사무관 등 ㉞ (일부취하인 경우 취하금액 원)
⑨ 채권확정 소송결과	법원사무관 등 ㉞
⑩ 채권자 명의변경	있음( ). 내역은 아래와 같음(상세는 별지 명의변경신고서 기재와 같음)
⑪ 확정 파산채권액	금 원 (₩) 법원사무관 등 ㉞

〈배당의 결과〉				
배당 회수	배당일시	배당금액	배당후잔존채권액	관재인 기명날인
1	20 . . .	원	원	
2	20 . . .	원	원	
3	20 . . .	원	원	
4	20 . . .	원	원	

[기재례 53] 파산채권신고서

(B면)···채권자가 기재하십시오.

파 산 채 권 신 고 서

신고연월일 20○○년 ○○월 ○○일

채무자 에 대한 하합 호 파산사건에 관하여 다음과 같이 채권을 신고합니다(증거서류 첨부).

채 권 자 성명(상호, 대표자) ㊞
주소
통지·송달받을 장소 □□□-□□□
전화번호 팩시밀리
전자우편주소

대 리 인 성명(상호, 대표자) ㊞
주소

○○지방법원 제○○파산부 귀중

<table>
<tr><td rowspan="3">채권액</td><td>원 금</td><td>₩</td><td rowspan="3">채권의종류</td><td rowspan="3">별지
채권목록과
같음</td></tr>
<tr><td>이 자
손 해 금</td><td>₩</td></tr>
<tr><td>합 계</td><td>₩</td></tr>
<tr><td colspan="2">채권의 내용 및 원인</td><td colspan="3">별지 채권목록과 같음</td></tr>
<tr><td colspan="2">우선권이 있는 경우
그 권리</td><td colspan="3"></td></tr>
<tr><td colspan="2">후순위 파산채권을
포함하는 경우 그 구분</td><td colspan="3"></td></tr>
</table>

별제권의 목적 및 별제권 행사로 변제받을 수 없는 부족채권액	(목적의 표시) 별지 목록과 같음 (부족채권액) ₩
채권에 관하여 소송계속중인 소송 (법원/당사자/사건명/사건번호)	
집행력 있는 집행권원 또는 종국판결이 있는 경우 그 내용	

(주의) 채권신고시 아래 서류 및 그 부본 2통을 함께 제출하여야 합니다.

① 채권신고서·채권목록　　② 증거서류

③ 파산채권이 집행력 있는 집행권원 또는 종국 판결이 있는 것일 때에는 그 사본

④ 채권자의 주민등록등본 또는 법인등기사항전부증명서

⑤ [대리인 신고] 위임장(인감증명첨부)

⑥ 계좌이체를 받고자 하는 경우에는 배당금을 수령할 예금통장 사본

〈별지〉 채권목록

채 권 목 록

〈어음금·수표금 채권용〉

순번	채권액(원)	채권의 종류	발행일	액면(원)	만기	발행지	지급지	지급 장소	발행인	배서인	소지인

〈대여금, 매매대금, 기타 채권용〉

순번	채권액(원)	채권의 종류	채권의 내용 및 원인

[기재례 54] 파산채권신고접수증

파산채권신고접수증			
사 건 번 호	20○ ○하합○ ○ 파산선고 ○ ○증권 주식회사	접수번호	
채권자 성명			
위 대리인			

※ 이 접수증은 법원에 출두할 때 항상 지참하셔야 합니다.

20○ ○년 월 일

○ ○지방법원 제○ ○파산부

[기재례 55] 채권조사 기준

파산채권 시·부인 기준

1. 공통사항
   가. 신고채권 중 증빙자료 미비로 채무자의 채무임을 확인할 수 없는 신고채권은 이의함.
   나. 제출된 자료로 신고채권자가 진정한 채권자임을 확인할 수 없는 신고채권은 이의함
   다. 첨부된 증빙자료의 내용과 일치하지 않는 신고채권은 이의함
   라. 채권자가 일방적으로 조건을 변경한 신고채권은 이의함
   마. 계약의 하자 또는 불공정이 인정되는 신고채권은 이의함
   바. 이자에 대한 기간의 계산은 초일불산입, 말일산입을 기준으로 함

2. 특정사항
   가. 이자채권
      (1) 이자의 약정이 있는 경우에는 그 약정에 의하고, 약정이 없는 경우에는 상사 법정이율(연 6%) 초과부분은 이의함
      (2) 사채의 이자채권의 경우 이표(또는 이권)에 의한 이자계산 방식에 의하여 이표약정에 따라 그 지급일까지의 약정금리를 적용하고 그 이후의 이자는 이의함
      (3) 이자에 대한 연체이자는 이의함
   나. 외화표시채권
      원화 환산에 있어서는 파산선고일 현재의 매매기준율(1USD=○○○원)을 적용함
   다. 변제기 미도래 채권
      파산선고일 현재 변제기가 도래하지 아니한 채권은 채무자 회생 및 파산에 관한 법률 제446조에 의하여 파산 선고일로부터 만기일까지의 중간이자를 공제함

[기재례 56] 채권조사결과표

○ 파산채권 시·부인 집계표

구분	건수	신고금액	시인액	이의액
파산채권	176	64,711,350,948	45,905,936,270	18,805,414,678

○ 파산채권인부표

접수번호	채권자명	채권의 종류	신고채권액	시인액			이의액	비고
					일반채권	후순위채권		
1	◇◇◇	임금	500,000	500,000			500,000	재단채권이므로 이의
2	(주)○○실업	매매대금	1,500,000		1,450,000	50,000		파산선고 후의 이자는 후순위채권으로 시인
3	(주)○○	어음	10,000,000				10,000,000	채권없음
4	(주)○○은행	대여금	5,000,000				5,000,000	별제권예정부족액 소명없음
5	한○○	어음	10,000,000				10,000,000	어음요건불비
6	(주)○○상호신용금고	대여금	5,000,000				5,000,000	증거불충분
7	이○○	어음	10,000,000				10,000,000	상계예정
합계								

주) 법인파산실무(서울중앙지방법원), 서식 참고 및 인용

[기재례 57] 이의통지서

○○지방법원
제○파산부
이의통지서

사　　건　　20○○하합○○　파산선고

채 무 자　　○○○ 주식회사
　　　　　　○○시 ○○구 ○○로 ○○

파산관재인　　변호사 ○○○

파산채권신고인　　○○○
　　　　　　　　○○시 ○○구 ○○로 1가 100

위 사건에 관하여 20○○. ○. ○. 15:00 개최된 채권조사 기일에서 귀하가 신고한 권리에 관하여 다음과 같은 이의가 있었으므로 채무자 회생 및 파산에 관한 법률 제461조에 의하여 이를 통지합니다.

위 채권조사기일로부터 1월 이내에 이의자 전원을 상대방으로 하여 이 법원에 채권조사확정재판을 신청하여 채권의 확정을 받지 아니하면 이의가 있었던 부분에 관하여는 채무자 회생 및 파산에 관한 법률상의 배당절차에 참가할 수 없게 됨을 유의하시기 바랍니다.

다　　　음

1. 이의자 : 파산관재인 변호사 ○ ○ ○ (또는 파산채권자 ○ ○ ○)
2. 이의 있는 채권

신고번호	채권의 내용	신고채권액	이의액	이의사유
	합　계			

20○○. ○. ○.

재 판 장　　판 사 ○○○

注) 법인파산실무(서울중앙지방법원), 서식 참고 및 인용

[기재례 58] 채권표명의변경신고서

채권표명의변경신고서

사 건 번 호 : 20○○하합○○ 파산선고사건
채 무 자 : ○○ 주식회사
채 권 자 : ○○은행
신고시의 채권금액 : 금 원 (₩)
양도인의 채권신고번호 : 신고번호 번

위 사건에 관하여 다음과 같이 파산채권이 양도되었음을 신고합니다.

1. 양도 양수 금액 : 총 채권액 금 원 중 금 원 (₩)
2. 양도인 : 성 명
주 소
전화번호
3. 양수인 : 성 명
주 소
전화번호

신고인 : 성 명 ㊞
주 소
전화번호

첨부 : 1. 채권양수도 계약서 사본 1부
2. 채권양도 통지서 사본 1부
3. 신고인의 주민등록등본 (또는 법인등기사항전부증명서)
4. 위임장 (대리인을 통하여 신고하는 경우)

○○지방법원 제○○파산부 귀중

주) 법인파산실무(서울중앙지방법원), 서식 참고 및 인용

[기재례 59] 채권 특별조사를 위한 비용예납결정

○○지방법원
제○파산부
결 정

사 건 20○○하합○○ 파산선고
채 무 자 ○○종합금융 주식회사
○○시 ○○구 ○○로 ○○
파산관재인 변호사 ○○○
채권신고인 별지목록 기재와 같음.

주 문

채권신고인 중, 갑, 을은 이 결정을 송달받은 날로부터 5일 이내에 1,000,000원을 예납하여야 한다.

이 유

채권조사의 특별조사 기일에 관한 비용으로서 채무자 회생 및 파산에 관한 법률 제455조, 제453조 제2항에 의하여 주문과 같이 결정한다.

20○○. ○. ○.

재판장 판사 ○○○
판사 ○○○
판사 ○○○

注) 법인파산실무(서울중앙지방법원), 서식 참고 및 인용

〈별지 생략〉

[기재례 60] 채권 특별조사기일 결정

○○지방법원
제○파산부
결 정

사 건 20○○하합○○ 파산선고
채 무 자 ○○증권 주식회사
○○시 ○○구 ○○로 ○○
파산관재인 ○○○

주 문

채권조사의 특별기일을 20○○. ○. ○. 10:00 ○○지방법원 제202호 법정으로 한다.

이 유

이 사건에 관하여 채권조사의 일반기일 종료 후에 신고된 파산채권 조사의 특별기일을 채무자 회생 및 파산에 관한 법률 제455조, 제453조 제2항을 적용하여 주문과 같이 결정한다.

20○○. ○. ○.

재판장 판사 ○○○
판사 ○○○
판사 ○○○

주) 법인파산실무(서울중앙지방법원), 서식 참고 및 인용

[기재례 61] 채권특별조사기일 공고

○○증권(주) 채권조사의 특별기일 공고

사　　건　20○○하합○○　파산선고
채 무 자　○○증권 주식회사 (서울 ○○구 ○○로 10의 1)

위 사건에 관하여 이 법원은 채권조사의 일반기일 종료 후에 신고된 파산채권조사의 특별기일을 다음과 같이 결정하였으므로 채무자 회생 및 파산에 관한 법률 제456조에 의하여 이를 공고합니다.

다　　음

가. 채권조사 기일 : 20○○. ○. ○. 10:00
나. 채권조사 장소 : ○○지방법원 제202호 법정

20○○. ○. ○.

○○지방법원 제○○파산부

재 판 장　판 사 ○○○
　　　　　판 사 ○○○
　　　　　판 사 ○○○

주) 법인파산실무(서울중앙지방법원), 서식 참고 및 인용

[기재례 62] 채권특별조사통지서

채권조사의 특별기일 결정에 따른 통지서

채무자 ○○증권 주식회사(서울 ○○구 ○○로 ○○)에 대한 이 법원 20○○하합○○ 파산사건에 관하여, 이 법원은 채권조사의 일반기일 종료 후 신고된 채권조사의 특별기일에 관하여 다음과 같이 결정하였으므로 채무자 회생 및 파산에 관한 법률 제456조에 의하여 이를 통지합니다.

다 음

1. 채권조사 기일 : 20○○. ○. ○. 10:00
2. 채권조사 장소 : ○○지방법원 제202호 법정

※ 유의사항
채권조사의 일반기일(20○○. ○. ○. 15:00)이나 전의 특별기일에서 조사가 완료된 채권자 중 별첨 신고채권에 대하여 이의가 없는 분은 출석하지 않으셔도 좋습니다.

20○○. ○. ○.

○○지방법원 제○○파산부 재판장 판 사 ○○○

주) 법인파산실무(서울중앙지방법원), 서식 참고 및 인용

〈별지〉

채권조사의 특별기일에서 조사할 신고채권은 다음과 같습니다.

신고번호	채권신고인	주 소	채권의 종류	채권의 금액(원)

[기재례 63] 채권특별조사기일 조서

○○지방법원

채권조사 특별기일 조서

20○○하합○○ 파산선고	기 일 : 20○○. ○. ○. 10:00
재판장 판사 ○ ○ ○	장 소 : ○○지방법원
판사 ○ ○ ○	제202호 법정
판사 ○ ○ ○	공개여부 : 비공개
법원 사무관 ○ ○ ○	

사건과 당사자를 호명

파산관재인 변호사 ○ ○ ○ 출석

파산참가기관 예금보험공사

파산채권자의 출석상황은 [별첨 1 채권자 출석상황표] 기재와 같음

재판장 ―――――――――――――――――――――――――――――

1. 지금부터 20○○하합○○ 채무자 ○○증권 주식회사에 대한 제2회 채권조사기일을 개최하겠다고 선언.
2. 이 채권조사기일은 일반채권조사기일이 종료된 이후 신고된 파산채권을 조사하기 위한 특별기일이라고 설명.
3. 이 조사기일에서 이의가 진술되지 아니하였거나, 이 조사기일에서 이의가 진술되었으나 추후에 그 이의가 철회되면 신고된 파산채권의 내용 및 의결권액은 확정되고, 이를 채권표에 기재함으로써 확정판결과 동일한 효력이 인정된다고 설명.
4. 먼저 파산관재인에 대하여 신고된 파산채권에 대한 조사결과 및 시·부인내용을 진술할 것을 명.

파산관재인

[별첨 2 파산채권 시·부인표]에 의하여 조사결과 진술

재판장

출석한 파산채권자들 또는 파산관재인의 위 조사결과에 관하여 의문이 있으면 의견을 진술할 것 요구.

파산채권자 신고번호 ○○○

재판장
파산관재인에게 답변할 것을 지시하다.
파산관재인

나머지 파산채권자들
별다른 이의 또는 의견진술을 하지 아니하다.

재판장
신고한 파산채권자에서 다른 파산채권에 대하여 이의가 있으면 의견을 진술할 것 요구
파산채권자

파산관재인
추후 검토하여 보겠다고 답변

나머지 파산채권자들
벌나른 이의를 제기하지 아니하다

재판장

1. 신고된 파산채권에 관하여 파산관재인 또는 다른 파산채권자로부터 이의가 진술된 경우에는 채무자 회생 및 파산에 관한 법률 제462조가 정한 바에 따라 채권확정을 받지 아니하면 배당에서 제척된다고 설명. 다만 이의가 철회된 경우에는 신고한 내용대로 확정된다고 설명.
2. 이상으로 채권조사기일을 종료하겠다고 선언.

채권조사기일 종료

법원 사무관 ○ ○ ○

재판장 판사 ○ ○ ○

주) 법인파산실무(서울중앙지방법원), 서식 참고 및 인용

[기재례 64] 채권신고 각하결정

○○지방법원
제○파산부
결 정

사 건 20○○하합○○ 파산선고

채 무 자 ○○증권 주식회사
○○시 ○○구 ○○로 ○○

파산관재인 변호사 ○○○

채권신고인 ○○○
○○시 ○○구 ○○로 ○○

주 문

이 사건 파산채권 신고(접수번호 ○○번)를 각하한다.

이 유

이 사건에 관하여 채권신고인은 이 법원이 정한 기간 내에 채권조사의 특별 기일에 관한 비용 금 200,000원을 예납하지 아니하였으므로, 주문과 같이 결정한다.

20○○. ○. ○.

재판장 판 사 ○○○
판 사 ○○○
판 사 ○○○

注) 법인파산실무(서울중앙지방법원), 서식 참고 및 인용

[기재례 65] 파산채권확정의 소장

소 장

원 고 ○○ 주식회사
대표이사 ○○○
주 소 ○○시 ○○구 ○○로 ○○○

피 고 ○○ 주식회사
파산관재인 ○○○
주 소 ○○시 ○○구 ○○로 ○○○

파산채권확정의 소

청 구 취 지

1. 원고는 파산자 ○○주식회사에 대하여 금 10,000,000원의 파산채권이 존재함을 확인한다.
2. 소송비용은 피고의 부담으로 한다.

라는 재판을 구합니다.

청 구 원 인

1. 원고는 피고에 대한 채권이 있은 후 피고가 청산절차가 진행되어 20○○. ○○. ○○. 이 사건 채권을 청산채권으로 신고하였는바, 피고는 20○○. ○○. ○○. 제1회 채권자 집회 기일에 원고가 신고한 위 채권을 부인하였습니다.
2. 따라서 원고는 파산자 ○○주식회사에 대하여 원고에 대한 파산채권이 금 10,000,000원이라는 확인을 구하기 위하여 이 건 소에 이른 것입니다.

입 증 방 법

1. 갑 제1호증 생략
1. 기타 필요에 따라 제출하겠습니다.

첨 부 서 류

1. 입증방법 각 1통

1. 소장부본 1통
1. 송달료 납부서 1통
1. 법인등기부등본 1통

20○○. ○. ○.

위 원고 ○○ 주식회사
대표이사 ○○○

○○지방법원 귀중

[기재례 66] 소송절차수계신청서

소송절차수계신청서

사　　건　　20○○가단○○○○　청구이의

신 청 인　　○○○
(원고)

피신청인(피고 파산자 ◇◇주식회사의 파산관재인)

1. 김◈◈
○○시 ○○구 ○○로 ○○(우편번호○○○-○○○)

2. 이◈◈
○○시 ○○구 ○○로 ○○(우편번호○○○-○○○)

신 청 취 지

신청인(원고)과 피고 파산자 ◇◇주식회사 사이의 귀원 20○○가단○○○○청구이의사건에 관하여, 피신청인들은 피고 파산자 ◇◇주식회사의 소송절차를 수계한다.
라는 재판을 구합니다.

신 청 이 유

1. 원고와 피고 사이에 귀원 20○○가단○○○○　청구이의 사건이 계류 중인바, 소송계속 도중에 20○○. ○○. ○○. 피고에 대한 ○○지방법원의 파산선고가 있었습니다.
2. 또한 같은 날 같은 법원에 의하여 피고의 파산관재인으로 김◈◈, 이◈◈가 선임되었습니다.
3. 따라서 원고는 피고의 파산관재인들인 김◈◈, 이◈◈를 피고 파산자 ◇◇주식회사의 소송수계인으로 정하는 재판을 신청하는 바입니다.

첨 부 서 류

1. 법인등기부등본　　1통
1. 신청서부본　　2통
1. 송달료납부서　　1통

20○○. ○. ○.

위 신청인(원고) ○○○ (인)

○○지방법원 ○○지원 제○○민사단독 귀중

[기재례 67] 파산채권확정소송의 소가결정

○○지방법원
제○○파산부
결 정

사 건 20○○하합○○ 파산선고

소가결정 주식회사 ○○○은행

신 청 인 ○○시 ○○구 ○○로 ○○
대표이사 ○○○

상 대 방 채무자 ○○증권 주식회사의 파산관재인 ○○○

주 문

소가결정 신청인의 채무자 ○○○○증권 주식회사의 파산관재인에 대한 이 법원 20○○가합0000호 채권조사확정재판에 대한 이의의 소의 목적물 가액을 금 13,000,000원으로 정한다.

이 유

채무자 회생 및 파산에 관한 법률 제470조를 적용하여 주문과 같이 결정한다.

20○○. ○. ○.

재판장 판사 ○○○
판사 ○○○
판사 ○○○

[4]
별 제 권

1. 별제권의 의미

파산재단에 속하는 재산에 대하여 유치권·질권·저당권·「동산·채권 등의 담보에 관한 법률」에 따른 담보권 및 전세권을 가진 자를 별제권자라고 하고, 이러한 별제권자가 그 목적된 재산에 관하여 파산절차와는 무관하게 자기의 권리를 행사하여 채권의 만족을 얻을 수 있는 권리를 별제권이라고 한다. 양도담보권자도 별제권자에 해당한다고 본다(대판 1996.12.10. 96다19840).

2. 별제권자의 지위

별제권자는 피담보채권의 채권자이고, 파산채무자는 별제권 목적물의 소유자 겸 피담보채권의 채무자인 경우도 있고 피담보채권의 채무자 아닌 물상보증인인 경우도 있다. 파산채무자가 피담보채권의 채무자인 경우에는 별제권자는 파산채권자의 지위도 겸하는 경우가 있지만, 파산채무자가 물상보증인인 경우에는 별제권자는 별제권 목적물에 대하여 별제권을 행사할 수 있을 뿐 파산채권자의 지위는 가지지 못한다. 다만 전자의 경우와 같이 별제권자가 파산채권자의 지위를 겸유한다고 하더라도 별제권자는 별제권의 행사에 의하여 변제받을 수 없는 채권액에 관하여서만 파산채권자로서 권리를 행사할 수 있을 뿐이다(413조 본문). 물론 별제권을 포기한 경우에는 포기한 채권액에 관하여도 파산채권자로서 권리를 행사할 수 있을 것이다(413조 단서).

3. 별제권의 행사

별제권자는 파산재단에 속하는 재산에 관하여 파산절차와 무관하게 유치권·질권·저당권·담보권 또는 전세권 등 별제권을 행사하여 자기의 채권을 회수할 수 있다(411조). 따라서 별제권자는 채무자에 대한 파산선고가 이루어진 후에도 피담보채권의 변제기가 도래한 경우 임의로 담보권실행을 위한 경매를 신청할 수 있을 뿐만 아니라, 기왕에 담보권실행을 위한 경매가 진행 중에 있는 경우에는 그 후 파산선고가 있어도 실효되지 않고 별도의 승계집행문 없이 파산관재인에게 승계되어 속행하게 된다.

다만 별제권이 아직 실행되고 있지 않은 경우에는 파산관재인은 민사집행법에 따라 별제권의 목적인 재산을 환가할 권한이 있고, 이에 대하여는 별제권자도 거절할 수 없도록 하고 있다(497조 1항). 별제권은 파산선고 후에 행사하더라도 파산채권과 같이 별제권의 피담보채권에 관하여 신고나 조사절차를 거쳐 확정된 경우에만 행사할 수 있는 것이 아니고 통상적인 별제권의 실행절차에 의하여 행사할 수 있다(대판 1996.12.10. 96다19840). 별제권의 실행으로 인한 경매절차에서 과세관청이 한 교부청구에 대한 배당금은 과세관청이 아니라 파산관재인에게 교부하여야 한다(대판 2003.6.24. 2002다70129).[386)]

4. 별제권자의 파산채권자로서의 권리행사

별제권자는 별제권의 행사에 의하여 변제를 받을 수 없는 채권액 부분에 관하여는 파산채권자로서 권리를 행사할 수 있다(413조 본문). 따라서 통합도산법에서는 별제권자도 채권액 및 그 원인과 별제권의 목적, 별제권의 행사에 의하여 변제를 받을 수 없는 채권액을 신고하도록 하고 있다(447조 2항). 또한 별제권을 포기한 채권액에 관하여도 파산채권자로서 권리를 행사할 수 있다(413조 단서).

파산재단에 속하지 않는 채무자의 재산상에 질권 또는 저당권을 가진 자를 준별제권자라고 하는데, 준별제권자도 그 권리의 행사에 의하여 변제받을 수 없는 채권액에 관하여는 파산채권자로서 권리를 행사할 수 있다(414조). 별제권자나 준별제권자가 파산채권자로서 배당을 받기 위하여는 중간배당시에는 부족채권액의 소명을(512조 2항), 최후배당시에는 부족채권액의 증명을 하여야 하고(525조), 별제권을 포기한 자는 별제권포기신고서를 제출하여야 하며, 그렇지 않는 경우에는 배당에서 제외된다.

---

386) 채무자 소유의 부동산에 대한 별제권(담보물권 등)의 실행으로 인하여 개시된 경매절차에서 과세관청이 한 교부청구는 그 별제권자가 파산으로 인하여 파산 전보다 더 유리하게 되는 이득을 얻는 것을 방지함과 아울러 적정한 배당재원의 확보라는 공익을 위하여 별제권보다 우선하는 채권 해당액을 공제하도록 하는 제한된 효력만이 인정된다고 할 것이므로 그 교부청구에 따른 배당금은 채권자인 과세관청에게 직접 교부할 것이 아니라 파산관재인이 파산법 소정의 절차에 따라 각 재단채권자에게 안분변제할 수 있도록 파산관재인에게 교부하여야 한다(대법원 2003.6.24. 선고 2002다70129 판결).

5. 파산채무자에 대하여 임대차보증금반환채권을 가진 채권자의 경우

대항력을 갖추고 확정일자를 받은 주택 또는 상가건물임차인은 파산재단에 속하는 주택 또는 건물(대지 포함)의 환가대금에서 후순위권리자 그밖의 채권자보다 우선하여 보증금을 변제받을 수 있는 우선변제권[387]이 있다(415조 1항, 3항, 416조). 나아가 소액의 주택 또는 상가건물임차인은 파산재단에 속하는 주택(대지 포함) 또는 건물의 환가대금에서 다른 담보물권자보다 우선하여 변제를 받을 수 있는 최우선변제권[388]도 인정된다(415조 2항, 3항). 여기에서 우선변제권이나 최우선변제권을 인정받으려면 언제까지 대항력을 갖추고 있어야 하는지 문제된다. 통합도산법에서는 최우선변제권에 관하여는 명문의 규정을 두어 파산신청일까지 대항요건을 갖추어야 한다고 하고 있는 반면(415조 2항, 416조),[389] 우선변제권에 관하여는 명문의 규정을 두고 있지 않다. 이에 파산절차에서 우선변제권을 인정받기 위한 요건으로서 대항요건의 구비 시점을 선행하는 경매개시결정등기 전까지 이루어져야 한다고 할 것인지 아니면 파산선고일 전까지 갖추고 있으면 된다고 할 것인지 문제된다.

생각건대 통합도산법에서는 임대인이 파산선고를 받을 당시 대항력을 갖춘 주택 또는 상가건물임차인에 대하여는 파산관재인이 일방적으로 임대차계약을 해지할 수 없도록 하고 있고(340조 4항), 임대인에 대한 파산선고가 이루어지게 되면 그 전후가 전혀 다른 원리에 의하여 규율된다고 볼 때 임차인의 우선변제권은 임대인이 파산선고를 받기 전까지 대항요건을 갖추고 있으면 인정된다고 보는 것이 타당하다고 본다. 이렇게 보는 것이 조문의 해석에 부합하고, 판례의 취지도 이와 유사하다고 해석된다(대판 2017.11.9. 2016다223456).[390]

---

387) 주택임대차보호법 3조의2 2항 , 상가건물임대차보호법 3조.

388) 주택임대차보호법 8조, 상가건물임대차보호법 14조.

389) 통합도산법에서 소액임차인의 최우선변제권을 인정받기 위한 요건으로 대항요건의 구비 시점을 파산선고일이나 경매신청등기일이 아닌 파산신청일로 한 이유는 파산신청 이후 파산선고를 받을 임대인이 제3자를 소액임차인으로 가장·입주시켜 최우선변제금액을 받아가도록 하는 탈법행위를 방지하기 위한 취지로 보인다(서울중앙지방법원, 제4판 법인파산실무, 171p). 따라서 파산신청일 후에 신청된 임의경매절차에서 소액임차인이 파산신청일 전까지는 대항요건을 구비하지 않고 있다가 파산신청일 후 임의경매개시결정등기 전까지 사이에 비로소 대항요건을 갖춘 경우에는 최우선변제권을 인정받지 못하게 되는 것이다.

390) 주택임차인이 주택임대차보호법 제3조 제1항의 규정에 의한 대항요건을 갖추고 임대차계약증서상의 확정일자를 받은 후 임대인이 파산한 경우에, 주택임차인은 통합도산법 제415조 제1항에 따라 파산채권인 임대차보증금 반환채권에 관하여 파산재단에 속하는 주택(대지를 포함한다)의 환가대금에서 후순위권리자 그밖의 채권자보다 우선하여 변제받을 권리가 있으며, 우선변제권의 한도 내에서는 파산절차에 의하지

임차인의 임대차보증금반환청구채권은 별제권부 채권과 유사한 성격을 가지므로 별제권에 준하여 취급된다(415조). 그러나 별제권자와 달리 임차권등기가 이루어진 경우라도 임의경매신청권이 인정되지 않으며, 이는 확정판결을 받아 놓았다고 하더라도 마찬가지이다(348조 1항 본문). 요컨대 임차보증금반환청구채권은 파산절차나 임의경매절차에서 배당을 통하여서만 우선변제권 또는 최우선변제권을 인정받아 배당을 받는 형식으로 채권을 회수할 수밖에 없을 것으로 보인다.

않고 위 주택에 대한 경매절차 등에서 만족을 받을 수 있다(대법원 2017.11.9. 선고 2016다223456 판결).

[기재례 68] 별제권자의 처분기간 지정

○○지방법원
제○파산부
명 령

사 건 20○○하합○○ 파산선고
채 무 자 ○○ 주식회사
○○시 ○○구 ○○로 ○○
파산관재인 ○○○
별 제 권 자 ○○○
○○시 ○○구 ○○로 ○○

주 문

별제권자 ○○○은 20○○. 12. 31.까지 별제권의 목적인 별지 목록 기재 부동산을 처분하여야 한다.

이 유

별제권자 ○○○은 채무자에 대하여 별제권의 목적인 별지 목록 기재 부동산을 법률에 정한 방법에 의하지 않고 처분할 권리를 가지고 있음에도 아직 이를 처분하지 않고 있다. 그러므로 파산관재인의 신청에 의하여 채무자 회생 및 파산에 관한 법률 제498조 제1항을 적용하여 주문과 같이 결정한다.

20○○. ○. ○.

재 판 장 판 사 ○○○
판 사 ○○○
판 사 ○○○

주) 법인파산실무(서울중앙지방법원), 서식 참고 및 인용

[5]

파산재단의 분배와 배당

1. 의 의

가. 파산재단의 분배와 배당의 구별

법인이 파산될 경우에 채무자의 주된 관심사는 법인 자체의 소멸에 있을 것이지만 채권자에게 있어서의 가장 큰 관심사는 법인의 청산재산 내지 잔여재산인 파산재단으로부터 얼마만큼 자신의 채권을 회수할 수 있느냐에 있을 것이다.

파산재단이란 파산한 법인이 파산선고 당시에 가지고 있던 모든 재산 중에서 환취권의 대상이 된 재산과 압류금지 대상인 재산을 뺀 나머지 국내·외의 모든 재산을 말하며,[391] 채권자들에 대한 분배 및 배당의 기초재산이 되는 것을 말한다. 법인의 청산에 있어서는 이러한 파산재단을 어떻게 각 채권자들에게 그 우선순위에 따라 평등하고 공평하게 분배 내지 배당을 해줄 것이냐의 문제가 가장 큰 과제라고 할 수 있을 것이다.

법인파산에 있어서 채권자들을 크게 분류해 보면 거의 대부분 파산채권자들이 차지하고 있을 것이지만 그밖에도 재단채권자와 별제권자도 있다. 파산재단이 풍족해서 이들 채권자 모두를 만족시킬 수 있다면 분배나 배당의 문제는 별 문제가 없을 것이다. 그러나 법인파산의 특성상 이들 채권자에게 돌아갈 파산재단의 가치는 턱없이 부족할 것이다. 이에 파산채권자 그룹이나 재단채권자 그룹, 별제권자 그룹 등 각 채권자 그룹간 또는 각 그룹 내의 채권자들간에 어떻게 분배와 배당을 할 것인지의 문제가 생기게 되고 첨예하게 대립하는 문제가 생기기도 한다. 여기에서 파산재단의 분배란 각 채권자 그룹간, 예컨대 파산채권자 그룹, 재단채권자 그룹, 별제권자 그룹간에 우선적 배분관계 내지 선후 관계를 따지는 문제를 말하고, 파산재단의 배당이란 파산채권자 그룹에게 할당된 재산에 대하여 파산관재인이 각 파산채권자들에게 그 우선순위에 따라 공평하고 평등하게 분배해주는 절차를 말한다고 개념 짓고자 한다(저자견해).

391) 법인파산 선고 후 채무자인 법인이 새로 취득한 재산을 신득재산이라고 하는데, 이러한 신득재산도 그 성질상 파산재단에 속하는 재산에서 제외되는 것이라고 할 수 있을 것이다.

나. 파산재단의 분배

법인파산에 있어서 파산재단에 대한 이해관계인들인 채권자로는 파산채권자도 있고 재단채권자 또는 별제권자도 있으며 이들 채권자들간에 파산재단을 어떻게 법에 따라 공정하고 공평하게 분배 내지 배당을 해주어야 하는 문제가 파산관재인의 가장 중요한 임무임은 앞서 본 바와 같다.

여기에서 재단채권자란 정책적인 이유나 공익적인 목적에서 통합도산법상 재단채권으로 명명하여 파산절차에 의하지 않고 일반의 파산채권자보다 우선하여 또한 수시·개별적으로 파산재단으로부터 변제를 받을 수 있도록 한 채권을 말하는데, 이러한 재단채권자에는 재단채권에 관한 일반규정인 통합도산법 제473조(재단채권의 범위)에서 열거하고 있는 일반재단채권자와 통합도산법상 각 개별 규정에서 재단채권자로 명명해 놓은 특별재단채권자가 있다.

파산채권자란 파산선고 전의 원인으로 채무자인 법인에 대하여 가지는 재산상의 청구권을 가진 자를 말하며(423조), 이들은 파산절차 내에서 배당절차를 통하여서만 평등하게 변제를 받을 수 있을 뿐 파산절차 밖에서 우선적으로 또는 수시·개별적으로 변제를 받을 자격이 없는 채권자이다.

별제권자란 파산재단에 속하는 재산에 대한 저당권자 등과 같이 파산재단 소속의 특정재산으로부터 파산절차에 의하지 않고 우선적으로 변제를 받을 수 있는 채권자를 말한다. 또한 채무자 아닌 물상보증인이 파산한 경우에 있어서의 피담보채권자[392]나 주택·상가건물임대차보호법상 대항요건과 확정일자를 갖춘 임차인을 별제권자에 준한다고 하여 준별제권라고 한다(414조, 415조). 이들 채권자간의 파산재단에 대한 분배의 우선순위를 개략적으로 살펴보면 ① 주택·상가건물임대차보호법상 소액의 주택 또는 상가건물임차인의 최우선변제금액(단 특정 주택 또는 건물에 한함)[393]과 최종 3개월

392) 파산재단에 속하지 않는 재산상에 질권·저당권 또는 「동산·채권 등의 담보에 관한 법률」에 따른 담보권을 가진 자는 채무자가 파산한 경우 그 권리의 행사에 의하여 변제를 받을 수 없는 채권액에 한하여 파산채권자로서 권리를 행사할 수 있으며, 이러한 권리를 가진 자에 대하여는 별제권에 관한 규정이 준용된다(414조 1항, 2항).

393) 주택임대차보호법상 소액임차인의 최우선변제금액이나 상가건물임대차보호법상 소액임차인의 최우선변제금액은 원래 파산채권에 지나지 않는 것이지만 통합도산법에서는 소액임차인의 보호를 위하여 별도의 규정을 두어 파산신청일까지 대항요건을 갖춘 경우 해당 주택이나 상가건물에 대한 환가대금에서 별제권자보다 우선하여 가장 먼저 변제를 받을 수 있도록 하고 있다(415조 2항, 3항, 주택임대차보호법 8조, 상가건물임대차보호법 14조).

분의 임금 및 최종 3년분의 퇴직금,[394] ② 저당권 등 별제권자와 주택·상가건물임대차보호법상 대항요건 및 확정일자를 갖춘 임차인의 우선변제금액,[395] ③ 재단채권자, ④ 파산채권자의 순으로 될 것이다. 물론 별제권자라도 후순위 별제권자인 관계로 파산채권자들과 섞여 배당을 받는 것이 유리하다고 판단하여 파산관재인에 대하여 별제권을 포기하거나 별제권의 행사로 변제받을 수 없는 담보부족액에 대하여는 파산채권자로서 권리를 행사할 수 있으므로 이러한 별제권자는 다른 파산채권자와 평등하게 채권액의 비율에 따라 배당을 받게 될 것이다.

이때 별제권자·준별제권자 내부에서의 변제 순위는 등기 등 권리설정의 선후 또는 권리설정일과 대항요건·확정일자의 순위에 따르게 될 것이고, 재단채권자 내부에서의 변제 순위는 통상적으로는 통합도산법 제477조(재단부족의 경우의 변제방법) 제2항에서 정하는 바에 따라, 재단부족의 경우에는 위 제477조 제1항 및 제2항에 따르게 될 것이며, 파산채권자 내부에서의 변제 순위는 민·상법 또는 특별법에 의한 우선적 파산채권, 일반 파산채권, 후순위 파산채권의 순으로 구분하여 변제가 이루어지게 될 것이다.

그런데 파산선고 후 별제권이 행사된 경우에 통합도산법 외의 다른 법률에 따라 별제권보다 우선하는 조세 등이 있는 경우에는 어떻게 처리할 것인지 문제된다. 파산선고 후에 별제권이 행사되었다고 해서 파산선고 전보다 별제권에게 유리한 이득이 돌아가도록 하는 것은 파산제도의 취지에 어긋나기 때문이다. 이에 관하여 실무에서는 경매절차에서 과세관청의 교부청구에 따라 별제권자보다 우선적으로 배당된 금액에 대하여는 이를 재단채권자인 과세관청에게 교부하지 않고 파산관재인에게 교부하도록 하고 있으며, 재단채권자인 과세관청이 배당요구를 하지 않는 경우에는 파산관

394) 근로자의 최종 3개월분의 임금 및 최종 3년분의 퇴직금은 원래 다른 임금 및 퇴직금과 같이 통합도산법 제473조 제10호상의 재단채권에 포함될 것이지만 통합도산법에서는 근로자에 대한 최소한도의 생계 보장을 위하여 특별 규정을 마련하여 별제권자보다 우선하여 가장 먼저 변제를 받을 수 있도록 하고 있다(415조의2, 근로기준법 38조 2항, 근로자퇴직급여보장법 12조 2항).

395) 여기에서 주택임대차보호법이나 상가건물임대차보호법상 대항요건 및 확정일자를 갖추어 우선변제권이 인정되는 임차인을 준별제권자라고도 하는데, 이들의 임차보증금은 원래는 파산채권에 지나지 않는 것이지만 통합도산법에서 주택 또는 상가임차인을 보호하고자 특별 규정을 두어 별제권자에 준하여 민사집행법에 따른 경매 또는 국세징수법에 따른 공매시 파산재단에 속하는 주택(대지 포함)이나 상가건물(대지 포함)의 환가대금으로부터 우선변제를 받을 수 있도록 하고 있는 것이다(415조 1항, 3항, 주택임대차보호법 3조 3항, 상가건물임대차보호법 5조 2항). 한편 이러한 우선변제권이 인정되는 주택 또는 상가건물임차인은 그 우선변제권의 한도 내에서 파산절차에 의하지 않고 위 주택 또는 상가건물에 대한 경매절차 등에서 만족을 얻을 수 있다(대법원 2017.11.9. 선고 2016다223456 판결).

재인이 직접 담보권보다 우선하는 조세채권에 대하여 배당요구를 하여 재단채권자인 과세관청 대신 파산관재인이 배당금을 수령할 수 있도록 하여 그 수령한 배당금을 배당재원으로 하도록 하고 있다.[396)]

다. 파산재단의 배당

파산재단의 배당은 파산채권자들에게 돌아갈 파산재단의 몫에 대하여 파산채권자들간에 그 우선 순위에 따라 공정하고 평등하게 배분하는 문제를 말한다. 즉 법인파산 선고 당시 채무자인 법인에 속하는 재산 중 환취권의 대상이 된 재산과 압류금지의 대상인 재산을 제외하고 남겨신 재산에서 소액임차인의 최우선변세금액, 최종 3개월분의 임금 및 최종 3년분의 퇴직금, 별제권으로 담보된 채권액, 주택·상가건물임대차보호법상 대항요건 및 확정일자를 갖춘 임차인의 우선변제금액, 그리고 재단채권에 해당되는 채권액을 뺀 나머지 재산이 파산채권자들에게 배당이 이루어질 기초 재산이 되는 것이며, 이러한 기초재산에 대하여 파산채권자들에게 배분하는 문제가 파산재단의 배당인 것이다.[397)]

2. 파산재단의 배당

가. 배당의 의의

파산재단의 배당이란, 앞서 본 바와 같이, 파산관재인이 파산재단에 속하는 재산을 환가한 후 파산채권자들에게 돌아갈 파산재단의 몫에 대하여 이를 파산채권자들에게 그 순위와 채권액에 따라 공정하고 평등하게 변제하는 절차를 말한다. 이를 위하여 파산관재인은 그 취임 직후부터 파산재단에 속한 재산을 수집하고, 채권조사를 통하여 배당에 참가할 채권을 확정하며, 수집된 파산재단을 환가한 후 이를 각 채권자들에게 그 우선 순위에 따라 분배하고 나머지 일반 또는 후순위 파산채권자들에게 돌아갈 몫에 대하여 배당을 통하여 배분하게 되는 것이다.

---

396) 서울중앙지방법원, 제4판 법인파산실무, 297p; 대법원 2003.6.24. 선고 2002다70129 판결.

397) 여기에서 소액임차인의 최우선변제금액이나 주택·상가건물임대차보호법상 대항요건 및 확정일자에 의한 임차인의 우선변제금액도 원래 파산채권에 해당되는 것이므로 배당의 문제로 삼아야 할 것이지만 통합도산법상 별도의 규정을 두어 우선변제권이 인정되도록 하고 있어(415조) 분배의 문제로 분류한 것인 바, 이 문제는 논외로 한다.

나. 배당의 종류

파산관재인이 파산재단을 환가한 후 배당하는 방법에는 그 시기에 따라 중간배당, 최후배당, 추가배당으로 구분할 수 있다. 중간배당은 파산재단 소속 재산이 모두 환가·처분되기 전이지만 채권조사기일 종료 후 상당한 정도의 금전이 축적된 단계에서 행하는 배당을 말하고, 재단 소속 재산이 모두 환가되어 파산종결을 전제로 최종적으로 행하는 배당을 최후배당이라고 한다. 추가배당은 최후배당 후에 새로이 배당에 충당할 재산이 발견된 경우에 보충적으로 행하는 배당절차를 말한다. 실무상 최초의 중간배당은 제1회 채권자집회기일로부터 1년 내에, 최후배당은 제1회 채권자집회기일로부터 2년 내에 실시하도록 하고 있다.[398)]

다. 배당에 참가시킬 파산채권

배당에 참가시킬 파산채권은 채권조사기일에서 이의 없이 확정된 채권, 이의가 있었지만 철회된 채권, 채권조사확정재판이나 그에 대한 이의소송이 확정된 채권이다. 이의가 제기된 채권에 관하여는 해당 채권자가 배당공고일부터 14일 이내에 파산관재인에 대하여 채권조사확정재판(462조)을 신청하거나 채권조사확정재판에 대한 이의의 소(463조) 제기 또는 수계사실을 증명하지 않으면 배당으로부터 제외된다(512조 1항). 그러나 채권에 관하여 이의가 있더라도 그것이 집행력있는 집행권원 또는 종국판결 있는 채권에 관한 이의인 때에는, 그 이의가 확정판결에 의하여 이유 있다고 판단되지 않는 한, 배당에 참가할 수 있다(466조 1항). 이의 있는 채권에 대한 배당액은 그 확정시까지 임치 또는 공탁된다(519조 1호, 528조 1호).

별제권자도 배당제외기간 안에 파산관재인에게 별제권 포기의 의사를 표시하거나 담보권의 실행에 착수한 후 그 부족액을 증명하지 않는 경우에는 역시 배당에서 제외된다(512조).[399)]

벌금·과료·형사소송비용·추징금 및 과태료도 집행권원이 있는 채권과 동일하게 취급되어 배당에 참가할 수 있다(472조 2항, 466조 1항, 446조 1항 4호).

정지조건부채권 또는 장래의 청구권이 최후배당에 관한 배당제외기간 내에 이를 행

---

398) 서울중앙지방법원, 제4판 법인파산실무, 453p.
399) 대법원 1996.12.10. 선고 96다19840 판결.

사할 수 없게 된 때에는 해당 채권자는 배당에서 제외된다(523조). 해제조건부채권의 조건이 최후배당에 관한 배당제외기간 내에 성취되지 못한 때에도 배당을 받지 못하거나 배당을 받지 못한 것과 같은 결과가 될 것이다(524조).

라. 배당방법

1) 배당종류별 배당횟수

배당에는 중간배당, 최후배당, 추가배당이 있다. 중간배당은 1회에 한하여 실시하는 것이 아니고 수시로 실시할 수 있으며, 실무상 중간배당의 실시를 독려하기 위하여 중간배당시마다 파산관재인에게 중간보수를 지급하고 있다. 이에 반하여 최후배당은 1회에 한하여 실시한다. 다만 중간배당 실시 후 배당재원이 전혀 없게 되어 최후배당 절차에 대한 생략에 파산채권자들이 이의를 제기할 가능성이 없는 경우라면 최후배당 절차 없이 곧바로 파산종결절차를 밟는 경우도 있다. 추가배당도 시행횟수에 제한이 없다. 그러나 간이파산의 경우에는 재단의 규모가 작은 관계로 중간배당은 실시하지 않고 있다(555조).

2) 배당절차

가) 배당허가신청

채권조사기일이 종료된 후 파산관재인은 배당하기에 적당한 금전이 있을 때마다 법원의 허가와 감사위원의 동의(감사위원이 선임된 경우에 한함)를 받아 지체 없이 중간배당을 실시하여야 한다(505조, 506조). 이를 위하여 파산관재인은 배당에 참가시킬 채권자의 성명 및 주소, 배당에 참가시킬 채권액, 배당금액이 기재된 배당표를 작성하고, 배당에 참가시킬 채권의 총액과 배당할 수 있는 금액을 공고하여야 한다(507조, 509조).

파산관재인이 중간배당을 실시하려면 법원의 허가를 받아야 하는데, 중간배당허가 신청시에는 신청서 및 첨부서면을 제출하여야 하고, 이와 별도로 배당표와 파산관재인의 보수 산정에 필요한 자료도 제출하여야 한다. 중간배당허가신청서에는 ① 배당가능금액, ② 배당참가 파산채권액, ③ 우선채권자·일반채권자의 구별, ④ 예상배당율 등을 기재하여야 하고, 첨부서류로서 ① 수지계산서, ② 임치금의 잔고증명서, ③ 향후의 관재업무표, ④ 재산증식예상액표, ⑤ 배당액 임치 대상 채권자 및 금액 보고서 등을 첨부하여야 한다.

파산관재인이 최후배당을 하려는 경우에도 법원의 허가를 받아야 한다(520조). 최후배당에 관한 배당제외기간은 배당공고일부터 14일 이상 30일 이내에서 법원이 정하는데, 실무상 14일로 정하고 있다(521조).[400]

한편 배당액의 통지를 한 후에 새로이 배당에 충당할 재산이 있게 된 때에는 파산관재인은 법원의 허가를 받아 추가배당을 실시하여야 한다(531조 1항 전단). 파산종결결정이 있은 후에 새로이 배당에 충당할 재산이 있게 된 때에도 마찬가지이다(531조 1항 후단). 파산관재인이 법원으로부터 추가배당에 대한 허가를 받은 때에는 지체 없이 배당할 수 있는 금액을 공고하고 각 채권자에 대한 배당액을 정하여 통지하여야 한다(531조 2항). 추가배당은 새로이 배당표를 작성·제출할 필요 없이 최후배당에 관하여 작성한 배당표에 의하게 된다(532조). 따라서 배당표의 경정이나 배당표에 대한 이의도 허용되지 않고, 최후배당에서 제외된 파산채권자는 추가배당에서도 참가할 수 없게 된다.

나) 배당표의 작성·제출과 배당공고

배당재원은 임치금의 잔고에서 장차 예상되는 관재비용을 공제한 금액이 될 것이다. 배당에 참가시킬 채권은 배당표에 기재하여 법원에 제출하여야 한다.

배당표에 기재될 채권은 배당에 참가시킬 채권인데, 우선권 있는 채권과 일반파산채권으로서 구별하여 기재하여야 하고, 그 순위에 따라 배당이 이루어진다. 따라서 배당표에는 각 파산채권의 우선권 여부, 배당참가 대상 채권자의 성명·주소·채권액·배당액, 임치 대상 채권 및 배당액을 기재하여야 하며, 배당표는 이의신청기간의 도과, 이의신청의 취하, 이의신청에 대한 재판의 확정에 의하여 확정된다(514조 1항, 2항, 3항).

실무상 후순위 파산채권까지 배당이 이루어지는 사례는 없을 것이므로 후순위 파산채권이 배당표에 기재되는 경우는 거의 없다고 본다. 별제권을 가진 채권자는 파산관재인에게 별제권을 포기한다는 의사를 표시한 경우이거나 담보권실행에 착수한 후 담보부족액을 소명한 경우에만 배당표에 기재되어 파산채권자로서 배당에 참가할 수 있다. 벌금·과료·형사소송비용·추징금 및 과태료는 집행권원이 있는 채권과 동일하게

---

400) 서울중앙지방법원, 제4판 법인파산실무, 464p.

취급되어 배당표에 기재된다(472조 2항, 466조 1항, 446조 1항 4호).

이의 있는 채권자나 별제권자로서 배당에서 제외된 채권자가 그 후의 배당에 관한 배당제외기간 내에 그 증명 또는 소명을 한 때에는 앞의 배당에서 받을 수 있었을 금액에 관하여 동순위의 다른 채권자보다 우선하여 배당을 받을 수 있다(518조, 512조). 파산관재인이 간과하여 앞의 배당에서 제외된 채권자나 채권신고기간 경과 후에 신고한 채권자로서 앞의 배당에 참가할 수 없었던 채권자도 마찬가지로 우선배당이 이루어질 수 있다.

배당의 대상이 되는 채권은 설령 전에 그 일부에 관하여 배당을 받았거나 변제를 받았다고 하더라도 전액을 기준으로 배당표에 기재된다. 즉 제1회 중간배당절차에서 일부를 배당받았다고 하더라도 제2회 이후의 배당에 있어서는 제1회 중간배당에서의 배당표에 기재된 채권액 전부가 배당표에 채권액으로 기재되는 것이다.

파산관재인이 중간배당을 위하여 배당표를 작성한 후에는 이를 법원에 제출하여 이해관계인으로 하여금 배당표를 확인·조사할 수 있도록 하여야 하고(508조), 배당에 참가시킬 채권의 총액 및 배당할 수 있는 금액을 공고하여야 한다(509조). 최후배당의 경우에도 파산관재인은 배당표에 대한 이의가 종결된 후 지체 없이 각 채권자에 대한 배당액을 정하여 통지를 하여야 한다(522조).

다) 배당표의 경정과 배당표에 대한 이의

파산관재인은 직권 또는 파산채권자의 신청에 따라 배당공고일부터 배당표에 대한 이의기간 만료시까지의 기간 내에 일정한 사유, 즉 ① 파산채권자표를 경정하여야 하는 사유가 배당제외기간 내에 생긴 때, ② 배당표에 대하여 이의 있는 채권자의 이의가 인정된 때, ③ 별제권자가 배당제외기간 내에 별제권을 포기하거나 담보부족액을 증명한 때, ④ 배당표의 기재에 명백한 오기·오류가 발견된 때 등의 경우에는 배당표를 경정하여야 한다(513조, 512조, 514조). 배당표의 경정은 법원의 허가사항이 아니며, 다시 공고할 필요도 없다(509조 단서).

한편 파산채권자는 배당표의 기재사항에 대하여 이의를 제기할 수 있는데, 이러한 배당표에 대한 이의는 통상의 소송절차에 의해서는 불복이 불가하고 배당표에 대한 이의신청으로써만 가능하다. 배당표에 대한 이의신청은 파산채권자에 한하여 배당제외기간[401] 경과 후 7일 이내에 법원에 제기할 수 있다(514조 1항). 배당표에 대한 이의는 파산채권자만 가능한 것으로서 재단채권자나 채무자는 배당표에 대한 이의신청을 할 수 없다. 배당표에 대한 이의신청이 있으면 법원은 파산관재인에게 배당절차에 대한 중지를 지시한 후 이의신청이 이유 있으면 배당표의 경정을 명하는 결정을 하게 될 것이고, 그렇지 않으면 기각결정을 하게 된다. 이러한 법원의 결정에 대하여는 이의신청인이 결정을 송달받은 다음날부터 1주일 내에 즉시항고할 수 있다(514조 3항, 33조, 민사소송법 444조 1항).

라) 배당률 및 배당액의 통지

통합도산법에서는 중간배당의 경우에는 배당률[402]을, 최후배당의 경우에는 배당액을 통지하도록 규정하고 있지만(515조, 522조), 실무상으로는 두 경우 모두 배당률과 배당액을 함께 통지하고 있는 것으로 보인다. 중간배당이든 최후배당이든 배당통지에 의하여 배당액이 확정되고, 그 변경은 허용되지 않으며, 재권자는 배당통지를 받은 때로부터 구체적인 배당청구권을 취득하게 된다. 이와 같이 배당액이 통지된 후에는 설령 파산관재인이 그 후 재단채권의 존재사실을 알게 되었다고 하더라도 이미 통지한 배당금액에서 재단채권을 변제할 수 없다(534조). 따라서 재단채권자라도 추가배당의 배당액이 통지된 후에는 더 이상 변제를 받을 수 없게 되는 것이다(534조).

마) 파산관재인의 배당금지급의무

파산관재인의 파산채권자에 대한 배당금지급채무의 법적 성질은 민사채무에 해당되므로 지연손해금은 연 5%이며, 파산관재인의 배당금 지급(일부 변제)과 파산채권자의 채권증서의 교부의무는 동시이행관계에 있지 않으므로 파산채권자는 파산채권 전액을 변제받는 경우가 아닌 한 채권증서의 교부 없이 배당금을 지급받을 수 있다(대판 2005.8.19. 2003다22042). 배당이 종료된 때에는 파산관재인은 배당실시보고서를 작성하고 영수증 또는 송금의뢰서의 사본을 첨부하여 법원에 제출하여야 한다. 파산관재인은 법원에 비치되어 있는 파산채권자표의 원본과 파산관재인이 보관하고 있는 등본에 배당액을 기재하고 기명날인하여야 한다.

---

401) 여기에서 배당제외기간이란 중간배당의 경우에는 배당공고일부터 2주간이고(512조 1항), 최후배당의 경우에는 배당공고일부터 14일 이상~30일 이내에서 법원이 정하는 기간을 말하는데, 실무상으로는 14일로 정하고 있다(521조).

402) 배당률이란 배당할 수 있는 금액(배당재원에서 재단채권을 공제한 금액)을 배당에 참가할 채권의 총액으로 나눈 비율을 말한다.

마. 계산보고의 채권자집회

법원은 계산보고를 위하여 채권자집회를 소집하여야 하고, 파산관재인은 계산보고를 위한 채권자집회에서 채권자들에게 수지계산서와 최종업무보고서를 배포한 후 그 내용을 설명하여야 하며, 이에 대하여 법원은 채권자에게 이의할 기회를 주어야 한다. 계산에 대한 채권자의 승인이나 이의는 기일에서 구두로 진술하여야 한다. 이의를 진술하지 않거나 기일에 출석하지 않은 경우에는 파산관재인의 계산보고를 승인한 것으로 간주한다(365조 2항).

또한 계산보고를 위한 채권자집회기일에서는 파산관재인이 가치 없다고 인정하여 환가하지 않은 재산의 처분에 관한 결의를 하여야 된다(529조). 만약 파산관재인의 견해와 달리 채권자집회에서 가치 있다고 보고 환가를 결의한 경우에는 파산관재인은 이에 따라 환가하여야 하고 속행기일에서 환가결과를 보고하여야 한다. 다만 추가배당의 경우에는 계산보고를 위한 채권자집회를 따로 소집하여 승인을 받을 필요는 없다. 파산종결 전에 추가배당이 종료된 때에는 파산종결에 따른 계산보고시에 추가배당내역을 포함하여 계산보고를 하면 될 것이다.

[기재례 69] 수지계산서(중간배당의 경우)

수지계산서

20 . . .부터
20 . . .까지

파산선고 당시의 예치금 금 원

수입의 부

총 수입액	금	원
(내역)		
건물매각대금	금	원
매출채권 회수금	금	원
임치금에 대한 이자수익	금	원
기타		

지출의 부

총 지출액	금	원
(내역)		
1. 절차비용		
(1) 보관비용		
보조자 수당	금	원
인쇄비	금	원
(2) 소송비용		
인지대	금	원
송달료	금	원
(3) 환가비용		
감정료	금	원
매각중개업자수수료금		원
(4) 배당비용		
인쇄비	금	원
(5) 기타		

2. 재단채권

(1) 20○○년도 법인세 금 원

(2) 기타 재단채권

소계 금 원

3. 기타

잔금 원

위와 같이 보고합니다.

20○○. ○. ○.

채무자 ○○○ 주식회사

파산관재인 ○ ○ ○

주) 법인파산실무(서울중앙지방법원), 서식 참고 및 인용

[기재례 70] 파산관재인 보수결정(중간배당시)

○○지방법원
제○파산부
결 정

사 건 20○○하합○○ 파산선고
채 무 자 ○○증권 주식회사
○○시 ○○구 ○○로 ○○
파산관재인 변호사 ○○○

주 문

파산관재인의 보수를 금 30,000,000원으로 정한다.

이 유

채무자 회생 및 파산에 관한 법률 제30조를 적용하여 주문과 같이 결정한다.

20○○. ○. ○.

재판장 판사 ○○○
판사 ○○○
판사 ○○○

주) 법인파산실무(서울중앙지방법원), 서식 참고 및 인용

[기재례 71] 배 당 표

배당표(제1회)

사　　건　　20○○하합○○　파산선고

채 무 자　　○○증권 주식회사
　　　　　　○○시 ○○구 ○○로 10의 1

위 사건의 제1회 배당에 관하여 파산관재인은 별지와 같이 배당표를 작성하여 제출합니다.

20○○. ○. ○.

파산관재인　변호사 ○ ○ ○

주) 법인파산실무(서울중앙지방법원), 서식 참고 및 인용

〈별지〉

우선채권

순번	채권표 번호	배당에 참가시킬 채권자		배당에 참가시킬 채권액(원)	배당할 수 있는 금액(원)	비고
		성명	주소			
1	3	◇◇◇		500,000	500,000	
합계				2,000,000	2,000,000	

일반채권

순번	채권표 번호	배당에 참가시킬 채권자		배당에 참가시킬 채권액(원)	배당할 수 있는 금액(원)	비고
		성명	주소			
1	1	○○○		10,082,200	1,512,330	
2	2	○○○		21,966,027	3,294,904	
3	4	○○○		20,000,000	3,000,000	
합계				114,568,215	17,785,234	

[기재례 72] 배당공고

배당공고

사　　건　　20○○하합○○　파산선고

채 무 자　　○○증권 주식회사
　　　　　　○○시 ○○구 ○○로 10의 1

위 사건의 제1회 배당에 관하여 다음과 같이 공고합니다. 이 공고 내용은 추후 변경될 수 있습니다.

1. 배당에 참가시킬 채권의 총액 : 금 123,456,789,000원
　　우선채권 금 100,000,000원
　　일반채권 금 123,456,789,000원

2. 배당할 수 있는 금액 : 금 123,456,789원
　　우선채권 금 100,000,000원
　　일반채권 금 23,456,789

20○○. ○. ○.

파산관재인 변호사 ○ ○ ○

주) 법인파산실무(서울중앙지방법원), 서식 참고 및 인용

[기재례 73] 경정배당표의 제출

경정배당표 제출

사 건 20○○하합○○ 파산선고
채 무 자 ○○증권 주식회사(○○시 ○○구 ○○로 ○○)

위 사건에 관한 배당표를 별지 정오표와 같이 경정하였으므로 정오표 및 경정 배당표를 제출합니다.

20○○. ○. ○.

채무자 ○○증권 주식회사
파산관재인 변호사 ○○○

붙임 : 1. 정오표 1통.
2. 경정된 배당표 1통. 끝.

주) 법인파산실무(서울중앙지방법원), 서식 참고 및 인용

[기재례 74] 배당표 경정결정

○○지방법원
제○파산부
결 정

사 건 20○○하합○○ 파산선고
채 무 자 주식회사 ○○○
○○시 ○○구 ○○로 ○○
파산관재인 변호사 ◇◇◇
이의신청인 ○○○
○○시 ○○구 ○○로 ○○

주 문

파산관재인은 이 사건에 관하여 20○○. ○. ○. 작성한 배당표 중 파산채권자 ○○○의 배당에 참가시킬 채권액 금 2,000,000,000원을 금 2,500,000,000원으로 경정하여야 한다.

이 유

이 사건 이의신청은 이유 있으므로 채무자 회생 및 파산에 관한 법률 제514조를 적용하여 주문과 같이 결정한다.

20○○. ○. ○.

재판장 판사 ○○○
판사 ○○○
판사 ○○○

주) 법인파산실무(서울중앙지방법원), 서식 참고 및 인용

[기재례 75] 배당표에 대한 이의신청 기각결정

○○지방법원
제○파산부
결 정

사 건 20○○하합○○ 파산선고
채 무 자 주식회사 ○○
○○시 ○○구 ○○로 ○○
파산관재인 ◇◇◇
이의신청인 ○○○
○○시 ○○구 ○○로 ○○

주 문

이 사건 이의신청을 기각한다.

이 유

이의신청인은 채무자 주식회사 ○○의 파산관재인 ◇◇◇이 채무자의 제1회 중간배당에 관하여 이 법원에 제출한 배당표에 기재된 이의신청인에 대한 배당액의 기재가 잘못되었다는 취지로 위 배당표에 대하여 이의신청을 하였으나, 배당표의 각 파산채권자에 대한 배당액의 기재는 이를 배당표에 대한 이의로써 다툴 사항이 아니라고 할 것이므로 채무자 회생 및 파산에 관한 법률 제514조를 적용하여 주문과 같이 결정한다.

20○○. ○. ○.

재판장 판사 ○○○
판사 ○○○
판사 ○○○

주) 법인파산실무(서울중앙지방법원), 서식 참고 및 인용

[기재례 76] 배당통지서

사 건 20○○하합○○ 파산선고
수 신 채권자 주식회사 ○○은행

제1회 중간배당 실시 및 배당률 통지

위 파산사건에 관하여 제1회 중간배당을 다음과 같이 실시하게 되었음을 알려드립니다.

1. 배당률 : 12%(일반채권자)
2. 귀 채권자에 대한 배당금액 : 금 원
3. 배당금 수령 일시 : 20○○. ○. ○. 오전 10시부터 오후 3시까지
4. 배당금 수령 장소 : 파산관재인 사무실(서울 ○○구 ○○로 ○○)
5. 주의할 점
   가. 배당금을 은행 계좌로 수령하기를 원하는 분은 동봉한 송금의뢰서와 영수증의 빈 칸을 기재한 후 채권증서(어음, 수표금 채권의 경우에는 그 원본)과 함께 파산관재인 사무실로 보내 주시면 배당일에 송금 수수료를 공제한 잔액을 입금하여 드립니다.
   나. 배당금을 직접 수령하고자 원하는 분은 채권증서, 인감도장(채권신고서 또는 채권신고 위임장의 인감과 동일한 것), 이 통지서에 동봉한 영수증을 지참하시고 위 일시에 파산관재인 사무실로 오시기 바랍니다(별지 약도 참조).
   다. 우송 또는 지참하신 서류에 미비한 점이 있으면 배당금을 수령할 수 없으니 주의하시기 바랍니다.
   라. 문의하실 사항이 있으면 파산관재인 사무실(전화 500-5000, 팩스 500-5001)로 연락해 주시기 바랍니다.

20○○. ○. ○

채 무 자 ○○주식회사
파산관재인 변호사 ○○○

주) 법인파산실무(서울중앙지방법원), 서식 참고 및 인용

〈별지 약도 생략〉

[기재례 77] 배당금영수증/송금의뢰서

배당금영수증

금 원정(₩)

위 돈을 채무자 ○○○ 주식회사에 대한 ○○지방법원 20○○하합○○ 파산선고 사건의 제1회 배당금으로 영수합니다.

영수인 파산채권자 주소
성명 ㊞

채무자 ○○○ 주식회사
파산관재인 ○ ○ ○ 귀하

송금의뢰서

채무자 ○○○ 주식회사에 대한 ○○지방법원 20○○하합○○ 사건의 제1회 배당금을 다음 은행 계좌로 송금하여 주시기 바랍니다.

은행명 : 은행 지점
계좌번호 :
예금주 :
파산채권자 주소
성명 ㊞

첨부 : 인감증명원(영수증 및 송금의뢰서용)

채무자 ○○○ 주식회사
파산관재인 ○ ○ ○ 귀하

주) 법인파산실무(서울중앙지방법원), 서식 참고 및 인용

[기재례 78] 최후배당의 제척기간 결정

○○지방법원
제○파산부
결 정

사 건 20○○하합○○ 파산선고
채 무 자 주식회사 ○○○
○○시 ○○구 ○○로 ○○
파산관재인 ○○○

주 문

최후배당에 관한 제척기간을 20○○. ○. ○.까지로 한다.

이 유

채무자 회생 및 파산에 관한 법률 제521조를 적용하여 주문과 같이 결정한다.

20○○. ○. ○.

재판장 판사 ○○○
판사 ○○○
판사 ○○○

주) 법인파산실무(서울중앙지방법원), 서식 참고 및 인용

[기재례 79] 최후배당 제척기간 공고

(주)○○ 최후배당 제척기간 공고

사　　건　20○○하합○○　파산선고

채 무 자　주식회사 ○○○
○○시 ○○구 ○○로 ○○

파산관재인　변호사 ○○○

채무자 회생 및 파산에 관한 법률 제8조 제1항, 제10조 제1항에 의하여 다음과 같이 공고합니다.

다　　　음

최후배당에 관한 제척기간을 20○○. ○. ○.까지로 정한다.

20○○. ○. ○.

○○지방법원 제○○파산부

재 판 장　판 사 ○○○
판 사 ○○○
판 사 ○○○

주) 법인파산실무(서울중앙지방법원), 서식 참고 및 인용

[기재례 80] 송달에 갈음하는 공고결정

○○지방법원
제○○파산부
결 정

사 건 20○○하합○○ 파산선고
채 무 자 주식회사 ○○
○○시 ○○구 ○○로 ○○
파산관재인 ○○○

주 문

채무자, 파산채권자에 대한 채무자 회생 및 파산에 관한 법률 제521조에 의한 송달은 공고로써 갈음한다.

이 유

채무자 회생 및 파산에 관한 법률 제8조, 제10조 제1항을 적용하여 주문과 같이 결정한다.

20○○. ○. ○.

재판장 판사 ○○○
판사 ○○○
판사 ○○○

주) 법인파산실무(서울중앙지방법원), 서식 참고 및 인용

[기재례 81] 계산보고집회 기일결정

○○지방법원
제○파산부
결 정

사 건 20○○하합○○ 파산선고
채 무 자 주식회사 ○○
○○시 ○○구 ○○로 ○○
파산관재인 ○○○

주 문

파산관재인의 임무종료에 따른 계산보고를 위하여 20○○. ○. ○. 15:00 ○○지방법원 제202호 법정에서 채권자집회를 소집한다.

이 유

채무자 회생 및 파산에 관한 법률 제365조, 제367조를 적용하여 주문과 같이 결정한다.

20○○. ○. ○.

재판장 판사 ○○○
판사 ○○○
판사 ○○○

주) 법인파산실무(서울중앙지방법원), 서식 참고 및 인용

[기재례 82] 계산보고집회 기일 공고

(주)○○ 채권자집회소집 공고

사　　건　20○○하합○○　파산선고
채 무 자　주식회사 ○○
　　　　　○○시 ○○구 ○○로 ○○
파산관재인　변호사 ○○○

채무자 회생 및 파산에 관한 법률 제365조, 제367조, 제368조에 의하여 다음과 같이 공고합니다.

다　　음

1. 채권자집회 기일 및 장소 : 20○○. ○. ○. 15:00 서울지방법원 제202호 법정
2. 회의 목적사항 : 파산관재인의 임무종료에 따른 계산보고

20○○. ○. ○.

○○지방법원 제○○파산부

재판장　판사 ○○○
　　　　판사 ○○○
　　　　판사 ○○○

주) 법인파산실무(서울중앙지방법원), 서식 참고 및 인용

[기재례 83] 계산보고서

사　　건　　20○○하합○○　파산선고
채 무 자　　○○ 주식회사

계 산 보 고 서

위 파산사건에 관하여 파산관재인은 임무종료에 따른 수지계산보고서를 제출합니다.

20　.　.　.부터
20　.　.　.까지

수입의 부

총 수입액	금	원
(내역)		
건물매각대금	금	원
동산매각대금	금	원
매출채권 회수금	금	원
임치금에 대한 이자수익	금	원
기타		

지출의 부

총 지출액	금	원
(내역)		
1. 절차비용		
(1) 재단 보전·관리 비용		
봉인집행비용	금	원
화재보험료	금	원
소계	금	원
(2) 소송비용		
인지대	금	원
송달료	금	원
증인심문비용	금	원
소계	금	원

(3) 재단 수집·환가 비용

감정료	금	원
매각중개업자수수료	금	원
채권추심을 위한 교통비	금	원
소계	금	원

(4) 배당비용

인쇄비	금	원
관보공고료	금	원
배당통지비용	금	원
소계	금	원

(5) 잡비

보조인 보수	금	원
지대·인쇄비	금	원
교통·통신비	금	원
소계	금	원

소 계

2. 기타 재단채권

(1) 조세(서초세무서)	금	원
(2) 법원에 대한 예납금	금	원
(3) 신청인에 대한 예납금환급금	금	원

소 계

3. 관재인·감사위원 보수

(1) 관재인 보수	금	원
(2) 감사위원 보수	금	원

소 계

4. 배당금

(1) 중간배당	금	원
(2) 최후배당	금	원
소 계	금	원

잔 금 원

위와 같이 보고합니다.

20○○. ○. ○.

채무자 ○○ 주식회사
파산관재인 ○ ○ ○

○○지방법원 제○○파산부 귀중

주) 법인파산실무(서울중앙지방법원), 서식 참고 및 인용

붙임 : 증거서류

[기재례 84] 채권자집회기일통지서(계산보고서 승인)

○○지방법원
통 지 서

사 건 20○○하합○○ 파산선고

채 무 자 ○○상호신용금고 주식회사
○○시 ○○구 ○○로 ○○

파산관재인 ○○○

위 사건에 관하여 파산관재인의 신청에 의하여 다음과 같이 채권자집회를 소집하기로 결정하였으니 참석하여 주시기 바랍니다.

다 음

1. 일 시 : 20○○. ○. ○. 15:00
2. 장 소 : ○○지방법원 제202호 법정
3. 회의의 목적 : 파산관재인의 임무종료에 의한 계산보고의 승인

법원 사무관 ○ ○ ○

주) 법인파산실무(서울중앙지방법원), 서식 참고 및 인용

[기재례 85] 채권자집회 조서(계산보고)

○○지방법원
제○회 채권자집회 조서

20○○하합○○ 파 산 선 고 기 일 : 20○○. ○. ○. 10:00
재판장 판사 ○ ○ ○ 장 소 : ○○지방법원
판사 ○ ○ ○ 제202호 법정
판사 ○ ○ ○ 공개여부 : 비공개
법원 사무관 ○ ○ ○
사건과 당사자를 호명
파산관재인 변호사 ◇ ◇ ◇ 출석
채무자 주식회사 ○○ 대표이사 ○ ○ ○ 출석
파산채권자의 출석상황은 [별첨 1 채권자 출석상황 및 의결권표] 기재와 같음

재판장 ―――――――――――――――――――――――――――――――――
1. 지금부터 20○○하합○○ 채무자 주식회사 ○○에 대한 제○회 채권자집회를 개최하겠다고 선언
2. 파산관재인은 채무자 회생 및 파산에 관한 법률 제365조에 의하여 파산관재인의 임무종료에 따른 계산보고를 할 것을 명

파산관재인
[별첨 2 파산관재인 보고서]에 의하여 임무종료에 따른 계산보고를 진술
재판장
채무자, 파산채권자(또는 그 대리인)들 중 파산관재인의 계산보고에 대하여 이의가 있는지 여부를 묻다
파산채권자 등
이의를 진술하지 아니하다

재판장
1. 채무자, 파산채권자 등의 이의가 없으므로 채무자 회생 및 파산에 관한 법률 제365조 제2항에 의하여 파산관재인의 임무종료에 따른 계산을 승인한 것으로 본다고 선언.

2. 파산관재인의 임무종료에 따른 계산보고를 위한 채권자집회를 종료한다고 선언
3. 별지 결정서에 의하여 이 사건 파산에 관하여 파산종결 결정을 하였음을 고지

〈집회종료〉

법원 사무관 ○ ○ ○
재판장 판사 ○ ○ ○

주) 법인파산실무(서울중앙지방법원), 서식 참고 및 인용

[6] 파산재단에 대한 분배·배당의 순서

1. 의 의

가. 우선순위에 따른 공정·공평한 분배와 배당

파산재단이란 채무자인 법인이 파산선고시에 가지고 있던 국내·외의 모든 재산 중 환취권의 대상이 된 재산과 압류금지의 대상인 재산을 제외한 나머지 재산을 말하는데, 이는 법인파산에 있어서 이해관계인인 각종 채권자들에게 분배 또는 배당의 기초가 되는 재산이 된다. 법인파산에 있어서는 이러한 파산재단을 어떻게 다양한 부류의 채권자들에게 그 순위에 따라 공정하고 공평하게 분배 내지 배당을 해줄 것이냐의 문제가 가장 중요한 과제가 되는 것이다.

나. 법인파산에서 각 채권들간의 우선 순위 관계

법인파산에서 파산재단에 대한 이해관계인들인 각 채권자들의 채권을 크게 분류해 보면 파산채권과 재단채권 그리고 별제권으로 구별할 수 있을 것이다. 여기에서 재단채권이란 정책적인 이유나 공익적인 목적에서 파산절차에 의하지 않고 파산채권보다 우선적으로 또한 수시·개별적으로 파산재단으로부터 변제를 받을 수 있도록 통합도산법의 일반 규정 및 개별 규정에서 재단채권이라고 명명한 채권을 말하고(473조 등), 파산채권이란 법인파산선고 전의 원인으로 채무자인 법인에 대하여 가지는 재산상의 청구권을 말하며(423조), 별제권이란 파산재단에 속하는 재산에 대한 저당권 등과 같이 특정재산으로부터 파산절차에 의하지 않고 우선적으로 변제를 받을 수 있는 채권을 말한다. 이들 채권간에 파산재단에 대한 분배의 우선 순위를 개략적으로 살펴보면 ① 주택·상가건물임대차보호법상 소액임차인의 최우선변제금액과 근로자의 최종 3개월분의 임금 및 최종 3년분의 퇴직금, ② 별제권자와 주택·상가건물임대차보호법상 확정일자에 의한 임차인의 우선변제금액, ③ 재단채권, ④ 파산채권의 순으로 분배되는 것이라고 보인다. 물론 별제권이라고 하더라도 후순위여서 별제권보다는 파산채권으로 인정받아 배당을 받는 것이 유리하다고 판단하여 별제권을 포기하거나 별제권의 행사로 변제받을 수 없는 담보부족액에 대하여는 파산채권으로서 권리를 행사할 수 있을 것이다. 여기에서 별제권 및 준별제권끼리의 변제 순위는 등기 등 권리설정의 순위에 따르게 될 것이고, 재단채권끼리의 변제 순위는 통합도산법 제477조(재단부족의 경우의 변제방법) 제1항 및 제2항에서 정하는 바에 의할 것이며, 파산채권끼리의 변제 순위는 채권의 성질에 따라 민·상법 또는 특별법이 정하는 바에 따라 우선적 파산채권, 일반 파산채권, 후순위 파산채권으로 구별하여 그 순위에 따라 변제가 이루어지게 될 것이다.

한편 별제권이든 재단채권이든 파산채권이든 모두 파산재단으로부터 변제를 받는다는 것은 동일하지만 별제권은 별제권이 설정된 특정 재산으로부터 임의적인 담보권 실행 등 별제권의 행사에 의하여 파산절차 밖에서 변제가 이루어지는 것이고, 재단채권도 파산절차 밖에서 수시·개별적으로 파산관재인에 의하여 변제가 이루어지는 것인 점에서 파산채권이 파산절차 내에서만 배당절차에 의하여 변제를 받는 수밖에 없다는 것과 근본적인 차이가 있다.

2. 각 채권별 분배·배당의 순서

가. 1순위 : 소액임차인의 최우선변제금액과 최종 3개월분의 임금 및 최종 3년분의 퇴직금

주택임대차보호법상 소액임차인의 최우선변제금액[403]이나 상가건물임대차보호법상 소액임차인의 최우선변제금액[404]은 원래는 파산채권에 지나지 아니한 채권이지만

403) 주택임대차보호법상의 소액임차인의 최우선변제금액이란 2016. 3. 31. 이후 현재까지를 기준으로 보면 ① 서울 지역 : 보증금 1억원 이하로 살 경우에 3,400만원까지, ② 과밀억제권역 : 보증금 8천만원 이하의 임차인에 대하여 2,700만원까지, ③ 광역시(과밀억제권역·군지역 제외)·세종특별자치시·안산시·용인시·김포시·광주시 : 보증금 6,000만원 이하로 살 경우에 2,000만원까지, ④ 기타 지역 : 4천만원 이하의 임차인에 대하여 1천 4백만원까지 최우선적으로 보장해 주는 금액을 말한다. 여기에서 과밀억제권역이란 수도권정비계획법에서 정하는 바에 따라 시대별로 다소 다르겠지만 2011. 3. 9.부터 현재까지는 서울, 인천(강화군·옹진군·대곡동·불로동·마전동·금곡동·오류동·왕길동·당하동·원당동 및 인천경제자유구역·남동국가산업단지는 제외), 의정부시, 구리시, 남양주시(단, 호평동· 평내동·금곡동·일패동·이패동·삼패동·가운동·수석동·지금동·도농동만 해당), 하남시, 고양시, 수원시, 성남시, 안양시, 부천시, 광명시, 과천시, 의왕시, 군포시, 시흥시(단, 반월특수지역은 제외) 지역을 말한다(수도권정비계획법 시행령 제9조 별표 1).

404) 상가건물임대차보호법상의 소액임차인의 최우선변제금액이란 2014년 1월 1일 이후 현재까지를 기준으로 보면 ① 서울특별시 : 환산보증금이 6,500만원 이하일 경우에 2,200만원까지, ② 과밀억제권역(서울 제외) : 환산보증금이 5,500만원 이하일 경우에 1,900만원까지, ③ 광역시(과밀억제권역·군지역 제외) 및 안산시·용인시·김포시·광주시 : 환산보증금이 3,800만원 이하일 경우에 1,300만원까지, ④ 그밖의 지역 : 환

통합도산법에서는 소액임차인을 보호하기 위하여 특별 규정을 두어 파산신청일까지 대항요건을 갖춘 경우 해당 주택이나 상가건물에 대한 환가대금에서 별제권자보다 우선하여 가장 먼저 변제를 받을 수 있도록 하고 있고(415조 2항, 3항), 근로자의 최종 3개월분의 임금 및 최종 3년분의 퇴직금도 원래는 다른 임금 및 퇴직금과 같이 재단채권(473조 10호)의 자격으로서만 변제를 받아야 할 것이지만 통합도산법에서는 근로자에 대한 최소한도의 생계 보장을 위하여 특별 규정을 마련하여 별제권자보다 우선하여 가장 먼저 변제를 받을 수 있도록 하고 있다(415조의2).

나. 2순위 : 별제권자과 주택·상가건물임차인의 우선변제금액

별제권이란 파산재단에 속하는 재산상에 존재하는 유치권, 질권, 저당권, 「동산·채권 등의 담보에 관한 법률」에 따른 담보권 또는 전세권을 말하는데, 별제권자는 해당 목적물에 대한 담보권을 임의로 실행함으로써 파산절차 밖에서 파산절차와 무관하게 피담보채권을 회수할 수 있다(411조, 412조). 다만 별제권자라도 후순위여서 파산절차에서 배당을 받는 것이 유리하다고 판단될 때에는 별제권을 포기할 수 있는데, 이러한 별제권자는 파산채권자로서 권리를 행사하여 파산채권자와 동순위로 배당을 받을 수 있다(413조 후단). 또한 별제권의 피담보채권액보다 별제권의 목적물의 가치가 적어 별제권의 행사로 변제받을 수 없는 담보부족액에 대하여도 역시 파산채권자로서 권리를 행사하여 파산채권자와 동순위로 배당을 받을 수 있다(413조 전단). 따라서 통합도산법에서는 별제권자라도 그 채권액 및 원인, 별제권의 목적, 별제권의 행사에 의하여 변제받을 수 없는 채권액을 신고하도록 하고 있다(447조 1항, 2항).

이에 별제권을 포기하거나 채권부족액 내지 예정부족액을 파산채권으로 인정받아 배당을 받으려면 피담보채권액 및 그 원인과 별제권 포기증명서 또는 별제권의 행사로 변제받을 수 없는 부족채권액 내지 예정부족액을 신고하여야 하는 것이며(447조 1항, 2항), 그렇지 않으면 배당에서 제외되어 배당을 받을 수 없게 된다.

한편 주택임대차보호법이나 상가건물임대차보호법상 대항요건과 확정일자를 갖춘 주택 또는 상가건물임차인의 임차보증금은 원래는 파산채권에 지나지 않는 것이지만

산보증금이 3,000만원 이하일 경우에 1,000만원까지 최우선적으로 보장되는 금액을 말한다. 여기에서 과밀억제권역이란 앞서 본 주택임차인의 최우선변제금액에서 살펴본 바와 같다.

통합도산법에서는 주택 또는 상가임차인을 보호하고자 특별 규정을 두어 파산재단에 속하는 주택(대지 포함)이나 상가건물(대지 포함)의 환가대금으로부터 우선변제를 받을 수 있도록 함으로써 별제권에 준하여 취급하고 있다(415조 1항, 3항).[405] 이때 언제까지 대항요건을 갖추어야 하는지는 명확하지 아니한 바, ① 파산선고 전까지 갖추고 있어야 한다는 견해, ② 별제권의 행사로 인한 환가의 경우에는 경매개시결정등기 전까지, 파산관재인에 의한 임의환가의 경우에는 환가 전까지 갖추면 된다는 견해가 있을 수 있으나 파산선고 전이냐 후이냐에 따라 적용 원리가 전혀 달라짐에 비추어 파산선고 전까지 갖추고 있어야 보장된다고 본다.

한편 대항요건 및 확정일자에 의한 주택 또는 상가건물임차인의 준별제권은 저당권 등의 별제권과 달리 임의적으로 해당 주택이나 상가건물을 대상으로 준별제권을 행사하여 채권을 회수하는 권리는 주어져 있지 않으며, 단지 다른 별제권자에 의한 별제권의 행사나 파산관재인에 의한 임의 환가시 해당 주택이나 상가건물의 환가대금으로부터 우선변제권을 인정받는데 그친다는 점에서 별제권과 구별된다고 할 것이다.

다. 3순위 : 재단채권자

1) 변제의 원칙

재단채권에는 재단채권에 관한 일반 규정인 통합도산법 제477조(재단채권의 범위)에서 열거된 11개의 일반재단채권과 통합도산법상 개별규정에서 재단채권이라고 규정해 놓은 특별채단채권이 있다. 이들 재단채권은 파산채권에 우선하여 파산재단으로부터 변제를 받을 수 있다. 한편 재단채권들간에도 우선순위가 있는데, 변제의 순위 관계는 통합도산법 제477조(재단부족의 경우의 변제방법) 제1항, 제2항에서 정하는 바에 따른다.

405) 준별제권자로서 보호를 받는 범위는 주택임대차의 경우에는 임차보증금의 상한에 제한이 없이 전액 보호를 받을 수 있게 될 것이지만, 상가건물임대차에 있어서는, 시대별로 다소 차이가 있겠지만, 2018년 1월 26일부터 현재까지를 기준으로 보면 각 지역별로 상가임대차보증금의 환산금액이 ① 서울 : 6억 1천만원 이하, ② 과밀억제권역(단, 서울 제외) 및 부산 : 5억원 이하, ③ 광역시(단, 부산, 과밀억제권역 제외) 및 세종특별자치시·파주시·화성시·안산시·용인시·김포시·광주시 : 3억 9천만원 이하, ④ 그밖의 지역 : 2억 7천만원 이하인 경우에만 보호를 받게 되고 상가임대차보증금의 환산금액이 위 금액을 초과하게 되면 보호가 되지 않는다는 점에서 차이가 있다.

2) 재단채권들간의 변제 순위

가) 변제의 원칙

재단채권도 우선권이 있는 재단재권과 통상의 재단채권으로 구분할 수 있다. 우선권 있는 재단채권이라도 통합도산법상 우선권이 인정되는 재단채권이 있고 통합도산법 밖의 다른 법령상 우선권이 인정되는 재단채권이 있을 수 있는데, 파산재단이 재단채권의 총액을 변제하기에 부족한 것이 분명하게 된 때에는 전자의 통합도산법상 인정되는 우선권 있는 재단채권이 가장 먼저 변제를 받게 되고, 후자의 다른 법령상 인정되는 우선권 있는 재단채권은 우선권이 인정되지 못하고 통상의 재단채권과 동순위로 채권액의 비율에 따라 변제를 받게 된다(477조 1항, 2항). 물론 우선권 있는 재단채권끼리 또는 통상의 재단채권끼리의 변제는 각 그룹 내에서 평등하게 채권액에 비례하여 변제를 받게 될 것이다.

그런데 재단채권의 총액이 너무 적어 통합도산법상 인정되는 우선권 있는 8개의 재단채권(473조 1호~7호 및 11호)조차도 그 전부를 변제하기에 부족한 경우에는 이들 우선권 있는 재단채권끼리의 변제를 어떻게 할 것인지 문제된다. 이는 통합도산법상 인정되는 우선권 있는 재단채권 8가지 중에서도 국세나 임금 및 퇴직금 등은 국세기본법이나 근로기준법 등 다른 법령에서 우선변제권을 인정해 주고 있기 때문에 이들 채권이 먼저 변제를 받아야 하는 것이 아닌지 문제되는 것이다. 이와 같은 경우에도 파산재단 부족의 경우의 처리 방법에 관한 통합도산법의 규정(477조 1항 전단)을 적용하여 조세채권에 관한 압류선착주의나 당해세 우선의 원칙 또는 임금 및 퇴직금의 우선변제의 원칙 등을 모두 무시하고 우선권 있는 각 재단채권액의 비율에 따라 안분하여 평등하게 변제를 하여야 한다고 본다. 물론 최종 3개월분의 임금과 최종 3년분의 퇴직금에 대하여는 근로기준법 등 다른 법률이 아니라 통합도산법에서 별도의 규정을 두어 직접 우선변제권을 인정하고 있으므로(415조의2), 최종 3개월분의 임금과 최종 3년분의 퇴직금에 대하여는 재단부족의 경우에도 다른 재단채권보다 우선하여 먼저 변제가 이루어져야 할 것임은 앞서 본 바와 같다.

나) 재단채권의 구분

(1) 우선권 있는 재단채권 8가지(477조 2항)[406]

① 재판상 비용(473조 1호)[407]

② 국세·지방세 등 각종 세금[408](국세징수의 예에 의한 청구권으로서 일반 파산채권보다 우선하는 것[409] 포함)으로서 파산선고 전의 것은 모두를, 파산선고 후의 것은 파산재단에 관하여 생긴 것만 포함(473조 2호)

③ 파산재단의 관리비용[410] 및 파산재단의 환가·배당비용[411](473조 3호)[412]

④ 파산재단에 관한 파산관재인의 행위로 생긴 청구권(473조 4호)[413]

⑤ 사무관리·부당이득으로 인하여 파산선고 후에 생긴 청구권(473조 5호)[414]

---

406) 다만 우선권 있는 재단채권 중에서도 ① 재판상의 비용과 ③ 파산재단에 대한 관리·환가·배당에 소요되는 비용은 공익비용의 성질을 가지는 것이어서 실무상 다른 우선권 있는 재단채권보다 우선적으로 변제를 하고 있는 것으로 보인다(서울중앙지방법원, 제4판 법인파산실무, 359p).

407) 여기의 재단채권에는 파산신청비용, 공고비용, 채권자집회비용, 배당비용, 파산종결재판비용, 채권자가 법인파산을 신청한 경우의 예납금 등이 포함된다. 그러나 파산채권자의 채권압류비용·파산참가비용, 특별조사기일의 소집비용 등은 포함되지 않는다.

408) 여기의 세금에 관하여는 그 원금 부분은 과세요건이 파산선고 전후에 생긴 여부를 불문하고 재단채권에 포함된다고 본다(단, 파산선고 후의 것은 재단채권에 관하여 생긴 것에 한함). 문제는 원금에 대한 가산금 및 중가산금 부분이다. 이에 관하여는 파산선고 전에 생긴 세금의 원금에 대한 가산금 및 중가산금 부분은 파산선고 선까지 생긴 것에 한하여 재단채권에 포함되고 파산선고 후에 생긴 것은 후순위 파산채권에 해당될 뿐이로되, 파산선고 후에 생긴 세금의 원금에 대한 가산금 및 중가산금 부분은 파산선고 후에 생긴 것이라도 재단채권에 포함된다고 본다(서울중앙지방법원, 제4판 법인파산실무, 349-350p). 파산재단에 관하여 생긴 재산세· 종합토지세·자동차세·등록세·면허세·인지세 등도 여기에 포함되어 재단채권에 해당될 것이다.

409) 여기의 재단채권에 해당되는 것으로는 건강보험료, 국민연금보험료, 고용보험료, 산업재해보상보험료, 장애인고용부담금, 개발부담금 등이 있다. 반면 국유재산법상의 사용료·대부료·변상금채권, 불공정거래행위로 인한 과징금, 장기미등기자로 인한 과징금, 전기사업법상의 부담금 등은 여기에 해당되지 않고, 그것이 파산선고 후의 파산재단에 대한 관리를 위한 비용(473조 3호)에 해당되는 경우가 아니라면, 일반 파산채권 내지 후순위 파산채권에 지나지 않는다고 본다.

410) 환경개선부담금, 교통유발부담금, 도로점용료 등도 그것이 파산선고 후에 파산재단의 관리를 위한 비용에 해당된다면 여기의 재단채권에 해당될 것이다(서울중앙지방법원, 제4판 법인파산실무, 149p). 파산선고 후 재단의 유지·관리를 위한 임차료, 관리비, 화재보험·책임보험료, 경비용역비, 창고사용료, 전기·가스·수도료 등도 여기에 해당되어 재단채권으로 될 것이다.

411) 여기의 재단채권에는 감정료, 매각수수료, 운송비, 등기비용, 인지대·송달료, 보전처분보증금, 집행예납금 등이 해당될 것이다. 조세·공과금도 여기의 재단채권에 해당될 것이지만 이는 통합도산법 제473조 제2호에도 해당되어 양자의 보호를 받을 것이다.

412) 여기의 재단채권에는 파산관재인의 보수, 감사위원의 보수, 파산재단의 환가를 위한 매각수수료, 파산재단사무실의 관리비 등이 포함된다.

413) 여기의 재단채권에는 파산관재인의 임대차·소비대차·도급·위임에 따른 상대방의 채권, 파산관재인의 불법행위나 채무불이행으로 생긴 상대방의 채권, 파산관재인이 관여한 소송으로 인한 상대방의 소송비용상환청구권 등이 포함될 것이다. 또한 파산선고 전에 생긴 근로자의 임금 및 퇴직금을 파산선고 후에 선임된 파산관재인이 지급하지 않음으로 인하여 발생한 지연손해금도 본호에 해당되어 재단채권에 해당된다고 할 것이다(대법원 2014.11.20. 선고 2013다64908 전원합의체판결). 물론 파산선고 전에는 파산관재인이 취임된 상태가 아니므로 파산선고시까지 발생한 지연손해금은 재단채권에 해당되지 않은 것으로 보인다.

414) 여기의 재단채권에는 환취권의 대상물을 파산관재인이 매각한 후 파산재단에 편입해 놓은 경우에 환취권자가 가지는 부당이득반환청구권 등이 해당될 것이다.

⑥ 위임종료 또는 대리권 소멸 후의 긴급행위로 생긴 청구권(473조 6호)

⑦ 미이행의 쌍무계약에서 파산관재인이 채무이행을 선택함으로써 상대방에게 생긴 반대급부청구권(473조 7호, 335조 1항)[415)]

⑧ 근로기준법상 근로자의 임금·퇴직금 및 재해보상금(473조 10호)[416)]

(2) **통상적 재단채권**(477조 2항)

① 파산선고로 인하여 쌍무계약이 해지된 경우 그때까지 생긴 상대방의 청구권(473조 8호)[417)]

② 채무자의 부양료 또는 채무자로부터 부양을 받는 자의 부양료(473조 9호)

③ 파산선고 전의 원인으로 생긴 근로자의 임치금 및 신원보증금의 반환청구권(473조 11호)

④ 파산관재인이 부담부 유증을 받은 때의 수익자의 이익청구권(474조)

⑤ 파산관재인이 쌍무계약을 해제·해지한 때의 상대방의 가액반환청구권(337조 2항)

⑥ 파산관재인이 소송을 수계한 경우의 상대방의 소송비용청구권(347조 2항)

⑦ 파산재단 소속 재산에 대하여 행하여진 강제집행을 파산관재인이 속행한 경우의 강제집행청구자의 집행비용(348조 2항)[418)]

---

415) 임차인이 파산한 경우에 있어서의 임대인의 차임청구채권이 본호의 재단채권에 해당될 것이다.

416) 여기에서 근로자의 임금 및 퇴직금은 파산선고 전의 것인지 후의 것인지, 최종 3개월분의 임금인지 최종 3년분의 퇴직금인지 여부를 불문하며, 임금·봉급·수당·상여금이나 가족수당·초과근무수당·휴업수당 등 그 명칭 여하를 분문하고 모두 본호의 재단채권으로 인정될 것이다. 퇴직위로금이나 명예퇴직금도 재단채권에 해당된다고 본다(대법원 200.6.8.자 2000마1439 결정). 근로복지공단에서 근로자에게 체당금으로 임금 및 퇴직금을 지급함으로써 고용노동부장관이 가지는 채무자에 대한 대위권은 재단채권에 해당된다고 본다. 마찬가지로 임금 및 퇴직금 채권의 대위변제자가 취득하는 채권도 재단채권에 해당된다고 본다(대법원 1996.2.23. 선고 94다21160 판결). 그러나 실비변상적 급여는 재단채권에 해당되지 않는다(대법원 1990.11.9. 선고 90다카4683 판결). 또한 회사의 임원인 이사· 감사가, 명목상의 것일 뿐 실질적으로는 근로자에 해당되는 경우와 같이 예외적인 경우가 아니라면, 그 급료나 퇴직위로금은 근로기준법의 적용대상이 되지 않으므로 재단채권에 해당되지 않고 일반 파산채권에 불과하다고 본다(대법원 1988.6.14. 선고 87다카2268 판결; 대법원 2003.9.26. 선고 2002다64681 판결). 한편 최종 3개월분의 임금 및 최종 3년분의 퇴직금에 대하여는 통합도산법에서 별도의 규정(415조의2)을 두어 설령 재단부족의 경우(477조)에도 다른 재단채권보다 최우선적으로 변제가 이루어지도록 하고 있음은 앞서 본 바와 같다(단, 체당금을 지급한 고용노동부장관의 대위권에는 최우선변제권이 인정되지 않음).

417) 여기에는 파산선고 후에 근로자가 해고된 경우의 해고예고수당 등이 해당될 것이다(서울중앙지방법원, 제4판 법인파산실무, 265p).

418) 채권자의 신청으로 강제집행이 진행되던 도중에 채무자가 파산선고를 받고 파산관재인이 선임된 경우에 파산관재인으로서는 종전의 강제집행을 속행시킬 수도 있고 강제집행을 속행시키지 않고 다른 방법으로 강제집행의 목적물을 환가할 수도 있다. 이때 파산관재인이 종전의 강제집행에 대한 속행을 선택할 경우에는 강제집행을 신청한 채권자에게 소요된 집행비용 모두가 재단채권으로 되어 우선변제를 받을 수 있

⑧ 채무자의 행위가 부인된 경우에 반대급부로 인하여 생긴 이익이 파산재단에 현존한 경우의 상대방의 이익반환청구권(398조 1항)[419]

⑨ 파산채권확정재판 또는 파산채권확정소송에 의하여 파산재단이 이익을 얻은 때에 이의를 주장한 파산채권자가 가지는 소송비용상환청구권(469조)

⑩ 회생절차의 진행 중 실패하여 견련파산이 이루어진 경우에 있어서 회생절차를 위하여 생긴 공익채권(6조 4항, 9항)

라. 4순위 : 파산채권자

1) 변제의 원칙

파산채권이란 파산선고 전의 원인에 의하여 채무자인 법인에 대하여 가지는 채권을 말하는데, 파산절차에서 채권의 대부분은 이들 파산채권이 차지하고 있다. 파산채권들은 파산재단에 속하는 총재산에서 주택·상가임차인의 최우선변제금액과 우선변제금액(단, 해당 주택·상가건물의 환가대금에 한함), 최종 3개월분의 임금 및 최종 3년분의 퇴직금, 특정 재산에 대하여 우선변제권이 있는 별제권, 그리고 재단채권을 공제한 나머지 일반 재산(이하 '배당 가능 재산')으로부터 파산절차 내의 배당절차를 통하여 변제를 받게 되며, 파산채권들간의 우선 순위와 채권액의 비율에 따라 공정·공평하게 지급을 받게 된다(423조).

이와 같이 파산채권들은 파산절차 내의 배당절차를 통하여 지급받는다는 점에서 파산절차 밖에서 특정 재산에 대한 임의적 강제집행을 통하여 변제를 받게 되는 별제권이나 파산절차 밖에서 파산관재인으로부터 수시·개별적으로 변제를 받게 되는 재단채권과 구별된다. 물론 별제권이라도 별제권을 포기하거나 별제권의 행사로 변제를 받을 수 없는 담보부분액에 대해서는 파산채권자로서 권리를 행사할 수 있는 예외가 있다(413조). 또한 파산재단에 속하지 않는 재산상에 질권·저당권 또는 「동산·채권 등

을 것이로되, 그렇지 않은 경우에는 집행비용은 파산채권에 지나지 않게 되어 우선변제권이 인정되지 않게 된다. 다만 실무상으로는 대부분 파산관재인이 종전에 진행된 강제집행을 속행하고 있는 것으로 보인다. 특히 선박경매의 경우에는 선박국적증서 등에 대한 인도청구나 감수·보전처분 등에 소요된 집행비용이 만만치 않기 때문에 파산관재인이 강제집행을 속행시키는지의 여부는 강제집행을 신청한 채권자에게 매우 큰 이해관계가 달려 있다고 할 수 있다.

419) 이 경우에 반대급부로 인하여 생긴 이익이 파산재단에 현존하지 않음으로써 상대방이 가지게 되는 가액상환청구권은 재단채권이 아니라 파산채권에 해당된다(398조 2항).

의 담보에 관한 법률」에 따른 담보권을 가진 채권자도 채무자가 파산한 경우 위 담보권의 행사에 의하여 변제를 받을 수 없는 채권액에 대하여는 파산채권자로서 권리를 행사할 수 있다(414조).

파산채권들간에도 채권의 성질에 따라 통합도산법 외의 다른 법령에서 정하는 바에 따라 우선적 파산채권, 일반 파산채권, 후순위 파산채권으로 구별할 수 있는데, 이에 의하여 변제의 우선 순위가 정하여지되, 같은 순위끼리는 원칙적으로 채권액의 비율에 따라 공정·평등하게 변제가 이루어지게 된다(440조).

2) 파산채권자들의 변제 순위

가) 1순위 : 우선적 파산채권

일반의 우선적 파산채권이란 민·상법 그밖의 특별법에 따라 일반 파산채권에 비하여 우선변제권이 인정되어 있는 파산채권을 말한다. 예컨대, 보험계약자의 보험료 적립금은 파산한 보험회사의 파산재단으로부터 우선변제권이 인정되는 파산채권에 해당되는 것이다(보험업법 32조 1항).

나) 2순위 : 일반 파산채권

파산채권 중에서 우선적 파산채권 및 후순위 파산채권을 제외한 나머지 파산채권은 모두 일반 파산채권에 해당되며, 파산채권의 대부분을 차지하고 있다.

다) 3순위 : 후순위 파산채권

후순위 파산채권은 변제의 순위가 우선적 파산채권이나 일반 파산채권보다 후순위인 파산채권을 말한다. 즉 후순위 파산채권은 일반 파산채권이 모두 변제를 받은 후에 남는 파산재단이 존재할 때 비로소 변제를 받을 수 있는 것인데, 파산의 성질상 이러한 예는 극히 드물 것이므로 후순위 파산채권이 파산절차에서 변제를 받는 경우란 거의 없다고 본다. 다음과 같은 파산채권이 후순위 파산채권에 해당된다(446조).

① 파산선고 후의 이자

② 파산선고 후의 불이행으로 인한 손해배상액 및 위약금

③ 파산절차참가비용

④ 벌금·과료·형사소송비용·추징금 및 과태료

⑤ 기한이 파산선고 후에 도래하는 이자 없는 채권의 경우 파산선고가 있은 때부터 그 기한에 이르기까지의 법정이율에 의한 원리의 합계액이 채권액이 될 계산에 의하여 산출되는 이자의 액에 상당하는 부분

⑥ 기한이 불확정한 이자 없는 채권의 경우 그 채권액과 파산선고 당시의 평가액과의 차액에 상당하는 부분

⑦ 채권액 및 존속기간이 확정된 정기금채권인 경우 각 정기금에 관하여 위 ⑤항에 준하여 산출되는 이자의 액의 합계액에 상당하는 부분과 각 정기금에 관하여 같은 호의 규정에 준하여 산출되는 원본의 액의 합계액이 법정이율에 의하여 그 정기금에 상당하는 이자가 생길 원본액을 초과하는 때에는 그 초과액에 상당하는 부분

⑧ 채무자가 채권자와 파산절차에서 다른 채권보다 후순위로 하기로 정한 채권

제 4 절 파산취소와 파산폐지·종결

[I]
파산취소

1. 파산취소의 의의

법인파산은 채무자가 스스로 파산을 신청하여 이루어지는 자기파산과 채권자의 파산신청에 따라 이루어지는 파산이 있다. 파산취소란 파산선고가 내려진 후에 파산원인이 존재하지 않는다고 주장하여 파산선고의 효력을 다투는 것을 말한다. 즉 채무자의 신청에 의거한 자기파산 사건에 대하여는 채권자가, 채권자의 신청에 의거한 파산선고 사건에 대하여는 채무자가 파산선고에 파산의 원인이 없다고 주장하며 파산선고결정에 대하여 즉시항고할 수 있고, 이에 따라 법원의 결정으로 파산선고가 취소될 수 있는 것이다. 이와 같은 파산선고에 대한 즉시항고는 파산선고에 대한 공고가 있는 날부터 14일 이내에 제기하여야 하며(316조 1항, 13조 2항), 즉시항고에는 집행정지의 효력이 인정되지 않는다(316조 3항). 이에 파산선고에 대한 즉시항고가 제기되었다고 하더라도 파산선고 당시 공고한 제1회 채권자집회나 채권조사기일은 연기하지 않고 그대로 진행하게 될 것이다.[420] 항고법원은 즉시항고가 이유 있다고 인정하는 때에는 원래의 파산선고결정을 취소하고 사건을 원심법원에 환송하여야 한다(316조 5항). 파산취소의 결정이 확정된 때에는 법원은 주문을 공고하고, 알고 있는 채권자와 채무자 및 재산소지자에게 파산취소결정사항을 기재한 서면을 송달하여야 하며(325조 1항, 325조 2항, 313조 2항), 그 사실을 주무관청에도 통지하여야 한다(314조 2항).

2. 파산취소의 효과

파산선고가 취소되면 파산선고는 소급적으로 효력이 상실되며, 채무자 및 파산채권자

420) 서울중앙지방법원, 제4판 법인파산실무, 511p.

에 대하여 가해진 파산선고로 인한 제한은 소멸하게 되고 파산관재인의 지위도 상실하게 된다. 따라서 채무자의 소송수행능력도 회복하여 소송수계가 이루어져야 한다. 또한 파산선고 후 파산재단 소속의 재산에 관한 채무자의 법률행위도 파산채권자에게 대항할 수 있게 된다. 다만 거래의 안전을 위하여 파산선고 후 그 취소 전까지 파산관재인이 행한 법률행위는 그대로 유효하다고 하여야 할 것이다.[421] 파산선고가 취소되면 파산채권자의 권리행사에도 어떠한 제약이 가하여지지 않게 되므로 자신의 권리를 행사할 수 있다. 또한 파산선고 전에 개시된 파산재단 소속의 재산에 대한 강제집행이나 가압류·가처분으로서 파산선고에 의하여 효력이 상실된 것도 이들이 각 집행절차에서 취소되거나 말소되지 않는 상태에서 해당 재산이 채무자에게 환원된 경우에는 파산선고시의 상태를 기준으로 그 효력이 회복되고 절차를 속행할 수 있다고 본다.[422] 파산선고의 취소에는 소급효가 인정되지만 파산채권의 신고에 따른 시효중단의 효력은 민법의 해석상 파산취소에도 불구하고 그 영향을 받지 않고 그대로 인정된다고 본다(민법 171조).

파산취소의 결정이 확정된 때에는 파산관재인은 재단채권을 변제하여야 하고, 이의 있는 재단채권에 관하여는 채권자를 위하여 공탁하여야 한다(325조, 547조). 또한 파산취소결정의 확정으로 통합도산법에서 정한 업무 외에는 파산관재인의 임무가 종료된 것이므로 파산관재인은 계산보고집회에서 계산보고를 하여야 한다(365조).

421) 서울중앙지방법원, 제4판 법인파산실무, 512p.
422) 서울중앙지방법원, 제4판 법인파산실무, 513p.

[2]
파산폐지

1. 파산폐지의 의의

가. 파산폐지의 개념

법인파산의 궁극적인 목적은 법인에 대한 파산선고 후 해당 법인의 잔여 재산의 집합체라고 할 수 있는 파산재단을 환가하여 각 채권자들에게 그 우선순위 및 채권액에 따라 공정·평등하게 배당을 한 후 법인격을 소멸시키는데 있다. 그런데 일정한 경우에는 파산재단의 환가·배당이라는 파산제도의 본래의 목적을 달성하지 못한 채 파산절차가 폐지되는 경우가 있다. 이를 파산폐지라고 한다. 이러한 파산폐지는 파산선고 당시부터 애초에 파산재단이 파산절차의 비용조차 감당할 수 없는 사실이 판명된 경우에 생길 수도 있고, 파산선고 후 파산관재인이 환가 및 배당의 절차에 들어갔으나 환가 또는 배당을 진행하는 도중에 파산재단이 파산비용조차 감당할 수 없음이 판명되어 일어나는 경우도 있다. 전자를 동시폐지라고 하고, 후자를 이시폐지라고 한다. 그밖에 채권자의 동의를 받아 파산폐지를 하는 동의폐지가 있다.

나. 파산폐지와 파산종결의 구별

파산폐지(단 동의폐지 제외)와 파산종결은 모두 그 결정의 확정으로 파산법인의 법인격이 소멸되어 법인 자체가 소멸된다는 점에서 같다. 그러나 파산폐지는 법인파산의 목적인 파산채권자들에 대한 배당으로까지 나아가지 못하고 도중에 법인격이 소멸되어 법인파산의 목적을 달성하지 못한 채 법인 자체가 소멸된다는 점에서, 파산종결이 파산재단의 조사·환가를 통하여 파산채권자들에 대한 배당으로까지 나아감으로써 법인파산의 목적을 달성한 후 법인격의 소멸로 법인 자체가 소멸되는 것과 근본적인 차이가 있다. 한편 파산폐지 중 동의폐지는 동시폐지나 이시폐지와 달리 법인 자체가 소멸되지 되지 않고 계속 존속하게 된다는 점에서 차이가 있는데, 동의폐지는 파산취소와 함께 법인파산절차에서 파산 법인의 법인격이 소멸되지 않고 법인이 존속하게 되는 유일한 사유로 작용하게 되는 것이다.

2. 파산폐지의 종류와 실무 경향

가. 개 요

법인에 대한 파산선고 후에 법인재산의 환가·배당이라는 절차를 거치지 않은 채 파산절차를 장래에 향하여 중지하는 것을 파산폐지라고 함은 앞서 본 바와 같다. 이러한 파산폐지는 파산폐지의 시기에 따라 동시폐지와 이시폐지로 구분할 수 있고, 그밖에 채권자의 동의에 의한 동의폐지가 있다.

나. 파산폐지의 구분

1) 동시폐지

동시폐지란 파산선고와 동시에 파산절차를 폐지하는 것을 말한다. 즉 법원은 파산선고시 파산재단으로 파산절차 비용[423]조차 충당할 수 없다고 인정하는 때에는 파산선고와 동시에 파산폐지결정을 할 수 있다(317조). 이를 동시폐지라고 한다. 이러한 동시폐지는 개인파산의 경우에는 빈번히 이루어질 수 있으나 법인파산의 경우에 동시폐지되는 사례는 거의 없으며, 예외적으로 종전에 유동화전문회사의 파산의 경우에 드물게 동시폐지를 하는 사례가 있다.[424] 동시폐지결정이 이루어진 경우 법원은 그 주문과 이유의 요지를 공고하고, 주요 채권자들과 주무관청에 통지하며, 법원사무관 등은 파산폐지의 등기를 등기소에 촉탁하게 된다(317조 2항, 313조 2항, 314조 2항, 23조 1항 5호, 24조 5항, 3항, 27조).

동시파산폐지결정이 확정될 경우에는 법인은 잔여재산이 없는 한 법인격이 소멸하게 되고, 잔여재산이 남아 있으면 청산의 목적의 범위 내에서만 존속하게 된다.[425] 동시폐지의 경우에는 파산절차의 비용조차 감당할 수 없을 정도로 극히 적은 재산만 있을 것이어서 파산재단 자체가 처음부터 존재하지 않을 것이므로 파산선고 전에 채무

---

423) 파산절차 비용이란 파산관재인 선임비용, 공고 및 송달비용 등을 말하는데, 법인파산의 경우에는 실무상 600만원 정도를 통상 필요한 절차비용으로 보고 있다.

424) 서울중앙지방법원, 제4판 법인파산실무, 498p.

425) 서울중앙지방법원, 제4판 법인파산실무, 499p.

자 소유의 재산에 대하여 진행 중이던 강제집행이나 가압류 또는 가처분절차는 실효되지 않을 것이다(348조).

2) 이시폐지

법원은 파산선고 후 파산재단에 대한 환가·배당 등 파산절차가 진행 중인 경우라도 파산재단이 파산절차의 비용조차 감당할 수 없음이 발견되고 아무도 절차비용을 예납하지 않는 경우에는 파산관재인의 신청 또는 직권으로 파산폐지결정을 하여야 한다. 이를 비용부족으로 인한 이시폐지라고 한다(545조). 이러한 이시폐지는 처음부터 재단이 부족한 상태였는데 이를 간과하였거나 오판하여 동시폐지를 하지 않은 경우 또는 파산선고 후 조세 등 재단채권이 다액인 것이 밝혀진 경우 등의 경우에 발생하게 될 것이다. 이시폐지신청의 시기에 대하여는 특별한 제한이 없으므로 파산관재인이 파산선고시부터 파산종결시까지 언제든지 신청할 수 있다. 파산관재인의 이시폐지신청이 있으면 법원은 채권자집회기일[426]과 회의의 목적사항을 공고하고(545조 1항 후단, 368조 1항), 채권자집회에서 이시폐지신청사실에 대한 고지와 의견진술의 기회를 부여한 뒤 파산폐지결정을 하게 된다(546조). 파산폐지결정에는 소급효가 없으므로 파산절차의 진행 중에 파산관재인이 행한 행위는 유효하고, 법인은 잔여재산이 없는 한 법인격이 소멸하되, 잔여재산이 남아 있으면 청산의 목적의 범위 내에서만 존속하게 된다. 파산선고 전에 개시되었지만 파산선고에 의하여 실효된 강제집행이나 가압류·가처분 등은 파산폐지에 소급효가 인정되지 않는 관계로 부활하지 않는다고 보이며 따라서 이시폐지결정이 확정된 후 잔여재산에 대한 강제집행·가압류·가처분을 다시 신청하여야 할 것이다(제3판 법인파산실무, 399p, 서울중앙지방법원).

3) 동의폐지

동의폐지란 채무자가 신고한 파산채권자 전원의 동의를 받아 파산폐지신청을 하고 이에 따라 법원의 파산폐지결정으로 파산이 폐지되는 경우를 말한다(538조). 즉 채무자는 채권신고기간 내에 신고한 파산채권자 전원의 동의를 받거나, 동의하지 않는 파산채권자에 대하여는 다른 파산채권자의 동의를 받아 파산재단으로부터 담보를 제공

426) 실무상 파산폐지에 관한 의견청취를 위한 채권자집회와 파산폐지에 따른 파산관재인의 임무종료에 의한 계산보고집회를 병합하여 한 기일로 지정하여 공고하고 있다.

함으로써 법원에 파산폐지신청을 할 수 있고,[427] 이에 따라 법원에서는 파산폐지결정을 할 수 있는 것이다. 동의하지 않는 파산채권자에 대한 담보의 제공이 상당한지 여부는 법원이 재량으로 결정하고(538조 2항 후단), 이 결정에 대하여는 불복할 수 없다(13조 1항).

동의폐지의 경우에는 동시폐지나 이시폐지에서와는 달리 법인은 법인계속의 절차를 거쳐 해산 전의 상태로 복귀하고 파산관재인의 임무는 종료되는 바(540조), 동의폐지는 파산절차 내에서 파산법인의 법인격을 회복하는 유일한 절차이다. 파산채권자의 입장에서도 파산 법인에게 청산할 재산이 거의 없어 한푼의 배당조차 받지 못하고 파산이 진행되어 그대로 법인격이 소멸되도록 하는 것보다는 해당 법인이 회생하여 재기하는 것이 나중을 대비하여 최소한의 기대권이라도 가질 수 있는 것이어서 실무상 동의폐지의 사례는 드물게 존재하고 있다.[428]

법원이 파산폐지결정을 한 때에는 그 주문과 이유의 요지를 공고하여야 하며(546조), 동의폐지결정이 확정된 경우에는 법원은 주무관청에 통지하여야 한다(314조 2항). 또한 등기·등록의 촉탁이나 배당촉탁의 취소 등도 이루어지게 됨은 물론이다(23조 1항 5호, 24조 5항, 3항, 27조, 485조 2항). 동의폐지결정이 확정되면 파산선고로 당연 실효되었던 면허·등록이나 인·허가 등은 회복된다고 보아야 한다.[429] 동의폐지결정에 대하여는 동의하지 않는 다른 파산채권자가 즉시항고를 제기하는 것은 가능할 것이다(538조 3항).

나. 파산폐지에 대한 실무 경향

법인파산의 경우에는 파산선고 후 재산조사절차에 들어가기도 전에 법인의 재산을 파악하는 것은 곤란한 일이고 부인대상 행위의 유무도 그 확인이 어려우며 더군다나 동시폐지 후 재산이 발견될 경우에는 새로이 청산인을 선임하여야 하는 등 청산절차가 복잡해지고 청산비용도 많이 소요됨으로써 이해관계인에게 중대한 영향을 미치게 되므로 실무상 동시폐지결정을 하는 경우는 거의 없다고 본다.[430] 다만 이론상 영업

427) 다만 파산 법인이 법원에 이러한 동의폐지신청을 하려면 이사 전원의 합의가 필요하다.
428) 서울중앙지방법원, 제4판 법인파산실무, 506p.
429) 서울중앙지방법원, 제4판 법인파산실무, 510p.
430) 서울중앙지방법원의 법인파산사건 중 동시폐지결정 사건 수를 보면, 2007. 9월부터 2008. 8월까지는 24건, 2008. 9월부터 2009. 8월까지는 7건, 2009. 9월부터 2010.8월까지는 6건이다(제3판 법인파산실무, 85p, 서울중앙지방법원).

이 정지된 후 상당기간이 경과되어 종업원과 영업조직이 와해된 상태에 놓여 있고 예납금조차 납부할 형편이 되지 못하는 등 극히 예외적인 경우에는 동시폐지가 가능할 수는 있을 것이다.

물론 파산선고 당초부터 환가·배당할 재산이 없거나 발견되지 않는 경우라면 몰라도 법인 소유의 부동산이 존재하는 경우에 있어서 동시폐지결정은 거의 불가능하다고 보아야 한다.

3. 파산폐지의 효과

파산폐지결정이 확정된 때에는 파산관재인은 재단채권의 변제를 하여야 하고, 이의가 있는 것에 관하여는 채권자를 위하여 공탁하여야 한다(547조). 또한 파산폐지결정이 확정된 때에는 채무자가 채권조사기일에 이의를 진술하지 않고 파산채권자표에 기재된 채권은 확정판결과 동일한 효력이 인정되며(548조 1항, 535조), 따라서 채권자는 파산채권자표에 기하여 강제집행을 실시할 수 있다.

[기재례 86] 채권자의견조회(동시폐지사건)

○○지방법원
제○파산부

20○○. ○. ○.
발송필

우) 12345 ○○구 ○○로 1701-1 / 전화 530-○○○○ / 팩스 530-○○○○ / 주심: ○○○판사

시행일자　20○○. ○. ○.
수　　신　수신처 참조
제　　목　주식회사 ○○○ 파산절차진행에 대한 의견조회

1. 채무자 (대표이사 ○○○)의 이 법원 20○○하합○○호 파산신청사건 관련입니다.
2. 다음 사항에 대하여 귀 채권자의 의견을 조회하니 20○○. ○. ○.까지 이 법원에 도착될 수 있도록 팩시밀리전송이나 문서로 회신하여 주시기 바랍니다.
   1) 현재까지 채무자 회사에 대한 채권 및 담보권(별제권)의 내용
   2) 채무자 회사에 대하여 파산관재인이 선임되어 재산을 환가할 경우, 환가금액에서 비용을 공제한 나머지로서 담보권 없는 채권자들에게 배당할 만한 재산이 있는지 여부
   ① 배당할 재산이 있다면 → 채무자 회사는 현재 회사기구가 해체되고 임직원이 흩어져 절차비용(관재인보수, 공고비용, 관리비용)을 법원에 예납하지 못하고 있는데 필요한 금액을 채권자로서 대신 납부할 의사가 있는지 여부
   ② 배당할 재산이 없다면 → 채무자 회사에 대한 파산선고 및 동시폐지(파산절차종료)에 동의하는지 여부. 끝.

재 판 장　　판 사 ○○○

수신처: ○○은행, ○○종합금융, ○○상호신용금고, ○○보증보험. 끝.

주) 법인파산실무(서울중앙지방법원), 서식 참고 및 인용

[기재례 87] 파산선고와 동시폐지의 결정

○○지방법원
제○○파산부
결 정

사 건 20○○하합○○ 파산선고

신청인 겸 ○○○ 주식회사

채 무 자 ○○시 ○○구 ○○로 ○○
대표이사 ○○○

주 문

1. 채무자 ○○○주식회사에 대하여 파산을 선고한다.
2. 이 사건 파산을 폐지한다.

이 유

이 사건 기록에 첨부된 소명자료 및 이 법원의 채무자 회사 대표자 심문결과에 의하면, (1) 채무자 회사는 2001. 2. 설립된 이래 수배전반 및 공장자동화설비를 조립, 생산하여 그 생산량의 80% 이상을 주식회사 ○○ 등에 납품하여 오던 회사로서, 20○○년 ○○그룹의 부도로 미수채권이 증가하고 영업이 부진하게 됨에 따라 적자가 누적되어 오다가 결국 20○○. 4. 12. 부도처리된 사실, (2) 채무자 회사는 신청일 현재 종업원이 모두 사직하고 그 영업이 폐쇄되어 있는 사실, (3) 채무자 회사의 자산으로는 20○○. ○. ○. 현재 ○○지방법원 ○○지원 20○○타경00000 부동산임의경매사건으로 임의경매절차가 진행 중인 본사 소재지의 공장용지 및 그 지상 공장건물(장부가 963,421,100원, 최저입찰가격 734,321,000원)이 있으나 모두 ○○은행에 대한 금 1,845,776,232원의 차용금채무에 담보로 제공되어 있어 잉여가 기대되지 않고, 그밖의 자산으로는 절차비용을 충당하기에도 부족한 사실, 한편 채무자 회사는 위 ○○은행에 대한 차용금채무를 비롯하여 합계 금 326,833,560원의 채무를 부담하고 있으나 현재 이를 지급할 능력이 없는 사실이 소명된다.

그렇다면 채무자 회사의 이 사건 신청은 이유 있으므로 채무자 회생 및 파산에 관한 법률 제305조 제1항에 의하여 동시에 파산폐지의 결정을 하기로 하여 주문과 같이 결정한다.

20○○. ○. ○. 10:00

재 판 장 판 사 ○○○

판 사 ○○○

판 사 ○○○

주) 법인파산실무(서울중앙지방법원), 서식 참고 및 인용

[기재례 88] 공고(동시폐지의 경우)

파산선고 및 파산폐지결정 공고

사 건 20○○하합○○ 파산선고

채 무 자 ○○산업 주식회사
○○시 ○○구 ○○로 ○○
대표이사 ○○○

1. 결정연월일시 : 20○○. ○. ○. 10:00
2. 주 문 : 채무자 ○○산업 주식회사를 파산자로 한다.
이 사건 파산을 폐지한다.
3. 이유의 요지 : 채무자가 지급불능상태에 있고, 파산재단으로써 파산절차 비용을 충당하기에 부족하다.

20○○. ○. ○.

○○지방법원 제○○파산부

재 판 장 판 사 ○○○
판 사 ○○○
판 사 ○○○

주) 법인파산실무(서울중앙지방법원), 서식 참고 및 인용

[기재례 89] 채권자에 대한 통지(동시폐지의 경우)

○○지방법원
제○○파산부
통 지 서

사 건 20○○하합○○ 파산선고
채 무 자 ○○산업 주식회사
○○시 ○○구 ○○로 ○○
대표이사 ○○○

위 사건에 관하여 이 법원은 20○○. ○. ○. 10:00 파산선고 및 동시폐지의 결정을 하였으므로, 다음과 같은 사항을 통지합니다.

다 음

1. 주문 : 채무자 ○○산업 주식회사에 대하여 파산을 선고한다.
   이 사건 파산을 폐지한다.
2. 이유의 요지 : 채무자가 지급불능상태에 있고, 파산재단으로써 파산절차비용을 충당하기에 부족하다.

20○○. ○. ○.

재 판 장 판 사 ○○○

수신처 : ○○은행, ○○은행, ○○전기(주), ◇◇◇, ○○전자, ○○자동차(주). 끝.

주) 법인파산실무(서울중앙지방법원), 서식 참고 및 인용

[기재례 90] 의견청취를 위한 채권자집회 소집결정(이시폐지)

○○지방법원
제○파산부
결 정

사 건 20○○하합○○ 파산선고
채 무 자 주식회사 ○○
○○시 ○○구 ○○로 ○○

주 문

이 사건에 관하여 파산폐지에 관한 의견을 듣기 위한 채권자집회를 20○○. ○. ○. 15:00 ○○지방법원 제202호법정에서 소집한다.

이 유

파산관재인으로부터 파산폐지의 신청이 있었으므로 채무자 회생 및 파산에 관한 법률 제545조 제1항, 제367조를 적용하여 주문과 같이 결정한다.

20○○. ○. ○.

재판장 판사 ○○○
판사 ○○○
판사 ○○○

주) 법인파산실무(서울중앙지방법원), 서식 참고 및 인용

[기재례 91] 의견청취집회 공고(이시폐지)(계산보고집회공고와 병합)

주식회사○○ 채권자집회소집 공고

사　　건　　20○○하합○○ 파산선고

채 무 자　　주식회사 ○○

○○시 ○○구 ○○로 ○○

채무자 회생 및 파산에 관한 법률 제545조, 제365조, 제367조, 제368조에 의하여 다음과 같이 공고합니다.

다　　음

1. 채권자집회 기일 및 장소 : 20○○. ○. ○. 15:00 ○○지방법원 제202호 법정
2. 회의 목적사항 : 가. 파산폐지에 관한 의견청취

   나. 파산관재인의 임무종료에 의한 계산보고

20○○. ○. ○.

○○지방법원 제○○파산부

재 판 장　　판 사 ○○○

판 사 ○○○

판 사 ○○○

주) 법인파산실무(서울중앙지방법원), 서식 참고 및 인용

[기재례 92] 의견청취집회 조서(이시폐지)(계산보고집회와 병합)

○○지 방 법 원
제2회 채권자집회 조서

20○○하합○○ 파 산 선 고　　　기 일 : 20○○. ○. ○. 10:00
재판장 판사　○ ○ ○　　　장 소 : ○○지방법원
　　　판사　○ ○ ○　　　　　　제202호 법정
　　　판사　○ ○ ○　　　공개여부 : 비공개
법원 사무관　○ ○ ○
사건과 당사자를 호명
파산관재인 변호사 ◇ ◇ ◇　　　출석
채무자 주식회사 ○○ 대표이사 ○○○　　　출석

파산채권자의 출석상황은 [별첨 1 채권자 출석상황 및 의결권표] 기재와 같음

재판장 ―――――――――――――――――――――――――
1. 지금부터 20○○하합○○ 채무자 주식회사 ○○에 대한 제2회 채권자집회를 개최하겠다고 선언
2. 이 집회는 파산관재인이 20○○. ○. ○. 파산선고 후에 파산재단으로써 파산절차의 비용을 충당하기에 부족하다는 이유로 파산폐지의 신청을 한 데 대하여 채권자의 의견을 듣고, 특별한 의견이 없으면 파산관재인의 임무종료를 위한 계산보고를 받고 이를 승인하기 위한 집회라고 설명
3. 파산관재인이 파산폐지 신청의 사유를 설명하라고 명

파산관재인
[별첨 2 파산폐지 신청서]에 의하여 파산폐지 신청에 이르게 된 사정을 진술

재판장
채무자·파산채권자(또는 그 대리인)들 중 파산폐지에 관하여 의견이 있는지 묻다.

파산채권자·채무자
의견을 진술하지 아니하다.

재판장
1. 파산폐지에 관한 의견청취를 위한 채권자집회를 종료한다고 선언

2. 파산관재인은 채무자 회생 및 파산에 관한 법률 제365조에 의하여 파산관재인의 임무종료에 따른 계산보고를 할 것을 명

파산관재인

[별첨 3 파산관재인 보고서]에 의하여 임무 종료에 따른 계산보고를 진술

재판장

채무자, 파산채권자(또는 그 대리인)들 중 파산관재의 계산보고에 대하여 이의가 있는지 여부를 묻다.

파산채권자 등

이의를 진술하지 아니하다.

재판장

1. 채무자, 파산채권자 등의 이의가 없으므로 채무자 회생 및 파산에 관한 법률 제365조 제2항에 의하여 파산관재인의 임무종료에 따른 계산을 승인한 것으로 본다고 선언.
2. 파산관재인의 임무종료에 따른 계산보고를 위한 채권자집회를 종료한다고 선언
3. 별지 결정서에 의하여 이 사건 파산에 관하여 파산폐지 결정을 하였음을 고지

〈집회종료〉

법원 사무관 ○ ○ ○

재판장 판사 ○ ○ ○

주) 법인파산실무(서울중앙지방법원), 서식 참고 및 인용

[기재례 93] 이시폐지 결정

○○지방법원
제○파산부
결 정

사 건 20○○하합○○ 파산선고
채 무 자 주식회사 ○○
○○시 ○○구 ○○로 ○○

주 문

이 사건 파산을 폐지한다.

이 유

파산재단으로써 파산절차의 비용을 충당하기에도 부족하다고 인정되므로, 채무자 회생 및 파산에 관한 법률 제545조 제1항을 적용하여 주문과 같이 결정한다.

20○○. ○. ○.

재판장 판사 ○○○
판사 ○○○
판사 ○○○

注) 법인파산실무(서울중앙지방법원), 서식 참고 및 인용

[기재례 94] 이시폐지 공고

파산폐지 공고

사　　건　　20○○하합○○　파산선고

채 무 자　　주식회사 ○○
　　　　　　○○시 ○○구 ○○로 ○○

채무자 회생 및 파산에 관한 법률 제546조, 제545조에 의하여 다음과 같이 공고한다.

다　　　　음

1. 주문 : 이 사건 파산을 폐지한다.
2. 이유의 요지 : 파산재단으로써 파산절차의 비용을 충당하기에 부족하다.

20○○. ○. ○.

○○지방법원 제○○파산부

재 판 장　　판 사 ○○○
　　　　　　판 사 ○○○
　　　　　　판 사 ○○○

注) 법인파산실무(서울중앙지방법원), 서식 참고 및 인용

[기재례 95] 이시폐지 기입등기·등록 촉탁

○○지방법원
제○파산부
등기촉탁서

○○지방법원 상업등기소장 귀하

사　　건　　20○○하합○○　파산선고

채 무 자　　주식회사 ○○
　　　　　　○○시 ○○구 ○○로 123

위 사건에 관하여 다음과 같이 파산폐지 기입등기 등을 촉탁합니다.

등기원인과 그 연월일

20○○. ○. ○. 파산폐지

등 기 목 적

등기촉탁수수료
파산폐지 기입등기 등록세, 교육세 및 채무자 회생 및 파산에 관한 법률 제25조 제4항, 등기부 등·초본 등 수수료규칙 제5조의3 제2항 제1호에 의하여 면제

붙 임　　1. 파산폐지결정 등본　　1통
　　　　　2. 촉탁서 부본　　1통

20○○. ○. ○.

재 판 장　　판 사 ○○○

주) 법인파산실무(서울중앙지방법원), 서식 참고 및 인용

[기재례 96] 배달촉탁취소

○○지방법원
제○○파산부
촉탁취소서

사 건 20○○하합○○ 파산선고

채 무 자 주식회사 ○○
○○시 ○○구 ○○로 111

위 사건에 관하여 채무자 회생 및 파산에 관한 법률 제485조 제2항에 의하여 채무자 주식회사 ○○에게 보내는 우편물 또는 전보를 파산관재인 ○○○에게 배달하는 내용의 촉탁을 취소합니다.

붙임 1. 파산폐지결정 등본 1통
2. 촉탁서 부본 1통

20○○. ○. ○.

재판장 판사 ○○○

주) 법인파산실무(서울중앙지방법원), 서식 참고 및 인용

[기재례 97] 동의폐지에 대한 의견서 제출요구

○○지방법원
제○파산부
의견서제출요구서

수 신 수신처 참조

사 건 20○○하합○○ 파산선고

채 무 자 주식회사○○
○○시 ○○구 ○○로 ○○

파산관재인 변호사 ◇◇◇

감사위원 ○○○, ○○○, ○○○

위 사건에 관하여 파산폐지의 신청에 관한 이의신청기간이 경과하였으므로 채무자 회생 및 파산에 관한 법률 제544조에 의하여 파산폐지의 결정을 함에 필요한 조건을 구비하였는가 여부에 관하여 이 요구서를 송달받은 날로부터 10일 이내에 의견서를 법원에 제출하여 주시기 바랍니다.

20○○. ○. ○.

재판장 판사 ○○○

주) 법인파산실무(서울중앙지방법원), 서식 참고 및 인용

[기재례 98] 파산폐지신청 각하결정(동의 부재로 인한 각하)

○○지방법원
제○○파산부
결 정

사 건 20○○하합○○ 파산선고

채 무 자 ○○ 주식회사
○○시 ○○구 ○○로 1

대표이사 ○ ○ ○

주 문

이 사건 파산폐지 신청을 각하한다.

이 유

이 사건에 관하여 채무자가 파산폐지의 신청을 하였으나, 파산폐지의 필요 조건인 채권신고기간 내에 신고한 총 파산채권자 중 ○○○의 동의가 없으므로(또는 부동의 채권자에 대하여 담보를 제공하지 아니하였으므로) 이 사건 신청은 부적법하여 채무자 및 파산에 관한 법률 제538조에 의하여 주문과 같이 결정한다.

20○○. ○. ○.

재판장 판사 ○○○
판사 ○○○
판사 ○○○

주) 법인파산실무(서울중앙지방법원), 서식 참고 및 인용

[기재례 99] 동의에 의한 파산폐지결정

○○지방법원
제○○파산부
결 정

사 건 20○○하합○○ 파산선고

채 무 자 ○○ 주식회사
○○시 ○○구 ○○로 ○○

주 문

이 사건 파산을 폐지한다.

이 유

이 사건에 관하여 채무자로부터 채무자 회생 및 파산에 관한 법률 제538조 제1항에 의한 파산폐지의 신청이 있었으므로 살피건대, 위 신청은 상당하다고 인정되므로 주문과 같이 결정한다.

20○○. ○. ○.

재판장 판사 ○○○
판사 ○○○
판사 ○○○

注) 법인파산실무(서울중앙지방법원), 서식 참고 및 인용

[기재례 100] 동의에 의한 파산폐지 공고(1)

파산폐지 공고

사　　건　　20○○하합○○　파산선고

채 무 자　　주식회사 ○○
　　　　　　○○시 ○○구 ○○로 ○○

채무자 회생 및 파산에 관한 법률 제546조, 제538조에 의하여 다음과 같이 공고합니다.

다　　　음

1. 주문 : 이 사건 파산을 폐지한다.
2. 이유의 요지 : 채무자 회생 및 파산에 관한 법률 제538조 제1항의 신청은 상당하다.

20○○. ○. ○.

○○지방법원 제○○파산부

재 판 장　　판 사 ○○○
　　　　　　판 사 ○○○
　　　　　　판 사 ○○○

주) 법인파산실무(서울중앙지방법원), 서식 참고 및 인용

[기재례 101] 동의에 의한 파산폐지 공고(2)

파산폐지신청 공고

사　　건　20○○하합○○　파산선고

채 무 자　주식회사 ○○
　　　　　○○시 ○○구 ○○로 ○○

파산관재인　변호사 ◇◇◇

채무자로부터 채무자 회생 및 파산에 관한 법률 제538조에 의한 파산폐지의 신청이 있었으므로 채무자 회생 및 파산에 관한 법률 제542조에 의하여 다음과 같이 공고한다.

다　　음

1. 위 신청에 관한 서류는 이해관계인의 열람에 공하기 위하여 이 법원 파산과에 비치하였다.
2. 파산채권자는 이 공고가 있는 날로부터 2주 내에 파산폐지의 신청에 대하여 이의를 신청 할 수 있다.

20○○. ○. ○.

○○지방법원 제○○파산부

재 판 장　판 사 ○○○
　　　　　판 사 ○○○
　　　　　판 사 ○○○

주) 법인파산실무(서울중앙지방법원), 서식 참고 및 인용

[3]
파산종결

1. 파산종결 절차

파산종결[431]이란 파산관재인의 임무가 모두 완료되어 더 이상 남아 있는 절차가 존재하지 않는 경우에 파산절차를 종결하는 것을 말한다. 파산관재인의 임무가 종료되고 계산보고를 위한 채권자집회가 종결된 때에는 법원은 파산종결결정을 하고, 그 주문과 이유의 요지를 공고하여야 한다(530조). 파산종결결정에 대한 공고에 의하여 파산절차는 종료되며, 이러한 파산종결결정에 대하여는 불복할 수 없다. 법원은 파산종결결정과 동시에 주무관청에 파산종결결정이 있음을 통지하여야 하고, 법원사무관 등은 상업등기소에 파산종결의 기입등기를 촉탁하여야 한다(314조, 23조 1항 5호).

2. 파산종결의 효과

가. 채무자에게 미치는 효과

파산종결결정이 공고되면 파산종결의 효과가 발생하고, 이에 따라 파산재단에 속한 재산에 대한 관리처분권은 파산관재인으로부터 법인 채무자에게 회복된다. 파산종결 후 잔여재산이 없으면 해당 법인은 곧바로 법인격이 소멸하게 된다. 파산종결결정으로 채무자인 법인의 법인격이 소멸하게 되면 일반적인 법인에 있어서 법인격의 소멸 절차인 해산등기나 청산등기와 같은 후속 절차 없이 종국적으로 법인은 소멸하게 된다.[432] 다만 파산종결결정 후에 잔여재산이 남아 있거나 추가로 재산이 발견된 경우에는 법인격이 소멸되지 않고[433] 청산의 목적 범위 내에서 존속하게 된다. 그렇다

431) 파산절차의 종료(350조)와 파산종결은 구별되어야 한다. 파산절차의 종료는 파산취소결정의 확정, 동시폐지·이시폐지·동의폐지 등 파산폐지결정의 확정, 회생계획인가에 의한 파산절차의 실효, 파산폐지결정(530조) 등을 포함하는 개념이다.

432) 파산 외의 사유로 이루어진 법인청산종결등기도 제3자에 대한 대항요건에 불가하므로 청산사유가 종결되지 않는 때에는 법인은 소멸하지 않으며 사실상 청산이 종결된 때에 권리능력이 상실되는 것이어서(대법원 2005.11.24. 선고 2003후2515 판결), 이해관계인이 청산종결등기 후 잔여재산이 남아 있는 등으로 청산사무가 종결되지 않았음을 증명하여 청산종결등기의 말소를 신청하면 등기관은 청산종결등기를 말소하고 해당 등기기록을 부활하게 된다.

고 하더라도 파산관재인은 더 이상 해당 법인의 청산업무에 관여할 수 없고 정관 등에서 정하는 바에 따라 선임된 청산인이나 법원이 선임한 청산인이 청산업무를 처리하게 되는데, 청산인이 잔여재산을 처분한 후 사원 또는 주주에게 분배하고 이를 통하여 잔여재산에 대한 청산이 종결되면 비로소 법인격이 소멸하게 된다.

나. 파산채권자에게 미치는 효과

파산종결결정이 이루어지면 파산채권자도 파산절차의 구속에서 벗어나 자유로이 자신의 권리를 행사할 수 있다. 다만 법인의 재산이 모두 청산되어 잔여 재산이 거의 없을 것이므로 채무자인 법인과의 관계에서 파산절차의 구속에서 벗어난다는 것은 큰 의미가 없을 것으로 보인다. 물론 파산채권자는 파산종결결정 전후에 불구하고 채무자의 보증인이나 그밖에 채무자와 더불어 채무를 부담하는 자에 대하여 권리를 행사할 수 있고, 파산채권자를 위하여 제3자가 제공한 담보권을 실행함에는 지장이 없을 것이다(548조 2항, 567조).

다. 파산절차의 기관에 미치는 효과

파산종결결정이 공고되어 파산이 종결되면 파산관재인이나 감사위원, 채권자집회의 임무도 종료된다. 다만 파산관재인의 경우에는 파산종결 후에도 긴급한 사정이 있는 경우에는 채무자의 재산에 대하여 긴급처분을 하여야 하고(366조), 최후배당에 대한 배당액 통지 후에 재산이 발견되거나 새로운 재산이 생긴 때에는 추가배당을 실시하여야 하며(531조), 그밖에 상업장부 등의 보관 업무(상법 33조, 266조, 269조, 541조, 613조 1항), 법인세의 신고 업무(법인세법 84조 1항) 등 잔존업무도 처리하여야 하고, 파산채권조사확정재판이나 이의소송이 파산종결 후에도 계속되고 있는 경우에는 소송당사자로서 소송을 수행하여야 하므로 이러한 업무의 범위 내에서 파산관재인의 임무는 종료되지 않고 해당 업무가 종결되어야 비로소 파산관재인의 임무가 종료될 것임은 물론이다.

---

433) 대법원 1989.11.24. 선고 89다카2483 판결.

3. 파산종결결정에 대한 불복 여부

파산종결결정 후에는 이에 대한 불복이 불가하다(13조 1항). 따라서 설령 파산관재인의 행위로 손해를 입은 경우라도 파산종결결정에 대한 불복이 아니라 파산관재인에 대한 개별적인 소송으로 해결하여야 할 것이다.

[기재례 102] 파산종결결정

○○지방법원
제○○파산부
결 정

사 건 20○○하합○○ 파산선고
채 무 자 주식회사 ○○
○○시 ○○구 ○○로 ○○
파산관재인 ○○○

주 문

이 사건 파산을 종결한다.

이 유

이 사건 파산절차에 관하여 최후배당이 종료되었고, 파산관재인의 임무종료에 따른 계산보고를 위하여 20○○. ○. ○. 소집된 채권자집회에서 파산관재인의 계산을 승인하고 채권자집회가 종결되었으므로, 채무자 회생 및 파산에 관한 법률 제530조를 적용하여 주문과 같이 결정한다.

20○○. ○. ○.

재 판 장 판 사 ○○○
판 사 ○○○
판 사 ○○○

주) 법인파산실무(서울중앙지방법원), 서식 참고 및 인용

[기재례 103] 파산종결 공고

주식회사○○파산종결 공고

사　　건　20○○하합○○　파산선고
채 무 자　주식회사 ○○
　　　　　○○시 ○○구 ○○로 ○○
파산관재인　변호사 ○○○

채무자 회생 및 파산에 관한 법률 제530조에 의하여 다음과 같이 공고합니다.

다　　　음

1. 주문 : 이 사건 파산을 종결한다.
2. 이유의 요지 : 최후배당이 종료되었고, 채권자집회에서 파산관재인의 임무종료에 따른 계산을 승인하고 종결되었다.

20○○. ○. ○.

○○지방법원 제○○파산부

재 판 장　판 사 ○○○
　　　　　판 사 ○○○
　　　　　판 사 ○○○

주) 법인파산실무(서울중앙지방법원), 서식 참고 및 인용

[기재례 104] 파산종결등기 촉탁

○○지방법원

제○○파산부

등기촉탁서

○○지방법원 상업등기소장 귀하

사 건 20○○하합○○ 파산선고

채 무 자 주식회사 ○○
○○시 ○○구 ○○로 111

위 사건에 관하여 다음과 같이 파산종결 기입등기 등을 촉탁합니다.

등기원인과 그 연월일

20○○. ○. ○. 파산종결

등 기 목 적

파산종결 기입등기 등록세, 교육세 및 채무자 회생 및 파산에 관한 법률 제25조 제4항, 등기부등·초본 등기촉탁수수료 등 수수료규칙 제52조의3 제2항 제1호에 의하여 면제

붙임 1. 파산종결결정 등본 1통
2. 촉탁서 부본 1통

20○○. ○. ○.

재 판 장 판 사 ○○○

주) 법인파산실무(서울중앙지방법원), 서식 참고 및 인용

[기재례 105] 파산종결에 따른 배달촉탁 취소

○○지방법원
제○○파산부
촉탁취소서

○○우체국장 귀하

사 건 20○○하합○○ 파산선고
채 무 자 주식회사 ○○
○○시 ○○구 ○○로 111

위 사건에 관하여 채무자 회생 및 파산에 관한 법률 제485조 제2항에 의하여 채무자 주식회사 ○○에게 보내는 우편물 또는 전보를 파산관재인 ○○○에게 배달하는 내용의 촉탁을 취소합니다.

붙임 1. 파산종결결정 등본 1통
2. 촉탁서 부본 1통

20○○. ○. ○.

재판장 판사 ○○○

주) 법인파산실무(서울중앙지방법원), 서식 참고 및 인용

[4]
벌 칙

1. 사기파산죄

채무자가 파산선고의 전후를 불문하고 자기 또는 타인의 이익을 도모하거나 채권자를 해할 목적으로 다음과 같은 각호의 행위를 하고, 그 파산선고가 확정된 때에는 10년 이하의 징역 또는 1억원 이하의 벌금에 처하여진다(650조).

① 파산재단에 속하는 재산을 은닉 또는 손괴하거나 채권자에게 불이익하게 처분하는 행위

② 파산재단의 부담을 허위로 증가시키는 행위

③ 법률의 규정에 의하여 작성하여야 하는 상업장부를 작성하지 않거나, 상업장부에 재산의 현황을 알 수 있는 정도의 기재를 하지 않은 경우, 상업장부에 부실한 기재를 한 경우, 또는 상업장부를 은닉 또는 손괴하는 행위를 한 경우

④ 제481조(재산장부의 폐쇄)의 규정에 의하여 법원사무관 등이 폐쇄한 장부에 변경을 가하거나 이를 은닉 또는 손괴하는 행위[434]

2. 과태파산죄

채무자가 파산선고의 전후를 불문하고 다음과 같은 각호의 행위를 하고, 그 파산선고가 확정된 경우 5년 이하의 징역 또는 5천만원 이하의 벌금에 처하여진다(651조).

① 파산선고를 지연시킬 목적으로 신용거래로 상품을 구입하여 현저히 불이익한 조건으로 이를 처분하는 행위

② 파산의 원인인 사실이 있음을 알면서 어느 채권자에게 특별한 이익을 줄 목적으로 한 담보제공이나 채무소멸에 관한 행위로서 채무자의 의무에 속하지 않거나 그 방

434) 한편 수탁자, 신탁재산관리인, 수탁자의 법정대리인, 수탁자의 지배인 또는 법인인 수탁자의 이사가 파산선고의 전후를 불문하고 자기 또는 타인의 이익을 도모하거나 채권자를 해할 목적으로 위 ①~④의 어느 하나에 해당하는 행위를 하고, 유한책임신탁재산에 대한 파산선고가 확정된 경우에는 10년 이하의 징역 또는 1억원 이하의 벌금에 처하여진다(650조 2항).

법 또는 시기가 채무자의 의무에 속하지 않은 행위

③ 법률의 규정에 의하여 작성하여야 할 상업장부를 작성하지 않거나, 상업장부에 재산의 현황을 알 수 있는 정도의 기재를 하지 않은 경우, 상업장부에 부정의 기재를 한 경우, 또는 상업장부를 은닉 또는 손괴하는 행위를 한 경우

④ 법원사무관 등이 폐쇄한 장부에 변경을 가하거나 이를 은닉 또는 손괴하는 행위[435)]

3. 일정한 지위에 있는 자의 사기파산 및 과태파산죄

채무자의 이사 또는 지배인이 사기파산죄(650조) 또는 과태파산죄(651조)에 해당하는 행위를 하고 채무자에 대한 파산선고가 확정된 때에는 그 행위자도 사기파산죄 또는 과태파산죄의 예에 따라 처벌이 이루어진다(652조).

4. 구인불응죄

구인명령을 받은 자(319조, 320조, 322조)가 그 사실을 알면서도 파산절차를 지연시키거나 구인의 집행을 회피할 목적으로 도주한 때에는 1년 이하의 징역 또는 1천만원 이하의 벌금에 처하여진다(653조).

5. 제3자의 사기파산죄

채무자 및 그 이사나 지배인이 아닌 자가 파산선고의 전후를 불문하고 자기 또는 타인의 이익을 도모하거나 채권자를 해할 목적으로 사기파산죄(650조)에 해당하는 행위를 하거나 자기나 타인을 이롭게 할 목적으로 파산채권자로서 허위의 권리를 행사하고 채무자에 대한 파산선고가 확정된 경우에는 그 행위를 한 자는 10년 이하의 징역 또는 1억원 이하의 벌금에 처하여진다(654조).

---

435) 한편 수탁자, 신탁재산관리인, 수탁자의 법정대리인, 수탁자의 지배인 또는 법인인 수탁자의 이사가 파산선고의 전후를 불문하고 위 ①~④의 어느 하나에 해당하는 행위를 하고, 유한책임신탁재산에 대한 파산선고가 확정된 경우에는 5년 이하의 징역 또는 5천만원 이하의 벌금에 처하여진다(661조 2항).

6. 파산수뢰죄

파산관재인 또는 감사위원이 그 직무에 관하여 뇌물을 수수·요구 또는 약속한 경우에는 5년 이하의 징역 또는 5천만원 이하의 벌금에 처하여진다(655조 전단). 파산관재인이나 파산채권자의 대리인, 파산채권자의 이사가 채권자집회의 결의에 관하여 뇌물을 수수·요구 또는 약속한 때에도 5년 이하의 징역 또는 5천만원 이하의 벌금에 처하여진다(655조 후단).

7. 파산증뢰죄

파산관재인이나 감사위원, 파산채권자, 파산채권자의 대리인, 파산채권자의 이사에게 뇌물을 약속 또는 공여하거나 공여의 의사를 표시한 자는 3년 이하의 징역 또는 3천만원 이하의 벌금에 처하여진다(656조).

8. 재산조회결과의 목적외 사용죄

재산조회(29조 1항)의 결과를 파산절차를 위한 채무자의 재산상황조사 외의 목적으로 사용한 자는 2년 이하의 징역 또는 2천만원 이하의 벌금에 처하여진다(657조).

9. 설명의무위반죄

설명의 의무가 있는 자(321조)가 정당한 사유 없이 설명을 하지 않거나 허위의 설명을 한 때에는 1년 이하의 징역 또는 1천만원 이하의 벌금에 처하여진다(658조).

10. 과 태 료

채무자의 재산 등에 대한 조회(29조 1항)를 받은 공공기관·금융기관·단체 등의 장이 정당한 사유 없이 자료제출을 거부하거나 허위의 자료를 제출한 자는 500만원 이하의 과태료에 처하여진다(660조 1항 1호).

제3장

법인파산 신청 실무

제 1 절 법인파산 실무 지식

[1] 법인파산의 운영실태

1. 법인파산과 통합도산법

법인파산이란 채무자가 과도한 채무로 인하여 자신의 능력으로는 도저히 채무를 변제할 수 없는 지급불능상태나 지급정지상태 또는 채무초과(단, 법인파산 중 합명회사·합자회사 제외)의 상태에 있는 경우에 채무자나 채권자의 신청에 의하여 통합도산법이 정하는 절차에 따라 법원이 채무자의 재산을 금전으로 환가하여 채권자들에게 평등하게 배당하여 주고 궁극적으로 법인을 소멸케 하는 제도를 말한다. 이를 자연인의 개인파산과 구별하여 법인파산이라고 한다.

이러한 법인파산을 규율하고 있는 법이 통합도산법인데, 이는 종전의 파산법과 채무자회생법, 화의법 및 회사정리법을 통폐합하여 2005. 3. 31. 제정되고 2006. 4. 1.부터 시행되고 있는 「채무자 회생 및 파산에 관한 법률」이다. 통합도산법은 그 제정 당시의 사회적 상황인 IMF 사태로부터 쏟아져 나오는 신용불량자를 구제하여야 한다는 절박한 경제적 상황을 타개하기 위하여 제정된 법으로서 파산제도의 이용 측면에서 보면 법인파산보다는 자연인의 개인파산이 주류를 이루고 있다고 해도 과언이 아니었다.

통합도산법이 제정되기 전에 존재하였던 개별 도산법인 파산법이나 화의법, 회사정리법은 주로 법인의 도산절차를 규율하고 있었고 또한 법인이 주로 이용하고 있었던 것으로서 자연인으로서 개인이 도산을 위하여 접근하는데는 극히 제한적이었다고 할 수 있다. 따라서 통합도산법의 제정 시점을 기준으로 도산분야의 이용에 있어 일대 변환점이 되었다고 할 수 있는데, 그 전의 개별 도산법은 주로 법인의 도산을 위하여, 그 후의 통합도산법은 법인뿐만 아니라 자연인의 도산을 위하여도 이용되고 있다는 점에서 큰 의미가 있다고 할 수 있는 것이다. 물론 통합도산법 제정 이전의 개별 도산법 시대에서도 자연인인 개인이 파산을 하거나 회생을 하는데 이를 전혀 이용할 수 없었다는 것이 아니고 그 당시에는 주로 법인 도산의 전유물처럼 되어 있어서 자연인인 개인이 도산을 위하여 이를 이용하는 데에는 극히 예외적인 사례였다는 것이고 그것도 도산분야에 능통한 소수의 변호사나 법무사를 통하지 않고는 접근 자체가 불가능하였다는 것을 지적하는 것이다. 요즘과 같이 법인의 도산뿐만 아니라 개인의 도산에 있어서도 보편적으로 이용되고 있는 통합도산법의 제정은 그 자체로 많은 문제점을 가지고 있음에도 불구하고 도산 분야에 있어서 큰 기여를 하고 있다는 점은 부인할 수 없을 것이다.

2. 법인파산의 이용 현황

법인파산의 경우에는 개인파산의 경우와 같이 면책을 통하여 구제받는 것이 주목적이 아니라 배당·청산이 주목적이어서 그 종결로 법인이 해산되는 것이다.

따라서 법인파산의 경우에는 채무자 스스로 파산한 법인을 정리하기 위한 자기파산도 있지만 회생절차 등에 실패한 법인을 퇴출시키는 일환으로 관리인의 신청이나 법원의 직권에 의하여 이루어지거나, 채권을 추심하려는 채권자 또는 부실채권을 털어버리려는 채권자에 의하여 이루어지는 경우도 적지 않은 사례가 있다. 법인파산의 사례는 해마다 늘어나고 있는 추세에 있다. 그동안 법인파산의 접수 현황을 보면 1994년 18건, 1995년 12건, 1996년 18건, 1997년 38건, 1998년 117건, 1999년 230건, 2000년 132건, 2001년 170건, 2002년 108건, 2003년 303건, 2004년 162건, 2005년 129건, 2006년 132건, 2007년 132건, 2008년 191건, 2009년 226건, 2010년 253건, 2011년 312건, 2012년 396건, 2014년 539건, 2015년 586건, 2016년 740건, 2017년 698건에 달하고 있다.[436]

436) 대법원 인터넷사이트 "사법통계-법원통계월보" 참고.

[2]
법인파산신청의 이유와 실익

법인파산은 채권자나 채무자의 신청 또는 법원의 직권에 의하여 이루어지는 절차이다. 그런데 개인파산은 면책 또는 복권절차를 통하여 채무를 감면받고 재기를 도모하려는데 주목적이 있는 것이어서 얼핏 보아도 신청의 실익이 있음을 쉽게 알 수 있는데 반하여 법인파산은 채무면책이나 감면이 목적이 아니라 법인의 재산에 대한 청산·배당 및 종국적인 법인의 소멸을 주목적으로 하는 것이어서 굳이 비싼 돈을 들이고 복잡한 절차를 거쳐서 법인파산을 신청하려는 이유나 그 실익에 관하여 느낌이 잘 오지 않을 수 있다. 이에 무엇 때문에 법인파산을 신청하려고 하는지 법인파산을 신청하면 어떤 실익이 있는지 살펴볼 필요가 있고, 아울러 파탄상태에 놓인 법인에 관하여 이를 방치해서는 안 되고 법인대표자 등이 법인파산을 의무적으로 신청하도록 되어 있는지도 알아볼 필요가 있다고 본다.437)

1. 채무자 법인의 자기파산

가. 법인파산에 있어서 법인 자체의 실익과 법인대표자의 실익 구분

법인파산은 청산·배당 후 법인의 소멸을 주목적으로 하는 것이지 법인의 재기를 목적으로 하는 것이 아니어서 채무자인 법인 스스로 자기파산을 신청하려는 유인은 법인회생에 비하여 크다고 할 수 없다. 다만 채무자 법인의 대표자나 이사 또는 지배인 등(이하 '법인대표자')에게는 법인파산을 신청할 이유나 실익이 많다고 본다. 법인의 존재 자체만으로 피해를 볼 수 있기 때문이다. 주로는 세금과 관련되는 부분이 있고, 법인의 유지·관리와 관련하여 이사(임기는 3년)·감사(임기는 취임 후 3년 내의 최종결산기에 관한 정기총회종결시까지)의 임기만료에 따른 재선임 등기 의무 등 일정한 의무가 주어져 있는 경우가 있는데, 이를 해태하게 되면 가산세나 과태료가 부과된다. 또한 대표이사

437) 법인파산의 이유나 실익 부분에 관하여는 국내 어느 서적이나 논문에서도 특별히 언급하고 있지 않고 있고 더군다나 서울중앙지방법원 파산부 실무연구회에서 발간한 「제4판 법인파산실무」에서조차 법인파산의 절차에 관하여만 서술하고 있을 뿐이어서 본서에서 최초로 다루고 있는 문제임을 밝혀둔다.

를 포함한 이사가 고의 또는 과실로 그 임무를 해태한 때에는 해당 법인이나 제3자에 대하여 손해배상책임을 지게 되는 경우도 있을 수 있다(민법 65조, 상법 399조 1항, 401조 1항). 따라서 유명무실한 법인에 대하여는 장차 이를 소멸시키는 것이 타당할 것인데, 그 절차와 관련해서는 통상적인 해산 및 청산절차를 통하여 소멸시키는 방법이 있고, 법인파산을 통하여 소멸시키는 방법이 있다. 전자는 법인의 재산으로 채무를 모두 변제할 수 있을 때, 즉 재산초과상태에 있을 때에 그 대표이사나 이사 등이 청산인이 되어 법인을 소멸시키는 방법이고, 후자는 법인의 재산보다 채무가 초과한 상태, 즉 채무초과상태 등에 있을 때에 법원이 선임한 파산관재인에 의하여 법인을 소멸시키는 방법이다. 따라서 해산 및 청산절차를 통하여 법인을 소멸시키려는 절차를 진행하던 중이라도 법인의 재산이 그 채무를 완제하기에 부족한 것이 분명하게 된 때에는 해산절차 진행 중에는 이사가, 청산절차 진행 중에는 청산인이 지체 없이 파산신청을 하여야 하며(민법 79조, 93조 1항), 이를 해태한 때에는 해당 이사나 감사 또는 청산인은 500만원 이하의 과태료에 처해지게 된다(민법 97조 6호, 7호). 결국 채무초과상태에 있는 법인을 소멸시키는 방법은 통상적인 해산 및 청산절차로는 불가하고 부득이 법인파산절차를 통하여 소멸시켜야 하는 것이다.

법인에 대한 해산·청산이나 법인파산을 통하여 법인을 소멸시키려는데는 이를 추진하려는 법인대표자 등에게 실익이 있기 때문인데, 주로 파탄상태에서 무익하게 존재하는 법인 때문에 부담하거나 늘어나게 될 세금 문제나 법인의 채무에 대한 연대보증책임으로부터 일부 벗어나려고 한 경우에 법인파산을 고려하는 경우가 많을 것이다. 법인이 현재 영업을 하지 않고 있다고 해서 폐업신고를 하는 것만으로는 영업을 중단하는 것에 불과할 뿐이어서 법인의 존재 자체로 초래될 수 있는 위와 같은 책임은 여전히 상존하게 되어 궁극적인 해결책이 되지 못할 것이다.

나. 법인파산신청으로 인한 법인대표자의 실익

법인파산은 법인의 소멸을 궁극적인 목적으로 하는 것이어서 법인 자체로 보면 이를 추진할 이유나 실익이 크지 않을 수 있다. 이에 법인파산의 실익은 법인대표자나 이사·감사 등 법인의 경영자(이하 '법인대표자')에서 찾아야 할 것이다. 파탄상태에 이른 법인이라면 영업을 해도 이득이 나는 회사도 아닐 것이고 거의 폐업상태로 방치되고 있는 회사가 대부분일 것이므로 법인을 그대로 존족시켜두더라도 법인대표자에게 아무런 손해가 없다고 한다면 굳이 비싼 돈과 시간과 머리를 싸매면서까지 복잡한 법인파산절차를 밟아 법인을 소멸시켜야 할 이유가 없을 것이다. 법인대표자가 법인파산을 추진하려는데는 그만한 이유와 실익이 있어야 하는 것이다. 아래에서 법인대표자가 법인파산을 추진하는 실익으로 어떠한 것들이 있는지 몇 가지 살펴보기로 한다. 이는 법인을 해산·청산시키려는 이유 및 실익과 일맥상통하는 문제라고 할 수 있다.

첫째, 법인 자체의 존재만으로 법인대표자에게 책임이 부과되거나 늘어나는 경우가 있다. 세금 부담 문제가 대표적일 것이다. 법인의 경우에는 그 존재만으로 법인세, 주민세(지방세법 74조), 재산세, 종합부동산세, 국민연금료·건강보험료(장부상 근로자가 존재하는 경우) 등 각종 세금이나 준조세가 발생할 수 있다. 그런데 법인대표자가 다른 계열사도 가지고 있는 경우에는 그 다른 계열사가 파산 대상 법인의 법인세에 대하여 연대납부할 의무가 있는 경우가 있고(법인세법 2조 4항), 법인대표자가 파산 대상 법인의 무한책임사원 또는 과점주주로서 해당 법인에게 부과된 국세나 가산금 또는 체납처분비에 대한 2차 납세의무자로 되어 있는 경우가 있는데(국세기본법 39조), 이러한 경우에는 해당 법인을 그대로 방치해 둠으로써 세금 부담이 계속 늘어나도록 하는 것 보다는 법인파산을 통하여 해당 법인을 소멸시키고 그 과정에서 세금의 일부라도 법인의 재산으로부터 변제되도록 하는 것이 법인대표자에게 돌아올 세금 부담을 일부나마 감면받을 수 있는 실익이 있을 것이다. 세금은 법인대표자가 개인파산을 하더라도 면책되지 않는 채권이다. 또한 법인이 영업을 하지 않아 소득이 발생하지 않더라도 법인세의 신고 등 각종 회계처리를 해야 하는 문제도 발생할 수 있으며(법인세법 60조 3항), 이를 게을리하면 가산세가 붙거나 과태료에 처해질 수 있는 경우도 있을 것이다.

아울러 법인이 존재하는 경우에는 임기가 정해진 이사나 감사의 임기가 만료된 경우 일정 기간 내에 재선임 등기를 해야 하며, 이를 해태하게 되면 500만원 이하의 과태료에 처해질 수 있다(상법 635조 1항 1호, 비송사건절차법 250조 1항).

둘째, 법인대표자가 법인의 채무에 대한 연대보증인으로 되어 있어 법인의 채무가 대표자 본인의 채무로 되는 경우가 있다. 즉 법인이 금융기관 등으로부터 대출을 받을 때에는 대부분 법인대표자가 연대보증인으로 되어 있는 경우가 많아 법인이 파산하더라도 결국 법인의 채무가 고스란히 자신의 개인 채무로 남게 되어 있으므로 법인의 잔여 재산을 청산하여 채권자에게 변제해 줌으로써 본인의 채무를 일부나마 경감받을 수 있는 실익이 있을 것이다.

셋째, 법인대표자 개인이 장차 개인파산을 하거나 개인회생 또는 일반회생을 통하여 채무면책을 받고자 할 때에 법인파산이 선행되어 있으면 큰 도움이 될 수 있다. 법인파산이 이루어진다고 해서 법인대표자 개인의 채무가 면책되는 것이 아니므로 법인대표자가 자신의 채무에서 벗어나려면 부득이 개인파산이나 개인회생 또는 일반회생을 통하여야 할 것인데, 이러한 절차에서 채무감면을 받는데 있어 채권자들에 대한 변제실적이 중요할 수 있고, 따라서 법인파산절차 내에서 채권자들에게 일부라도 변제한 실적이 있다면 큰 도움이 될 수 있을 것으로 보인다.

넷째, 법인대표자에게 법인파산신청이 의무로 되어 있는 경우가 있다. 즉 민법상 법인의 이사에게는 해당 법인이 채무를 완제하지 못하게 된 때에는 지체 없이 파산을 신청해야 할 의무를 부과하고 있고(민법 79조), 청산 중인 민법상 법인이나 합명회사·주식회사·유한회사의 청산인에게도 법인의 재산이 채무를 완제하기에 부족한 것이 분명하게 된 때에는 파산을 신청해야 할 의무를 부과하고 있는 바(민법 93조, 상법 635조 1항 12호), 이러한 파산신청의무를 해태한 때에는 500만원 이하의 과태료에 처해지게 되어 있으므로(민법 97조 6호, 상법 635조 1항 12호), 과태료의 불이익을 피하기 위하여도 법인파산을 신청할 실익이 있는 것이다.

다섯째, 법인의 채권자들에 의한 압박 내지 요청에 따라 법인파산을 신청하는 경우도 있다. 법인의 채권자들의 입장에서는 어차피 회수가 불가한 채권이 자산으로 잡혀 있어 여러 가지 세제상의 불이익이 따를 수 있으므로 어떤 식으로든 기업회계상 회수할 수 없는 부실채권을 대차대조표상에서 손실처리하여야 할 것인데, 채권자가 직접 채무자 법인에 대하여 파산절차를 추진하는 것은 그리 만만치 않는 작업이 될 것이므로 법인대표자로 하여금 법인파산을 신청하도록 압박하거나 요청하는 경우가 많고, 이에 따라 법인대표자가 떠밀려서 그동안 거래해 온 정을 고려하여 법인파산을 신청하는 경우가 많다. 실무상 법인대표자가 법인파산을 추진하는 사례는 이러한 경우가 많다고 본다.

여섯째, 파탄상태에 이른 법인 때문에 법인대표자에게 초래될 수 있는 각종 민사상 손해배상책임이나 형사처벌에서 조금이나마 벗어나기 위하여 법인파산을 신청하는 경우가 있다. 대표이사를 포함한 이사가 고의 또는 과실로 법령 또는 정관에 위반한 행위를 하거나 그 임무를 해태한 때에는 해당 이사는 회사에 대하여 연대하여 손해를 배상할 책임이 있고, 고의 또는 중대한 과실로 그 임무를 해태하여 제3자에 대하여 손해를 끼친 때에는 회사와 연대하여 그 제3자에 대하여 손해배상책임을 지게 되는데(상법 399조 1항, 401조 1항, 민법 65조), 법인파산을 신청하게 되면 아무래도 파탄상태에 이른 법인을 그대로 내팽개쳐둔 것보다 자신의 고의 또는 과실 없음에 대한 소명자료로 작용할 수 있어 그 책임에서 벗어나는데 큰 도움이 될 수 있을 것이다. 또한 파탄상태에 이른 법인의 채권자들로서는 회사가 부도나서 자신의 채권을 회수하지 못할 상황이 오면 법인대표자를 어떻게든 형사로 엮으려고 할 것이고, 법인대표자에 대하여 사기죄나 업무상횡령·배임죄, 강제집행면탈죄 또는 부정수표단속법위반죄 등으로 형사고소를 할 것이 자명하며, 근로자들도 노동청에 체불임금신고를 할 것이어서 근로기준법위반죄로 처벌될 것이 분명할 것인데, 법인대표자가 법인파산을 신청하게 되면 채권자들에게 애당초 채무를 변제하지 않을 의도가 있는 것이 아니라 사업이 안되어 부득이 법인파산을 하기에 이르렀다는 사유를 내세울 수 있으므로 형사책임에서 벗어나거나 감경받는데 도움이 될 수 있을 것이다. 법인대표자가 근로자에게 임금을 체불하게 되면 3년 이하의 징역 또는 3천만원 이하의 벌금에 처해지게 되고(근로기준법 36조, 43조, 109조), 퇴직급여를 지급하지 않는 경우에는 3년 이하의 징역 또는 2천만원 이하의 벌금에 처해지게 된다(퇴직급여보장법 44조).

일곱째, 법인대표자가 법인의 채권자들에 대한 배려차원 내지 장차 재기를 위한 신용을 쌓을 목적으로 법인파산을 신청하는 경우가 있다. 즉 법인대표자 중에는 파탄상태에 놓여 있는 법인 때문에 피해를 보고 있는 채권자들을 위하여 그나마 남아 있는 법인의 재산을 청산하여 일부라도 변제해주려는 기업가 정신을 발휘하려는 경우도 있고, 향후 재기를 노리는 법인대표자가 장차 동종 업종에서 사업상 부딪히게 될 법인의 채권자들에게 신용을 쌓을 목적으로 법인파산절차까지 밟아서 채무를 변제하려고 노력하였음을 보여주기 위한 방편으로 법인파산을 신청하는 경우도 있을 수 있다. 특히 법인파산의 배당절차에서 우선변제권이 인정되는 임금채권자나 세금 등의 채권자에게는 큰 호감을 얻을 수 있을 것이다.

2. 법인의 채권자에 의한 법인파산

법인의 채권자가 채무자인 법인에 대하여 파산신청을 하려는 이유는 파산 직전에 놓여 있는 법인을 그대로 방치해 두면 그나마 남아 있는 법인의 재산이 일실되거나 청산가치가 떨어져 결과적으로 회수할 수 있는 채권의 몫이 줄어들 수 있기 때문에 하루라도 빨리 법인의 재산을 청산하여 자신의 채권을 추심하기 위한 경우가 있을 수 있다. 또한 채권자가 법인인 경우에는 기업회계상 회수할 수 없는 부실채권이 대차대조표에 자산으로 잡혀 있어서 세제상 여러 가지 불이익 등이 따를 수 있으므로 이러한 부실채권을 조속히 털어버리기 위한 수단으로 법인파산을 신청한 경우도 있을 수 있다. 물론 채권자들로서는 처음부터 자신이 나서서 법인파산을 추진하기 보다는 먼저 채무자인 법인의 대표자를 압박하거나 요청하여 법인파산을 신청하도록 할 것이지만 그럼에도 불구하도 법인대표자가 이에 응하지 않고 장기간 방치해두고 있거나 법인대표자와 연락이 두절된 경우에는 아쉬운 사람이 우물을 판다고 어쩔 수 없이 채권자 스스로 채무자에 대한 법인파산을 서두르는 수밖에 없을 것이다.

법인의 채권자가 근로자로서 임금이나 퇴직금을 지급받지 못한 자인 경우에는 체당금을 지급받기 위한 요건을 만들기 위한 수단으로 법인파산을 선택하는 경우도 있을 수 있다.

실무상으로는 법인의 채권자들이 채무의 변제를 차일피일 미루고 있는 법인을 압박하기 위한 수단으로 법인파산을 신청하는 경우도 종종 있다고 한다.

3. 법원의 직권에 의한 법인파산

법원은 파산선고를 받지 않은 법인에 대하여 회생계획인가를 한 후 회생절차폐지결정이 확정된 경우에 있어서 해당 법인에게 파산의 원인된 사실이 있다고 인정하는 때에는 직권으로 파산을 선고하여야 하고, 또한 파산선고를 받지 않은 법인에 대하여 회생절차개시신청기각결정, 회생계획인가 전 회생절차폐지결정, 회생계획불인가결정 중 어느 하나에 해당하는 결정이 확정되고 해당 법인에게 파산의 원인된 사실이 있다고 인정하는 때에는 채무자 또는 관리인의 신청에 의하거나 직권으로 파산을 선고할 수 있다(6조 1항, 2항). 즉 법원에게는 법인회생에 실패한 법인을 시장에서 퇴출시킬 일정한 의무가 주어져 있는 것이다.

제 2 절 법인파산 실무 절차

[1]
법인파산 신청절차 개요

1. 법인파산 신청권자와 신청의무자

가. 신청권자

법인이나 비법인 사단·재단에 대한 파산신청은 채무자인 해당 법인과 그 채권자[438]가 할 수 있나(294조, 295조). 이때 채권자가 파산신청을 한 경우와 이사·무한책임사원 또는 청산인의 전원이 하는 파산신청이 아닌 때에는 파산원인을 소명하여야 한다(296조). 여기에서 파산을 신청할 수 있는 법인의 채권자에는 파산채권자 외에 별제권자도 포함되지만 재단채권자는 포함되지 않는다. 다만 실무상 재단채권인 임금채권을 가진 근로자에 대하여는 예외적으로 파산신청이 허용되고 있다.[439] 파산신청을 할 수 있는 채권자에는 기한 미도래의 채권자, 장래의 채권의 채권자, 조건 성취 전의 채권자도 포함된다. 그러나 주주 또는 지분권자는 파산신청을 할 수 없다. 외국인인 채권자 또는 외국법인인 채권자도 파산신청을 할 수 있다(2조).

실무상 법인파산의 경우에는 채무자인 법인 측에서 직접 신청하는 자기파산이 대부분이지만 채권자의 신청이나 법원의 직권으로 개시되는 경우도 있다.

금융기관이나 상호저축은행 또는 신용협동조합에 대하여는 금융감독위원회도 파산신청을 할 수 있다.[440] 금융감독위원회의 부실금융기관에 대한 파산신청은 행정소송법상 취소소송의 대상이 되는 행정처분에 해당하지는 않으나, 부실금융기관에 대한 파산결정이 확정되고 이미 파산절차가 상당 부분 진행되고 있는 경우에 있어서 금융감독위원회의 부실금융기관에 대한 영업인가의 취소처분에 대하여는 그 취소를 구할

438) 여기의 채권자에는 우선권 있는 채권, 후순위채권을 가진 채권자도 해당되고, 별제권자라도 미리 별제권을 포기할 필요없이 파산신청을 할 수 있다(서울중앙지방법원, 제4판 법인파산실무, 24p).
439) 서울중앙지방법원, 제4판 법인파산실무, 24p.
440) 금융산업의 구조개선에 관한 법률 16조 1항, 상호저축은행법 24조의 13, 신용협동조합법 88조.

소의 이익이 인정된다.[441]

유한책임신탁재산에 대한 파산은 신탁채권자나 수익자, 수탁자, 신탁재산관리인, 청산수탁자가 신청할 수 있다(578조의3 1항).

나. 신청의무자

민법상 법인의 이사는 법인이 채무를 완제하지 못하게 된 때에는 지체 없이 파산신청을 하여야 하고(민법 79조), 청산 중인 민법상 법인·합명회사·주식회사·유한회사의 청산인[442]도 법인의 재산이 그 채무를 완제하기에 부족한 것이 분명하게 된 때에는 파산신청을 하여야 할 의무가 있는데(민법 93조, 상법 635조 1항 12호), 이러한 파산신청의무를 해태한 때에는 500만원 이하의 과태료에 처하여진다(민법 97조 6호, 상법 635조 1항 12호).

2. 법인파산능력과 파산원인

가. 법인파산능력

파산능력이란 법인으로서 파산선고를 받을 수 있는 능력을 말한다. 사법인은 모두 파산능력이 인정된다. 공익법인이든, 영리법인이든, 민법상의 법인이든, 상법상의 법인이든, 특별법상의 법인이든 모두 파산능력이 인정된다. 이미 해산하여 청산 중인 사법인도 마찬가지이다(298조). 다만 청산이 종결된 법인의 경우에는 적극재산이 발견되지 않는 한 파산능력이 부인된다. 권리능력 없는 사단이나 재단으로서 대표자가 있는 것은 파산능력이 인정된다. 유한책임신탁재산에 대하여도 파산능력이 인정된다. 공기업도 국가 또는 지방자치단체로부터 조직 및 회계가 독립되어 있는 경우에는 파산능력이 인정된다고 본다.[443] 노동조합에는 파산능력이 인정되지만 민법상 조합에는 파산능력이 부정된다.

441) 대법원 2006.7.28. 선고 2004두13219 판결.

442) 청산 중인 법인의 재산이 그 채무를 완제하기에 부족한 것이 분명하게 된 때에는 청산인은 지체 없이 파산선고를 신청하여야 하고(민법 93조 1항, 상법 254조 4항, 542조 1항, 613조 1항), 이를 해태하면 500만원 이하의 과태료에 처하여진다(민법 97조 6호, 상법 635조 1항 12호).

443) 서울중앙지방법원, 제4판 법인파산실무, 28p.

나. 파산원인

통합도산법에서는 법인의 파산원인으로 지급불능상태와 지급정지상태를 들고 있고(305조), 합명회사·합자회사를 제외한 그밖의 법인에 대한 파산의 경우에는 채무초과상태(부채의 총액이 자산의 총액을 초과하는 상태)도 파산원인으로 하고 있다(306조).

1) 지급불능상태

통합도산법에서는 파산신청 원인의 하나로 지급을 할 수 없는 때, 즉 지급불능상태를 들고 있다(305조 1항). 지급불능상태란 채무자가 「변제능력이 부족」하여 「즉시 변제하여야 할 채무(변제기 도래채권)」를 「일반적·계속적」으로 변제할 수 없는 객관적인 상태에 있음을 의미한다(대판 1999.8.16. 99마2084). 즉, 채무자인 법인이 그의 능력으로 기한 도래의 채무를 현재는 물론 앞으로도 갚을 가능성이 없는 상태에 이른 경우를 지급불능이라고 하는 것이다. 단순히 채무자의 재산보다 빚이 더 많다는 채무초과상태는 지급불능상태라고 할 수 없다. 다만 합명회사 및 합자회사를 제외한 그밖의 법인에 대하여는 채무초과상태를 별개의 독립된 파산원인으로 규정하고 있으므로, 이러한 법인에 대한 파산에 있어서는 채무초과상태 외에 지급불능상태에 이르렀을 것까지 요하는 것은 아니다.[444)]

그렇다면 어떤 상태에 있을 때 지급불능상태에 있다고 할 수 있는지 구체적으로 살펴볼 필요가 있다. 첫째, 지급불능이 되려면 변제능력이 부족하여야 한다. 변제능력의 유무는 단편적으로 판단하는 것이 아니고 채무자의 신용, 재산규모, 부채규모, 부동산 소유 여부 등을 종합적으로 고려하여 판단하여야 한다. 또한 지급불능상태란 원칙적으로 채무를 변제할 금전이 결핍된 상태를 의미하지만 금전이 결핍된 경우라고 하더라도 채무자의 신용이나 기술, 노력 등에 의하여 금전차입능력 등이 인정된다면 반드시 지급불능상태라고 단정 지을 수는 없을 것이다. 둘째, 즉시 변제하여야 할 채무, 즉 이미 변제기가 도래한 채권에 대하여 지급할 수 없는 경우라야 지급불능상태에 있다고 할 수 있다. 변제기가 도래하지 않은 채무나 조건 미성취의 채권은 지급불능상태에 대한 판단에 있어서 하나의 고려요인은 될 수 있어도 결정적인 요소가 되지는 않는다. 또한 변제기가 도래한 채무라고 하더라도 동시이행항변권이나 소멸시효 등 항변

444) 대법원 2007.11.15.자 2007마887 결정.

권이 붙어 있는 경우에는 역시 지급불능상태의 판단에 있어서 고려의 대상이 되는 채무가 아니라고 할 수 있다. 셋째, 일반적·계속적으로 변제할 수 없는 상태라야 지급불능상태에 있다고 할 수 있다.[445] 즉 채무자의 지급불능상태가 현재 뿐만 아니라 앞으로도 계속되어야 지급불능이 되는 것이며, 채무자가 임시휴업상태에 있는 등 한시적인 수입불가상태는 지급불능상태라고 할 수 없을 것이다. 넷째, 지급불능상태는 객관적으로 존재하여야 한다. 즉 채권자나 채무자가 그의 주관적 입장에서 보아 지급불능상태라고 여겨도 객관적 위치에 있는 제3자가 이를 인정하지 않는다면 파산신청의 요건을 인정받기가 어려울 것이다. 따라서 파산신청을 하려면 제3자의 입장에서 채무자가 지급불능상태에 있다는 사실을 소명할 만한 자료들을 철저히 준비하는 자세가 필요할 것이다.

2) 지급정지상태

통합도산법에서는 지급정지상태를 독립된 파산원인으로 하고 있지 않지만 채무자의 지급정지상태를 지급불능상태로 추정함으로써 결과적으로 파산신청의 한 원인으로 인정하고 있다(305조 2항). 지급정지란 어음이나 수표가 부도난 경우와 같이 채무자가 변제기에 있는 채권을 자력의 결핍으로 인하여 일반적·계속적으로 채권자에게 변제할 수 없다는 것을 명시적·묵시적으로 외부에 표시하는 것을 말한다(대판 2002.11.8. 2002다28746, 2007.7.13. 2005다72348). 이러한 지급정지가 있게 되면 지급불능으로 추정된다(305조 2항).[446] 일반적으로 채무자가 어음을 발행한 후 은행이나 어음교환소로부터 당좌거래정지처분을 받은 때에는 특별한 사정이 없는 한 지급정지 상태에 있다고 할 것이다.[447]

여기에서 자력의 결핍이란 단순한 채무초과상태를 의미하는 것이 아니라 채무자에게 채무를 변제할 수 있는 자산이 없고 변제의 유예를 받거나 또는 변제하기에 족한 융통을 받을 신용도 없는 경우를 말한다.[448]

채권자가 채무자에 대하여 파산신청을 하려면 채무자의 지급불능상태를 입증하여

445) 대법원 1999.8.16. 선고 99마2084 판결.
446) 대법원 2007.8.24. 선고 2006다80636 판결.
447) 대법원 2002.11.8. 선고 2002다28746 판결.
448) 대법원 2007.8.24. 선고 2006다80636 판결.

야 하는데, 사실상 그러한 입증이 곤란하다는 점을 고려하여 지급정지를 파산신청의 한 원인으로 규정해 놓은 것이 아닌가 싶다. 따라서 채권자 쪽에서 어음·수표부도 등 지급정지를 원인으로 파산신청을 한 경우에 파산선고가 이루어지는 것을 피하려면 채무자가 지급정지의 부존재를 입증하거나 지급정지가 있었지만 지급능력이 있어 지급불능상태가 아니라는 사실을 입증하여야 하는 것이다.

3) 채무초과상태

채무초과상태란 부채의 총액이 자산의 총액을 초과하는 경우를 말하는데, 통합도산법에서는 이러한 채무초과상태를 합명회사·합자회사 이외의 법인(예, 주식회사, 유한회사)의 파산원인으로 들고 있다. 합명회사나 합자회사에서 채무초과상태를 파산원인에서 제외하고 있는 것은 합명회사나 합자회사는 합명회사의 사원이나 합자회사의 무한책임사원이 회사의 채무에 대하여 무한책임을 지고 있기 때문으로 보인다.

채무초과상대인지 여부는 보통 대차대조표상 부채가 자산을 초과한 경우를 밀하지만, 파산원인으로서 채무초과상태를 판단하는 부채 및 자산의 의미가 반드시 회계상의 개념과 동일한 것이 아니므로 대차대조표 등의 재무자료로만 채무초과상태의 여부를 판단할 문제는 아니라고 보이며, 계속적인 기업활동의 예정 여부나 회사의 신용 등을 종합적으로 고려하여 판단할 문제라고 보인다. 채무초과상태에 있는 주식회사의 계속기업가치가 청산가치보다 높다는 등 주식회사에게 회생가능성이 있다는 사정만으로는 파산선고를 하는데 장애사유가 되지 않는다.[449]

3. 법인파산신청서의 작성과 제출

가. 파산신청서의 작성

법인파산신청서에는 통합도산법 소정의 기재사항을 기재하고(302조 1항), 여기에 사건의 표시, 부속서류의 표시, 작성연월일, 관할법원을 표시한 후 신청인 또는 대리인이 서명날인하면 된다. 그리고 신청서에는 신청취지 및 신청원인을 뒷받침할 수 있는 소명자료 내지 관련서류를 첨부하여야 한다.

---

449) 대법원 2007.11.15.자 2007마887 결정.

나. 비용납부

법인파산을 신청하려면 소정의 비용을 납부하여야 한다. 법인파산에 소요되는 비용으로는 인지대와 송달료, 그밖에 공고비용 및 파산관재인보수 등 예납금 등이 있다.

다. 관할법원에 제출

법인파산신청서를 작성하였으면 이를 관할법원에 제출하여야 한다. 법인파산의 관할법원은 원칙적으로 법인의 주된 사무소 또는 영업소의 소재지를 관할하는 회생법원, 이러한 관할이 없으면 재산소재지 관할 회생법원이지만, 관할법원에 관하여는 경합적 관할의 인정에 의하여 여러 특례가 인정되고 있다. 법인파산의 관할에 관하여는 통합도산법 제3조(관할법원)에서 규정하고 있다. 법인파산의 관할법원은 전속관할이므로 관할법원이 아닌 곳에 파산신청서가 접수된 경우에는 접수 법원은 직권으로 관할법원으로 이송하게 된다.

라. 신청서의 접수 및 기록의 조제

법인파산신청서가 접수되면 사건번호 '하합'이 부여되고,[450] 파산사건부에 등재된다. 파산선고 전 보전처분 사건에 대하여는 별도로 사건번호가 부여되지 않으며 기록은 법인파산사건부에 가철된다.

450) 참고로 개인파산 사건의 경우에는 사건번호로 '하단'이 부여된다.

[2]
법인파산신청서 작성요령

1. 파산신청서의 구성

법인파산은 통합도산법의 적용을 받으므로 법인파산신청서상의 기재사항이나 첨부서류는 통합도산법에서 정한 바에 따라야 한다(302조). 법인파산신청서가 법원에 접수되면 사건번호가 부여되는데, 사건번호의 구성은 「년도의 숫자 네자리(2018) + 사건별 부호문자(하합) + 진행번호·접수번호(1234)」로 표시된다(예, 2018하합1234). 파산선고 전 보전처분 사건은 별도로 사건번호가 부여되지 않는다.

법인파산신청서는 크게 표지 부분, 본문 부분, 첨부서류 부분의 3부분으로 구성하는 것이 일반적이다. 표지 부분은 인지대 및 송달료 등의 영수증을 붙이기 위하여 편의상 본문 맨 앞 부분에 두는 부분으로서, 백지서류에 사건제목, 신청인, 관할법원을 간단히 기재하여 붙이면 된다. 본문 부분은 파산취지와 파산원인 등을 기재하는 일종의 소장에 해당하는 부분이다. 첨부서류 부분은 본문의 내용을 뒷받침하는 서류들을 붙이는 부분인데, 법인파산은 그 특성상 첨부서류가 많을 것이므로 어떠한 서류가 첨부되어 있는지 일목요연하게 알아볼 수 있도록 각종 첨부서류에 대한 제목을 별지로 작성하여 첨부서류의 맨 앞에 첨부하는 것이 바람직하다.

2. 파산신청서의 기재사항과 첨부서류

가. 의 의

법인파산신청서에는 통합도산법상 그 기재가 요구되는 항목들이 누락되지 않도록 모두 기재하여야 하고, 필수적으로 요구되는 첨부서류도 모두 첨부하여야 한다(302조 1항, 2항). 이와 같이 통합도산법상 요구되는 기재사항 및 첨부서류 외에도 실무에서는 파산선고를 받기에 도움이 되거나 유리한 항목 또는 첨부서류들을 추가하여 법인파산신청서를 작성하고 있는 것으로 보인다. 이에 아래에서는 통합도산법상 법인파산신청서를 작성할 때 필수적으로 기재가 요구되는 항목 및 첨부서류와 이를 포함하여 실무상 법인파산신청서를 작성할 때 기재하는 항목 및 첨부서류에 관하여 이를 구분하여 살펴보기로 한다.

나. 통합도산법상 요구하는 기재사항 및 첨부서류

1) 파산신청서의 기재사항(302조 1항)

가) 사건 및 신청인의 표시

① 사건(파산신청서)의 표시

② 신청인 및 법정대리인의 성명 및 주소

③ 채무자의 상호, 주된 사무소 또는 영업소의 소재지, 대표자의 성명

나) 신청취지

신청취지란에는 파산선고와 동시에 파산폐지를 구하는 경우에는 그 취지도 함께 기재하여야 하고, 파산재단에 속하는 재산액이 5억원 미만인 경우에는 간이파산을 구하는 취지도 함께 기재하여야 한다.

다) 신청원인

신청원인란은 법인파산신청서에서 가장 중요한 부분으로서 회사의 현황, 자산 및 부채 현황, 파산의 원인(지급불능상태, 지급정지상태, 채무초과상태) 등을 설득력 있게 잘 작성하여야 한다. 법인파산은 그 특성상 거래 규모나 이해관계인이 많고 재산도 여기저기 산재해 있을 것이므로 빠뜨리지 않도록 주의하여야 하고 통합도산법에서 필수적으로 기재하도록 한 내용들이 누락되지 않도록 하여야 한다. 신청원인란에서는 아래와 같은 사항들이 포함되어야 한다.

① 채무자의 사업목적과 업무의 상황

② 채무자의 발행주식 또는 출자지분의 총수, 자본의 액과 자산, 부채 그밖의 재산상태

③ 채무자의 재산에 관한 다른 절차 또는 처분으로서 신청인이 알고 있는 것

④ 채권자가 파산신청을 하는 때에는 그가 가진 채권의 액과 원인

⑤ 주주·지분권자가 파산신청을 하는 때에는 그가 가진 주식 또는 출자지분의 수 또는 액[451]

라) 첨부서류 및 신청인의 서명날인 등

① 첨부서류 표시

② 작성년월일

③ 신청인(대리인)의 표시 및 서명날인

④ 관할법원의 표시

2) 파산신청서의 첨부서면(302조 2항)

① 채권자목록

② 재산목록

③ 채무자의 수입 및 지출에 관한 목록

④ 그밖의 대법원규칙에서 정하는 사항

이는 통합도산법 규칙 제72조(파산신청서에 첨부할 서류) 제1항에 규정되어 있는데, 법인등기부등본, 정관, 파산신청에 관한 이사회회의록, 그밖의 소명자료를 말한다.

다. 실무상 작성하는 기재사항 및 첨부서류

1) 법인파산신청서의 기재사항

가) 사건 및 신청인 등의 표시

법인파산신청서의 제일 상단에는 사건의 표시로 '파산신청서'라고 기재하고, 그 아래로 신청인 및 신청대리인의 성명 및 주소, 채무자의 상호, 주된 사무소 또는 영업소의 소재지, 대표자의 성명 등을 기재한다.

나) 신청취지

신청취지란에는 통상적으로는 "채무자를 파산자로 한다. 라는 결정을 구합니다."와 같이 기재한다. 만약 통시폐지도 동시에 구하는 경우에는 "1. 채무자를 파산자로 한다. 2. 이 사건 파산절차를 폐지한다. 라는 결정을 구합니다."라고 기재하면 된다.

---

451) 통합도산법 제295조(법인의 파산신청권자)에 의하면 주주·지분권자는 파산신청권이 없으므로 본호의 첨부서류, 즉 제302조(신청서) 제1항 제10호에서 정하는 위 주주·지분권자의 파산신청시 첨부서류 규정은 오류로 해석된다. 차제에 통합도산법 개정시 반영되어야 할 사항이다.

파산재단에 속하는 재산액이 5억원 미만인 경우에 해당하여 법원이 선고하는 간이파산은 법원이 파산선고를 할 때에 직권으로 선고하는 것이므로 신청취지에는 별도로 간이파산을 구하는 취지는 기재할 필요가 없으나 실무에서는 작성하고 있는 것으로 보인다.

다) 신청원인

(1) 채무자 회사의 개요

회사의 연혁, 사업목적, 주식 및 자본금, 주주현황, 임원 및 직원 현황, 자회사·관계회사 현황, 노동조합 현황, 사무실·영업소·공장 등의 소재지·규모·작업내용, 사업감독관청 현황(특히 학교·병원 등 재단법인의 경우) 등을 일목요연하게 기재할 필요가 있다. 구성 항목은 아래와 같다.

① 회사의 사업 목적(등기부상의 목적 외에 실제 영업에 대한 구체적 내용 기재)

② 회사의 연혁

③ 회사의 자본 및 주주의 구성(지배주주, 특수관계인 표시)

④ 회사의 임원, 종업원(종업원의 수, 노동조합의 상황, 상부 단체와의 관계 등 기재)

⑤ 공장, 영업소 등의 시설(공장소재지, 규모, 작업내용 등 기재)

⑥ 사업감독관청(예, 학교, 공원묘지, 복지시설 등을 운영하는 재단법인의 경우)

(2) 업무의 상황

생산품목 및 규모, 거래처, 거래은행 등을 해당 회사의 특성에 맞게 기재하면 된다. 구성항목은 아래와 같다.

① 주요영업종목

② 거래처(구매처, 판매처, 거래은행 등)

(3) 자산·부채의 상황(결산서류상 계정과목의 명세에 의해 작성)

(가) 자 산

자산부분에는 소유부동산(평가액, 담보설정액, 잉여예상액), 임차보증금(보증금, 차임, 연체차임), 기계·설비, 재고품, 현금·예금·유가증권·보험, 출자금·외상대금, 무체재산권, 기타(대여금, 계약금 등) 등을 기재하면 된다. 구성항목은 아래와 같다.

① 소유부동산(평가액, 담보설정액, 잉여예상액 등)
② 임차부동산(보증금, 연체차임 등)
③ 현금(보관자 등)
④ 예금(예금의 종류, 예대상계 예상 등)
⑤ 매출채권(명세, 회수가능성 등)
⑥ 재고품·기계공구·집기비품(명세, 평가액 등)
⑦ 전화, 자동차, 유가증권
⑧ 출자금(명세, 평가액 등)
⑨ 기타(대여금, 계약금, 보험계약, 무체재산권 등)

(나) 부 채

부채부분에는 부채총액·채권자의 수, 은행차입과 개인차입의 구분, 담보제공 여부(담보목적물, 담보권자, 피담보채권액 등), 체불임금·퇴직금 채무 여부, 체납조세, 체납 공공요금(산재보상보험료, 건강보험료 등) 등을 구별하여 기재하면 된다. 구성항목은 아래와 같다.

① 부채총액과 채권자의 수
② 은행차입금, 개인사채 기타 차입금, 일반 상거래 채무
③ 담보권자, 피담보채권액, 담보목적물
④ 미지급 임금·퇴직금, 체납조세, 체납 공공보험료(산업재해보상보험료, 건강보험료) 등

(4) 파산원인의 존재 및 회사가 파산에 이르게 된 사정

파산신청을 하려면 파산원인을 입증하여야 하므로 파산원인인 지급불능상태나 지급정지상태(은행거래정지처분, 어음·수표 부도, 폐문, 도망 등) 또는 채무초과상태(단, 합명회사·합자회사 제외) 등에 이르게 된 경위와 현재 그러한 상태에 있음을 상세히 서술하면 된다. 또한 채권자가 신청하는 경우에는 그밖에 파산채권의 존재를 입증하는 내용도 기재하여야 할 것이다. 구성항목은 아래와 같다.

① 지급정지상황(어음부도, 은행거래정지처분, 폐점, 도망 등)
② 채무초과의 사실

③ 재정적 파탄에 이르게 된 사정 및 그 경과

(5) 파산신청시의 상황

파산신청을 할 당시의 회사의 영업계속 여부, 종업원의 근로 종사 여부(해고 유무, 퇴직금지급 유무, 노동조합의 동향 등), 자산처분 여부, 부채 변제 여부 등을 상세히 기재하면 된다. 구성항목은 아래와 같다.

① 사업계속의 유무
② 종업원의 처우(해고 유무, 퇴직금 지급 유무, 노동조합의 동향 등)
③ 부채정리 상황(임의정리 상황, 사적 채권자집회 유무 등)
④ 자산처분 상황(자산의 보전상황, 채권자에 의한 상환 강요, 부인대상행위의 유무 등)
⑤ 현금, 고가품, 장부, 등기서류, 대표이사 인감 등의 소재 및 보관 상황
⑥ 파산관재인이 선임될 경우 파산관재인의 보조자로 일할 수 있는 구 임직원의 범위 등

(6) 채권의 존재(단, 채권자의 법인파산신청에 한함)

채권자가 파산신청을 한 경우에는 채무자에 대한 채권의 존재 여부, 채권 액수, 채권의 종류 등을 기재하여 채권자라는 사실을 소명하여야 한다. 따라서 채권자가 채무자에 가지는 채권에 관하여 발생원인(채권 종류), 채권 금액, 보증인의 유무 등을 파악하여 기재하면 된다.

2) 법인파산신청서의 첨부서면

① 법인등기부등본(회사등기부등본)
② 파산신청에 관한 이사회회의록
③ 정관
④ 주주명부
⑤ 법인의 조직도 및 사원명부(임·직원)
⑥ 취업규칙·단체협약·퇴직금 규정
⑦ 노동조합 현황
⑧ 비교대차대조표(3년분 이상) 및 비교손익계산표(3년분 이상)
⑨ 최근의 대차대조표·손익계산서

⑩ 최근의 청산대차대조표·청산재산목록

⑪ 결산보고서(3년 내지 5년간)

⑫ 부동산 및 동산 목록

⑬ 외상매출금 일람표

⑭ 사채원부

⑮ 채권자목록(성명·주소·연락처·담당자·채권액·채권의 종류·담보의 유무·집행권원의 유무·소송의 계속 여부 등 기재)

⑯ 등기부등본·자동차등록원부 등 각종 등록원부

⑰ 담보물건 및 피담보채권일람표(담보물건의 처분예정가액 등 기재)

⑱ 계속 중인 가압류·가처분, 경매, 소송 등 입증 자료

⑲ 자회사 및 관계회사의 법인등기부등본(상업등기부등본) 및 결산서류

⑳ 회사 안내 책자

㉑ 차용증 등 채권의 존재 소명서류(단, 채권자의 법인파산신청에 한함)

㉒ 부도처리된 어음·수표, 은행거래정지처분 증명서 등 채무자의 지급정지사실 소명서류(단, 채권자의 법인파산신청에 한함)

[3]
법인파산신청 절차비용

1. 인 지 대

① 채권자가 신청한 경우 : 30,000원

② 채무자가 신청한 경우(자기파산) : 1,000원

인지대 산정의 근거는 「민사소송등인지법」 제9조 1항 1호, 제9조 4항 4호 및 「민사접수서류에 붙일 인지액 및 그 편철방법 등에 관한 예규」(재민 91-1)이다.

2. 송 달 료

법인파산의 경우에 납부하여야 할 송달료는 40회분이다. 따라서 1회 송달료 4,500원을 기준으로 하면 총 180,000원(40회분, 4,500원 × 40회)이 소요된다.

송달료 산정근거는 「송달료규칙의 시행에 다른 업무처리요령」(재일 87-4) 「별표 1」이다.

3. 예 납 금

예납금은 송달비용이나 공고비용 또는 파산관재인의 보수 등 절차비용으로 사용하기 위한 금원으로서 파산신청인(채무자 또는 채권자)에게 납부의무가 주어져 있는 금원이다(303조), 다만 법원이 직권으로 파산선고를 하는 경우나 금융감독위원회가 파산신청을 하는 경우에는 채무자에게 예납명령을 내리고 있다. 채무자인 법인이 절차비용도 납부할 재산이 없다고 하여 동시폐지신청을 한 경우에는 채권자가 이를 저지하기 위하여 절차비용 부족분을 채무자 대신 예납할 수 있으므로 보통 채권자에게 예납의사를 확인하고 있는 것이 실무이다(318조).

예납금은 채무총액(실무상 신청서상의 채무총액을 기준)을 기준으로 하여 정액으로 결정되는데, 파산재단의 규모나 파산절차 진행의 소요시간, 채권자의 수 등을 감안하여 가감하고 있다. 실무상으로는 가장 최근에 작성된 채무자의 재무제표상의 채무총액을 기준으로 삼고 있는 것으로 보인다.

예납금을 파산채무자에 대한 심문 전에 납부하도록 하느냐 심문 후에 납부명령을 내리느냐는 사안에 따라 법원에서 정하는 듯한데, 실무상 채무자가 파산신청을 한 경우에는 심문 전에 예납명령을 발하고 있고, 채권자가 파산신청을 하는 경우에는 먼저 송달료와 인지대를 예납받은 후 채무자에 대한 심리를 진행하면서 파산선고의 사유가 있다고 인정되는 경우에 채권자에게 예납명령을 내리고 있는 것으로 보인다. 파산신청인이 예납명령을 받고도 이에 응하지 않으면 법원은 파산신청을 기각할 수 있다(309조 1항 1호).

채권자가 납부한 예납금 중 이미 지출한 부분에 대하여는 재단채권으로 되어 우선변제권이 인정되며(473조 1호), 절차비용으로써 더 이상 지출할 필요가 없는 부분은 예납채권자에게 조기에 반환하도록 하고 있다. 반면 채무자가 납부한 예납금은 설령 절차비용으로써 더 이상 필요가 없는 부분이라고 하더라도 채무자에게 반환하지 않고 파산재단으로 편입되어 배당재원 등으로 사용하게 된다.

[표 2] 예납금 납부기준

구 분	채 무 총 액 (신청서 기준)	예 납 금 (실무 기준)
이시폐지사건	5억원 미만	5,000,000원
	5억원~10억원 미만	7,000,000원
	10억원~30억원 미만	10,000,000원
	30억원~50억원 미만	12,000,000원
	50억원~100억원 미만	15,000,000원
	100억원 이상	20,000,000원
동시폐지사건		예납금 없음 (인터넷공고시)

주) ① 서울중앙지방법원, 제4판 법인파산실무, 34p 인용.

② 동시폐지신청은 법인의 채권자가 신청하는 경우는 거의 없을 것이고, 주로 채무자인 법인이 자기파산을 신청할 경우에 동시폐지의 요건을 입증하여 신청하는 경우가 대부분일 것인데, 동시폐지결정이 나온 경우에는 예납금을 납부하지 않아도 되므로 동시폐지신청을 할 실익이 있다고 보이지만, 실무상 법인파산 사건에서 동시폐지신청이 받아들여지는 경우는 거의 없다고 본다.

[기재례 106] 비용예납명령(채권자의 법인파산신청시)

○○지방법원
제○○파산부
결 정

사 건 20○○하합○○ 파산선고
신 청 인 ○○ 주식회사
○○시 ○○구 ○○로 ○○
대표이사 ○○○

주 문

신청인은 이 결정을 송달받은 날로부터 7일 이내에 700만원을 예납하여야 한다.

이 유

채무자 회생 및 파산에 관한 법률 제303조를 적용하여 주문과 같이 결정한다.

20○○. ○. ○.

재판장 판 사 ○○○
판 사 ○○○
판 사 ○○○

주) 법인파산실무(서울중앙지방법원), 서식 참고 및 인용

제4장

최신 법인파산 관련 판례

| 판례 1 | 부당이득금반환 등

(1) 판결 요지

[1] 파산선고 전의 원인으로 인한 국세나 지방세에 기하여 파산선고 후에 발생한 가산금·중가산금이 재단채권에 해당하는지 여부(소극).

[2] 재단채권이나 파산채권에 해당하는 조세채권의 납세의무자(=파산관재인) 및 파산선고 후에 발생한 조세채권 중 재단채권에 해당하지 않는 조세채권의 납세의무자(=파산채무자).

(2) 판결 내용

[1] 구 파산법 제38조 제2호 본문은 '국제징수법 또는 국세징수의 예에 의하여 징수할 수 있는 청구권' 중 파산선고 전의 원인으로 인한 것은 파산재단에 관하여 생긴 것인지 여부를 불문하고 모두 재단채권으로 규정하고 있었다. 따라서 본세가 파산신고 전의 원인으로 인한 것이라면 그 체납으로 인하여 부가되는 가산금·중가산금도 파산선고 전에 생긴 것인지 파산 후에 생긴 것인지 가리지 않고 모두 재단채권에 해당하였다. 반면, 채무자 회생 및 파산에 관한 법률(이하 '채무자회생법'이라고 한다) 제473조 제2호 본문은 '국세징수법 또는 지방세기본법에 의하여 징수할 수 있는 청구권' 중 파산선고 전의 원인으로 인한 청구권은 파산재단에 관하여 생긴 것인지 여부를 불문하고 모두 재단채권에 해당하는 것으로 규정하면서도, 괄호 안에 '국세징수의 예에 의하여 징수할 수 있는 청구권으로서 그 징수우선순위가 일반 파산채권보다 우선하는 것을 포함하며, 제446조의 규정에 의한 후순위파산채권을 제외한다.'는 내용을 추가하였다. 위 괄호 안에 있는 규정의 취지는, '국세징수의 예에 의하여 징수할 수 있는 청구권'은 그 징수우선순위가 일반 파산채권보다 우선하는 것에 한하여 재단채권으로 하되, '국세징수법 또는 지방세기본법에 의하여 징수할 수 있는 청구권'이든 '국세징수의 예에 의하여 징수할 수 있는 청구권으로서 그 징수우선순위가 일반 파산채권보다 우선하는 것'이든, 그 중 '제446조의 규정에 의한 후순위파산채권'에 해당하는 것은 재단채권에서 제외하려는 데 있다. 그리고 국세징수법 제21조에 규정된 가산금·중가산금은 납세의무의 이행지체에 대하여 부담하는 지연배상금의 성질을 띠고 있다. 한편 채무자회생법 제473조 제4호는 '파산재단에 관하여 파산관재인이 한 행위로 인하여 생긴 청구권'을 재단채권으로 규정하고 있고, '파산재단에 관하여 파산관재인이 한 행위'에는 파산관재인이 직무와 관련하여 부담하는 채무의 불이행도 포함된다. 위 규정은 파산관재인이 파산재단의 관리처분권에 기초하여 직무를 행하면서 생긴 상대방의 청구권을 수시로 변제하도록 하여 이해관계인을 보호함으로써 공정하고 원활하게 파산절차를 진행하고자 하는 데 그 취지가 있다. 이러한 점에서 채무자회생법 제473조 제4호는 파산관재인이 파산재단의 관리처분권에 기초하여 직무를 행하면서 생긴 상대방의 청구권에 관한 일반규정으로

볼 수 있다. 반면 채무자회생법 제473조 제2호는 '국세징수법 또는 지방세기본법에 의하여 징수할 수 있는 청구권' 및 '국세징수의 예에 의하여 징수할 수 있는 청구권으로서 그 징수우선순위가 일반 파산채권보다 우선하는 것'만을 적용대상으로 하는 특별규정이다. 나아가 국세나 지방세뿐만 아니라 그 체납으로 인하여 부가되는 가산금·중가산금도 그것이 파산선고 전에 생긴 것인지 파산 후에 생긴 것인지 가리지 않고 모두 그 적용 범위에 포함된다. 따라서 파산관재인이 재단채권인 국세나 지방세를 체납하여 그로 인하여 가산금·중가산금이 발생한 경우 그 가산금·중가산금에 대하여는 채무자회생법 제473조 제4호가 아닌 채무자회생법 제473조 제2호가 우선적으로 적용된다고 봄이 타당하다. 이러한 채무자회생법 제473조 제2호 본문의 입법 취지, 국세징수법상 가산금·중가산금의 법적 성질, 채무자회생법 제473조 제2호·제4호의 관계 등을 종합하면, 파산선고 전의 원인으로 인한 국세나 지방세에 기하여 파산선고 후에 발생한 가산금·중가산금은 후순위파산채권인 채무자회생법 제446조 제1항 제2호의 '파산선고 후의 불이행으로 인한 손해배상액'에 해당하는 것으로 봄이 타당하므로, 위 괄호 안에 있는 규정에 따라 재단채권에서 제외된다(대법원 2017.11.29. 선고 2015다216444 판결).

[2] 채무자 회생 및 파산에 관한 법률에 의하면 파산선고에 의하여 채무자가 파산선고 당시에 가진 국내외의 모든 재산은 파산재단을 구성하고(제382조 제1항), 파산재단을 관리 및 처분할 권리는 파산관재인에게 전속한다(제384조). 파산관재인은 파산재단에 속하는 재산을 환가하여 파산채권자들에 대한 배당을 실시할 뿐만 아니라 재단채권 역시 파산재단에 속하는 재산에서 수시로 변제하게 된다. 따라서 재단채권이나 파산채권에 해당하는 조세채권의 납세의무자는 파산관재인이다.

반면, 파산재단에 속하지 않는 재산에 대한 관리처분권은 채무자가 그대로 보유하고 있고, 이는 파산선고 후에 발생한 채권 중 재단채권에 해당하지 않는 채권의 변제재원이 된다. 따라서 파산선고 후에 발생한 조세채권 중 재단채권에 해당하지 않는 조세채권, 즉 '파산채권도 아니고 재단채권도 아닌 조세채권'에 대한 납세의무자는 파산관재인이 아니라 파산채무자이다(대법원 2017.11.29. 선고 2015다216444 판결).

| 판례 2 | 파산선고

(1) 판결 요지

채무자 회생 및 파산에 관한 법률 제294조 제1항에서 채권자가 파산신청을 할 수 있도록 정한 취지 / 파산신청이 '파산절차의 남용'에 해당하는지 판단하는 방법 / 채권자가 파산절차에 따른 정당한 이익이 없는데도 파산신청을 하는 것이 파산절차의 남용에 해당하는지 여부(적극) 및 채권자에게 파산절차에 따른 정당한 이익이 있는지 판단할 때 고려하여야 할 사항.

(2) 판결 내용

파산절차는 기본적으로 채무자 재산의 환가와 배당을 통하여 채권자의 권리를 공평하게 실현하는 것을 목적으로 하는 절차이다. 채무자에게 파산원인이 있는 경우에 채권자는 파산절차를 통하여 자신의 권리를 실현하는 것이 원칙이다. 이에 따라 채무자 회생 및 파산에 관한 법률(이하 '채무자회생법'이라 한다)은 제294조 제1항에서 채권자 또는 채무자가 파산신청을 할 수 있다고 정하고, 제305조부터 제307조까지 파산원인을 정하고 있다. 파산신청을 채무자에게만 맡겨 둔다면 파산원인이 있는데도 채무자가 파산을 신청하지 않아 파산절차에 따른 채권자의 잠재적 이익이 상실될 수 있다. 그리하여 채권자 스스로 적당한 시점에서 파산절차를 개시할 수 있도록 채권자도 파산신청을 할 수 있다는 명시적 규정을 둔 것이다. 그러나 파산절차의 남용은 파산신청 기각사유이다(채무자회생법 제309조 제2항). 파산절차의 남용은 권리남용금지 원칙의 일종으로서, 파산신청이 '파산절차의 남용'에 해당하는지는 파산절차로 말미암아 채권자와 채무자를 비롯한 이해관계인에게 생기는 이익과 불이익 등 여러 사정을 종합적으로 고려하여 판단하여야 한다. 가령 채권자가 파산절차를 통하여 배당받을 가능성이 전혀 없거나 배당액이 극히 미미할 것이 예상되는 상황에서 부당한 이익을 얻기 위하여 채무자에 대한 위협의 수단으로 파산신청을 하는 경우에는 채권자가 파산절차를 남용한 것에 해당한다. 이처럼 파산절차에 따른 정당한 이익이 없는데도 파산신청을 하는 것은 파산제도의 목적이나 기능을 벗어난 것으로 파산절차를 남용한 것이다. 이때 채권자에게 파산절차에 따른 정당한 이익이 있는지를 판단하는 데에는 파산신청을 한 채권자가 보유하고 있는 채권의 성질과 액수, 전체 채권자들 중에서 파산신청을 한 채권자가 차지하는 비중, 채무자의 재산상황 등을 고려하되, 채무자에 대하여 파산절차가 개시되면 파산관재인에 의한 부인권 행사, 채무자의 이사 등에 대한 책임추궁 등을 통하여 파산재단이 증가할 수 있다는 사정도 감안하여야 한다. 이와 함께 채권자가 파산신청을 통해 궁극적으로 달성하고자 하는 목적 역시 중요한 고려 요소가 될 수 있다(대법원 2017.12.5.자 2017마5687 결정).

| 판례 3 | 파산관재인에 대한 임금·퇴직금 등의 지연손해금 청구

(1) 판결 요지

파산선고 전에 생긴 근로자의 임금·퇴직금 및 재해보상금에 대하여 파산관재인이 파산선고 후 변제할 의무의 이행을 지체함으로써 생긴 지연손해금 채권이 채무자 회생 및 파산에 관한 법률 제473조 제4호 소정의 재단채권에 해당하는지 여부(적극).

(2) 판결 내용

[다수의견] 채무자 회생 및 파산에 관한 법률(이하 '채무자회생법'이라 한다)이 '파산재단에

관하여 파산관재인이 한 행위로 인하여 생긴 청구권'을 재단채권으로 규정하고 있는 취지는 파산관재인이 파산재단의 관리처분권에 기초하여 직무를 행하면서 생긴 상대방의 청구권을 수시로 변제하도록 하여 이해관계인을 보호함으로써 공정하고 원활하게 파산절차를 진행하기 위한 것이므로, '파산재단에 관하여 파산관재인이 한 행위'에는 파산관재인이 직무를 행하는 과정에서 한 법률행위뿐만 아니라 직무와 관련하여 행한 불법행위가 포함되고, 나아가 파산관재인이 직무와 관련하여 부담하는 채무의 불이행도 포함된다.

그렇다면 파산관재인은 직무상 재단채권인 근로자의 임금·퇴직금 및 재해보상금(이하 '임금 등'이라 한다)을 수시로 변제할 의무가 있다고 할 것이므로, 파산관재인이 파산선고 후에 위와 같은 의무의 이행을 지체하여 생긴 근로자의 손해배상청구권은 채무자회생법 제473조 제4호 소정의 '파산재단에 관하여 파산관재인이 한 행위로 인하여 생긴 청구권'에 해당하여 재단채권이다(대법원 2014.11.20. 선고 2013다64908 전원합의체판결).

| 판례 4 | 소유권이전등기

(1) 판결 요지

[1] 임대의무기간이 지난 공공건설 임대주택을 임대사업자의 부도, 파산 등 이유로 2008. 3. 21. 법률 제8966호로 전부 개정된 임대주택법 제21조 제2항에 따라 분양전환하는 경우, 임대사업자가 유주택자인 임차인에게도 임대주택을 우선 분양전환할 의무가 있는지 여부(적극).

[2] 공공건설 임대아파트의 임대사업자인 갑 주식회사가 부도 후 파산선고까지 받았는데도 임차인들의 분양전환 요구에 응하지 않자, 임차인대표자회의가 관할 구청장한테서 직접 분양전환승인을 받아 임대사업자에게 승인된 분양전환가격에 따른 임대아파트 매도를 청구한 사안에서, 甲 회사의 파산관재인은 승인된 분양전환가격으로 성립한 매매계약에 따라 임차인들에게 해당 아파트에 관한 소유권이전등기절차 등을 이행할 의무가 있다고 한 사례.

[3] 파산채권에 해당하기 위한 요건 및 청구권 발생에 대한 단순한 기대권이 파산채권에 해당하는지 여부(소극).

[4] 공공건설 임대아파트의 임대사업자인 갑 주식회사가 파산선고를 받았는데 그 후 시행된 2008. 3. 21. 법률 제8966호로 전부 개정된 임대주택법의 신설 규정에 따라 을 등 임차인들이 관할구청장에게서 직접 분양전환승인을 받아 甲 회사를 상대로 해당 아파트에 관한 매도청구권을 행사하자, 甲 회사의 파산관재인이 매도청구권 행사로 성립된 매매계약은 채무자 회생 및 파산에 관한 법률 제335조에서 정한 '미이행 쌍무계약'에 해당하므로 파산관재인이 매매계약의 이행이나 해제를 선택할 수 있다고 주장한 사안에서, 위 매매계약은 채무자 회생 및 파산에 관한 법률 제335조에서 정한 '미이행 쌍무

계약'에 해당하지 않으므로 위 조항은 적용될 여지가 없다고 한 사례.

[5] 공공건설 임대주택의 임대사업자가 임대주택 소유권을 관리·보존하기 위하여 신탁회사와 신탁기간을 '분양전환 완료 시'까지로 하는 부동산관리신탁계약을 체결하여 신탁회사 앞으로 임대주택 건물 등에 관한 신탁등기 및 소유권이전등기 등을 마쳤는데, 그 후 임대사업자가 파산선고를 받았음에도 분양전환 요구에 응하지 않자 임차인들이 직접 분양전환승인을 받아 임대주택의 매도를 청구한 사안에서, 신탁계약 종료 사유인 '분양계약 완료'는 '임차인과 임대사업자 사이에 분양전환을 위한 매매계약이 성립된 것'을 의미하는 것으로 해석하여야 한다고 한 사례.

[6] 임대주택에 관하여 분양전환 완료 시까지 소유권을 보존·관리하기 위한 목적으로 부동산관리신탁이 설정된 경우, '임대사업자가 임대주택을 신탁회사로부터 반환받을 권리'가 입질 대상이 될 수 있는지 여부(원칙적 소극).

[7] 甲 주식회사가 乙 조합과 토지구획정리사업에 관한 도급계약을 체결하여 공사대금을 체비지로 지급받기로 약정한 다음 그 약정에 따라 乙 조합한테서 공사대금에 상당하는 체비지에 관하여 체비지 매매대장의 매수인 명의를 이전받아 그 중 일부에 공공건설 임대아파트를 건설하였는데, 그 후 甲 회사가 도급공사의 공정률이 74.791%인 상태에서 부도를 내고 공사를 중단하였다가 파산선고를 받자, 乙 조합이 채무자 회생 및 파산에 관한 법률 제335조에 따라 甲 회사 파산관재인에게 도급계약 이행 또는 해지 여부의 선택에 관한 확답을 최고한 사안에서, 위 도급계약은 파산선고 당시에 쌍방 미이행의 쌍무계약이라 할 수 없어 채무자 회생 및 파산에 관한 법률 제335조는 적용할 여지가 없다고 한 사례.

(2) 판결 내용

[1] 2008. 3. 21. 법률 제8966호로 전부 개정된 임대주택법(이하 '법'이라 한다) 제21조 제1항은, 임대사업자가 임대의무기간이 지난 후 주택법 제16조에 따라 사업계획승인을 받아 건설한 주택 중 주택법 제60조에 따라 국민주택기금의 자금을 지원받아 건설하거나 공공사업으로 조성된 택지에 건설하는 임대주택(이하 '공공건설 임대주택'이라 한다)을 분양전환하는 경우에는 같은 항 제1호 내지 제5호의 어느 하나에 해당하는 임차인에게 우선 분양전환하여야 한다고 규정하면서 그 중 국가기관 또는 법인인 임차인(제5호)을 제외한 나머지 임차인의 경우 모두 분양전환 당시 '무주택자'일 것을 요구하고 있고, 제2항은 "제1항에도 불구하고 임대사업자의 부도, 파산 그 밖에 대통령령으로 정하는 경우에는 분양전환 당시 해당 임대주택에 거주하는 임차인에게 우선 분양전환할 수 있다."고 규정하여 제1항과 달리 우선 분양전환 대상 임차인의 주택 소유 관계를 문제 삼고 있지 않다. 위 각 조항의 규정 내용과 형식, 법의 입법 목적과 개정 경위, 다른 관련 규정과의 관계 등 여러 사정을 종합하여 보면, 법 제21조 제2항은 임대의무기간이 지난 공공건설 임대주택에 있어서 임대사업자의 부도, 파산 등의 경우에는 분양전환

당시 해당 임대주택에 거주하는 임차인은 유주택자라 하더라도 이를 우선 분양전환받을 권리가 있고, 임대사업자는 그 임차인에게 우선 분양전환할 의무가 있음을 규정한 것으로 해석함이 타당하다(대법원 2012.11.29. 선고 2011다84335 판결).

[2] 공공건설 임대아파트의 임대사업자인 甲 주식회사가 부도 후 파산선고까지 받았는데도 임차인들의 분양전환 요구에 응하지 않자, 임차인대표자회의가 관할 구청장한테서 직접 분양전환승인을 받아 임대사업자에게 승인된 분양전환가격에 따른 임대아파트 매도를 청구한 사안에서, 임대사업자인 甲 회사가 부도, 파산하였으므로 분양전환 당시 임대아파트에 거주하는 임차인들은 주택 소유 여부와 관계없이 2008. 3. 21. 법률 제8966호로 전부 개정된 임대주택법(이하 '법'이라 한다) 제21조 제2항에 따라 해당 아파트를 우선 분양전환받을 권리가 있고, 이러한 임차인들이 법 제21조 제5항, 제8항이 정한 절차에 따라 직접 분양전환승인을 받아 매도청구권을 행사한 이상 甲 회사의 소송수계인인 파산관재인은 승인된 분양전환가격으로 성립한 매매계약에 따라 임차인들에게 해당 아파트 건물에 관한 소유권이전등기절차 및 대지 지분에 관한 체비지 대장상의 매수인 명의변경절차를 이행할 의무가 있다고 한 사례(대법원 2012.11.29. 선고 2011다84335 판결).

[3] 채무자 회생 및 파산에 관한 법률 제423조는 "채무자에 대하여 파산선고 전의 원인으로 생긴 재산상의 청구권은 파산채권으로 한다."고 규정하고 있다. 이때 '파산선고 전의 원인으로 생긴 청구권'은 파산선고 당시 이미 청구권의 내용이 구체적으로 확정되거나 변제기가 도래하였을 것까지 요하는 것은 아니고, 적어도 청구권의 주요한 발생원인이 파산선고 전에 갖추어져 있으면 족한데, 청구권 발생에 대한 단순한 기대권에 불과하다면 파산채권에 해당하지 아니한다(대법원 2012.11.29. 선고 2011다84335 판결).

[4] 공공건설 임대아파트의 임대사업자인 甲 주식회사가 파산선고를 받았는데 그 후 시행된 2008. 3. 21. 법률 제8966호로 전부 개정된 임대주택법의 신설 규정에 따라 을 등 임차인들이 관할 구청장한테서 직접 분양전환승인을 받아 甲 회사를 상대로 해당 아파트에 관한 매도청구권을 행사하자, 甲 회사의 파산관재인이 매도청구권 행사로 성립된 매매계약은 채무자 회생 및 파산에 관한 법률 제335조에서 정한 '미이행 쌍무계약'에 해당하므로 파산관재인이 매매계약의 이행이나 해제를 선택할 수 있다고 주장한 사안에서, 乙 등 임차인들의 매도청구권 행사로 성립된 매매계약에 기한 해당 아파트 건물 등에 관한 소유권이전등기청구권 등은 甲 회사에 대한 파산선고 전의 원인으로 생긴 것이 아님이 분명하고 파산선고 당시에는 아직 이러한 매매계약이 성립조차 되지 않았으므로, '쌍방 모두 파산선고 당시 아직 이행을 완료하지 아니한 쌍무계약'에 해당할 것을 전제로 한 채무자 회생 및 파산에 관한 법률 제335조에서 정한 파산관재인의 계약해제 선택권은 위 매매계약에 관하여 적용될 여지가 없다고 한 사례(대법원 2012.11.29. 선고 2011다84335 판결).

[5] 공공건설 임대주택의 임대사업자가 임대주택 소유권을 관리·보존하기 위하여 신탁회

사와 신탁기간을 '분양전환 완료시'까지로 하는 부동산관리신탁계약을 체결하여 신탁회사 앞으로 임대주택 건물 등에 관한 신탁등기 및 소유권이전등기 등을 마쳤는데, 그 후 임대사업자가 파산선고를 받았음에도 분양전환 요구에 응하지 않자 임차인들이 직접 분양전환승인을 받아 임대주택의 매도를 청구한 사안에서, 매도청구권 행사로 임차인들과 임대사업자 사이에 분양전환을 위한 매매계약이 성립된 이상 임차인들이 부담하는 분양전환가격에 따른 매매대금 지급의무와 임대사업자가 부담하는 임대주택 건물 등에 관한 소유권이전등기의무 등은 동시이행의 관계에 있게 되어 임대사업자가 소유권이전등기 등 의무를 이행하려면 먼저 신탁회사에 신탁한 임대주택을 반환받을 필요가 있는데, 신탁계약의 종료 사유인 '분양전환 완료'의 의미를 매매계약에 따라 동시이행관계에 있는 위 각 의무의 이행까지 마쳐지는 것으로 해석하면 분양전환을 위한 매매계약의 성립만으로는 아직 신탁이 종료되지 아니하여 임대사업자가 임대주택을 반환받을 수 없게 되고, 이는 사실상 임차인들에게 매매대금의 선이행을 강제하는 결과를 초래하게 되므로, 신탁의 목적인 분양전환의 원만한 이행이라는 측면에서 신탁계약에서 정한 신탁종료 사유인 '분양전환 완료'는 '임차인과 임대사업자 사이에 분양전환을 위한 매매계약이 성립된 것'을 의미하는 것으로 해석하여야 한다고 한 사례(대법원 2012.11.29. 선고 2011다84335 판결).

[6] 임대사업자가 임대주택에 관하여 분양전환 완료 시까지 소유권을 보존·관리하기 위하여 이를 신탁회사에 신탁하였다고 하여 수익권자인 임대사업자가 임대주택을 신탁회사로부터 반환받을 권리를 자신의 채권자에게 입질하는 것까지 허용된다고 하면 질권자의 질권실행에 따라서는 임대사업자가 해당 임대주택의 소유권을 회복할 수 없게 될 위험에 처할 수 있고, 이는 결국 임대주택에 대한 신탁이 오히려 임차인의 우선 분양전환권을 해하는 수단으로 변질될 수 있다는 점에서 부당하다고 하지 않을 수 없다. 따라서 저당권 설정 등 처분제한 및 금지사항 부기등기 제도의 입법 목적과 신탁이 설정된 경우에는 부기등기에 대한 예외를 인정해 준 규정 취지 등에 비추어 보면, 임대주택의 분양전환 완료 시까지 소유권을 보존·관리하기 위한 목적의 부동산관리신탁이 설정된 경우에 특별한 사정이 없는 한 임대사업자가 임대주택을 신탁회사로부터 반환받을 권리는 그 성질상 입질의 대상이 될 수 없고, 이러한 권리를 목적으로 하는 권리질권은 효력이 없다(대법원 2012.11.29. 선고 2011다84335 판결).

[7] 甲 주식회사가 乙 조합과 토지구획정리사업에 관한 도급계약을 체결하여 공사대금을 체비지로 지급받기로 약정한 다음 그 약정에 따라 乙 조합한테서 공사대금에 상당하는 체비지에 관하여 체비지 매매대장의 매수인 명의를 이전받아 그 중 일부에 공공건설 임대아파트를 건설하였는데, 그 후 甲 회사가 도급공사의 공정률이 74.791%인 상태에서 부도를 내고 공사를 중단하였다가 파산선고를 받자, 乙 조합이 채무자 회생 및 파산에 관한 법률 제335조에 따라 甲 회사 파산관재인에게 도급계약 이행 또는 해지 여부의 선택에 관한 확답을 최고한 사안에서, 乙 조합은 도급계약에서 정한 내용에 따라 공사대금 지급에 갈음하여 동액 상당의 체비지를 수급인인 甲 회사 앞으로 이전하여

줌으로써 도급인으로서 채무를 전부 이행한 것으로 보아야 하고, 이 경우 도급계약은 파산선고 당시에 쌍방 미이행의 쌍무계약이라고 할 수 없으므로 이에 관하여 채무자 회생 및 파산에 관한 법률 제335조는 처음부터 적용의 여지가 없다고 한 사례(대법원 2012.11.29. 선고 2011다84335 판결).

| 판례 5 | 부당이득금반환

(1) 판결 요지

파산채권자가 파산선고 후에 부담한 채무에서 파산채권을 공제하는 경우, 채무자 회생 및 파산에 관한 법률 제422조 제1호에서 정한 상계금지사유인 '파산채권자가 파산선고 후에 파산재단에 대하여 채무를 부담한 때'에 해당하는지 여부(원칙적 적극) 및 파산채권자와 파산관재인이 공제에 관하여 합의한 경우에도 마찬가지인지 여부(원칙적 적극) / 주택임차인이 주택임대차보호법 제3조 제1항의 규정에 의한 대항요건을 갖추고 임대차계약증서상의 확정일자를 받은 후 임대인이 파산한 경우, 우선변제를 받을 수 있는지 여부(적극) 및 그 범위 / 이때 임대차보증금반환채권을 가지고 주택임차인이 임대인에 대한 파산선고 후에 파산재단에 부담한 채무에 대하여 상계하거나 채무에서 공제하는 것이 허용되는지 여부(원칙적 소극) 및 그에 관한 합의의 효력(무효).

(2) 판결 내용

채무자 회생 및 파산에 관한 법률(이하 '채무자회생법'이라고 한다) 제422조 제1호는 '파산채권자가 파산선고 후에 파산재단에 대하여 채무를 부담한 때'를 상계금지사유로 규정하고 있다. 이는 파산채권자가 파산선고 후에 부담한 채무를 파산채권과 상계하도록 허용한다면 파산채권자에게 그 금액에 대하여 다른 파산채권자들보다 우선하여 변제하는 것을 용인하는 것이 되어 결과적으로 파산채권자 사이의 공평을 해치게 되므로, 이를 방지하기 위하여 상계를 금지하고 파산절차에 의하여 파산채권을 행사하도록 한 것에 목적이 있다. 따라서 이와 같은 법리는 특별한 사정이 없는 한 파산채권자가 파산선고 후에 부담한 채무에서 파산채권을 공제하는 경우에도 적용되며, 파산채권자와 파산관재인이 공제에 관하여 합의하였다 하더라도 다른 사정이 없다면 마찬가지로 봄이 타당하다. 한편 주택임차인이 주택임대차보호법 제3조 제1항의 규정에 의한 대항요건을 갖추고 임대차계약증서상의 확정일자를 받은 후 임대인이 파산한 경우에, 주택임차인은 채무자회생법 제415조 제1항에 따라 파산채권인 임대차보증금 반환채권에 관하여 파산재단에 속하는 주택(대지를 포함한다)의 환가대금에서 후순위권리자 그 밖의 채권자보다 우선하여 변제받을 권리가 있으며, 우선변제권의 한도 내에서는 파산절차에 의하지 아니하고 위 주택에 대한 경매절차 등에서 만족을 받을 수 있다. 그렇지만 앞에서 본 채무자회생법 제422조 제1호의 취지에 비추어 보면, 채무자회생법 제492조 제14호에서 정한 별제권 목적물의 환수절차 등에 따른 특별한 사정이 없는 한, 위 임대차보증금반환채권을 가지고 주택임차인이 임대인에 대한 파산선고 후에 파산재단에 부담한 채무에 대하여 상계하거나 채무에서 공제하는 것까지 허용되지는 아니하며, 그에 관한 합의 역시 효력이 없다고 봄이 타당하다(대법원 2017.11.9. 선고 2016다223456 판결).

| 판례 6 | 사해행위취소

(1) 판결 요지

파산채권자가 제기한 채권자취소소송의 중단 및 파산관재인의 소송수계를 규정한 구 채무자 회생 및 파산에 관한 법률 제406조, 제347조 제1항의 규정 취지 / 파산채권자가 파산선고 이전에 적법하게 제기한 채권자취소소송을 파산관재인이 수계한 후 이를 승계한 한도에서 청구변경의 방법으로 부인권 행사를 한 경우, 제척기간의 준수 여부를 채권자취소소송이 법원에 처음 계속된 때를 기준으로 판단하여야 하는지 여부(원칙적 적극).

(2) 판결 내용

구 채무자 회생 및 파산에 관한 법률(2013. 5. 28. 법률 제11828호로 개정되기 전의 것, 이하 '채무자회생법'이라고 한다)은 파산채권자가 제기한 채권자취소소송이 파산채무자에 대한 파산선고 당시 법원에 계속되어 있는 때에 그 소송절차가 중단된다고 규정하고 있는데, 이는 채권자취소소송이 파산선고를 받은 파산채무자를 당사자로 하는 것은 아니지만 소송 결과가 파산재단의 증감에 직접적인 영향을 미칠 수 있을 뿐만 아니라, 파산채권자는 파산절차에 의하지 아니하고는 개별적인 권리행사가 금지되는 점(채무자회생법 제424조 참조) 등을 고려하여, 파산채권자가 파산채무자에 대한 파산선고 이후에는 채권자취소권을 행사할 수 없도록 하기 위한 것이다. 그 대신 채무자회생법은 파산관재인이 파산채무자에 대한 파산선고 이후 파산채권자가 제기한 채권자취소소송을 수계할 수 있다고 규정하여, 파산채권자의 채권자취소권이라는 개별적인 권리행사를 파산채권자 전체의 공동의 이익을 위하여 직무를 행하는 파산관재인의 부인권 행사라는 파산재단의 증식의 형태로 흡수시킴으로써, 파산채무자의 재산을 공정하게 환가·배당하는 것을 목적으로 하는 파산절차에서의 통일적인 처리를 꾀하고 있다. 이는 부인권이 파산채무자가 파산채권자를 해함을 알고 한 행위를 부인하고 파산채무자로부터 일탈된 재산의 원상회복을 구할 수 있는 권리라는 점에서 채권자취소권과 동일한 목적을 가지고 있기 때문이다. 위와 같이 파산채권자가 제기한 채권자취소소송의 중단 및 파산관재인의 소송수계를 규정한 채무자회생법의 규정 취지 등에 비추어 보면, 파산채권자가 파산채무자에 대한 파산선고 이전에 적법하게 제기한 채권자취소소송을 파산관재인이 수계하면, 파산채권자가 제기한 채권자취소소송의 소송상 효과는 파산관재인에게 그대로 승계되므로, 파산관재인이 채권자취소소송을 수계한 후 이를 승계한 한도에서 청구변경의 방법으로 부인권 행사를 한 경우, 특별한 사정이 없는 한, 제척기간의 준수 여부는 중단 전 채권자취소소송이 법원에 처음 계속된 때를 기준으로 판단하여야 한다(대법원 2016.7.29. 선고 2015다33656 판결).

| 판례 7 | 예금반환

(1) 판결 요지

채무자에 대하여 회생계획인가가 있은 후 회생절차폐지의 결정이 확정되어 채무자 회생 및 파산에 관한 법률 제6조 제1항에 의한 직권 파산선고에 따라 파산절차로 이행되었는데, 회생절차개시신청 전에 지급정지나 파산신청 또는 사기파산죄에 해당하는 법인인 채무자의 이사 등의 행위가 없었던 경우, 채무자의 '회생절차개시신청'이 파산절차에서 상계의 금지의 범위를 정하는 기준이 되는 '지급정지' 또는 '파산신청'으로 의제되는지 여부(적극).

(2) 판결 내용

채무자 회생 및 파산에 관한 법률(이하 '채무자회생법'이라고 한다) 제422조 제2호 본문은 파산채권자가 지급정지 또는 파산신청이 있었음을 알고 채무자에 대하여 채무를 부담한 때에 상계를 할 수 없다고 규정하고 있다. 한편 채무자회생법 제6조 제1항, 제4항은 파산선고를 받지 아니한 채무자에 대하여 회생계획인가가 있은 후 회생절차폐지의 결정이 확정된 경우 법원은 그 채무자에게 파산의 원인이 되는 사실이 있다고 인정하는 때에는 직권으로 파산을 선고하여야 하고, 그 경우 제3편(파산절차)의 규정을 적용함에 있어서 그 파산선고 전에 지급의 정지 또는 파산의 신청이 없는 때에는 '회생절차개시의 신청' 또는 '제650조의 사기파산죄에 해당하는 법인인 채무자의 이사(업무집행사원 그 밖에 이에 준하는 자를 포함한다)의 행위'를 지급의 정지 또는 파산의 신청으로 본다고 규정하고 있다. 위 각 규정의 내용과 함께 '회생'과 '파산'이라는 도산절차를 하나의 범주 안에서 원활하게 연계하여 처리하려는 규정 취지 등을 고려하면, 채무자에 대하여 회생계획인가가 있은 후 회생절차폐지의 결정이 확정되어 채무자회생법 제6조 제1항에 의한 직권 파산선고에 따라 파산절차로 이행된 때에, 회생절차개시신청 전에 지급정지나 파산신청 또는 사기파산죄에 해당하는 법인인 채무자의 이사 등의 행위가 없었다면, 채무자의 '회생절차개시신청'은 파산절차에서 상계의 금지의 범위를 정하는 기준이 되는 '지급정지' 또는 '파산신청'으로 의제된다(대법원 2016.8.17. 선고 2016다216670 판결).

| 판례 8 | 손해배상

(1) 판결 요지

[1] 특정 투자를 목적으로 사모투자전문회사를 설립하여 무한책임사원 겸 업무집행사원이

된 자가 투자자들에게 투자 참여를 권유하는 과정에서 계획된 투자대상 등에 관하여 정확한 정보를 제공할 의무를 위반함으로써 위 회사의 유한책임사원으로 투자에 참여한 투자자가 손해를 입은 경우, 손해액을 산정하는 방법 및 지연손해금의 기산일.

[2] 파산선고 시점에 불법행위가 성립한 경우, 그 이후에 파산관재인이 작성하여 법원에 제출한 보고서가 손해액 산정의 자료가 될 수 있는지 여부(적극).

[3] 불법행위로 인한 손해액 중 장래에 얻을 수 있는 이익에 관하여 요구되는 증명의 정도 및 이러한 법리는 파산채권자가 파산절차에서 향후 수령할 수 있는 금액을 산정하는 때에도 마찬가지로 적용되는지 여부(적극).

[4] 채무자 회생 및 파산에 관한 법률 제358조에 근거하여 파산관재인이 법원에 제출하는 보고서에 기재된 총배당예상률을 근거로 파산채권자가 향후 파산절차에서 수령할 수 있는 금액을 산정할 수 있는지 여부(원칙적 적극).

(2) 판결 내용

[1] 특정 투자를 목적으로 사모투자전문회사를 설립하여 무한책임사원 겸 업무집행사원이 된 자(이하 '사모투자전문회사의 설립·운용자'라고 한다)가 투자자들에게 투자 참여를 권유하는 과정에서 계획된 투자대상 및 투자방법과 투자회수구조에 관하여 정확한 정보를 제공할 의무를 위반함으로 말미암아 사모투자전문회사의 유한책임사원으로 투자에 참여한 투자자가 입은 손해액은 사모투자전문회사의 지분을 취득하기 위하여 지급한 금전 총액에서 지분으로부터 회수하였거나 회수할 수 있는 금전의 총액을 뺀 금액(이하 '미회수금액'이라고 한다)이므로, 사모투자전문회사의 설립·운용자가 위와 같은 주의의무를 위반함에 따른 투자자의 손해는 미회수금액의 발생이 확정된 시점에 현실적으로 발생하고, 그 시점이 투자자가 사모투자전문회사의 설립·운용자에게 갖는 손해배상청구권에 대한 지연손해금의 기산일이 된다(대법원 2016.9.30. 선고 2015다19117·19124 판결).

[2] 불법행위로 인한 손해액은 불법행위의 성립 시점을 기준으로 하되 변론종결 시점까지의 모든 자료를 참고하여 산정할 수 있으므로, 파산선고 시점에 불법행위가 성립한 경우 그 이후에 파산관재인이 작성하여 법원에 제출한 보고서도 파산선고 시점을 기준으로 한 손해액 산정의 자료가 될 수 있다(대법원 2016.9.30. 선고 2015다19117·19124 판결).

[3] 불법행위로 인한 손해액 중 장래에 얻을 수 있는 이익은 과거사실에 대한 증명의 경우보다 증명도를 경감하여 피해자가 현실적으로 얻을 수 있을 구체적이고 확실한 이익의 증명이 아니라 합리성을 잃지 않는 범위 내에서 상당한 개연성이 있는 이익의 증명으로 충분하고, 이러한 법리는 파산채권자가 파산절차에서 향후 수령할 수 있는 금액을 산정하는 때에도 마찬가지로 적용된다(대법원 2016.9.30. 선고 2015다19117·19124 판결).

[4] 채무자 회생 및 파산에 관한 법률 제358조에 근거하여 파산관재인이 법원에 제출하는

보고서는 법원이 파산절차의 진행 경과 및 파산관재인의 업무수행사항을 점검·감독하기 위한 것으로서 법원은 보고서 기재의 정확성을 확인하기 위하여 필요한 경우 파산관재인에게 장부, 예금통장 기타 필요한 자료의 제시를 요구할 수 있다. 이러한 보고서의 내용 및 성질과 확인 절차 등에 비추어 보면, 보고서의 기재 내용에 불합리한 부분이 있다거나 변론종결 당시까지 나타난 사정으로 미루어 보아 추가적인 파산채권신고가 예정되어 있는 등 향후 보고서의 주요 내용이 수정 또는 변경될 것이 확실시되는 사항이 있다는 등의 특별한 사정이 없는 한, 보고서에 기재된 총배당예상률을 근거로 파산채권자가 향후 파산절차에서 수령할 수 있는 금액을 산정하는 것도 가능하다(대법원 2016.9.30. 선고 2015다19117·19124 판결).

| 판례 9 | 손해배상 등

(1) 판결 요지

가처분채권자가 가처분으로 가처분채무자가 받게 될 손해를 담보하기 위하여 담보제공명령으로 금전을 공탁한 후 파산선고를 받은 경우, 가처분채무자가 공탁금회수청구권에 관하여 파산절차에 의하지 아니하고 담보권을 실행할 수 있는지 여부(적극) / 담보공탁금의 피담보채권인 가처분채무자의 손해배상청구권이 파산채무자인 가처분채권자에 대한 파산선고 전의 원인으로 생긴 재산상의 청구권인 경우, 가처분채무자가 가처분채권자의 파산관재인을 상대로 위 손해배상청구권에 관하여 이행소송을 제기할 수 있는지 여부(소극) 및 이 경우 가처분채무자가 담보권을 실행하는 방법.

(2) 판결 내용

가처분채권자가 가처분으로 인하여 가처분채무자가 받게 될 손해를 담보하기 위하여 법원의 담보제공명령으로 일정한 금전을 공탁한 경우에, 피공탁자로서 담보권리자인 가처분채무자는 담보공탁금에 대하여 질권자와 동일한 권리가 있다(민사집행법 제19조 제3항, 민사소송법 제123조). 한편 가처분채권자가 파산선고를 받게 되면 가처분채권자가 제공한 담보공탁금에 대한 공탁금회수청구권에 관한 권리는 파산재단에 속하므로, 가처분채무자가 공탁금회수청구권에 관하여 질권자로서 권리를 행사한다면 이는 별제권을 행사하는 것으로서 파산절차에 의하지 아니하고 담보권을 실행할 수 있다. 그런데 담보공탁금의 피담보채권인 가처분채무자의 손해배상청구권이 파산채무자인 가처분채권자에 대한 파산선고 전의 원인으로 생긴 재산상의 청구권인 경우에는 채무자 회생 및 파산에 관한 법률(이하 '채무자회생법'이라 한다) 제423조에서 정한 파산채권에 해당하므로, 채무자회생법 제424조에 따라 파산절차에 의하지 아니하고는 이를 행사할 수 없다. 그리고 파산채권에 해당하는 채권을 피담보채권으로 하는 별제권이라 하더라도, 별제권은 파산재단에 속하는 특정재산에 관하여 우선적이고 개별적으로 변제받을 수 있는 권리일 뿐 파산재단 전체로부터 수시로 변제받을 수 있는 권리가 아니다. 따라서 가처분채무자가 가처분채권자의 파산관재인을 상대로 파산채권에 해당하는 위 손해배상청구권에 관하여 이행소송을 제기하는 것은 파산재단에 속하는 특정재산에 대한 담보권의 실행이라고 볼 수 없으므로 이를 별제권의 행사라고 할 수 없고, 결국 이는 파산절차 외에서 파산채권을 행사하는 것이어서 허용되지 아니한다. 한편 이러한 경우에 가처분채무자로서는 가처분채권자의 파산관재인을 상대로 담보공탁금의 피담보채권인 손해배상청구권의 존부에 관한 확인의 소를 제기하여 확인판결을 받는 등의 방법에 의하여 피담보채권이 발생하였음을 증명하는 서면을 확보한 후, 민법 제354조에 의하여 민사집행법 제273조에서 정한 담보권 존재 증명 서류로서 위 서면을 제출하여 채권에 대한 질권 실행 방법으로 공탁금회수청구권을 압류하고 추심명령이나 확정된 전부명령을 받아 담보공탁금 출급청구를 함으로써 담보권을 실행할 수 있고, 또한 피담보채권이 발생하였음을 증명하는 서면을 확보하여 담보공탁금에 대하여 직접 출급청구를 하는 방식으로 담보권을 실행할 수도 있다(대법원 2015.9.10. 선고 2014다34126 판결).

| 판례 10 | 특별수선충당금지급청구

(1) 판결 요지

임대사업자의 파산선고로 파산관재인이 파산선고 후에 파산재단에 속하게 된 임대주택을 관리하다가 임차인 등에게 파산재단의 환가방법으로 임대주택을 분양 전환한 경우, 파산관재인이 입주자대표회의에 파산선고 전후로 특별수선충당금이 실제로 적립되었는지와 상관없이 임대주택법령에서 정한 기준에 따라 산정된 특별수선충당금을 인계하여야 하는지 여부(원칙적 적극) / 이 경우 입주자대표회의의 특별수선충당금 지급 청구권이 채무자 회생 및 파산에 관한 법률 제473조 제4호에서 정한 재단채권에 해당하는지 여부(적극).

(2) 판결 내용

특별수선충당금 적립 및 인계 의무를 부담하는 임대사업자의 파산선고로 임대사업자의 파산관재인이 파산선고 후에 파산재단에 속하게 된 임대주택을 관리하다가 임대주택의 임차인 등에게 파산재단의 환가방법으로 임대주택을 분양 전환하게 된 것이라면, 특별한 사정이 없는 한 임대사업자의 파산관재인은 분양 전환 후 주택법에 따라 최초로 구성되는 입주자대표회의에 파산선고 전후로 특별수선충당금이 실제로 적립되었는지 여부와 상관없이 파산재단의 관리·환가에 관한 업무의 일환으로 임대주택법령에서 정한 기준에 따라 산정된 특별수선충당금을 인계할 의무를 부담한다. 그렇다면 입주자대표회의의 특별수선충당금 지급 청구권은 파산관재인이 한 파산재단인 임대아파트의 관리·환가에 관한 업무의 수행으로 인하여 생긴 것으로서 채무자 회생 및 파산에 관한 법률 제473조 제4호에서 정한 '파산재단에 관하여 파산관재인이 한 행위로 인하여 생긴 청구권'에 해당하여 재단채권이다(대법원 2015.6.24. 선고 2014다29704 판결).

| 판례 11 | 대 여 금

(1) 판결 요지

파산자가 상대방 회사와 그 회사의 이사회 결의가 없는 거래행위를 하였다가 파산이 선고된 경우, 파산관재인이 그 거래행위에 관하여 새로운 법률상 이해관계를 가지게 된 제3자에 해당하는지 여부(원칙적 적극) 및 상대방 회사가 거래의 무효를 파산관재인에게 주장할 수 있는지 여부(원칙적 소극).

(2) 판결 내용

파산자가 파산선고시에 가진 모든 재산은 파산재단을 구성하고 파산재단을 관리·처분할 권리는 파산관재인에게 속하므로 파산관재인은 파산자의 포괄승계인과 같은 지위를 가지게 되지만, 파산이 선고되면 파산채권자는 파산절차에 의하지 아니하고는 파산채권을 행사할 수 없고 파산관재인이 파산채권자 전체의 공동의 이익을 위하여 선량한 관리자의 주의로써 직무를 행하므로 파산관재인은 파산선고에 따라 파산자와 독립하여 그 재산에 관하여 이해관계를 가지게 된 제3자로서의 지위도 가지게 된다. 파산자가 상대방 회사와 그 회사의 이사회 결의가 없는 거래행위를 하였다가 파산이 선고된 경우 특별한 사정이 없는 한 파산관재인은 이사회의 결의를 거치지 아니하고 이루어진 상대방 회사와의 거래행위에 따라 형성된 법률관계를 토대로 실질적으로 새로운 법률상 이해관계를 가지게 된 제3자에 해당한다. 또한 그 선의·악의도 파산관재인 개인의 선의·악의를 기준으로 할 수는 없고 총파산채권자를 기준으로 하여 파산채권자 모두가 이사회의 결의가 없었음을 알았거나 이를 알지 못한 데 중대한 과실이 있지 않은 한 상대방 회사는 위 거래의 무효를 파산관재인에게 주장할 수 없다(대법원 2014.8.20. 선고 2014다206563 판결).

| 판례 12 | 부당이득금

(1) 판결 요지

파산채권자가 제기한 채권자대위소송이 채무자에 대한 파산선고 당시 법원에 계속 중인 경우, 소송절차가 중단되고 파산관재인이 수계할 수 있는지 여부(원칙적 적극)(대법원 2013.3.28. 선고 2012다100746 판결).

(2) 판결 내용

채권자대위소송에서 원고는 채무자에 대한 자신의 권리를 보전하기 위하여 채무자를 대위하여 자신의 명의로 채무자의 제3채무자에 대한 권리를 행사하는 것이므로, 그 지위는 채무자 자신이 원고인 경우와 마찬가지라고 볼 수 있다. 그런데 소송의 당사자가 파산선고를 받은 때에 파산재단에 관한 소송절차는 중단되고(민사소송법 제239조), 파산채권자는 파산절차에 의하지 아니하고는 파산채권을 행사할 수 없게 된다[채무자 회생 및 파산에 관한 법률(이하 '채무자회생법'이라 한다) 제424조]. 그리고 채무자가 파산선고 당시에 가진 모든 재산은 파산재단에 속하게 되고, 채무자는 파산재단을 관리 및 처분하는 권한을 상실하며 그 관리 및 처분권은 파산관재인에게 속하게 되므로(채무자회생법 제382조 제1항, 제384조), 채무자에 대한 파산선고로 채권자가 대위하고 있던 채무자의 제3자에 대한 권리의 관리 및 처분권 또한 파산관재인에게 속하게 된다. 한편 채무자회생법은 채권자취소소송의 계속 중에 소송의 당사자가 아닌 채무자가 파산선고를 받은 때에는 소송절차는 중단되고 파산관재인이 이를 수계할 수 있다고 규정하고 있는데(채무자회생법 제406조, 제347조 제1항), 채권자대위소송도 그 목적이 채무자의 책임재산 보전에 있고 채무자에 대하여 파산이 선고되면 그 소송 결과는 파산재단의 증감에 직결된다는 점은 채권자취소소송에서와 같다. 이와 같은 채권자대위소송의 구조, 채무자회생법의 관련 규정 취지 등에 비추어 보면, 민법 제404조의 규정에 의하여 파산채권자가 제기한 채권자대위소송이 채무자에 대한 파산선고 당시 법원에 계속되어 있는 때에는 다른 특별한 사정이 없는 한 민사소송법 제239조, 채무자회생법 제406조, 제347조 제1항을 유추 적용하여 그 소송절차는 중단되고 파산관재인이 이를 수계할 수 있다.

| 판례 13 | 청구이의

[1] 채무자 회생 및 파산에 관한 법률 제468조 제1항에서 정한 '파산채권의 확정에 관한 소송'에 집행권원이 있는 채권에 대해 이의자 등이 제기하거나 수계한 소송이 포함되는지 여부(적극)(대법원 2012.6.28. 선고 2011다63758 판결).

[2] 채권자가 채권 전액에 관하여 파산채권자로서 권리를 행사하는 경우, 채무자 회생 및 파산에 관한 법률 제430조 제1항에서 정한 장래의 구상권자가 같은 법 제468조 제1항에 따라 판결의 효력을 받게 되는 '파산채권자'에 해당하는지 여부(소극)(대법원 2012.6.28. 선고 2011다63758 판결).

[3] 갑 주식회사와 을이 공동으로 병에게 약속어음을 발행하면서 강제집행 인낙의 취지가 기재된 공정증서를 작성하였는데, 甲 회사가 병을 상대로 공정증서에 기한 강제집행의 불허를 구하는 소송을 제기한 뒤 파산 선고를 받게 되자 파산관재인으로 선임된 정이 병이 파산채권으로 신고한 공정증서 채권에 대해 이의를 하는 한편 위 소송을 수계하였고, 을이 정의 승소를 보조하기 위하여 제1심소송 계속 중 보조참가하였다가 일부 패소판결이 선고되자 공동소송참가를 신청함과 아울러 항소를 제기한 사안에서, 위 소송은 채무자 회생 및 파산에 관한 법률 제468조 제1항에서 규정하는 '파산채권의 확정에 관한 소송'에 포함되지만, 공정증서의 채권자인 병이 채권 전액에 관하여 파산채권자로서 권리를 행사하고 있는 이상 장래의 구상권자에 불과한 을로서는 그에 대한 판

결의 효력을 받게 되는 파산채권자에 해당하지 아니하므로 을의 공동소송참가신청은 참가 요건을 갖추지 못하여 부적법하고, 그 보조참가는 공동소송적 보조참가가 아니라 통상의 보조참가에 해당한다고 한 사례(대법원 2012.6.28. 선고 2011다63758 판결).

| 판례 14 | 지급보증금

(1) 판결 요지

채권자가 파산절차에서 파산관재인으로부터 수령한 배당금을 변제충당하는 경우, 민법의 변제충당에 관한 규정이 적용되는지 여부(적극)(대법원 2012.4.13. 선고 2010다1180 판결).

(2) 판결 내용

채권자가 파산절차에서 파산관재인으로부터 수령한 배당금을 변제충당하는 경우 민법의 변제충당에 관한 규정이 적용된다.

| 판례 15 | 파산선고

[1] 채무자 회생 및 파산에 관한 법률 제305조 제1항에서 정한 '채무자가 지급을 할 수 없는 때'의 의미(채무자가 변제능력이 부족하여 즉시 변제하여야 할 채무를 일반적·계속적으로 변제할 수 없는 객관적 상태)(대법원 2012.3.20.자 2010마224 결정).

[2] 제1심법원의 파산선고 결정에 대하여 즉시항고가 제기된 후 항고심에서 신청채권자가 신청을 취하하거나 신청채권자의 채권이 변제 등 사유로 소멸하였다는 사정만으로 항고법원이 제1심법원의 파산선고 결정을 취소할 수 있는지 여부(원칙적 소극)(대법원 2012.3.20.자 2010마224 결정).

| 판례 16 | 재단채권등 부존재확인

[1] 구 조세감면규제법 제56조의2 제1항 본문에 따라 자산재평가를 한 내국법인이 2003. 12. 31.까지 주식을 상장하지 아니한 경우, 재평가차액의 익금 산입에 따른 법인세 납세의무의 성립시기(=자산재평가를 한 사업연도의 종료일) 및 그 사업연도의 종료일이 해당 법인에 대한 파산선고일 전에 도래하는 경우, 법인세를 징수할 수 있는 청구권이 재단채권에 해당하는지 여부(적극)(대법원 2011.11.10. 선고 2009다28738 판결).

[2] 甲 주식회사가 구 조세감면규제법 제56조의2 제1항 본문에 따라 처음으로 주식을 상장

하는 것을 전제로 자산재평가를 하고 재평가차액을 해당 사업연도의 익금에 산입하지 않았는데, 그 후 파산선고를 받은 甲 회사가 2003. 12. 31.까지 주식을 상장하지 아니하자 관할 세무서장이 해당 사업연도의 법인세와 가산세를 부과하였고, 관할 지방자치단체가 이를 과세표준으로 하여 법인세할 주민세 등을 부과한 사안에서, 재평가차액의 익금 산입에 따른 법인세 납세의무는 해당 사업연도의 종료일에 성립하므로 위 법인세 채권은 파산선고 전의 원인으로 생긴 조세채권으로서 재단채권에 해당하지만, 甲 회사에 재평가차액에 대한 법인세를 자진하여 신고·납부할 의무가 없으므로 이를 전제로 한 가산세 부과처분은 무효이고, 한편 관할 세무서장이 법인세 등을 부과하는 경정결정을 한 때 법인세할 주민세 납세의무가 성립하므로 위 주민세 채권은 파산선고 후의 원인으로 생긴 조세채권으로서 재단채권에 해당하지 않는다고 한 사례(대법원 2011.11.10. 선고 2009다28738 판결).

| 판례 17 | 양 수 금

(1) 판결 요지

[1] 채무자 회생 및 파산에 관한 법률 제391조 제1호에서 정한 부인의 대상으로 되는 행위인 '채무자가 파산채권자를 해하는 것을 알고 한 행위'에 이른바 편파행위도 포함되는지 여부(적극)(대법원 2011.10.13. 선고 2011다56637·56644 판결).

[2] 채권자 또는 제3자의 행위도 부인의 대상이 될 수 있는지 여부(한정 적극)(대법원 2011.10.13. 선고 2011다56637·56644 판결).

[3] 甲 주식회사가 예금부족으로 1차 부도가 났는데, 乙 주식회사에 교부한 약속어음의 지급기일을 연장받으면서 그에 대한 담보로 甲 회사의 丙 등에 대한 채권을 乙 회사에 양도하기로 하는 내용의 약정을 체결하였고, 乙 회사가 甲 회사로부터 교부받은 채권양도계약서와 채권양도통지서의 백지 부분을 보충하여 丙 등에게 채권양도통지를 하였는데, 乙 회사가 예약완결 의사표시를 한 당일 甲 회사가 2차 부도가 난 사안에서, 위 약정은 이른바 '예약형 집합채권의 양도담보'에 해당하는 것으로서 특정 채권자에게만 담보를 제공함으로써 파산절차에서 채권자평등의 원칙을 회피하는 편파행위에 해당하고, 乙 회사의 예약완결 의사표시는 실질적으로 甲 회사의 행위와 동일시할 만한 특별한 사정이 있으므로, 채무자 회생 및 파산에 관한 법률 제391조 제1호에 정한 부인의 대상에 해당한다고 본 원심판단을 수긍한 사례(대법원 2011.10.13. 선고 2011다56637·56644 판결).

[4] 파산절차상 부인의 대상이 되는 행위가 사회적으로 상당하고 불가피하여 일반 파산채권자가 파산재단의 감소나 불공평을 감수하여야 한다고 볼 수 있는 경우, 부인권 행사의 대상이 되는지 여부(소극) 및 행위의 상당성 유무에 관한 판단 기준(대법원 2011.10.13. 선고 2011다56637·56644 판결).

[5] 甲 주식회사가 예금부족으로 1차 부도가 났는데, 乙 주식회사에 교부한 약속어음의 지급기일을 연장받으면서 그에 대한 담보로 甲 회사의 丙 등에 대한 채권을 乙 회사에 양도하기로 하는 내용의 약정을 체결하였고, 乙 회사가 甲 회사로부터 교부받은 채권양도계약서와 채권양도통지서의 백지 부분을 보충하여 丙 등에게 채권양도통지를 하였는데, 乙 회사가 예약완결 의사표시를 한 당일 甲 회사가 2차 부도가 난 사안에서, 위 약정이 사회적으로 상당하고 불가피하여 일반 파산채권자가 그로 인한 파산재단의 감소나 불공평을 감수하여야 할 경우라고 볼 수 없다고 한 사례(대법원 2011.10.13. 선고 2011다56637·56644 판결).

[6] 채무자 회생 및 파산에 관한 법률 제391조 제1호에서 정한 부인의 대상이 되는 행위 당시 수익자가 파산채권자 등을 해하는 사실을 알지 못하였는지에 대한 증명책임의 소재(=수익자)(대법원 2011.10.13. 선고 2011다56637·56644 판결).

(2) 판결 내용

[1] 채무자 회생 및 파산에 관한 법률 제391조 제1호에서 정한 부인의 대상으로 되는 행위인 '채무자가 파산채권자를 해하는 것을 알고 한 행위'에는 총 채권자의 공동담보가 되는 채무자의 일반재산을 파산재단으로부터 일탈시킴으로써 파산재단을 감소시키는 행위 뿐만 아니라, 특정한 채권자에 대한 변제나 담보의 제공과 같이 그 행위가 채무자의 재산관계에 영향을 미쳐 특정한 채권자를 배당에서 유리하게 하고 이로 인하여 파산채권자들 사이의 평등한 배당을 저해하는 이른바 편파행위도 포함된다.

[2] 채무자 회생 및 파산에 관한 법률 제391조 제1호에 의하면, 부인의 대상은 원칙적으로 채무자의 행위라고 할 것이나, 다만 채무자의 행위가 없었다고 하더라도 예외적으로 채무자와의 통모 등 특별한 사정이 있어서 채권자 또는 제3자의 행위를 채무자의 행위와 동일시할 수 있는 사유가 있는 경우에는 예외적으로 채권자 또는 제3자의 행위도 부인의 대상으로 할 수 있다.

[3] 甲 주식회사가 예금부족으로 1차 부도가 났는데, 乙 주식회사로부터 세척사를 공급받으면서 대금에 관하여 약속어음을 교부하여 오다가 乙 회사로부터 지급기일을 연장받으면서 그에 대한 담보로 甲 회사의 거래처 丙 등에 대한 레미콘 대금 채권을 乙 회사에 양도하기로 하는 내용의 약정을 체결하였고, 乙 회사가 甲 회사에 대한 세척사 대금을 지급받기 위하여 위 약정 당시 甲 회사에게서 교부받은 채권양도계약서와 채권양도통지서의 백지 부분을 보충하여 丙 등에게 채권양도통지를 하였는데, 乙 회사가 예약완결 의사표시를 한 당일 甲 회사가 2차 부도가 났으며 당일 영업을 중단하였고 이후 여신거래정지처분을 받은 사안에서, 위 약정은 甲 회사의 乙 회사에 대한 세척사 대금 채무를 담보하기 위하여 甲 회사의 丙 등에 대한 레미콘 대금 채권에 관하여 채권양도를 목적으로 하는 이른바 '예약형 집합채권의 양도담보'에 해당하는 것으로서, 예약을 일방적으로 완결할 수 있는 예약완결권을 乙 회사에 부여함과 동시에 甲 회사의 대금

채권 중에서 대물변제로서 양도·양수할 대금 채권을 선택할 수 있는 선택권을 乙 회사에 부여하기로 하는 한편 乙 회사가 선택권과 예약완결권을 행사하는 경우 실효성과 편의를 위하여 乙 회사로 하여금 甲 회사를 대리하여 제3채무자들에게 채권양도사실을 통지할 수 있도록 甲 회사가 乙 회사에 대리권을 부여한 계약이고, 이와 같은 예약형 집합채권의 양도담보 계약의 경우, 그로 인한 권리변동의 효력은 약정이 이루어짐으로써 즉시 발생하는 것이 아니고 예약완결권이 행사됨으로써 비로소 발생하는 것이기는 하지만, 이에 의하여 예약완결권, 양도·양수할 대금 채권에 대한 선택권, 채권양도사실 통지 대리권한까지 채권자에게 부여되는 것이므로, 특정 채권자에게만 담보를 제공함으로써 파산절차에서 채권자평등의 원칙을 회피하는 편파행위에 해당하고, 한편 乙 회사의 예약완결 의사표시 당시 甲 회사는 자금사정이 급격히 악화된 상태였고, 乙 회사도 이러한 사정을 잘 알면서도 자신의 채권을 미리 우선적으로 확보하기 위하여 甲 회사와 통모하여 甲 회사로부터 丙 등에 대한 대금 채권 관련 정보를 제공받아 예약완결권과 선택권을 행사하는 등 乙 회사의 예약완결 의사표시가 실질적으로 甲 회사의 행위와 동일시할 만한 특별한 사정이 있었다고 보아 그 행위가 채무자 회생 및 파산에 관한 법률 제391조 제1호에 정한 부인의 대상에 해당한다고 본 원심판단을 수긍한 사례.

[4] 파산절차상 부인의 대상이 되는 행위가 파산채권자에게 유해하다고 하더라도 행위 당시 개별적·구체적 사정에 따라서는 해당 행위가 사회적으로 필요하고 상당하였다거나 불가피하였다고 인정되어 일반 파산채권자가 파산재단의 감소나 불공평을 감수하여야 한다고 볼 수 있는 경우가 있을 수 있고, 그와 같은 예외적인 경우에는 채권자 평등, 채무자 보호와 파산 이해관계의 조정이라는 법의 지도이념이나 정의관념에 비추어 채무자 회생 및 파산에 관한 법률 제391조에서 정한 부인권 행사의 대상이 될 수 없다고 보아야 하며, 여기에서 행위의 상당성 유무는 행위 당시 채무자의 재산 및 영업 상태, 행위의 목적·의도와 동기 등 채무자의 주관적 상태를 고려함은 물론, 변제행위에서는 변제자금의 원천, 채무자와 채권자와의 관계, 채권자가 채무자와 통모하거나 동인에게 변제를 강요하는 등 영향력을 행사하였는지 등을 기준으로 하여 신의칙과 공평의 이념에 비추어 구체적으로 판단하여야 한다.

[5] 甲 주식회사가 예금부족으로 1차 부도가 났는데, 乙 주식회사로부터 세척사를 공급받으면서 대금에 관하여 약속어음을 교부하여 오다가 乙 회사로부터 지급기일을 연장받으면서 그에 대한 담보로 甲 회사의 거래처 丙 등에 대한 레미콘 대금 채권을 乙 회사에 양도하기로 하는 내용의 약정을 체결하였고, 乙 회사가 甲 회사에 대한 세척사 대금을 지급받기 위하여 위 약정 당시 甲 회사로부터 교부받은 채권양도계약서와 채권양도통지서의 백지 부분을 보충하여 丙 등에게 채권양도통지를 하였는데, 乙 회사가 예약완결 의사표시를 한 당일 甲 회사가 2차 부도가 났으며 당일 영업을 중단하였고 이후 여신거래정지처분을 받은 사안에서, 甲 회사가 거액의 약속어음을 결제하지 못하여 부도에 이를 것이 예상되는 상황에서 乙 회사에 교부하였다가 지급기일을 연장한 약속어

음의 지급기일이 도래하지 않았음에도 채권자 중의 1인인 乙 회사와 위 약정을 체결한 행위를 사회적으로 상당하고 불가피하여 일반 파산채권자가 그로 인한 파산재단의 감소나 불공평을 감수하여야 할 경우라고 볼 수 없다고 한 사례.

[6] 채무자 회생 및 파산에 관한 법률 제391조 제1호에서 정하는 부인의 대상이 되는 행위라고 하더라도 이로 인하여 이익을 받은 자가 행위 당시 파산채권자를 해하게 되는 사실을 알지 못한 경우에는 부인할 수 없으나, 그와 같은 수익자의 악의는 추정되므로, 수익자 자신이 선의에 대한 증명책임을 부담한다.

| 판례 18 | 파산선고

(1) 판결 요지

[1] 채무자 회생 및 파산에 관한 법률 제309조 제1항 제5호에서 파산신청 기각사유로 정한 '신청이 성실하지 아니한 때'의 의미 및 법령상 요구되지 않는 내용에 관한 보정명령의 불이행을 이유로 또는 불충분한 보정에 대하여 시정 기회를 제공하지 않고 파산신청을 기각하는 것이 허용되는지 여부(소극)(대법원 2011.7.28. 자 2011마958 결정).

[2] 채무자가 파산신청을 하면서 아파트 처분사실을 신청서에 기재하지 아니한 것이 채무자 회생 및 파산에 관한 법률 제309조 제1항 제5호에서 정한 '신청이 성실하지 아니한 때'에 해당한다고 볼 수 없다고 한 사례(대법원 2011.7.28.자 2011마958 결정).

(2) 판결 내용

[1] 채무자 회생 및 파산에 관한 법률 제309조 제1항 제5호에서 파산신청 기각사유로 규정하고 있는 '신청이 성실하지 아니한 때'란 채무자가 같은 법 제302조 제1항에 정한 신청서의 기재사항을 누락하였거나 같은 법 제302조 제2항 및 채무자 회생 및 파산에 관한 규칙 제72조에 정한 첨부서류를 제출하지 아니하였고, 이에 대하여 법원이 보정을 촉구하였음에도 채무자가 정당한 사유 없이 응하지 아니한 경우를 말하는 것이며, 법원이 보정을 명한 사항이 위와 같이 법령상 요구되지 않는 내용에 관한 것이라면 채무자가 그 사항을 이행하지 못하였다 하더라도 이를 이유로 파산신청을 기각하는 것은 허용되지 않고, 채무자가 법원의 보정 요구에 일단 응한 경우에는 그 내용이 법원의 요구사항을 충족시키지 못하였다 하더라도 법원이 추가적인 보정 요구나 심문 등을 통하여 이를 시정할 기회를 제공하지 아니한 채 곧바로 파산신청을 기각하는 것은 허용되지 않는다.

[2] 채무자가 파산신청을 하면서 채무자 소유의 아파트를 매도한 사실을 신청서에 기재하지 아니하였는데, 제1심법원은 채무자가 파산신청 당시 아파트 처분사실을 누락한 사실을 알고도 보정요구나 심문 등을 통하여 이를 시정할 기회를 제공하지 아니한 채 파산신청을 기각하였고, 원심에 이르러 채무자가 아파트 처분사실 및 경위를 설명하고

소명자료를 제출하였는데도 원심은 신청불성실을 이유로 제1심결정을 유지한 사안에서, 아파트 처분사실의 신청누락이 채무자 회생 및 파산에 관한 법률 제309조 제1항 제5호에서 정한 '신청이 성실하지 아니한 때'에 해당한다고 볼 수 없다고 한 사례.

| 판례 19 | 보증채무금

파산자 甲 주식회사의 종전 파산관재인이 화의채무자인 乙 주식회사와 채무를 일부 감경해 주는 내용의 변경된 채무변제약정을 체결하면서, 그 약정에 '乙 주식회사의 신용상태에 중대한 변동이 발생하는 경우 파산자 甲 주식회사는 乙 주식회사의 동의 없이 약정을 파기할 수 있으며, 약정파기시 채권채무도 본 계약 체결 전 상태로 원상회복된다'고 규정하였는데, 그 후 乙 주식회사가 회생절차 개시신청을 하였음을 이유로 甲 주식회사의 파산관재인이 위 규정에 따른 약정해제권을 행사한 것이 신의성실의 원칙에 반하는 권리의 행사라고 볼 수 없다고 한 사례(대법원 2011.2.10. 선고 2009다68941 판결).

| 판례 20 | 낙찰자지위확인

(1) 판결 요지

[1] 채무자 회생 및 파산에 관한 법률 제496조 제2항에 정한 파산관재인의 환가방법에 임의매각이 포함되는지 여부(적극)(대법원 2010.11.11. 선고 2010다56265 판결).

[2] 파산관재인이 파산재단에 속하는 부동산을 경쟁입찰방식에 의해 매각하면서 입찰 당시 입찰공고에 정한 금액에 미달하는 입찰보증금만을 납부한 최고금액 입찰자를 낙찰자로 결정한 후 다음날 입찰보증금을 추가 납부받아 매매계약을 체결하고 파산법원의 허가를 받은 사안에서, 위 입찰 및 매매계약은 채무자 회생 및 파산에 관한 법률 제496조 제2항에 정한 임의매각에 해당하므로 입찰보증금 납입 하자에 관한 민사집행법의 규정은 위 입찰에 적용되지 않고, 낙찰자가 나머지 입찰보증금을 납입한 이상 위 입찰보증금 납입 하자가 입찰절차의 공공성과 공정성이 현저히 침해될 정도로 중대한 경우라 볼 수 없다고 본 원심의 판단이 정당하다고 한 사례(대법원 2010.11.11. 선고 2010다56265 판결).

(2) 판결 내용

[1] 파산관재인은 파산재단에 속하는 부동산 등의 환가를 위하여 민사집행법에 따라 이른바 형식적 경매절차를 신청하거나(채무자 회생 및 파산에 관한 법률 제496조 제1항), 법원의 허가를 얻어 영업양도 등 다른 방법으로 환가를 실시할 수 있고(같은 조 제2항), 후자의 방법에 의한 환가에는 임의매각도 당연히 포함되는데, 파산관재인이 법원의 허

가를 받아 임의매각하는 경우에는 그 환가의 방법, 시기, 매각절차, 매수상대방의 선정 등 구체적 사항은 파산관재인이 자신의 권한과 책무에 따라 선량한 관리자의 주의를 다하여 적절히 선택할 수 있다.

[2] 파산관재인이 파산법원의 허가를 얻어 파산재단에 속하는 부동산을 경쟁입찰방식에 의해 매각하기로 하여 그 입찰기일에 최고금액으로 입찰한 자를 낙찰자로 결정하였는데, 그 낙찰자가 입찰 당시 입찰공고에 정한 입찰금액의 10%에 해당하는 금액이 아닌 최저매각금액의 10%에 해당하는 입찰보증금만을 납부하였으나 파산관재인이 그 다음날 입찰보증금을 추가 납부받은 다음 낙찰자와 매매계약을 체결하고 파산법원으로부터 그 매매계약에 관한 허가를 받은 사안에서, 위 입찰 및 매매계약은 채무자 회생 및 파산에 관한 법률 제496조 제2항에 정한 임의매각에 해당하므로 입찰보증금 납입에 관한 하자가 있으면 경매절차를 무효로 보는 민사집행법의 규정은 위 입찰에 적용되지 않고, 위 입찰공고에 정한 입찰보증금 납입규정은 매매계약의 체결 및 이행을 담보하기 위한 것으로 낙찰자가 나머지 입찰보증금을 납입함으로써 그 목적이 달성된 이상 위 입찰절차상의 입찰보증금 납입에 관한 하자가 입찰절차의 공공성과 공정성이 현저히 침해될 정도로 중대한 경우라 볼 수 없으며, 파산관재인의 위 매매계약 체결행위가 선량한 풍속 기타 사회질서에 반하는 행위라고 보기도 어렵다고 본 원심의 판단이 정당하다고 한 사례.

| 판례 21 | 파산선고

(1) 판결 요지

부채초과 상태인 개인 채무자가 파산원인인 지급불능 상태에 있는지 여부의 판단 방법(대법원 2010.9.20. 자 2010마868 결정).

(2) 판결 내용

채무자 회생 및 파산에 관한 법률 제305조 제1항은 "채무자가 지급을 할 수 없는 때에는 법원은 신청에 의하여 결정으로 파산을 선고한다"고 규정하고 있는바, 여기서 '채무자가 지급을 할 수 없는 때', 즉 지급불능이라 함은 채무자가 변제능력이 부족하여 즉시 변제하여야 할 채무를 일반적·계속적으로 변제할 수 없는 객관적 상태를 말한다(대법원 1999. 8.16.자 99마2084 결정 참조).

| 판례 22 | 채권압류 및 전부명령

(1) 판결 요지

파산채권에 기하여 파산재단에 속하는 재산에 대한 별도의 강제집행이 허용되는지 여부

(원칙적 소극)(대법원 2010.7.28. 자 2010마862 결정).

(2) 판결 내용

파산절차는 모든 채권자들을 위한 포괄적인 강제집행절차이고 파산선고에 의하여 채무자는 파산재단을 구성하는 재산에 관한 관리처분권을 상실하고 그 관리처분권이 파산관재인에게 전속하는바, 이러한 취지에서 채무자 회생 및 파산에 관한 법률 제348조 제1항은 "파산채권에 기하여 파산재단에 속하는 재산에 대하여 행하여진 강제집행·가압류 또는 가처분은 파산재단에 대하여는 그 효력을 잃는다. 다만 파산관재인은 파산재단을 위하여 강제집행절차를 속행할 수 있다"라고 규정하고 있으므로, 파산채권에 기하여 파산재단에 속하는 재산에 대한 별도의 강제집행은 원칙적으로 허용되지 않는다고 할 것이다. 기록에 의하면, 창원지방법원은 같은 법원 2010하합5호 파산선고 사건에서 2010. 5. 27. 10:00 채무자에 대하여 파산을 선고하고 변호사 ○○○을 파산관재인으로 선임한 사실, 이 사건 채권압류 및 전부명령은 파산채권에 기하여 파산재단에 속하는 재산에 대한 것임을 알 수 있는바, 앞서 본 법리와 인정 사실에 따르면 이 사건 채권압류 및 전부명령은 취소되어야 할 것이므로, 이 사건 채권압류 및 전부명령을 그대로 유지한 원심결정은 결국 위법하게 되었다고 할 것이다.

| 판례 23 | 사기·근로기준법위반

(1) 판결 요지

[1] 사업주가 법인일 경우 퇴직금 등의 지급사유 발생일로부터 14일이 경과하기 전에 그 지급권한을 상실하게 된 대표자가 근로기준법 제109조 제1항의 죄책을 지는지 여부(원칙적 소극) 및 지급권한 상실의 원인에 법령에 의한 상실도 포함되는지 여부(적극)(대법원 2010.5.27. 선고 2009도7722 판결).

[2] 근로자들의 퇴사일로부터 14일이 경과한 날 이전에 회사가 '파산선고'를 받은 경우, 그 회사의 대표이사에게 임금 등 체불로 인한 근로기준법 제109조 제1항의 죄책을 물을 수 없다고 한 원심판단을 수긍한 사례(대법원 2010.5.27. 선고 2009도7722 판결).

(2) 판결 내용

근로기준법 제36조는 사용자는 근로자가 사망 또는 퇴직한 경우에는 그 지급사유가 발생한 때부터 14일 이내에 임금, 보상금 기타 일체의 금품을 지급하도록 규정함으로써, 퇴직근로자 등의 생활안정을 도모하기 위하여 법률관계를 조기에 청산하도록 강제하는 한편, 사용자측에 대하여 그 청산에 소요되는 기간을 유예하여 주고 있으므로, 위 퇴직금 등 체불로 인한 근로기준법 제109조 제1항 위반죄는 지급사유 발생일로부터 14일이 경과하는 때에 성립하고, 따라서 사업주가 법인일 경우에는 위 14일이 경과할 당시에 퇴직금 등의 지급권한을 갖는 대표자가 그 체불로 인한 죄책을 짐이 원칙이고, 14일이 경과하기 전에 그 지급권한을 상실하게 된 대표자는 특별한 사정이 없는 한 그 죄책을 지지 않는다(대법원 1995.11.10. 선고 94도1477 판결, 대법원 2002.11.26. 선고 2002도5044 판결 참조). 여기서 퇴직금 등의 지급권한 상실의 원인에는 해임, 사임 등 법인과의 고용계약 종료에 기한 것은 물론 법령에 의한 지급권한 상실 또한 포함된다.

원심은, 채무자가 파산선고 당시에 가진 모든 재산은 파산재단에 속하게 되고(채무자 회생 및 파산에 관한 법률 제382조 제1항), 파산선고에 의하여 채무자는 파산재단을 구성하는 재산에 관한 관리처분권을 잃고, 이 관리처분권은 파산관재인에게 전속하게 되며(같은 법 제384조), 채무자의 근로자의 임금·퇴직금 및 재해보상금은 그 발생시기가 파산선고 전후인지 여부를 불문하고 모두 재단채권이 되고(같은 법 제473조 제10호), 재단채권은 파산절차에 의하지 않고 파산관재인이 수시로 변제하여야 하는바(같은 법 제475조), 위와 같은 채무자 회생 및 파산에 관한 법률의 규정들을 종합하면, 주식회사인 채무자가 파산선고를 받게 되면 채무자 회사의 대표이사는 그때부터 재단채권인 임금, 퇴직금 등의 지급권한을 상실하게 되고 파산관재인에게 그 권한이 전속한다고 전제한 다음, 이 사건 공소사실 중 일부 근로기준법 위반의 점에서 근로자들의 퇴사일은 2008. 4. 5., 2008. 4. 6. 또는 2008. 4. 9.로 그로부터 14일이 경과한 날은 모두 이 공소외 주식회사가 파산선고를 받음으로써 위 회사의 대표이사였던 피고인이 퇴직금 등의 지급권한을 상실한 2008. 4. 18. 이후의 날이므로, 그 전에 이미 지급권한을 상실한 피고인에게 근로기준법 제109조 제1항의 죄책을 물을 수는 없고, 달리 이 부분 공소사실에 있어 근로자들의 퇴사일로부터 14일이 경과한 날 피고인에게 임금, 퇴직금 등의 지급권한이 있었다는 점을 인정할 만한 증거가 없다고 하여 이 부분 공소사실을 무죄로 판단한 제1심판결을 유지하였다. 앞서 본 법리 및 기록에 비추어 원심판결을 살펴보면, 원심의 위와 같은 판단은 정당한 것으로 수긍할 수 있고, 거기에 상고이유 주장과 같은 채무자 회생 및 파산에 관한 법률에 의한 파산관재인에게로의 관리처분권 전속 및 근로기준법 위반죄 성립에 관한 법리오해 등의 위법이 없다.

| 판례 24 | 대 여 금

(1) 판결 요지

파산관재인이 민법 제108조 제2항 및 제110조 제3항의 제3자에 해당하는지 여부(적극) 및 그 선의 여부의 판단 기준(=총파산채권자)(대법원 2010.4.29. 선고 2009다96083 판결).

(2) 판결 내용

파산자가 상대방과 통정한 허위의 의사표시를 통하여 가장채권을 보유하고 있다가 파산이 선고된 경우 그 가장채권도 일단 파산재단에 속하게 되고, 파산선고에 따라 파산자와는 독립한 지위에서 파산채권자 전체의 공동의 이익을 위하여 직무를 행하게 된 파산관재인은 그 허위표시에 따라 외형상 형성된 법률관계를 토대로 실질적으로 새로운 법률상 이해관계를 가지게 된 민법 제108조 제2항의 제3자에 해당하고, 그 선의·악의도 파산관재인 개인의 선의·악의를 기준으로 할 수는 없고, 총파산채권자를 기준으로 하여 파산채권자 모두가 악의로 되지 않는 한 파산관재인은 선의의 제3자라고 할 수밖에 없다. 그리고 이와 같이 파산관재인이 제3자로서의 지위도 가지는 점 등에 비추어, 특별한 사정이 없는 한 파산관재인은 사기에 의한 의사표시에 따라 외형상 형성된 법률관계를 토대로 실질적으로 새로운 법률상 이해관계를 가지게 된 민법 제110조 제3항의 제3자에 해당하고, 파산채권자 모두가 악의로 되지 않는 한 파산관재인은 선의의 제3자라고 할 수밖에 없다.

| 판례 25 | 파산선고

(1) 판결 요지

[1] 채무자 회생 및 파산에 관한 법률상 '외국도산절차의 승인결정'의 법적 성질 및 효력(대법원 2010.3.25.자 2009마1600 결정).

[2] 채무자 회생 및 파산에 관한 법률상 '지원결정'의 법적 성질(대법원 2010.3.25.자 2009마1600 결정).

(2) 판결 내용

[1] 채무자 회생 및 파산에 관한 법률상의 '외국도산절차의 승인'은 민사소송법 제217조가 규정하는 '외국판결의 승인'과는 달리 외국법원의 '재판'을 승인하는 것이 아니라 해당 '외국도산절차'를 승인하는 것으로서 그 법적 효과는 외국도산절차가 지원결정을 하기 위한 적격을 갖추고 있음을 확인하는 것에 그치는 것이고, 그 승인에 의하여 외국도산절차의 효력이 직접 대한민국 내에서 확장되거나 국내에서 개시된 도산절차와 동일한 효력을 갖게 되는 것은 아니다.

[2] 채무자 회생 및 파산에 관한 법률상의 '지원결정'은 국내에서 진행되고 있는 채무자의 업무 및 재산에 대한 소송 등의 중지와 강제집행, 담보권실행을 위한 경매, 보전절차 등의 금지 또는 중지, 채무자의 변제금지 또는 채무자 재산의 처분금지 등 외국도산절차의 대표자가 외국도산절차에 필요한 배당·변제재원을 국내에서 보전·확보하고 이를 기초로 배당·변제계획을 수립하거나 그 계획을 수행할 수 있도록 절차적인 지원을 하는 것일 뿐, 외국법원이 외국도산절차에서 한 면책결정이나 회생계획의 인가결정 등과 같이 채무나 책임을 변경·소멸시키는 재판(이하 '외국법원의 면책재판 등'이라고 한다)을 직접 한다거나 외국법원의 면책재판 등에 대하여 국내에서 동일한 효력을 부여하는 재판을 함으로써 채권자의 권리를 실체적으로 변경·소멸시키기 위한 절차는 아니다.

| 판례 26 | 부당이득금반환

(1) 판결 요지

[1] 파산자의 행위의 대상이 되는 재산이 애초부터 파산재단에 속하지 않는 경우 구 파산법 제64조 제1호에서 규정하는 부인의 대상이 되는지 여부(소극)(대법원 2010.3.11. 선고 2007다71271 판결).

[2] 퇴직보험에 따라 발생하는 보험금청구권 등은 파산재단에 속하는 재산이 아니므로 파산 전 회사가 피보험자의 퇴직금 중간정산에 동의한 행위는 부인권 행사의 대상이 될 수 없다고 한 사례(대법원 2010.3.11. 선고 2007다71271 판결).

(2) 판결 내용

[1] 구 파산법 제64조 제1호에 정한 부인의 대상이 되는 행위인 '파산자가 파산채권자를 해함을 알고 한 행위'는 파산자가 총채권자의 공동담보가 되는 파산자의 일반재산을 절대적으로 감소시키는 사해행위를 의미하고, 이는 파산관재인이 파산재단을 위하여 파산자의 사해행위를 부인함으로써 파산재단으로부터 일탈한 재산을 파산재단에 회복시키고 파산재단의 충실을 도모하여 파산채권자에 대한 배당을 증가시키고자 하는 취지의 제도이므로, 파산자의 행위의 대상이 되는 재산이 애초부터 파산재단에 속하지 않아 파산관재인이 부인권을 행사하더라도 그 재산을 파산재단으로 회복할 수 없는 경우에는 파산자가 총채권자의 공동담보가 되는 일반재산을 절대적으로 감소시키는 사해행위를 하였다고 볼 수 없어 부인의 대상이 될 수 없다.

[2] 퇴직보험에 따라 발생하는 보험금청구권 등은 파산재단에 속하는 재산이 아니므로 파산 전 회사가 피보험자의 퇴직금 중간정산에 동의한 행위는 총채권자의 공동담보가 되는 일반재산을 절대적으로 감소시키는 행위라고 할 수 없어 부인권 행사의 대상이 될 수 없다고 한 사례.

| 판례 27 | 골프회원권지위확인

(1) 판결 요지

파산채권 등에 대한 신고 및 조사 절차의 진행과정에서 파산관재인이 시부인을 한 것에 대하여 미이행쌍무계약의 해제의 의사표시를 한 것으로 보거나, 채권자가 채권신고를 통하여 매매계약 해제의 의사표시를 한 것으로 보기 위한 요건(대법원 2010.2.25. 선고 2007다85980 판결).

(2) 판결 내용

파산채권 등에 대한 신고 및 조사는 파산채권의 존재와 그 채권액, 우선권 등을 확정함으로써 채권자가 파산절차에 참여하여 채권자집회에서 의결권을 행사하고 채권의 순위, 채권액에 따라 배당을 수령할 수 있도록 하기 위한 것이므로, 그 절차의 진행과정에서 파산관재인이 시부인을 한 것에 대하여 미이행쌍무계약의 해제의 의사표시를 한 것으로 보거나, 채권자가 채권신고를 통하여 매매계약 해제의 의사표시를 한 것으로 보려면 채권자가 채권신고에 이르게 된 동기 및 경위, 채권신고서에 기재된 채권의 내용 및 원인, 파산관재인의 시부인 경위 등을 종합적으로 고려하여 볼 때 계약해제의 의사를 표시한 것으로 추단할만한 객관적 사정이 인정되어야 한다. 한편, 계약이 합의해제되기 위하여는 일반적으로 계약이 성립하는 경우와 마찬가지로 계약의 청약과 승낙이라는 서로 대립하는 의사표시가 합치될 것을 그 요건으로 한다. 다만 계약의 합의해제는 명시적인 경우뿐만 아니라 묵시적으로도 이루어질 수 있는 것이므로, 계약 후 당사자 쌍방의 계약 실현의사의 결여 또는 포기가 쌍방 당사자의 표시행위에 나타난 의사의 내용에 의하여 객관적으로 일치하는 경우에는, 그 계약은 계약을 실현하지 아니할 당사자 쌍방의 의사가 일치됨으로써 묵시적으로 해제되었다고 해석함이 상당하다.

| 판례 28 | 파산선고

(1) 판결 요지

부채초과 상태인 개인 채무자가 파산원인인 지급불능상태에 있는지 여부의 판단 방법(대법원 2010.1.25.자 2009마2183 결정).

(2) 판결 내용

채무자 회생 및 파산에 관한 법률 제305조 제1항에서 파산원인으로 정하고 있는 "채무자가 지급을 할 수 없는 때"라고 함은 채무자가 변제능력이 부족하여 즉시 변제하여야 할 채무를 일반적·계속적으로 변제할 수 없는 객관적 상태를 말한다. 그리고 채무자가 개인인 경우 그러한 지급불능이 있다고 하려면 채무자의 연령, 직업 및 경력, 자격 또는 기술, 노동능력, 가족관계, 재산·부채의 내역 및 규모 등을 종합적으로 고려하여, 채무자의 재산·신용·수입에 의하더라도 채무의 일반적·계속적 변제가 불가능하다고 객관적으로 판단되어야 하고(대법원 2009.3.2.자 2008마1651 결정 등 참조), 단지 채무자가 현재 보유하고 있는 자산보다 부채가 많다는 사실로부터 쉽사리 추단되어서는 안된다. 또한 채무자가 특히 면책신청의 전제로 자기파산의 선고를 구하면서 이러한 지급불능의 상태를 스스로 주장하는 경우에는, 채무자의 재산 및 신용의 상태 등이 채무자에게 고유한 사정으로서 일반적으로 채권자를 비롯한 제3자로서는 쉽사리 접근하여 알 수 있는 바가 아니므로, 채무자가 제출한 관련 자료 등에 대한 증거법적 평가 및 지급불능상태에 있는지 여부의 판단에 있어서 신중한 접근이 요구된다.

| 판례 29 | 파산채권확정

(1) 판결 요지

[1] 어음의 양도담보권자가 구 파산법상 별제권을 가지는지 여부(적극)(대법원 2010.1.14. 선고 2006다17201 판결).

[2] 채무자가 어음할인대출을 위하여 채권자에게 배서양도한 어음이 '융통어음'인 경우에도 채권자가 파산재단에 속하는 재산에 대하여 담보권을 설정한 것으로 볼 수 있는지 여부(적극)(대법원 2010.1.14. 선고 2006다17201 판결).

(2) 판결 내용

[1] 구 파산법 제84조는 유치권, 질권, 저당권 또는 전세권을 가진 자는 그 목적인 재산에 관하여 별제권을 가진다고 규정하고 있는바, 어음의 양도담보권자는 채무자의 어음 발행인에 대한 어음상 청구권에 대하여 담보권을 갖는다는 점에서 별제권을 가지는 것으로 열거된 유치권자나 질권자 등과 다름이 없으므로 구 파산법상 별제권을 행사할 수 있는 권리를 가지는 자로 봄이 상당하고, 그 어음 발행인을 채무자와 함께 채무를 부담하는 자로 볼 수는 없다.

[2] 채무자가 어음할인대출을 위하여 채권자에게 배서양도한 어음이 융통어음인 경우 융통어음을 발행한 융통자는 피융통자에 대하여 어음상의 책임을 부담하지 아니하지만, 그 어음을 담보로 취득한 채권자에 대하여는 채권자의 선의·악의를 묻지 아니하고 대가 없이 발행된 융통어음이었다는 항변으로 대항할 수 없으므로 융통어음의 담보권으로서의 가치는 의연히 존재하고, 따라서 채무자 자신이 융통자에 대하여 융통어음의 항변 때문에 어음상 권리를 주장할 수 없다고 하더라도 이러한 어음상 권리가 파산재단에 속하지 않는 것이라고 할 수는 없고, 여전히 채권자가 파산재단에 속하는 재산에 대하여 담보권을 설정한 것으로 보아야 한다.

| 판례 30 | 재단채권확인의 소

(1) 판결 요지

수탁자인 신탁회사의 파산관재인이 신탁자를 상대로 수탁자가 지급받지 못한 신탁사무처리비용의 상환을 구하는 소송을 제기하였다가 패소함으로써 상대방에게 소송비용액 지급의무를 부담하게 된 경우, 그 상대방이 파산관재인에 대하여 가지는 소송비용액 지급청구권은 구 파산법 제38조 제4호에 정한 재단채권에 해당한다고 한 사례(대법원 2009.9.24. 선고 2009다41045 판결).

(2) 판결 내용

수탁자인 신탁회사의 파산관재인이 신탁자를 상대로 수탁자가 지급받지 못한 신탁사무처리비용의 상환을 구하는 소송을 제기하였다가 패소함으로써 상대방에게 소송비용액 지급의무를 부담하게 된 경우, 그 상대방이 파산관재인에 대하여 가지는 소송비용액 지급청구권은 구 파산법 제38조 제4호에 정한 재단채권에 해당한다고 한 사례.

| 판례 31 | 어 음 금

(1) 판결 요지

사고신고담보금을 예치한 어음발행인에 대하여 파산절차가 개시된 경우, 어음의 정당한 소지인이 지급은행으로부터 사고신고담보금을 지급받기 위한 요건(대법원 2009.9.24. 선고 2009다50506 판결).

(2) 판결 내용

어음발행인에 대하여 파산절차가 개시되더라도 어음의 정당한 소지인은 파산절차에 의하지 아니하고 지급은행을 상대로 사고신고담보금의 지급청구권을 행사하여 그 채권의 만족을 얻을 수 있지만, 이 경우 어음소지인이 정당한 어음권리자로서 지급은행으로부터 사고신고담보금을 지급받기 위하여 제출이 요구되는 확정판결 등의 증서를 얻기 위하여는 파산채권자로서 파산절차에 참가하여 채권신고를 하고 채권조사절차 또는 채권확정소송 등을 거쳐 그 채권을 확정받는 방법을 통하여야 한다.

| 판례 32 | 손해배상

(1) 판결 요지

[1] 파산관재인이 여럿임에도 그 중 일부만이 소송당사자로 된 판결의 효력이 파산재단에 미치는지 여부(소극)

[2] 무효인 가압류취소결정으로 배당을 받지 못한 채권양수인이 제소명령 및 가압류취소결정을 자신에게 통지하지 않은 잘못을 주장하며 채권양도인인 은행의 파산관재인들에게 손해배상을 구한 사안에서, 파산관재인들의 의무 위반 및 이로 인한 실제 손해발생이 있다거나 설령 손해가 발생했다고 하더라도 파산관재인들의 잘못과 손해 사이에 인과관계가 있다고 단정하기 어렵다고 한 원심판결을 수긍한 사례(대법원 2009.9.10. 선고

2008다62533 판결).

(2) 판결 내용

파산재단에 속하는 재산의 관리처분권은 파산자로부터 이탈하여 파산관재인에게 전속하게 되고, 파산관재인이 여럿인 경우에는 법원의 허가를 얻어 직무를 분장하였다는 등의 특별한 사정이 없는 한 그 여럿의 파산관재인 전원이 파산재단의 관리처분권이 있기 때문에 파산관재인 전원이 소송당사자가 되어야 하므로 그 소송은 필수적 공동소송에 해당한다(대법원 2008.4.24. 선고 2006다14363 판결 참조). 따라서 파산관재인이 여럿임에도 파산관재인 중 일부만이 당사자로 된 판결은 당사자적격을 간과한 것으로서 파산재단에 대하여 효력이 미치지 아니한다.

| 판례 33 | 예금(발행어음)담보제공행위부인등

(1) 판결 요지

[1] 파산자가 직접적이고 현실적인 경제적 이익을 대가로 얻지 않고 계열회사 내지 가족회사를 위하여 한 보증행위 또는 담보제공행위가, 구 파산법 제64조 제5호에 규정된 부인의 대상이 되는 무상행위에 해당하는지 여부(적극)(대법원 2009.5.28. 선고 2005다56865 판결).

[2] 파산관재인의 부인권행사가 신의칙 위반 또는 권리남용에 해당하는지 여부(소극)(대법원 2009.5.28. 선고 2005다56865 판결).

[3] 소의 제기에 의한 부인권의 행사 방법 및 부인권행사의 결과로 생기는 권리관계의 변동에 따라 소를 제기하는 경우 시효중단 여부(적극)(대법원 2009.5.28. 선고 2005다56865 판결).

[4] 파산자의 질권설정행위에 대하여 부인권을 행사한 경우, 파산관재인이 별도로 질권실행행위를 부인하여야 원상회복의 효과를 얻을 수 있는지 여부(소극)(대법원 2009.5.28. 선고 2005다56865 판결).

[5] 구 파산법 제70조 제1항에서 규정하는 '반대급부'의 의미(대법원 2009.5.28. 선고 2005다56865 판결).

[6] 채권자가 보증인의 파산선고 전에 보증인이 제공한 담보물에 대한 담보권을 실행하여 채권 변제에 충당하고 그 후 파산선고를 받은 보증인의 파산관재인이 채권자를 대위하여 주채무자로부터 변제를 받은 경우, 보증인의 담보제공행위에 대한 파산관재인의 부인권행사에 따라 채권자가 부담하는 원상회복의무의 범위(대법원 2009.5.28. 선고 2005다56865 판결).

[7] 파산채권자가 파산채권의 취득원인인 대위변제가 부인 대상 행위에 해당된다며 원채권

자를 상대로 부인권 소송 등을 제기한 상태에서, 파산관재인이 해당 파산채권자의 확정된 파산채권에 대하여 실시한 배당의 효력(유효)(대법원 2009.5.28. 선고 2005다56865 판결).

[8] 구 파산법 제69조 제2항에서 선의의 수익자의 원상회복의무를 현존이익으로 제한하는 취지 및 여기서 말하는 '선의'의 의미(대법원 2009.5.28. 선고 2005다56865 판결).

(2) 판결 내용

[1] 파산자가 의무 없이 타인을 위하여 한 보증행위 또는 담보제공행위는, 그것이 채권자의 그 타인(주채무자)에 대한 출연의 직접적 원인이 되는 경우에도, 파산자가 그 대가로 경제적 이익을 얻지 아니하는 한, 구 파산법 제64조 제5호에 규정된 무상행위에 해당하고, 이러한 법리는 그 주채무자가 파산자와 이른바 계열회사 내지 가족회사인 관계에 있다고 하여 달라지지 않는다. 그리고 이러한 무상행위의 부인은, 그 대상인 행위가 대가를 수반하지 않는 것으로서 파산자의 수익력과 채권자 일반의 이익을 해할 위험이 특히 현저하기 때문에, 파산자와 수익자의 주관적 사정을 고려하지 않고 오로지 행위의 내용과 시기에 착안하여 특수한 부인유형으로서 규정되어 있는 것이고, 파산절차가 전체 파산채권자의 만족을 도모하기 위하여 행하여지는 것이라는 점 등에 비추어 보면, 파산자가 계열회사인 주채무자 회사의 주식을 다량 보유하고 있었다거나 그 주채무자 회사가 발행한 거액의 회사채를 파산자가 이미 지급보증한 상태였다는 등의 사정만으로는 주채무자의 경제적 이익이 곧바로 보증인인 파산자의 경제적 이익이라고 단정할 수 없으며, 파산자가 보증 또는 담보제공의 대가로서 직접적이고도 현실적인 경제적 이익을 얻지 아니하는 한 그 행위의 무상성을 부정할 수는 없고, 그 담보제공 당시 또는 담보권 행사 당시 파산자에게 자력이 충분하였다는 사정만으로 그 부인권행사에 지장이 생기는 것도 아니다.

[2] 구 파산법상의 부인권은 파산채권자의 보호를 위하여 파산자의 행위를 부인함으로써 파산재단의 충실을 도모함에 그 제도의 취지가 있는 것으로서 파산자와 그 상대방 간의 이해를 조절하기 위한 것이 아니므로, 원칙적으로 무상성, 유해성, 부당성 등 부인권 행사의 요건이 충족되는 한 파산관재인의 부인권행사가 부인권 제도의 본질에 반한다거나 신의칙 위반 또는 권리남용에 해당한다고 볼 수 없다.

[3] 구 파산법 제68조 제1항에 의하면 파산법상 부인권은 소의 제기 뿐만 아니라 항변에 의해서도 행사할 수 있도록 규정하고 있는데, 이때 '부인권을 소에 의하여 행사한다'는 것은, 부인의 대상이 되는 행위가 그 효력을 소급적으로 상실하게 됨으로써 발생하는 법률적인 효과에 따라 원상회복의무의 이행을 구하는 소를 제기하거나, 그 법률관계의 존재 또는 부존재 확인을 구하는 소를 제기하는 방법에 의할 수도 있다는 의미이고, 이와 같이 부인권행사의 결과로 생기는 권리관계의 변동에 따라 그 이행 또는 확인의 소를 제기하는 경우에는 시효중단의 효력이 생긴다.

[4] 질권설정행위를 부인하여 그 효력이 상실된 경우에는 그에 기하여 발생한 질권도 소급적으로 존재하지 않게 되고, 질권이 소급적으로 존재하지 아니하게 된 이상 그에 기초한 질권실행행위도 그 효력을 상실하였다고 봄이 상당하며, 구 파산법상 담보권의 실행에 대하여는 별도로 부인권을 행사할 수도 없는 것이므로, 파산관재인이 별도로 질권실행행위를 부인하여야만 원상회복의 효과를 얻을 수 있는 것은 아니다.

[5] 구 파산법 제70조 제1항에서는 "파산자의 행위가 부인된 경우에 그 받은 반대급부가 파산재단 중에 현존하는 때에는 상대방은 그 반환을 청구하고 반대급부로 인하여 생긴 이익이 현존하는 때에는 그 이익의 한도 내에서 재단채권자로서 그 권리를 행사할 수 있다"고 규정하고 있는데, 여기에서 '반대급부'라 함은 부인의 목적인 파산자의 행위의 대가로 파산자가 얻은 급부를 말한다.

[6] 채권자가 보증인의 파산선고 전에 보증인으로부터 제공받은 담보목적물에 대한 담보권을 실행하여 채권 변제에 충당하였는데, 그 후 파산선고를 받은 보증인의 파산관재인이 위 채권 변제가 유효함을 전제로 채권자를 대위하여 주채무자에게 이행청구를 하고 이에 따라 주채무자가 보증인의 파산관재인에게 선의·무과실로 변제한 경우에는, 비록 보증인의 파산관재인이 채권자를 상대로 제기한 부인권 소송 등에서 위 담보제공행위가 부인됨으로써 채권자의 위 담보권 실행에 따른 채권 변제가 무효로 되고, 그에 따라 보증인의 파산관재인이 대위변제자로서 갖는 권리가 소급적으로 소멸한 것으로 밝혀졌다 하더라도, 주채무자의 위 변제는 채권의 준점유자에 대한 변제로서 유효하고, 보증인의 파산관재인은 주채무자로부터 변제받은 금원을 주채무자에게 반환할 의무가 없다. 그런데 채권자는 위 담보제공행위가 부인됨에 따라 보증인의 파산관재인에게 원상회복의무를 부담하게 되는바, 채권자가 이 의무를 전부 이행한다 하더라도, 채권자의 주채무자에 대한 채권 중 보증인의 파산관재인이 채권자를 대위하여 주채무자로부터 변제받았던 채권 부분은 위와 같은 이유로 소멸한 채 그 나머지 채권 부분만이 부활하게 되므로, 채권자는 주채무자에 대한 채권을 일부 상실하게 되고 만다. 이러한 경우에도 채권자에게 보증인의 파산관재인에게 원상회복의무를 전부 이행하도록 하는 것은 공평의 원칙에 반하므로, 보증인의 파산관재인은 그가 채권자를 대위하여 주채무자로부터 변제받아 이득을 취함으로써 상실시킨 채권자의 일부 채권액의 한도에서는 부인권행사를 이유로 채권자에게 원상회복을 구할 수 없다.

[7] 파산절차의 채권조사기일에서 신고채권이 이의 없이 확정되어 채권자표에 기재된 때에는 확정판결과 동일한 효력이 발생하는바, 그와 같이 확정된 파산채권을 갖고 있는 자가 자신의 파산채권 취득원인인 대위변제가 부인 대상 행위에 해당된다며 대위변제를 받은 원채권자를 상대로 부인권 소송 등을 제기한 사정이 있다 하더라도, 그 승소 여부가 불분명한 상태에서는 그러한 사정만으로 파산관재인이 그 파산채권자의 확정된 파산채권에 대한 배당을 거절할 권한이나 의무가 있다고 볼 수 없고, 원채권자가 그 파산채권자의 부인권행사에 응하여 실제로 원상회복의무를 이행하고 원채권이 부활하였음

을 증명하면서 자신을 파산채권자로 취급해 줄 것을 요구하지 않는 한 파산관재인이 원채권자를 파산채권자로 취급할 수도 없다. 그러므로 파산관재인이 위와 같은 상태에서 구 파산법에 따라 채권자표 등에 기초하여 해당 파산채권자의 확정된 파산채권에 대하여 실시한 배당은 채권의 준점유자에 대한 변제로서 유효하다.

[8] 구 파산법 제69조 제2항에서 부인의 대상이 된 행위가 무상행위인 경우 그 행위의 상대방이 선의이었을 때에는 그를 보호하기 위하여 반환의 범위를 경감하여 현존이익으로 제한하는 취지는, 무상으로 이익을 받은 선의의 수익자가 해당 이익을 소비·상실하여 버린 경우까지 파산자에 대하여 완전한 원상회복의무를 부담시키는 것은 가혹한 결과가 되기 때문이고, 여기에서 '선의'라 함은 수익자가 파산자와 나중에 부인의 대상이 될 행위를 할 당시에 그 행위가 파산채권자를 해친다는 것과 파산자에 대하여 지급정지 또는 파산신청이 이루어진 사실을 알지 못한 것을 말한다.

| 판례 34 | 석물제조·납품·설치권 확인

(1) 판결 요지

파산관재인이 쌍무계약의 해제 여부에 관하여 아무런 의사표시를 하지 않은 채 상대방이 신고한 쌍무계약상의 채권을 파산채권으로 보아 파산절차를 진행하였고, 강제화의조건에도 미이행 쌍무계약의 이행방법에 관하여 별도의 규정이 없는 경우, 구 파산법 제50조 제2항을 유추적용하여 파산관재인이 그 쌍무계약을 해제한 것으로 보아야 하는지 여부(적극)(대법원 2009.5.28. 선고 2008다13005 판결).

(2) 판결 내용

파산절차상의 강제화의는 파산채권에 대하여 금전에 의한 배당을 대신하여 화의조건에 따른 변제방법을 정함으로써 파산적 청산을 회피하고 파산자의 경제적 회생을 도모하는 절차이므로 강제화의에 의하여 파산절차는 종결된다. 그런데 상대방이 파산선고 전에 발생한 쌍무계약상의 채권을 파산채권으로 신고하였고, 파산관재인이 쌍무계약의 해제 여부에 관하여 아무런 의사를 표시하지 아니한 채 상대방이 신고한 쌍무계약상의 채권을 파산채권으로 보아 파산절차를 진행하였으며, 강제화의조건에서도 상대방이 신고한 파산채권을 포함한 금전적 파산채권의 변제조건에 대하여만 규정하고 미이행 쌍무계약의 이행방법에 대하여 별도로 규정한 바가 없다면, 이는 상대방의 쌍무계약의 해제 여부에 대한 최고에 대하여 파산관재인이 확답을 하지 아니한 상태에서 계약관계가 더 이상 존속할 수 없는 상태에 이른 것과 다를 바 없으므로, 상대방의 최고에 대한 파산관재인의 선택권 행사 불응시에 발생하는 불안정한 상태를 계약 해제로 해결하고 있는 구 파산법 제50조 제2항의 규정을 유추적용하여 파산관재인이 쌍무계약을 해제한 것으로 보아야 한다.

| 판례 35 | 주권반환등·부당이득금반환

[1] 보증채무자에 대한 파산절차에서 배당금이 파산절차 개시 전 이자 및 원금의 일부로 확정되어 지급되었다면 주채무자에 대한 회사정리절차에서도 그 일부 원금 변제의 효력이 그대로 유지되므로, 파산채권자 겸 회사정리채권자는 파산절차에서 배당된 일부 원금액을 회사정리절차에서 민법이 정한 변제충당에 따라 당시까지 발생한 이자에 우선 충당된다고 주장할 수 없다고 한 사례(대법원 2009.5.14. 선고 2008다40052·40069 판결).

[2] 보증채무자에 대한 파산절차에서 개시 전 이자 및 원금의 일부를 변제받은 파산채권자 겸 회사정리채권자가 주채무자에 대한 회사정리절차에서 잔존 원금을 초과하여 변제를 받은 사안에서, 그 초과수령액은 파산재단으로 회수하여 파산채권의 변제에 우선 충당하여야 할 재원이 되므로, 파산채권자 겸 회사정리채권자가 이를 일반파산채권이 아닌 개시 후 이자에 우선 충당할 것을 주장할 수 없다고 한 사례(대법원 2009.5.14. 선고 2008다40052·40069 판결).

| 판례 36 | 보증인이 구상권을 자동채권으로 하여 파산자에 대한 채무와 상계할 수 있는지 여부

(1) 판결 요지

파산자의 보증인이 파산선고 후 보증채무를 일부 변제한 경우, 그 구상권을 자동채권으로 하여 파산자에 대한 채무와 상계할 수 없다(대법원 2008.8.21. 선고 2007다37752 판결).

(2) 판결 내용

파산자의 보증인이 파산선고 후 보증채무를 전부 이행함으로써 구상권을 취득한 경우, 그 구상권은 파산선고 당시 이미 장래의 구상권으로서 파산채권으로 존재하고 있었다고 보아야 하는 점, 파산절차에서는 장래의 청구권을 자동채권으로 한 상계가 허용되는 점, 정지조건부채권 또는 장래의 청구권을 가진 자가 그 채무를 변제하는 경우에는 후일 상계를 하기 위하여 그 채권액의 한도에서 변제액의 임치를 청구할 수 있는 점 등에 비추어, 그 구상권을 자동채권으로 하여 파산채무자에 대한 채무와 상계할 수 있다고 봄이 상당하다. 그런데 파산선고 후 파산채권자가 다른 채무자로부터 일부 변제를 받거나 다른 채무자에 대한 회사정리절차 내지 파산절차에 참가하여 변제 또는 배당을 받았다 하더라도 그에 의하여 채권자가 채권 전액에 대하여 만족을 얻은 것이 아닌 한 파산채권액에 감소를 가져오는 것은 아니어서, 채권자는 여전히 파산선고시의 채권 전액으로써 계속하여 파산절차에 참가할 수 있고, 채권의 일부에 대한 대위변제를 한 구상권자가 자신이 변제한 가액에 비례하여 채권자와 함께 파산채권자로서 권리를 행사할 수 있는 것은 아니다. 따라서 파산자의 보증인이 파산선고 후 채권자에게 그 보증채무의 일부를 변제하여 그 출재액을 한도로 파산자에 대하여 구상권을 취득하였다 하더라도 채권자가 파산선고시의 채권 전액을 파산채권으로 신고한 이상 보증인으로서는 파산자에 대하여 그 구상권을 파산채권으로 행사할 수 없어 이를 자동채권으로 하여 파산자에 대한 채무와 상계할 수도 없다.

| 판례 37 | 임금채권에 기한 강제집행도 파산선고로 그 효력을 잃는지

(1) 판결 요지

임금채권 등 재단채권에 기한 강제집행도 파산선고로 그 효력을 잃는다(대법원 2008.6.27.자 2006마260 결정).

(2) 판결 내용

파산절차는 파산선고를 받은 채무자에 대한 포괄적인 강제집행절차로서 이와 별도의 강제집행절차는 원칙적으로 필요하지 않고, 구 파산법(2005. 3. 31. 법률 제7428호로 폐지되기 전의 것)도 이러한 취지에서 파산선고로 인하여 파산자가 파산선고시에 가지고 있던 일체의 재산은 파산재단을 구성하며(구 파산법 제6조), 파산재단에 속하는 재산에 대한 파산자의 관리·처분권능이 박탈되어 파산관재인에게 전속하고(구 파산법 제7조), 파산채권자는 파산선고에 의하여 개별적 권리행사가 금지되어 파산절차에 참가하여서만 만족을 얻을 수 있으며(구 파산법 제14조, 제15조), 이미 개시되어 있는 강제집행이나 보전처분은 실효된다고(구 파산법 제61조) 규정하고 있으므로, 결국 구 파산법에 강제집행을 허용하는 특별한 규정이 있거나 구 파산법의 해석상 강제집행을 허용하여야 할 특별한 사정이 있다고 인정되지 아니하는 한 파산재단에 속하는 재산에 대한 개별적인 강제집행은 허용되지 않는다고 할 것이며, 이는 재단채권에 기한 강제집행에서도 마찬가지라고 할 것이다. 따라서 재단채권자의 정당한 변제요구에 대하여 파산관재인이 응하지 아니하면 재단채권자는 법원에 대하여 구 파산법 제151조, 제157조에 기한 감독권 발동을 촉구하든지, 파산관재인을 상대로 불법행위에 기한 손해배상청구를 하는 등의 별도의 조치를 취할 수는 있을 것이나, 그 채권 만족을 위해 파산재단에 대하여 개별적으로 강제집행을 하는 것은 구 파산법상 허용되지 않는다(대법원 2007.7.12.자 2006마1277 결정 참조).

한편, 구 파산법 제61조 제1항 본문에서는 "파산채권에 관하여 파산재단에 속하는 재산에 대하여 한 강제집행, 가압류 또는 가처분은 파산재단에 대하여는 그 효력을 잃는다."고 규정하고 있고, 제62조에서는 "파산재단에 속하는 재산에 대하여 국세징수법 또는 국세징수의 예에 의한 체납처분을 한 경우에는 파산선고는 그 처분의 속행을 방해하지 아니한다." 고 규정하고 있을 뿐, 체납처분 있는 조세채권에 관한 제62조의 규정을 제외하고는 재단채권에 기하여 파산선고 전에 이루어진 강제집행 등의 효력에 관하여는 구 파산법에 아무런 규정이 없다. 그러나 파산관재인의 파산재단에 관한 관리처분권이 개별집행에 의해 제약을 받는 것을 방지함으로써 파산절차의 원만한 진행을 확보함과 동시에, 재단채권 간의 우선순위에 따른 변제 및 동순위 재단채권 간의 평등한 변제를 확보할 필요성이 있는 점, 파산선고 후 재단채권에 기하여 파산재단에 속하는 재산에 대한 별도의 강제집행은 허용되지 않는 점, 강제집행의 속행을 허용한다고 하더라도 재단채권에 대한 배당액에 관하여는 재단채권자가 직접 수령하지 못하고 파산관재인이 수령하여 이를 재단채권자들에 대한 변제자원 등으로 사용하게 되므로(대법원 2003.8.22. 선고 2003다3768 판결 참조), 재단채권자로서는 단지 강제집행의 대상이 된 파산재산의 신속한 처분을 도모한다는 측면 외에는 강제집행을 유지할 실익이 없을 뿐 아니라, 파산관재인이 강제경매절차에 의한 파산재산의 처분을 선택하지 아니하는 한 강제집행절차에 의한 파산재산의 처분은 매매 등의 통상적인 환가 방법에 비하여 그 환가액의 측면에서 일반적으로 파산재단이나 재단채권자에게 모두 불리한 결과를 낳게 되므로, 강제집행을 불허하고 다른 파산재산과 마찬가지로 파산관재인이 환가하도록 함이 상당하다고 인정되는 점 등을 고려할 때, 임금채권 등 재단채권에 기하여 파산선고 전에 강제집행이 이루어진 경우에도, 그 강제집행은 파산선고로 인하여 그 효력을 잃는다고 보아야 할 것이다.

| 판례 38 | 사해행위취소의 제척기간의 기준이 되는 자

(1) 판결 요지

채권자인 파산자가 사해행위의 취소 원인을 알지 못한 상태에서 파산관재인이 선임된 경우, 그 후 채권자가 사해행위를 알았는지를 판단하는 기준이 되는 자는 파산관재인이고, 또한 예금보험공사가 파산자 갑의 파산관재인으로서 채무자 을의 증여행위에 대한 사해행위취소권을 피보전권리로 하여 처분금지가처분결정을 받은 후 을의 또 다른 채권자인 파산자 병의 파산관재인으로도 선임된 경우, 예금보험공사가 위 가처분결정을 받음으로써 을의 증여행위가 병에 대하여도 사해행위가 된다는 사실을 알았다고 볼 수 없다(대법원 2008.4.24. 선고 2006다57001 판결).

(2) 판결 내용

파산자의 채권에 기한 사해행위취소의 소에서 채무자의 사해행위를 알았는지 여부는 파산자를 기준으로 판단하여야 할 것이나, 파산자가 사해행위의 취소 원인을 알지 못한 상태에서 파산관재인이 선임되었다면, 그 후로는 민법 제406조 제2항 소정의 채권자가 채무자의 사해행위를 알았는지 여부는 파산관재인을 기준으로 판단하여야 할 것이다. 따라서 이와 달리 파산선고 전후를 불문하고 일반적으로 파산자를 기준으로 채무자의 사해행위를 알았는지 여부를 판단해서는 아니된다. 한편, 민법 제406조 제2항은 채권자취소의 소는 채권자가 취소원인을 안 날로부터 1년, 법률행위가 있은 날로부터 5년 내에 제기하여야 한다고 규정하고 있고, 위 기간은 제소기간에 해당하여 법원이 직권으로 조사하여 그 기간이 도과된 후에 제기된 채권자취소의 소는 부적법한 것으로 각하하여야 할 것인바, 예금보험공사가 파산자 갑의 파산관재인으로서 채무자 을의 증여행위에 대한 사해행위취소권을 피보전권리로 하여 처분금지가처분결정을 받은 후 을의 또 다른 채권자인 파산자 병의 파산관재인으로도 선임된 경우, 예금보험공사가 위 가처분결정을 받음으로써 을의 증여행위가 병에 대하여도 사해행위가 된다는 사실을 알았다고 볼 수 없다.

(3) 실무 적용례

채권자취소의 소는 채권자가 취소원인을 안 날로부터 1년, 법률행위가 있은 날로부터 5년 내에 제기하여야 하는데, 파산자가 채권을 가지고 있는 경우 그 채무자의 사해행위를 알았는지 여부는 파산자를 기준으로 판단하여야 할 것이나, 파산자가 사해행위의 취소 원인을 알지 못한 상태에서 파산관재인이 선임되었다면, 그 후로는 사해행위를 알았는지 여부는 파산관재인을 기준으로 판단하여야 할 것이며, 따라서 파산관재인이 취소원인을 알 날로부터 1년이 경과되지 아니하였다면 제척기간이 경과되지 아니한 것이라는 판례로 실무상 참고할 만한 사례이다.

| 판례 39 | 파산관재인이 여럿인 경우의 법적 성격 등

(1) 판결 요지

파산재단에 관한 소송에서 파산관재인이 여럿인 경우 그 소송의 법적 성격은 필수적 공동소송이고, 공동파산관재인 중 일부가 파산관재인의 자격을 상실한 경우 남아 있는 파산관재인이 자격을 상실한 파산관재인을 수계하기 위한 절차를 따로 거치지 않고 혼자서 소송행위를 할 수 있다(대법원 2008.4.24. 선고 2006다14363 판결).

(2) 판결 내용

구 파산법 제7조에 의하면 파산재단에 속하는 재산의 관리처분권은 파산자로부터 이탈하여 파산관재인에게 전속하게 되고, 같은 법 제152조에 의하면 파산재단에 관한 소송에 있어서는 파산관재인이 원고 또는 피고가 되므로, 파산관재인이 여럿인 경우에는 법원의 허가를 얻어 직무를 분장하였다는 등의 특별한 사정이 없는 한 그 여럿의 파산관재인 전원이 파산재단의 관리처분권을 갖고 있기 때문에 파산관재인 전원이 소송당사자가 되어야 하므로 그 소송은 필수적 공동소송에 해당한다. 다만 민사소송법 제54조가 여러 선정당사자 가운데 죽거나 그 자격을 잃은 사람이 있는 경우에는 다른 당사자가 모두를 위하여 소송행위를 한다고 규정하고 있음에 비추어 볼 때, 공동파산관재인 중 일부가 파산관재인의 자격을 상실한 때에는 남아 있는 파산관재인에게 관리처분권이 귀속되고 소송절차는 중단되지 아니하므로, 남아 있는 파산관재인은 자격을 상실한 파산관재인을 수계하기 위한 절차를 따로 거칠 필요가 없이 혼자서 소송행위를 할 수 있다.

(3) 실무 적용례

파산관재인이 여럿인 경우에는 특별한 사정이 없는 한 그 여럿의 파산관재인 전원이 파산재단의 관리처분권을 갖고 있기 때문에 파산관재인 전원이 소송당사자가 되어야 하므로 그 소송은 필수적 공동소송에 해당하고, 당초 공동파산관재인이었던 파산자 ㅇㅇ금융 주식회사의 파산관재인 ㅇㅇㅇ와 파산자 ㅇㅇ금융 주식회사의 파산관재인 ㅇㅇ보험공사 가운데 전자가 2007. ㅇㅇ. ㅇㅇ. 법원의 사임허가결정에 의하여 사임한 점을 알 수 있기는 하나, 위 사임에 의하여 파산재단에 관한 관리처분권은 남아 있는 파산자 ㅇㅇ금융 주식회사의 파산관재인 ㅇㅇ보험공사에게 귀속되고, 소송절차는 중단됨이 없이 남아 있는 파산자 ㅇㅇ금융 주식회사의 파산관재인 ㅇㅇ보험공사가 혼자서 소송행위를 할 수 있으므로, 사임한 파산자 ㅇㅇ금융 주식회사의 파산관재인 ㅇㅇㅇ를 수계하기 위한 이 사건 소송수계신청은 받아들일 수 없다는 판례로서 실무상 참고할 만한 사례이다.

| 판례 40 | 파산선고와 점유취득시효완성을 이유로 한 소유권이전등기절차 이행 청구의 가부

(1) 판결 요지

[1] 파산선고 전에 생긴 부동산 또는 선박에 관한 등기·가등기청구권에 기하여 파산관재인을 상대로 그 등기절차의 이행을 청구할 수 없고,

[2] 부동산에 관한 점유취득시효가 완성된 후 소유자가 파산선고를 받은 경우, 점유자가 파산관재인을 상대로 취득시효완성을 원인으로 한 소유권이전등기절차의 이행을 청구할 수 없으며, 또한 점유취득시효의 기산점을 임의로 선택하여 주장할 수도 없다(대법원 2008.2.1. 선고 2006다32187 판결).

(2) 판결 내용

[1] 파산채권자는 구 파산법 제15조에 의하여 파산절차에 의하지 아니한 개별적인 권리행사가 금지됨에 비추어 볼 때, 같은 법 제46조 제1항 본문에서 파산선고 후에 한 부동산 또는 선박에 관한 등기·가등기로써 '파산채권자'에게 대항할 수 없다고 함은 파산채권자 전체의 공동의 이익을 위하여 선량한 관리자의 주의로써 그 직무를 수행하는 '파산관재인'에게 대항할 수 없음을 뜻하고, 이는 파산관재인이 단순히 파산자의 포괄승계인으로서 파산자의 부동산 또는 선박에 관한 등기·가등기의무를 그대로 승계한 지위에 있는 것이 아니라, 파산선고와 동시에 파산자와 독립하여 파산재단에 속하는 재산에 관하여 이해관계를 가지게 된 제3자로서의 지위를 가지고 있음을 전제로 하여 파산선고 후에 한 부동산 또는 선박에 관한 등기·가등기를 파산관재인에게 대항할 수 없도록

한 것이라고 해석된다.

[2] 구 파산법 제46조 제1항의 규정 취지에는 파산선고시까지 부동산 또는 선박에 관한 등기·가등기를 아직 마치지 아니한 경우 그 파산선고 전에 생긴 등기·가등기청구권에 기하여 파산선고 후에 파산관재인을 상대로 그 등기·가등기절차의 이행을 청구할 수 없다는 취지도 당연히 포함되어 있다고 해석된다.

[3] 파산선고 전에 부동산에 대한 점유취득시효가 완성되었으나 파산선고시까지 이를 원인으로 한 소유권이전등기를 마치지 아니한 자는, 그 부동산의 소유자에 대한 파산선고와 동시에 파산채권자 전체의 공동의 이익을 위하여 파산재단에 속하는 그 부동산에 관하여 이해관계를 갖는 제3자의 지위에 있는 파산관재인이 선임된 이상, 파산관재인을 상대로 파산선고 전의 점유취득시효 완성을 원인으로 한 소유권이전등기절차의 이행을 청구할 수 없다. 또한, 그 부동산의 관리처분권을 상실한 파산자가 파산선고를 전후하여 그 부동산의 법률상 소유자로 남아 있음을 이유로 점유취득시효의 기산점을 임의로 선택하여 파산선고 후에 점유취득시효가 완성된 것으로 주장하여 파산관재인에게 소유권이전등기절차의 이행을 청구할 수도 없다. 이 경우 법률적 성질이 채권적 청구권인 점유취득시효 완성을 원인으로 한 소유권이전등기청구권은 구 파산법 제14조가 규정하는 파산자에 대하여 파산선고 전의 원인으로 생긴 재산상의 청구권으로서 파산채권에 해당하므로 파산절차에 의하여서만 그 권리를 행사할 수 있다.

(3) 실무 적용례

부동산 또는 선박에 관하여 파산선고 전에 생긴 채무의 이행으로서 파산선고 후에 한 등기 또는 가등기는 파산채권자에 대항할 수 없는바, 이는 파산선고시까지 부동산 또는 선박에 관한 등기·가등기를 아직 마치지 아니한 경우 그 파산선고 전에 생긴 등기·가등기청구권에 기하여 파산선고 후에 파산관재인을 상대로 그 등기·가등기절차의 이행을 청구할 수 없다는 취지도 당연히 포함되어 있다고 해석되며, 따라서 파산선고 전에 부동산에 대한 점유취득시효가 완성되었으나 파산선고시까지 이를 원인으로 한 소유권이전등기를 마치지 아니한 자는 파산관재인을 상대로 파산선고 전의 점유취득시효 완성을 원인으로 한 소유권이전등기절차의 이행을 청구할 수 없을 뿐만로 파산선고점유취득시효의 기산점을 임의로 선택하여 파산선고 후에 점유취득시효가 완성된 것으로 주장하여 파산관재인에게 소유권이전등기절차의 이행을 청구할 수도 없다는 판례로서 실무상 참고할 만한 판례이다.

| 판례 41 | 주식회사의 파산에 있어서 지급불능상태가 아니라도 채무초과 상태에 있으면 파산선고를 할 수 있다는 사례

(1) 판결 내용

합명회사와 합자회사를 제외한 법인, 예컨대 주식회사나 유한회사가 채무초과 상태에 있는 경우, 파산선고를 하기 위하여 지급불능 상태에 있음을 요하지는 아니한다(대법원 2007.11.15.자 2007마887 결정).

(2) 판결 내용

구 파산법 제117조가 합명회사 및 합자회사를 제외한 법인에 대하여는 채무초과를 별개의 독립된 파산원인으로 규정하고 있으므로, 채무초과 상태에 있는 법인에 대하여 파산선고를 하기 위해서 그 법인이 채무초과 상태 이외에 구 파산법 제116조 제1항이 규정하는 보통파산원인인 지급불능 상태에 이르렀을 것까지 요하는 것은 아니다. 또한, 법인이 채무초과 상태에 있는지 여부는 법인이 실제 부담하는 채무의 총액과 실제 가치로 평가한 자산의 총액을 기준으로 판단하는 것이지 대차대조표 등 재무제표에 기재된 부채 및 자산의 총액을 기준으로 판단할 것은 아닌바, 법인의 회계처리기준 등에 관하여 규율하는 개별 법령에서 법인이 해당 사업연도에서 순손실이 발생하였더라도 자기자본이 감소한 것으로 처리하지 않고 다음 회계연도에서 자기자본이 감소한 것으로 처리하도록 규정하고 있다는 등의 사정은 그 법인이 실제 부담하는 채무의 총액이나 실제 가치로 평가한 자산의 총액에 아무런 영향을 미칠 수 없는 이상, 법인이 채무초과 상태에 있는지 여부를 판단하는 데 고려하여야 할 사유가 될 수 없다.

(3) 실무 적용례

합명회사 및 합자회사를 제외한 법인에 대하여는 채무초과를 별개의 독립된 파산원인으로 규정하고 있는 것이므로 주식회사인 채무자의 부채 총액이 자산 총액을 훨씬 초과한 상태에 있는 경우에는 지급불능상태가 아니라도 파산을 선고할 수 있다는 사례로서 법인파산에 있어서 참고할 만한 판례이다.

| 판례 42 | 주식회사의 회생가능성과 파산선고 여부

(1) 판결 요지

채무초과 상태의 주식회사에 회생가능성이 있다는 사정은 파산선고의 장애사유가 되지는 아니한다(대법원 2007.11.15.자 2007마887 결정)

(2) 판결 내용

채무초과 상태에 있는 주식회사의 계속기업가치가 청산가치보다 높다는 등 주식회사에게 회생가능성이 있다는 사정은 구 회사정리법상의 회사정리절차개시요건 등에 해당함은 별론으로 하고, 그러한 사정이 파산원인이 존재하는 주식회사에 대하여 파산선고를 하는데 장애사유가 된다고 할 수 없다.

(3) 실무 적용례

주식회사에 회생가능성이 있더라도 채무초과상태 등 파산원인이 존재하면 파산선고를 할 수 있다는 사례이다.

| 판례 43 | 파산관재인이 통정허위표시의 제3자에 해당하는지 여부 및 선의 여부의 판단 기준

(1) 판결 요지

파산관재인은 민법 제108조(통정한 허위의 의사표시) 제2항의 제3자에 해당하며, 이때 그 선의 여부의 판단 기준은 총 파산채권자를 기준으로 한다(대법원 2007.10.26. 선고 2005다42545 판결, 2007.10.26. 선고 2005다42545 판결, 2007.1.11. 선고 2006다9040 판결, 2006.11.23. 선고 2005다60116 판결, 2006.11.10. 선고 2004다10299 판결).

(2) 판결 내용

파산관재인은 선임되어 파산의 종결에 이르기까지 다양하게 설명되는 법적 지위에서 여러 가지 직무권한을 행사하는바, 파산관재인이 민법 제108조 제2항의 경우 등에 있어 제3자에 해당된다고 한 것(대법원 2003.6.24. 선고 2002다48214 판결, 2005.7.22. 선고 2005다4383 판결 등 참조)은, 파산관재인은 파산채권자 전체의 공동의 이익을 위하여 선량한 관리자의 주의로써 그 직무를 행하여야 하는 지위에 있기 때문에 인정되는 것이므로, 그 선의·악의도 파산관재인 개인의 선의·악의를 기준으로 할 수는 없고, 총 파산채권자를 기준으로 하여 파산채권자 모두가 악의로 되지 않는 한 파산관재인은 선의의 제3자라고 할 수 밖에 없다(대법원 2006.11.10. 선고 2004다10299 판결 참조).

(3) 실무 적용례

민법 제108조(통정한 허위의 의사표시) 제2항에 의하면 통정의 허위표시는 무효이되, 다만 선의의 제3자에 대하여만 그 무효를 주장할 수 없도록 되어 있는바, 주식회사 ㅇㅇ상호신용금고와 ㅇㅇㅇ 사이의 여신거래약정이 통정허위표시에 해당한다고 하더라도 주식회사 ㅇㅇ상호신용금고로부터 이 사건 여신거래약정에 기하여 대출을 받은 ㅇㅇㅇ은 파산한 ㅇㅇ상호신용금고의 파산관재인에 대하여, 파산채권자 모두가 악의로 되지 않는 한 파산관재인은 선의의 제3자라고 할 수 밖에 없고, 따라서 위 여신거래약정이 통정한 허위의 의사표시라고 하여 무효임을 대항할 수 없다고 한 판례로서 실무상 참고할 만한 사례라고 사료된다.

| 판례 44 | 파산관재인이 개인적인 사유로 통정허위표시임을 알게 된 경우라 하더라도 악의자에 해당되지 않는다는 사례

(1) 판결 요지

파산관재인이 파산선고 전에 개인적인 사유로 파산자가 체결한 대출계약이 통정허위표시에 의한 것임을 알게 되었다고 하더라도 그러한 사정만을 가지고 파산선고시 파산관재인이 악의자에 해당한다고 할 수 없다(대법원 2006.11.10. 선고 2004다10299 판결).

(2) 판결 내용

파산관재인이 민법 제108조 제2항의 경우 등에 있어 제3자에 해당된다고 한 것(대법원 2003.6.24. 선고 2002다48214 판결, 2005. 7. 22. 선고 2005다4383 판결 등 참조) 은, 파산관재인은 파산채권자 전체의 공동의 이익을 위하여 선량한 관리자의 주의로써 그 직무를 행하여야 하는 지위에 있기 때문에 인정되는 것이므로, 그 선의·악의도 파산관재인 개인의 선의·악의를 기준으로 할 수는 없고, 총파산채권자를 기준으로 하여 파산채권자 모두가 악의로 되지 않는 한 파산관재인은 선의의 제3자라고 할 수밖에 없다.

이러한 법리에 비추어 살펴보면, 비록 파산관재인인 피고가 파산선고 이전에 위에서 본 바와 같은 까닭으로 개인적인 사유로 이 사건 대출계약이 통정허위표시에 의한 것이라는 점을 알게 되었다고 하더라도 그러한 사정만 가지고 파산선고시 파산관재인이 악의자에 해당한다고 할 수는 없다.

(3) 실무 적용례

파산관재인은 통정허위표시의 제3자에 해당하는바, 파산선고 이전의 사정들, 즉 금융감독원이 20○○. 12. 12. ○○금고에 대하여 경영관리조치(영업정지명령)를 취하면서 관리인으로 금융감독원의 선임 검사역인 소외 1과 예금보험공사의 검사역인 소외 2를 선임하였고, 20○○. 1. 3. 소외 1과 소외 2의 실사를 통하여 이 사건 대출이 출자자대출임을 인지하고 ○○금고의 대표이사인 소외 3 등을 고발한 사실, 소외 2는 20○○. 1. 31. 소외 4로부터 이 사건 대출금에 대한 담보로 소외 4의 후순위채권을 양수받았고, 예금보험공사는 20○○. 7. 19.부터 20○○. 7. 31.까지 이 사건 대출약정이 명의차용에 의한 것이고 실제 차주는 소외 4임을 확인하는 내용이 포함된 ○○금고의 부실원인조사서를 작성한 사실 등에 소외 3파산관재인은 파산선고 당시 이 사건 대출약정이 통정허위표시라는 사실을 알았다고 봄이 상당하다고 할 수 있으나, 파산관재인은 파산채권자 전체의 공동의 이익을 위하여 선량한 관리자의 주의로써 그 직무를 행하여야 하는 지위에 있기 때문에 인정되는 것이므로, 통정허위표시에 있어서의 제3자의 선의·악의는 파산관재인 개인의 선의·악의를 기준으로 할 수는 없고, 총파산채권자를 기준으로 하여 파산채권자 모두가 악의로 되지 않는 한 파산관재인은 선의의 제3자라고 할 수밖에 없다는 판례이다.

요컨대, 통정허위표시는 당사자 사이에서는 무효이고, 제3자에 대하여도 그가 악의인 경우에는 무효이며 다만 그 제3자가 선의인 경우에만 무효를 주장할 수 없는데, 통정허위표시의 당사자인 채무자가 파산선고를 받은 경우 파산관재인은 통정허위표시의 제3자에 해당하고, 그의 선의, 악의 여부는 총파산채권자를 기준으로 하여 파산채권자중 1인이라도 선의이면 파산관재인은 선의라는 것이 판례의 요지이다.

| 판례 45 | 파산채권표에 기재된 채권에 관한 청구이의의 소

(1) 판결 요지

[1] 파산절차에서 파산채권으로 확정되어 채권표에 기재된 채권에 관하여 파산자가 청구이의의 소를 제기할 수 있는 사유는 파산채권이 확정된 뒤에 그 채권의 존부나 범위 등을 다툴 수 있는 실체적인 사유가 생겼음을 이유로 하여야 한다(대법원 2007.10.11. 선고 2005다45544, 45551 판결).

[2] 파산절차에서 채권자가 중간배당을 받았다는 사유로 확정된 채권표의 기재에 관하여 청구이의의 소를 제기할 수 있다(대법원 2007.10.11. 선고 2005다45544, 45551 판결).

(2) 판결 내용

[1] 파산절차에서 파산채권으로 확정되어 채권표에 기재되면 그 채권표의 기재는 구 파산법 제259조 제1항의 규정에 의하여 파산자에 대하여 확정판결과 동일한 효력을 가진다. 따라서 파산채권으로 확정된 후에는 파산자가 채권표에 기재된 채권에 관하여 이의를 하려면 청구이의의 소를 제기할 수 있으나 그 이의사유는 파산채권이 확정된 뒤에 그 채권의 존부나 범위 등을 다툴 수 있는 실체적인 사유가 생겼음을 이유로 하여야 한다.

[2] 파산절차에서 확정된 채권표의 기재가 확정판결과 동일한 효력을 갖는다고는 하더라도 채권자는 파산절차가 종결된 후에 이르러서야 비로소 구 파산법 제259조 제2항에 의하여 채권표의 기재에 의거하여 강제집행을 할 수 있을 뿐이고, 파산절차가 계속 중인 경우에는 모든 파산채권자는 파산절차를 통해서만 파산자에 대한 권리를 행사하여야 하며, 파산절차에서는 확정된 채권표의 기재에 따라 파산관재인이 배당절차를 주재하고 파산채권자에 의한 별도의 집행개시나 배당요구 등의 제도가 없으므로, 확정된 채권표의 기재는 파산절차가 종결되기 전까지는 파산채권자들 사이에 배당액을 산정하기 위한 배당률을 정하는 기준이 되는 금액일 뿐이고 배당과 관련해서는 집행권원으로서 아무런 작용을 하는 것이 아니다. 그렇다면 파산절차에서 채권자가 중간배당을 받았다 하더라도 그 때문에 채권표에 기재된 채권액을 수정할 필요가 없어, 그러한 사정은 파산자가 파산채권으로 확정된 채권표의 기재에 관하여 그 채권의 존부나 범위를 다투기

위한 청구이의의 소의 사유로 삼을 수 없다.

(3) 실무 적용례

파산자가 채권표에 기재된 채권에 관하여 이의를 하려면 파산채권이 확정된 뒤에 그 채권의 존부나 범위 등을 다툴 수 있는 실체적인 사유가 생겼음을 이유로 청구이의의 소를 제기할 수 있는데, 확정된 채권표의 기재는 파산절차가 종결되기 전까지는 파산채권자들 사이에 배당액을 산정하기 위한 배당률을 정하는 기준이 되는 금액일 뿐이고 배당과 관련해서는 집행권원으로서 아무런 작용을 하는 것이 아니며, 따라서 파산절차에서 채권자가 중간배당을 받았다 하더라도 그 때문에 채권표에 기재된 채권액을 수정할 필요가 없어, 그러한 사정은 파산자가 파산채권으로 확정된 채권표의 기재에 관하여 그 채권의 존부나 범위를 다투기 위한 청구이의의 소의 사유로 삼을 수 없다고 할 것이다. 즉, 확정된 채권표에 대하여 이의를 하려면 파산절차가 종결된 후에 그 채권의 존부나 범위 등을 다툴 수 있는 실체적인 사유가 생겼음을 이유로 청구이의의 소를 제기하여야 하고 파산절차가 진행 중인 경우에는 청구이의의 소를 제기할 수 없다는 것이다.

따라서 파산절차의 채권조사기일에서 우선권 있는 파산채권자의 파산채권이 확정되고 파산채권자가 제1, 2회 중간배당에서 배당금을 지급받은 경우, 파산절차가 종결되었다고 볼 만한 아무런 자료가 없는 한, 파산채권자의 확정파산채권은 파산채권자가 수령한 제1, 2회 중간배당금의 범위에서 소멸하여 잔액이 남게 되었음을 근거로 파산관재인이 이를 초과하는 부분에 한하여 채권표에 대한 집행력의 배제를 구하는 청구이의는 받아들일 수 없다는 판례로서 실무에 참고할 만한 자료라고 사료된다.

| 판례 46 | 파산원인으로서의 지급불능의 의미 및 파산절차의 남용과 파산기각

(1) 판결 요지

'채무자가 지급을 할 수 없는 때' 즉 지급불능이라 함은 채무자가 변제능력이 부족하여 즉시 변제하여야 할 채무를 일반적·계속적으로 변제할 수 없는 객관적 상태를 말하고, 채무자에게 파산원인이 존재하는 경우에도 파산절차의 남용에 해당한다고 인정되는 때에는 법원은 파산신청을 기각할 수 있다(대법원 2007.9.7.자 2005마60 결정).

(2) 판결 내용

[1] 구 파산법 제116조 제1항은 "채무자가 지급을 할 수 없는 때에는 법원은 신청에 의하여 결정으로써 파산을 선고한다."고 규정하고 있는바, 여기서 '채무자가 지급을 할 수 없는 때' 즉 지급불능이라 함은 채무자가 변제능력이 부족하여 즉시 변제하여야 할 채무를 일반적·계속적으로 변제할 수 없는 객관적 상태를 말한다(대법원 1999.8.16.자 99마2084 결정).

[2] 채무자에게 파산원인이 존재하는 경우에도 파산신청이 파산절차의 남용에 해당한다고 인정되는 때에는 법원은 파산신청을 기각할 수 있다고 할 것이다.

| 판례 47 | 파산원인으로서의 지급정지의 의미

(1) 판결 요지

'지급정지'라 함은 채무자가 변제기에 있는 채무를 자력의 결핍으로 인하여 일반적, 계속적으로 변제할 수 없다는 것을 명시적, 묵시적으로 외부에 표시하는 것을 말하고, 여기서 자력의 결핍이란 단순한 채무초과 상태를 의미하는 것이 아니라 채무자에게 채무를 변제할 수 있는 자산이 없고 변제의 유예를 받거나 또는 변제하기에 족한 융통을 받을 신용도 없는 것을 말하며, 화의인가결정의 확정 후에 새로운 사정이 발생하여 화의가 취소되고 파산선고가 내려진 경우, 화의개시의 원인이 된 선행 지급정지상태 또는 그에 준하는 위기상태는 원칙적으로 '지급정지'로 볼 수는 없다(대법원 2007.8.24. 선고 2006다80636 판결).

(2) 판결 내용

[1] 구 파산법 제64조 제5호에서 정하고 있는 부인권 행사의 대상이 되는 무상행위의 시기적 요건을 판단하는 기준이 되는 '지급정지'라 함은 채무자가 변제기에 있는 채무를 자력의 결핍으로 인하여 일반적, 계속적으로 변제할 수 없다는 것을 명시적, 묵시적으로 외부에 표시하는 것을 말하고, 여기서 자력의 결핍이란 단순한 채무초과 상태를 의미하는 것이 아니라 채무자에게 채무를 변제할 수 있는 자산이 없고 변제의 유예를 받거나 또는 변제하기에 족한 융통을 받을 신용도 없는 것을 말한다.

[2] 구 파산법 제64조 제5호 및 구 화의법 제9조 제1항, 제10조 제1항의 각 규정의 취지와 그 내용 등에 비추어 보면, 화의절차에 의하여 화의인가결정이 확정된 후에 그 화의조건에 따른 변제 등이 이루어지던 중 새로운 사정이나 위기 상황의 발생으로 인하여 그 화의가 취소되고 파산선고가 내려진 경우에는, 구 파산법 제64조 제5호에서 정하고 있는 '지급정지'는 그 파산선고 내지 파산절차와 직결되는, 즉 상당인과관계가 있는 범위 내의 지급정지상태 또는 그에 준하는 위기상태로 한정하여 해석함이 상당하고, 이와 달리 선행 화의절차의 종료 여부나 그 진행 기간 내지 경과 등을 고려하지 않은 채 아무런 제한 없이 종전의 화의개시의 원인이 된 선행 지급정지상태 또는 그에 준하는 위기상태를 구 파산법 제64조 제5호에서 정하고 있는 '지급정지'로 보는 것은 부인권 행사의 대상을 지나치게 확대하여 채권자의 지위를 불안정하게 하고 거래의 안전을 해할 수도 있어 그대로 받아들일 수는 없다.

| 판례 48 | 재단채권에 기하여 파산재단에 속하는 재산에 대한 개별적 강제집행을 할 수 있는지 여부

(1) 판결 요지

파산절차는 파산자에 대한 포괄적인 강제집행절차로서 이와 별도의 강제집행절차는 원칙적으로 필요하지 않는 것인바, 특별한 사정이 있다고 인정되지 아니하는 한 파산재단에 속하는 재산에 대한 별도의 강제집행은 허용되지 않고, 이는 재단채권에 기한 강제집행에 있어서도 마찬가지이다(대법원 2007.7.12.자 2006마1277 결정).

(2) 판결 내용

파산절차는 파산자에 대한 포괄적인 강제집행절차로서 이와 별도의 강제집행절차는 원칙적으로 필요하지 않는 것인바, 구 파산법에 강제집행을 허용하는 특별한 규정이 있다거나 구 파산법의 해석상 강제집행을 허용하여야 할 특별한 사정이 있다고 인정되지 아니하는 한 파산재단에 속하는 재산에 대한 별도의 강제집행은 허용되지 않고, 이는 재단채권에 기한 강제집행에 있어서도 마찬가지로서 재단채권자의 정당한 변제요구에 대하여 파산관재인이 응하지 아니하면 재단채권자는 법원에 대하여 구 파산법 제151조, 제157조에 기한 감독권 발동을 촉구하든지, 파산관재인을 상대로 불법행위 손해배상청구를 하는 등의 별도의 조치를 취할 수는 있을 것이나, 그 채권 만족을 위해 파산재단에 대해 개별적 강제집행에 나아가는 것은 구 파산법상 허용되지 않는다.

(3) 실무 적용례

본 사례는 파산자 신청외 1 주식회사에 대한 재단채권자인 이 사건 채권자 신청외 2가 그 재단채권에 관한 집행력 있는 판결정본에 기해 파산재단에 속하는 별지 목록 기재 채권에 대하여 채권압류 및 추심명령을 하는 것은 허용될 수 없다는 판례로서 실무상 눈여겨볼 만한 사안이라 사료된다.

| 판례 49 | 파산채권자가 채권확정의 소를 제기하거나 소송을 수계할 수 있는 범위 등

(1) 판결 요지

[1] 파산채권자는 채권표에 기재한 사항에 관하여서만 채권확정의 소를 제기하거나 파산 당시에 이미 계속되어 있는 소송을 수계할 수 있다(대법원 2007.4.12. 선고 2004다51542 판결).

[2] 파산채권확정소송절차에서 당초의 신고채권과 발생원인사실부터 별개의 채권으로 보

이는 것의 확정을 구하는 것은 허용되지 않지만, 비록 법률상의 성격은 다르더라도 사회경제적으로 동일한 채권으로 평가되는 권리로서 그 채권의 확정을 구하는 것이 파산관재인이나 다른 채권자 등의 이의권을 실질적으로 침해하는 것이 아니라면 그러한 채권의 확정을 구하는 것은 허용된다.

[3] 예금자들이 파산법원에 예금채권으로 신고하였으나, 파산채권확정의 소에서 예금 관련 금융기관의 사용자책임으로 인한 손해배상채권의 확정을 구할 수 있다.

(2) 판결 내용

[1] 파산채권자는 채권표에 기재한 사항에 관하여서만 채권확정의 소를 제기하거나 파산 당시에 이미 계속되어 있는 소송을 수계할 수 있으므로(구 파산법 제220조), 채권조사기일까지 신고하지 않은 채권을 새로이 주장하거나 채권표에 기재된 것보다 다액의 채권액이나 새롭게 우선권을 주장할 수는 없고, 따라서 채권표에 기재되지 않은 권리, 액, 우선권의 유무 등의 확정을 구하는 파산채권확정의 소 또는 채권표에 기재되지 않은 권리에 관하여 소송이 계속되어 있는 경우의 그 수계신청 등은 모두 부적법하다.

[2] 파산채권확정소송절차에서 당초의 신고채권과 발생원인 사실부터 별개의 채권으로 보이는 것의 확정을 구하는 것은 허용되지 않지만, 파산채권자표에 기재되어 있는 권리와 급부의 내용이나 수액에 있어서 같고 청구의 기초가 동일하지만 그 발생원인을 달리하는 다른 권리의 확정을 구하는 경우와 같이 비록 법률상의 성격은 다르더라도 사회경제적으로 동일한 채권으로 평가되는 권리로서 그 채권의 확정을 구하는 것이 파산관재인이나 다른 채권자 등의 이의권을 실질적으로 침해하는 것이 아니라면 그러한 채권의 확정을 구하는 것은 허용된다.

[3] 예금자들이 파산법원에 예금채권으로 신고하였으나, 파산채권확정의 소에서 예금 관련 금융기관의 사용자책임으로 인한 손해배상채권의 확정을 구할 수 있다고 한 사례.

(3) 실무 적용례

파산채권자는 채권표에 기재한 사항에 관하여서만 채권확정의 소를 제기하거나 파산 당시에 이미 계속되어 있는 소송을 수계할 수 있으므로 채권조사기일까지 신고하지 않은 채권을 새로이 주장할 수는 없으나, 본 사건 파산채권자들이 파산법원에 신고한 대구ㅇㅇ신용협동조합에 대한 각 예금채권과 위 각 예금채권의 발생원인인 예금계약이 대구ㅇㅇ신용협동조합을 대리한 그 직원 소외인의 비진의 의사표시이어서 무효로 되는 경우 위 파산채권자들이 대구ㅇㅇ신용협동조합에 대하여 가지게 되는 피용자의 불법행위로 인한 예금 상당액의 손해배상채권은 비록 그 법률상의 성격은 다르더라도 그 발생원인사실이 동일할 뿐만 아니라 사회경제적으로 동일한 채권으로 평가되는 경우이고 또한 그 신고의 경위 및 내용에 비추어 파산관재인이나 다른 채권자들의 이의권을 실질적으로 침해하는 것도 아니므로, 파산채권자들은 이 사건 파산채권확정의 소에서 위와 같은 내용의 손해배상채권의 확정을 구할 수 있다고 할 것이며, 이와 다른 전제에 서서 파산채권자들이 위 손해배상채권을 신고한 바 없어 이에 대한 파산채권확정청구가 부적법하다는 것은 타당하지 않다는 판례로서 실무상 파산채권확정의 소의 소송요건에 관한 법리를 검토할 때 참고할 만한 자료라고 사료된다.

| 판례 50 | 파산채권확정을 구하는 소에서 파산채권신고 여부가 직권조사사항인지 여부 등

(1) 판결 요지

[1] 파산채권을 신고하지 않아 채권표에 기재되지 않은 권리에 대한 채권확정의 소는 부적법하며, 파산채권확정을 구하는 소에서 파산채권신고 여부는 직권조사사항이다(대법원 2006.11.23. 선고 2004다3925 판결).

[2] 파산채권확정의 소의 판결 주문에서 우선권 있는 파산채권이나 후순위 파산채권을 일반 파산채권과 구분하여 표시하여야 한다(대법원 2006.11.23. 선고 2004다3925 판결).

(2) 판결 내용

[1] 파산채권자는 채권표에 기재한 사항에 관하여만 채권확정의 소를 제기하거나 파산 당시에 이미 계속되어 있는 소송을 수계한 후 채권확정의 소로 변경할 수 있으므로, 채권조사기일까지 신고하지 않은 채권을 새로이 주장하거나 채권표에 기재된 것보다 다액의 채권액을 주장할 수 없다. 따라서 파산채권을 신고하지 않아 채권표에 기재되지 않은 권리에 대한 채권확정의 소는 부적법하므로, 파산채권확정을 구하는 소에서 파산채권신고 여부는 소송요건으로서 직권조사사항이다.

[2] 구 파산법은 의결권의 유무나 배당의 순위에 있어 일반 파산채권과 구별되는 우선권 있는 파산채권과 후순위 파산채권이라는 개념을 마련하고, 우선권 있는 파산채권이나 후순위 파산채권이 포함되어 있는 경우 파산채권자의 채권신고, 채권조사, 파산관재인의 인부, 채권표 작성 등 파산채권확정에 필요한 일련의 절차에서 모두 그 구분을 반드시 표시하도록 요구하고 있으므로, 파산관재인 등의 이의가 있어 파산채권확정의 소를 통하여 채권이 확정되는 경우에도 우선권 있는 파산채권이나 후순위 파산채권이 포함된 때에는 그 구분 또한 파산채권확정의 소에 있어 확정의 대상이 되므로 판결 주문에서 그 구분을 명확히 표시해 주어야 한다.

(3) 실무 적용례

파산채권확정을 구하는 소에서 파산채권신고 여부는 소송요건으로서 직권조사사항인데, 본 사건에 의하면, 주식회사 ○○신탁은 20○○. 12. 30. 파산선고를 받았고, ○○○은 20○○. 1. 29. 파산채권자로서 미지급 감리비 303,450,400원 및 이에 대한 19○○. 5. 17.부터 20○○. 1. 29.까지의 지연손해금 81,141,961원의 파산채권을 가지고 있다고 신고하였으며, △△△은 채권조사기일에서 위 채권 전부에 대하여 이의를 제기하였는데, 원심은 그 파산채권의 확정을 구하는 ○○○의 청구에 대하여, 판결 주문에서 "195,078,400원 및 이에 대한 19○○ 5. 17.부터 20○○. 12. 5.까지 연 5%의, 그 다음날부터 완제일까지 연 20%의 각 비율에 의한 금원의 파산채권이 있음을 확정한다."고 판결하였는바, 파산채권신고가 되지 않은 '195,078,400원에 대한 20○○. 1. 30.부터 완제일까지의 지연손해금 채권'에 대하여 파산채권확정을 구하는 부분은 소송요건이 흠결되어 부적법하므로 이를 각하하였어야 하는데 각하하지 아니하였으며, 원심이 파산채권으로 확정한 채권 중 감리비 195,078,400원에 대한 파산선고일인 20○○. 12. 30.부터 20○○. 1. 29.까지 연 5%의 비율에 의한 지연손해금 청구권은 구 파산법 제37조 제2호 소정의 후순위 파산채권에 해당함에도, 원심이 이를 구분하지 아니한 채 파산채권으로 확정한 조치는 파산채권확정의 소에 있어서 확정 대상 및 파산선고일 이후 발생한 지연손해금 청구권의 성질에 관한 법리를 오해하여 판결에 영향을 미친 위법이 있다는 판례로서 실무상 참고할 만한 자료이다.

| 판례 51 | 감 리 비

(1) 판결 요지

[1] 파산채권을 신고하지 않아 채권표에 기재되지 않은 권리에 대한 채권확정의 소의 적법성(=부적법) 및 파산채권확정을 구하는 소에서 파산채권신고 여부가 직권조사사항인지 여부(적극)

[2] 감리계약이 감리인의 귀책사유 없이 도중에 종료한 경우, 감리사무에 대한 보수의 산정 방법

[3] 수탁자가 파산한 경우 신탁사무의 처리상 발생한 채권을 가진 채권자가 파산재단에 대하여 파산채권자로서 권리를 행사할 수 있는지 여부(적극).

[4] 파산채권확정의 소의 판결 주문에서 우선권 있는 파산채권이나 후순위 파산채권을 일반 파산채권과 구분하여 표시하여야 하는지 여부(적극).

(2) 판결 내용

[1] 파산채권자는 채권표에 기재한 사항에 관하여만 채권확정의 소를 제기하거나 파산 당시에 이미 계속되어 있는 소송을 수계한 후 채권확정의 소로 변경할 수 있으므로, 채권조사기일까지 신고하지 않은 채권을 새로이 주장하거나 채권표에 기재된 것보다 다액의 채권액을 주장할 수 없다. 따라서 파산채권을 신고하지 않아 채권표에 기재되지 않은 권리에 대한 채권확정의 소는 부적법하므로, 파산채권확정을 구하는 소에서 파산채권신고 여부는 소송요건으로서 직권조사사항이다(대법원 2006.11.23. 선고 2004다

3925 판결).

[2] 감리계약이 감리인의 귀책사유 없이 도중에 종료한 경우, 그 때까지의 감리사무에 대한 보수는 당사자 사이에 특별한 약정이 없는 한 민법 제686조 제3항의 규정에 따라 이미 처리한 감리사무의 비율에 따라 정하여야 하고, 이 경우 감리사무의 처리비율은 관련 법규상의 감리업무에 관한 규정 내용, 전체 감리기간 중 실제 감리업무가 수행된 기간이 차지하는 비율, 실제 감리업무에 투여된 감리인의 등급별 인원수 및 투여기간, 감리비를 산정한 기준, 업계의 관행 및 감리의 대상이 된 공사의 진척 정도 등을 종합적으로 고려하여 이를 정하는 것이 타당하다(대법원 2006.11.23. 선고 2004다3925 판결).

[3] 수탁자가 신탁사무를 처리하는 과정에서 수익자 외의 제3자에게 채무를 부담하는 경우 그 이행책임은 신탁재산의 한도 내로 제한되는 것이 아니라 수탁자의 고유재산에 대하여도 미친다. 신탁법 제21조는 수탁자의 일반채권자에 대하여 신탁재산에 대한 강제집행을 금지하는 한편, 신탁사무의 처리상 발생한 채권을 가지고 있는 채권자는 수탁자의 고유재산뿐 아니라 신탁재산에 대하여도 강제집행을 할 수 있다는 취지이므로, 수탁자에 대하여 신탁사무의 처리상 발생한 채권을 가진 채권자는 수탁자가 파산할 경우 파산선고 당시의 채권 전액에 관하여 파산재단에 대하여 파산채권자로서 권리를 행사할 수 있다(대법원 2006.11.23. 선고 2004다3925 판결).

[4] 구 파산법은 의결권의 유무나 배당의 순위에 있어 일반 파산채권과 구별되는 우선권 있는 파산채권과 후순위 파산채권이라는 개념을 마련하고, 우선권 있는 파산채권이나 후순위 파산채권이 포함되어 있는 경우 파산채권자의 채권신고, 채권조사, 파산관재인의 인부, 채권표 작성 등 파산채권확정에 필요한 일련의 절차에서 모두 그 구분을 반드시 표시하도록 요구하고 있으므로, 파산관재인 등의 이의가 있어 파산채권확정의 소를 통하여 채권이 확정되는 경우에도 우선권 있는 파산채권이나 후순위 파산채권이 포함된 때에는 그 구분 또한 파산채권확정의 소에 있어 확정의 대상이 되므로 판결 주문에서 그 구분을 명확히 표시해 주어야 한다(대법원 2006.11.23. 선고 2004다3925 판결).

| 판례 52 | 채권자가 파산한 경우 채권자취소소송의 제척기간은 파산관재인이 사해행위의 취소원인을 안 때로부터 새로이 진행하지 아니한다는 사례

(1) 판결 요지

채권자가 사해행위의 취소원인을 알게 된 후에 파산한 경우, 채권자취소소송의 제척기간은 파산관재인이 사해행위의 취소원인을 안 때로부터 새로 진행하지는 아니한다(대법원 2006.8.25. 선고 2004다24144 판결).

(2) 판결 내용

채권자가 사해행위의 취소원인을 알게 되어 채권자취소소송의 제척기간이 진행되던 도중

채권자가 파산하여 파산관재인이 선임된 경우라도 그 제척기간은 파산관재인이 사해행위의 취소원인을 안 때부터 새로 진행되어야 하는 것은 아니다.

(3) 실무 적용례

채권자가 사해행위의 취소원인을 알게 되어 채권자취소소송의 제척기간이 진행되던 도중 채권자가 파산하여 채권자의 파산관재인이 선임된 경우라도 그 제척기간은 파산관재인이 사해행위의 취소원인을 안 때부터 새로 진행되어야 하는 것은 아닌바, 원심이 파산 전 ○○생명보험 주식회사가 2001. 1. 11.과 2001. 2. 5.경에 이 사건 각 사해행위의 취소원인을 알게 되었다는 사실을 인정한 다음, 위 ○○생명이 그 후 파산선고를 받아 파산관재인이 선임되었으므로 사해행위 사실을 알았는지 여부 및 그 시점은 파산관재인을 기준으로 하여야 한다는 주장을 배척하고 이 사건 사해행위취소의 소는 2001. 2. 5.로부터 1년이 경과한 2002. 5. 17. 제기되어 부적법하다고 판단한 조치는 정당하다는 판례로서 사해행위 취소소송과 관련하여 눈여겨볼 만한 사례이다.

| 판례 53 | 파산채권표 기재의 효력과 이를 다투는 방법 등

(1) 판결 요지

[1] 확정채권에 관하여는 채권표의 기재는 파산채권자 전원에 대하여 확정판결과 동일한 효력을 가지는데(구 파산법 제213조 제1항, 제215조), 그 기재가 명백한 오류인 경우에는 파산법원의 경정결정에 의하여 이를 바로잡을 수 있으며 그렇지 아니한 경우에는 무효확인의 판결을 얻어 이를 바로잡을 수 있다고 할 것이나, 채권조사기일 당시 유효하게 존재하였던 채권에 대하여 파산관재인 등으로부터의 이의가 없는 채로 채권표가 확정되어 그에 대하여 불가쟁의 효력이 발생한 경우에는 이미 확정된 채권표 기재의 효력을 다투어 그 무효확인을 구하는 것 역시 허용될 수 없는 것이다(대법원 2006.7.6. 선고 2004다17436 판결).

[2] 파산절차의 채권조사기일 당시 유효하게 존재하였던 채권이 이의 없이 확정되어 채권표에 기재된 이후에 파산관재인이 부인권을 행사하거나 채권표 기재의 무효확인을 통하여 그 채권의 존재를 다툴 수 없다(대법원 2006.7.6. 선고 2004다17436 판결).

[3] 확정판결에 기한 파산채권의 신고 및 이에 따른 채권표 기재 과정에 파산채권자를 비난할만한 귀책사유가 없으므로, 확정판결의 내용이 실체적 권리관계에 배치될 여지가 있다고 하더라도 위 파산채권에 관한 채권표 기재에 대하여 무효확인을 구할 수는 없다(대법원 2006.7.6. 선고 2004다17436 판결).

(2) 판결 내용

[1] 파산절차에 있어서 채권조사기일에 파산관재인 및 파산채권자의 이의가 없는 때에는

채권액은 이로 인하여 확정되고, 확정채권에 관하여는 채권표의 기재는 파산채권자 전원에 대하여 확정판결과 동일한 효력을 가지는데(구 파산법 제213조 제1항, 제215조), 확정판결과 동일한 효력이라 함은 기판력이 아닌 확인적 효력을 가지고 정리절차 내부에 있어 불가쟁의 효력이 있다는 의미에 지나지 않고, 이미 소멸된 채권이 이의 없이 확정되어 채권표에 기재되어 있더라도 이로 인하여 채권이 있는 것으로 확정되는 것이 아니므로, 이것이 명백한 오류인 경우에는 파산법원의 경정결정에 의하여 이를 바로잡을 수 있으며 그렇지 아니한 경우에는 무효확인의 판결을 얻어 이를 바로잡을 수 있다고 할 것이나, 채권조사기일 당시 유효하게 존재하였던 채권에 대하여 파산관재인 등으로부터의 이의가 없는 채로 채권표가 확정되어 그에 대하여 불가쟁의 효력이 발생한 경우에는 파산관재인으로서는 더 이상 부인권을 행사하여 그 채권의 존재를 다툴 수 없게 되었다고 할 것이고, 나아가 파산관재인이 사후에 한 그러한 부인권 행사의 적법성을 용인하는 전제에서 파산채권으로 이미 확정된 채권표 기재의 효력을 다투어 그 무효확인을 구하는 것 역시 허용될 수 없는 것이다

[2] 확정판결에 의한 권리라고 하더라도 신의에 좇아 성실히 행사되어야 하고 그 판결에 기한 집행이 권리남용이 되는 경우에는 허용되지 않는 것이므로 집행채무자는 청구이의의 소에 의하여 그 집행의 배제를 구할 수 있다고 할 것인바, 확정판결의 내용이 실체적 권리관계에 배치되는 경우 그 판결에 의하여 집행할 수 있는 것으로 확정된 권리의 성질과 그 내용, 판결의 성립 경위 및 판결 성립 후 집행에 이르기까지의 사정, 그 집행이 당사자에게 미치는 영향 등 제반 사정을 종합하여 볼 때, 그 확정판결에 기한 집행이 현저히 부당하고 상대방으로 하여금 그 집행을 수인하도록 하는 것이 정의에 반함이 명백하여 사회생활상 용인할 수 없다고 인정되는 경우에는 그 집행은 권리남용으로서 허용되지 않는다고 할 것이며(대법원 1997.9.12. 선고 96다4862 판결, 2001.11.13. 선고 99다32899 판결 등 참조), 민사집행법 제44조에서 청구에 관한 이의의 소를 규정한 것은 부당한 강제집행이 행하여지지 않도록 하려는 데 있다 할 것이므로, 판결에 의하여 확정된 청구가 그 판결의 변론종결 후에 변경·소멸된 경우뿐만 아니라 판결을 집행하는 자체가 불법한 경우에는 그 불법은 해당 판결에 의하여 강제집행에 착수함으로써 외부에 나타나 비로소 이의의 원인이 된다고 보아야 하기 때문에 이 경우에도 이의의 소를 허용함이 상당하다 할 것이다(대법원 1984.7.24. 선고 84다카572 판결, 2002.10.25. 선고 2002다48559 판결 등 참조). 이와 같은 법리는 파산채권표 기재의 효력을 다투는 경우에도 적용된다고 볼 것이므로, 확정판결에 기한 채권에 대하여 이의를 하는 자는 권리남용에 해당하는 사유를 들어 채권표 기재에 대한 청구이의의 소를 바로 제기할 수 있다고 할 것이나, 확정판결에 기한 파산채권의 신고 및 이에 따른 채권표 기재 과정에 파산채권자를 비난할만한 귀책사유가 없으므로, 확정판결의 내용이 실체적 권리관계에 배치될 여지가 있다고 하더라도 위 파산채권에 관한 채권표 기재에 대하여 무효확인을 구할 수는 없다고 한 사례.

| 판례 54 | 파산자의 채권자가 이행청구기간의 도과 혹은 소멸시효의 완성을 저지할 수 있는 방법

(1) 판결 요지

채무자가 파산할 경우 채권자의 그 파산자에 대한 채권의 이행청구 등 권리행사는 파산법이 정하는 바에 따라 파산법원에 대한 파산채권신고 등의 방법으로 제한 및 변경되는 것이므로 채권자는 파산법원에 대한 파산채권신고라는 변경된 형태로 그 권리를 행사함으로써 약정에 의한 이행청구기간의 도과 혹은 소멸시효의 완성을 저지할 수 있다(즉, 이 경우 채권자는 파산한 채무자에게 이행청구를 하여야만 자신의 채권을 보전할 수 있는 것은 아니다)(대법원 2006.4.14. 선고 2004다70253 판결).

(2) 판결 내용

특정한 채무의 이행을 청구할 수 있는 기간을 제한하고 그 기간을 도과할 경우 채무가 소멸하도록 하는 약정은 민법 또는 상법에 의한 소멸시효기간을 단축하는 약정으로서 특별한 사정이 없는 한 민법 제184조 제2항에 의하여 유효하다 할 것이고 , 한편 채무자가 파산할 경우 채권자의 그 파산자에 대한 채권의 이행청구 등 권리행사는 파산법이 정하는 바에 따라 파산법원에 대한 파산채권신고 등의 방법으로 제한 및 변경되는 것이므로 채권자는 파산법원에 대한 파산채권신고라는 변경된 형태로 그 권리를 행사함으로써 위와 같은 약정에 의한 이행청구기간의 도과 혹은 소멸시효의 완성을 저지할 수 있는 것이며(즉, 이 경우 채권자는 파산한 채무자에게 이행청구를 하여야만 자신의 채권을 보전할 수 있는 것은 아님), 또한 파산법 제209조, 제207조 제2항의 규정이 파산채권의 신고기간에 아무런 제한을 두고 있지 아니한 것은 그 신고시점까지 유효하게 채권을 보유하고 있는 자로 하여금 신고를 통하여 채권을 행사할 수 있도록 하는 것이지, 그 신고시점 이전에 이미 소멸시효 완성 등으로 채권을 상실한 자에게까지 뒤늦게 파산채권 신고를 통하여 소멸한 채권을 부활시켜 주고자 하는 것은 아니라 할 것이다.

(3) 실무 적용례

채무자가 파산할 경우 채권자는 파산한 채무자에게 이행청구를 하여야만 자신의 채권을 보전할 수 있는 것이 아니고, 파산법이 정하는 바에 따라 파산법원에 대하여 파산채권신고 등의 방법으로 제한 및 변경되는 것이므로 채권자는 파산법원에 대한 파산채권신고라는 변경된 형태로 그 권리를 행사함으로써 약정에 의한 이행청구기간의 도과 혹은 소멸시효의 완성을 저지할 수 있다는 판례로서 실무상 참고할 만한 자료이다.

| 판례 55 | 편파행위가 부인권의 대상이 되는지 여부 등

(1) 판결 요지

[1] 일부 특정 채권자에게만 변제를 한다거나 담보를 제공하는 행위가 이른바 편파행위로서 파산법상의 부인권 행사의 대상이 되기 위하여는 그 행위 당시 채무자가 부채초과 상태여야 할 필요는 없다(대법원 2005.11.10. 선고 2003다271 판결).

[2] 부인의 대상으로 되는 행위인 '파산자가 파산채권자를 해함을 알고 한 행위'에 이른바 편파행위도 포함된다(대법원 2005.11.10. 선고 2003다271 판결).

[3] 형식적으로는 기존 채무의 변제를 받고 그 직후 같은 금액을 신규대출하는 방식을 취하였지만, 그 실질 및 경제적 효과에 있어서는 기존 채무에 대한 기한의 연장에 불과한 점 등 제반 사정에 비추어, 이를 담보하기 위하여 이루어진 근저당권설정행위가 이른바 편파행위로서 부인의 대상이 된다(대법원 2005.11.10. 선고 2003다271 판결).

(2) 판결 내용

[1] 채무자의 일반재산의 유지·확보를 주된 목적으로 하는 채권자취소권의 경우와는 달리, 이른바 편파행위까지 규제 대상으로 하는 구 파산법상의 부인권 제도에 있어서는 반드시 해당 행위 당시 부채의 총액이 자산의 총액을 초과하는 상태에 있어야만 행사할 수 있다고 볼 필요도 없고, 행위 당시 자산초과상태였다 하여도 장차 파산절차에서 배당재원이 공익채권과 파산채권을 전부 만족시킬 수 없는 이상, 그리고 그러한 개연성이 존재하는 이상, 일부 특정 채권자에게만 변제를 한다거나 담보를 제공하는 것은 다른 채권자들이 파산절차에서 배당받아야 할 배당액을 감소시키는 행위로서 부인권 행사를 할 수 있다.

[2] 구 파산법 제64조 제1호에서 정한 부인의 대상으로 되는 행위인 '파산자가 파산채권자를 해함을 알고 한 행위'에는 총채권자의 공동담보가 되는 파산자의 일반재산을 절대적으로 감소시키는 이른바 사해행위 뿐만 아니라 특정한 채권자에 대한 변제나 담보의 제공과 같이 그 행위가 파산자의 재산관계에 영향을 미쳐 특정한 파산채권자를 배당에서 유리하게 하고 다른 파산채권자와의 공평에 반하는 이른바 편파행위도 포함되나, 한편 위와 같은 고의부인이 인정되기 위해서는 주관적 요건으로서 파산자가 '파산채권자를 해함을 알 것'을 필요로 하는데, 파산법이 정한 부인대상행위 유형화의 취지를 몰각시키는 것을 방지하고 거래 안전과의 균형을 도모하기 위해서는, 특정채권자에게 변제하거나 담보를 제공하는 편파행위를 고의부인의 대상으로 할 경우, 파산절차가 개시되는 경우에 적용되는 채권자평등의 원칙을 회피하기 위하여 특정채권자에게만 변제 혹은 담보를 제공한다는 인식이 필요하다고 할 것이다.

[3] 형식적으로는 기존 채무의 변제를 받고 그 직후 같은 금액을 신규대출하는 방식을 취하

였지만, 그 실질 및 경제적 효과에 있어서는 기존 채무에 대한 기한의 연장에 불과한 점 등 제반 사정에 비추어, 이를 담보하기 위하여 이루어진 근저당권설정행위가 이른바 편파행위로서 구 파산법 제64조 제1호에서 정한 부인의 대상이 된다고 본 사례.

(3) 실무 적용례

파산법상의 일반적인 파산원인은 지급불능에 있으며, 지급정지가 있는 경우에는 지급불능이 추정되고, 부채초과는 파산법상 법인과 상속재산에 관한 부가적 파산원인에 지나지 않을 뿐이며, 지급불능은 채무자가 변제능력의 결핍으로 인하여 즉시 변제하여야 할 채무를 일반적, 계속적으로 변제할 수 없다고 인정되는 객관적 상태를 의미하므로, 재산이 부족하다고 하더라도 신용이나 노력 내지 기능에 의하여 지급수단을 조달할 수 있으면 변제능력의 결핍은 아니고, 반대로 채무를 초과하는 재산이 있더라도 용이하게 환가할 수 없기 때문에 지급수단을 조달할 수 없으면 변제능력의 결핍으로 볼 수 있으며, 한편, 회사의 재무제표에는 장부에 반영되지 아니한 보증채무 등 이른바 우발채무가 모두 반영되지 아니할 수도 있고, 파산절차에서 채권의 추심, 부동산 매각 등 회사의 자산의 처분 가격이 재무제표상의 평가액에 미치지 못하는 경우가 많으며, 영업 중단 등으로 인한 설비나 재고자산의 산일과 진부화로 자산의 축소가 따르기 마련인 점과, 상대방으로서도 위기상황에 처한 회사와 거래함에 있어서는 위와 같은 사정을 감안하고 거래에 임하기 마련인 점 등에 비추어 보면, 해당 행위 당시 대차대조표 등 재무제표상 부채의 총액이 자산의 총액에 미치지 아니하는 상태(즉, '자산초과상태')였다고 하여, 반드시 유해성 혹은 상당성이 부정되어 파산법상 부인권 행사를 할 수 없다고 볼 것은 아니며, 따라서 채무자의 일반재산의 유지·확보를 주된 목적으로 하는 채권자취소권의 경우와는 달리, 이른바 편파행위까지 규제 대상으로 하는 파산법상의 부인권 제도에 있어서는 반드시 해당 행위 당시 부채의 총액이 자산의 총액을 초과하는 상태(즉 '부채초과상태')에 있어야만 행사할 수 있다고 볼 필요도 없고, 행위 당시 자산초과상태였다 하여도 장차 파산절차에서 배당재원이 공익채권과 파산채권을 전부 만족시킬 수 없는 이상, 그리고 그러한 개연성이 존재하는 이상, 일부 특정 채권자에게만 변제를 한다거나 담보를 제공하는 것은 다른 채권자들이 파산절차에서 배당받아야 할 배당액을 감소시키는 행위로서 부인권 행사를 할 수 있다는 판례로서 실무상 부인권행사와 관련하여 참고할 만한 사례라고 사료된다.

| 판례 56 | 파산절차참가로 인한 시효중단의 효력이 배당에서 제척된 경우 소멸되는지 여부

(1) 판결 요지

채권조사기일에서 파산관재인이 신고채권에 대하여 이의를 제기하거나 채권자가 법정기간 내에 파산채권 확정의 소를 제기하지 아니하여 배당에서 제척된 경우, 파산절차참가로 인한 시효중단의 효력이 소멸하지는 아니한다(대법원 2005.10.28. 선고 2005다28273 판결).

(2) 판결 내용

민법 제171조는 파산절차참가는 채권자가 이를 취소하거나 그 청구가 각하된 때에는 시효중단의 효력이 없다고 규정하고 있는바, 채권조사기일에서 파산관재인이 신고채권에 대하여 이의를 제기하거나 채권자가 법정기간 내에 파산채권 확정의 소를 제기하지 아니하여 배당에서 제척되었다고 하더라도 그것이 위 규정에서 말하는 '그 청구가 각하된 때'에 해당한다고 볼 수는 없다 할 것이고, 따라서 파산절차참가로 인한 시효중단의 효력은 파산절차가 종결될 때까지 계속 존속한다.

(3) 실무 적용례

민법 제171조에 의하면 파산절차참가는 채권자가 이를 취소하거나 그 청구가 각하된 때에는 시효중단의 효력이 없다고 규정하고 있는바, 배당에서 제척되었다고 하더라도 그것이 위 규정에서 말하는 '그 청구가 각하된 때'에 해당한다고 볼 수 없으며 따라서 파산절차참가로 인한 시효중단의 효력은 파산절차가 종결될 때까지 계속 존속한다는 판례로서 실무상 참고할 만한 사례라고 사료된다.

| 판례 57 | 소송 계속 중에 당사자의 파산선고로 소송절차가 중단된 파산채권의 확정 절차

(1) 판결 요지

소송 계속 중에 당사자가 파산선고를 받은 때에는 파산선고 전의 원인으로 생긴 재산상의 청구권에 해당하는 파산채권에 관한 소송절차는 중단되고, 채권신고절차 등에 의한 채권표상의 확정 또는 채권확정의 소송을 거쳐 그 채권의 존부가 결정되게 된다(대법원 2005.10.27. 선고 2003다66691 판결).

(2) 판결 내용

소송 계속중에 당사자가 파산선고를 받은 때에는 파산선고 전의 원인으로 생긴 재산상의 청구권에 해당하는 파산채권에 관한 소송절차는 중단되고(민사소송법 제239조), 파산채권자가 파산법이 정한 채권신고기간 내에 적법한 채권신고를 하면 채권조사기일을 거쳐 파산관재인 또는 다른 채권자의 이의가 있는지 여부에 따라 그 채권이 확정판결과 동일한 효력이 있는 채권표상의 확정채권이 되거나, 아니면 파산법에 따른 채권확정의 소송을 거쳐 그 채권의 존부가 결정되게 된다.

(3) 실무 적용례

본 사건에 의하면 원고 주식회사 ㅇㅇ은행은, 2001. 4. 26. 소외 조합을 피고로 하여 이 사건 예탁금 소송을 제기하여 제1심이 원고 청구를 인용하는 판결을 선고하였고, 이에 소외 조합이 항소하여 이 사건이 원심법원에 계속 중인 2003. 7. 8. ㅇㅇ지방법원은 소외 조합에 대하여 파산선고를 한 사실, 이에 원고가 2003. 9. 2. 파산자 소외 조합의 파산관재인 ㅇㅇㅇ을 소송수계인으로 하는 소송수계신청을 하자 원심은 그가 소외 조합을 수계하여 피고가 된 것으로 보아 2003. 11. 6. 피고의 항소를 일부 인용하여 "제1심판결 중 피고에 대하여 원고에게 2,600,000,000원과 이에 대하여 2001. 2. 16.부터 2003. 5. 19.까지는 연 19%, 그 다음날부터 갚는 날까지는 연 20%의 각 비율에 의한 금원을 초과하여 지급을 명한 피고 패소 부분을 취소하고, 위 취소 부분에 해당하는 원고의 청구를 기각한다. 피고의 나머지 항소를 기각한다."는 판결을 선고한 사실을 인정할 수 있는데, 소송 계속 중에 당사자가 파산선고를 받은 때에는 파산선고 전의 원인으로 생긴 재산상의 청구권에 해당하는 파산채권에 관한 소송절차는 중단되고(민사소송법 제239조), 파산채권자가 파산법이 정한 채권신고기간 내에 적법한 채권신고를 하면 채권조사기일을 거쳐 파산관재인 또는 다른 채권자의 이의가 있는지 여부에 따라 그 채권이 확정판결과 동일한 효력이 있는 채권표상의 확정채권이 되거나, 아니면 파산법에 따른 채권확정의 소송을 거쳐 그 채권의 존부가 결정되게 되어 있으며(대법원 1999.7.23. 선고 99다22267 판결, 2000.2.11. 선고 99다8728 판결 등 참조), 따라서 원고의 이 사건 채권이 파산법 절차에 따른 채권신고가 되었는지, 되었다면 채권조사기일의 조사절차를 거쳤는지, 그때 파산관재인 또는 다른 채권자의 이의가 있었는지 등의 여부에 따라 소송절차를 유지할 필요성 여부가 판단되어야 하고(기록에 의하면, 원심판결 선고 후에야 채권신고가 있었고, 파산관재인이 이의를 진술한 것으로 보임), 속행되는 경우라면 소송의 형태도 채권확정의 소송으로 바뀌어야 할 것인데 원심이 만연히 본안에 나아가 예탁금의 이행을 명하는 판결을 선고한 제1심판결에 대하여 항소를 일부 인용하는 위의 판결을 선고한 조치는 위법하다는 상고심 판례로서 실무상 요긴한 판례라고 사료된다.

| 판례 58 | 파산선고를 받은 기업의 파산관재인이 근로계약을 해지하는 것이 부당노동행위에 해당하는지 여부

(1) 판결 요지

기업이 파산선고를 받아 사업의 폐지를 위하여 그 청산과정에서 근로자를 해고하는 경우에 정리해고에 관한 근로기준법 규정이 적용 여부 및 파산관재인의 근로계약 해지는 부당노동행위에 해당하지 아니한다(대법원 2004.2.27. 선고 2003두902 판결).

(2) 판결 내용

기업이 파산선고를 받아 사업의 폐지를 위하여 그 청산과정에서 근로자를 해고하는 것은 위장폐업이 아닌 한 기업경영의 자유에 속하는 것으로서 파산관재인이 파산선고로 인하여 파산자 회사가 해산한 후에 사업의 폐지를 위하여 행하는 해고는 정리해고가 아니라 통상해고에 해당하는 것이어서(대법원 2003.4.25. 선고 2003다7005 판결 참조), 정리해고에 관한 근로기준법 규정이 적용될 여지가 없고, 또한 파산관재인의 근로계약 해지는 해고만을 목적으로 한 위장파산이나 노동조합의 단결권 등을 방해하기 위한 위장폐업이 아닌 한 원칙적으로 부당노동행위에 해당하지 아니한다.

(3) 실무 적용례

본 사건의 의하면, 원심은 구 파산법 제50조는 파산관재인에게 쌍무계약에 대한 계약해제권을 인정하고 있고, 민법 제633조는 사용자가 파산선고를 받은 때에는 파산관재인은 고용기간의 약정이 있는 경우에도 고용계약을 해지할 수 있으며 이때 계약해지로 인한 손해배상을 청구하지 못한다고 규정하여 파산관재인에게 광범위한 근로계약의 해지권을 인정하고 있는바, 이는 근로계약관계가 기업의 존속을 전제로 하는 것임에 반하여 파산은 사업의 폐지와 청산을 목적으로 하는 것이어서 파산이 선고된 경우 파산관재인은 재산관리업무를 수행하는 데 필요한 한도 내에서 파산자와 제3자 사이의 법률관계를 청산하여야 할 직무상의 권한과 의무를 갖고 또 파산재단을 충실하게 관리하여야 할 의무를 부담하는 등 파산의 본질은 기본적으로 기업의 청산이고 파산관재인이 그 직무수행의 일환으로 행하는 근로계약의 해지는 근로관계가 계속되는 기업에서 행하여지는 해고와는 그 본질을 달리하는 것이어서 파산관재인에 의한 근로계약해지는 파산선고의 존재 자체가 정당한 해고사유가 되는 것이므로 결국 근로기준법 소정의 부해당고에 관한 규정은 그 적용이 없다고 보아야 할 것이고, 또한 부당노동행위제도는 근로자 또는 노동조합의 단결권을 보장하기 위한 것인데 반하여 파산은 경영주체가 상실되어 단결권 등이 기능 하여야 할 노사간 힘의 불균형상태가 존재하지 아니하게 된 점, 파산관재인은 이해관계인의 이익을 조정하여야 할 일반적인 강제집행기관에 불과한 점 등을 고려하여 보면 파산제도는, 불이익취급을 방지하여 단결권 등을 보장하려는 부당노동행위제도와는 그 본질을 달리하는 것이어서 결국 파산관재인에 의한 근로계약의 해지에는 부당노동행위 또한 성립할 여지가 없다고 보아야 할 것이며, 파산기업이 파산선고를 받은 후 모든 사업을 즉시 폐지하지 아니하고 파산재단의 충실을 기하기 위하여 기존의 영업을 일부 계속하면서 사업장의 일부를 그대로 존치함에 따라 근로자를 계속하여 보조인으로 사용하는 경우, 파산기업이 기존의 사업장을 유지하는 것은 파산재단을 충실하게 하기 위한 잠정적인 조치이며 사업이 완료됨에 따라 사업장은 점차 축소되어 마침내는 전부 소멸하게 될 것이라는 점, 사업장이 축소됨에 따라 그때그때 수시로 정리해고를 할 경우 그 정리해고의 정당성을 둘러싼 분쟁으로 인하여 파산절차의 신속한 진행이 어려워지고 임금채권이 과다하게 발생하는 등으로 인하여 종국적으로는 파산재단의 건전성이 해쳐질 염려가 있는 점, 현행 파산 관계법이 구 파산법 제50조와 민법 제633조 이외에 일정한 경우 정리해고의 기준을 적용하여 근로계약을 해지하여야 한다는 예외적인 조항을 두지 않고 있는 점 등에 비추어 보면, 파산법인이 청산절차와 병행하여 기존의 사업을 계속한다고 하더라도 파산관재인에게 근로관계의 해지에 관한 광범위한 재량을 부여하여 탄력적으로 근로관계를 유지하도록 함으로써 파산절차의 신속과 파산재단의 충실을 기하도록 하는 것이 바람직하다고 할 것이므로 결국 근로기준법 제31조 소정의 정리해고에 관한 규정의 적용도 배제된다고 판단한 다음, 참가인이 파산선고를 받은 회사의 파산관재인으로 선임되자 즉시 근로자들과의 고용관계를 청산하면서 원고와 선정자들을 포함한 32명의 근로자들에 대하여는 즉시해고를, 나머지 근로자들에 대하여는 해고예고 절차를 거쳐 해고한 후 별도로 1,804명의 신청자들 중에서 1,680명을 선별하여 기간 1년으로 정한 보조인임용계약을 체결하였는데, 이는 실질적으로는 파산기업 소속 근로자 전원에 대한 근로계약을 해지하였다가 그 중 일부를 선별하여 파산관재인의 계약직 보조인으로 고용한 것과 다름없어서, 이는 기업의 청산을 위한 파산절차의 신속한 진행과 파산재단의 충실이라는 파산제도의 본질에 비추어 파산관재인이 직무수행의 일환으로 사신에게 부여된 권한과 재량의 범위 내에서 적절하게 행한 것으로 정당하다고 봄이 상당하다고 할 것이고 이러한 근로계약의 해지가 부해당고나 부당노동행위에는 해당되지 않는다고 할 것이라는 사례로서 실무에 참고할 만한 판례이다.

| 판례 59 | 파산선고를 받은 회사의 파산관재인이 하는 해고의 성질이 통상해고에 해당하는지 여부

(1) 판결 요지

[1] 파산관재인이 파산선고로 인하여 회사가 해산한 후에 사업의 폐지를 위하여 하는 해고의 성질은 통상해고이다(대법원 2003.4.25. 선고 2003다7005 판결).

[2] 파산자 회사의 단체협약상 해고수당에 관한 규정이 정리해고의 경우를 예상한 것으로서 통상해고의 경우에는 적용되지 않는다(대법원 2003.4.25. 선고 2003다7005 판결).

(2) 판결 내용

[1] 정리해고는 긴급한 경영상의 필요에 의하여 기업에 종사하는 인원을 줄이기 위하여 일정한 요건 아래 근로자를 해고하는 것으로서 기업의 유지·존속을 전제로 그 소속 근로자들 중 일부를 해고하는 것을 가리킨다.

[2] 기업이 파산선고를 받아 사업의 폐지를 위하여 그 청산과정에서 근로자를 해고하는 것은 위장폐업이 아닌 한 기업경영의 자유에 속하는 것으로서 파산관재인이 파산선고로 인하여 파산자 회사가 해산한 후에 사업의 폐지를 위하여 행하는 해고는 정리해고가 아니라 통상해고이다.

[3] 파산자 회사의 단체협약상 해고수당에 관한 규정이 정리해고의 경우를 예상한 것으로서 통상해고의 경우에는 적용되지 않는다고 한 사례.

(3) 실무 적용례

기업이 파산선고를 받아 사업의 폐지를 위하여 그 청산과정에서 근로자를 해고하는 것은 위장폐업이 아닌 한 기업경영의 자유에 속하는 것으로서(대법원 1993.6.11. 선고 93다7457 판결, 1995.10.12. 선고 94다52768 판결 등 참조) 파산관재인이 파산선고로 인하여 파산자 회사가 해산한 후에 사업의 폐지를 위하여 행하는 해고는 정리해고가 아니라 통상해고이고, 이러한 경우 단체협약에 정리해고에 관하여 노동조합과 협의하도록 정하여져 있다 하더라도 파산관재인은 이에 구속되지 않는다는 판례로서 실무에 참고할 만한 자료이다.

| 판례 60 | 일부변제를 받은 파산채권자가 채권 전액으로써 파산절차에 참가할 수 있는지 여부

(1) 판결 요지

파산선고 후에 파산채권자가 다른 채무자로부터 일부 변제나 배당 등을 받더라도 채권자는 파산선고시의 채권 전액으로써 계속하여 파산절차에 참가할 수 있다(대법원 2003.2.26. 선고 2001다62114 판결, 2003.2.26. 선고 2001다62114 판결, 2002.12.24. 선고 2002다24379 판결)

(2) 판결 내용

구 파산법 제19조는 '수인의 채무자가 각각 전부의 채무를 이행하여야 할 경우에 그 채무자의 전원 또는 수인이나 1인이 파산선고를 받은 때에는 채권자는 파산선고시에 가진 채권의 전액에 관하여 각 파산재단에 대하여 파산채권자로서 그 권리를 행사할 수 있다.'고 규정하고, 제20조는 '보증인이 파산선고를 받은 때에는 채권자는 파산선고시에 가진 채권의 전액에 관하여 파산채권자로서 그 권리를 행사할 수 있다.'고 규정하고 있으므로, 파산선고 후에 파산채권자가 다른 채무자로부터 일부 변제를 받거나 다른 채무자에 대한 회사정리절차 내지 파산절차에 참가하여 변제 또는 배당을 받았다 하더라도 그에 의하여 채권자가 채권 전액에 대하여 만족을 얻은 것이 아닌 한 파산채권액에 감소를 가져오는 것은 아니므로, 채권자는 여전히 파산선고시의 채권 전액으로써 계속하여 파산절차에 참가할 수 있다.

| 판례 61 | 보전처분에 대한 이의의 소가 계속 중 채무자에 대한 파산선고 결정이 확정된 경우 보전처분에 대한 이의신청의 적법성 여부

(1) 판결 요지

[1] 보전처분에 대한 이의의 소가 계속 중 채무자에 대한 파산선고 결정이 확정된 경우, 그 보전처분에 대한 채무자의 이의신청은 적법하지 아니하다(대법원 2002.7.12. 선고 2000다2351 판결).

[2] 보전처분에 대한 이의의 소가 계속 중 채무자에 대한 파산선고 결정이 확정된 경우, 파산자의 재산에 대한 가압류결정은 그 효력을 상실하므로 채무자의 이의신청은 상고심에 계속 중 그 이익이 없게 되어 부적법하게 되었다(대법원 2002.7.12. 선고 2000다2351 판결).

(2) 판결 내용

[1] 파산선고 전에 파산채권에 관하여 파산재단에 속하는 재산에 대하여 한 보전처분은 파산재단에 대하여는 그 효력을 상실하므로(구 파산법 제61조 제1항 본문), 파산관재인은 집행기관에 대하여 파산선고 결정 등본을 취소원인 서면으로 소명하여 보전처분의 집행취소신청을 하여 집행처분의 외관을 없앨 수 있고, 따라서 보전처분에 대한 채무자의 이의신청은 그 이익이 없어 부적법하다.

[2] 보전처분에 대한 이의의 소가 계속 중 채무자에 대한 파산선고 결정이 확정된 경우, 파산자의 재산에 대한 가압류결정은 그 효력을 상실하므로 채무자의 이의신청은 상고심에 계속 중 그 이익이 없게 되어 부적법하게 되었다는 이유로 원심판결 및 제1심판결을 파기하고 대법원이 자판하여 이의신청을 각하한 사례.

(3) 실무 적용례

파산선고 전에 파산채권에 관하여 파산재단에 속하는 재산에 대하여 한 보전처분은 파산재단에 대하여는 그 효력을 상실하므로(구 파산법 제61조 제1항 본문), 파산관재인은 집행기관에 대하여 파산선고 결정 등본을 취소원인 서면으로 소명하여 보전처분의 집행취소신청을 하여 집행처분의 외관을 없앨 수 있고, 따라서 보전처분에 대한 채무자의 이의신청은 그 이익이 없어 부적법하다 할 것인데, 기록에 의하면, ○○건설 주식회사는 원심 변론종결 후인 2000. 12. 21. ○○지방법원으로부터 파산선고 결정을 받고 그 무렵 위 결정이 확정된 사실을 알 수 있는바, 그렇다면 파산자인 ○○건설 주식회사의 재산에 대한 이 사건 가압류결정은 그 효력을 상실하였다 할 것이므로 채무자로서는 이 사건 이의신청으로 위 가압류결정의 취소를 구할 아무런 이익이 없다는 판례로서 실무상 참고할 만한 자료이다.

제5장

법인파산신청서 작성 사례

[사례 1] 법인파산(유흥주점영업)

20○○ 년　　질　　호

<table>
<tr><td colspan="4">○○지방법원
파 산 사 건 기 록
제1책</td></tr>
<tr><td>사건번호</td><td>20○○ 하합 ○○</td><td>재판부</td><td>파산부</td></tr>
<tr><td>사 건 명</td><td colspan="3">파산선고</td></tr>
<tr><td>신 청 인</td><td colspan="3">주식회사 ○○○
대리인 법무법인 ○○　담당변호사 ○○○</td></tr>
<tr><td>채 무 자</td><td colspan="3">주식회사 ○○○</td></tr>
<tr><td>파산관재인</td><td colspan="3"></td></tr>
<tr><td>감사위원</td><td colspan="3"></td></tr>
</table>

완 결 공 람	담 임	과 장	국 장	재 판 장	원 장
			공 람 생 략	전 결	

[서식 1] 파산 및 동시폐지 신청서(표지)

파산신청서

신청인 겸 채무자 주식회사 ○○○

사 건 번 호	20○○하합○○
배당순위번호	
재 판 부	제 단독
주 심	라

대전지방법원 귀중

법무법인 ○○
대전 ○○구 ○○로 ○○○-○○ ○○층
Tel: 000) 000-0000 Fax: 000) 000-0000

[서식 2] 파산 및 동시폐지 신청서

파산신청서

신청인 겸 채무자 주식회사 ○○○
대전 ○○구 ○○로 ○○ ○○빌딩 1, 2층
대표이사 ○○○

신청인 대리인 법무법인 ○○
담당 변호사 ○○○
대전 ○○구 ○○로 ○○○-○○ ○○타워 15층
전화번호 : 000-0000
팩스번호 : 000-0000
우편번호 : 00000
e-mail :yyyung@daum.net

신 청 취 지

채무자 주식회사 ○○○를 파산자로 한다.
라는 결정을 구합니다.

신 청 이 유

1. 채무자 회사의 개요

가. 채무자 회사의 연혁 및 사업목적

신청인 겸 채무자 주식회사 ○○○(이하 "채무자 회사"라고 합니다)는 유흥주점영업 등을 영업목적으로 하여 20○○. 7. 2. 설립된 주식회사입니다(소갑 제1호증 등기사항전부증명서, 소갑 제2호증 정관 각 참조).

나. 채무자 회사의 자본 및 주주의 구성

채무자 회사는 액면금 5,000원의 기명식 보통주식 12,000주를 발행하여 현재 자본금은 6천만원에 이르고 있으나, 실질적으로는 자본이 전액잠식된 상태입니다(소갑 제1호증, 소갑 제4호증의 1 대차대조표, 소갑 제4호증의 2 손익계산서, 소갑 제4호증의 3 결손금처리계산서, 소갑 제4호증의 4 합계잔액시산표 각 참조)

한편, 채무자 회사의 현재 주주구성은 아래 표와 같습니다.

주주명	소유주식수	소유주식금액(원)	지분비율(%)
○○○○○○○○○○○○○	4,000	20,000,000	33.33
○○○○네트웍스(주)	4,000	20,000,000	33.33
○○○	3,700	18,500,000	30.83
○○○	300	1,500,000	2.50
계	12,000	60,000,000	100

다. 회사의 임원구성 및 종업원

파산신청일 현재 채무자 회사에는 대표이사 ○○○ 외에 ○○○이 사내 이사로, 프랑스인 ○○○, ○○○가 사외이사로, ○○○이 감사로 각 등기되어 있습니다(소갑 제1호증 참조).

한편, 20○○. 12. 28.자로 직원 ○○○, ○○○이 퇴사함으로써, 현재 채무자 회사에 근무하고 있는 인원은 전무한 상황입니다.

라. 주요 영업종목 및 거래처

채무자 회사는 설립 이래 ○○라는 상호로 유흥주점업 영업에 주력하여 온 관계로 음식점 영업에 필요한 주방시설 및 인테리어 가구 등을 제외하고는 다른 생산시설 등은 전무합니다.

채무자 회사는 현재 모든 영업을 중단한 상태에 있어 채무자 회사와 일정한 거래관계를 맺고 있는 거래처 역시 전무합니다.

2. 자산·부채의 상황

채무자 회사는 20○○. 12. 28. 폐업신고 하였는바, 폐업신고에 즈음하여 마지막으로 작성된 대차대조표(소갑 제4호증의 1) 및 손익계산서(소갑 제4호증의 2), 결손금처리계산서(소갑 제4호증의 3)를 참고하여 채무자 회사의 자산 및 부채의 현황을 설명 드리도록 하겠습니다.

가. 자산(금892,211,411원)

(1) 유동자산 금3,837,510원

① 현금 및 현금등가물 금155,453,509원

소액의 현금 외에, 채무자 회사 명의로 개설된 ○○은행(○○지점) 보통예금계좌에 2,411,665원의 잔고가 있고(계좌번호 : 000000-00-000000), 외상매출금 857,450

원, 미수금 509,865원, 선납세금 58,530원이 있습니다.

② 기타 0원

재고자산은 0원입니다.

(2) 비유동자산 금888,373,901원

① 유형자산 금482,268,467원

비품이 79,003,765원, 시설장치비가 403,264,702원이 있습니다.

② 무형자산 금6,105,434원

상표권으로 329,600원, 소프트웨어 5,775,834원이 있습니다.

③ 기타 비유동자산 금400,000,000원

임차보증금이 400,000,000원이 있습니다.

나. 부채(금2,847,478,631원)

채무자 회사의 부채는 미지급금 637,148,561원 및 예수금 330,070원과 단기차입금 910,000,000원, 장기차입금 1,300,000,000원의 합계액입니다.

3. 파산원인의 존재 및 채부자 회사가 파산에 이르게 된 사정

가. 파산원인 부채초과

위 2항의 자산 및 부채 현황에 관한 검토에서 명백하게 드러나듯이 채무자 회사는 부채의 총액이 자산의 총액을 현저히 초과하고 있습니다.

따라서 채무자 회사에게는 채무자 회생 및 파산에 관한 법률 제306조 제1항에 의한 파산원인이 존재한다고 할 것입니다.

나. 재정적 파탄에 이르게 된 경위

채무자 회사는 ○○라는 상호로 유흥주점업을 창업하여 창업 초기부터 활발한 영업활동을 전개하지 못하여 만성적자에 시달리고 있었습니다. 채무자 회사는 계속되는 적자에 대하여 주주 및 일반투자자들로부터 자금지원을 받음으로써 유지하여 왔으나, 더 이상 누적되는 적자를 감당하지 못하고 결국 폐업하기에 이르게 된 것입니다.

4. 이 사건 신청시 채무자 회사의 상황

가. 사업계속의 유무

채무자 회사는 계속되는 경영악화로 인하여 실질적으로는 20○○. 12.초경부터 영업을 지속하지 못하고 있었으며, 자산매각을 통하여 부채를 상환하고자 각고의 노력을 하였으나, 결국 매수자를 찾지 못하고 20○○. 12. 28. ○○세무서에 폐업신고를 하였으며, 현재 모든 영업활동이 중단된 상태입니다(소갑 제5호증 폐업사실증명 참조).

자료보관 등 최소한의 업무만을 채무자 회사의 주주인 ○○○○네트웍스(주)의 대표이사인 ○○○이 ○○○○네트웍스(주)에서 편의상 담당하고 있습니다.

나. 종업원의 처우

앞서 말씀드린 바와 같이 현재 채무자 회사의 종업원으로 근무하는 사람은 전무하나, 폐업이전까지 지급하지 못한 임금채무는 미지급 임금 채권자 목록(소갑 제8호등의 4)과 같은 금53,803,026원에 이르고 있습니다.

다. 부채정리 상황

채무자 회사는 폐업신고 당시 채권자인 주주들로부터 채무를 대폭 탕감받는 방안을 고려하였으나, 오히려 주주인 ○○○은 채무자 회사를 상대로 대여금 청구소송을 제기하여 대전지방법원에 계류 중에 있고, 채무자 회사의 잔존 자산은 임차보증금 채권과 고정자산인 시설장치비 등뿐이나 미지급금 채권자들의 채권을 보전하기에도 현저히 부족하여 부채정리에 이르지 못하였습니다.

라. 자산처분 상황

채무자 회사가 가지고 있는 자산은 소액의 현금과 임차보증금 및 시설장치비등이나, 이미 이러한 자산 등에 대하여는 미지급금 채권자들 및 단기차입금 채권자인 ○○○ 등이 가압류를 한 상태로 자산을 처분하여 채무를 상환하는 절차를 진행할 수 없는 상황입니다(소갑 제6호증의 1 내지 6 가압류결정문, 소갑 제7호증의 1 내지 3 지급명령).

5. 결 론

이상에서 본 바와 같이 채무자 회사는 파산원인이 존재함이 명백하므로, 파산에 의한 청산절차를 밟기 위하여 이 사건 신청에 이르렀습니다.

채무자 회사는 20○○년도에 마지막으로 작성된 재무제표등을 작성하기 수개월 전부터 계속되는 영업부진에 따른 경영악화로 인하여 유동성 자산들인 현금, 보통예금 및 정기예·적금 등은 직원들의 급여지급 등 회사경영자금으로 사용하여 거의 대부분 소진되었으며, 오히려 단기차입금(소갑 제8호증의 1 단기차입금 목록) 및 장기차입금(소갑 제8호증의 2 장기차입금목록)과 미지급금 채권(소갑 제8호증의 3 미지급금 현황), 임금채권(소갑 제8호증의 4 미지급임금채권자목록)은 증가하여 전기(20○○. 12. 31.현재) 재무제표 작성 이후로 부채는 더욱 증가되어 있는 상태입니다.

이와 같은 사정을 두루 감안하셔서 이 사건 파산결정을 하여 주실 것을 요청드립니다.

소 명 방 법

소갑 제1호증	등기사항전부증명서

소갑 제2호증	정관
소갑 제3호증	이사회의사록
소갑 제4호증의 1	대차대조표
소갑 제4호증의 2	손익계산서
소갑 제4호증의 3	결손금처리계산서
소갑 제4호증의 4	합계잔액시산표
소갑 제5호증	폐업사실증명
소갑 제6호증의 1 내지 6	각 가압류결정문
소갑 제7호증의 1 내지 3	각 지급명령문
소갑 제8호증의 1	단기차입금 목록
소갑 제8호증의 2	장기차입금 목록
소갑 제8호증의 3	미지급금 현황
소갑 제8호증의 4	미지급 임금 채권자 목록

첨 부 서 류

1. 소명방법	각 1부
1. 위임장	1부
1. 담당 변호사 지정서	1부

20○○. ○. ○.

위 신청인 대리인 법무법인 ○○

담당 변호사 ○○○

대전지방법원 귀중

등기번호	111111	등기사항전부증명서(현재사항)[제출용]
등록번호	111111-1111111	

상 호 주식회사 ○○○	. . . .
본 점 ○○시 ○○구 ○○로 ○○ ○○빌딩 1,2층	. . . .

공고방법 대전시내에서 발행하는 일간 ○○신문에 게재한다.	. . . .

1주의 금액 금 5,000원	. . . .

발행주식의 총수와 그 종류 및 각각의 수	자본의 총액	변 경 연 월 일 등 기 연 월 일
발행주식의 총수 12,000 주 보통주식 12,000 주		. . . .

목 적

1. ~~유흥주점영업~~
1. 레스토랑 운영 컨설팅 및 프랜차이즈 지원
1. 부동산관련 컨설팅 및 알선업
1. 부동산관련 시행 및 시공 분양대행
1. 부동산매매 (상가 및 주택신축판매)
1. 부동산 개발 및 임대업
1. 신규사업 수립 및 대행업
1. 신규사업 프로젝트 관리업
1. 출판, 인쇄물 제작업
1. 상품 종합 중개 및 도소매업
1. 각 업무와 관련된 일체의 부대하는 사업 일체와 본사를 위한 홍보, 판촉 및 연락업무

임원에 관한 사항 사외이사 프랑스인 ○○○ 19○○. 1. 13생
감사 ○○○ 123456-1******
사내이사 ○○○ 123457-2******

사내이사 ○○○ 123458-1****** 20○○ 년 01 월 12 일 취임　　20○○ 년 01 월 12 일 등기
사내이사 ○○○ 123459-1******　　대전시 ○○구 ○○로 111-22 20○○ 년 01 월 12 일 취임　　20○○년 01월 12일 등기
사외이사 ○○○ 234567-1****** 20○○ 년 06 월 08 일 취임　　20○○년 06월 09일 등기

회사성립연월일	20○○년 07월 02일

등기기록의 개설 사유 및 연월일
설립

[인터넷 발급] 문서하단의 바코드를 스캐너로 확인하거나, 인터넷등기소(http://www.iros.go.kr)의 발급확인 메뉴에서 발급확인번호를 입력하여 위·변조 여부를 확인할 수 있습니다.
발급확인번호를 통한 확인은 발행일부터 3개월까지 5회에 한하여 가능합니다.

발급확인번호 0111-AALK-JWPN

-1/2-

등기번호	111111

20○ ○년 07월 02일 등기

수수료 800원 영수함 --- 이 하 여 백 ---

관할등기소 : 대전지방법원 상업등기소 / 발행등기소 : 법원행정처 등기정보중앙관리소

이 증명서는 등기기록의 내용과 틀림없음을 증명합니다. [다만 신청이 없는 지점·지배인에 관한 사항과 현재 효력이 없는 등기사항의 기재를 생략하였습니다]

서기 20○ ○년 01월 13일
법원행정처 등기정보중앙관리소 전산운영책임관
* 실선으로 그어진 부분은 말소(변경, 경정)된 등기사항입니다.
* 등기사항증명서는 컬러로 출력 가능함.

[인터넷 발급] 문서하단의 바코드를 스캐너로 확인하거나, 인터넷등기소(http://www.iros.go.kr)의 발급확인 메뉴에서 발급확인번호를 입력하여 위·변조 여부를 확인할 수 있습니다.
발급확인번호를 통한 확인은 발행일부터 3개월까지 5회에 한하여 가능합니다.

발급확인번호 1111-AALK-JWPN

-2/2-

정 관

주식회사 ○○○

정 관

제1장 총 칙

제1조(상호) 당 회사는 주식회사 ○○○(이하 당 회사)라 부른다.

제2조(목적) 당 회사는 다음 사업을 영위함을 목적으로 한다.

1. 유흥주점영업
2. 레스토랑 운영 컨설팅 및 프랜차이즈 지원
3. 부동산관련 컨설팅 및 알선업
4. 부동산건설 시행 및 시공 분양대행
5. 부동산매매(상가 및 주택신축판매)
6. 부동산 개발 및 임대업
7. 신규사업 수립 및 대행업
8. 신규사업 프로젝트 관리업
9. 출판, 인쇄물 제작업
10. 상품 종합 중개 및 도소매업
11. 각 업무와 관련된 일체의 부대하는 사업 일체와 본사를 위한 홍보, 판촉 및 연락업무

제3조(본점의 소재지 및 지점 등의 설치) 당 회사는 본점은 대전시내에 둔다. 당 회사는 필요에 따라 이사회의 결의로 국내외에 현지법인 지점, 출장소 및 사무소 등을 둘 수 있다.

제4조(공고방법) 당 회사의 공고는 대전시내에 발행하는 일간 한국경제신문에 게재한다.

제2장 주 식

제5조(회사가 발행할 주식의 총수) 당 회사가 발행할 주식의 총수는 600,000주로 한다.

제6조(1주의 금액) 당 회사가 발행하는 주식 壹 주의 금액은 금 5,000원으로 한다.

제7조(회사의 설립시에 발행하는 주식총수) 당 회사는 설립 시에 12,000주의 주식을 발행하기로 한다.

제8조의1(주식의 종류) 당 회사가 발행할 주식의 종류는 기명식 보통주식 및 우선주로 한다.

제8조의2(우선주식의 수와 내용) ① 당회사가 발행할 우선주식은 의결권이 없는 것으로 하며, 그 발행주식의 수는 발행한 기명식 보통주식의 1/4이하로 한다.

② 우선주식에 대하여는 액면금액을 기준으로 하여 이사회가 우선배당율을 정한다.

③ 보통주식의 배당률이 우선주식의 배당률을 초과할 경우에는 그 초과분에 대하여 보통주식과 동일한 비율로 참가시켜 배당한다.

④ 우선주식에 대하여 어느 사업년도에 있어서 소정의 배당을 하지 못 한 경우에는 누적된 미배당분을 다음 사업년도의 배당시에 우선하여 배당한다.

⑤ 우선주식에 대하여 소정의 배당을 하지 아니한다는 결의가 있는 경우에는 그 결의가 있는 총회의 다음 총회부터 그 우선적 배당을 한다는 결의가 있는 회의 종료시까지는 의결권이 있는 것으로 한다.

⑥ 당 회사가 유상증자 또는 무상증자를 실시하는 경우 우선주식에 대한 신주의 배정은 유상증자의 경우에는 보통주식으로 무상 증자의 경우에는 그와 같은 종류의 주식으로 한다.

제9조(주권의 종류) 당 회사가 발행할 주권의 종류는 壹주권, 拾주권, 百주권, 仟주권, 萬주권의 五종으로 한다.

제10조(주권 불소지) 당회사는 주권불소지제도를 채택하지 아니한다.

제11조(주금납입의 지체) 주금 납입을 지체한 주주는 납입기일 다음날부터 납입이 끝날 때까지 지체 주금 百원에 대하여 일변 拾전의 비율로서 과태료를 회사에 지급하고 또 이로 인하여 손해가 생겼을 때는 그 손해를 배상하여야 한다.

제12조(명의 개서 및 명의개서대리인) ① 당 회사의 주식에 관하여 명의개서를 청구함에 있어서는 당 회사에서 정하는 청구서에 기명날인 또는 서명하고 이에 주권을 첨부하여 제출하여야 한다.
② 양도 이외의 사유로 인하여 주식을 취득한 경우에는 당 회사의 청구에 의하여 제1항의 청구서 이외에 그 사유를 증명하는 서면과 주권을 제출하여야 한다.
③ 당 회사는 주식의 명의개서 대리인을 둘 수 있다.
④ 당 회사의 주주명부 또는 그 사본을 명의개서 대리인의 사무취급 장소에 비치하고 주식의 명의개서, 질권의 등록 또는 말소, 신탁재산의 표시 또는 말소, 주권의 발행, 신고의 접수, 기타 주식에 관한 사무는 명의개서 대리인으로 하여금 취급케 한다.
⑤ 제4항의 사무취급에 관한 절차는 명의개서 대리인의 유가증권의 명의개서대행등에 관한 규정에 따른다.

제13조의1(신주인수권) ① 당 회사의 주주는 신주발행에 있어서 그가 소유한 주식주에 비례하여 신주의 배정을 받을 권리를 가진다.
② 당 회사는 전항의 규정에도 불구하고 다음 각 호의 경우에는 기존 주주의 신주인수권을 인정하지 아니하고 이사회의 결의로 주주이외의 자에게 신주를 배정할 수 있다.

1) 자본시장과 금융투자업에 관한 법률 제165조의6의 규정에 의하여 일반공모증자 방식으로 신주를 발행하는 경우
2) 자본시장과 금융투자업에 관한 법률 제165조의7의 규정에 의하여 발행하는 주식총수의 100분의 20 범위 내에서 우리사주조합원에게 주식을 우선 배정하는 경우
3) 상법 제418조 제2항의 규정에 따라 신기술의 도입, 재무구조 개선 등 회사의 경영상 목적을 달성하기 위하여 필요한 경우
4) 주식매수선택권의 행사로 인하여 신주를 발행하는 경우

③ 주주가 신주인수권의 일부 또는 전부를 포기하거나 상실한 경우와 신주발행에 있어서 단주가 발생한 경우에는 그 처리방법은 이사회의 결의로 정한다.

제13조의2(전환사채의 발행) ① 본 회사는 사채의 액면총액이 자본과 준비금의 4배를 초과하지 않는 범위내에서 주주 외의 자에게 전환사채를 발행할 수 있으며, 발행조건은 이사회에서 결의한다.
② 제1항의 전화사채에 있어서 이사회는 그 일부에 대하여만 전환권을 부여하는 조건으로도 이를 발행할 수 있다.
③ 전환으로 인하여 발행하는 주식은 보통주식으로 하고 전화가액은 주식의 액면금액 또는 그 이상의 가액으로 사채발행 시 이사회가 정한다.
④ 전환을 청구할 수 있는 기간은 해당 사채의 발행일 익일부터 그 상환기일의 직전일까지로 한다. 그러나 위 기간 내에서 이사회의 결의로써 전환청구기간을 조정할 수 있다.

제13조의3(신주인수권부사채의 발행) ① 본 회사는 사채의 액면총액이 자본과 준비금의 4배를 초과하지 않는 범위내에서 주주 외의 자에게 신주인수권부사채를 발행할 수 있다.
② 신주인수를 청구할 수 있는 금액은 사채의 액면 총액을 초과하지 않는 범위내에서 이사회가

정한다.

③ 신주인수권 행사로 발행하는 주식은 보통주식으로 하고 전환가액은 주식의 액면금액 또는 그 이상의 가액으로 사채발행 시 이사회가 정한다.

④ 신주인수권을 행사할 수 있는 기간은 해당 사채발행일 익일부터 그 상환기일의 직전일까지로 한다. 그러나 위 기간 내에서 이사회의 결의로써 신주인수권의 행사기간을 조정할 수 있다.

제13조의4(상환전환우선주의 발행) ① 본 회사는 우선주의 액면총액이 자본과 준비금의 2배를 초과하지 않는 범위 내에서 주주 외의 자에게 상환전화우선주를 발행할 수 있다.

② 전환을 청구할 수 있는 금액은 우선주의 액면총액을 초과하지 않는 범위 내에서 이사회가 정한다.

③ 전환권 행사로 발행하는 주식은 보통주식 또는 우선주식으로 하고 전화가액은 주식의 액면금액 또는 그 이상의 가액으로 발행시 이사회가 정한다.

④ 전환권을 행사할 수 있는 기간은 해당 우선주발행일 익일부터 그 상환기일의 직전월까지로 한다. 그러나 위 기간 내에서 이사회의 결의로써 전환권의 행사기간을 조정할 수 있다.

⑤ 상환전환 우선주는 이익배당, 잔여재산분배에 있어 보통주에 대해 우선권이 있고, 전환 및 상환에 관하여 특수한 정함이 있는 전환주식이자 상환주식이며 의결권이 없는 우선주식이다.

⑥ 우선주의 존속기간은 5년으로 하고 발행일로부터 5년이 경과하면 자동적으로 보통주로 전환된다.

⑦ 누적적상환전환우선주 1주당 의결권 한 개를 갖게 된다. 단, 전환조건에 따라 전환비율이 변동되어 보통주로 전환되는 경우에는 전환 후의 보통주식 1주당 의결권 한 개를 갖게 된다.

⑧ 무상증자를 하는 경우 보통주 또는 본 신주와 같은 종류와 내용을 가진 우선주를 배정 받을 권리를 가지고, 투자기업이 주식배당 또는 유상증자를 하는 경우 이사회의 정함에 따른 주식에 대한 배당청구권 또는 신주인수권을 갖는다.

⑨ 우선주의 최저배당이익율은 5%로 하고 최저이익배당율을 만족시키지 못한 경우 최저이익배당률과 현실의 배당률과의 차이에 상당한 금액에 대해서는 다음해로 누적하여 배당하여야 하고, 우선주 주주와의 별개의 서면합의과정이 없는 한 이러한 누적과정은 계속된다.

⑩ 보통주의 배당률이 우선주의 배당률을 초과할 경우에는 보통주식과 동일한 배당률로 첨가하여 배당을 받는다.

⑪ 우선주의 상환은 회사의 배당가능이익에 의해서만 가능하다.

제14조(질권의 등록 및 신탁재산의 표시) 당 회사의 주식에 관하여 질권의 등록 또는 신탁재산의 표시를 청구함에 있어서는 당 회사가 정하는 청구서에 당사자가 기명날인 또는 서명하고 이에 주권을 첨부하여 제출하여야 한다. 그 등록 또는 표시의 말소를 청구함에 있어서도 같다.

제15조(주권의 발행) ① 주권의 분할, 병합, 오손 등의 사유로 인하여 주권의 재발행을 청구함에 있어서는 당 회사가 정하는 청구서에 기명날인 또는 서명하고 주권을 첨부하여 제출하여야 한다.

② 주권의 상실로 인하여 그 재발행을 청구함에 있어서는 당 회사가 정하는 청구서에 기명날인 또는 서명하고 이에 제권판결의 정본 또는 등본을 첨부하여 제출하여야 한다.

제16조(주주 등의 주소, 성명 및 인감 또는 서명 등 신고) ① 주주와 등록 질권자는 그 성명, 주소 및 인감 또는 서명 등을 당 회사 또는 명의개서 대리인에게 신고하여야 한다.

② 외국에 거주하는 주주와 등록 질권자는 대한민국 내에 통지를 받을 장소와 대리인을 정하여 신고하여야 한다.

③ 제1항 및 제2항의 변동이 생긴 경우에도 같다.

제17조(주주명부의 폐쇄) ① 당 회사는 매년 1월 1일부터 정기주주총회의 종결일까지 주주명부의

기재의 변경을 정지한다.

② 제1항의 경우 이외에 주주 또는 질권자로서 권리를 행사할 자를 확정하기 위하여 필요한 때에는 이사회의 결의에 의하여 주주명부의 기재의 변경을 정지하고 또는 기준일을 정할 수가 있다. 이 경우에는 그 기간 또는 기준일의 貳주간 전에 공고하는 것으로 한다.

제3장 주주총회

제18조(소집) 당 회사의 정기주주총회는 영업연도 말일의 다음날부터 參월 이내에 소집하고 임시주주총회는 필요한 경우에 수시 소집한다.

제19조(소집통지 및 공고) ① 주주총회를 소집함에는 그 일시, 장소 및 회의의 목적사항을 총회일 2주간 전에 주주에게 서면통지 또는 E-Mail을 통하여 알려야 한다. 단, 주주전원이 동의하는 경우 위 통지절차를 생략할 수 있다.

② 의결권이 있는 발행주식 총수의 100분의 1이하의 주식을 소유한 주주에 대한 소집통지는 2주간 전에 주주총회를 소집 한다는 뜻과 회의 목적사항을 제5조에서 정하는 신문에 공고함으로써 서면에 의한 소집통지를 갈음할 수 있다.

제20조(소집지) 주주총회는 본점소재지에서 개최하되 필요에 따라 이의 인접지역에서도 개최할 수 있다.

제21조(의장) 대표이사가 주주총회의 의장이 된다. 그러나 대표이사 유고시에는 이사회에서 선임한 다른 이사가 의장이 된다.

제22조(결의) 주주총회의 결의는 법령 또는 정관에 다른 규정이 있는 경우를 제외하고는, 발행주식 총수의 과반수에 해당하는 주식을 가진 주주의 출석으로 성립하고 결의는 그 의결권의 과반수로 한다.

제23조(서면에 의한 의결권 행사) ① 주주는 서면에 의하여 의결권을 행사할 수 있다.

② 서면에 의하여 의결권을 행사하고자 하는 주주는 이 회사에서 송부한 서면에 의결권 행사 내용을 기재하여 주주총회 회의 전일까지 제출하여야 한다.

③ 서면에 의하여 행사한 의결권의 수는 출석한 주주의 의결권 수에 산입한다.

제24조(의결권의 대리행사) 주주는 대리인으로 하여금 의결권을 행사할 수 있다. 대리인이 의결권을 행사함에는 표결전에 그 권한을 증명하는 서면을 의장에게 제출하여야 한다.

제25조(총회의 의사록) 주주총회의 의사록에는 의사의 경과요령과 그 결과를 기재하고 의장과 출석한 이사가 기명날인 또는 서명하여야 한다.

제4장 임원과 이사회

제26조(이사와 감사의 수) ① 당 회사의 이사는 1명 이상으로 한다.

② 당 회사의 감사는 1명 이상으로 한다.

③ 당 회사는 사외 이사를 둘 수 있다.

제27조(이사 및 감사의 선임) ① 이사와 감사는 주주총회에서 선임한다.

② 이사와 감사는 발행주식총수의 과반수에 해당하는 주식을 가진 주주의 출석으로 그 의결권의 과반수로 선임한다. 그러나 감사의 선임에는 의결권 없는 주식을 제외한 발행주식총수의 100분의 3을 초과하는 수의 주식을 가진 주주는 그 초과하는 주식에 관하여는 의결권을 행사하지 못한다.

제28조(이사 및 감사의 보선) 이사나 감사 중 결원이 생긴 때에는 주주총회에서 이를 선임한다. 그러나 법정원수를 결하지 아니하고 업무수행상 지장이 없는 경우에는 그러지 아니한다.

제29조(대표이사 등의 선임) ① 당 회사는 대표이사 1인 이상과 필요한 경우에 전무이사 및 상무이사의 약간명을 둔다.

② 대표이사, 전무이사와 상무이사는 이사회의 결의에 의하여 이사 중에서 선임한다.

③ 대표이사는 당 회사를 대표하되, 대표이사가 2인 이상일 경우 각자 회사를 대표한다.

제30조(이사의 임기) 이사의 임기는 취임 후 3년으로 한다. 그러나 그 임기가 최종의 결산기에 관한 정기주주총회 전에 만료될 경우에는 그 총회의 종결 시까지 그 임기를 연장한다.

제31조(감사의 임기) 감사의 임기는 취임 후 3년 내의 최종의 결산기에 관한 정기주 주총회의 종결 시까지로 한다.

제32조(이사회의 구성과 소집) ① 이사회는 이사로 구성되며 이 회사 업무의 중요사항을 결의한다.

② 이사회는 대표이사 또는 이사회에서 따로 정한 이사가 있는 때에는 그 이사가 회의전에 각 이사 및 감사에게 통지하여 소집한다. 그러나 이사 및 감사 전원의 동의가 있을 때에는 소집절차를 생략할 수 있다.

제33조(이사회의 결의) 이사회의 결의는 이사 과반수의 출석과 출석이사의 과반수로 한다.

제34조(이시의 직무) ① 대표이시 사장은 회사를 대표하고 그 업무를 총괄한다.

② 부사장, 저무이사, 상무이사 및 이사는 대표이사 사장을 보좌하고 이사회에서 정한 바에 따라 이 회사의 업무를 분장 집행하며 대표이사 사장의 유고시에는 위 순서에 따라 그 직무를 대행한다.

제35조(감사의 직무) ① 감사는 이 회사의 업무 및 회계를 감사한다.

② 감사는 이사회에 출석하여 의견을 진술할 수 있다.

③ 감사는 이사가 법령 또는 정관에 위반하는 행위를 하거나 그 행위를 할 염려가 있다고 인정한 때에는 이사회에 이를 보고하여야 한다.

제36조(이사회의 결의방법) ① 이사회의 결의를 이사 과반수의 출석과 출석이사의 과반수로 하며 가부동수인 때에는 의장이 결정한다.

② 이사회의 의장은 제32조 제2항의 규정에 의한 이사회의 소집권자로 한다.

제37조(이사회의 의사록) 이사회의 의사에 관하여 의사록을 작성하고 의장과 출석한 이사 및 감사의 기명날인 또는 서명하여야 한다.

제38조(이사 및 감사의 보수와 퇴직금) ① 이사와 감사의 보수는 주주총회의 결의로 이를 정한다.

② 이사와 감사의 퇴직금의 지급은 임원퇴직금 지급규정에 의한다.

제39조(상담역 및 고문) 이 회사는 이사회의 결의로 상담역 또는 고문 약간명을 둘 수 있다.

제5장 계 산

제40조(사연연도) 당 회사의 사업연도는 매년 1월 1일부터 12월 31일까지로 한다.

제41조(이익금의 처분) 이 회사는 매기 총수입금에서 총지출금을 공제한 잔액을 이익금으로 하여 이를 다음과 같이 처분한다.

① 이익준비금

② 기타의 법정적립금
③ 배당금
④ 임의적립금
⑤ 기타의 이익 잉여금 처분 액

제42조(재무제표, 영업보고서의 작성비치) ① 이 회사의 대표이사는 정기총회 회일 六주간 전에 다음 서류 및 그 부속명세서와 영업보고서를 작성하여 이사회의 승인과 감사의 감사를 받아 정기주주총회에 제출하여야 한다.
1) 대차대조표
2) 손익계산서
3) 이익금처분계산서 또는 결손금처리계산서
② 제1항의 서류는 영업보고서, 감사보고서와 함께 정기총회 壹주간전부터 당회사의 본점과 지점에 비치하여야 하고 총회의 승인을 얻었을 때에는 그 중대차대조표를 지체 없이 공고하여야 한다.

제43조(이익 배당) ① 이익의 배당은 금전과 주식으로 할 수 있다.
② 이익의 배당을 주식으로 하는 경우 회사가 수종의 주식을 발행한 때에는 주주총회의 결의로 그와 다른 종류의 주식으로도 할 수 있다.
③ 제1항의 배당은 매 결산기말 현재의 주주명부에 기재된 주주 또는 등록된 질권자에게 지급한다.

제44조(준용규정) 이 정관에 규정되지 않은 사항은 주주총회의 결의와 상법 및 기타의 법령에 의한다.

등부 20○○년 제○○호

인 증 서

주식회사 ○○○

<u>이사회 의사록</u>

주식회사 ○○○의 이사회를 다음과 같이 개최하다.

일 시 : 20○○년 12월 28일 오후 13:00시
장 소 : 본점 (대전시 ○○구 ○○로 ○○ ○○빌딩 1층)
재직 이사 수 : 4인
출석 이사 수 : 3명
재직 감사 수 : 1일
출석 감사 수 : 1명

○○○ 대표이사가 본 회의를 주재하다.

의안 1. <u>회사의 파산신청에 관한 승인</u>

의장은 회사의 영업부진으로 인하여 자산대비 부채가 회복하기 어려운 상황에 이르렀으며, 계속 영업시 채무의 지속적인 증가로 인하여 회사 존립의 필요성을 상실하게 되어 파산신청이 불가피함 설명하고, 파산신청 결의를 하여 줄 것을 이사들에게 제의하다.

출석이사는 이에 관하여 심의한 후, 출석 이사 만장일치로 다음 결의를 통과시키다.

<u>의 결 주 문</u>

본 회사의 파산신청을 관할 법원에 신청한다.

더 이상 본 회의에서 처리할 안건이 없으므로 의장은 폐회를 선언하다.

위 의사의 경과 요령과 결과를 명확히 하기 위하여 본 의사록을 작성하고,
의장과 출석이사 전원이 아래에 기명, 날인하다.

20○○년 12월 28일

주식회사 ○○○
대전시 ○○구 ○○로 91
○○빌딩 1, 2층

의장	대표이사	○○○
	사내이사	○○○
	사외이사	○○○
	감 사	○○○

[제37호 서식]

등부 20○○ 년 제 66 호
인 증
위 주식회사 ○○○ -------------------------의
20○○ 년 12 월 28 일자 이사회의사록 ----------------- 에 대하여
의장 대표이사 ○○○, 사내이사 ○○○, 사외이사 ○○○ 등의 대리인
○○○ --

본 공증인의 면전에서 위 의사록의 내용이 진실에 부합한다고 진술하고,
그 각 기(서)명 날인이 본인의 것임을 확인하였다.
본 공증인은 위 진술과 아래 기재 자료에 의하여 그 결의의 절차와 내용이
진실에 부합함을 확인하였다.
본 공증인은 위 촉탁인이 제시한 주 민 등 록 증(운전면허증, 여권) ---에 의하여
그 사람이 틀림없음을 인정하였다.
촉탁에 관한 대리권은 본인의 인감증명서가 첨부된 위임장에 의하여 인정하였다.
20○○ 년 1 월 13 일 이 사무소에서 위 인증한다.
아 래
1. 진술서
2. 등기사항전부증명서
3. 정관

[제12호 서식]

등부 20○○ 년 제 ○○ 호
20○○ 년 1 월 13 일
공증인가 법무법인 ○○
소속 ○○지방검찰청
대전 ○○구 ○○로 ○○○○-○ ○○빌딩 5층
공증담당변호사 ○○○

대차대조표

제 2기 20○○년 12월 31일 현재
제 1기 20○○년 12월 31일 현재

회사명 : (주)○○○ (단위 : 원)

과목	제 2(당)기		제 1(전)기	
	금액		금액	
자산				
Ⅰ. 유동자산		3,837,510		453,221,262
(1) 당좌자산		3,837,510		391,555,393
현금		0		238,110
보통예금		2,411,665		307,566,648
정기예·적금		0		10,000,000
외상매출금		857,450		15,380,265
미수금		509,865		58,152,180
선납세금		58,530		18,190
전도금		0		200,000
(2) 재고자산		0		61,665,869
원재료		0		56,792,519
소모품		0		4,873,350
Ⅱ. 비유동자산		888,373,901		1,093,582,305
(1) 투자자산		0		0
(2) 유형자산		482,268,467		646,108,471
비품	154,938,079		154,708,704	
감가상각누계액	75,934,314	79,003,765	12,144,317	142,564,387
시설장치	808,572,650		577,572,650	
감가상각누계액	405,307,948	403,264,702	74,028,566	503,544,084
(3) 무형자산		6,105,434		7,293,834
상표권		329,600		0
소프트웨어		5,775,834		7,293,834
(4) 기타 비유동자산		400,000,000		440,180,000
임차보증금		4000,000,000		440,000,000
기타보증금		0		180,000
자산총계		892,211,411		1,546,803,567
부채				
Ⅰ. 유동부채		1,547,478,631		865,042,168
미지급금		637,148,561		255,472,438
예수금		330,070		9,569,730
단기차입금		910,000,000		600,000,000
Ⅱ. 비유동부채		1,300,000,000		1,300,000,000
장기차입금		1,300,000,000		1,300,000,000
부채총계		2,847,478,631		2,165,042,168
자본				
Ⅰ. 자본금		60,000,000		6,000,000
자본금		60,000,000		6,000,000
Ⅱ. 자본잉여금		0		0

대차대조표

제 2기 20○○년 12월 31일 현재
제 1기 20○○년 12월 31일 현재

회사명 : (주)○○○ (단위 : 원)

과목	제 2(당)기		제 1(전)기	
	금액		금액	
Ⅲ. 자본조정		0		0
Ⅳ. 기타포괄손익누계액		0		0
Ⅴ. 결손금		2,015,267,220		678,238,601
미처리결손금		2,015,267,220		678,238,601
(당기순손실)				
당기 : 1,337,028,619원				
전기 : 678,238,601원				
자본총계		-1,955,267,220		-618,238,601
부채 및 자본총계		892,211,411		1,546,803,567

손익계산서

제 2(당)기 20○○년 1월 1일부터 20○○년 12월 31일까지
제 1(전)기 20○○년 1월 1일부터 20○○년 12월 31일까지

회사명 : (주)○○○ (단위 : 원)

과목	제 2(당)기		제 1(전)기	
	금액		금액	
Ⅰ. 매출액		818,068,009		160,038,081
매출	818,068,009		160,038,081	
Ⅱ. 매출원가		289,796,908		143,251,630
제품매출원가	0	289,796,908	0	143,251,630
기초제품재고액	289,796,908		143,251,630	
당기제품제고원가	0		0	
기말제춤재고액		528,271,101		16,786,451
Ⅲ. 매출총이익		1,740,464,71		695,156,028
Ⅳ. 판매비와관리비		9		
임원급여	0		49,999,980	
직원급여	445,517,774		111,135,950	
상여금	0		2,500,000	
잡금	14,174,981		2,292,000	
퇴직급여	25,950,522		0	
외주용역비	48,201,300		12,930,000	
복리후생비	29,909,477		32,420,242	
여비교통비	6,150,231		5,375,760	
접대비	2,222,482		14,062,580	
통신비	6,629,271		2,752,304	
수도광열비	30,454,362		344,030	
전력비	428,710		3,632,000	
세금과공과금	35,388,075		3,703,990	
감가상각비	395,384,489		86,172,883	
지급임차료	280,593,540		132,700,000	
수선비	2,577,170		173,000	
보험료	34,083,446		2,674,440	
차량유지비	0		4,237,530	
운반비	242,640		354,500	
교육훈련비	0		1,301,400	
도서인쇄비	3,016,100		19,110,227	
사무용품비	2,091,604		3,654,051	
소모품비	25,317,416		12,495,192	
지급수수료	76,790,779		59,338,903	
광고선전비	46,116,147		22,464,950	
판매촉진비	158,400		2,597,534	
건물관리비	31,429,928		1,561,010	
무형고정자산상각	1,600,400		296,166	

손익계산서

제 2(당)기 20○○년 1월 1일부터 20○○년 12월 31일까지
제 1(전)기 20○○년 1월 1일부터 20○○년 12월 31일까지

회사명 : (주)○○○ (단위 : 원)

과목	제 2(당)기		제 1(전)기	
	금액		금액	
	11,500		752,036	
잡비	118,283,976		82,346,471	
해외연수및출장비	1,176,364		12,685,992	
의복비	77,563,635		9,090,907	
주차용역비		1,212,193,61		
V. 영업손실		8		678,369,577
VI. 영업외수익		5,264,489		130,986
이자수익	418,269		129,985	
채무면제이익	253,000		0	
잡이익	4,593,220		1,001	
VII. 영업외비용		130,021,350		10
이자비용	100,173,698		0	
유형자산처분손실	1,326,425		0	
잡손실	28,521,227		10	
VIII. 법인세차감전손실		1,336,950,47		678,238,601
IX. 법인세등		9		0
법인세등	78,140	78,140	0	
X. 당기순손실				
XI. 주당손실		1,337,028,61 9		678,238,601
		0		0

20○○년 질 호

<table>
<tr><td colspan="4">대전지방법원
파산 사건기록(허가서 등 보조기록)</td></tr>
<tr><td>사건번호</td><td>20○○하합○○ 파산선고</td><td>재판부</td><td>제○○파산부</td></tr>
<tr><td>신청인</td><td colspan="3">주식회사 ○○○ (채무자)
대리인 법무법인 ○○</td></tr>
<tr><td>채권자</td><td colspan="3"></td></tr>
<tr><td>이의신청인</td><td colspan="3"></td></tr>
<tr><td>파산관재인</td><td colspan="3"></td></tr>
<tr><td>감사위원</td><td colspan="3"></td></tr>
</table>

<table>
<tr><td rowspan="2">완결
공람</td><td>담임</td><td>과장</td><td>국장</td><td>재판장</td><td>원장</td></tr>
<tr><td></td><td></td><td>공람
생략</td><td>전결</td><td></td></tr>
</table>

대전지방법원 제 ○○ 파산부
사건 : 20○○하합○○ 파산선고
채무자 : (주)○○○

파산관재인 보고서

(제1회 채권자 집회)

20○○. 4. 7.

채무자 (주)○○○
파산관재인 ○○○

-목 차-

Ⅰ. 파산관재인 보고서 (제1회)

－목　차－

붙임 : 파산대차대조표

대전지방법원 제 12 파산부
사 건 : 20○○하합○○ 파산선고
채무자 : (주)○○○
파산관재인 : ○○○

파산관재인은 위 사건에 대하여 다음과 같이 업무 집행사항을 보고합니다.

-다 음-

1. 채무자의 파산신청의 경위

가. 채무자의 개요

채무자는 20○○.7.2. 주식회사 ○○○라는 상호로 설립되어 유흥주점영업, 레스토랑 운영 컨설팅 및 프랜차이즈 지원업 등을 영위해 왔습니다.

채무자는 액면금 1주당 금5,000원의 기명식 보통주식 12,000주를 발행하여 자본금은 60,000,000원이며, 주주로는 ○○○○○○○○○○○○○(33.33%), ○○○○네트웍스(주)(33.33%), ○○○(30.83%), ○○○(2.5%)이 있습니다. 채무자의 본점은 대전시 ○○구 ○○로 ○○ ○○빌딩 1,2층에 위치하고 있었습니다.

나. 파산에 이르게 된 경위

(1) 채무자는 미국에서 음식점 프랜차이즈 사업을 하던 ○○○○○○○○○○○○○ 등으로부터 투자를 받아 20○○.7.6 (주)○○무역과 임대차계약을 맺고 (주)○○무역 소유의 대전 ○○구 ○○로 ○○ ○○빌딩 1, 2층을 임차한 후 내부 인테리어 공사를 마치고 20○○.12. ○○라는 상호의 고급 유흥주점영업을 개점하였습니다.

(2) 채무자는 유흥주점영업을 개점한 20○○.12. 매출은 기대에 부응하였으나, 20○○.1.부터 매출이 급격하게 하락하여 적자영업을 지속하게 되어, 채무자는 계속되는 적자에 대하여 주주 및 일반투자자들로부터 자금지원을 받음으로써 유지하여 왔으나, 더 이상 누적되는 적자를 감당하지 못하고 결국 20○○.12. ○○세무서에 폐업신고를 하기에 이르게 된 것입니다.

(3) 파산의 신청

채무자는 20○○.12.31. 기준 대차대조표에 의하면 자산총액은 금 892,211,411원이고, 부채총액은 금2,847,478,631원으로서 순자산가액이 금1,955,267,220원 부족한 것으로 되어 있어, 채무자는 부채초과 상태에 있습니다. 이에 채무자는 20○○.1.에 대전지방법원에 파산신청을 하였고, 법원은 이를 받아들여 20○○.2.16. 오전 10시에 파산선고 결정을 하면서, 파산관재인으로 변호사 ○○○을 선임하였습니다.

2. 채무자의 자산 및 부채현황

가. 자산현황

채무자가 제시한 20○○.12.31.기준 대차대조표상 총자산은 892백만원이나, 이를 기업회계기준 등의 평가기준을 적용하여 평가하면 791백만원이 감소하게 되어 101백만원이 됩니다.

위 자산에 대한 평가상황은 붙임(파산대차대조표)과 같습니다만 대략적인 사항을 보면 다음과 같습니다.

(1) 유동자산

채무자가 제시한 유동자산은 3,837,510원이나 평가 후 실 유동자산은 1,808,205원으로 총 평가손실이 2,029,305원 정도 발생할 것으로 예상됩니다.

(2) 비유동자산

(가) 유형자산

채무자가 제시한 유형자산은 비품 79,003,765원, 시설장치 403,264,702 원이나, 비품은 주로 그릇, 주방기구 등의 중고제품이고 시설장치는 주로 매장의 인테리어관련 부분으로 환가를 기대하기 어려운 상황으로 사료됩니다.

(나) 무형자산

채무자가 제시한 무형자산은 6,105,434원이나, 유흥주점 상표권 및 전산 소프트웨어로 환가를 기대하기 어려운 상황으로 사료됩니다.

(다) 기타비유동자산

채무자가 제시한 기타비유동자산은 (주)○○무역에 대한 임차 보증금 400,000,000원이고, 채무자가 제시한 환가가능금액은 279,843,202원이나, 채무자는 (주)○○무역에 연체된 임대료 및 관리비와 건물의 원상회복비용 등을 감안하여 붙임(파산대차대조표)에서의 환가가능금액을 100백만원으로 평가하였으며 최대한의 환가에 총력을 기울여 배당재원을 축적할 것입니다.

나. 부채현황

채무자가 제시한 20○○.12.31.기준 대차대조표상 총부채는 2,847백만원이나, 이를 파산채권신고를 적용하여 평가하면 398백만원이 증가하여 총부채는 3,245백만원이 됩니다.

※ 자산·부채 및 자본 현황에 대한 평가는 〈붙임〉 파산대차대조표에 기재된 바와 같습니다.

3. 소송의 계속 상황

채무자가 법적 절차를 진행하거나, 채무자에 대하여 소송이 제기되어 법적절차가 진행 중인 사건은 ○○○이 채무자를 상대로 제기한 소송 외 1건으로서, 진행 중인 주요 사건은 아래와 같습니다.

순번	원고	피고	사건번호	금액(원)	목적	관할법원
1	○○○	(주)○○○	20○○가합111111	221,600,000	대여금	대전지방법원
2	(주)○○무역	(주)○○○	20○○가단222222	35,262,379	건물명도등	대전지방법원

상기 소송에 대하여는 제1회 채권조사기일의 시·부인 결과에 따라 수계 여부를 판단하여 조속히 소송을 수계하여 진행할 예정입니다.

4. 매각 가능한 자산의 평가 및 배당 전망

가. 파산재단의 환가 상황

채무자는 파산 전 보통예금계좌의 잔액 1,808,205원을 회수하여 임치금보관계좌에 입금하였습니다.

채무자는 비품 및 시설장치 등을 조속히 환기하기 위하여 파산선고 즉시부터 약1개월간 새로운 임차인을 물색하여 (주)P&R Gourmet 및 (주)○○○○씨앤씨 등과 매각협의를 하였으나, 다소 높은 임대료와 레스토랑 매출의 불확실성 등의 사유로 결국 매수를 거절하여 협의가 결렬되었습니다.

채무자는 비품 및 시설장치 등에 대한 가압류 및 강제집행의 해지를 위한 제반 조치를 착수하였으며, 이 후 법원의 승인을 얻어 매각을 추진할 예정입니다.

채무자는 임차보증금 회수를 위하여 가압류 해지 등의 절차를 지속적으로 진행해 왔습니다.

나. 매각 가능한 자산의 평가

채무자의 매각 가능한 주요자산으로는 비품 및 시설장치와 임차보증금 등이 있습니다.

(1) 비품 및 시설장치

채무자가 소유하고 있는 비품 및 시설장치의 장부가액은 각각 79,003,765원, 403,264,702원입니다. 비품은 주로 그릇, 주방기구 등의 중고제품이고 시설장치는 주로 매장의 인테리어관련 부분으로 분리하여 매각하는 것이 어려우나, 새로운 매수자를 물색하여 적정가격에 매각토록 하겠습니다.

(2) 임차보증금

채무자가 제시한 임차보증금의 장부가액과 환가가능금액은 각각 400,000,000원,

279843,202원이나, 채무자는 (주)○○무역에 연체된 임대료 및 관리비와 건물의 원상회복비용 등에 대한 확인 작업 중에 있습니다.

다. 배당 전망

채무자가 실제 배당 예상가액으로 평가하여 추정한 회수가능 금액에서 신고 접수된 재단채권 86백만원을 우선 충당하고, 나머지를 파산채권자들에게 채권액 비율에 EK라 균등배당할 예정이나, 국민연금보험료 등의 재단채권이 증가할 가능성이 있어 배당률을 언급하기 어려운 상황입니다.

그러나 채무자는 최대한의 환가에 총력을 기울여 배당재원을 축적할 것입니다.

5. 향후 절차에 대하여

가. 처분 가능한 자산의 매각

채무자의 보유하고 있는 비품 및 시설장치를 법원의 승인을 득한 후 공정한 시장가격으로 조속히 매각토록 하겠습니다.

나. 배당의 실시

파산관재인은 최대한의 자산 환가를 위하여 총력을 기울임과 동시에, 배당이 가능한 시기를 앞당기도록 최선의 노력을 다하겠습니다.

6. 맺 음 말

파산관재인은 (주)○○○의 사건을 담당한 후 수많은 채권자를 고려하여, 본 사건에 대한 책임이 막중함을 느끼고 있습니다.

위에서 설명드린 바와 같이 앞으로는 파산재단의 자산 환가 및 분쟁에 관련된 사항을 공정하고도 신속하게 처리하겠으며, 이에 따라 파산채권자 제위께 빠른 시일 내에 공평한 업무처리로, 본 사건을 조기에 종료할 수 있도록 최대한의 노력을 다하겠습니다.

<붙임>

파산대차대조표

채무자(주)○○○

(단위: 원)

구분	20○○년 12월 31일	20○○년 4월 7일
[유동자산]	3,837,510	1,808,205
– 당좌자산	3,837,510	1,808,205
[비유동자산]	888,373,901	0
– 유형자산	482,268,467	0
– 무형자산	6,105,434	0
– 기타	400,000,000	100,000,000
자산총계	892,211,411	101,808,205
[유동부채]	1,547,478,631	3,245,060,466
[비유동부채]	1,300,000,000	0
부채총계	2,847,478,631	3,245,060,466
[자본금]	60,000,000	60,000,000
[결손금]	2,105,267,220	3,203,252,261
자본총계	−1,955,267,220	−3,143,252,261
자본 및 부채총계	892,211,411	101,808,205

* 보고일 현재 자산평가금액은 환가예상금액으로 표시하였고, 부채금액은 채권신고금액을 표시하였습니다.

Ⅱ. 파산채권 시·부인표

-목 차-

1. 파산채권 시·부인 기준

가. 용어의 정의

(1) 채무자회생 및 파산에 관한 법률을 이하 "법"이라 표현함.

(2) 채무자 (주)○○○를 이하 "채무자"로 표현함.

나. 공통사항에 대한 기준

(1) 첨부된 증빙서류의 내용과 일치되지 않는 신고채권은 이의함.

(2) 채권자가 일방적으로 조건을 변경한 신고채권에 대하여는 이의함.

(3) 계약의 하자 또는 불공정이 인정되는 신고채권에 대하여는 이의함.

(4) 증빙자료 미비로 채무자의 채무임을 확인할 수 없는 채권신고에 대하여는 이의함.

(5) 제출된 자료로 신고채권자가 진정한 채권자임을 확인할 수 없는 신고채권에 대하여는 이의함.

(6) 이자에 대한 기간 계산은 초일불산입, 말일산입을 기준으로 계산함.

(7) 파산선고 후의 이자채권은 후순위 파산채권으로 이의함.

다. 특정사항에 대한 기준

(1) 신고채권 중 이자채권은 별도의 약정이 있는 경우에는 그 약정에 의하고, 별도 약정이 없는 경우 상사법정이자 연 6% 이상은 이의함.

(2) 이자에 대한 연체이자는 이의함.

(3) 소송계류중인 채권은 이의함.

(4) 국세 및 지방세, 고용보험료, 국민건강보험료, 국민연금보험료 등은 재단채권이므로 이의함.

(5) 근로채권(임금, 퇴직금)은 재단채권이므로 이의함.

(6) 이중으로 신고된 채권은 이의함.

(7) 파산선고일 현재 미실현 우발채무로 신고된 보증채권은 추후(제척기간 내) 배당을 실시할 때까지 요건을 충족하지 못하면 배당에 참여할 수 없음을 전제로 정지조건부채권으로 시인함.

(8) 임차보증금 채권은 별제권 유사채권으로 이의함.

2. 파산채권 시부인 현황

가. 채권신고자

(단위: 원)

순번	접수번호	채권자명	채권의 종류	신고채권액	시인액			이의액	비고
					우선채권	일반채권	후순위채권		
1	1	○○세무서	국세	31,553,790				31,553,790	재단채권이므로 이의
2	2	○○무역	임대료	333,233,140				333,233,140	소송진행중으로 이의
3	3	○○○	대여금	227,468,400				227,468,400	소송진행중으로 이의
	18			308,500,000		200,000,000		108,500,000	출자금 등으로 이의
4	4	(주)○○도시가스	매매대금	785,470		752,660	32,810		파산선고 후의 연체금은 후순위채권으로 시인
5	5	(주)○○에이츠	공사대금	245,126,300		163,300,356		81,825,944	증거불충분으로 이의
6	6	○○유통(○○○)	매매대금	9,925,349		9,726,849		198,500	동산압류비용은 이의
7	7	(주)○○○	매매대금	6,987,400		6,987,400			
8	8	법무법인 ○○	법률용역비	11,000,000		11,000,000			
9	9	○○○	대여금	755,393,565		755,393,565			
10	10	○○○	대여금	616,480,546		616,480,546			
11	11	○○○	대여금	100,000,000		100,000,000			
12	12	(주)○○무역	매매대금	11,241,398		11,241,398			
13	13	○○○	대여금	100,000,000		100,000,000			
14	14	○○	대여금	100,000,000		100,000,000			
15	15	○○○	대여금	100,000,000		100,000,000			
16	16	○○○	대여금	200,000,000		200,000,000			
17	17	(주)○○○푸드	매매대금	5,204,840		5,204,840			
18	18	○○도기(○○○)	매매대금	9,415,230		9,415,230			
19	20	(유)○○유통	매매대금	4,387,791		4,387,791			
20	21	(주)○○에스	매매대금	4,361,307		4,361,307			
21	22	○○주차(○○○)	매매대금	9,900,000		9,900,000			
22	23	○○○	임금	3,360,847				3,360,847	재단채권이므로 이의
23	24	○○○	임금	4,581,952				4,581,952	재단채권이므로 이의
24	25	○○○	임금	2,886,907				2,886,907	재단채권이므로 이의
25	26	○○○	임금	8,211,823				8,211,823	재단채권이므로 이의
26	27	○○○	임금	2,524,650				2,524,650	재단채권이므로 이의
27	28	○○○	임금	1,108,587				1,108,587	재단채권이므로 이의
28	29	○○○	임금	672,010				672,010	재단채권이므로 이의
29	30	○○○	임금	775,000				775,000	재단채권이므로 이의
30	31	○○○	임금	8,711,037				8,711,037	재단채권이므로 이의
31	32	○○○	임금	4,604,650				4,604,650	재단채권이므로 이의
32	33	○○○	임금	6,215,850				6,215,850	재단채권이므로 이의
33	34	○○○	임금	5,462,204				5,462,204	재단채권이므로 이의
34	35	○○○	임금	709,720				709,720	재단채권이므로 이의
35	36	○○○	임금	507,440				507,440	재단채권이므로 이의
36	37	○○○	임금	3,269,980				3,269,980	재단채권이므로 이의
37	38	○○○	임금	493,283				493,283	재단채권이므로 이의
합계				3,245,060,466	0	2,408,151,942	32,810	836,875,714	

나. 채권신고 집계표

(단위: 원)

구분	건수	신고금액	시인액	이의액	비고
재단채권	17	85,649,730		85,649,730	
파산채권	20	3,159,410,736	2,408,184,752	751,225,984	
합계	37	3,245,060,466	2,408,184,752	836,875,714	

대전지방법원 제 ○○ 파산부
사 건 : 20○○하합○○ 파산선고
채무자 : (주)○○○

계산보고서

20○○. 7. 7.

채무자 (주)○○○
파산관재인 ○○○

계산보고서

채무자(주)○○○의 파산관재인 변호사 ○○○은 20○○.6.30. 최후배당을 실시함으로서 파산 관재 임무가 종료되었기에 채무자 회생 및 파산에 관한 법률 제365조에 의거 다음과 같이 계산보고서를 제출합니다.

20○○. 7. 7.

채무자 (주)○○○
파산관재인 ○○○

목 차

Ⅰ. 수지계산보고서

Ⅱ. 최종 업무 보고서

Ⅰ. 수지계산보고서

사건번호 : 20○○하합○○호 파산선고
채무자 : (주)○○○

위 사건에 관하여 파산관재인은 다음과 같이 수지계산 내용을 보고합니다.

- 다 음 -

1. **임차보증금 회수**
   파산관재인은 20○○.5.16. 파산 전 채무자의 매장(○○동 소재)에 대한 임차보증금 잔액 금165,320,943원을 회수하여 파산재단 임치금계좌에 입금조치하였습니다.

2. **통장 잔고 회수**
   파산관재인은 파산 전 채무자의 보통예금계좌의 잔고 금1,808,205원을 회수하여 임치금계좌에 입금조치 하였습니다.

3. 파산관재인이 파산절차 진행 중 총 환가 회수한 금액은 금182,168,032원이며, 이중 파산 관재 업무 비용으로 금13,832,830원을 집행하였습니다.

4. 파산관재인은 조세 등의 재단채권 합계금액 금103,533,540원을 변제하였고, 파산채권에 대하여는 금64,801,662원을 배당하였는바, 파산채권에 대한 총 배당률을 2.459%로, 제1회 채권자 집회시 환가를 기대할 수 있는 자산이 미미하여 예상배당률을 제시하지 않았습니다.

상세한 수입, 지출 내용은 다음과 같습니다.

▣ 수지계산서 (20○○.2.16 ~ 20○○.7.7)

구 분	금 액(원)	비 고
1. 총 수입액	182,168,032	
(1) 임차보증금 회수	165,320,943	○○동 소재

(2) 통장 잔고 회수	1,808,205	
(3) 이자 수익	38,884	
(4) 파산선고 당시의 예치금	15,000,000	
2. 총 지출액	182,168,032	
(1) 절차비용	82,830	채권신고서 등 송달료
(2) 재단채권 변제	103,533,540	조세 외
(3) 관재인 보수	13,750,000	
(4) 파산 배당금	64,801,662	
3. 잔금	0	

Ⅱ. 최종 업무보고서

1. 파산신청부터 현재까지의 경과

◇ 20○○.2.16 – 파산선고(사건번호 20○○하합○○)
대전지방법원 제○○파산부로부터 파산선고를 받았으며,
파산법원은 파산관재인으로 변호사 ○○○을 선임.
(관할법원 : 대전지방법원 제○○파산부)

◇ 20○○.2.25 – 파산결정에 따른 채권신고최고서 송달

◇ 20○○.3.16 – 파산채권신고서 접수

◇ 20○○.4.7 – 제1회 채권자집회
(채권자 ○○세무서 외 36명)
(대전지방법원청사 제1호 법정)
▷ 총 채권신고액 : 3,245,060,466원
– 시인액 : 2,408,184,752원
– 부인액 : 836,875,714원

◇ 20○○.5.16 – 임차보증금 회수
(금165,320,943원 회수 입금)

◇ 20○○.5.20 – 재단채권 변제
(○○세무서외 20 : 금103,533,540원)

◇ 20○○.5.26 – 최후배당 실시 허가신청
(대전지방법원 제○○파산부)

◇ 20○○.5.30 – 배당공고(인터넷 대법원 홈페이지)

◇ 20○○.6.1 - 최후배당에 관한 제외기간 결정 및 파산관재인의 임무종료에 따른 계산보고를 위한 채권자집회의 소집 결정
(최후배당 제외기간 : 20○○.6.14까지)
(채권자집회 소집일 : 20○○.7.7(목)15:20
대전지방법원청사 별관 제1호 법정)

◇ 20○○.6.22 - 최후배당 통지
(채권자 ○○○ 외 19건)

◇ 20○○.6.30 - 최후배당 실시
▷ 배당참가 채권액 : 금 2,635,620,342원(일반채권)
▷ 배당금액 : 금64,801,662원
▷ 최후배당률 : 2,459%

◇ 20○○.6.30 - 최후배당 실시 결과 보고

◇ 20○○.7.4 - 관재 임무 종료 계산보고서 제출
(대전지방법원 제○○파산부)

◇ 20○○.7.7 - 파산종결 계산보고를 위한 채권자 집회
(대전지방법원청사 별관 제1호 법정)
- 파산 종결 선고 결정
- 파산 종결 공고

2. 관재인의 업무 내용

(1) 파산채권 시·부인 현황

① 제1회 채권자집회 당시 채권(20권) - 재단채권 제외

접수번호	채권자	신고액(원)	시인액(원)		이의액(원)	비고
			일반채권	후순위채권		
2	○○무역	333,233,140			333,333,140	소송진행 중으로 이의
3	○○○	227,468,400			227,468,400	소송진행 중으로 이의
18		308,500,000	200,000,000		108,500,000	출자금등으로 이의
4	(주)○○도시가스	785,470	752,660	32,810		파산선고 후의 연체금은 후순위채권으로 시인
5	(주)○○에이츠	245,126,300	163,300,356		81,825,944	증거불충분으로 이의
6	○○유통(○○○)	9,925,349	9,726,849		198,500	동산압류비용은 이의
7	(주)○○○	6,987,400	6,987,400			
8	법무법인 ○○	11,000,000	11,000,000			
9	○○○	755,393,565	755,393,565			

10	○○○	616,480,546	616,480,546			
11	○○○	100,000,000	100,000,000			
12	(주)○○무역	11,241,398	11,241,398			
13	○○○	100,000,000	100,000,000			
14	○○	100,000,000	100,000,000			
15	○○○	100,000,000	100,000,000			
16	○○○	200,000,000	200,000,000			
17	(주)○○○푸드	5,204,840	5,204,840			
19	○○도기(○○○)	9,415,230	9,415,230			
20	(유)○○유통	4,387,791	4,387,791			
21	(주)○○에스	4,361,307	4,361,307			
22	○○주차(○○○)	9,900,000	9,900,000			
합계		3,159,410,736	2,408,151,942	32,810	751,225,984	

(2) 배당현황

(단위 : 원, %)

회차	배당일자	채권종류	배당참관채권액	배당률	배당금액
최후배당	20○○.6.30	일반채권	2,635,620,342	2.459	64,801,662

(3) 소송현황

순번	원고	피고	사건번호	금액(원)	목적	관할법원	결과
1	○○○	(주)○○○	20○○가합222222	221,600,000	대여금	대전지방법원	원고의소취하
2	(주)○○무역	(주)○○○	20○○가단111111	35,262,379	건물명도등	대전지방법원	원고의소취하

(4) 환가현황

구 분	금 액(원)	비 고
이자수익	38,884	예치금 이자수익
임차보증금회수	165,320,943	○○동 소재
통장잔고회수	1,808,205	
예납금	15,000,000	파산선고시
수입합계	182,168,032	

(5) 자산포기현황
해당사항 없음

3. 채권자 집회 이후 업무

(1) 파산 종결 선고
(2) 파산 종결 공고

4. 재무 현황(비교 대차 대조표)

(단위: 원)

구분	20○○년 12월 31일	20○○년 4월 7일	20○○년 7월 7일
[유동자산]	3,837,510	1,808,205	0
- 당좌자산	3,837,510	1,808,205	0
[비유동자산]	888,373,901	0	0
- 유형자산	482,268,467	0	0
- 무형자산	6,105,434	0	0
- 기타	400,000,000	100,000,000	0
자산총계	892,211,411	101,808,205	0
[유동부채]	1,547,478,631	3,245,060,466	3,076,725,264
[비유동부채]	1,300,000,000	0	0
부채총계	2,847,478,631	3,245,060,466	3,076,725,264
[자본금]	60,000,000	60,000,000	60,000,000
[결손금]	2,105,267,220	3,203,252,261	3,136,725,264
자본총계	−1,955,267,220	−3,143,252,261	−3,076,725,264
자본 및 부채총계	892,211,411	101,808,205	0

대전지방법원 제○○파산부
사건번호 20○○하합○○파산선고

출 석 상 황 및 의 결 표

(계산 보고 집회)

20○○년 7월 7일

채무자 주식회사 ○○○
파산관재인 변호사 ○○○

출석상황 및 의결표

채무자(주)ㅇㅇㅇ(20ㅇㅇ하합ㅇㅇ)

(단위: 원)

순번	접수 번호	채권자명	신고채권액	시인액			이의액	출석상황				의결사항			
				우선채권	일반채권	후순위채권		본인	날인	대리인	날인	1안	2안	3안	4안
1	1	ㅇㅇ세무서	31,553,790				31,553,790								
2	3	ㅇㅇㅇ	227,468,400		227,468,400		227,468,400								
	18		308,500,000		2,000,000,		108,500,000								
3	4	(주)ㅇㅇ도시가스	785,470		752,660	32,810									
4	5	(주)ㅇㅇ에이츠	245,126,300		163,300,356		81,825,944								
5	6	ㅇㅇ유통(ㅇㅇㅇ)	9,925,349		9,726,849		198,500								
6	7	(주)ㅇㅇㅇ	6,987,400		6,987,400										
7	8	법무법인 ㅇㅇ	11,000,00		11,000,000										
8	9	ㅇㅇㅇ	755,393,565		755,393,565										
9	10	ㅇㅇㅇ	616,480,546		616,480,546										
10	11	ㅇㅇㅇ	100,000,000		100,000,000										
11	12	(주)ㅇㅇ무역	11,241,398		11,241,398										
	13	ㅇㅇㅇ	100,000,000		100,000,000										
	14	ㅇㅇ	100,000,000		100,000,000										
	15	ㅇㅇㅇ	100,000,000		100,000,000										
15	16	ㅇㅇㅇ	2,000,000,000		2,000,000,000										
16	17	(주)ㅇㅇㅇ푸드	5,204,840		5,204,840										
17	19	ㅇㅇ도기(ㅇㅇㅇ)	9,415,230		9,415,230										
18	20	(유)ㅇㅇ유통	4,387,791		4,387,791										

순번	접수번호	채권자명	신고채권액	시인액			이의액	출석사항				의결사항			
				우선채권	일반채권	후순위채권		본인	날인	대리인	날인	1안	2안	3안	4안
19	21	(주)○○에스	4,361,307		4,361,307										
20	22	○○주차(○○○)	9,900,000		9,900,000										
21	23	○○○					3,360,847								
22	24	○○○					4,581,952								
23	25	○○○					2,886,907								
24	26	○○○					8,211,823								
25	27	○○○					2,524,650								
26	28	○○○					1,108,587								
	29	○○○					672,010								
28	30	○○○					775,000								
29	31	○○○					8,711,037								
30	32	○○○					4,604,650								
31	33	○○○					6,215,850								
32	34	○○○					5,462,204								
33	35	○○○					709,720								
34	36	○○○					507,440								
35	37	○○○					3,269,980								
36	38	○○○					493,283								
합계			2,911,827,326	0	2,635,620,342	32,810	503,642,574								

사건번호 : 대전지방법원 20○○하합○○

기본내용

사건번호	20○○하합○○	사건명	파산선고
신청인	주○○○○○○○○○○○		
재판부	제○○파산부(나) (전화:042-000-0000)		
접수일	20○○.01.13		20○○.07.07 종결
송달료, 보관금 종결에 따른 잔액 조회			

최근기일내용

일 자	시각	기일구분	기일장소	결과
20○○.01.21	10:30	심문기일	대전지방법원청사 제201호 심문실	종결
20○○.04.07	14:45	채권자집회·채권조사기일	대전지방법원청사 제201호 심문실	종결
20○○.07.07	15:20	집회기일	대전지방법원청사 제201호 심문실	

·최근 기일 순으로 일부만 보입니다. 반드시 상세보기로 확인하시기 바랍니다.

최근 제출서류 접수내용

일 자	내 용
20○○.06.30	파산관재인 ○○○ 최후배당실시결과보고 제출
20○○.07.04	신청인 주○○○○○○○○○○○ 계산보고서 제출
20○○.07.04	파산관재인 ○○○ 출석상황 및 의결표 제출
20○○.07.12	신청대리인 법무법인 ○○ 열람 및 복사신청 제출

·최근 제출서류 순으로 일부만 보입니다. 반드시 상세보기로 확인하시기 바랍니다.

당사자내용

구분	이름	결정문송달일
신청인	1. (주)○○○	

대리인내용

구분	이름
신청인	법무법인 ○○(담당변호사: ○○○)

사건번호 : 대전지방법원 20○○하합○○

기본내용

사건번호	20○○하합○○	사건명	파산선고
신청인	(주)○○○		
재판부	제○○파산부 (전화:042-000-0000		
접수일	20○○.01.13		20○○.07.07 종결

진행내용

일자	내용	결과
20○○.01.28	신청인대리인 법무법인 ○○ 보정서 제출	
20○○.02.11	신청인대리인 법무법인 ○○ 보정서 제출	
20○○.02.17	파산관재인 ○○○ 법인인감변경신고 제출	
20○○.02.17	파산관재인 ○○○ 임치금보관장소지정신청 제출	
20○○.03.04	채권자 ○○○ 채권신고서 제출	
20○○.03.04	채권자 ○○○ 채권신고서 제출	
20○○.03.08	채권자(○○○) 채권신고서 제출	
20○○.03.08	신청인 (주)○○○ 파산관재인 임치금특약체결결과보고 제출	
20○○.03.08	채권자 ○○○ 채권신고서 제출	
20○○.03.11	채권자 ○○○ 채권신고서 제출	
20○○.03.14	신청인 (주)○○○ 파산결정에 따른 채권신고의 최고 제출	
20○○.03.14	채권자 ○○○ 채권신고서 제출	
20○○.03.14	채권자 ○○○ 채권신고서 제출	
20○○.03.14	채권자 ○○○ 채권신고서 제출	
20○○.03.14	채권자 ○○○ 채권신고서 제출	
20○○.03.15	신청인대리인 ○○○ 보정서 제출	
20○○.03.15	채권자 (유)○○○○○○ 채권신고서 제출	
20○○.03.15	채권자 ○○○ 채권신고서 제출	
20○○.03.15	채권자 ○○○ 채권신고서 제출	
20○○.03.15	채권자 ○○○ 채권신고서 제출	
20○○.03.15	채권자 ○○○ 채권신고서 제출	
20○○.03.15	채권자 ○○○ 채권신고서 제출	

20○○.03.15	채권자 ○○○ 채권신고서 제출	
20○○.03.16	채권자(○○○) 채권신고서 제출	
20○○.03.16	채권자 ○○○ 채권신고서 제출	
20○○.03.16	채권자 ○○○ 채권신고서 제출	
20○○.03.16	채권자 ○○○ 채권신고서 제출	
20○○.03.16	채권자 ○○○ 채권신고서 제출	
20○○.03.16	채권자 ○○○ 채권신고서 제출	
20○○.03.16	채권자(○○○○○○) 채권신고서 제출	
20○○.03.16	채권자(○○○○○○○○) 채권신고서 제출	
20○○.03.16	채권자 ○○○ 채권신고서 제출	
20○○.03.16	신청대리인 법무법인 ○○ 소송위임장 제출	
20○○.03.16	채권자 법무법인 ○○ 소송위임장 제출	
20○○.03.16	채권자 ○○ 채권신고서 제출	
20○○.03.16	채권자 ○○○ 채권신고서 제출	
20○○.03.16	채권자 ○○○ 소송위임장(담당변호사지정서)제출	
20○○.03.16	채권자 ○○○ 채권신고서 제출	
20○○.03.16	채권자 ○○○ 소송위임장(담당변호사지정서)제출	
20○○.03.16	채권자 ○○○ 채권신고서 제출	
20○○.03.16	채권자 ○○○ 채권신고서 제출	
20○○.03.16	채권자 ○○○ 채권신고서 제출	
20○○.03.16	채권자 ○○○ 채권신고서 제출	
20○○.03.16	채권자 ○○○ 채권신고서 제출	
20○○.03.16	채권자 ○○○ 채권신고서 제출	
20○○.03.16	채권자 ○○○ 소송위임장(담당변호사지정서 제출)	
20○○.03.16	채권자 ○○○ 소송위임장(담당변호사지정서 제출)	
20○○.03.16	채권자(○○○) 채권신고서 제출	
20○○.04.04	파산관재인 ○○○ 파산관재인보고서 제출	
20○○.04.12	파산관재인 ○○○ 예납금출금신청 제출	
20○○.04.13	파산관재인 ○○○ 예납금출금신청관련보정서 제출	
20○○.04.22	파산관재인 ○○○ 건물원상회복공사허가신청서 제출	
20○○.05.02	파산관재인 ○○○ 비품의 매각 및 건물원상회복공사 제출	
20○○.05.02	파산관재인 ○○○ 임차보증금 회수에 대한 허가신청 제출	

20○○.05.04	파산관재인 ○○○ 이의철회에대한보고 제출	
20○○.05.17	파산관재인 ○○○ 이의철회에대한결과보고 제출	
20○○.05.17	파산관재인 ○○○ 재단채권승인 및 임치금반환신청서 제출	
20○○.05.17	파산관재인 ○○○ 보수결정 위한 소명자료제출 제출	
20○○.05.17	파산관재인 ○○○ 예납금편입신청 제출	
20○○.05.20	채권자(○○○) 채권신고취하서 제출	
20○○.05.23	파산관재인 ○○○ 재단채권변제결과보고 제출	
20○○.05.23	파산관재인 ○○○ 임치금반환신청서 제출	
20○○.05.26	파산관재인 ○○○ 최후배당허가신청서 제출	
20○○.05.26	파산관재인 ○○○ 최후배당공고촉탁신청 제출	
20○○.06.01	파산관재인 ○○○ 제외기간결정공고신청 제출	
20○○.06.01	파산관재인 ○○○ 임치금반환신청서 제출	
20○○.06.01	신청인 (주)○○○ 보정서 제출	
20○○.06.09	파산관재인 ○○○ 임치금반환신청서 제출	
20○○.06.30	파산관재인 ○○○ 최후배당실시결과보고 제출	
20○○.07.04	신청인 (주)○○○ 계산보고서 제출	
20○○.07.04	파산관재인 ○○○ 출석상황 및 의결표 제출	
20○○.07.12	신청인대리인 법무법인 ○○ 열람 및 복사신청 제출	

[사례 2] 법인파산 (제조업 – 빌딩주차시스템 제어)

20○○ 년 질 호

<table>
<tr><td colspan="4">○○지방법원
파 산 사 건 기 록
제1책</td></tr>
<tr><td>사건번호</td><td>20○○ 하합 ○○○</td><td>재판부</td><td>파산부</td></tr>
<tr><td>사 건 명</td><td colspan="3">파산선고</td></tr>
<tr><td>신 청 인</td><td colspan="3">주식회사 ○○○○
대리인 법무법인 ○○○○ 담당변호사 ○○○</td></tr>
<tr><td>채 무 자</td><td colspan="3">주식회사 ○○○○</td></tr>
<tr><td>파산관재인</td><td colspan="3"></td></tr>
<tr><td>감사위원</td><td colspan="3"></td></tr>
</table>

완 결 공 람	담 임	과 장	국 장	재 판 장	원 장
			공 람 생 략	전 결	

[서식 1] 파산 및 동시폐지 신청서(표지)

파산선고신청서

신청인 겸 채무자 주식회사 ○○○○

사 건 번 호	20○○하합○○○
배당순위번호	1
재 판 부	제○○부(단 독)
주 심	나

첨부할 인지액		
첨부한 인지액		
송 달 료		
비고		인

부산지방법원 파산부 귀중

○○시 ○○구 ○○로 ○○-○ **법무법인 ○○○○**
전화 : ○○○-○○○○-○○○○
팩스 : ○○○-○○○○-○○○○

송달료(예납)납부서(법원제출용)

은행번호: 11-2223344-0

<table>
<tr><td rowspan="6">납부당사자사용란</td><td>법원명</td><td colspan="3">○○○○지방법원(000210)</td><td>사건번호</td><td></td></tr>
<tr><td>성명</td><td colspan="3">주식회사 ○○○○</td><td>금액</td><td>000,000원</td></tr>
<tr><td>주소</td><td colspan="3"></td><td>우편번호</td><td></td></tr>
<tr><td rowspan="3">잔액환급
계좌번호</td><td>①신한계좌입금</td><td>○○은행</td><td></td><td>계좌번호</td><td>11122223333</td></tr>
<tr><td rowspan="2">②타은행계좌입금</td><td colspan="2"></td><td>계좌번호</td><td></td></tr>
<tr><td>예금주</td><td></td><td>전화번호</td><td>010-0000-1111</td></tr>
</table>

위 사건에 관하여 송달료를 납부합니다.

○○지방법원 귀중

20○○. ○. ○.(17:34:06)

납부자: 주식회사 ○○○○ (인)

[서식 2] 파산 및 동시폐지 신청서

파산선고신청서

신청인 주식회사 ○○○○
겸 부산 ○○구 ○○로 ○○○-○ 1층
채무자 대표이사 ○○○

위 신청인의 대리인 법무법인 ○○○○ 담당변호사 ○○○
부산 ○○구 ○○로 ○○-○ ○○빌딩 2층
전화: ○○○)○○○○-○○○○, 팩스: ○○○)○○○○-○○○○

신 청 취 지

신청인을 파산자로 한다.
라는 결정을 구합니다.

신 청 원 인

Ⅰ. 채무자 회사의 개요

신청인 회사는 20○○. 01. 05. 주식회사 ○○○○라는 상호로 부산 ○○○구 ○○로 ○○○-○번지에 본점을 두고, 빌딩주차시스템 제조업, CCTV 및 출입통제시스템 제조업, 빌딩주차 관련 용품 유지 보수업 등을 주업종으로 하여 설립된 자본금 50,000,000원의 주식회사입니다(소갑 제1호증의 1).

그리고 신청인 회사의 신청일 현재 ① 사업목적, ② 회사의 연혁, ③ 자회사, ④ 자본금 및 주주의 구성, ⑤ 임직원 구성 및 노동조합의 상황, ⑥ 회사의 현황 및 영업소 등의 시설, ⑦ 사업 감독관청 등에 관한 사항은 다음과 같습니다.

1. 회사의 사업목적

신청인 회사가 신청일 현재 영위하고 있는 사업목적은 아래와 같이 빌딩주차시스템, CCTV 시스템 및 출입통제시스템 등을 개발, 제조, 설치 및 판매하는 것을 사업목적으로 하고 있습니다(소갑 제1호증의 1).

사 업 목 적
· 빌딩주차 시스템 제조업 · CCTV 및 출입통제시스템 제조업 · 빌딩주차 및 출입통제시스템 도·소매업 · 소프트웨어 개발 및 공급업 · 빌딩주차 관련 용품 유지 보수업 · 위 각호 관련된 부대하는 사업일체

2. 회사의 연혁

신청인 회사가 법인설립시부터 현재까지의 회사연혁은 아래와 같습니다(소갑 제1호증의 2).

20○○	05	▪ '빌딩용 차단기' 관련 특허권(특허 제○○-1000000)취득
20○○	12	▪ '직접생산확인증명' 인증 취득
	06	▪ '차량번호 인식시스템 등' 관련 특허권(특허 제○○-20000000) 취득
	04	▪ '빌딩 안전 차단기' 관련 특허권(특허 제○○-30000000호) 취득
20○○	12	▪ '벤처기업' 인증 취득
	11	▪ '○○홀더' 관련 특허(특허 제○○-40000000호) 취득
	09	▪ '빌딩용 차단기' 관련 특허권(특허 제○○-50000000) 취득 ▪ '빌딩 안전 차단기용 2색 LED바' 관련 특허권(특허 제○○-50000000)취득
	07	▪ '방송통신기기' 인증 취득
	25	▪ 품질경영시스템 인증 취득
	01	▪ 주식회사 ○○○○ 자체 웹사이트 구축 ▪ 주식회사 ○○○○ 법인설립

3. 자회사, 관계회사 현황

신청인 회사는 신청일 기준으로 자회사 및 관계회사의 경우 존재하지 않습니다.

4. 회사의 자본 및 주주의 구성

가. 자본금 현황

신청인 회사는 20○○. 01. 05. 주식회사 ○○○○라는 상호로 자본금 50,000,000원으로 설립되었고, 신청일 기준으로 회사가 발행하는 주식의 총수는 10,000주입니다(소갑 제1호증의 1).

나. 신청인 회사의 주주현황 및 보유주식 수, 보유금액, 지분율 등은 아래와 같습니다(소갑 제2호증).

성 명	주식종류	1주금액	수 량	보유금액	지분율	관 계
○○○	보통주식	5,000원	5,000주	25,000,000원	50%	본인
○○○	보통주식	5,000원	5,000주	25,000,000원	50%	이사
합계			10,000주	50,000,000원	100%	

5. 회사의 임직원 구성 및 노동조합의 상황 등

신청인 회사는 대표이사 ○○○, 이사 ○○○, 감사 ○○○ 등의 임원과 개발부, 기술부, 영업부, 관리부 등의 종업원들이 각 근무하였습니다(소갑 제1호증의 1,2). 그러나 현재 대표이사를 포함한 모든 임직원들이 경영악화로 모두 순차적으로 퇴사하여 현재 신청인 회사에 재직하고 있는 임직원은 단 한명도 없는 상태입니다.

가. 임원구성

신청인 회사의 임원은 대표이사 ○○○, 이사 ○○○, 감사 ○○○ 등이 재직하였지만(소갑 제1호증의 1), 위 임원들의 경우 모두 퇴사한 상태입니다.

직 위	성 명	주민등록번호	취임(중임)일자	재직여부
대표이사	○○○	123456-1******	20○○. 01. 25.	퇴사
이 사	○○○	123457-1******	20○○. 01. 25.	
감 사	○○○	123458-1******	20○○. 01. 25.	

나. 종업원 구성

신청인 회사의 종업원은 20○○. 8. 30. 기준으로 ① 개발부의 ○○○ 실장, ② 기술부의 ○○○ 부장 등이 재직 중에 있었지만, 위 종업원들의 경우 영업소의 폐쇄와 동시에 모두 퇴사한 상태입니다.

부 서	업 무	직원수	성명	재직여부
개발부	프로그램 개발 기구설계	1	○○○	퇴사
기술부	제품 조립 제품 설치 유지보수	1	○○○, ○○○ ○○○	
영업부	마케팅기획 고객관리 영업관리	0	○○○	

관리부	원부자재 구매 총무인사 관리 경리회계	0	○○○	

한편, 신청인 회사에 근무하고 있던 기술부의 ○○○ 과장, ○○○ 과장, ○○○ 주임, 영업부의 ○○○ 대리, 관리부의 ○○○ 사원 또한 모두 신청인 회사의 영업소의 폐쇄 전에 모두 퇴사하였습니다.

다. 노동조합의 상황

신청인 회사에는 20○○. 01. 05. 회사 설립일부터 신청일 현재까지 노동조합이 결성되거나 해체된 사실이 없습니다.

6. 회사의 현황 및 영업소 등의 시설

신청인 회사는 본사 사무실 이외에 특별히 운영하고 있던 영업소나 지점 등은 없습니다.

사 업 장	소 재 지	비 고
본 사	부산 ○○구 ○○로 ○○○-○ 1층	본사

7. 사업 감독관청

신청인 회사를 관리·감독하는 사업 감독관청은 부산지방노동청 ○○지청과 ○○세무서 등입니다.

사 업 장	감 독 관 청
본 사	부산지방노동청 ○○지청, ○○세무서

Ⅱ. 업무의 상황

1. 주요 영업 종목

신청인 회사는 빌딩주차시스템(○○시스템, 리모콘 시스템, 요금정산 시스템, 차번인식 시스템, 신호관제 시스템)의 개발, 제조, 설치 및 판매하는 사업을 주축으로 하여 CCTV 시스템 및 출입통제시스템 등 사업도 병행하였습니다(소갑 제1호증의 3).

2. 주요 거래처 등

신청인 회사의 ① 주요 구매처는 빌딩주차시스템, CCTV 시스템, 출입통제 시스템 등을 개발 및 제조에 필요한 제품과 부품을 공급하는 세진컴테크, 세정판금, 플러스테크 등이고, ② 주요 거래처는 빌딩주차시스템, CCTV 시스템, 출입통제시스템 등을 설치하는 아파트단지, 각 회사, 주차장 및 기타 공공기관 등 이었습니다.

Ⅲ. 자산·부채의 상황[1)]

신청인 회사는 신청일 현재 자산 및 부채 현황은 각 기재 내용과 같은 바, 이를 개략적으로 요약하면 다음과 같습니다.

1. 자 산

신청인 회사가 신청일 현재까지 유동자산으로서 62,878,556원을, ② 비유동 자산으로서 41,628,159원을 각 보유하고 있고, 그 자산의 총 합계금의 경우 103,506,715원에 이릅니다.

가. 유동자산

1) 당좌 자산

(1) 현금 및 예금 등

신청인 회사가 보유하고 있는 당좌자산으로서 ① 현금의 경우 보관하고 있지 않으며, ② 보통예금의 경우 우체국 및 ○○은행 보통예금통장에 25,078원을(소갑 제5호증의 1,2), ③ 정기적금·부금의 경우 중소기업은행 예금통장에 11,372,530원을(소갑 제5호증의 3 및 소갑 제5호증의 5) 각 보유하고 있습니다.

종 류	은행명(보관자)	금 액	비 고
보통예금	우체국	18,290원[2)]	예대상계금 없음
	○○은행	7,608원	
정기적금	○○은행	872,530원	
정기부금		10,196,268원	
합 계			11,094,696원

(2) 매출채권

신청인 회사가 CCTV 시스템 및 출입통제시스템 등을 설치, 판매 및 납품하는 과정에서 신청외 (주)○○○○, ○○주차장, ○○○○○, ○○시스템, ○○보안시스템 및 ○○○○○관리위원회 등에게 발생한 매출채권의 경우 총 49,475,200원에 이르지만(소갑 제6호증의 1 내지 4), 신청일 현재까지 위 거래처들의 지급지연 등으로 미회수 된 채권들로 남아 있습니다.[3)]

종 류	거래처명	금 액	비 고
외상매출금	(주)○○○○	36,200,000원	진행중 공사금액
	○○주차장	165,000원	채무자 지급 지연
	○○○○○	110,000원	

	ㅇㅇ시스템	10,000,000원	
	ㅇㅇ보안시스템	200원	
	ㅇㅇㅇㅇㅇ관리위원회	3,000,000원	
합계			49,475,200원

(3) 기타미수금

신청인 회사가 추후 환급 받을 것으로 예상되는 미수금은 신청외 ① ㅇㅇ세무서 및 ㅇㅇ구청의 중도퇴사자연말정산환급금 1,299,100원(소갑 제4호증의 5), ② 기타의 건강보험료환급금 9,560원 등입니다(소갑 제4호증의 5).

종 류	대상자	금 액	비 고
환급금	ㅇㅇ세무서	1,189,780원	중도퇴사자연말정산
	ㅇㅇ구청	109,320원	
	기타	9,560원	건강보험료환급금
합계			1,308,660원

종 류	은행명(보관자)	금 액	비 고
보험예치금	ㅇㅇ은행	2,092,338원	
합 계			2,092,338원

2) 유형 자산

신청인 회사는 신청일 현재 보유하고 있는 유형자산으로서 차량운반구인 카렌스(자동차등록번호 ㅇㅇ더ㅇㅇㅇㅇ)와 스포티지(자동차등록번호 ㅇㅇ너ㅇㅇㅇㅇ)를 각 보유하고 있습니다(소갑 제8호증의 1, 2 및 소갑 제4호증의 5).

종 류	차량 구분	금 액	비 고
차량운반구	카렌스 ㅇㅇ더ㅇㅇㅇㅇ	12,236,935원	저당권설정 중
	스포티지 ㅇㅇ너ㅇㅇㅇㅇ	18,477,086원	
합 계			30,714,021원

3) 무형 자산

신청인 회사가 보유하고 있는 특허권의 경우 환가가능금액을 정확히 산정할 수 없으나(소갑 제9호증의 1 내지 5), 현재 온라인 특권매매장터에서 특허권의 경우 최저

가격이 약 1,470,300원으로 거래되고 있으므로(참고자료 1), 신청인 회사가 보유하고 있는 위 특허권들을 보수적으로 계산하더라도 최소 8,821,800원(1,470,300원*6건) 정도로 환가가능할 것으로 예상됩니다.

권 리	발명의 명칭	등록번호	환가 가능금액
특허권	정전시에 자동으로 열리는 차량용 차단기	특허 제10-1000000호	8,821,800원
	차량 안전 차단기용 2색 LED바	특허 제10-2000000호	
	○○홀더	특허 제10-3000000호	
	백래쉬가 방지되는 차량용 차단기	특허 제10-4000000호	
	차량번호 인식시스템 및 그 인식방법	특허 제10-5000000호	
	안정성과 내구성을 가미한 차량용차단기	특허 제10-6000000호	
합 계			8,821,800원

한편, 신청인 회사의 '재무상태표'상에 평가되어 있는 개발비 69,361,902원의 경우 차단기, 차단인식기를 개발, 제조 및 생산하는 과정에서 직원들의 인건비를 임의로 계상한 것이므로, 신청인 회사의 무형자산으로서 개발비의 경우 '재무상태표' 상에 형식적으로 존재하는 항목입니다.

4) 기타 비유동 자산

신청인 회사가 보유하고 있던 임대보증금 10,000,000원의 경우 20○○. 1. 경부터 20○○. 8.경까지의 기간 동안 차임을 연체하여 대부분 상쇄되었던 바, 신청일 현대 임대보증금 잔액의 경우 0원입니다(소갑 제10호증의 1,2).

종 류	보증금	연체차임	보증금잔액
	주 소		
	10,000,000원	11,440,000원	0원
	부산시 ○○구 ○○로 ○○○-○ 1층		
합 계			0원

2. 부 채

신청인 회사가 신청일 현재까지 ① 유동부채로서 428,486,069원을, ② 비유동부채로서

63,202,338원을 각 부담하고 있고, 그 부채의 총 합계금의 경우 491,688,407원에 이릅니다.

가. 유동 부채

1) 은행차입 채무

신청인 회사는 신청일 현재까지 은행차입 채무로서 ○○은행에 부담하고 있는 대출금 잔액의 경우 147,000,000원에 이릅니다(소갑5호증의 4).

채권자	채무의 원인	채무액(대출잔액)	비 고
○○은행	차입금	10,000,000원	약정이자 발생 중
		20,000,000원	
		27,000,000원	
합 계			147,000,000원

2) 기타채무

신청인 회사는 신청일 현재까지 기타 채무로서 ○○카드(주)와 ○○○외 1명에게 부담하고 있는 미지급 카드대금 및 미지급 경비의 경우 12,954,293원에 이릅니다(소갑11호증).

채권자	채무의 원인	채무액	비고
○○카드(주)	법인카드 이용액	10,419,103원	현재 연체 중
○○○	미지급 경비	2.,459,850원	
○○○	미지급 경비	2,459,850원	
합 계			12,954,293원

3) 일반상거래 채무

신청인 회사는 CCTV 시스템 및 출입통제시스템 등을 개발, 제조, 설치 및 판매하기 위하여 ○○테크, ○○컴테크, ○○종합전기상사 등에게 각종 원재료 등을 구매한 후 미지급한 물품대금의 경우 129,684,218원에 이릅니다(소갑 제4호증의 5).

채권자	채무의 원인	채무액	비고
○○테크	물품 구매 대금	247,500원	법정이자 발생 중
○○컴테크		23,880,400원	
○○종합전기상사		851,067원	

○○컴퓨터		3,014,000원	
(주)○○이엔지		5,540,000원	
○○테크		612,821원	
○○○○		3,465,000원	
○○볼트상사		1,142,680원	
○○상사		4,003,900원	
○○판금		40,844,000원	
○○○테크		10,327,000원	
○○시스템		528,000원	
(주)○○○○○		1,780,000원	
(주)○○○○월드		245,300원	
○○통신		220,000원	
○○기업		3,652,000원	
○○시스템		5,028,000원	
(주)○○○		572,000원	
○○정보기술(주)		1,860,000원	
○○테크		3,190,000원	
○○마그네틱		2,542,000원	
(주)○○○일렉트로닉스		2,615,000원	
(주)○○○○		386,000원	
○○기공		471,350원	
○○금속		2,125,200원	
(주)○○전자		1,127,500원	
(주)○○시스템		1,481,700원	
(주)○○케이디이		1,166,000원	
○○테크		6,765,000원	
합 계			129,684,218원

그리고 신청인 회사가 법인을 경영하는 과정에서 발생한 각종 공과금 및 자동차 할부비용 등을 연체하는 동안 발생된 미결제 잔대금의 경우 34,932,634원에 이릅니다(소갑 제4호증의 5).

채권자	채무의 원인	채무액	비고
○○종합광고	각종 공과금	55,000원	
○○브로드밴드(주)		42,479원	
(주)케이티		46,410원	
(주)○○솔루션		712,800원	
○○전력공사		50,770원	
(사)○○계량측정협회		19,656원	
(주)○○○관리신문사		2,640,000원	
○○○세무사사무소	세무기장료	201,000원	
○○자동차(주)	자동차할부금	31,164,519원	
합 계			34,932,634원

4) 임금 채무

신청인 회사는 임금채무로서 임직원 ○○○외 5명에게 미지급하고 있는 급여 및 퇴직금은 아래와 목록과 같으며, 신청일 현재까지 잔존하고 있는 급여 및 퇴직금 등 임금 채무의 경우 74,335,044원에 이릅니다(소갑 제4호증의 5).

채권자	채무의 원인	채무액	비고
○○○	20○○년 4월~8월분의 급여	16,244,080원	
	퇴직금	11,864,348원	
○○○	20○○년 3월~5월분의 급여	5,829,926원	
	퇴직금	6,289,907원	
○○○	20○○년 3월~7월분의 급여	11,881,838원	
○○○	20○○년 2월~8월분의 급여	6,772,720원	
	퇴직금	2,762,052원	
○○○	20○○년 7월~8월분의 급여	5,598,280원	
	퇴직금	1,698,552원	
○○○	20○○년 7월~8월분의 급여	1,800,261원	
	퇴직금	3,593,080원	
합 계	급여 48,127,105원	74,335,044원	
	퇴직금 26,207,939원		

5) 조세채무

신청인 회사는 조세채무로서 ○○구청 및 ○○세무서에게 주민세, 갑근세 및 부가가치세로 13,188,220원을 부담하고 있습니다(소갑12호증의 1,2).[4]

<table>
<tr><td>채권자</td><td colspan="2">채무의 원인</td><td>채무액</td><td>비고</td></tr>
<tr><td rowspan="5">○○구청</td><td colspan="2">주민세</td><td>64,670원</td><td></td></tr>
<tr><td colspan="2">자동차세</td><td>31,720원</td><td></td></tr>
<tr><td colspan="2">지방소득세(법인세분)</td><td>43,510원</td><td></td></tr>
<tr><td colspan="2">지방소득세(특별징수분)</td><td>143,920원</td><td></td></tr>
<tr><td colspan="2">불법주차과태료</td><td>80,000원</td><td></td></tr>
<tr><td rowspan="2">○○세무서</td><td>근로소득세(갑)</td><td>부가가치세</td><td rowspan="2">12,824,700원</td><td rowspan="2"></td></tr>
<tr><td>806,700원</td><td>12,018,000원</td></tr>
<tr><td>합 계</td><td colspan="3"></td><td>13,188,220원</td></tr>
</table>

6) 공공보험채무

신청인 회사는 공공보험채무로서 ○○연금관리공단 및 ○○건강보험공단, ○○복지공단에게 16,391,660원을 부담하고 있습니다(소갑13호증의 1 내지 5).[5]

<table>
<tr><td>채권자</td><td>채무의 원인</td><td>채무액</td><td>비 고</td></tr>
<tr><td>○○건강보험공단</td><td>건강보험료</td><td>7,381,070원</td><td></td></tr>
<tr><td>○○연금관리공단</td><td>연금보험료</td><td>7,707,760원</td><td></td></tr>
<tr><td rowspan="2">○○복지공단[6]</td><td>고용보험료</td><td>764,090원</td><td></td></tr>
<tr><td>산재보험료</td><td>538,740원</td><td></td></tr>
<tr><td>합 계</td><td colspan="2"></td><td>16,391,660원</td></tr>
</table>

나. 비유동 부채

1) 장기 차입 채무

신청인 회사는 ○○기업진행공단에게 부담하고 있는 장기 차입금 채무의 경우 61,110,000원에 이릅니다(소갑14호증).

<table>
<tr><td>채권자</td><td>채무의 원인</td><td>채무액</td><td>비고</td></tr>
<tr><td>○○기업진흥공단</td><td>차입금</td><td>61,110,000원</td><td>약정이자 발생 중</td></tr>
<tr><td>합 계</td><td colspan="2"></td><td>61,110,000원</td></tr>
</table>

2) 퇴직보험 충당 채무

신청인 회사는 ○○○외 3명에 대하여 퇴직보험 충당 채무로서 2,092,338원을 부담하고 있습니다(소갑5호증의 2).

채권자	채무의 원인	채무액	비 고
○○○외 3명	퇴직연금	2,092,338원	약정이자 발생 중
합 계			2,092,338원

Ⅳ. 파산원인의 존재 및 회사가 파산에 이르게 된 사정

1. 지급불능 상황

신청인 회사는 직원들이 순차적으로 퇴사한 후 계속적인 기업 활동을 영위하지 않아 변제기에 도래한 채무를 일반적, 계속적으로 변제할 수 없는 지급불능의 상황에 있습니다.

2. 채무초과 사실

신청인 회사는 신청일 현재 자산의 경우 임대보증금, 예금, 매출채권 등 환가 가능한 자산의 평가금액이 금103,506,715원인 반면, 부채의 경우 일반차입채무, 일반상거래채무, 은행차입채무 등으로서 부담하고 있는 채무의 평가 금액은 금491,688,407원에 이르는바, 부채의 총액이 자산의 총액을 초과하는 채무초과의 상태에 처해 있습니다.

3. 재정적 파탄에 이르게 된 사정 및 그 경과

신청인 회사는 빌딩주차시스템의 개발, 제조, 설치 및 판매하는 사업을 주축으로 하는 법인으로서 그 기술력을 인정받아 벤처기업 및 품질경영시스템의 인증을 취득하는 등 동종업계에서 촉망받던 기업이었습니다. 그러나 사회·경제적 환경이 급변함에 따라 동종 업계 내에도 영업경쟁이 심화되었고, 이는 결국 신청인 회사의 매출감소로 이어 졌습니다. 즉, 이러한 매출감소는 신청인 회사의 영업이익의 감소와 회사의 재무상태를 악화시키는 직접적인 원인이 되었습니다.

그 결과, 신청인 회사는 매달 경영 운영자금을 차입해야 할 정도로 자금 유동성 악화되어 재정적 어려움을 더욱 더 가중되었고, 이로 인하여 신청인 회사는 각종 공과금, 임대료, 임금조차도 지급 못할 정도로 경영상 어려움을 겪어 오다가, 결국 20○○. 9.경 최종적으로 폐업을 결심하게 되었습니다(소갑 제15호증).

4. 소 결

결과적으로, 신청인 회사는 신청일 현재 경영활동에 필요한 유동성이 고갈되어 더 이상 정상적인 영업을 지속할 수 없는 절박한 한계에 도달하였고, 이로 인하여 현재 변제기가 도래한 채무를 변제 하지 못하는 지급불능 상황에 처해 있는 한편, 자산 대비 부채 또한 급증하여 채무초과 상태를 면하지 못하고 있는 실정입니다.

Ⅴ. 신청시 상황

1. 사업계속의 유무

신청인 회사는 수년 간 본사내에서 개발부, 기술부, 영업부, 관리부 등을 각 운영, 존속하여 왔지만, 경영수지 악화 등으로 인하여 현재 모든 임직원의 퇴사한 직후 사업장을 모두 폐쇄한 후 폐업처리 하였던바(소갑 제15호증), 기존에 경영하여 왔던 사업 등을 계속적으로 영위할 수 없는 상황입니다.

2. 종업원의 경우

종업원에 대한 일방적인 해고는 없었으며, 종업원이 임의 퇴직하는 경우 신청인 회사는 근로기준법 및 회사 내부규정을 준수하였습니다.

3. 부채정리 상황

신청인 회사는 신청일 현재 부담하고 있는 채무에 대하여 특정 채권자에게만 임의로 부채를 정리한 사실이 없으며, 채권자들에 의한 사적 채권자 집회도 없었습니다.

4. 자산처분 현황

신청인 회사는 20○○. 1. 경부터 20○○. 8.경까지 기간 동안 연체한 차임 일부를 상쇄하는 조건으로 냉온풍기, 냉장고, 책상, PC, 모니터 등 사무실 집기 등을 임대인 ○○○에게 양도한 사실이 있습니다(소갑 제10호증의 2).

5. 현금, 법인인감, 장부 등의 중요서류의 소재 및 보관 상황

신청인 회사는 ① 회계장부, 각종 대장, 계약서 등 중요 서류들의 경우 법무법인 ○○(부산 ○○구 ○○로 ○○-○ ○○빌딩 소재)에 보관 중에 있고, ② 법인인감, 법인인감카드, 각종 통장 등 주요 인장들의 경우 신청인 회사의 대표이사 ○○○이 직접 관리·보관하고 있습니다.

6. 파산관재인 보조자로서 회사 임직원 선임 가능 여부

신청인 회사는 경영악화로 인하여 대표이사를 제외한 전 임직원이 퇴사한 관계로 파산관재인이 선임될 경우 파산관재인의 보조자로서 업무를 수행할 수 있는 임직원은 없는 상황입니다.

7. 기 타

가. 소송 현황

일반 채권자들이 신청일 현재까지 신청인 회사를 상대로 가압류, 압류 등 소송을 제기한 사실은 없습니다.

Ⅵ. 결 론

결론적으로, 신청인 회사는 ① 변제능력이 부족하여 변제기가 도래한 채무를 일반적,

계속적으로 변제할 수 없는 지급불능의 상황에 있고, ② 부채의 총액이 자산의 총액을 초과하는 채무초과의 상태에 처해 있는 바, 파산신청의 실질적인 요건으로서의 파산의 원인이 존재한다 할 수 있습니다.

따라서 신청인 회사에 대한 파산결정이 선고되어 ① 채권자 및 기타 이해관계인들의 재산상의 피해를 최소화하고, ② 파산관재인에 의하여 보다 공정하고 투명하게 채무자의 자산을 환가하여 배당받을 수 있도록 조속히 파산결정을 내려주시기 바랍니다.

소 명 방 법

1. 소갑 제1호증의 1	법인등기부등본
1. 소갑 제1호증의 2	회사소개서
1. 소갑 제1호증의 3	홈페이지 출력물
1. 소갑 제2호증	주주명부
1. 소갑 제3호증의 1	재무상태표(제1기)
1. 소갑 제3호증의 2	손익계산서(제1기)
1. 소갑 제3호증의 3	이익잉여금처분계산서(제1기)
1. 소갑 제3호증의 4	제조원가명세서(제1기)
1. 소갑 제4호증의 1	재무상태표(제2기, 제3기)
1. 소갑 제4호증의 2	손익계산서(제2기, 제3기)
1. 소갑 제4호증의 3	결손금처리계산서(제2기, 제3기)
1. 소갑 제4호증의 4	제조원가명세서(제3기)
1. 소갑 제4호증의 5	재무상태표의 명세서(제3기)
1. 소갑 제5호증의 1	계좌조회서(우체국)
1. 소갑 제5호증의 2 내지 4	계좌조회서(○○은행)
1. 소갑 제5호증의 5	은행조회발급내역조회서(○○은행)
1. 소갑 제6호증의 1 내지 4	세금계산서
1. 소갑 제7호증의 1 내지 19	KGB택배 송장
1. 소갑 제8호증의 1, 2	각 자동차등록원부(카렌스, 스포티지)
1. 소갑 제9호증의 1 내지 5	특허증
1. 소갑 제10호증의 1	상가월세계약서
1. 소갑 제10호증의 2	확인서
1. 소갑 제11호증	BC카드 청구서
1. 소갑 제12호증의 1,2	각 고지서(○○구청, ○○세무서)
1. 소갑 제13호증의 1	고지내역조회서

1. 소갑 제13호증의 2	개인별 건강보험 고지산출내역서
1. 소갑 제13호증의 3	개인별 연금보험 고지산출내역서
1. 소갑 제13호증의 4	개인별 고용보험 고지산출내역서
1. 소갑 제13호증의 5	개인별 산재보험 고지산출내역서
1. 소갑 제14호증	직접대출 정보조회(○○기업진흥공단)
1. 소갑 제15호증	폐업시실증명
1. 소갑 제16호증	정관
1. 소갑 제16호증	이사회의사록

참 고 자 료

1. 참고자료 특허권매매장터 상표/서비스표 가격표
1. 위 입증방법 각 1부
1. 위임장 1부
1. 담당변호사지정서 1부
1. 납부서 1통

20○○. ○. ○.

신청인의 대리인
법무법인 ○○○○
담당변호사 ○○○ (인)

○○지방법원 파산부 귀중

---

1) 신청인 회사의 자산·부채의 상황은 '제3기 재무상태표'를 기준으로 기술하였습니다. 단 '제3기 재무상태표'상의 과목 중 일부 과목은 조회기간(20○○. 9. 21. 기준)에 따라 변동되는 항목이 존재하므로, 이에 대해서는 별도의 각주 형식으로 자세히 표시하였습니다.
2) 우체국 보통예금은 '제3기 재무상태표'상에 17,470원으로 기재되어 있습니다.
3) 외상매출금은 일부 업체에서 금액을 변제받은 것이 존재하는 경우 기존 세금계산서와 다를 수 있습니다.
4) 조세채무는 '재무상태표'상에 일부 반영이 되지 않은 것이 있고, 금액과 다소 차이가 있습니다.
5) 공공보험채무는 '재무상태표'상에 일부 반영이 되지 않은 것이 있고, 금액과 다소 차이가 있습니다.
6) 근로복지공단의 고용/산재보험료는 '재무상태표'상에 반영이 되지 않은 금액입니다.

등기번호	111111
등록번호	111111-2222222

등기사항전부증명서(말소사항포함)[제출용]

상 호	주식회사 ○○○○	
본 점	부산 ○○구 ○○로 ○○○-○ ○○빌딩 1층	
	부산 ○○구 ○○로 ○○○-○ 1층	20○○.04.29 변경 20○○.05.07 등기

공고방법 ○○시내에서 발행하는 일간 ○○경제신문에 게재 한다.	

1주의 금액 금 5,000원	

발행할 주식의 총수 40,000주	

발행주식의 총수와 그 종류 및 각각의 수	자본의 총액	변 경 연 월 일 등 기 연 월 일
발행주식의 총수 10,000주 보통주식 10,000주	금 50,000,000원	

목 적

1. 주자관제 시스템 제조업
1. CCTV 및 출입통제시스템 제조업
1. 빌딩주차 및 출입통제시스템 도·소매업
1. 소프트웨어 개발 및 공급업
1. 빌딩주차 관련용품 유지 보수업
1. 각 호에 관련된 부대하는 사업일체

임원에 관한 사항

이사 ○○○ 123456-1******
대표이사 ○○○ 123456-1****** 부산 ○○구 ○로 ○○○ 주공아파트 111-1111
대표이사 ○○○ 123456-1****** 부산 ○○구 ○로 ○○○ 주공아파트 222-2222
20○○년 04월 24일 주소변경 20○○년 08월 30일 등기
대표이사 ○○○ 123456-1****** 부산 ○○구 ○로 ○○○ 주공아파트 333-3333

20○○년 10월 23일 주소변경 20○○년 08월 30일 등기 대표이사 ○○○ 123456-1****** 경상남도 ○○시 ○○로 ○○○-○ 동아주택-111 20○○년 08월 23일 주소변경 20○○년 08월 30일 등기
이사 ○○○ 123457-1******
감사 ○○○ 123458-1******

회사성립연월일	20○○년 01월 05일

등기기록의 개설 사유 및 연월일 설립 20○○년 01월 05일 등기

수수료 800원 영수함 ---이하여백---

관할등기소: ○○지방법원 상업등기소/발행등기소: 법원행정처 등기정보중앙관리소

이 증명서는 등기기록의 내용과 틀림없음을 증명합니다.[다만 신청이 없는 지점·지배인에 관한 사항의 기재를 생략하였습니다]

20○○ 년 09월 21일

법원행정처 등기정보중앙관리소 전산운영책임관

*실선으로 그어진 부분은 말소(변경·경정)된 등기사항입니다.

*등기사항증명서는 컬러로 출력 가능함.

[인터넷 발급] 문서 하단의 바코드를 스캐너로 확인하거나, 인터넷등기소(http://iros. go.kr)의 발급확인 메뉴에서 발급확인번호를 입력하여 위·변조 여부를 확인할 수 있습니다. 발급확인번호를 통한 확인은 발행일부터 3개월까지 5회에 한하여 가능합니다.

주 주 명 부

주주명	주민등록번호	주소	보유 주식수	1주 금액	합계금액	구성비	비고
○○○	123456-1******	부산 ○○구 ○○로 ○○아파트 ○○○-○○○○	5,000	5,000	25,000,000원	50%	
○○○	123457-1******	부산 ○○구 ○○로 주공아파트 ○○○-○○○	5,000	5,000	25,000,000원	50%	
합 계			10,000		50,000,000		

위 주주명부는 본사에 비치된 주주명부와 대조하여 틀림이 없음을 증명합니다.

20○○년 08월 30일

주식회사 ○○○○
부산 ○○구 ○○로 ○○○-○ ○○빌딩 1층
대 표 이 사 ○ ○ ○ (인)

재 무 상 태 표

제 2기 20○○년 12월 31일 현재
제 1기 20○○년 12월 31일 현재

과 목	제 2(당)기		제 1(전)기	
	금 액		금 액	
자 산				
Ⅰ. 유동자산		374,754,857		214,325,740
(1) 당좌자산		256,384,551		151,739,390
현 금		4,835,302		39,460
보통 예금		1,266,266		12,685,273
기타제예금		7,961,658		4,006,574
정기예적금		5,022,530		6,000,000
외상매출금		200,327,270		72,818,900
미수 수익		0		2,187,852
선급금		36,090,330		53,181,331
가지급금		0		820,000
선납세금		911,195		0
(2) 재고자산		118,370,306		62,586,350
상품		1,412,000		623,000
제품		37,960,000		49,095,000
원재료		78,998,306		12,868,350
Ⅱ. 비유동자산		168,062,310		72,743,027
(1) 투자자산		2,526,038		0
퇴직보험예치금		2,526,038		0
(2) 유형자산		51,596,000		15,300,000
차량운반구		37,936,000		2,140,000
비품		13,660,000		13,160,000
(3) 무형자산		103,940,272		47,443,027
특허권		14,894,872		9,428,343
개발비		89,045,400		38,014,684
(4) 기타비유동자산		10,000,000		10,000,000
임차보증금		10,000,000		10,000,000
자산총계		542,817,167		287,068,767
부 채				
Ⅰ. 유동부채		390,265,553		210,327,600
외상매입금		152,551,290		48,487,702

미지급금		35,472,726		2,156,060
예수금		1,566,950		1,362,110
부가세예수금		16,508,123		10,232,266
가수금		22,431,332		22,260,832
단기차입금		120,000,000		100,000,000
미지급세금		41,403		3,146,462
미지급비용		41,693,729		22,682,168
Ⅱ. 비유동부채		72,526,038		0
장기차입금		70,000,000		0
퇴직보험충당부채		2,526,038		0
부채총계		462,791,591		210,327,600
자 본				
자본금		50,000,000		50,000,000
자본금		50,000,000		50,000,000
자본잉여금		0		0
자본조정		0		0
기타포괄손익누계		0		0
이익잉여금		30,025,576		26,741,167
미처분이익잉여금		30,025,576		26,741,167
(당기순이익)				
당기: 3,284,409원				
전기: 26,741,197원				
자본총계		80,025,576		76,741,167
부채와 자본 총계		542,817,167		287,068,767

손 익 계 산 서

제 2기 20○○년 1월 1일부터 20○○년 12월 31일까지
제 1기 20○○년 1월 1일부터 20○○년 12월 31일까지

회사명: 주식회사 ○○○○

과 목	제 2(당)기		제 1(전)기	
	금 액		금 액	
Ⅰ. 매출액		687,813,515		636,326,818
상 품 매 출	7,101,817		4,885,500	
제 품 매 출	674,183,516		618,226,318	
서비스매출	6,528,182		13,215,000	
Ⅱ. 매출원가		501,229,471		478,043,934
상품매출원가		5,363,000		2,159,500
기초상품재고액	623,000		0	
당기상품매입액	6,152,000		2,782,500	
기말상품재고액	1,412,000		623,000	
제품매출원가		495,866,471		475,884,434
기초제품재고액	49,095,000		0	
당기제품제조원가	484,731,471		524,979,434	
기말제품재고액	37,960,000		49,095,000	
Ⅲ. 매출총이익		186,584,044		158,282,884
Ⅳ. 판매비와관리비		175,135,224		125,434,254
임원급여			38,160,000	
직원급여			9,650,000	
상여금			0	
퇴직보험충당금전입			0	
복리후생비			5,895,171	
여비교통비			15,600	
접대비			11,634,610	
통신비			1,715,810	
전력비			802,013	
세금과공과금			4,393,939	
지급임차료			12,631,000	
보험료			841,850	
차량유지비			9,304,881	
운반비			98,500	
도서인쇄비			1,926,000	

사무용품비			201,650	
소모품비			2,509,583	
지급수수료			11,347,757	
광고선전비			13,391,517	
무형고정자산상각			914,373	
Ⅴ. 영업이익		11,448,820		32,848,630
Ⅵ. 영업외수익	350,093	351,842		2,238,303
이자수익	1,749		2,212,786	
잡이익			25,517	
Ⅶ. 영업외비용	7,977,344	8,060,815		
이자비용	83,471		8,060,815	
잡손실			1,950,817	
Ⅷ. 법인세차감 전 이익		3,739,847		29,890,039
Ⅸ. 법인세 등		455,438		3,148,872
법인세 등	455,438		3,148,872	
Ⅹ. 당기 순이익		3,284,409		26,741,167

이익잉여금처분계산서

제 2기 20○○년 1월 1일부터 20○○년 12월 31일까지
처분예정일 20○○년 3월 15일
제 1기 20○○년 1월 1일부터 20○○년 12월 31일까지
처분확정일 20○○년 3월 15일

회사명: 주식회사 ○○○○

과 목	제 2(당)기		제 1(전)기	
	금 액		금 액	
Ⅰ. 처분이익잉여금		30,025,576		26,741,167
1. 기이월미처분이익잉여금	26,741,167		0	
2. 회계정책변경의 누적효과	0		0	
3. 전기오류수정이익	0		0	
4. 전기오류수정손실	0		0	
5. 당기순이익	3,284,409		26,741,167	
Ⅱ. 임의적립금 등의 이입액		0		0
1.	0		0	
2.	0		0	
합 계		30,025,576		26,741,167
Ⅲ. 이익잉여금처분액		0		0
1. 이익준비금	0		0	
2. 기업합리화적립금	0		0	
3. 배당금	0		0	
가. 현금배당	0		0	
나. 주식배당	0		0	
4. 사업확장적립금	0		0	
5. 감채적립금	0		0	
6. 배당평균적립금	0		0	
Ⅳ. 차기이월미처분이익잉여금		30,025,576		26,741,167

제조원가명세서

제 2기 20○○년 1월 1일부터 20○○년 12월 31일까지
제 1기 20○○년 1월 1일부터 20○○년 12월 31일까지

회사명: 주식회사 ○○○○

과 목	제 2(당)기		제 1(전)기	
	금 액		금 액	
Ⅰ. 원재료비		241,014,911		320,307,696
기초원재료 재고액	12,868,350		0	
당기 원재료 매입액	307,144,867		333,176,046	
기말 원재료 재고액	78,998,306		12,868,350	
Ⅱ. 노무비		149,360,710		119,414,000
급여	133,260,710		118,754,000	
상여금	15,000,000		0	
잡금	1,100,000		660,000	
Ⅲ. 경비		94,355,850		85,257,738
복리후생비	20,223,130		14,201,273	
여비교통비	826,380		397,180	
통신비	3,890		0	
세금과공과금	6,612,340		3,800,490	
지급임차료	30,840		0	
보험료	4,714,946		1,723,876	
차량유지비	18,339,669		12,383,892	
운반비	4,264,448		3,242,900	
교육훈련비	16,000		0	
도서인쇄비	0		120,000	
소모품비	20,844,207		19,659,754	
지급수수료	0		380,000	
시험비	0		2,000,000	
잡비	400,000		0	
외주설치비	18,040,000		26,990,000	
보조재료비	0		358,373	
Ⅳ. 당기 총 제조 비용		484,731,471		524,979,434
Ⅴ. 기초재공품재고액		0		0
Ⅵ. 합계		484,731,471		524,979,434
Ⅶ. 기말재공품 재고액		0		0
Ⅷ. 타계정으로 대체액		0		0
Ⅸ. 당기제품 제조원가		484,731,471		524,979,434

보통예금명세서

회사명: 주식회사 ○○○○

상 대 처	적 요	금 액	비 고
○○은행(020) 우체국예금	20○○. 8월말 예금 20○○. 8월말 예금	7,608 17,470	
총 계		25,078	

정기예·적금명세서

회사명: 주식회사 ○○○○

상 대 처	적 요	금 액	비 고
○○은행(펀드-001) ○○은행(003-부금)	20○○ 정기적금 불입액 20○○ 정기부금 불입액	872,530 10,500,000	
총 계		11,372,530	

외상매출금명세서

회사명: 주식회사 ○○○○

상 대 처	적 요	금 액	비 고
(주)○○○○ ○○주차장 ○○○○○ ○○시스템 ○○보안시스템 ○○관리운영위원회	20○○ 외상대 잔액	36,200,000 165,000 110,000 10,000,000 200 3,000,000	
총 계		49,475,200	

미수수익명세서

회사명: 주식회사 ○○○○

상 대 처	적 요	금 액	비 고
대표이사	인정이자	1,966,228	
총 계		1,966,228	

미수금명세서

회사명: 주식회사 ○○○○

상 대 처	적 요	금 액	비 고
○○세무서 ○○구청 직원	중도퇴사자연말정산환급금 중도퇴사자연말정산환급금 건강보험료환급금	1,189,780 109,320 9,560	
총 계		1,308,660	

선급비용명세서

회사명: 주식회사 ○○○○

상 대 처	적 요	금 액	비 고
○○○	20○○ 선급비용	50,500,000	
총 계		50,500,000	

상품명세서

회사명: 주식회사 ○○○○

품 목	기초잔액	당기증가	당기감소	기말잔액
주차권 외	1,412,000	1,834,000	3,217,000	29,000
소 계	1,412,000	1,834,000	3,217,000	29,000

원재료명세서

회사명: 주식회사 ○○○○

품 목	기초잔액	당기증가	당기감소	기말잔액
차번호인식케이스 외	78,998,306	116,111,828	187,650,982	7,459,152
	78,998,306	116,111,828	187,650,982	7,459,152

퇴직보험예치금명세서

회사명: 주식회사 ○○○○

상 대 처	적 요	금 액	비 고
○○은행(연금-002)	퇴직연금	2,092,338	
총 계		2,092,338	

외상매입금명세서

회사명: 주식회사 ○○○○

상 대 처	적 요	금 액	비 고
○○테크		247,500	
○○컴테크		23,880,400	
○○종합전기상사		851,067	
○○컴퓨터		3,014,000	
(주)○○○○○	20○○ 외상대	5,540,000	
○○테크		612,821	
○○○○		3,465,000	
○○볼트상사		1,142,680	
○○전자		4,003,900	
○○판금		40,844,000	
○○○테크		10,327,000	
○○시스템		528,000	
(주)○○○○○		1,780,000	
(주)○○○○월드		245,300	
○○통신		220,000	
○○기업		3,652,000	
○○시스템		5,028,000	
(주)○○○		572,000	
○○정보기술(주)		1,860,000	
○○테크		3,190,000	
○○마그네틱		2,542,000	
(주)○○○일렉트로닉스		2,615,800	
(주)○○○○		386,000	
○○기공		471,350	
○○금속		2,125,200	
(주)○○전자		1,127,500	
(주)○○시스템		1,481,700	
(주)○○케이디이		1,166,000	
○○테크		6,765,000	
총 계		129,684,218	

미지급금명세서

회사명: 주식회사 ○○○○

상 대 처	적 요	금 액	비 고
○○종합광고	20○○. 미지급액	55,000	
직원		2,535,190	
○○브로드밴드(주)		42,479	
(주)케이티		46,410	
○○○세무사사무소		201,000	
(주)○○솔루션		712,800	
○○전력공사		50,770	
○○자동차(주)		31,164,519	
(사)○○계량측정협회		19,656	
(주)○○○관리신문사		2,640,000	
총 계		37,467,824	

부가세예수금명세서

회사명: 주식회사 ○○○○

상 대 처	적 요	금 액	비 고
○○세무서	20○○ 1기 확정부가세	11,004,110	
총 계		11,004,110	

가수금 명세서

회사명: 주식회사 ○○○○

상 대 처	적 요	금 액	비 고
대표이사	대표이사 가수금	2,519,671	
총 계		2,519,671	

단기차입금명세서

회사명: 주식회사 ○○○○

상 대 처	적 요	금 액	비 고
○○은행(대출)	차입금	100,000,000	
○○은행(대출)	차입금	20,000,000	
○○은행(대출)	차입금	27,000,000	
총 계		147,000,000	

미지급비용명세서

회사명: 주식회사 ○○○○

상 대 처	적 요	금 액	비 고
급여	20○○ 급여 미지급	74,335,044	
○○연금공단	20○○ 연금보험료 잔액	7,631,170	
○○건강보험공단	20○○ 건강보험료잔액	7,314,700	
○○세무서	갑근세 미지급	596,110	
○○구청	주민세 미지급	130,810	
법인카드	20○○ 법인카드대금	10,419,103	
총 계		100,426,937	

장기차입금명세서

회사명: 주식회사 ○○○○

상 대 처	적 요	금 액	비 고
○○기업진흥공단	차입금	61,110,000	
총 계		61,110,000	

퇴직보험충당부채명세서

회사명: 주식회사 ○○○○

상 대 처	적 요	금 액	비 고
직원	충당금설정액(퇴직연금)	2,092,338	
총 계		2,092,338	

무형자산감가상각비명세서

자산명	취득년월일	업종명	기초가액	당기증감	기말잔액	전기말상각 누계액	상각대상금액	년수	상각률	월수	당기상각비	당기말상각 누계액	미상각잔액
특 허 ○○-1000000	20○○.9.22	21제조업	2,808,607		2,808,607	432,093	3,240,700	10	0.100	12	324,070	324,070	2,484,537
특 허 ○○-2000000	20○○.9.22	21제조업	2,829,147		2,829,147	435,253	3,264,000	10	0.100	12	326,440	326,440	2,502,707
특 허 ○○-3000000	20○○.11.23	21제조업	2,820,749		2,820,749	372,551	3,193,300	10	0.100	12	319,330	319,330	2,501,419
특 허 ○○-4000000	20○○.4.22	21제조업	3,267,378		3,627,378	264,922	3,532,300	10	0.100	12	353,230	353,230	2,914,148
특 허 ○○-5000000	20○○.6.11	21제조업	3,168,991		3,168,991	196,309	3,365,300	10	0.100	12	336,530	336,530	2,832,461
특 허 권	소 계		14,894,872		14,894,872	1,701,128	16,596,000				1,659,600	1,659,300	13,235,272
차단기 (20○○-2)	20○○.12.31	21제조업	4,700,000		4,700,000	1,300,000	6,000,000	5	0.200	12	1,200,000	1,200,000	3,500,000
차번인식기 (20○○-1)	20○○.12.31	21제조업	25,582,884		25,582,884	7,076,116	32,659,000	5	0.200	12	6,531,800	6,531,800	19,051,084
차단기(20○○-1)	20○○.12.31	21제조업	58,762,516		58,762,516	995,974	59,758,490	5	0.200	12	11,951,698	11,951,698	46,810,818
개발비	소계		89,045,400		89,045,400	9,372,090	98,417,490				19,638,498	19,638,498	69,361,902
[합 계]	소계		103,940,272		103,940,272	11,073,218	115,013,490				21,343,098	21,343,098	82,597,174

유형자산감가상각비명세서

회사명: 주식회사 ○○○○

자산명	취득년월일	업종명	기초가액	당기증감	기말잔액	전기말상각누계액	상각대상금액	년수	상각률	월수	당기상각비	당기말상각누계액	이상각잔액
카렌스○○○○	20○○.4.20	13 제조업	17,498,000		17,498,000		17,498,000	5	0.451	8	5,261,065	5,261,065	12,236,935
스포티지○○○○	20○○.1.10		26,421,000		26,421,000		26,421,000	5	0.451	8	7,943,914	7,943,914	18,477,086
차량운반구	소계		43,919,000		43,919,000		43,919,000				13,204,979	13,204,979	30,714,021
합계	소계		43,919,000		43,919,000		43,919,000				13,204,979	13,204,979	30,714,021

특 허 증

특 허 제 10-1000000호 출원번호 제20○○-1000000호
출 원 일 20○○년 03월 26일
등 록 일 20○○년 09월 22일

발명의 명칭(TITLE OF THE INVENTION)
정전시에 자동으로 열리는 차량용 차단기

특허권자(PATENTEE)
주식회사 ○○○○(111111-2******)
부산 ○○로 ○○○-○ 1층

발명자(INVENTOR)
○○○(123456-2******)
경남 ○○시 ○○로 ○○○-○○ ○○빌라 222호

위의 발명은 「특허법」에 의하여 특허등록원부에 등록되었음을 증명합니다.
(THIS IS TO CERTIFY THAT THE PATENT IS REGISTER OF THE KOREAN INTELLECTUAL PROPERTY OFFICE.)

20○○년 09월 22일

특 허 청 장

<table>
<tr><td colspan="2">발급번호</td><td colspan="2" rowspan="2">폐업사실증명
(법인사업자)</td><td>처리기간</td></tr>
<tr><td colspan="2">1111-111-1111-111</td><td>즉 시</td></tr>
<tr><td colspan="2">상호(법인명)</td><td colspan="3">주식회사 ○○○○</td></tr>
<tr><td colspan="2">사업자등록번호</td><td colspan="3">222-22-22222</td></tr>
<tr><td colspan="2">성명(대표자)</td><td colspan="3">○○○</td></tr>
<tr><td colspan="2">주민(법인)등록번호</td><td colspan="3">111111-2222222</td></tr>
<tr><td colspan="2">사업장소재지</td><td colspan="3">부산 ○○구 ○○로 ○○○-○ 1층</td></tr>
<tr><td colspan="2">업태</td><td colspan="3">제조업/제조업/도소매</td></tr>
<tr><td colspan="2">종목</td><td colspan="3">빌딩주차정보통신장비/CCTV,출입통제시스템/빌딩주차외</td></tr>
<tr><td colspan="2">개업일</td><td colspan="3">20○○년 01월 05일</td></tr>
<tr><td colspan="2">휴업기간</td><td colspan="3"></td></tr>
<tr><td colspan="2">폐업일</td><td colspan="3">20○○년 8월 31일</td></tr>
<tr><td colspan="2" rowspan="2">공동사업자</td><td>성명(법인명)</td><td colspan="2">주민(사업자)등록번호</td></tr>
<tr><td>해당사항 없습니다.</td><td colspan="2"></td></tr>
<tr><td colspan="5"></td></tr>
<tr><td>담당부서</td><td>민원봉사실</td><td colspan="3" rowspan="3">위와 같이 증명합니다.

20○○년 09월 21일

○○세무서장 (인)</td></tr>
<tr><td>담당자</td><td>○○○</td></tr>
<tr><td>연락처</td><td>000-0000-0000</td></tr>
</table>

이사회의사록

일 시: 20○○년 08월 31일 (수) 오전 10시
장 소: 당 회사 본점 회의실

이사총수 2 명	출석이사수 2 명
감사총수 1 명	출석감사수 0 명

대표이사 ○○○은 의장석에 등단하여 위와 같이 출석하였으므로 본 회의는 적법하게 성립됨을 고하고 개회를 선언한다.

제 1 호 파산 선고 신청의 건

의장은, 당 회사가 현재 경영활동에 필요한 유동성이 고갈되어 더 이상 정상적인 영업을 지속할 수 없는 절박한 한계에 도달하여 변제기가 도래한 채무를 변제하지 못하는 지급불능상황에 직면하였음을 설명하고, 회사에 대한 파산의 선고를 법원에 신청하는 것에 대한 그 가부를 물은바, 참석이사 전원이 이의 없이 본안을 승인가결하다.

이상으로써 금일의 의안 전부 심의 종료하였으므로 의장은 폐회를 선언하고 출석한 이사가 기명날인하다.

20○○년 08월 31일

주식회사 ○○○○
의장 대표이사 ○○○ (인)
이사 ○○○ (인)

○○지 방 법 원
제○○파산부
결 정

사 건 20○○하합○○○ 파산선고
신 청 인 주식회사 ○○○○
(채 무 자) 부산 ○○구 ○○로 ○○○-○ 1층
대표이사 ○○○
대리인 법무법인 ○○○○ 담당변호사 ○○○

주 문

신청인은 이 결정을 송달받은 날로부터 5일 이내에 금 700만원을 예납하여야 한다.

이 유

채무자 회생 및 파산에 관한 법률 제303조를 적용하여 주문과 같이 결정한다.

20○○. ○. ○.

재 판 장 판 사 ○○○
판 사 ○○○
판 사 ○○○

[사례 3] 법인파산 (제조업 – 건축자재 도·소매업)

20○○ 년 질 호

<table>
<tr><td colspan="4">○○지방법원
파 산 사 건 기 록
제1책</td></tr>
<tr><td>사건번호</td><td>20○○ 하합 ○○○○</td><td>재
판
부</td><td>파산부</td></tr>
<tr><td>사 건 명</td><td colspan="3">파산선고</td></tr>
<tr><td>신 청 인</td><td colspan="3">주식회사 ○○유통
대리인 법무법인 ○○ 담당변호사 ○○○</td></tr>
<tr><td>채 무 자</td><td colspan="3">주식회사 ○○유통</td></tr>
<tr><td>파산관재인</td><td colspan="3"></td></tr>
<tr><td>감사위원</td><td colspan="3"></td></tr>
</table>

<table>
<tr><td rowspan="2">완 결
공 람</td><td>담 임</td><td>과 장</td><td>국 장</td><td>재 판 장</td><td>원 장</td></tr>
<tr><td></td><td></td><td>공 람
생 략</td><td>전 결</td><td></td></tr>
</table>

[서식 1] 파산 및 동시폐지 신청서(표지)

파 산 신 청 서

신청인(채무자) 주식회사 ㅇㅇ유통(111111-0000000)
대표이사 ㅇㅇㅇ

사 건 번 호	20ㅇㅇ하합ㅇㅇㅇㅇ
배당순위번호	
재 판 부	제 단독
주 심	다

ㅇㅇ지방법원 파산과 귀중

[서식 2] 파산 및 동시폐지 신청서

파 산 신 청 서

신청인 겸 채무자 주식회사 ○○유통(130111-0057588)
대표이사 ○○○
인천 ○○구 ○○○로 ○○○-○
대 리 인 법무법인 ○○
○○시 ○○구 ○○로 ○○○○-○
○○○○빌딩 ○○○호
(전화: 000-0000-0000, 팩스: 000-0000-0000)
e-mail: ssmmt@naver.com

신 청 취 지

채무자 주식회사 ○○유통을 파산자로 한다.
라는 결정을 구합니다.

신 청 원 인

Ⅰ. 채무자 회사의 개요

1. 회사의 설립 및 사업목적

신청인 겸 채무자(이하 '신청인'이라 합니다)는 20○○년 1월경 설립된 회사로서 이동식 주택 제조업, 건축자재 도·소매업, 내·외장공사 건설업, 주택건설업, 건축자재 및 외장재 제조업, 위 각호에 부대되는 사업일체 등을 사업목적으로 하고 있으며, 구체적인 사업내용은 데크재, 방부목, 구조재, 판재, 보드류, 창호재, 천정창, 문, 도어프레임, 몰딩, 등박스, 아트월, 사이딩, 단열제, 방습지, 지붕재, 루바, 계단제, 접이사다리, 욕실천장재, 인조석, 산호석, 대리석, 벤트류, 물받이, 목재 보강용 철물, 못, 오일스테인, 라티스, 울타리 등의 일반건축자재 및 아웃도어가구 등을 수입하여 유통하고 있습니다(소갑 제1호증 법인등기부등본, 소갑 제2호증 사업자등록증 참조).

2. 회사의 연혁

신청인의 연혁은 다음과 같습니다.

- 20○○년 1월 주식회사 ○○○○○ 창업
- 20○○년 1월 대표이사 ○○○ 취임

- 20○○년 본점소재지 ○○시 ○○구 ○○로에서 ○○시 ○○로 ○○○-○ ○으로 이전
- 20○○년 2월 주식회사 ○○유통으로 상호변경
- 20○○년 8월 대표이사 ○○○ 취임
- 20○○년 1월 본점소재지 ○○시 ○○구 ○○○로 ○○○-○으로 이전
- 20○○년 8월 최종부도
- 20○○년 11월 법인파산 신청

3. 자회사, 관계회사 현황
   신청인의 자회사, 관계회사는 없습니다.

4. 회사의 자본 및 주주의 구성
   신청인이 발행할 주식의 총수는 80,000주이고, 발행주식총수는 보통주식 40,000주(1주당 액면가 5,000원)로서, 신청일 현재 신청인의 총 납입자본금은 200,000,000원입니다(소갑 제1호증 법인등기부등본 참조).
   신청인의 주식소유 현황을 보면, 대표이사 ○○○이 전체 발행주식의 45%에 해당하는 18,000주, 이사 ○○○가 발행주식의 45%에 해당하는 18,000주, 배현수가 발행주식의 10%에 해당하는 4,000주를 각 소유하고 있습니다(소갑 제6호증의 주주명부 참조).

5. 회사의 임원 및 종업원 현황
   신청인의 임직원 현황은 10여명에서 점차적으로 퇴사하여 최종 부도일 20○○. 8. 26.자 이후 남아 있던 4명(영업부1명, 경리부1명, 자재출하부 2명) 전원 퇴사하였고 현재는 대표이사 ○○○과 이사 ○○○, 감사 ○○○만이 등재된 상황입니다(소갑 제1호증 법인등기부등본 참조).

6. 공장, 영업소 등의 시설
   신청인의 공장소재지 및 본점소재지는 인천 ○○구 ○○○로 ○○○-○번지이며, 보증금 2,000만원, 월 300만원의 임대차계약으로 영업활동을 하고 있었으나 현재 사업장과 보증금 등이 채권양수도 계약에 의해 넘어간 상태입니다(소갑 제11호증 건축자재양수도계약서 참조).

Ⅱ. 업무의 현황

1. 주요영업종목
   신청인은 주로 주거문화에 관련한 건축자재 등을 수입, 유통하는 회사로서, 구체적으로 영업종목은 다음과 같습니다.
   - 데크재(Deck Material)

- 방부목(Treated Lumber)
- 구조재(Farming Lumber)
- 판재(Engineered Wood)
- 보드류(Boards)
- 창호재(Windows)
- 천정창(Sky Light)
- 문(Door)
- 도어프레임(Door Frames)
- 몰딩(Moulding)
- 등박스(Lighting Box)
- 아트월
- 사이딩(Siding)
- 단열재&방습지(Insulation&Tyvek)
- 지붕재(Shingle)
- 루바(Wall Panel)
- 계단재(Stair)
- 접이사다리(Fold Access Ladder)
- 욕실천장재
- 인조석
- 산호석(Coral Stone)
- 대리석(Marble Tile)
- 벤트류(Vent)
- 물받이(Gutter System)
- 철물(Mega Tie)
- 못(Nails)
- 오일스테인(Stain)
- 라티스(Lattice)
- 울타리(Fence)(소갑 제5호증 회사소개서 참조)

2. 거래처

1) 구매처

거래처	담당자	전화
ㅇㅇ하우징	ㅇㅇㅇ	010-0000-0000
(주)ㅇㅇ하이텍	ㅇㅇㅇ	010-0000-0000

○○코리아	○○○	010-0000-0000
(주)○○○○○	○○○	010-0000-0000
(주)○○우드	○○○	010-0000-0000
○○○○	○○○	010-0000-0000
○○산업(주)	○○○	010-0000-0000
○○석유공업(주)	○○○	010-0000-0000
(주)○○○○코리아	○○○	010-0000-0000
(주)○○	○○○	010-0000-0000
○○○코리아(주)	○○○	010-0000-0000
(주)○○○	○○○	010-0000-0000
○○물류	○○○	010-0000-0000
○○우드	○○○	010-0000-0000
(주)○○산업	○○○	010-0000-0000
○○주택	○○○	010-0000-0000
(주)○○하우징	○○○	010-0000-0000

2) 판매처

거래처	담당자연락처	비고
(주)○○하이텍	010-0000-0000	
○○○○○	010-0000-0000	
○○하우징	010-0000-0000	
○○특수산업	010-0000-0000	
○○	010-0000-0000	
○○○플랜	010-0000-0000	
○○○○	010-0000-0000	
(주)○○○산업	010-0000-0000	
○○상사	010-0000-0000	
○○건업	010-0000-0000	
○○○○	010-0000-0000	
○○건축개발	010-0000-0000	
○○코아	010-0000-0000	
○○○하우스	010-0000-0000	
○○실업	010-0000-0000	
○○건설	010-0000-0000	
○○개발	010-0000-0000	

○○엔터프라이즈	010-0000-0000	
○○판넬	010-0000-0000	
○○합판상사	010-0000-0000	
○○○○	010-0000-0000	
○○○○○	010-0000-0000	
(주)○○	010-0000-0000	
○○전원주택	010-0000-0000	
○○샷시	010-0000-0000	
○○이앤씨	010-0000-0000	
○○목재	010-0000-0000	
○○방갈로	010-0000-0000	
○○알에프씨	010-0000-0000	
○○	010-0000-0000	
○○종합공사	010-0000-0000	
○○○○○	010-0000-0000	
○○	010-0000-0000	

3) 주거래 금융기관

주거래은행	주소	비고
(주)우리은행	인천 ○구 ○○로 ○○○	032-000-0000
(주)○○은행	인천 ○구 ○○로 ○-○	032-000-0000

Ⅲ. 자산, 부채의 상황

1. 자 산

1) 신청인의 최근 5년간 자산변동현황은 다음과 같습니다.

구분	20○○년	20○○년	20○○년	20○○년	20○○년
유동자산	1,616,064,322	1,894,876,653	1,912,985,718	2,316,501,016	1,884,205,190
당좌자산	529,485,892	630,367,919	590,656,436	978,517,380	498,963,388
1. 현금·예금	11,702,901	13,246,973	12,326,848	4,551,487	2,988,994
2. 단기금융상품	14,000,000	18,000,000	12,000,000	24,000,000	33,500,000
3. 매출채권	268,501,840	124,959,506	122,154,441	505,877,486	456,688,288
4. 단기대여금	195,000,000	436,000,000	0	0	0
5. 미수수익					266,410

6. 미수금	1,877,851	0	38,107	0	502,936
7. 선급금	21,352,685	200,000	4,137,040	4,088,407	5,016,760
8. 기타	17,050,615	37,961,440	440,000,000	440,000,000	0
재고자산	1,086,578,430	1,264,508,734	1,322,329,282	1,337,983,636	1,385,241,802
1. 상품	1,086,578,430	1,264,508,734	1,322,329,282	1,337,983,636	1,385,241,802
고정자산	161,028,157	161,028,157	162,028,157	165,208,457	194,568,457
투자자산	30,552,000	0	0	0	0
1. 보증금	30,552,000				
유형자산	130,476,157	130,476,157	130,476,157	133,656,457	143,016,457
1. 차량운반구	107,911,493	107,911,493	107,911,493	111,091,793	116,591,793
2. 기타	22,564,664	22,564,664	22,564,664	22,564,664	26,424,664
무형자산	0	0	0	0	0
기타비유동자산		30,552,000	31,552,000	31,552,000	51,552,000
1. 보증금		30,300,000	31,300,000	31,300,000	51,300,000
2. 기타		252,000	252,000	252,000	252,000
총 계	1,777,092,479	2,055,904,810	2,075,013,875	2,481,709,473	2,078,773,647

(소갑 제7호증 표준재무제표증명 참조)

2) 신청인의 20○○. 11. 현재의 자산은 다음과 같습니다.

항 목	금 액(원)	비 고
부동산	–	소유부동산 없음
임차부동산(보증금, 연체차임)	–	보증금 없음(채권양수도)
현금	–	없음
예금	–	없음
매출채권	2,195,184,045	
재고품	–	없음(채권양수도)
전화, 자동차, 유가증권, 출자금	–	없음(채권양수도)
기타	–	없음
총 계	2,195,184,045	

2. 부 채

1) 신청인의 최근 5년간 부채변동현황은 다음과 같습니다.

구 분	20○○년	20○○년	20○○년	20○○년	20○○년
유동부채	876,872,110	824,331,943	792,795,608	1,148,169,418	885,197,533
1. 매입채무	496,799,442	570,566,944	211,852,116	517,177,943	265,721,187
2. 지급어음			364,719,317	424,387,796	197,834,098

3. 미지급금			6,835,205	0	4,008,060
4. 예수금			478,748	586,480	385,600
5. 부가세예수금			6,110,222	7,392,506	8,248,588
6. 단기차입금	351,135,517	221,500,000	202,800,000	191,500,000	82,000,000
7. 미지급비용	0	0	0	6,728,693	0
8. 선수금	0	0		396,000	0
9. 기타	28,937,151	32,264,999			
고정부채	427,500,000	700,000,000	700,000,000	710,476,881	846,000,000
1. 장기차입금	427,500,000	700,000,000	700,000,000	710,476,881	846,000,000
2. 기타	0	0			
총 계	1,304,372,110	1,524,331,943	1,492,795,608	1,858,646,299	1,404,197,533

(소갑 제7호증 표준재무제표증명 참조)

2) 신청인의 20○○. 11. 현재의 부채는 다음과 같습니다.

항 목		금액(원)	비 고
금융권			
	1. 대여채무	848,224,562	○○은행, ○○은행, ○○기업중앙회
상거래채무			
	1. 외상대금	57,295,228	○○○코리아(주) 6
	2. 어음발행금	2,006,463,088	(주)○○하이텍외11
일반대여금			
	1. 차입금	950,946,001	○○하우징 외3
미지급임금·퇴직금		4,700,000	○○○, ○○○
체납중인 조세		61,000,000	부가세(2/4, 3/4분기)
공공보험료		3,000,000	4대보험료
총 계		3,931,628,879	

(소갑 제9호증 채권자목록 참조)

Ⅳ. 파산원인의 존재 및 회사가 파산에 이르게 된 사정

1. 지급정지상황

신청인은 20○○. 8. 26.자 어음을 막지 못해 최종 부도됨으로써 사실상 폐업 상태에 들어갔으며, 지급불능상태입니다.

2. 채무초과의 사실

신청인의 현재 자산은 2,195,184,045원이고, 부채는 3,931,628,879원으로 부채가 1,736,444,834원 정도 채무초과상태에 있습니다.

3. 재정적 파탄에 이르게 된 사정 및 그 경과

1) 신청인은 2000년 1월 (주)○○○○○로 창업하여 전원주택, 펜션, 일반건축에 필요한 건축자재를 수입, 유통을 목적으로 사업을 시작하였습니다. 처음 ○○시 ○○구 ○○로에서 시작하여 20○○년 이천시 ○○로 ○○○-○○로 이전 후 20○○년 1월 현재 사업장인 인천 ○○구 ○○○로로 이전하였습니다.

2) 신청인은 일반건축 및 전원주택시장의 확대 등으로 원만하게 사업을 운영하던 중 유럽에서 건축자재인 비닐사이딩 및 외벽재를 다량으로 수입하여 일시적인 자금경색이 발생하였고, 이로 인해 당시 ○○은행으로부터 4억 5천만원(신용보증기금 보증서발급)을 대출받아 운영자금으로 사용하였습니다.

3) 이후 20○○년 8월경 신청인의 주 거래처였던 ○○건업(주) 대표이사 ○○○이 사업부진으로 미국으로 도피하는 바람에 ○○건업(주)에 대한 외상매출 부실이 발생하였고, 또한 ○○산업(주)에 대해 신청인이 입보한 사실로 인해 ○○은행과 신용보증기금에 대해 대위변제를 하게 되면서 약 4억원의 손실이 발생되었습니다.

4) 이와 같은 어려운 상황과 함께 전반적인 시장침체로 인해 자금경색이 계속되어 이를 타개코자 20○○년경부터 어음을 발행하기 시작하였습니다. 그러던 중 기존 건축자재시장의 과다경쟁으로 인한 마진율 축소와 건축시장의 축소로 인해 영업 활동의 돌파구로 20○○년도부터 아웃도어가구유통을 신규 사업으로 시작하게 되었습니다.

5) 신청인은 아웃도어가구를 라오스와 파키스탄 등에서 수입하여 국내수유의 건축박람회를 통해 광고하고 전국 각지에 판매대리점을 구축하여 시장확대 및 영업에 매진하여 왔으나, 지속적인 자금경색에서 완전히 벗어나지 못하여, 20○○년경 동종업계 건축자재 제조업체인 ○○산업(대표 ○○○)과 거래를 시작하게 되었습니다.

6) 신청인 ○○산업에 어음융통과 자재판매로 자금조달과 매출확대를 목적으로 거래하였으나, 오히려 점차적으로 자금이 묶이게 되었고, 자금경색이 가중되었습니다. 신청인은 다른 거래처인 (주)○○에서 건축자재(아스팔트슁글)를 집중적으로 매입하여 ○○산업에 공급해 주었는데, 대금지급이 잘 되지 않자 (주)○○에서 자재공급을 중단하였습니다. 결국 ○○산업에게 약 20억원의 미수금을 막지 못해 신청인은 더욱 어려운 지경에 이르게 되었습니다.

7) 상황이 이렇게 되자 신청인의 대표이사로 재직하였던 이사 ○○○는 더 이상의 타개책을 찾지 못해, 현 대표이사인 ○○○에게 사업을 넘기고자 하여 대표직에서 물러났으나, 기존의 어음발행에 대한 것을 어느 정도 해결해 주어야 하고, 거래처들이 여전히 전 대표이사인 ○○○를 대표자로 인식하는 사정으로 현재까지 함께 운영하게 되었습니다.

8) 결정적으로 신청인이 파탄지경에 이르게 된 것은 신청인의 (주)○○에 대한 채무가 약 20억원에 이르고 있었던바, (주)○○는 신청인이 ○○산업과의 거래 등으로 인해

어려움에 처한 것을 알고 자기네와의 거래를 제의하였습니다. 즉 신청인의 전 대표이사 소유의 집과 전 대표이사의 배우자의 공장(시세합계 약 24억, 융자금 약 11억 제외하면 약 13억 상당)등을 양도해 주면, 향후 1년간 10억원 상당의 자재를 공급하여 주고, 이를 20○○년 말부터 10년간 2억 2천만원씩 분할 상환하는 조건으로 거래를 제의하였던 것입니다.

9) 이에 신청인의 전 대표이사는 어떡해서든 회사를 살리겠다는 일념으로 이에 동의하여, 집과 공장을 양도해 주었습니다. 하지만 이를 양도받은 (주)○○는 약속을 이행하지 않고, 차일피일 시간을 끌다가, 마지막으로 남아 있던 신청인의 자산인 재고와 사업장일체, 보증금을 요구하면서, 이를 넘겨주면 신청인의 어음 결제를 막아주겠다고 하여 우선 어음부도를 막고 사업은 다른 사업장을 빌려서라도 다시 할 수 있으리라 생각하여, 재고 등 일체의 자산을 넘겼으나, (주)○○는 약속했던 어음을 막아주지 않아 결국 20○○. 8. 26. 최종 부도되었던 것입니다.

Ⅴ. 신청시의 상황

1. 사업계속의 유무

현재 신청인은 아직 폐업을 신고하지는 않았지만 실제로 사업장과 각종 집기, 비품, 임차보증금 등이 전부 채권양수도계약에 의해 넘어간 상태로, 신청인의 사업은 사실상 폐업상태입니다(소갑 제11호증 건축자재양수도계약서 참조).

2. 종업원의 처우

신청인의 직원들은 최종부도일을 전후하여 전원 퇴사 처리되었고, 마지막까지 남아있는 영업부장과 경리사원은 채권양수도계약에 의해 고용 승계되어 근무하고 있습니다. 또한 위 2인에 대한 최종 급여 각 한 달분의 입금이 체불되어 있습니다.

3. 부채정리 상황

신청인의 ○○산업과의 거래에서 발생된 미수채권은 사실상 부실채권으로 회수가 거의 불가능하고, 이로 인해 (주)○○에게 약 20억원의 채무를 지게 된바, 이를 해결하는 방법으로 신청인의 전 대표이사 및 배우자의 개인재산을 비롯하여 신청인의 재고자산과 임차보증금, 사무실집기, 비품일체 등을 대물변제로서 양도함에 따라 일부변제는 되었으나, 이로 인해 신청인의 영업활동은 사실상 폐업으로 되었으며, 부도 등으로 파탄지경에 이르게 되었습니다.

4. 자산처분 상황

- 신청일 현재 남아있는 자산은 미수채권 약 21억원이 있습니다(소갑 제8호증 미수업체 현황 참조).
- 채권자 (주)○○와의 채권양수도 계약에 따른 재고 등 사업장 일체에 대한 자산은

(주)○○의 일방적인 강요 내지 속임수로 인한 것으로 부인권의 대상이라고 생각됩니다(소갑 제11호증 건축자재양수도계약서 참조).

5. 현금, 고가품, 장부, 등기서류, 대표이사 인감 등의 소재 및 보관상황
현재 신청인에게 현금, 고가품 등은 없으며, 장부 서류, 인감 등은 이사인 ○○○이 보관하고 있습니다.

6. 파산관재인이 선임될 경우 파산관재인의 보조자료 일할 수 있는 구 임직원의 범위
신청인 회사에 대표이사 ○○○과 이사 ○○○이 역할을 할 수 있습니다.

Ⅵ. 결 론

상기와 같은 사유로 인해 신청인은 채무자회생 및 파산에 관한 법률 제305조 제1항 및 동 법률 제306조 제1항에 해당되어 귀원에 파산신청을 하기에 이르렀습니다. 위의 요건을 살펴 주셔서 신속한 결정을 내려주시기를 간곡히 바랍니다.

소 명 방 법

소갑 제1호증	법인등기부등본
소갑 제2호증	사업자등록증
소갑 제3호증	이사회의사록
소갑 제4호증	정관
소갑 제5호증	회사소개서
소갑 제6호증	주주명부
소갑 제7호증의 1	표준재무제표증명(20○○년)
소갑 제7호증의 2	표준재무제표증명(20○○년)
소갑 제7호증의 3	표준재무제표증명(20○○년)
소갑 제7호증의 4	표준재무제표증명(20○○년)
소갑 제7호증의 5	표준재무제표증명(20○○년)
소갑 제8호증	미수업체 현황
소갑 제9호증	채권자목록
소갑 제10호증	어음현황
소갑 제11호증	건축자재양수도계약서

첨 부 서 류

1. 위 소명방법

1. 위임장
1. 송달료납부 확인서

20○○. 11. 10.

신청인 겸 채무자 주식회사 ○○유통(인)
대리인 법무법인 ○○
담당변호사 ○○○

인천지방법원 파산과 귀중

사 업 자 등 록 증

(법인사업자)

등록번호 : 111-11-11111

법인명(단체명) : ㈜ ○○유통

대 표 자 : ○○○

개 업 년 월 일 : 20○○년 01월 24일

법인등록번호 : 111111-0000000

사업장 소재지 : 인천 ○○구 ○○로 ○○○-○○

본 점 소재지 : 인천 ○○구 ○○로 ○○○-○○

사 업 의 종 류 : 업태 제조 종목 건축자재

도소매 외장재

교 부 사 유 : 정정

사업자단위과세 적용사업자 여부 : 여( ) 부(V)

20○○년 09월 07일

○○ 세무서장 (인)

등기번호	111111
등록번호	111111-0000000

등기사항전부증명서(말소사항포함)[제출용]

상 호	주식회사 ○○유통	20○○.02.09 변경 20○○.02.10 등기
본 점	인천 ○○구 ○○○로 ○○○-○	

공고방법	인천시내에서 발행하는 일간 ○○일보에 게재한다.	

1주의 금액	금 5,000원	

발행할 주식의 총수	80,000주	

발행주식의 총수와 그 종류 및 각각의 수	자본의 총액	변 경 연 월 일 등 기 연 월 일
발행주식의 총수 40,000주 보통주식 40,000주	금 200,000,000원	. . . . . .

목 적

1. 이동식 주택 제조업
2. 건축자재 도, 소매업
3. 내, 외장공사 건설업
4. 주택건설업
5. 건축자재 및 외장재 제조업
6. 각 호에 부대하는 사업일체

임원에 관한 사항

~~이사 ○○○ 123456-1******~~

20○○년 01월 24일 취임 년 월 일 등기

20○○년 01월 24일 중임 20○○년 02월 04일 등기

20○○년 02월 08일 중임 20○○년 02월 09일 등기

사내이사 ○○○ 123456-1******

20○○년 02월 09일 중임 20○○년 02월 10일 등기

사내이사 ○○○ 123457-1******

20○○년 05월 24일 취임 20○○년 05월 25일 등기

감사 ○○○ 123458-1******
20○○년 05월 24일 취임 20○○년 05월 25일 등기

대표이사 ○○○ 123459-1****** 인천 ○○구 ○○로 ○○○ ○○주공아파트 ○○○-○○○
20○○년 08월 30일 취임 20○○년 09월 01일 등기

기타사항

1. 주식양도제한:
당 회사의 주식을 양도함에는 이사회의 승인을 얻어야 한다.
당 회사의 주식을 주주이외의 자에게 양도함에는 이사회의 승인을 얻어야 한다.

회사설립연월일 20○○년 01월 24일

등기기록의 개설 사유 및 연월일
20○○년 01월 04일 인천 ○○구 ○○로 ○○○-○○(으)로부터 본점이전
20○○년 01월 06일 등기

수수료 1,000원 영수함 - 이하여백 -
관할등기소: 인천지방법원 ○○○등기소 / 발행등기소 : 인천지방법원 ○○등기소

이 증명서는 등기기록의 내용과 틀림없음을 증명합니다.[다만 신청이 없는 지점·지배인에 관한 사항의 기재를 생략하였습니다]

20○○ 년 08월 10일

법원행정처 등기정보중앙관리소 전산운영책임관
*실선으로 그어진 부분은 말소(변경·경정)된 등기사항입니다.
*등기사항증명서는 컬러로 출력 가능함.

[인터넷 발급] 문서 하단의 바코드를 스캐너로 확인하거나, 인터넷등기소(http:// iros.go.kr)의 발급확인 메뉴에서 발급확인번호를 입력하여 위·변조 여부를 확인할 수 있습니다.
발급확인번호를 통한 확인은 발행일부터 3개월까지 5회에 한하여 가능합니다.

이 사 회 의 사 록

서기 20○○년 11월 01일 오전 10시 00분 본 회사 본사 회의실에서 이사회를 개최하다.

이사총수:	2명	출석이사수:	2명
감사총수:	1명	출석감사수:	명

의장 대표이사 ○○○은 의장석에 등단하여 상법과 본 회사 정관규정에 따라서 위와 같이 정족수에 달하는 이사가 출석하였으므로 본 이사회가 적법하게 성립되었음을 고하고 개회를 선언한다.

이어 의장은 다음과 같은 의안을 부의하여 결의한다.

-다 음-

1. 법인파산신청 및 보전처분신청

위 안건을 부의한 바 만장일치로 찬성하고, 세부사항은 대표이사에게 위임하기로 결의함.

이상으로 금일 의안의 전부에 대한 심의를 종결하였으므로 의장은 오전 10시 30분 폐회를 선언하다.

위 결의 내용을 명백히 하기 위하여 본 의사록을 작성하고 의장과 출석한 이사가 기명, 날인하다.

20○○. 11. 01.

주식회사 ○○유통
대표이사 ○○○ (인)
이 사 ○○○ (인)

정 관

제1장 총 칙

제1조(상호) 당 회사는 주식회사 ○○유통 이라고 부른다.

제2조(목적) 당 회사는 다음 사업을 경영함을 목적으로 한다.
1. 이동식주택 제조업
2. 건축자재 도,소매업
3. 내·외장공사 건설업
4. 주택 건설업
5. 각호에 부대되는 사업일체

제3조(본점 및 지점의 소재지) 당 회사의 인천시 내에 둔다.

제4조(공고방법) 당 회사의 공고는 인천 시내에서 발행하는 일간 ○○일보에 개재한다.

제2장 주 식

제5조(회사가 발행할 주식의 총수) 당 회사가 발행할 주식의 총수는 80,000주로 한다.

제6조(1주의 금액) 당 회사가 발행하는 주식 壹주의 금액은 금 5,000원으로 한다.

제7조(회사의 설립시에 발행하는 주식총수) 당 회사는 설립시에 20,000 주의 주식을 발행하기로 한다.

제8조(주식 및 주권의 종류) 당 회사의 주식은 보통주식으로서 전부 기명식으로 하고 주권은 壹주권, 拾주권, 百주권의 參종으로 한다.

제9조(주권불소지) 당 회사는 주권 불소지제도를 채택하지 아니한다.

제10조(주금납입의 지체) 주금납입을 지체한 주주는 납입기일 다음날부터 납입이 끝날 때까지 지체주금 百원에 대하여 일변 拾전의 비율로서 과태금을 회사에 지급하고 또 이로 인하여 손해가 생겼을 때는 그 손해를 배상하여야 한다.

제11조(주식양도의 제한) 당 회사의 주식을 양도함에는 이사회의 승인을 얻어야 한다.

제12조(주식양도의 제한) 당 회사는 주식을 주주 이외의 자에게 양도함에는 이사회의 승인을 얻어야 한다.

제13조(명의개서) ① 당 회사는 주식에 관하여 명의개서를 청구함에 있어서는 당 회사에서 정하는 청구서에 기명날인 또는 서명하고 이에 주권을 첨부하여 제출하여야 한다. ② 양도 이외의 사유로 인하여 주식을 취득한 경우에는 당 회사의 청구에 의하여 제1항의 청구서 이외에 그 사유를 증명하는 서면과 주권을 제출하여야 한다.

제14조(질권의 등록 및 신탁재산의 표시) 당 회사의 주식에 관하여 질권의 등록 또는 신탁 재산의 표시를 청구함에 있어서는 당 회사가 정하는 청구서에 당사자가 기명날인 또는 서명하고 이에 주권을 첨부하여 제출하여야 한다. 그 등록 또는 표시의 발소를 청구함에 있어서도 같다.

제15조(주권의 재발행) ① 주권의 분할, 병합, 오손 등의 사유로 인하여 주권의 재발행을 청구함에 있어서는 당 회사가 정하는 청구서에 기명날인 또는 서명하고 이에 주권을 첨부하여 제출하여야 한다. ② 주권의 상실로 인하여 그 재발행을 청구함에 있어서는 당 회사가 정하는 청구서에 기명날인 또는 서명하고 이에 제권판결의 정본 또는 등본을 첨부하여 제출하여야 한다.

제16조(수수료) 제11조 내지 제13조에서 정하는 청구를 하는 자는 당 회사가 정하는 수수료를 납부하여야 한다.

제17조(주주명부의 폐쇄) ① 당 회사는 매년 1월 1일부터 정기주주총회의 종결일까지 주주명부의 기재의 변경을 정지한다. ② 제1항의 경우 이외에 주주 또는 질권자로서 권리를 행사할 자를 확정하기 위하여 필요한 때에는 이사회의 결의에 의하여 주주명부의 기재의 변경을 정지하고 또는 기준일을 정할 수가 있다. 이 경우에는 그 기간 또는 기준일의 貳주간전에 공고하는 것으로 한다.

제18조(주주의 주소 등의 신고) 당 회사의 주주 및 등록된 질권자 또는 그 법정대리인이나 대표자는 당 회사가 정하는 서식에 의하여 그의 성명, 주소와 인감을 당 회사에 신고하여야 한다. 신고사항에 변경이 있는 때에도 또한 같다.

제3장 주주총회

제19조(소집) 당 회사의 정기주주총회는 영업년도 말일의 다음날부터 參월이내에 소집하고 임시주주총회는 필요한 경우에 수시 소집한다.

제20조(의장) 대표이사가 주주총회의 의장이 된다. 그러나 대표이사 유고시에는 이사회에서 선임한 다른 이사가 의장이 된다.

제21조(결의) 주주총회의 결의는 법령 또는 정관에 따른 규정이 있는 경우를 제외하고는 출석한 주주의 의결권의 과반수와 발행주식 총수의 四분의 壹 이상의 수로써 한다.

제22조(의결권의 대리행사) 주주는 대리인으로 하여금 의결권을 행사할 수 있다. 대리인이 의결권을 행사함에는 표결 전에 그 권한을 증명하는 서면을 의장에게 제출하여야 한다.

제23조(총회의 의사록) 주주총회의 의사록에는 의사의 경과요령과 그 결과를 기재하고 의장과 출석한 이사가 기명날인 또는 서명하여야 한다.

제4장 임원과 이사회

제24조(이사와 감사의 원수) 당 회사의 이사는 參인 이상, 감사는 壹인 이상으로 한다.

제25조(이사의 선임) 당 회사의 이사는 제19조의 결의방법에 의하여 선임한다.

제26조(감사의 선임) 당회사의 감사는 제19조의 결의방법에 의하여 선임한다.

제27조(이사의 임기) 이사의 임기는 취임 후 參년으로 한다. 그러나, 이사의 임기가 재임중 최종의 결산기에 관한 정기주주총회의 종결 전에 끝날 때는 그 정기주주총회의 종결에 이르기까지 임기를 연장한다.

제28조(감사의 임기) 감사의 임기는 취임후 參년 내의 최종의 결산기에 관한 정기주주총회의 종결시까지로 한다.

제29조(이사회의 소집) 이사회는 대표이사 또는 이사회에서 따로 정한 이사가 있는 때에는 그 이사

가 회일의 2주 전에 각 이사 및 감사에게 통지하여 소집한다. 그러나 이사 및 감사 전원의 동의가 있을 때에는 소집절차가 생략할 수 있다.

제30조(이사회의 결의) 이사회의 결의는 이사 과반수의 출석과 출석이사의 과반수로 한다.

제31조(이사회의 의사록) 이사회의 의사록에는 의사의 경과요령과 그 결과를 기재하고 출석한 이사 및 감사가 기명날인 또는 서명하여야 한다.

제32조(대표이사) ① 당 회사는 사장 壹인과 필요한 경우에 전무이사 및 사 및 상무이사 각 약간명을 둔다.
② 사장, 전무이사와 상무이사는 이사회의 결의에 의하여 이사중에서 선임한다.
③ 사장은 당 회사를 대표한다.

제33조(업무집행) ① 사장은 당 회사의 업무를 통할하고 전무이사 또는 상무이사는 상무이사가 사장의 직무를 대행한다.

제34조(감사의 직무) 감사는 당 회사의 업무 및 회계를 감사한다.

제35조(보수와 퇴직금) 임원의 보수 또는 퇴직한 임원의 퇴직금은 주주총회의 결의로 정한다.

제5장 계 산

제36조(영업년도) 당 회사의 영업연도는 매년 1월 1일부터 동년 12월 31일까지로 한다.

제37조(재무제표, 영업보고서의 작성비치) ① 당 회사의 사장은 정기총회 회일 六주간 전에 다음 서류 및 그 부속명세서와 영업보고서를 작성하여 이사회의 승인과 감사의 감사를 받아 정기총회에 제출하여야 한다.
1. 대차대조표
2. 손익계산서
3. 이익금처분계산서 또는 결손금처리계산서
② 제1항의 서류는 영업보고서, 감사보고서와 함께 정기총회 壹주간전부터 당 회사의 본점과 지점에 비치하여야 하고 총회의 승인을 얻었을 때에는 그중 대차대조표를 지체 없이 공고하여야 한다.

제38조(이익금의 처분) 매기 총수입금에서 총지출금을 공제한 잔액을 이익금으로 하여 이를 다음과 같이 처분한다.
1. 이익준비금 금전에 의한 이익배당액의 拾분의 壹 이상
2. 별도적립금 약간
3. 주주배당금 약간
4. 임원상여금 약간
5. 후기이월금 약간

제39조(이익배당) 이익배당금은 매결산기에 있어서의 주주명부에 기재된 주주 또는 질권자에게 지급한다.

부 칙

제40조(최초의 영업연도) 당 회사의 최초의 영업연도는 회사설립일로부터 동년 12월 31일까지로

한다.

제41조(발기인) 발기인의 성명, 주소와 그가 설립시에 인수한 주식수는 이 정관 말미에 기재함과 같다.

위와 같이 주식회사 ○○유통 회사를 설립하기 위하여 이 정관을 작성하고 발기인 전원이 이에 기명날인 또는 서명한다.

서기 20○○년 1월 24일
주식회사 ○○유통
인천 ○○구 ○○로 ○○○-○○

발기인 ○○○
123456-1******
인천 ○○구 ○○로 ○○○-○○

발기인 ○○○
123457-1******
인천 ○○구 ○○로 ○○○-○○

발기인 ○○○
123458-1******
인천 ○○구 ○○로 ○○○-○○

법무법인 ○○종합법률사무소

등부 20○○년 제○○○호
인 증
위 주식회사 ○○유통-----------------------------------의
정관에 기재된 발기인 ○○○, 발기인 ○○○, 발기인 ○○○ 등의 대리
인 ○○○은--
본직의 면전에서 위 정관의 기명 날인을 본인 등이 자인하는 것이라고
진술하였다.
본직은 위 촉탁인들의 대리인 ○○○이 제시한 공무원 중 ------------
에 의하여 그 사람이 틀림없음을 인정하고 촉탁에 관한 대리권은 본인
의 인감증명서가 첨부된 위임장에 의하여 이를 인정하였다.
이에 이를 인증한다.
등부 20○○년 제○○○호
20○○년 1월 24일
공증인가 법무법인 ○○종합법률사무소
인천 ○○구 ○○로 ○○-○ ○○빌딩 ○○○호
공증담당변호사 ○○○

주 주 명 부

주주명	주민등록번호	주소	1주의 금액	소유주 식수	금액
○ ○ ○	234567-1******	○○시 ○○구 ○○로 ○○-○	5,000	18,000	90,000,000
○ ○ ○	234568-1******	○○시 ○○구 ○○로 ○○-○	5,000	18,000	90,000,000
○ ○ ○	234569-1******	○○시 ○○구 ○○로 ○○-○	5,000	4,000	20,000,000
합계			5,000원	20,000주	200,000,000원

위는 당 회사의 주주 명부임에 틀림이 없음

서기 20○○년 11월 7일

회사명 : (주)○○유통
주 소 : 인천 ○○시 ○○구 ○○○로 ○○○-○○
대표이사 : ○○○ (인)

<table>
<tr><td>발급번호</td><td rowspan="2" colspan="4">재 무 제 표 확 인</td><td>처리기간</td></tr>
<tr><td>11-111</td><td>즉 시</td></tr>
<tr><td rowspan="6">납세자</td><td>① 주소 또는 거소
(법인은본점소재지)</td><td colspan="4"></td></tr>
<tr><td>② 사업장소재지</td><td colspan="2">인천 ○○시 ○○구 ○○○로 ○○○-○</td><td>③전화번호</td><td>000-000-0000</td></tr>
<tr><td>④ 상 호(법인명)</td><td colspan="2">㈜○○유통</td><td>⑤ 사 업 자
등록번호</td><td>111-11-11111</td></tr>
<tr><td>⑥ 성 명(대표자)</td><td colspan="2">○○○</td><td>⑦ 주민 (법인)
등록번호</td><td>111111-2222222</td></tr>
<tr><td>⑧ 사업의 종류</td><td>업 태</td><td>제조, 도소매</td><td>종 목</td><td>건축자재, 외장재</td></tr>
<tr><td>⑨ 용 도</td><td colspan="2">법원</td><td>⑩ 수 량</td><td></td></tr>
<tr><td colspan="2" rowspan="2">⑫ 확인받고자 하는
재무제표 별도첨부)</td><td>과세연도
(사업연도)</td><td colspan="3">재무세표명칭</td></tr>
<tr><td>20○○년
01월 01일
~
20○○년
12월 31일</td><td colspan="3">재무상태표
손익계산서
이익잉여금처분계산서</td></tr>
<tr><td colspan="6">재무제표는 기업회계기준을 준용하여 작성된 재무제표로서 전자신고시 세무서에
제출한 표준재무제표의 기초가 되는 재무제표임을 확인하여 주시기 바랍니다.

20○○년 10월 19일
㈜○○유통
신 청 인 ○○○ (서명 또는 인)
○○회계법인 ○○○ 귀 하</td></tr>
<tr><td colspan="6">첨부서류 : 확인받고자 하는 재무제표</td></tr>
<tr><td colspan="2" rowspan="2">○○회계법인</td><td>주소</td><td colspan="3">인천 ○○구 ○○로 ○○○</td></tr>
<tr><td>등록번호</td><td>Y-1111-1</td><td>전화번호</td><td>032-000-0000</td></tr>
<tr><td colspan="6">재무제표는 기업회계기준을 준용하여 작성된 재무제표로서 전자신고시 세무서에
제출한 표준재무제표의 기초가 되는 재무제표임을 확인하여 주시기 바랍니다.

20○○년 10월 19일
○○회계법인 ○○○ (인)</td></tr>
<tr><td colspan="6">※ 본 재무제표확인은 세무서에 신고된 표준재무제표의 근거가 되는 재무제표임을 확인하는 것이며,
재무제표상의 계정과목의 구체적인 사실을 확인하는 것이 아님을 참고하시기 바랍니다.</td></tr>
</table>

재 무 상 태 표

제 11기 20○○년 12월 31일 현재

제 10기 20○○년 12월 31일 현재

회사명: (주)○○유통

과 목	제 11(당)기		제 10(전)기	
	금 액		금 액	
자산				
Ⅰ. 유동자산		1,884,205,190		2,316,501,016
(1) 당좌자산		498,963,388		978,517,380
현금		1,527,554		723,927
당좌예금		1,000		0
보통예금		1,460,440		3,827,560
정기예·적금		33,500,000		24,000,000
외상매출금		456,688,288		505,877,486
미수수익		266,410		0
미수금		502,936		0
선급금		2,000,000		0
선납세금		3,016,760		4,088,407
주·임·종단기채권		0		440,000,000
(2) 재고자산		1,385,241,802		1,337,983,636
상품		1,385,241,802		1,337,983,636
Ⅱ. 비유동자산		194,568,457		165,208,457
(1) 투자자산		0		0
(2) 유형자산		143,016,457		133,656,457
차량운반구	122,267,314		116,767,314	
감가상각누계액	5,675,521	116,591,793	5,675,521	111,091,793
비품	29,571,091	26,343,283	25,711,091	
감가상각누계액	3,227,808		3,227,808	22,483,283
시설장치	270,000		270,000	
감가상각누계액	188,619	81,381	188,619	81,381
(3) 무형자산		0		0
(4) 기타비유동자산		51,552,000		31,552,000
임차보증금		50,300,000		30,300,000
기타보증금		1,000,000		1,000,000
전신전화가입권		252,000		252,000
자산총계		2,078,773,647		2,481,709,473

부채				
Ⅰ. 유동부채		558,197,533		1,148,169,418
외상매입금		265,721,187		517,177,943
지급어음		197,834,098		424,387,796
미지급금		4,008,060		0
예수금		385,600		586,480
부가세예수금		8,248,588		7,392,506
선수금		0		396,000
단기차입금		82,000,000		191,500,000
미지급비용		0		6,728,693
Ⅱ. 비유동부채		846,000,000		710,476,881
장기차입금		846,000,000		710,476,881
부채총계		1,404,197,533		1,858,646,299
자본				
Ⅰ. 자본금		200,000,000		200,000,000
자본금		200,000,000		200,000,000
Ⅱ. 자본잉여금		0		0
Ⅲ. 자본조정		0		0
Ⅳ. 기타포괄손익누계액		0		0
Ⅴ. 이익잉여금		474,576,114		423,063,174
미처분이익잉여금		474,576,114		423,063,174
(당기순이익)				
당기:65,833,649원				
전기:40,844,907원				
자본총계		674,576,114		623,063,174
부채 및 자본총계		2,078,773,647		2,481,709,473

손 익 계 산 서

제 11(당)기 20○○년 1월 1일부터 20○○년 12월 31일까지
제 10(전)기 20○○년 1월 1일부터 20○○년 12월 31일까지

회사명: (주)○○유통

과 목	제 11(당)기		제 10(전)기	
	금 액		금 액	
Ⅰ. 매출액		4,370,046,702		2,812,396,215
상품매출	4,370,046,702		2,812,396,215	
Ⅱ. 매출원가		4,005,889,478		2,497,194,752
상품매출원가		4,005,889,478		2,497,194,752
기초상품재고액	1,337,983,636		1,322,329,282	
당기상품매입액	4,053,147,644		2,512,849,106	
기말상품재고액	1,385,241,802		1,337,983,636	
Ⅲ. 매출총이익		364,157,224		315,201,463
Ⅳ. 판매비와관리비		226,798,006		193,880,196
직원급여	99,044,953		89,774,112	
잡급	0		7,306,266	
복리후생비	11,943,610		7,040,891	
여비교통비	0		864,990	
접대비	9,300,000		1,977,000	
통신비	2,324,830		3,159,141	
수도광열비	0		92,000	
전력비	1,619,135		1,773,443	
세금과공과금	6,129,160		4,689,361	
지급임차료	3,000,000		708,020	
수선비	0		45,000	
보험료	6,206,580		6,883,199	
차량유지비	15,047,504		13,966,077	
운반비	13,748,500		13,998,050	
도서인쇄비	1,776,700		1,817,319	
사무용품비	0		309,172	
소모품비	10,121,478		5,591,025	
지급수수료	25,307,837		32,741,090	
광고선전비	21,226,909		0	
건물관리비	0		1,144,040	

Ⅴ. 영업이익		137,359,218		121,321,267
Ⅵ. 영업외수익		270,029		1,712,807
이자수익	3,558		66,680	
잡이익	266,471		1,646,127	
Ⅶ. 영업외비용		65,158,721		72,701,167
이자비용	64,913,351		61,434,560	
잡손실	245,370		11,266,607	
Ⅷ. 법인세차감전이익		72,470,526		50,332,907
Ⅸ. 법인세등		6,636,877		9,488,000
법인세등	6,636,877		9,488,000	
Ⅹ. 당기순이익		65,833,649		40,844,907
Ⅺ. 주당이익		0		0

이익잉여금처분계산서

제 11(당)기 20○○년 01월 01일부터 제 10(전)기 20○○년 01월 01일부터
20○○년 12월 31일까지 20○○년 12월 31일까지
처분예정일 20○○년 03월 31일 처분확정일 20○○년 03월 31일

회사명: (주)○○유통

과 목	제 11(당)기		제 10(전)기	
	금 액		금 액	
Ⅰ. 미처분이익잉여금		474,576,114		423,063,174
1. 전기이월미처분이익잉여금	423,063,174		328,218,267	
2. 회계변경의 누적효과	0		0	
3. 전기오류수정이익	0		0	
4. 전기오류수정손실	14,320,709		0	
5. 중간배당금	0		0	
6. 당기순이익	65,833,649		40,844,907	
Ⅱ. 임의적립금등의이입액		0		0
1.	0		0	
2.	0		0	
합 계		474,576,114		423,063,174
Ⅲ. 이익잉여금처분액		0		0
1. 이익준비금	0		0	
2. 기업합리화적립금	0		0	
3. 배당금	0		0	
가. 현금배당	0		0	
나. 주식배당	0		0	
4. 사업확장적립금	0		0	
5. 감채적립금	0		0	
6. 배당평균적립금	0		0	
Ⅳ. 차기이월미처분이익잉여금		474,576,114		423,063,174

(주)○○유통 미수업체 현황

순번	업체명	최종거래일	금액	담당자연락처	비고
1	○○하이텍	20○○-07-20	17,429,440	010-0000-0000	
2	○○○코리아		439,010	010-0000-0000	
3	○○하우징	20○○-08-08	8,502,939	010-0000-0000	
4	○○특수산업	20○○-07-04	5,816,475	010-0000-0000	
5	○○	20○○-04-23	6,871,471	010-0000-0000	
6	○○○플랜	20○○-08-10	35,337,858	010-0000-0000	
7	○○○○	20○○-08-02	1,617,000	010-0000-0000	
8	○○○	20○○-01-29	2,632,440	010-0000-0000	
9	○○○산업	20○○-07-25	2,001,674,873	010-0000-0000	
10	○○상사		240,000	010-0000-0000	
11	○○건업		394,000	010-0000-0000	
12	○○○○		1,617,000	010-0000-0000	
13	○○판넬		249,396	010-0000-0000	
14	○○○○		341,000	010-0000-0000	
15	○○○	20○○-07-13	1,541,100	010-0000-0000	
16	○○○	20○○-10-03	7,578,000	010-0000-0000	
17	○○(○○)	20○○-06-27	1,000,000	010-0000-0000	
18	○○건축개발	20○○-03-28	1,759,710	010-0000-0000	
19	○○코아	20○○-02-04	1,154,100	010-0000-0000	
20	○○○하우스	20○○-09-16	190,000	010-0000-0000	
21	○○실업	20○○-08-28	25,977,928	010-0000-0000	12/3서,신,평 입금수수료
22	○○건설	20○○-09-17	170,400	010-0000-0000	
23	○○개발	20○○-10-06	339,900	010-0000-0000	
24	○○엔터프라이즈	20○○-10-11	26,132,450	010-0000-0000	
25	○○판넬-○○	20○○-12-17	850,000	010-0000-0000	
26	○○합판상사	20○○-01-19	1,058,240	010-0000-0000	
28	○○빌더스	20○○-04-05	240,000	010-0000-0000	

29	(주)○○	20○○-09-04	2,706,000	010-0000-0000	
30	○○전원주택	20○○-10-24	7,615,336	010-0000-0000	
31	○○샷시	20○○-03-17	1,157,200	010-0000-0000	
32	○○이앤씨	20○○-09-29	1,021,500	010-0000-0000	
33	○○○(○○)	20○○-07-12	3,369,627	010-0000-0000	
34	○○○(아트너)	20○○-03-31	8,088,993	010-0000-0000	
35	○○목재	20○○-07-31	320,280	010-0000-0000	
36	○○방갈로	20○○-11-12	542,300	010-0000-0000	11/25○○○입금
37	○○알에프씨	20○○-11-12	3,253,629	010-0000-0000	
38	○○	20○○-09-03	246,800	010-0000-0000	
39	○○○	20○○-07-01	828,100	010-0000-0000	
40	○○종합공사	20○○-07-06	10,542,050	010-0000-0000	○○○
41	○○○	20○○-11-20	2,804,700	010-0000-0000	
42	○○○○○	20○○-10-15	886,800	010-0000-0000	
43	○○	20○○-09-10	646,000	010-0000-0000	

채권자목록

㈜ ○○유통

순번	채권자	대표자 (담당자)	주소	전화	팩스	채권액	비고
1	(주)○○은행	○○○	○○시 ○○구 ○○로 ○○-○○	000-0000-0000		784,224,562	○○○ 물상보증/신용보증기금보증서
2	(주)○○은행	○○○	○○시 ○○구 ○○로 ○○-○○	000-0000-0000		44,000,000	신용보증기금보증서
3	○○기업중앙회	○○○	○○시 ○○구 ○○로 ○○-○○	000-0000-0000		20,000,000	
4	○○하우징	○○○	○○시 ○○구 ○○로 ○○-○○	000-0000-0000		8,000,000	차입금
5	(주)○○하이텍	○○○	○○시 ○○구 ○○로 ○○-○○	000-0000-0000		192,344,650	어음 87,000,000 /차입금105,344,650
6	○○코리아(주)	○○○	○○시 ○○구 ○○로 ○○-○○	000-0000-0000		40,781,351	어음 17,180,000 /차입금 23,601,351
7	(주)○○사이딩	○○○	○○시 ○○구 ○○로 ○○-○○	000-0000-0000		38,869,411	어음
8	(주)○○우드	○○○	○○시 ○○구 ○○로 ○○-○○	000-0000-0000		71,732,940	어음
9	○○○○	○○○	○○시 ○○구 ○○로 ○○-○○	000-0000-0000		13,000,000	어음
10	○○산업(주)	○○○	○○시 ○○구 ○○로 ○○-○○	000-0000-0000		69,635,137	어음
11	○○석유공업(주)	○○○	○○시 ○○구 ○○로 ○○-○○	000-0000-0000		710,765,990	어음
12	(주)○○○○코리아	○○○	○○시 ○○구 ○○로 ○○-○○	000-0000-0000		19,079,610	어음
13	(주)○○	○○○	○○시 ○○구 ○○로 ○○-○○	000-0000-0000		1,654,000,000	어음 840,000,000 /차입금814,000,000

14	○○○코리아(주)	○○○	○○시 ○○구 ○○로 ○○-○○	000-0000-0000		2,057,000	미지급
15	(주)○○○	○○○	○○시 ○○구 ○○로 ○○-○○	000-0000-0000		5,657,808	미지급
16	○○물류	○○○	○○시 ○○구 ○○로 ○○-○○	000-0000-0000		7,887,000	미지급
17	○○우드	○○○	○○시 ○○구 ○○로 ○○-○○	000-0000-0000		3,000,000	미지급
18	(주)○○산업	○○○	○○시 ○○구 ○○로 ○○-○○	000-0000-0000		2,345,420	미지급
19	○○주택	○○○	○○시 ○○구 ○○로 ○○-○○	000-0000-0000		1,000,000	미지급
20	(주)○○하우징	○○○	○○시 ○○구 ○○로 ○○-○○	000-0000-0000		35,348,000	미지급
21	○○○	○○○	○○시 ○○구 ○○로 ○○-○○	000-0000-0000		44,000,000	어음
22	○○○	○○○	○○시 ○○구 ○○로 ○○-○○	000-0000-0000		33,000,000	어음
23	○○○	○○○	○○시 ○○구 ○○로 ○○-○○	000-0000-0000		62,200,000	어음
24	○○세무서	○○○	○○시 ○○구 ○○로 ○○-○○	000-0000-0000		61,000,000	20○○년도2,3분기
25	○○보험공단	○○○	○○시 ○○구 ○○로 ○○-○○	000-0000-0000		3,000,000	보험료연체
25	○○○외1인	○○○	○○시 ○○구 ○○로 ○○-○○	000-0000-0000		4,700,000	체불임금
합 계						3,931,628,879	

(주)○○유통 어음현황

순번	업체명(수취인)	어음현황				
	수취인	만기일	발행일	어음번호	발행금액	은행명
1	(주)○○하이텍	10월 15일	02월 17일	자가11111111	40,000,000	○○은행
		11월 15일	02월 17일	자가11111112	47,000,000	○○은행
		계			87,000,000	
	담당자: ○○○ 사장 TEL:000-0000-0000, HP:010-0000-0000					
2	○○코리아(주)	8월 25일	06월 13일	자가11111113	17,180,000	○○은행
		계			17,180,000	
	담당자: ○○○ 사장 TEL:000-0000-0000, HP:010-0000-0000					
3	(주)○○사이딩	09월 25일	06월 1일	자가11111114	38,869,411	○○은행
		계			38,869,411	
	담당자: ○○○ 상무 TEL:000-0000-0000, HP:010-0000-0000					
4	(주)○○우드	09월 05일	05월 03일	자가11111115	25,000,000	○○은행
		09월 25일	06월 08일	자가11111116	34,600,700	○○은행
		11월 25일	08월 08일	자가11111117	25,000,000	○○은행
		계			84,600,700	
	담당자: ○○○ TEL:000-0000-0000, HP:010-0000-0000					
5	○○○○	08월 25일	03월 24일	자가11111118	13,000,000	○○은행
		계			13,000,000	
	담당자: ○○○ 부장 TEL:000-0000-0000, HP:010-0000-0000					
6	○○산업(주)	09월 20일	06월 10일	자가11111119	20,746,297	○○은행
		10월 25일	07월 08일	자가111111110	48,888,840	○○은행
		계			69,635,137	
	담당자: ○○○ 대리 TEL:000-0000-0000, HP:010-0000-0000					
7	○○석유공업(주)	08월 25일	04월 08일	자가11111121	52,110,800	○○은행
		09월 25일	05월 09일	자가11111132	70,000,000	○○은행
		10월 15일	05월 09일	자가11111141	71,850,500	○○은행
		12월 15일	06월 10일	자가11111151	233,000,000	○○은행
		12월 31일	06월 10일	자가11111161	233,804,690	○○은행
		11월 05일	07월 25일	자가11111171	50,000,000	○○은행
		계			710,765,990	
	담당자: ○○○ 과장 TEL:000-0000-0000, HP:010-0000-0000					
8	(주)○○○○코리아	12월 05일	07월 29일	자가11111181	19,079,610	○○은행
		계			19,079,610	
	담당자: ○○○ 사장 TEL:000-0000-0000, HP:010-0000-0000					
9	(주)○○	08월 25일	03월 08일	자가11111191	100,000,000	○○은행

		09월 05일	03월 30일	자가11111211	50,000,000	○○은행
		09월 05일	04월 28일	자가11111211	70,000,000	○○은행
		09월 20일	04월 28일	자가11111311	10,000,000	○○은행
		10월 15일	05월 18일	자가11111411	30,000,000	○○은행
		10월 25일	05월 27일	자가11111511	50,000,000	○○은행
		11월 05일	05월 18일	자가11111611	80,000,000	○○은행
		11월 15일	05월 27일	자가11111711	70,000,000	○○은행
		11월 25일			120,000,000	○○은행
		11월 25일	05월 27일	자가11111811	70,000,000	○○은행
		11월 25일			100,000,000	○○은행
		계			840,000,000	
	담당자: ○○○부장 TEL:000-000-0000, HP:010-0000-0000					
10	○○○	10월 05일	05월 03일	자가11111911	44,000,000	○○은행
	담당자: ○○○ HP:010-0000-0000					
11	○○○	09월 05일	05월 03일	자가11112111	33,000,000	○○은행
	담당자: ○○○ HP:010-0000-0000					
13	○○○	09월 15일			62,200,000	○○은행
	담당자: ○○○ HP:010-0000-0000					

○○지방법원
제○○파산부
결　　정

사　　건　20○○하합○○○○　파산선고
신 청 인　주식회사 ○○유통
(채 무 자)　○○시 ○○구 ○○○로 ○○○-○
대표이사 ○○○
대리인 법무법인 ○○, 담당변호사 ○○○

위 사건에 관하여 다음과 같이 신청인 대표이사에 대한 심문을 시행한다. 위 심문은 수명법관으로 하여금 하게 한다.

-다　　음-

1. 심문일시: 20○○.11.16(수요일) 11:30
2. 심문장소: 인천지방법원 청사 별관 남관 제○○○호 심문실

20○○. 11. 14

재 판 장　판 사 ○○○
판 사 ○○○
판 사 ○○○

위 수명법관으로 판사 ○○○을 지정한다.
재판장 판사 ○○○

인천지방법원
심문조서

1차

사건 20○○하합○○○○파산선고 기일 20○○.11.16. 11:30

수명법관 판사 ○○○ 장소 별관 제○○○호 심문실

법원 주사보 ○○○ 공개여부 비공개

사건과 당사자의 이름을 부름

신청인 겸 채무자 주식회사 ○○유통 대표이사 ○○○ 출석

대리인 법무법인 ○○ 담당변호사 ○○○ 출석

채무자 대리인

20○○. 11. 10.자 파산신청서 진술

수명법관 판사

채무자 대표이사에게,

[채무자 회사의 개요]

문 채무자 회사는 언제 설립되었고, 주된 사업은 무엇인가요.

답 채무자 회사는 20○○. 1. 24. 이동식주택 제조업, 건축자재 도·소매업, 내·외장공사 건설업 등을 목적으로 설립된 주식회사입니다. 채무자 회사는 주로 데크제, 방부목 등 건축자재와 아웃도어가구 등을 수입하여 유통하는 업체입니다.

문 채무자 회사의 자본과 주식 소유비율은 어떠한가요.

답 자본금은 2억원, 1주당 액면금은 5,000원이고, 발행주식 총수 4만 주입니다. 발행주식 중 18,000주는 제가 보유하고 있고, 18,000주는 전 대표이사이자 현재 사내이사인 ○○○가 보유하고 있으며, 나머지 4,000주는 ○○○가 보유하고 있습니다.

문 채무자 회사의 임직원 현황은 어떠한가요.

답 임원으로는 법인등기부에 등재된 대표이사인 저와 사내이사인 ○○○, 감사 ○○○가 있습니다. 직원은 총 10명이었는데, 20○○. 8. 26. 최종 부도 이후 남아 있던 직원 영업부 1명, 경리부 1명, 자재출하부 2명 모두 퇴사하였습니다.

문 채무자 회사에는 취업규칙, 퇴직금 규정이 있나요.
답 확인해보고 있다면 제출하도록 하겠습니다.

문 채무자 회사의 주된 사무소는 어디에 있는가요.
답 법인등기부에는 본점으로 '○○시 ○○구 ○○○로 ○○○-○'이라고 기재되어 있습니다만 건축자재양수도계약서(소갑 제11호증)에서 보는 바와 같이 채무자 회사가 20○○. 8. 5. 주식회사 ○○(대표이사 ○○○)에 본점 사업장의 임차보증금 2,000만원과 사무실 집기 일체, 건축자재 일체를 양도하면서 주식회사 ○○에 대한 채무 4억 2,000만원을 대물변제하여 현재 영업을 하지 않고 있고, 주된 사무소도 없는 실정입니다.

문 위 본점 사업장의 임차보증금, 임대료는 어떠하였나요.
답 위 본점 사업장의 보증금은 2,000만원 이고 임대료는 월 300만원이었습니다.

문 채무자 회사는 본점 사업장 이외 지점, 공장, 영업소가 있나요.
답 없습니다.

문 제출한 재무상태표(소갑 제7호증의 5)에 의하면 임차보증금이 50,300,000원으로 기재되어 있어, 위 본점 사업장의 임차보증금 2,000만원보다 훨씬 큰데, 이는 어찌 된 것인가요.
답 20○○. 1. 경에 ○○시 ○○로 ○○○-○○에서 본점 사업장으로 본점을 옮기다보니 그렇게 된 것 같습니다. ○○시 ○○로 ○○○-○○의 임차보증금이 5,000만원이었기 때문에 그렇게 기재되었던 것입니다.

문 채무자 회사의 영업장부 등 중요서류와 인감은 어떻게 보관되어 있나요.
답 사내이사 ○○○가 보관하고 있습니다.

문 채무자 회사의 법인세 납부 업무는 어떻게 처리하였나요.
답 채무자 회사의 법인세 납부 등은 올해 초부터 ○○회계법인이 맡았습니다.

문 채무자 회사의 자회사, 모회사, 관계회사는 없나요.
답 없습니다.

[파산에 이르게 된 경위]

문 채무자 회사가 파산을 신청하게 된 경위는 무엇인가요.
답 채무자 회사는 주식회사 ○○로부터 지붕자재인 아스팔트슁글 등 건축자재를 매입하여 ○○○산업 등에 공급해주는 사업을 하였는데, ○○○사업에서 대금을 잘 지급해주지 않아 주식회사 ○○가 자재공급을 중단하는 바람에 큰 손실을 입게 되었습니다. 이에 주식회사 ○○의 제안으로 전 대표이사 ○○○ 소유의 집과 제 아내 소유의 공장을 양도해주면 향후 1년간 10억원의 자재를 공급받고 20○○년 말부터 10년간 2억2,000만원씩 분할 상환하겠다고 합의하기에 이르렀습니다만 주식회사 ○○는 ○○○ 소유의 집과 제 아내 소유의 공장을 양수받고는 자재를 잘 공급 해주지 않았습니다. 이후 다시 주식회사 ○○는 어음결제를 막아주겠다며 채무자 회사의 남은 모든 영업자산을 양도하라고 하여 채무자 회사는 앞서 말씀드린 바와 같이 20○○. 8. 5. 주식회사 ○○에 이를 모두 양도하였으나 부도를 막지 못하여 20○○.8.6. 최종부도가 발생하였고, 직원들은 모두 퇴사하기에 이르렀습니다. 현재로서는 더 이상 채무를 일반적·계속적으로 변제할 수 없어 결국 이 사건 파산을 신청하게 되었습니다.

문 채무자 회사가 어음부도를 내거나 은행거래정지처분을 받은 사실은 있나요

답 20○○. 8. 26.어음 약 20억원을 막지 못해 최종부도처리가 되었습니다.

문 채무자 회사는 폐업신고를 하셨나요.

답 주식회사 ○○에 채무자 회사의 영업자산을 모두 양도하여 사실상 폐업하였지만, 아직 폐업신고는 하지 않았습니다.

[채무자 회사의 자산]

문 채무자 회사의 자산현황은 어떠한가요.

답 채무자 회사의 20○○. 12. 31. 재무상태표(소갑 제7호증의5)에 의하면 채무자 회사의 자산총계는 2,078,773,647원이었지만, 올해 정리하여 매출채권 2,195,184,045원만 남아 있습니다.

문 채무자 회사의 매출채권 2,195,184,045원을 소갑 제8호증과 같이 정리하여 제출하였는데, 모두 회수할 수 있는 것인가요.

답 그 중 ○○○산업에 대한 채권의 비중이 가장 큰데 회수가 어려울 것으로 보입니다. 나머지 매출채권 중에서도 장기간 지급받지 못한 것도 있어 많아야 1억원 정도 회수가 가능할 것으로 보입니다.

문 제출한 재무상태표(소갑 제7호증의 5)에 채무자 회사가 20○○. 12. 31. 당시 현금 1,527,554원, 당좌예금 1,000원, 보통예금 1,460,440원, 정기예·적금 33,500,000원을 보유하고 있었다고 기재되어 있는데, 이는 어떻게 사용하였나요.

답 정기예·적금 33,500,000원은 중소기업공제기금 계좌를 말하는 것 같습니다. 그런데 중소기업은행으로부터 빌린 돈이 있어 상계처리가 될 것 같아 현재 자산에서 고려하지는

않았습니다. 현금 1,527,554원, 당좌예금 1,000원, 보통예금 1,460,440원은 전 대표이사 ○○○가 20○○. 8.경 저에게 채무자 회사의 경영권을 넘기면서 처리한 것 같은데, 어떻게 되었는지는 잘 모르겠습니다.

문 제출한 재무상태표(소갑 제7호증의 5)에 채무자 회사가 20○○. 12. 31. 당시 미수수익 266,410원, 미수금 502,936원, 선급금 2,000,000원, 선납세금 3,016,760원을 보유하고 있었다고 기재되어 있는데, 이를 언제, 어떻게 회수하여 어떻게 사용하였나요.
답 이 역시 어떻게 처리하였는지는 잘 모르겠습니다.

문 제출한 재무상태표(소갑 제7호증의 5)에 의하면 상품의 가액은 1,385,241,802원이고, 비품은 26,343,284원, 시설장치는 81,381원이고, 여기에 본점 사업장의 임차보증금 2,000만원을 합치면 합계가 1,431,666,467원이나 되는데, 주식회사 ○○에게 이를 양도하면서 고작 주식회사 ○○에 대한 채무 4억2,000만원을 대물변제하기로 한 것인가요(소갑 제11호증). 그 가액의 합계를 비교하면 채무자 회사에 매우 불리한 것으로 보이는데, 어찌하여 그렇게 된 것인가요.
답 재무상태표상 상품의 가액은 회계장부가 잘 정리되지 않아 크게 늘어난 측면이 있는 것 같습니다. 건축자재양도양수계약서(소갑 제11호증)에 각 상품의 가액을 적어 놓았는데, 이는 이윤 없이 원가 그대로 적어 계산한 것이어서 다소 불리한 측면이 있는 것은 사실입니다. 큰 차이가 나는 것은 아닙니다.

문 제출한 재무상태표(소갑 제7호증의 5)에 채무자 회사가 20○○. 12. 31. 당시 차량운반구 가액 116,591,793원을 보유하고 있다고 기재되어 있는데, 이는 무엇이고, 현재 어떻게 처분하였으며, 그 대금은 어떻게 사용하였나요.
답 1톤 트럭, 2.5트럭, 지게차를 말하는 것 같은데, 전 대표이사 ○○○가 20○○. 8. 경 채무변제를 위해 모두 매각하여 그 대금으로 채무를 변제하였던 것으로 보입니다.

문 제출한 재무상태표(소갑 제7호증의 5)에는 채무자 회사는 20○○. 12. 31. 당시 기타보증금 1,000,000원을 보유하고 있었다고 기재되어 있는데, 이는 무엇이고, 언제, 어떻게 회수하였으며, 어떻게 사용하였나요.
답 이 역시 잘 모르겠습니다. 확인해보도록 하겠습니다.

[채무자 회사의 부채]

문 채무자 회사의 부채현황은 어떠한가요.
답 채무자 회사의 20○○. 12. 31. 재무상태표(소갑 제7호증의 5)에 의하면 채무자 회사의 부채총계는 1,404,197,533원이었는데 다시 확인해보니 현재 3,931,628,879원으로 확인되었습니다.

문 부채가 이처럼 갑자기 2배 이상 증가하게 된 이유는 무엇인가요.
답 ○○○산업에 대한 매출채권을 회수하지 못하면서 이자 등이 증가하다 보니 그렇게 된 것으로 보입니다.

문 제출한 채권자목록에서 담보권이 설정되거나, 판결 등 집행권원이 있거나, 소송계속중인 채권이 있나요.
답 채권자목록 순번 11번 ○○석유공업 주식회사에 대한 채권에 관하여 전 대표이사 ○○○ 소유의 집과 그 부인 소유의 공장이 담보로 제공된 것으로 알고 있습니다. 순번 1번 주식회사 ○○은행과 순번 2번 주식회사 ○○은행이 소를 제기하여 판결 비슷한 것을 받은 것도 같습니다.

문 미지급한 임금, 퇴직금, 체납 중인 조세, 공공보험료가 있나요.
답 ○○○와 ○○○에게 지급하지 않은 임금·퇴직금이 470만원이나 됩니다. 체납 중인 부가가치세가 6,100만원 이고, 공공보험료는 300만원 정도 됩니다.

[채무자 회사의 소송현황 등]

문 채무자 회사가 당사자가 되어 계속 중인 소송이 있는가요.
답 앞서 말씀드린 주식회사 우리은행과 주식회사 ○○은행으로부터 판결문을 받은 것이 있는 것으로 보이는데, 확인해보도록 하겠습니다.

문 채무자 회사의 재산에 보전처분이나 강제집행 또는 임의경매가 진행 중인 것이 있는 가요.
답 없습니다.

문 채무자 회사의 직원들이 임금과 퇴직금을 받지 못하였다는 점을 고용노동부나 근로감독관에게 알리거나 위와 같은 사유로 채무자 회사 대표이사를 상대로 형사고소를 하였나요.
답 아직 하지 않았습니다.

[보정명령]

수명법관 판사

채무자 대표이사에게 20○○. 11. 25.까지 다음 사항을 보정할 것을 명함

1) ① 채무자 회사의 취업규칙과 퇴직금 규정, ② 채무자 회사의 20○○년부터 20○○년

까지의 결산보고서, ③ 관할세무서가 증명한 채무자 회사의 주식등변동상황명세서와 20○○년부터 20○○년까지 표준재무제표증명, ④ 채무자 회사가 소유했던 차량에 관한 자동차등록원부, ⑤ 채무자 회사의 본점 사업장에 관한 임대차계약서, ⑥ 채무자 회사의 20○○. 12. 31.부터 현재까지의 통장거래내역, ⑦ 채무자 회사가 납부하지 않은 조세·공공보험료 등의 액수를 확인할 수 있는 소명자료, ⑧ 지급거절되어 부도처리된 어음의 사본을 제출할 것

2) 채무자 회사가 당사자가 되어 계속 중인 가압류, 가처분, 경매(관할법원, 사건번호, 당사자, 소송대리인 선임 여부, 소송물의 가액 내지 채권액, 사건의 내용, 현재 진행 정도 등)의 내역을 정리하고 이에 대한 소명자료(판결문, 결정문, 소장 등)를 제출할 것

심문종결

법원 주사보 ○○○

수명법관판사 ○○○

○○지방법원
제○○파산부
결 정

사 건 20○○하합○○○○ 파산선고

신 청 인 주식회사 ○○유통

(채 무 자) ○○시 ○○구 ○○○로 ○○○-○
대표이사 ○○○
대리인 법무법인 ○○
담당변호사 ○○○

주 문

신청인은 이 결정을 송달받은 날로부터 3일 이내에 1,200만원을 예납하여야 한다.

이 유

채무자 회생 및 파산에 관한 법률 제303조를 적용하여 주문과 같이 결정한다.

20○○. ○. ○.

재 판 장 판 사 ○○○
판 사 ○○○
판 사 ○○○

○○지 방 법 원
제○○파산부

우) 12345 인천 ○○구 ○○로 111-1 /☎ 000-0000 / 팩스 000-0000 / 주심: ○○○

시행일자 20○○. ○. ○.
수 신 인천지방법원 관리위원회
제 목 파산관재인 선임 의견조회

1. 주식회사 ○○유통에 대한 이 법원 20○○하합○○○○파산선고 신청사건과 관련된 내용입니다.
2. 채무자 회생 및 파산에 관한 법률 제355조에 의하여 다음 사항에 대한 의견을 조회하니 회신하여 주시기 바랍니다.

◇ 다 음 ◇

위 회사의 파산관재인으로 변호사 ○○○(19○○. 9. 12.생, 사법연수원 제○○기)을 선임함에 관한 의견

재판장 판사 ○○○

의 견 서

인천지방법원 제○파산부 귀중

의 견 : 주식회사 ○○유통의 파산관재인으로 변호사 ○○○을 선임함은 적정한 것으로 사료됩니다.

20○○. ○. ○.

인천지방법원 관리위원회 위원장 ○○○

○○지방법원
제○○파산부
결 정

사 건 20○○하합○○○○ 파산선고

신청인 겸 주식회사 ○○유통

채 무 자 ○○시 ○○구 ○○○로 ○○○-○
대표이사 ○○○
대리인 법무법인 ○○
담당변호사 ○○○

선고일시 20○○. 12. 1. 10:00

주 문

1. 채무자 주식회사 ○○유통에 대하여 파산을 선고한다.
2. 변호사 ○○○(19○○. 9. 12.생, 인천 ○○구 ○○○로 ○○ ○○빌딩 11층)을 파산관재인으로 선임한다.
3. 파산관재인의 임기를 20○○. 12. 31.까지로 한다.
4. 채권신고기간을 20○○. 12. 30.까지로 한다.
5. 제1회 채권자집회와 채권조사의 기일 및 장소를 20○○. 1. 26. 14:20 서울법원종합청사 별관 제1호 법정으로 한다.
6. 채무자 회생 및 파산에 관한 법률 제492조 단서의 금액을 500만원으로 한다.

이 유

1. 인정사실

이 사건 기록과 채무자 대표이사에 대한 심문결과에 의하면 다음 사실이 인정된다.

가. 채무자는 20○○. 1. 24. 이동식주택 제조업, 건축자재 도·소매업, 내·외장공사 건설업 등을 목적으로 설립된 자본금 2억원의 주식회사이다.

나. 채무자는 주식회사 ○○로부터 지붕자재인 아스팔트슁글 등 건축자재를 매입하여 ○○○산업 등에 공급해 주었는데, ○○○산업으로부터 그 대금을 제때 지급받지

못해 주식회사 ○○에도 그 대금을 지급하지 못하게 되었고, 결국 건축자재의 공급이 중단되는 바람에 큰 손실을 입었다. 이때문에 채무자는 발행한 약속어음 액면 합계 약 20억원을 지급하기 어렵게 되었고, 20○○. 8. 5. 주식회사 ○○에 채무자 본점사무실의 임차보증금을 포함하여 채무자의 모든 영업자산을 양도하고 주식회사 ○○의 도움으로 위 약속어음의 부도를 막으려 하였으나, 20○○. 8. 26. 위 약속어음이 최종부도처리 되었으며, 직원들도 모두 퇴사하여, 현재 변제기에 도달한 채무를 일반적·계속적으로 변제할 수 없는 상황이다.

다. 채무자의 20○○. 12. 31. 재무상태표에 의하면 자산총계는 2,078,773,647원이나, 20○○. 8. 5. 주식회사 ○○에 모든 영업자산을 양도하여 현재 채무자의 자산으로는 매출채권 약 21억원 상당만 남아있고, 그 중 ○○○산업에 대한 약 20억원 상당의 매출채권은 회수가 어려운 상황이다. 반면 채무자의 20○○. 12. 31. 재무상태표에 의하면 부채총계는 1,404,197,533원이었으나, 그 부채가 증가하여 현재 확인된 부채는 약 39억원 상당이다. 따라서 채무자는 현재 부채초과 상태이다.

2. 판단 및 결론

위 인정사실에 의하면 채무자에게는 지급불능 및 부채초과의 파산원인 사실이 존재하므로, 채무자 회생 및 파산에 관한 법률 제305조, 제306조를 적용하여 채무자에 대하여 파산을 선고하기로 하고, 파산관재인의 선임에 관하여는 같은 법 제355조를, 채권신고기간, 제1회 채권자집회 기일 및 채권조사의 기일에 관하여는 같은 법 제312조를, 법원의 허가대상행위의 기준금액에 대하여는 같은 법 제492조 단서를 각 적용하여 주문과 같이 결정한다.

재 판 장　　판 사 ○○○

판 사 ○○○

판 사 ○○○

주식회사 ○○유통 파산선고 공고

사 건 20○○하합○○○○ 파산선고

채 무 자 주식회사 ○○유통
○○시 ○○구 ○○○로 ○○○-○
대표이사 ○○○

위 사건에 관하여 이 법원은 20○○. 12. 1. 10:00 파산선고를 하였으므로, 채무자 회생 및 파산에 관한 법률 제313조 제1항에 의하여 다음과 같이 공고한다.

다 음

1. **파산결정의 주문**
   채무자 주식회사 ○○유통에 대하여 파산을 선고한다.

2. **파산관재인의 성명 및 사무실 소재지**
   변호사 ○○○(19○○. 9. 12.생), 인천 ○○구 ○○○로 ○○ ○○빌딩 11층

3. **채권신고기간 및 채권자집회·채권조사 기일, 채권자집회 결의사항**
   ① 채권신고기간 및 장소: 20○○. 12. 30.까지 인천지방법원 파산과
   ② 채권자집회 및 채권조사의 기일과 장소
   : 20○○. 1. 26. 14:20 인천지방법원청사 별관 제1호 법정
   ③ 채권자집회에서는 영업의 폐지 또는 계속, 고가품의 보관방법에 관하여 결의를 할 수 있음

4. **유의사항**
   파산선고를 받은 자의 채무자와 파산재단에 속하는 재산의 소지자는 파산선고를 받은 자에게 채무를 변제하거나 그 재산을 교부하여서는 아니 되며, 채무를 부담하는 사실, 그 재산을 소지하는 사실(소지자가 별제권을 가지고 있는 경우에는 그 채권을 가지고 있다는 사실)을 20○○. 12. 30.까지 파산관재에게 신고하여야 한다.

20○○. 12. 1.

인천지방법원 제○○파산부

재 판 장　　판 사 ○○○
판 사 ○○○
판 사 ○○○

파산선고에 따른 통지서

채무자 주식회사 ○○유통(○○시 ○○구 ○○○로 ○○○-○, 대표이사 ○○○)에 대한 이 법원 20○○하합○○○○ 파산사건에 관하여, 이 법원은 20○○. 12. 1. 10:00 파산선고를 하였으므로, 채무자 회생 및 파산에 관한 법률 제313조에 의하여 다음과 같은 사항을 통지합니다.

다 음

1. **파산결정의 주문**

   채무자 주식회사 ○○유통에 대하여 파산을 선고한다.

2. **파산관재인의 성명 및 사무실 소재지**

   변호사 ○○○(19○○. 9. 12.생), 인천 ○○구 ○○○로 ○○ ○○빌딩 11층

3. **채권신고기간 및 채권자집회·채권조사 기일, 채권자집회 결의사항**

   ① 채권신고기간 및 장소: 20○○. 12. 30.까지 인천지방법원 파산과

   ② 채권자집회 및 채권조사의 기일과 장소

   : 20○○. 1. 26. 14:20 인천지방법원청사 별관 제1호 법정

   ③ 채권자집회에서는 영업의 폐지 또는 계속, 고가품의 보관방법에 관하여 결의를 할 수 있음

4. **유의사항**

   파산선고를 받은 자의 채무자와 파산재단에 속하는 재산의 소지자는 파산선고를 받은 자에게 채무를 변제하거나 그 재산을 교부하여서는 아니 되며, 채무를 부담하는 사실, 그 재산을 소지하는 사실(소지자가 별제권을 가지고 있는 경우에는 그 채권을 가지고 있다는 사실)을 20○○. 12. 30.까지 파산관재에게 신고하여야 한다.

5. **참고사항**

   파산채권신고서에 전자메일(E-mail) 주소를 기재하고 통보 희망의사에 '있음' 표시를 할 경우, 파산관재인이 채무자의 주요재산 매각정보에 관하여 통보하여 줄 수 있음.

20○○. 12. 1.

인천지방법원 제○○파산부

재 판 장 판 사 ○○○

파산선고에 따른 통지서

채무자 주식회사 ○○유통(○○시 ○○구 ○○○로 ○○○-○, 대표이사 ○○○)에 대한 이 법원 20○○하합○○○○ 파산사건에 관하여, 이 법원은 20○○. 12. 1. 10:00 파산선고를 하고 변호사 ○○○(인천 ○○구 ○○○로 ○○ ○○빌딩 11층)을 파산관재인으로 선임하였으므로, 이를 통지합니다. 참고로 파산이 선고된 후의 법률관계에 관하여 아래와 같이 안내드리오니 업무에 참조하시기 바랍니다.

1. 파산후의 파산재단에 속하는 재산에 대한 체납처분 불가
   파산선고 후에는 파산재단에 속하는 재산에 대하여 국세징수법 또는 지방세기본법에 의하여 징수할 수 있는 청구권(국세징수의 예에 의하여 징수할 수 있는 청구권을 포함)에 기한 체납처분을 할 수 없습니다(채무자 회생 및 파산에 관한 법률 제349조).

2. 국세징수법 또는 지방세기본법에 의하여 징수할 수 있는 채권에 대한 변제
   국세징수법 또는 지방세기본법에 의하여 징수할 수 있는 청구권은 채무자 회생및 파산에 관한 법률 제473조 제2호에 정한 재단채권입니다(다만 후수위파산채권에 해당하거나 또는 파산선고 후에 파산재단에 관하여 생긴 것이 아닌 때에는 그러하지 않습니다). 이와 같은 재단채권의 이행을 받기 위해서는, 재단채권자로서 파산관재인에게 채권의 존재를 알리는 것으로 족합니다(별도로 법원에 파산채권으로 신고하여 파산절차에 참가할 필요는 없습니다).

3. 파산 후의 교부청구
   과세관청은 파산선고 이후라도 채무자 회사 소유의 자산에 대한 경매절차에 적극적으로 교부청구를 하여 주시기 바랍니다. 이는 파산관재인이 조세채권자 등 재단채권자들에 대한 변제 및 파산채권자들에 대한 배당에 필요한 재원을 확보하는데 큰 도움이 됩니다. 이 경우 그 교부청구에 따른 배당금은 채권자인 과세관청에 직접 교부되지 아니하고 파산관재인에게 교부되나(대법원 2003.6.24. 선고 2002다70129 판결 등 참조). 파산관재인은 채무자 회생 및 파산에 관한 법률에 정한 절차에 따라 조세채권자를 비롯한 각 채권자들에게 변제 내지 배당(변제자력 부족시에는 재단채권자들에 대한 안분변제)을 하게 됩니다.

20○○. 12. 1.

인천지방법원 제○○파산부

재 판 장　　판 사 ○○○

○○세무서
인천 ○○구 ○○로 ○○ (우) 00000

인천시 ○○구청
인천 ○○구 ○○로 ○○○ (우) 00000

○○지방법원
제○○파산부
등기촉탁서

○○지방법원 ○○○등기소장 귀하

사 건 20○○하합○○○○ 파산선고

채 무 자 주식회사 ○○유통
○○시 ○○구 ○○○로 ○○○-○

위 사건에 관하여 다음과 같이 파산선고 기입등기를 촉탁합니다.

등기원인과	20○○. 12. 1. 10:00 파신선고 및 변호사 ○○○ (19○○. 9. 12. 인천 ○○구 ○○로 ○○ ○○빌딩 11층)
그 연월일	을 파산관으로 선임한 결정
등기목적	파산선고 기입등기 및 파산관재인 선임등기
등록세, 교육세 및 등기부등본	채무자 회생 및 파산에 관한 법률 제25조 제4항
촉탁수수료	등·초본등수수료규칙 제5조의3 제2항 제1호에 의하여 면제

덧붙임
1. 파산선고결정등본 1통
2. 인감신고서 1통
3. 촉탁서 부본 1통

20○○. 12. 1.

법원주사보 ○○○

○○지방법원
제○○파산부
촉 탁 서

인천우체국장 귀하

사　　건　　20○○하합○○○○　파산선고

채 무 자　　주식회사 ○○유통
　　　　　　○○시 ○○구 ○○○로 ○○○-○

파산관재인　변호사 ○○○

위 사건에 관하여 채무자 회생 및 파산에 관한 법률 제484조에 의하여 다음과 같이 촉탁합니다.

다　　음

파산선고를 받은 채무자 주식회사 ○○유통에 보내는 우편물 또는 전보는 이 법원 및 파산관재인이 발송한 것을 제외하고 파산관재인 변호사 ○○○(○○시 ○○구 ○○○로 ○○)에게 배달하여 주시기 바랍니다. 끝.

덧붙임　　1. 파산선고결정 등본　　1통
　　　　　2. 촉탁서 부본　　1통

20○○. 12. 1.

재 판 장　　판 사 ○○○

[사례 4] 법인파산 (제조업 – 임가공)

20○○ 년 질 호

<table>
<tr><td colspan="4">서울회생법원
파 산 사 건 기 록
제1책</td></tr>
<tr><td>사건번호</td><td>20○○하합○○</td><td>재
판
부</td><td>파산부 나</td></tr>
<tr><td>사 건 명</td><td colspan="3">파산선고</td></tr>
<tr><td>신 청 인</td><td colspan="3">○○○○ 주식회사
소송대리인 법무법인 ○○ 담당변호사 ○○○</td></tr>
<tr><td>채 무 자</td><td colspan="3">○○○○ 주식회사</td></tr>
<tr><td>파산관재인</td><td colspan="3"></td></tr>
<tr><td>감사위원</td><td colspan="3"></td></tr>
</table>

<table>
<tr><td rowspan="2">완 결
공 람</td><td>담 임</td><td>과 장</td><td>국 장</td><td>재 판 장</td><td>원 장</td></tr>
<tr><td></td><td></td><td>공 람
생 략</td><td>전 결</td><td></td></tr>
</table>

[서식 1] 파산 및 동시폐지 신청서 (표지)

파산 및 동시폐지 신청서

신청인 겸 채무자　○○○○ 주식회사
대표이사 ○○○

서울회생법원(파산부) 귀중

[서식 2] 송달료(예납·추납)납부서 (법원제출용)

송달료(예납·추납)납부서(법원제출용)	법 원 코 드			

1111 1111 11111111 11:11 111 11 111 11 111

대 ₩111,111 현 ₩1 은행번호 11-1111111-1 예납

11-11111111111 ㅇㅇㅇㅇ주식회사 전표번호 1111-111-1-1111

<table>
<tr><td rowspan="6">사
용
란</td><td rowspan="6">납
부
당
사
자</td><td>법 원 명</td><td colspan="2">ㅇㅇ지방법원</td><td>사건번호</td><td colspan="2"></td></tr>
<tr><td>성 명</td><td colspan="2">ㅇㅇㅇㅇ 주식회사</td><td>금 액</td><td colspan="2">130,000</td></tr>
<tr><td>주 소</td><td colspan="3">ㅇㅇ시 ㅇㅇ구 ㅇㅇ-ㅇㅇ</td><td>우편번호</td><td>1 1 1 1 1 1</td></tr>
<tr><td rowspan="3">잔액환급
계좌번호</td><td>①ㅇㅇ은행
계좌입금</td><td>ㅇㅇ은행</td><td>ㅇㅇ지점</td><td>계좌번호</td><td>111-11-111111</td></tr>
<tr><td rowspan="2">②타은행계좌
입금</td><td>은행</td><td>지점</td><td>계좌번호</td><td></td></tr>
<tr><td>예 금 주</td><td></td><td>연락처
전화번호</td><td></td></tr>
</table>

<table>
<tr><td rowspan="3">법원
사용
란</td><td rowspan="2">사건
번호</td><td>연 도</td><td>사 건 번 호</td><td colspan="3">진 행 번 호</td></tr>
<tr><td></td><td></td><td colspan="3">*</td></tr>
<tr><td>전산등록</td><td>사건등록 (인)</td><td>이송등록 (인)</td><td>수이송등록 (인)</td><td>재배당등록 (인)</td><td>기타( ) (인)</td></tr>
</table>

위 사건에 관하여 송달료를 납부합니다. 수납: ㅇㅇ은행 ㅇㅇ법원 지점 ㅇㅇㅇ

법원 지점 귀중 납부자 (인)

[서식 3] 파산 및 동시폐지 신청서

파산선고 및 동시폐지신청서

신청인 겸 채무자 ○○○○ 주식회사 (111111-2222222)
서울 ○○구 ○○로 ○○○○ [우편번호: ○○○-○○○]
대표이사 ○ ○ ○
(전화번호: 02) ○○○-○○○, 전송번호: 02) ○○○-○○○)

위 소송대리인 법무법인 ○○
서울 ○○구 ○○로 ○○○-○○
대표변호사 ○○○
(전화번호: 02) 111-222, 전송번호: 02) 222-333,
E-mail : bbb1234@naverl.com)

신 청 취 지

1. 채무자를 파산자로 한다.
2. 이 사건 파산절차를 폐지한다.

라는 결정을 구합니다.

신 청 원 인

1. 채무자 회사의 개요

가. 채무자 회사의 설립 및 사업목록

채무자 회사(신청인 겸 채무자, 이하 신청인)는 20○○. ○○. ○○.자로 설립되어 전자부품, 플라스틱 원자재 등 수입업을 20○○년까지 ○○ 주식회사의 회사명으로 영위하다가, 20○○년 ○○○○ 주식회사로 회사명을 변경하면서 전자부품 임가공, 플라스틱 가공 및 성형 등 부분으로 영업방향을 전환하여 현재에 이르고 있습니다 (소갑 제1호증의 법인등기부등본, 소갑 제2호증 회사정관 각 참조).

나. 채무자 회사의 자본 및 주주현황

채무자 회사가 발행할 주식의 총수는 ○○○,○○○주이고, 발행주식 총수는 보통주식 ○○,○○○주(1주당 액면가 5,000원)로서, 신청일 현재 총 납입자본금은 ○○○,○○○,○○○원입니다. (소갑 제1호증 법인등기부등본 참조)

참고로 채무자 회사의 설립 이래 자본금 변동은 없습니다.

채무자 회사는 비상장법인으로서 채무자 회사의 주식은 신청일 현재 대표이사 ○○○ 40%, 감사 ○○○ 40%, 개인투자자 ○○○ 20%를 소유하고 있습니다. (소갑 제3호증의 2 주주명부 참조)

다. 채무자 회사의 임원 및 종업원현황

채무자 회사의 신청일 현재 임직원은 총 2명이며 사실상 영업활동이 중단된 상태로서 등기임원 외 근무 중인 종업원은 1명뿐이나, 종업원도 20○○. ○○. ○○. 퇴임한 상태입니다. (소갑 제3호증의 3 임원현황 참조)

채무자 회사의 이사는 ○○○으로서 20○○. ○○. ○○. 취임하였으며, 이사에 대한 급여 등 일체의 비용지급은 취임 당시부터 없었습니다. (소갑 제1호증 법인등기부등본 참조)

신청일 현재 임원현황 및 종업원현황을 표로 정리하면 다음과 같습니다.

[임원 현황]

직 책	성 명	약 력	담당업무
이 사	○○○	-. 19○○년 ○○고등학교 졸업 -. 19○○년 ○○대 ○○과 졸업 -. 20○○. 11. 23. ○○○○(주) 대표이사	경영총괄 (상근)
감 사	○○○	-. 19○○년 ○○고등학교 졸업 -. 19○○년 ○○대학교 ○○과 졸업 -. 19○○년 사법고시 ○○회 합격 -. 20○○년부터 20○○년까지 ○○법률사무소 근무 -. 20○○년부터 법무법인 ○○ 근무	감사 (비상근)

[종업원 현황]

(단위: 명)

구 분	20○○. 12. 31.	20○○. 12. 31.	20○○. 12. 31.	20○○. 11. 30.
사무직	2	2 (1명은 20○○. 2. 퇴사)	1	-
기술직				-
생산직				-
합 계	2	2	1	-

라. 채무자 회사의 자회사 및 관계회사

채무자 회사의 자회사 및 관계회사는 없습니다.

2. 채무자 회사의 연혁 및 발전현황

가. 채무자 회사의 연혁

채무자 회사의 주요 연혁을 정리하면 다음과 같습니다.

일 자	내 용
20○○. ○○. 26.	○○ 주식회사 설립 (전지부품 수입사업 개시)
20○○. ○○. 24.	○○○○ 주식회사로 상호 변경 (대표이사 : ○○○)
20○○. ○○. 14.	임가공사업 시행 (시행사업 개시)
20○○. ○○. 23.	대표이사 변경 (대표이사 : ○○○)
20○○. ○○. 27.	○○ 플라스틱 가공 및 성형 사업 시행

나. 채무자 회사의 발전현황

채무자 회사는 20○○. ○○. ○○. 자본금 300,000,000원, ○○○ 150,000,000원, ○○○ 60,000,000원, ○○○ 60,0000,000원, ○○○ 30,000,0000원으로 전자부품 및 플라스틱 원자재 등 수입업을 영위하기 위하여 설립한 회사입니다.

3. 채무자 회사의 조직구조 및 사업내용

가. 채무자 회사의 조직구조

채무자 회사는 이사 와 감사 및 직원으로 이루어져 있으나 특별히 분담된 업무는 없고 직원이 연락을 하는 정도로 사실상 영업을 포기한 상태입니다.

나. 채무자 회사의 사업내용

(1) 채무자 회사의 주요영업종목

채무자 회사의 영업은 전자부품 임가공, 플라스틱 가공 및 성형 부분으로 나뉘어져 있습니다.

(2) 채무자 회사의 주요거래처

채무자 회사의 주요거래처는 ○○전자 주식회사 한 곳 뿐입니다.

(3) 채무자 회사의 주요거래 금융기관

채무자 회사의 주거래은행은 ○○은행입니다.

다. 채무자 회사의 본사

채무자 회사는 서울 ○○구 ○○로 ○○○○ ○○빌딩 ○○호에 등기된 본점은 있으나 계속되는 고정비 부담을 감당할 수 없어 직원이 20○○. ○○. ○○.까지 상주하였을 뿐 현재는 비어있는 실정이며, 문서수발을 위하여 종전 대표이사인 ○○○이 가끔 사무실에 들릅니다.

4. 채무자 회사가 파산에 이르게 된 경위

「별지와 같음」

5. 파산원인의 존재

가. 부채초과

채무자 회사의 대차대조표 내용 중 자산현황과 부채현황을 요약하여 설명 드리면 다음과 같습니다(소갑 제5호증의 1 재무제표확인(2005.~2007) 참조).

(1) 자산현황

(단위: 천원)

구 분		20○○. 12. 31.	20○○. 12. 31.	20○○. 12. 03.
유동자산	당좌자산	○○,○○○,○○○	○○○,○○○	○○○
	재고자산	○○,○○○,○○○	-	-
	소 계	○○,○○○,○○○	○○○,○○○	○○○
고정자산	투자자산	○○○,○○○	-	-
	유형자산	○,○○○	○○,○○○,○○○	○,○○○
	무형자산	○○○	-	-
	기 타 비유동자산	-	○○,○○○	-
	소 계	○○○,○○○	○○,○○○,○○○	○
자 산 총 계		○○,○○○,○○○	○○,○○○,○○○	○,○○○

가) 유동자산

위 유동자산 중 신청일 현재 매출채권 및 재고자산은 없으며, 20○○. ○○. ○○. 기준 현금 ○○○,○○○원을 보관 중입니다(소갑 제5호증의 2 자산목록 참조).

나) 비유동자산

위 비유동자산 중 20○○. ○○. ○○.자로 채무자 소유의 부동산을 담보설정 채권자인 ○○ 전자 주식회사에게 매매하였습니다. 그리고 채무자 회사 소유의 자동차가 있지만 현재 폐차지경에 이르러 있습니다. 하지만 폐차를 시키지 못한 이유는 채권자의 압류로 인하여 폐차를 하지도 못하고 있는 실정입니다(소갑 제6호증의 1 부동산매매계약서, 소갑 제5호증의 3 자동차등록원부(갑) 참조).

(2) 부채현황

상세한 내역은 별첨 20○○. ○○. ○○. 현재 대차대조표 기재와 같은 바, 이를 요약하면 다음과 같습니다(소갑 제5호증의 1 재무제표(20○○~20○○) 참조).

(단위: 천원)

구 분	20○○. 12. 31.	20○○. 12. 31.	20○○. 12. 03.
유동부채	○○,○○○,○○○	○○,○○○,○○○	○○,○○○,○○○
비유동부채	○,○○○	○,○○○	-
부채총계	○○,○○○,○○○	○○,○○○,○○○	○

나. 영업실적 및 손익현황

채무자 회사의 20○○년 사업연도부터 최근 4년간 영업실적 및 손익변동상황은 다음과 같습니다(소갑 제4호증의 1~4 제5기~8기 감사보고서 참조).

(단위: 천원)

구 분	20○○년	20○○년	20○○년	20○○년
매 출 액	○,○○○,○○○	○○,○○○,○○○	-	-
매출원가	○,○○○,○○○	○○,○○○,○○○	-	-
매출총이익	○,○○○,○○○	○○○,○○○	-	-
판매관리비	○,○○○,○○○	○○○,○○○	○○○,○○○	○○○,○○○
영업이익	○○○,○○○	○○○,○○○	-○○○,○○○	-○○○,○○○
영업외수익	○○○	○○,○○○	○○○,○○○	○○,○○○,○○○
영업외비용	○○○,○○○	○○○,○○○	○,○○○,○○○	○○,○○○,○○○
경상이익	○○○,○○○	○○○,○○○	-○,○○○,○○○	-

6. 채무자 회사의 신청일 현재 상황

가. 재정적 상황

채무자 회사는 최근 3년 동안 여직원 한 사람만 출근하게 하고 단지 명목만 유지할 뿐 더 이상 사업을 영위할 자력도 없고 직원급여 마저도 해결하지 못하는 실정에 놓이게 되었습니다. 또한 채무자 소유였던 부동산도 담보설정권자인 ○○ 전자 주식회사에게 매매되었기 때문에 영업활동을 할 수 있는 자원이 고갈된 절박한 한계상황에 도달하여 부채초과 상태를 면하지 못하고 있습니다.

나. 사업계속의 유무

채무자 회사는 신청일 현재 영업활동이 중단상태입니다.

다. 종업원에 대한 처우

채무자 회사에 현재 근무 중인 종업원은 없으며, 등기임원 2인 중 1명이 채무자 회사를 정리하기 위하여 근무 중입니다. 감사 1인은 비상근입니다.

라. 부채정리 상황

신청일 현재 채무자 회사는 채권자인 ○○ 전자 주식회사의 채권액 ○○,○○○,○○○원 중 채무자 회사의 소유 부동산(담보 설정되어 있었음. ○○시 ○○로 111 ○○ 빌딩 1동 ○○호외 ○○○건)을 ○○,○○○,○○○원에 매매하였고, 도시가스보증금 ○○,○○○,○○○원, ○○○ 대여금 ○○,○○○,○○○원을 각각 양도하여 현재 ○○,○○○,○○○원의 잔액이 있습니다(소갑 제6호증의 2 부동산거래계약필증 참조).

마. 자산처분 상황

채무자 회사의 소유였던 ○○시 ○○로 111 ○○ 빌딩 1동 ○○호외 ○○○건을 담보설정권자인 ○○ 전자 주식회사에게 매매하여 처분된 상태입니다.

바. 현금, 법인 인감 등의 보관상황

채무자 회사의 현금은 채무자 명의의 보통예금계좌 및 회사의 이사가 보관중이고, 법인 인감 또한 회사의 이사가 보관 중에 있습니다.

7. 결 론

위에서 살펴본 바와 같이 채무자 회사는 신청일 현재 부채초과 상태이자 지급불능 상태로서 파산법상의 파산원인이 존재합니다.

채무자 회사의 파산신청은 채권자인 ○○ 전자 주식회사의 요청에 의하여 이루어진 것이며, 현 시점에서는 위 채무자 회사의 상황은 개선될 여지가 없어 이 사건 파산신청에 이르게 된 것입니다.

채무자 회사의 위와 같은 상황은 채권자에게 피해만 키우는 상황이 지속될 뿐이므로 최대한 조속히 파산선고결정을 내려 주시기 바랍니다.

소 명 방 법

1. 소갑 제1호증 내지 제7호증
2. 기타 필요에 따라 제출하겠습니다.

20○○. ○. ○.

위 신청대리인 법무법인 ○○

대표변호사 ○○○ (인)

서울회생법원 귀중

〈별지〉 파산신청에 이르게 된 경위서

파산신청에 이르게 된 경위서

채무자 회사(신청인 겸 채무자)는 20○○. ○○. ○○.자로 설립되어 전자부품, 플라스틱 원자재 등 수입업을 20○○년까지 ○○ 주식회사의 회사명으로 영위하다가, 20○○년 ○○○○ 주식회사로 회사명을 변경하면서 전자부품 임가공, 플라스틱 가공 및 성형 부분으로 영업방향을 전환하여 현재에 이르렀습니다.
(소갑 제1호증의 법인등기부등본, 소갑 제2호증 정관 각 참조)

채무자 회사는 20○○년 ○○시 ○○구에 공장 부지 및 공장건물을 매입하여 20○○년 사업개시를 하게 되었고, 초창기에는 ○○ 전자 주식회사로부터 임가공 업무를 도급받아 순조롭게 사업을 진행하였으나, 공장 매입 과정에서의 자금차입 이자 부담, 가공 기계 구입자금 상환 및 납품업체로부터의 대금 회수 지연 등이 원활히 이루어지지 아니하여 회사 운영이 어렵게 되었습니다.

이와 같은 어려운 과정에서 새로운 경영진이 이 사업을 맡기로 하고 ○○○ 대표이사가 취임하였습니다. 새로운 각오로 플라스틱 가공 및 성형사업을 시작하였지만 이도 쉽지 않아 자금난은 더욱 가중되게 되었습니다.

더군다나 20○○년 공장에 화재가 발생하여 ○○ 전자 주식회사로부터 공급받은 임가공 부품 등이 전소하여 버렸고 이로 인한 손해를 고스란히 ○○ 전자 주식회사에서 떠안게 되었습니다. 이후 다시 재기하기 위하여 다방면으로 노력하였으나 손해가 워낙 크고 경기도 좋지 아니하여 여의치 않았습니다.

한편 채무자 회사는 최근 3년 동안 여직원 한사람만 출근하게 하고 단지 명목만 유지할 뿐 더 이상 사업을 영위할 자력도 없고, 직원급여마저도 해결하지 못하는 실정에 놓이게 되었습니다.

이런 과정에서 ○○ 전자 주식회사는 임가공 부품 ○○○억원 및 계약해지로 인한 중도금 ○○억원, 운영비 ○○억원의 막대한 추가 손실을 보게 되었습니다.

이러한 손실을 회계상 정리하고자 ○○ 전자 주식회사는 채무자 회사에게 파산을 하여줄 것을 요청하였습니다. 채무자 회사를 계속하면 할수록 ○○ 전자 주식회사에 경제적 부담만 주게 되어 채권자인 ○○ 전자 주식회사의 요청을 받아들여 채무자 회사는 부득이 파산신청에 이르게 되었습니다.

[서식 4] 이사회 회의 의사록

이사회 회의 의사록

* 일　　시 : 20○○년　○○월　○○일
* 장　　소 : 당사 회의실
* 출석이사 : 총원 ○○명 중 ○○명
* 의　　안 : 자금 경색에 의한 파산신청에 관한 건

대표이사 ○○○은 성원 및 회의가 적법하게 이루어짐을 확인하고 개회를 선언한 후 부의 안건을 설명하고 동의를 구한 바, 아래와 같이 찬성으로 결의한다.

* 안건내용 : 유동자금 부족에 의한 자금결재의 불능에 따른 파산 신청.
* 결의사항 : 현재 3년간 매출 실적이 없고, ○○ 전자 주식회사에 대한 채무를 상환할 방법이 없어 파산을 신청한다.

상기와 같이 본건을 가결함.

20○○년　○월　○일

회 사 명 : ○○○○ 주식회사
대표이사 : ○○○ (인)
이　　사 : ○○○ (인)
이　　사 : ○○○ (인)

[사례 5] 법인파산(건설업)

20○○ 년 질 호

<table>
<tr><td colspan="4">서울회생법원
파 산 사 건 기 록
제1책</td></tr>
<tr><td>사건번호</td><td>20○○ 하합 ○○</td><td>재
판
부</td><td>파산부 나</td></tr>
<tr><td>사 건 명</td><td colspan="3">파산선고 신청서</td></tr>
<tr><td>신 청 인</td><td colspan="3">주식회사 ○○○○건설
신청대리인 법무법인 ○○ 담당변호사 ○○○</td></tr>
<tr><td>채 무 자</td><td colspan="3">주식회사 ○○○○건설</td></tr>
<tr><td>파산관재인</td><td colspan="3"></td></tr>
<tr><td>감사위원</td><td colspan="3"></td></tr>
</table>

<table>
<tr><td rowspan="2">완 결
공 람</td><td>담 임</td><td>과 장</td><td>국 장</td><td>재 판 장</td><td>원 장</td></tr>
<tr><td></td><td></td><td>공 람
생 략</td><td>전 결</td><td></td></tr>
</table>

[서식 1] 파산선고 신청서(표지)

파산선고 신청서

신청인 겸 채무자 주식회사 ○○○○건설

대표이사 ○○○

서울회생법원(파산부) 귀중

[서식 2] 파산선고 신청서

파산선고 신청서

신청인 겸 채무자 주식회사 ○○○○건설 (○○○○○ - 1234567)
서울 ○구 ○○로 1111-22 ○○○○건물 5층
[우편번호: 135 - 333]
공동대표이사 ○○○, ○○○
(H/P) ○○○-○○○○-○○○○

위 신청대리인 ○○법무법인 변호사 ○○○
서울 ○○구 ○○로 111-22(4층)
(전화번호: 02) ○○○ - ○○○○,
전송번호: 02) ○○○ - ○○○○,
E-mail : ○○○○○@○○○.net)

신 청 취 지

1. 채무자 주식회사 ○○○○건설을 파산자로 한다.
라는 결정을 구합니다.

신 청 원 인

1. 채무자 회사의 개요

가. 채무자 회사의 설립 및 사업목록

채무자 회사(신청인 겸 채무자 이하 '신청인 회사'라고 합니다)는 20○○. 7. 26.자로 설립되어 부동산 건축 및 임대업, 철근콘크리트 공사업, 토목 공사업, 건축 공사업, 도·소매업을 영위하다 현재에 이르렀습니다.

(소갑 제1호증의 법인등기부등본, 소갑 제2호증 회사정관 각 참조)

나. 채무자 회사의 자본 및 주주현황

채무자 회사가 발행할 주식의 총수는 400,000주이고, 발행주식 총수는 보통주식 100,000주(1주당 액면가 10,000원)로서, 신청일 현재 총 납입자본금은 1,000,000,000원입니다(소갑 제1호증 법인등기부등본 참조).

참고로 채무자 회사의 설립 이래 자본금 변동은 20○○. 7. 26.자로 법인설립을 하면서 100,000,000원이었지만 20○○. 9. 15.자로 1,000,000,000원으로 자본금을 증자하였습니다.

채무자 회사는 비상장법인으로서 채무자 회사의 주식은 신청일 현재 ○○○이 35%, ○○○이 30%, 전 직원 ○○○이 25%, ○○○이 10%를 소유하고 있습니다(소갑 제3호증의 2 주주명부 참조).

다. 채무자 회사의 임원 및 종업원현황

채무자 회사의 신청일 현재 임직원은 총 ○명이며 사실상 영업활동이 중단된 상태로서 등기임원 외 근무 중인 종업원은 없는 상태입니다(소갑 제3호증의 3 임원현황 참조).

채무자 회사의 공동대표이사는 ○○○, ○○○으로서 20○○. 3. 13. 취임하였고, 이사 ○○○은 20○○. ○○. 15.자로 취임하였으며, 감사 ○○○은 20○○. ○○. 15.자로 취임하였습니다. 그리고 공동대표이사, 이사, 감사에 대한 급여 등 일체의 비용지급은 취임 당시부터 없었습니다(소갑 제1호증 법인등기부등본 참조).

신청일 현재 임원현황 및 종업원현황을 표로 정리하면 다음과 같습니다.

임 원 현 황

직 책	성 명	약 력	담당업무
대표이사	○○○	-. 19○○. ○○고등학교 졸업 -. 19○○. ○○대학교 법학과 졸업 -. 19○○. ~ 19○○. ○○○○공사 재직 -. 19○○. ~ 19○○. ○○건설 대표자 재직 -. 19○○. ~ 20○○. ○○○건설 대표자 재직 -. 20○○. ~ 현재까지 (주)○○○건설 대표이사 재직	경영총괄 (비상근)
대표이사	○○○	-. 19○○. ○○고등학교 졸업 -. 20○○. ~ 20○○. ○○건설(주) 대표이사 재직 -. 20○○. ~ 현재까지 (주)○○○건설 대표이사 재직	경영총괄 (비상근)
이 사	○○○	-. 종전 ○○건설 근무	
감 사	○○○	-. 종전 ○○건축개발 근무	

종업원 현황

(단위: 명)

구 분	20○○. 12. 31.	20○○. 12. 31.	20○○. 12. 31.	20○○. 11. 30.
사무직	7	3	1	-
기술직	-	-	-	-
생산직	-	-	-	-
합 계	7	3	1	-

라. 채무자 회사의 자회사 및 관계회사

채무자 회사의 자회사 및 관계회사는 없습니다.

2. 채무자 회사의 연혁 및 발전현황

가. 채무자 회사의 연혁

채무자 회사의 주요 연혁을 정리하면 다음과 같습니다.

일 자	내 용
20○○. 04. 30.	창업 발기인 모집
20○○. 07. 26.	법인설립(자본금 1억원)
20○○. 09. 15.	법인 자본금 증자(자본금 10억원)
20○○. 10. 05.	개발사업지 토지 구입
20○○. 10. 10.	○○주상복합상가건물 착공
20○○. 05. 31.	○○○주택 주식회사 공사도급계약 체결
20○○. 11. 12.	○○주상복합상가건물 준공
20○○. 12. 04.	○○주상복합상가건물 오픈

나. 채무자 회사의 발전현황

채무자 회사는 자본금 1,000,000,000원, ○○○ 350,000,000, □□□ 300,000,000원, △△△ 250,000,000원, ◇◇◇ 100,000,000원으로 부동산 건축 및 임대업, 철근콘크리트 공사업, 토목 공사업, 건축 공사업, 도·소매업을 영위하기 위하여 설립한 회사입니다.

3. 채무자 회사의 조직구조 및 사업내용

가. 채무자 회사의 조직구조

채무자 회사는 대표이사, 이사와 감사 및 직원으로 이루어져 있으나 특별히 분담된 업무는 없고 직원이 연락을 하는 정도로 사실상 영업을 포기한 상태입니다.

나. 채무자 회사의 사업내용

(1) 채무자 회사의 주요영업종목

채무자 회사의 영업은 부동산 건축 및 임대업, 철근콘크리트 공사업, 토목공사업, 건축 공사업, 도·소매업으로 나뉘어져 있습니다.

(2) 채무자 회사의 주요거래처

채무자 회사의 주요거래처는 시공사인 ○○건설 주식회사와 (주)○○은행 두 곳 뿐입니다.

(3) 채무자 회사의 주요거래 금융기관

채무자 회사의 주거래은행은 주식회사 ○○은행입니다.

다. 채무자 회사의 본사

채무자 회사는 서울 ○구 ○○로 1111-22 ○○○○건물 5층에 등기된 본점은 있으나 계속되는 고정비 부담을 감당할 수 없어 근무중인 직원은 없으며, 현재는 비워있는 실정입니다. 또한 문서수발을 위하여 대표이사인 ○○○가 가끔 사무실에 들릅니다.

4. 채무자 회사가 파산에 이르게 된 경위(※ 별지 사용 가능)

채무자 회사(신청인 겸 채무자 이하 '신청인 회사'라고 합니다)는 20○○. 07. 26.자로 상가 건물을 신축·분양하여 이익을 창출하기 위하여 설립된 회사로 서울 ○구 ○○로 2222-1 소재 지상 10층 및 지하 4층의 주상복합상가건물(이하 '상가'라고 합니다)을 신축하여 현재에 이르렀습니다.

(소갑 제1호증의 법인등기부등본, 소갑 제2호증 정관 각 참조)

신청인 회사는 20○○. 5. 30. 상가를 신축하면서 시공사로 ○○건설 주식회사(이하 '○○건설'이라고 합니다)를 계약자로 하여 공사대금 ○○,○○○,○○○,○○○원에 도급하고, 공사대금은 매 2개월마다 기성고에 대하여 지급하되, 공사대금의 지급지체시 준공 전까지 지연손해금을 지급하기로 약정하였습니다.

채무자 회사와 ○○건설 사이에 20○○. 8. 10. 그 동안 서로의 계산을 정산하여 공사대금을 금 ○○,○○○,○○○,○○○원으로 증액시키기로 하는 내용의 추가 도급계약을 체결하였습니다.

추가 계약시 상가를 금 ○○,○○○,○○○,○○○원에 채권자 ○○건설에 매도하기로 예약을 하였고, 매매완결일자는 20○○. 12. 31.로 하였습니다. 매매완결일자가 넘자 ○○건설로부터 가등기의 본등기이행 요청이 들어왔습니다.

채무자 회사는 정산과정을 문제 삼아 가등기의 본등기 절차이행을 지체하자 ○○건설이 ○○지방법원 20○○가합○○○○ 가등기의 본등기절차이행의 소를 제기하여 채무자 회사가 패소하였습니다.

(소갑 제6호증의 1 판결 참조)

채무자 회사가 상가 시행사로 어려움을 겪게 된 이유는 어려운 사회분위기 속에서 저조한 분양으로 인하여 공사비를 제대로 지급하지 못하고 시공사의 자금에 의존하다 보니 결국 자생을 하지 못하게 되었고 모든 부동산을 가등기권자인 ○○건설에 넘기게 되었습니다.

분양업무는 주로 아웃소싱으로 외부업체에서 맡아서 하는데 당시 약 315개 상가에서 약 118개 상가만 분양을 하게 되었습니다. 그나마 분양된 상가도 상권이 형성되지 않아 영업이 어렵게 되었으며, 계약해제를 강력하게 요구하게 되어 분야대금 전부를 회수하지 못하고 일부 분양미수금이 남아 있는 상태였으나, 시행사인 채무자 회사가 3년 동안 분양받은 상가를 책임지고 관리를 해서 월임대료(임대수익금)를 지급하기로 하였으나 영업이 전혀 이루어지지 않아 그 금액을 분양권자에게 주지 못하여 분양미수금과 상계처리하게 되었습니다.

한편 채무자 회사는 최근 2년 동안 여직원 한사람만 출근하게 하고 단지 명목만 유지할 뿐 더 이상 사업을 영위할 자력도 없고, 경제불황에 따른 지방 경기침체로 운영비(재산세, 전기요금, 미분양분 관리비 등) 및 직원급여 마저도 해결하지 못하는 어려운 실정에 놓이게 되었습니다.

이런 과정에서 채무자 회사는 시공사인 ○○건설에 공사대금 및 차용금(회사운영경비 및 세금 등)으로 약 180억원을 추가로 차용하게 되어 시공사에 막대한 손실을 주게 되었습니다.

이러한 손실을 회계상 정리하고자 ○○건설은 채무자 회사에게 파산을 하여줄 것을 요청하여 왔습니다. 채무자 회사를 계속 운영하면 할수록 시공사에 경제적 손실만 주게 되어 채권자인 시공사의 요청을 받아들여 파산신청에 이르게 되었습니다(소갑 제6호증의 2 동의서 참조).

5. 파산원인의 존재

가. 부채초과

채무자 회사의 대차대조표 내용 중 자산현황과 부채현황을 요약하여 설명 드리면 다음과 같습니다(소갑 제5호증의 1 재무제표확인(20○○.~20○○) 참조).

(1) 자산현황

(단위: 천원)

구 분		20○○. 12. 31.	20○○. 12. 31.	20○○. 12. 31.	20○○. 12. 03.
유동자산	당좌자산	4,303,354,646	2,332,245,202	720,852,074	63,947
	재고자산	11,828,979,110	13,757,335,016	13,719,018,521	0
	소 계	16,132,333,756	16,089,580,218	14,439,870,595	63,947
고정자산	투자자산	2,495,750,000	2,908,500,000	-	0
	유형자산	19,013,268,893	17,267,073,863	76,912,841	42,121,633
	무형자산	-	-	-	0
	기 타 비유동자산	-	-	2,908,500,000	0
	소 계	21,509,018,893	20,175,573,863	2,985,412,841	42,121,633
자산총계		37,641,352,649	36,265,154,081	17,425,383,436	42,185,580

가) 유동자산

위 유동자산 중 신청일 현재 매출채권 및 재고자산은 없습니다.

나) 비유동자산

위 비유동자산 중 신청일 현재 없습니다.

(2) 부채현황

상세한 내역은 별첨 20○○. 12. 03. 현재 대차대조표 기재와 같은 바, 이를 요약하면 다음과 같습니다(소갑 제5호증의 1 재무제표(20○○.~20○○) 참조).

(단위: 천원)

구 분	20○○. 12. 31.	20○○. 12. 31.	20○○. 12. 31.	20○○. 12. 03.
유동부채	40,956,869,110	43,536,305,371	29,450,938,779	18,974,684,405
비유동부채	64,353,856	36,411,162	34,108,332	44,108,332
부채총계	41,021,222,966	43,572,716,533	29,485,047,111	19,018,792,737

나. 영업실적 및 손익현황

채무자 회사의 20○○년 사업연도부터 최근 4년간 영업실적 및 손익변동상황은 다음과 같습니다(소갑 제4호증의 1~4 제5기~8기 감사보고서 참조).

(단위: 천원)

구 분	20○○년	20○○년	20○○년	20○○년
매 출 액	26,043,051,669	9,804,912,608	9,510,366,072	4,893,809,297
매출원가	18,872,560,746	9,834,922,235	9,353,177,347	4,449,035,790
매출총이익	-7,170,490,923	-30,009,627	157,188,725	444,773,507
판매관리비	3,730,134,398	4,193,483,529	1,702,308,366	2,120,332,987
영업이익	-4,223,493,156	-4,223,493,156	-1,545,120,641	-1,675,559,480
영업외수익	3,507,241,047	3,507,241,047	239,699,575	25,114,168
영업외비용	4,626,210,429	4,626,210,429	2,621,115,153	3,101,510,431
경상이익	-5,342,462,538	-5,342,462,538	-3,926,536,219	-

6. 채무자 회사의 신청일 현재 상황

가. 재정적 상황

채무자 회사는 최근 2년 동안 여직원 한 사람만 출근하게 하고 단지 명목만 유지할 뿐 더 이상 사업을 영위할 자력도 없고 직원급여 마저도 해결하지 못하는 실정에 놓이게 되었습니다. 또한 채무자 소유였던 부동산도 판결에 의하여 가등권자인 ○○건설 주식회사에게 매매예약 완결을 원인으로 한 각 소유권이전등기절차가 완료되었기 때문에 영업활동을 할 수 있는 자원이 고갈된 절박한 한계상황에 도달하여 부채초과 상태를 면하지 못하고 있습니다(소갑 제6호증의 1 판결 참조).

나. 사업계속의 유무

채무자 회사는 신청일 현재 영업활동이 중단상태입니다.

다. 종업원에 대한 처우

채무자 회사에 현재 근무 중인 종업원은 없으며, 등기임원 4인 또한 채무자 회사의 문서수발을 위해서만 한두 번 들를 뿐 근무 중인 등기임원 또한 없습니다.

라. 부채정리 상황

채무자 회사는 채권자인 ○○건설 주식회사에 20○○. 8. 10. 공사대금 ○○,○○○,○○○,○○○원으로 건설공사 추가도급계약을 체결한바 있습니다. 채무자 회사는 20○○. 11. 4. ○○건설 주식회사와 ○○,○○○,○○○,○○○원에 매매예약을 한 바 있습니다. 매매완결일자는 20○○. 12. 31.로 완결일자가 경과하고 채권자인 ○○건설이 가등기의 본등기절차를 요구하자 이를 거절하는 과정에서 ○○지방법원 20○○가합 ○○○○호로 가등기의 본등기절차이행의 소가 제기되어 이 소는 채무자 회사의 패소로 끝이 났으며, 이에 의하여 채무자 회사의 모든 부동산이 채권자인 ○○건설 주식회사 넘어가게 되었습니다(소갑 제6호증의 1 판결 참조).

마. 자산처분 상황

채무자 회사의 재산은 없어 처분된 내역은 없습니다.

바. 현금, 법인 인감 등의 보관상황

채무자 회사의 법인 인감은 회사의 대표 ○○○가 보관 중에 있습니다.

7. 결 론

위에서 살펴본 바와 같이 채무자 회사는 신청일 현재 부채초과상태이자 지급불능상태로서 채무자 회생 및 파산에 관한 법률상의 파산원인이 존재합니다.

채무자 회사의 파산신청은 채권자인 ○○건설 주식회사의 요청에 의하여 이루어진 것이며, 현 시점에서는 위 채무자 회사의 상황은 개선될 여지가 없어 이 사건 파산신청을 하기에 이른 것입니다(소갑 제6호증의 2 동의서 참조).

채무자 회사의 위와 같은 상황은 채권자에게 피해만 키우는 상황이 지속될 뿐이므로 최대한 조속히 파산선고결정을 내려 주시기 바랍니다.

소 명 방 법

1. 소갑 제1호증 내지 제7호증
2. 기타 필요에 따라 제출하겠습니다.

20○○. ○. ○.

위 신청인 주식회사 ○○○○건설
공동대표이사 ○○○ (인)
○○○ (인)

서울회생법원 파산부 귀중

〈별지〉 파산신청에 이르게 된 경위서

파산신청에 이르게 된 경위서

채무자 회사(신청인 겸 채무자 이하 '신청인 회사'라고 합니다)는 20○○. 07. 26.자로 상가 건물을 신축·분양 하여 이익을 창출하기 위하여 설립된 회사로 서울 ○구 ○○로 2222-1 소재 지상 10층 및 지하 4층의 주상복합상가건물(이하 '상가'라고 합니다)을 신축하여 현재에 이르렀습니다.
(소갑 제1호증의 법인등기부등본, 소갑 제2호증 정관 각 참조)

신청인 회사는 20○○. 5. 30. 상가를 신축하면서 시공사로 ○○건설 주식회사(이하 '○○건설'이라고 합니다)를 계약자로 하여 공사대금 ○○,○○○,○○○,○○○원에 도급하고, 공사대금은 매 2개월마다 기성고에 대하여 지급하되, 공사대금의 지급지체시 준공 전까지 지연손해금을 지급하기로 약정하였습니다.

채무자 회사와 ○○건설 사이에 20○○. 8. 10. 그 동안 서로의 계산을 정산하여 공사대금을 금 ○○,○○○,○○○,○○○원으로 증액시키기로 하는 내용의 추가 도급계약을 체결하였습니다.

추가 계약시 상가를 금 ○○,○○○,○○○,○○○원에 채권자 ○○건설에 매도하기로 예약을 하였고, 매매완결일자는 20○○. 12. 31.로 하였습니다. 매매완결일자가 넘자 ○○건설로부터 가등기의 본등기이행 요청이 들어왔습니다.

채무자 회사는 정산과정을 문제 삼아 가등기의 본등기 절차이행을 지체하자 ○○○건설이 ○○지방법원 20○○가합○○○ 가등기의 본등기절차이행의 소를 제기하여 채무자 회사가 패소하였습니다.
(소갑 제6호증의 1 판결 참조)

채무자 회사가 상가 시행사로 어려움을 겪게 된 이유는 어려운 사회분위기 속에서 저조한 분양으로 인하여 공사비를 제대로 지급하지 못하고 시공사의 자금에 의존하다 보니 결국 자생을 하지 못하고 모든 부동산을 가등기권자인 ○○건설에 넘기게 되었습니다.

분양업무는 주로 아웃소싱으로 외부업체에서 맡아서 하는데 당시 약 250개 상가에서 약 70~80여개 상가만 분양을 하게 되었습니다. 그나마 분양된 상가도 상권이 형성되지 않아 영업이 불가하게 되었으며, 계약해제를 강력하게 요구하게 되어 분야대금 전부를 회수하지 못하고 일부 분양미수금이 남아 있는 상태입니다. 이마저도 분양미수금은 받기 어려운 처지에 있습니다.

한편 채무자 회사는 최근 2년 동안 여직원 한사람만 출근하게 하고 단지 명목만 유지할 뿐 더 이상 사업을 영위할 자력도 없고, 경제불황에 따른 지방 경기침체로 운영비(재산세, 전기요금, 미분양분 관리비 등) 및 직원급여 마저도 해결하지 못하는 어려운 실정에 놓이게 되었습니다.

이런 과정에서 시공사인 ○○건설에 채무자 회사는 억원을 추가로 지출하게 되어 막대한 손실을 보게 되었습니다.

이러한 손실을 회계상 정리하고자 ○○건설은 채무자 회사에게 파산을 하여줄 것을 요청하여 왔습니다. 채무자 회사를 계속 운영하면 할수록 시공사에 경제적 손실만 주게 되어 채권자인 시공사의 요청을 받아들여 파산신청에 이르게 되었습니다(소갑 제6호증의 2 동의서 참조).

[서식 3] 소갑호증 목록

(주식회사 ○○○○건설)

소갑호증 목록

1. 소갑 제1호증의 법인등기부등본

1. 소갑 제2호증의 1 회사정관
   2 이사회 회의 의사록

1. 소갑 제4호증의 1 제3기 감사보고서 (20○○. 01. 01. ~ 2004. 12. 31)
   2 제4기 감사보고서 (20○○. 01. 01. ~ 2005. 12. 31)
   3 제5기 감사보고서 (20○○. 01. 01. ~ 2006. 12. 31)
   4 제6기 감사보고서 (20○○. 01. 01. ~ 2007. 12. 31)

1. 소갑 제5호증의 1 재무제표확인
   2 자산현황
   3 채권자목록

1. 소갑 제6호증의 1 판결정본
   2 동의서

1. 소갑 제7호증의 1 채권자의 주소

[서식 4] 이사회 회의 의사록

이사회 회의 의사록

* 일　　시 : 20○○년　○○월　○○일
* 장　　소 : 당사 회의실
* 출석이사 : 총원 3명 중 2명
* 의　　안 : 자금 경색에 의한 파산신청에 관한 건

대표이사 ○○○는 성원 및 회의가 적법하게 이루어짐을 확인하고 개회를 선언한 후 부의 안건을 설명하고 동의를 구한바, 아래와 같이 찬성으로 결의한다.

* 안건내용 : 유동자금 부족에 의한 자금결재의 불능에 따른 파산 신청.
* 결의사항 : 현재 매출채권 미회수에 따른 유동성 악화로 당사 자금사정이 극도로 악화되어 빠른 시일 안에 해결될 수 없을 것으로 사료되어 채권자의 요청을 받아들여 파산을 신청한다.

상기와 같이 본건을 가결함.

20○○년　○월　○일

회 사 명 : (주)○○○○건설
대표이사 :　○　○　○　(인)
대표이사 :　○　○　○　(인)
이　　사 :　○　○　○　(인)

[서식 5] 동 의 서

동 의 서

신청인 겸 채무자 주식회사 ○○○○건설
서울 ○구 ○○로 1111-22 ○○○○건물 5층
공동대표이사 ○○○, ○○○

위 채무자 회사에 대한 파산선고에 동의합니다.

20○○년 ○○월 ○○일

채 권 자
○○건설 주식회사
서울 ○○구 ○○로 3333 ○○빌딩 3층
대표이사 : ○ ○ ○ (인)

주식회사 ○○○○건설 귀중

[서식 6] 보 정 서

보 정 서

사 건 20○○하합○○ 파산선고

채 무 자 주식회사 ○○○○건설
공동대표이사 ○○○, ○○○

위 채무자는 귀원의 보정명령에 의하여 아래와 같이 서류를 보정하여 제출합니다.

- 아 래 -

1. 채권자별로 채권자명, 채권액수, 채권발생일, 발생이유 등이 기재된 채권자 목록을 제출할 것.

-. 첨부서류 참조.

** 채권자 목록 및 채권자의 주소에 미비한 부분은 현재 회사를 전혀 운영하지 않아 근무하는 직원이 없는 관계로 완벽하게 정리되지 못하였습니다. 그렇지만 미비한 부분을 정리하여 20○○. 01. 23.까지 제출하도록 하겠습니다. 이 점 양해해 주시길 바랍니다.

2. 최근 3년간 채무자의 주요재산의 매각내역을 밝힐 것.

-. 최근 3년간 채무자 회사의 주요재산의 매각내역은 없으며, 다만 파산선고신청서상 파산에 이르게 된 경위와 같이 채무자 회사는 정산과정을 문제 삼아 가등기의 본등기절차이행을 지체하자 ○○○건설이 ○○지방법원 20○○가합 ○○○○ 가등기의 본등기절차이행의 소를 제기하여 채무자 회사가 패소한 상태이며, 채무자 회사의 소유 부동산을 ○○건설에 등기절차를 이행해야 하는 상황입니다.

3. 신청서 7p에 기재된 ○○○건설에 대한 130억원 차용금에 대한 구체적인 내역, 경위를 밝히고 관련 자료를 제출할 것.

-. 신청서 7p에 기재된 ○○건설에 대한 차용금은 정정하여 130억원이 아닌 29억원입니다. 이 점 양해해 주시길 부탁드립니다. 그리고 차용금에 대한 구체적인 사용처는 채무자 회사가 신축한 상가를 어려운 사회분위기 속에서 저조한 분양으로 인하여 공사비를 제대로 지급하지 못하고 시공사인 ○○건설에 의존하여 회사운영경비 및 세금

등으로 사용하기 위해 시공사 ㅇㅇ건설에서 차용한 것입니다. 또한 이에 대한 지출관련 자료는 20ㅇㅇ. 01. 23.까지 제출하도록 하겠습니다.

4. 결 어

이상과 같이 귀원에서 보정명령 한 사항에 대하여 성실하게 답변하였습니다.

첨 부 서 류

1. 채권자목록 및 채권자의 주소 각 1부.

20ㅇㅇ. 01. 19.

채무자 주식회사 ㅇㅇㅇㅇ건설

공동대표이사 ㅇㅇㅇ, ㅇㅇㅇ

서울회생법원 파산부 귀중

[첨부 1] 채권자목록

채 권 자 목 록

순번	채권자명	차용 또는 구입일자	발생원인	최초 채권액	사용처	보증인	잔존 채권액	
							잔존 원금	잔존 이자/지연손해금
1	○○건설(주)	20○○. 10. 12.	1	3,272,457,323	운영자금		3,272,457,323	0
2	○○건설(주)		2	19,171,046,786	건설비		9,439,055,194	0
3	○○산업개발(주)		2	19,360,000	용역비		19,360,000	0
4	파산자 (주)○○은행의 파산관재인 ○○○	20○○. 12. 22	1	3,980,100,000	운영자금		3,980,100,000	2,746,696,003
5	○○○○(주)		2	8,815,404	용역비		8,815,404	0
6	○○설비		1	1,150,000	보일러세관		1,150,000	0
7	○○환경개발		1	600,000	물탱크청소		600,000	0
8	○○건설		1	2,050,000	건축물 정기검사		2,050,000	0
9	○○산업		1	440,000	실내공기 측정		440,000	0
10	○○○건축		1	400,000	엘리베이터		400,000	0
11	○○○		5	1,000,000	선수금		1,000,000	0
12	○○설비		5	10,000,000	선수금		10,000,000	0
13	○○○		5	10,000,000	선수금		10,000,000	0
14	○○○		5	30,000,000	선수금		30,000,000	0
15	○○○		5	30,000,000	선수금		30,000,000	0
16	○○○		5	70,000,000	선수금		70,000,000	0
※채권의 '발생원인'란에는 아래 해당번호를 기재함 ① 금원차용(은행대출, 사채 포함), ② 물품구입(신용카드에 의한 구입 포함), ③ 보증(피보증인 기재), ④ 기타						합 계	잔존 원금	잔존 이자·지연손해금
						19,622,123,924	16,875,427,921	2,746,696,003

[첨부 2] 채권자의 주소

채권자의 주소

1. 채권자의 주소는 신청일 당시의 주소로 번지까지 정확하게 기재하고, 채무자를 위하여 **보증을 해 준 사람이 있으면 그 보증인의 주소까지 정확히 기재하여야 합니다.**
2. 채권자가 금융기관이나 기타 법인인 경우에는 본점 소재지 또는 거래지점의 소재지를 정확하게 기재하여야 합니다.

순번	채권자명	주소	전화번호	팩스	비고 (우편번호)
1	○○건설(주)	서울 ○○구 ○○로 1111-2 ○○빌딩	02-2222-3331		12345
2	○○건설(주)	○○시 ○○구 ○○로 ○○	02-2222-3332		
3	○○산업개발(주)	○○시 ○○구 ○○로 ○○	02-2222-3333		
4	파산자 (주)○○은행 의 파산관재인 ○○○	○○시 ○○구 ○○로 ○○	02-2222-3334		
5	○○○○(주)	○○시 ○○구 ○○로 ○○	02-2222-3335		
6	○○설비	○○시 ○○구 ○○로 ○○	02-2222-3336		
7	○○환경개발	○○시 ○○구 ○○로 ○○	02-2222-3337		
8	○○건설	○○시 ○○구 ○○로 ○○	02-2222-3338		
9	○○산업	○○시 ○○구 ○○로 ○○	02-2222-3313		
10	○○○건축	○○시 ○○구 ○○로 ○○	02-2222-3323		
11	○○○	○○시 ○○구 ○○로 ○○	02-2222-3343		
12	○○설비	○○시 ○○구 ○○로 ○○	02-2222-3353		
13	○○○	○○시 ○○구 ○○로 ○○	02-2222-3363		
14	○○○	○○시 ○○구 ○○로 ○○	02-2222-3373		
15	○○○	○○시 ○○구 ○○로 ○○	02-2222-3383		

[사례 6] 법인파산 (부동산임대업 – 실내스크린골프장 임대)

20○○ 년 질 호

<table>
<tr><td colspan="4">서울회생법원
파 산 사 건 기 록
제1책</td></tr>
<tr><td>사건번호</td><td>20○○하합○○</td><td>재
판
부</td><td>파산부 나</td></tr>
<tr><td>사 건 명</td><td colspan="3">파산선고</td></tr>
<tr><td>신 청 인</td><td colspan="3">주식회사 ○○○○
신청대리인 법무법인 ○○ 담당변호사 ○○○</td></tr>
<tr><td>채 무 자</td><td colspan="3">주식회사 ○○○○</td></tr>
<tr><td>파산관재인</td><td colspan="3"></td></tr>
<tr><td>감사위원</td><td colspan="3"></td></tr>
</table>

완 결 공 람	담 임	과 장	국 장	재 판 장	원 장
			공 람 생 략	전 결	

[서식 1] 파산선고 신청서(표지)

파 산 신 청 서

신청인 겸 채무자 주식회사 ○○○○
대표이사 ○○○

서울회생법원(파산부) 귀중

[서식 2] 파산신청서

파 산 신 청 서

신 청 인　　주식회사 ○○○○
(채 무 자)　　서울 ○○구 ○○로 ○○-○○○
　　　　　　대표이사 ○○○

신청대리인　　변호사 ○○○
　　　　　　서울 ○○구 ○○○로 111번지 ○○타워 14층
　　　　　　(우:140-○○○)
　　　　　　(전화번호: 02-111-2222, 02-222-3333)
　　　　　　이메일 : ○○○○○○@○○○.net, 팩스번호:
　　　　　　02-1234-4321

신 청 취 지

주식회사 ○○○○를 파산자로 한다.
라는 결정을 구합니다.

신 청 이 유

1. 신청의 요지

신청인 주식회사 ○○○○(이하 "신청인 회사" 또는 "회사"라 합니다)는 부동산의 임대 등을 하는 회사입니다. 신청인 회사는 이 사건 신청일 현재 부채총액이 약 100억원, 자산총액이 약 2억원으로 부채가 자산을 훨씬 초과하는 채무초과회사입니다.

이에 채무자인 신청인 회사는 채무자 회생 및 파산에 관한 법률 제305조, 제306조에 의하여 파산을 신청하는 바입니다.

2. 신청인 회사의 개요

가. 회사의 사업 목적

(1) 등기부 상의 목적

신청인 회사는 20○○. 1. 11. 부동산의 매매, 임대, 전대 및 관리 업무를 목적으로 자본금 ○○○,○○○,○○○원(1주당 액면가액 5,000원, 발행주식수 40,000주)에 설립되었습니다(소갑 제1호증의 1 법인등기부등본, 2 사업자등록증, 3 외국인투자

기업등록증명서, 4 정관, 5 법인인감증명서, 6 대표자 인감증명서)

(2) 실제의 영업 내용

신청인 회사는 실내스크린골프장 영업을 할 수 있는 공간을 임대하여 시설 및 인테리어를 하고, 직접 종업원을 채용한 후 해당 사업장을 개인사업자에게 전대하여, 개인사업자로부터 전대차에 따른 임료와 실내스크린골프장 컨설팅에 대한 대가를 포함하여 매월 일정금액씩 지급받는 형태의 사업을 영위하여 왔습니다.

나. 회사의 연혁

신청인 회사는 20○○. 1. 11. 서울 ○○구 ○○로 737-37 ○○빌딩 1011호에서 ○○○를 대표이사로 하여 주식회사 ○○의 명칭으로 설립되었습니다.

회사 설립 후 20○○. 3. 23. 서울 ○○구 ○○5가 46과 경기도 ○○시 ○○구 ○○로 161에 각각 ○○지점과 ○○지점을 개업하였고, 20○○. 7. 10. 회사의 상호를 주식회사 ○○에서 주식회사 ○○○○로 변경하였습니다.

그 후 20○○. 6월경 본점 주소를 서울 ○○구 ○○로 ○가 85로 이전하였고, ○○○가 대표이사로 취임하였습니다(소갑 제1증의 1 법인등기부등본)

다. 자회사 및 관계회사 현황

신청인 회사는 20○○. 5. 16. 서울 ○○구 ○○로 ○가 85에서 ○○○를 이사, 자본금 10,000,000원(1주당 액면가액 10,000원, 발행주식수 1,000주)으로 부동산에 대한 투자, 임대 및 운영 등을 하는 ○○○ 유한회사를 100% 자회사로 설립하였습니다.

그 후 20○○. 7. 10.(등기 20○○. 7. 11.) ○○○ 유한회사는 ◎◎◎◎ 유한회사로 상호를 변경하였고, 20○○. 6월경 ○○○가 대표이사로 취임하였습니다.

최근 20○○. 11. 20. 신청인과 신청외 주식회사 ○○○(이하 "신청외 ○○○"라고 합니다) 사이에 주식양도계약을 체결하여 ◎◎◎◎ 유한회사의 주주는 신청인 회사에서 신청외 ○○○로 변경되었습니다(소갑 제2호증의 1 법인등기부등본, 2 사업자등록증, 3 법인인감증명서, 4 대표자 인감증명서, 5 주주명부, 소갑 제18호증 주식양도계약서).

따라서 신청인 회사는 더 이상 자회사를 보유하지 않게 되었습니다.

라. 자회사의 자본 및 주주의 구성

(1) 자 본

신청인 회사는 설립 당시 ○○,○○○,○○○,○○○원의 자본금으로 1주당 5,000원, 총 40,000주의 주식을 발행하였으며, 지금까지 특별한 자본변동 없이 현재에 이르고 있습니다.

(2) 주주의 구성

신청인 회사는 주식회사 ○○○가 100% 주주입니다(소갑 제1호증의 3 외국인투자기업등록증명서, 7 주주명부)(국문 및 일문).

마. 회사의 임원구성 및 종업원

(1) 임원구성

신청인 회사의 임원은 대표이사 ○○○, 사내이사 ○○○, 이사 ○○○가 있습니다(소갑 제1호증의 1 법인등기부등본).

(2) 종 업 원

신청인 회사에는 영업개시 후 사업을 폐지할 때까지 약 10여명의 상시 근무하는 종업원이 있었습니다. 20○○년 12월말 급여대장에 따르면 20○○년말에 13명의 종업원이 있었고, 20○○. 12월말에 사업을 중단하고 20○○. 2. 28. 모든 종업원이 퇴사 처리될 때에도 13명의 종업원이 그대로 근무하고 있었습니다(소갑 제3호증의 1 내지 2 각 급여대장).

(3) 노동조합

신청인 회사는 노동조합이 설립되어 있지 않습니다.

바. 공장, 영업소 등의 시설

신청인의 본점 소재지 서울 ○○구 ○○로 ○가 85에 있습니다. 이곳은 컴퓨터와 책상 등의 일부 집기가 있었고, 관리를 담당하는 일부 종업원의 업무 장소로 사용되었습니다. 또한, 위 소재지에서는 신청인 회사 관련 서류들을 보관하고, 신청인 회사의 주주인 주식회사 ○○○의 직원이 출장을 오는 경우에 임시로 업무를 수행하는 공간으로 활용하였습니다.

신청인 회사가 임대한 서울 ○○구 ○○5가 46 소재 ○○지점과 경기도 ○○시 ○○구 ○○로 161 소재 ○○지점에서는 신청외 개인사업자 ○○○(123456-1234567)가 실내스크린골프장 사업을 하였고, ○○지점 인근에는 종업원들의 기숙사도 임대하여 사용하였습니다. 신청인 회사가 임차 및 전대하였던 부동산의 내역은 다음과 같습니다(소갑 제4호증의 1 내지 4 각 임대차계약서, 소갑 제5호증의 1 내지 3 각 전대차계약서).

용 도	임 대 내 역					전 대 내 역		
	주 소	체결일	기 간	보증금	월 세	체결일	전대기간	월임료
○○ 지점	○○ ○○구 ○○5가 45-4,45-6,45-7,48-2,49-1	20○○.2.16.	20○○.3.1.~ 20○○.2.28.	4억원	1천6백 만원	20○○.3.1.	20○○.3.3.~ 20○○.2.28.	4천만원
○○ 지점	위 ○○5가 46외 1필지, 뒷 46-1번지 1층	20○○. 5경	20○○.5.9.~ 20○○.5.8.	2억 2천만원	1천만원	20○○.3.1.	20○○.3.3.~ 20○○.2.28.	2천만원
○○ 지점	○○ ○○구 ○○로 161 ○○오피스텔 지하상가 C-1,2,3,44,5,6,7,8,9,10	20○○.1.19.	20○○.1.19.~ 20○○.1.18.	9천만원	1천만원	20○○.2.28.	20○○.3.1.~ 20○○.2.28.	2천만원
기숙사	위 오피스텔 435호	20○○.6.29.	20○○.6.7.~ 20○○.6.6.	1천만원	9십만원	전대 사실 없음		

사. 사업감독관청

신청인 회사는 실내스크린골프장 사업을 하는 개인사업자에게 해당 지점을 전대하였을 뿐이므로 신청인 회사에 대한 직접적인 감독관청은 없지만, 전차인인 개인사업자가 실내스크린골프장 영업을 한 것에 대한 감독관청은 문화체육관광부장관입니다.

3. 업무의 현황

가. 주요 영업 종목

신청인 회사는 부동산을 임대받아 실내스크린골프장 사업을 영위하고자 하는 제3자에게 이를 전대(실내스크린골프장 사업은 제3자가 직접 수행함)하고, 전차(轉借)에 다른 차임과 실내스크린골프장 사업 관련 컨설팅을 제공하여 그에 대한 월임료 상당의 수수료 명목으로 매월 8천만원을 지급받는 사업을 수행하여 왔습니다.

전대차계약서에는 별도로 실내스크린골프장 사업 관련 컨설팅 수수료를 기재하지 않았지만, 신청인 회사가 임대인에 대해서 지급하는 월임료 보다 훨씬 상회하는 금액을 전대 임차료로 설정하여 컨설팅 수수료를 함께 수령하는 사업 형태였습니다(소갑 제5호증의 1 내지 3 각 전대차계약서. 소갑 제6호증의 1 내지 15 각 세금계산서).

나. 거 래 처

(1) 금융기관

신청인 회사는 금융기관과 특별한 거래 사실이 없습니다. 다만 신청인 회사의 예금은 ○○은행 보통예금통장에 보관되어 있습니다.

(2) 영업상 거래처

신청인 회사는 전대한 부동산에서 실내스크린골프장 사업을 수행하는 개인사업자로부터 전대 임차료와 실내스크린골프장 컨설팅에 따른 수수료를 수령하였으므로 신청인 회사의 유일한 거래처는 개인사업자인 신청의 ○○○만 있습니다.

4. 자산 및 부채의 상황

○ 최근 3년간(20○○ ~ 20○○) 자산, 부채 및 자본 현황

최근 3년간 회사의 자산, 부채 및 자본현황은 첨부한 각 사업연도의 대차대조표 내역과 같습니다(소갑 제7호증의 1 내지 3 각 대차대조표).

또한, 신청인 회사의 자산, 채권 및 자회사 주식의 양도계약 후 20○○. 11. 27. 기준 대차대조표 현황은 소갑 제7호증의 4 최종대차대조표 내역과 같습니다(신청인 회사의 자산, 채권 및 자회사 주식의 양도계약에 대해서는 후술하였습니다).

○ 최근 3년간(20○○ ~ 20○○) 매출 및 손익현황

최근 3년간 회사의 매출 및 손익현황은 첨부한 각 사업연도의 손익계산서 내역과 같습니다(소갑 제8호증의 1 내지 3 손익계산서).

또한, 신청인 회사의 자산, 채권 및 자회사 주식의 양도계약 후 20○○. 11. 27. 기준

손익계산서 현황은 소갑 제8호증의 4 최종손익계산서 내역과 같습니다.

가. 자 산

신청인 회사는 20○○. 11. 27. 기준으로 총 ○○○,○○○,○○○원(보통예금, 부가세대급금, 선납세급의 합계액)의 자산을 보유하고 있습니다.

(1) 예 금

신청인 회사는 금 ○○,○○○,○○○,○○○원의 보통예금을 신한은행에 보유하고 있습니다(소갑 제9호증 통장사본).

(2) 부가세선급금

신청인 회사는 금 ○,○○○,○○○원의 부가세선급금을 자산으로 보유하고 있습니다. 부가세선급금은 신청인 회사가 폐업신고 시 부가가치세 매입세액으로 공제받을 수 있는 세액을 말합니다.

(3) 선납세금

신청인 회사는 금 16,540원의 법인세 선납금을 자산으로 보유하고 있습니다. 위 선납세금은 신청인 회사가 예금에 대하여 발생한 이자에 대하여 기 납부한 세금을 말합니다.

(4) 부동산 등

신청인 회사는 부동산 등 그밖의 자산을 소유하고 있지 않습니다.

나. 부 채

(1) 부채 총액과 채권자 총 수

신청인 회사의 부채 현황은 20○○. 11. 27. 기준 금 ○,○○○,○○○,○○○원이며, 채권자는 신청의 ○○○만 있습니다.

(2) 미지급금

신청인 회사는 신청외 ○○○에게 지급할 금 ○○○,○○○,○○○원의 미지급금이 있습니다. 이 금액은 신청외 ○○○가 신청인 회사 직원의 사택 임차보증금 명목으로 지급한 금액과 신청외 ○○○가 신청인 회사 업무와 관련하여 그동안 지출한 출장비 등의 비용이며, 신청외 ○○○에게 반환해야 할 신청인 회사의 채무입니다(갑 제10호증 경비청구서)(국문 및 일문).

(3) 미지급비용

신청인 회사는 채권자 신청외 ○○○에게 지급할 금 ○○○,○○○,○○○원의 미지급비용이 있습니다. 이 금액은 신청인 회사가 신청외 ○○○로부터 차입한 아래 (4)항의 원금에 대해서 신청외 ○○○에게 지급하지 못하고 있는 이자금액입니다. 신청외 ○○○로부터 아래 (4)항의 차입은 20○○년경에 4차례에 걸쳐서 이루어졌고, 그에 대한 이자는 매년 1회씩 지급하기로 예정하였습니다. 하지만 신청인 회사는 이자조차 지급할 여력이 없어 실제로 지급하지 못하고 있는 금액이 위 미지급비용입니다.

(4) 장기차입금

신청인 회사는 신청외 ○○○로부터 합계 금 ○,○○○,○○○,○○○원을 장기 차입하고 있습니다.

최조 신청인 회사의 차입금 내역은 다음과 같습니다. 대차대조표상의 금액은 엔화로 대출한 금액을 20○○. 11.27. 원화로 환산한 내역입니다(소갑 제11호증의 1 내지 4 각 금전소비대차계약서)(국문 및 일문).

(단위 : 엔)

	대여일	대여금액(원)	이 자	상환일	상환방법
1	20○○. 1. 23.	○○○,○○○,○○○	연 2%	20○○. 1. 22.	일괄변제
2	20○○. 2. 13.	○○○,○○○,○○○	연 2%	20○○. 2. 12.	일괄변제
3	20○○. 3. 6.	○○○,○○○,○○○	연 2%	20○○. 3. 5.	일괄변제
4	20○○. 3. 20.	○○○,○○○,○○○	연 2%	20○○. 3. 19.	일괄변제
합 계		○,○○○,○○○,○○○			

그 후 신청인 회사와 채권자 신청외 ○○○ 사이의 채권양도계약(후술하였습니다)에 따라 신청인 회사가 신청외 ○○○에게 양도한 채권액에 상응하는 금액을 상계함으로써 위 대여금 총액 중 ○,○○○,○○○,○○○원이 차감된 ○,○○○,○○○,○○○원이 남아있는 상황입니다.

신청인 회사는 그밖에 타법인, 은행 및 개인에 대한 부채는 없습니다.

(5) 담보제공・보증현황

신청인 회사는 담보 및 보증을 제공한 사실이 없습니다.

(6) 미지급 임금·퇴직금 등

신청인 회사는 임금·퇴직금, 조세, 공공보험료(산재보상보험료, 건강보험료) 등의 미지급 및 체납사실이 없습니다.

5. 파산원인의 존재 및 회사가 파산에 이르게 된 사정

가. 지급정지 상황

신청인 회사는 어음을 발행하지 않아 회사의 어음이 부도난 것은 없으나, 20○○. 11. 27. 현재 신청인에 대한 차입금 약 99.5억원 등의 채무에 대하여 상환할 방법이 없습니다.

나. 채무초과 사실

신청인 회사의 자산은 2억원인데 비해, 총 부채액은 100억원이므로, 신청인 회사의 총 자산을 처분하여 채무를 변제한다고 하더라도 약 98억원의 잔여 채무가 남게 됩니다.

다. 재정적 파탄에 이르게 된 사정 및 그 경과

(1) 시청인 회사의 실내스크린골프장 컨설팅 사업 현황

1) 신청인 회사는 부동산을 임대받아 실내스크린골프장 사업을 영위하고자 하는 제3자인 신청외 ○○○(이하 "개인사업자"라고 합니다)에게 이를 전대하고(실내스크린골프장 사업은 신청외 ○○○가 직접 수행함), 실내스크린골프장 사업 관련 컨설팅을 개인사업자에게 제공함으로써, 관련 수수료를 지급받는 사업(이하 "실내스크린골프장 컨설팅 사업"이라고 합니다)을 수행하여 왔습니다.

2) 개인사업자는 20○○. 3. 24.부터 실내스크린골프장 사업을 영위하다가 20○○. 8월경 실내스크린골프장 사업에 대한 사회적 분위기로 인하여 영업을 중단하게 되었습니다. 그 이후 20○○. 10월경 영업을 재개하였으나, 같은 해 10월말 문화관광부의 상품권환전을 금지하는 고시로 인하여 결국 20○○. 12월말 사업을 중단하게 되었습니다(소갑 제12호증 1 내지 3 각 폐업사실증명원).

3) 신청인 회사는 위 실내스크린골프장 컨설팅 사업과 관련하여 20○○. 4월부터 20○○. 8월가지 매월 80,000,000원의 컨설팅 수수료를 수취하였습니다(소갑 제6호증의 1 내지 15 각 세금계산서).

(2) 신청인 회사의 사업 시행 당시 법률 내용

1) 20○○. 3월 당시 실내스크린골프장 영업과 관련된 법령으로는 ○○법률(이하 "○○법"이라 합니다) 등이 있는바, 실내스크린골프장은 ○○법 제2조 제9호 나목 "일반○○업"에 해당합니다.

2) ○○법 제32조 제3호에서는 이와 같은 일반○○업을 영위하는 게임제공업자의 준수사항으로 "게임제공업자는 사행성을 조장하거나 청소년에게 해로운 영향을 미칠 수 있는 다음의 행위를 금지"하고 있습니다.

가. 문화관광부장관이 정하여 고시하는 종류 외의 경품을 제공하는 행위

나. 문화관광부장관이 정하여 고시하는 방법에 의하지 아니하고 경품을 제공하는 행위

위 규정에 비추어 보면 당시 ○○법은 실내스크린골프장 내에서의 모든 경품제공 행위를 전면적으로 금지하는 것이 아니고, 일정한 종류의 경품을 일정한 방법에 의하여 제공하는 경우에 있어서는 이를 허용하고 있었습니다.

3) 위 조항의 세부규정인 20○○. 7. 6. 문화체육관광부고시 제20○○-9호는 게임제공업소의 경품취급기준과 관련하여 게임의 결과로 제공할 수 있는 경품의 종류, 경품지급기준, 경품제공방법, 경품제공시 준수사항 등을 세부적으로 규정하고 있습니다. 위 고시로 인해 게임제공업자는 경품으로서의 다양한 상품권을 사용할 수 있게 되었으며 이는 경품게임물의 급증현상을 야기시켰습니다.

특히 위 '게임의 결과로 제공할 수 있는 경품의 종류'와 관련하여서는 문화관광부

로부터 관련 업무를 위임받은 ○○게임산업개발원이 제20○○-5호로 게임제공업소의 경품용 상품권으로 제공할 수 있는 상품권을 지정 공고하고 있었습니다.

4) 따라서 실내스크린골프장과 같은 게임장 내에서 상품권을 제공할 경우 게임제공업자는 위 '경품취급기준' 및 '게임제공업소의 경품용 상품권 지정공고' 등에 의거 ○○게임산업개발원에서 지정한 해피머니문화상품권 등 16가지의 상품권만을 경품으로 제공할 수 있었습니다.

5) 결국 20○○년 4월경 당시에는 실내스크린골프장 내에서 지정된 상품권을 경품지급기준에 의하여 제공하는 경우에 이를 허용하고 있었습니다. 신청인 회사도 이에 따라 실내스크린골프장 사업을 영위하는 개인사업자에게 부동산을 전대하면서, 실내스크린골프장 사업 관련 컨설팅을 제공하고 관련 수수료를 지급받는 사업을 수행하였던 것입니다.

(3) 게임산업 관련 법률의 개정에 따른 신청인 회사의 사업 중단

1) 게임산업의 성장으로 인해 문화관광부는 게임물만의 고유한 특성을 반영할 수 있는 법률의 제정 필요성을 인식하여 20○○. 4. 28. 게임산업진흥에 관한 법률(이하 "게임법"이라 합니다)을 제정하였습니다. 이는 변화하고 있는 게임산업환경에 적극적으로 대처하고 게임산업의 진흥을 위한 다양하고 체계적인 정책을 추진할 수 있도록 기반을 조정하기 위한 목적으로 음반법에서 게임에 관한 규정을 분리시킨 것입니다. 게임법은 ○○법을 승계한 것이므로 기존 ○○법의 경품취급기준을 동일하게 규정하였습니다.

2) 하지만 게임제공업의 활성화 차원에서 모색된 경품용 상품권 제도가 게임제공업의 사행성을 조장하여 사회적 문제로 인식됨으로 인하여 20○○. 10. 27. 문화관광부 고시 제20○○-21호를 통해 경품으로 상품권을 제공할 수 없도록 경품취급기준을 개정하였습니다. 또한 게임제공업의 설립 및 운영에 대한 규제를 강화하기 위해 20○○. 1. 19. 게임법을 개정하였습니다.

3) 20○○. 1. 19. 게임법의 개정으로 인해 게임제공업의 설립이 종래 등록제에서 허가제로 변경되었으며, 게임장의 상품권 환전을 금지하는 규정이 신설되었습니다. 만약 이를 위반한 경우에는 게임제공업의 허가가 취소되도록 하였으며 형사상 벌칙을 보다 가중하였습니다.

4) 결국 문화관광부 고시 제20○○-21호와 20○○. 1. 19. 개정된 게임법의 시행으로 상품권 환전을 통한 게임제공업의 운영은 불가능하게 되었습니다. 게다가 기존 발행된 상품권의 효력도 20○○. 4. 28.까지로 되었습니다.

5) 따라서 신청인 회사가 임대한 부동산에서 실내스크린골프장 사업을 하던 개인사업자가 사업을 더 이상 할 수 없게 됨에 따라 신청인 회사의 실내스크린골프장 컨설팅 사업도 할 수 없게 되었고, 신청인 회사도 사업을 중단할 수밖에 없는 상황

에 이르러 현재 약 100억원의 부채만 남은 상황입니다.

6. 회사의 신청시 상황

가. 사업 계속의 유무

현재 신청인 회사는 별도의 휴·폐업 신고를 하지는 않았지만, 영업을 위한 활동도 하고 있지 않은 채로 방치되어 있습니다. 다만 신청인 회사가 임대한 부동산을 전차하여 사업을 하였던 개인사업자는 3개 지점(○○지점 2, ○○지점 1) 모두 폐업신고를 마친 상태입니다(소갑 제12호증 1 내지 3 각 폐업사실증명원).

나. 종업원의 처우

신청인 회사에게는 평균 10~20명의 종업원이 근무하였으나, 사실상 폐업직전에는 ○○명의 종업원이 근무하였습니다. 종업원들의 평균 급여는 2백~3백만원 사이였으며, 4대 보험도 모두 가입되어 있었고, ○○에 소재한 ○○지점의 경우에는 같은 건물에 기숙사까지 확보하고 있어서 종업원들의 복지에 최선을 다하려고 노력하였습니다(소갑 제3호증 1 내지 2 각 급여대장, 소갑 제4호증의 4 임대차계약서).

다. 부채정리상황

신청인 회사는 부채에 대해서 지급불능에 따라 전혀 지급하지 못하고 있습니다. 다만 전기·수도요금, 회계장부에 대한 기장수수료 등 합계 월 100만원 미만의 대금을 지급하고 있을 뿐입니다.

라. 자산처분 현황

신청인 회사는 채무초과 상태이므로 청산을 할 수 없어, 파산절차를 택할 수밖에 없습니다.

따라서 신청인 회사는 파산신청을 하기에 앞서 신청인 회사의 자산 중 일부를 신청인 회사의 자회사(○○○○ 유한회사)에게 양도하고[자산양도], 신청인 회사의 자산 중 일부를 자회사에게 양도한 대가 등 신청인 회사가 보유하고 있는 채권에 대해서도 신청외 ○○○에게 양도를 하였으며[채권양도], 신청인 회사의 자회사(○○○○ 유한회사)의 주식(매도가능증권)도 신청외 ○○○에게 양도하였습니다[주식양도](소갑 제13호증의 1 내지 2 각 이사회의사록)(국문 및 일문), 소갑 제14호증의 1 내지 2 각 사원총회의사록(국문 및 일문), 소갑 제15호증 임시주주총회의사록(국문 및 일문).

(1) 자산양도 : 신청인 회사 자산의 양도계약

신청인 회사와 ○○○○ 유한회사는 20○○. 3. 11. 신청인 회사가 보유하고 있는 자산 중 일부에 대해서 자회사 ○○○○ 유한회사에게 자산양도계약을 체결하였습니다(소갑 제16호증 자산양도계약서)(국문 및 일문).

신청인 회사가 ○○○○ 유한회사에게 이전한 일부 자산의 내역은 다음과 같습니다.

(단위 : 원)

차량운반구	11,867,198
비 품	520,486
임차보증금	174,000,000
합계	186,387,684

위 자산의 양도에 따른 대가는 대차대조표상의 장부가액 금 186,387, 684원으로 정하였고, 신청인 회사는 위 자산양도대금 채권을 아래에서 보듯이 신청외 ○○○에게 채권양도를 통해서 신청인 회사의 신청외 ○○○에 대한 채권상계 목적으로 이전하였습니다.

(2) 채권양도 : 신청인 회사 채권의 양도계약

신청인 회사와 신청외 ○○○는 20○○. 11. 20. 신청인 회사가 소유하고 있는 ○○○○ 유한회사에 대한 단기대여금, 미수수익, 미수금(위 (1)에서의 자산양도대금을 말함)의 채권을 신청외 ○○○에게 양도하는 채권양도계약을 체결하였습니다(소갑 제17호증 채권양도계약서)(국문 및 일문). 신청인 회사가 신청외 ○○○에게 양도한 채권의 내역은 다음과 같습니다.

(단위 : 원)

대여금	3,272,676,724
미수수익	174,201,088
미수금	186,387,684
합 계	3,633,265,496

신청인 회사가 양도한 채권(합계 금 3,633,265,496원)은 신청인 회사가 신청외 ○○○에 대한 총 채무 금 9,951,644,820원(미지급금 661,203,063원 + 미지급비용 214,622,553원 + 장기차입금 9,075,819,204) 중 일부 금액에 갈음하여 채권으로 상계하여 지급하였습니다(소갑 제19호증의 상계의사확인서)(국문 및 일문).

(3) 주식양도 : 자회사 주식(대차대조표상 매도가능증권으로 표시)의 양도계약

신청인 회사와 신청외 ○○○는 신청인 회사가 소유하고 있는 자회사 ○○○○ 유한회사의 주식 100%를 20○○. 11. 20. 채권자인 신청외 ○○○에게 양도하는 주식양도계약을 체결하였습니다(소갑 제18호증 주식양도계약서)(국문 및 일문).

위 주식양도계약에 따른 ○○○○ 유한회사 주식의 양도대가 10,000,000원은 신청인 회사 신청외 ○○○로부터 차입한 금액과 상계처리를 하여 정산하였습니다.

마. 장부, 등기서류, 대표이사 인감 등의 소재 및 보관 상황

신청인 회사의 장부와 회계·세무 관련 자료는 기장과 세금신고 업무를 담당하고 있는 ○○회계법인에서 작성 및 보유하고 있습니다. 대표이사의 인감은 대표이사 ○

○○가 소유하고 있으나, 필요시 수시로 전달받아 사용하고 있습니다.

바. 파산관재인이 선임될 경우 파산관재인의 보조자로 일할 수 있는 사람

신청인 회사는 동시폐지를 신청하는 바입니다만(동시폐지 신청에 대해서는 아래 상술하였습니다), 만약 동시폐지가 되지 않는다면 파산관재인의 보조자로 일할 수 있는 사람을 다음과 같이 소개하고자 합니다.

신청인 회사의 대표이사 ○○○는 미국 거주자이므로 파산관재인과의 의사소통이 원활하지 않을 수 있습니다. 또한 신청인 회사의 이사, 감사들 모두 미국인이어서 마찬가지입니다.

하지만, 파산관재인의 보조자로 신청인 회사의 장부와 회계·세무 관련 자료를 보유하고 있고, 신청인 회사의 현황에 대해서 잘 파악하고 있는 ○○회계법인의 공인회계사인 ○○○이사(전화번호 : 02-111-1234, 010-1234-4321, 이메일 : ○○○○@○○.com, 주소: 서울 ○○구 ○○2가 191번지 ○○타워 14층(우: 140-○○○)를 업무보조자로 추천드립니다.

위 ○○○ 회계사는 신청인 회사의 현황을 잘 파악하고 있을 뿐만 아니라 미국회계법인에서 2년간 근무 경험이 있어 영어로 의사소통뿐만 아니라 업무진행도 원활하게 수행할 수 있을 것으로 보입니다.

7. 계속 중인 소송

신청인 회사는 별도로 진행되고 있는 소송이 없습니다.

8. 동시폐지 선고 요청

신청인 회사의 채권자는 신청외 ○○○뿐이며, 신청인 회사의 주주도 신청외 ○○○로 신청인 회사의 주주, 신청인 회사의 채권자가 동일인이므로 파산절차진행에 있어 채권금액의 확정 및 이의를 제기할 이해관계인이 전혀 없습니다.

특히, 신청외 회상의 유일한 채권자인 신청외 ○○○의 확인서에 따르면, 신청인 회사가 폐업한 상태로 약 3년이 경과하였고, 더이상 현금화하여 배당한 자산이 없다는 사실을 알고 있으며, 채무자의 파산절차비용(관재인보수, 공고비용, 관리비용)을 법원에 납부할 의사가 없다고 합니다.

또한, 신청외 ○○○는 신청인 회사를 상대로 담보권(별제권) 등 소송을 제기할만한 사항이 없고, 신청인 회사의 파산에 대해서 아무런 이의제기를 하지 않을 것이며, 신청인 회사의 파산선고 및 동시폐지(파산절차종료)에 동의하고 있습니다.

담당 재판부에서 동시폐지신청을 위해 채권자에게 의견조회를 하실 것을 고려하여 유일한 채권자인 미국에 소재하는 신청외 ○○○의 사전 확인서를 공증 후 송부받아 제출하였습니다(소갑 제20호증 채권자 ○○○ 확인서)(국문 및 일문).

만약 비용예납이 이루어지더라도 위와 같은 제반사정을 고려하셔서 최소한으로 정하여 주시기 바랍니다.

9. 결 론

이상의 이유로 채무자 신청인 회사는 채무자 회생 및 파산에 관한 법률 제294조 의하여 파산신청을 하는 것입니다.

소 명 자 료

1. 소갑 제1호증의 1	법인등기부등본
2	사업자등록증
3	외국인투자기업등록증명서
4	정관
5	법인 인감증명서
6	대표자 인감증명서
7	주주명부(국문 및 일문)
2. 소갑 제2호증의 1	법인등기부등본
2	사업자등록증
3	법인 인감증명서
4	대표자 인감증명서
5	주주명부(국문 및 일문)
3. 소갑 제3호증의 1 내지 2	각 급여대장
4. 소갑 제4호증의 1 내지 4	각 임대차계약서
5. 소갑 제5호증의 1 내지 3	각 전대차계약서
6. 소갑 제6호증의 1 내지 15	각 세금계산서
7. 소갑 제7호증의 1 내지 3	각 대차대조표
4	최종대차대조표
8. 소갑 제8호증의 1 내지 3	각 손익계산서
4	최종손익계산서
9. 소갑 제9호증의	통장사본
10. 소갑 제10호증의	경비청구서(국문 및 일문)
11. 소갑 제11호증의 1 내지 4	각 금전소비대차계약서(국문 및 일문)
12. 소갑 제12호증의 1 내지 3	각 폐업사실증명원
13. 소갑 제13호증의 1 내지 2	각 이사회의사록(국문 및 일문)
14. 소갑 제14호증의 1 내지 2	각 사원총회의사록(국문 및 일문)

15. 소갑 제15호증의 임시주주총회의사록(국문 및 일문)
16. 소갑 제16호증의 자산양도계약서(국문 및 일문)
17. 소갑 제17호증의 채권양도계약서(국문 및 일문)
18. 소갑 제18호증의 주식양도계약서(국문 및 일문)
19. 소갑 제19호증의 상계의사확인서(국문 및 일문)
20. 소갑 제20호증의 채권자 ○○○ 확인서(국문 및 일문)

붙 임 자 료

1. 위 소명입증방법 각 1부
2. 신청위임장 1부
3. 신청인 회사의 법인등기부등본 1부
4. 신청인 회사의 인감증명서 1부
5. 송달료납부서 1부

20○○. 11. .

위 채무자의 신청대리인
변호사 ○ ○ ○ (인)

서울회생법원 파산부 귀중

부 록

[부록 1] 파산관재인 직무지침

■ 파산관재인 직무지침 ■

바쁘신 가운데 파산관재인 선임을 승낙하고 관재업무를 담당하시기로 한 것에 감사드립니다. 파산관재인은 법원으로부터 선임되어 채무자, 파산채권자 등 다수 이해관계인의 이해를 조정하면서 파산절차를 수행하는 중심적 기관으로서, 파산절차의 성공 여부는 파산관재인의 업무능력에 달려있다고 하여도 과언이 아닙니다.

따라서 첫째, 파산관재인은 성실하게 업무를 처리하여야 합니다. 파산관재인은 모든 이해관계인에 대하여 공정, 중립하게 업무를 수행하여야 하고, 그 직무에 관하여 선관주의의무(제361조 ①)를 부담하며, 이를 해태하여 이해관계인에게 손해를 준 경우 배상책임을 부담하고(제361조②), 중대한 의무위반은 해임사유로 됩니다(제364조).

둘째, 파산관재인은 신속하게 업무를 처리하여야 합니다. 최소한 채권자집회일로부터 6개월 이내에 1회 중간 배당을 신시하고 2년 정도 지나면 파산절차를 종결할 수 있도록 관재업무를 처리하여 주시기 바랍니다. 사건처리가 지연되어 환가 및 배당이 늦어지면 파산절차에 대한 채권자의 신뢰가 떨어지고 관재업무 수행이 곤란하게 되므로, 파산관재인은 취임 후 바로 환가에 착수하시기 바랍니다.

재판부에서 파산사건처리의 원활한 진행에 도움이 되도록 절차진행 순으로 몇 가지 사항을 알려드리니 참고하시기 바랍니다. 아울러 파산사건처리를 하는 가운데 의문사항이나 건의사항이 있으면 항상 재판부와 협의하여 주시면 고맙겠습니다.

ㅇㅇ회생법원

(전화 : 000-0000/ 팩시밀리 : 000-0000)

1. 선임 직후에 행하여야 할 사항

가. 사건파악

(1) 파산관재인(이하 "관재인"이라 함)은 선임이 내정된 후 즉시 해당사건의 기록을 검토한 후에 법원과 사건처리의 방향, 긴급처리사항(봉인집행의 필요성, 장부의 보전 등)에 관하여 충분히 협의하고,

(2) 파산선고 당일에 법원에서 만난 채무자(임직원 포함)로부터 의견을 청취한다(내용이 불충분하면 관재인 사무소로 채무자 등을 동행하여 설명 요구).

(3) 파산선고 당일부터는 파산재단의 거래처로부터의 입금은 물론 일상적인 경비지출 등 출금도 관재인을 통하여 이루어질 수 있도록 현금이나 예금통장 등을 장악하는 조치를 취한다.

나. 파산선고 후속조치

(1) 관재인의 사용 인감을 법원에 신고하고(인감증명서 발급 가능), 관재인의 사무소 주소를 변경한 경우에는 공고가 필요하므로 바로 변경내용을 법원에 신고하여야 한다.

(2) 아직 파산선고 통지서의 송달이 안된 경우에는 알고 있는 채권자, 파산선고를 받은 자의 채무자, 재산소지자의 성명과 주소를 보고하고, 파산선고를 받은 채무자가 법인이 아닌 경우에 아직 등기·등록재산의 파산등기 촉탁이 안된 경우에는 등기소별로 구분하여 재산목록을 제출한다(파산신청인 또는 대리인과 협의).

(3) 적어도 파산선고 후 1년간은 채무자에게 배달되는 우편물을 개봉, 점검하여 채무자의 재산상태를 파악하고(특히 종합토지세의 부과통지서, 금융기관의 생명보험, 주식 등에 관한 통지서를 통하여 재산파악이 가능함), 私信은 채무자에게 교부한다. 더 이상 필요가 없다고 인정되면 법원에 촉탁취소신청을 한다.

다. 파산채권자와의 연락

선고직후 채권자(특히 이미 채권단이 구성되어 있는 경우 그 대표자)와 적극적으로 연락하여 파산절차를 설명한 다음 정보제공을 구하고, 재산매수를 권유하는 등 협력을 구한다.

라. 파산재단에 속하는 재산의 점유, 관리에 착수

(1) 현장답사

① 가능하면 선고 당일 채무자의 사무소, 주거를 답사하여, 출입구 등 보기 쉬운 장소에 아래와 같은 취지의 통고문을 부착하고, 열쇠를 모두 회수한다.

> **알 림**
>
> 채무자 ○○○○
>
> 위 채무자는 20○○. 00. 00. 10:00 ○○지방법원 제12파산부로부터 20○○하합○○호로 파산선고를 받아, 본인이 파산관재인으로 선임되었습니다. 이 주거, 이 사무실 및 그 안의 일체의 유체동산은 본인이 점유관리하므로 본인의 허가 없이 출입하거나 이를 반출하는 경우에는 형법에 의하여 처벌될 것입니다.
>
> 파산관재인 ○○○ ㊞
>
> (연락처 : ○○ ○○구 ○○로 1000 ○○빌딩 402호 ☎ 000-0000)

② 현금 기타 고가품, 인감, 어음용지, 수표대장, 부동산 등기권리증 기타 장부, 서류 등을 발견한 경우에는 당일 이를 관재인 사무소로 가져온다.

③ 제3자가 불법점검하고 있거나 불법점거가 예상되는 경우

- 법원사무관에게 봉인(제480조) 신청(구두로 가능) - 현장사진촬영, 조서작성
- 명도단행 가처분, 고소 또는 경비용역회사에 의뢰하여 출입문 용접, 경비설치

(2) 부인권행사를 위한 가처분 등 - 파산선고 전후에 일부채권자가 파산자를 강요하거나 또는 백지위임장을 이용하여 소유권이전, 담보권설정등기를 마치거나 매출채권에 대한 채권양도통지를 발한 사실을 발견한 경우에는 부인권행사(후술)가 필요하므로 이러한 등기에 관하여 처분금지가처분을 신청하고 제3채무자에게 채권양도의 무효를 알린다.

(3) 현금(고가품)의 보관 및 임치금반환허가

- 관재인에게 편리한 은행 지점을 선택하여 법원에 대하여 고가품(현금)보관장소 지정신청서를 제출한 다음 법원의 허가를 받으면(제487조) "채무자 XXX, 파산관재인 ○○○"라고 하는 예금구좌(가능하면 이율이 높은 예금 선택)를 개설한 다음 채무자로부터 인계받거나 앞으로 파산재단을 환가하여 발생하는 현금을 입금 보관한다.
- 위 임치금의 반환에 관하여는 법원의 허가가 필요하므로(제500조, 법원이 고가품 보관 은행 지점에 대하여 협조공문 발송함) 사전에 법원에 임치금 반환허가 신청서를 제출하고 허가서 등본을 은행창구에 제시하여 예금을 인출한다.

(4) 영업의 계속여부 결정 - 영업의 계속은 법원의 허가를 얻어야 하고(제486조), ① 영업을 계속하면 유리한 영업양도가 가능한 경우(면허·계약상 권리유지 가능), ② 공사 완료 직전으로서 완공 후에 유리한 매각이 가능한 경우, ③ 이미 주문받은 상품에 대하여 가공하면 유리한 환가가 예상되는 경우, ④ 병원의 경우 입원환자에 대하여 처치를 완료할 필요가 있는 경우에 제한적으로 허용된다. 관재인은 경영전문가가 아니므로, 영업 계속기간은 통상 3개월, 길어도 6개월 이내가 적절하다.

(5) 직원의 해고 및 보조인 선임

① 파산선고가 있으면 영업의 계속 여부에 불구하고 바로 전원에 대하여 해고예고를 한다.

② 다만 법원의 허가를 얻어 영업을 계속하는 경우, 영업을 계속하지 않더라도 채권회수 및 자산매각 등에 직원의 보조를 요하는 경우에는 예고기간이 만료하여 직원에게 해고의 효력이 발생한 때에 해당 직원을 다시 관재인의 보조인으로서 선임하는 계약을 체결

③ 관재인이 구 직원 등을 보조인으로 선임하는 경우에는 사전에 보조인 사용의 필요성과 보조인의 성명, 연령, 업무내용, 보수예정액을 명시하여 법원의 허가를 받는다.

(6) 재단채권의 승인 및 변제

① 재단채권에는 제473조 각 호에서 열거하고 있는 일반재단채권(조세채권 등)과 개개의 규정(제474조, 제337조②, 제347조②, 제348조②, 제398조①, 제469조)에 의하여 정하여진 특별재단채권이 있는데, 재단채권은 배당절차에 의하지 아니하고 수시 변제하므로 관재인은 법원으로부터 재단채권승인 및 임치금반환허가 신청서를 제출, 허가를 얻어 변제한다.

② 파산재단으로 재단채권의 전액을 변제하기에 부족한 경우에는 재단채권 중에서도 파산신청비용, 공고, 우편비용, 관재사무비용, 관재인 보수 등을 최우선으로 지급하고 나머지 재단채권에 대하여는 채권액의 비율에 따라 안분 지급한다.

2. 파산재단의 환가 및 법원의 허가사항

가. 환가의 시기 및 절차

(1) 환가시기 - 원칙적으로 관재인은 파산선고 직후에 법원의 허가를 받아 재단의 환가에 착수하고(제491조 단서), 소송이 계속중인 것 등 특별한 경우를 제외하고는 6개월 내에 모든 환가를 완료시키는 것이 바람직하다. 특히, 파산재단 소속 재산이 매우 적어 조기에 이시폐지가 예상되는 사건의 경우에는 제1회 채권자집회 전에 모든 환가를 마쳐 제1회 집회에서 곧바로 이사폐지를 할 수 있도록 준비하여야 한다.

(2) 환가절차

① 환가의 방법, 내용에 관하여 법원과 개괄적으로 협의

② 채무자, 주요채권자(특히 거래업체), 전문업자의 의견을 들어 매각상대방, 가격, 조건을 특정하고, 법원 허가를 조건으로 매매계약 체결

③ 채권자간에 이해대립이 있고 적절한 환가방법의 판단이 어려운 경우(예: 조성중인 골프장의 즉시 매각 또는 완성후 매각 여부)에는 채권자 집회를 소집할지 여부에 대하여 법원과 상의함

④ 법원에 매각(처분)허가신청서 제출(매매경위 및 매매조건에 대한 소명 자료 첨부)

나. 부 동 산

(1) 법원의 허가를 받아 임의매각

① 실무상 가장 많이 사용되는 방법이다. 먼저 채무자 및 파산채권자(특히 물상보증인)의 의향을 편지·전화로 청취하고 최저한의 매각조건을 제시한 다음 매수희망자(파산채권자 포함)를 모집하여 매수자를 선청하고, 법원허가를 조건으로 한 매매계약을 체결한다.

② 통상 채무자 소유의 부동산은 예외 없이 저당권이 설정되어 있거나 세무서 등의 체납처분이 행하여져 있으나, 관재인은 이러한 부동산에 대하여도 담보권자, 세무서 등과의 협의(특히 경매절차에 의할 경우 걸리는 시간과 비용에 비하여 임의매각시 조속한 배당이 가능한 점을 설득함)를 거쳐 적극적으로 임의매각을 시도하는 것이 바람직하다.

③ 다만 매각대금에서 피담보채무, 체납세액, 후순위저당권자로부터 등기 말소를 얻기 위한 비용, 임차인 등 점유자의 퇴거비용, 중개업자수수료, 이전등기비용 등을 공제한 후의 파산재단편입액이 적어도 100만원 이상은 되어야 할 것이다. 이러한 파산재단편입이 곤란한 경우 또는 저당권자가 경매신청도 하지 않고 임의매각에도 응하지 아니하는 경우에는, 먼저 담보설정행위에 대한 부인권행사 여부를 검토한 후, 관리비용·재산세 등의 부담을 피하기 위하여 파산재단으로부터의 포기허가신청서를 법원에 제출하여 허가를 얻어 파산재단으로부터 포기한다(파산등기가 되어 있는 권리를 포기하는 경우에는 파산등기말소촉탁이 필요함).

(2) 다른 환가절차

① 민사소송법에 의한 강제집행(제496조) -노동조합, 채권자 등이 부동산을 불법점거하고 있는 경우에(집행법원의 인도명령 등을 활용하기 위하여)주로 이용된다.

② 담보권자에게 담보권실행절차를 촉구하고 그로부터 잉여금을 교부받음 - 원격지에 있는 소규모 임야, 별장지 등 현지교섭을 통한 임의매각이 곤란한 경우에 주로 이용된다. 그러나 환가에 의한 잉여금을 기대하기 곤란한 경우가 대부분이다.

③ 제497조에 의하여 관재인이 담보목적 부동산 경매신청 - 부동산견적가격이 피담보채권액을 상회

함에도 담보권자가 담보권실행을 하지 않는 경우에 이용된다. 그러나 관재인이 경매비용을 부담하면서도 높은 가격의 환가가 어려운 것이 결점이다.

(3) 임차인이 입주하여 있는 경우

① 대항력 있는 부동산임대차 - 관재인은 제335조에 기한 해제권을 행사할 수 없으므로, 부동산을 임차권이 딸린 상태로 환가할 수밖에 없다. 다만 반드시 임차인을 퇴거시킬 필요가 있는 경우에는 임차인의 임차 보증금반환채권을 재단채권(제473조 제4호)으로 승인하는 내용의 화해계약 체결도 가능하다.

② 대항력 없는 부동산임대차 - 관재인은 제335조에 기한 해제권을 행사할 수 있고, 임차인은 보증금반환청구권에 대하여 단지 일반파산채권자로서의 지위를 보장받을 뿐이다. 다만 보증금반환청구권은 관재인의 차임채권과 상계가 가능하므로 임차인이 명도하지 아니한 채 계속 사용함으로써 상계되는 만큼의 우선변제가 가능하다(제421조).

다. 임 차 권

양도가치가 있는 임차권에 관하여는 선고후의 차임을 재단채권으로써 지급하여 임차권을 보전한 다음 환가를 도모하고, 양도가치가 없는 임차권은 조속히 해지하여 명도한다.

라. 자 동 차

자동차사고로 인한 배상책임의 부담, 자동차세, 보험료의 부담을 피하기 위하여 채무자 소유 자동차를 사용하던 임원, 종업원으로부터 조속히 자동차의 점유를 확보하여 임직원, 중고차거래소 등에 매각(계약시 하자무담보특약)하거나 폐차처리한다.

마. 상품, 원재료, 기타 동산

(1) 상품, 원재료 기타 재고품 및 집기비품 등의 동산은 신속하게 처분하지 않으면 환가가 곤란하기 때문에, 가능하면 파산선고 후 1개월 이내에 신속하게 매각하여 제1회 채권자집회까지 완료한다(특히 보관에 차임·임치료 등의 경비를 요하는 물품은 신속 처분).

(2) 상품, 원재료의 매각에 관하여는 납품업자, 발주자, 동업자, 협력업체 등이 관심이 많으므로 이들에게 매수희망 유무를 확인한다.

(3) 통상 매각가격보다 반출폐기비용이 많이 소요되는 집기비품 등은 구 종업원 근친자에게 무상으로 인수시키는 방법으로 처리한다.

바. 채권의 회수

(1) 파산선고 후 신속하게 외상매출금채권 등의 회수에 착수하여 수개월 안에 회수를 완료시킬 수 있도록 한다. 상사채권의 소멸시효기간은 5년이지만, 외상대금채권은 3년의 단기소멸시효(민법 제163조 제6호)이므로 주의하고, 상대방이 상계금지(제422조)위반의 상계를 주장하는 것이 아닌지 주의한다.

(2) 채무자 주소로 청구서·잔고확인의뢰서 등을 송부하여 독촉하고, 청구에 응하지 않는 채무자에 대하여는 소송제기를 경고한 내용증명우편으로 변제를 최고하며, 상대방이 일방적으로 상품을 반품해버린 경우에도 반품특약, 위탁판매 등의 존재에 대한 충분한 증거가 없는 한 상품을 재반송 하고 외상대금의 지급을 청구하여야 한다.

(3) 거래은행에 대하여는 예금구좌잔고를 확인하여, 은행측이 상계시 자동채권액으로 제공할 수 없는 파산선고 후의 이자, 지연손해금까지 상계의 대상으로 삼는 것을 방지하고, 파산선고를 받은 채무

자의 은행에 대한 어음추심위임은 파산선고에 의하여 종료되므로 추신위임어음을 환수하여 추심위임은행의 어음금 회수에 의한 상계를 방지한다.

(4) 파산선고를 받은 채무자가 보험에 가입한 경우 해약반환금을 회수하되, 피보험자 및 근친자가 생명보험계약의 계속을 바라는 경우에는 이러한 자에게 해약반환금 상당액을 제공시킨 다음 보험계약상의 권리를 양도하는 것도 가능하다.

(5) 채무자의 도산, 무자력, 소재불명, 채권의 입증곤란 등의 이유로 회수가 곤란한 채권에 관하여는 권리를 포기하여 관재업무를 진행시키는 것이 편리하다. 권리를 포기하는 경우에는 그 이유를 명확히 기재하여 법원에 허가신청을 한다.

사. 파산선고당시 쌍방 미이행 쌍무계약의 경우(제335조)

(1) 계약해제 선택 - 상대방의 반대급부반환청구권(현존시) 또는 그 가액반환청구권(비현존시)은 재단채권으로 되고, 손해배상채권은 파산채권으로 신고하여야 한다.

(2) 계약이행 선택 - 상대방이 가지는 이행청구권은 재단채권이 되므로(제473조 제7호) 관재인은 신중하게 이행을 선택하여야 한다. 법원의 허가를 요한다(제492조 제9호).

(3) 구체적 취급

① 할부판매계약 - 소유권유보의 특약이 존재하더라도 매도인이 목적물을 인도한 이상 매도인의 채무는 이행을 완료한 것으로 보고 제335조를 적용하지 않는다. 이 경우 매도인은 별제권자로서 목적물의 인도를 구하고 환가하여 부족액이 있으면 파산채권으로 신고한다.

② 도급계약 - 수급인이 파산한 경우 관재인은 계약을 해제할 수 있다(제335조). 도급인이 파산한 경우에는 관재인뿐만 아니라 상대방인 수급인도 파산을 이유로 계약을 해제할 수 있다(민법 제674조).

아. 자산매각, 쌍무계약이행 선택 외에 법원의 허가를 받아 처리할 사항(제492조)

(1) 차재

(2) 소의 제기(독촉절차, 파산신청 포함. 단, 가압류 가처분신청은 제외)

(3) 화해, 소의 취하, 청구의 인낙, 권리의 포기, 강제조정에 대한 이의포기, 중재

(4) 재단채권, 환취권, 및 별제권, 상계의 승인

(5) 별제권의 목적의 환수(별제권자에게 피담보채무를 변제하고 별제권을 소멸시키는 것인데, 임의매각계약이 확정된 단계에서 매각허가와 병행하여 허가되는 것이 통례임)

3. 파산선고당시 진행 중인 소송 및 강제집행의 처리

가. 소송의 중단 및 수계(민사소송법 제239조)

(1) 파산선고 당시 계속 중이던 "파산재단"에 관한 소송절차는 법률상 당연히 중단된다.

- 비재산권상의 청구(신분관계, 주주총회결의효력)나 자유재산(신득재산, 압류금지재산)에 관한 소송은 중단되지 아니한다.
- 다만 중단사실을 간과하고서 변론을 종결하여 선고한 판결은 당연무효가 아니라 상소나 재심에 의하여 취소할 수 있을 뿐이므로, 파산관재인은 파산선고가 있는 사실을 수소법원(상고심 포함)에 알려 소송중단을 촉구할 필요가 있다.

(2) 수계의 방법

① 파산재단에 속하는 재산에 관한 소송(채무자가 원고인 경우 제3자가 채무자를 피고로 하여 재산권의 귀속을 다투는 소송 등) - 일단 중단되었다가, 관재인이 선임된 다음에 바로 관재인 또는 상대방이 수계신청을 할 수 있고, 관재인이 채무자를 갈음하여 당사자로 된다.

② 파산채권에 관한 소송 - 파산채권자(원고)의 채권신고를 기다린 후 채권조사기일에 관재인이 이의를 진술하면 채권확정소송으로 변경되어 속행된다. 이 경우 파산채권자는 이의를 진술한 관재인을 상대로 수계신청을 하여야 한다.

나. 파산채권에 관한 강제집행 보전처분의 실효(제348조)

(1) "파산채권에 관한" 강제집행, 보전처분

• 환취권, 별제권(임의경매)에 기한 강제집행·보전처분은 파산선고로 실효되지 아니한다.

(2) 파산선고 당시에 이미 강제집행이 종료된 경우에는 소급하여 실효되지 아니한다.

• 집행관이 압류한 현금 또는 매득금을 채권자에게 교부하거나 배당절차에 의하여 배당액이 지급된 경우, 추심채권자가 집행법원에 추심신고를 한 경우, 전부명령이 확정된 경우에는 강제집행이 실효될 여지가 없다.

(3) "실효"의 의미

• 법원의 재판이나 취소행위를 요하지 않고 파산선고에 의하여 법률상 당연히 발생한다. 그러나 형식상 집행처분의 외관을 소멸시키기 위하여 관재인은 파산선고결정등본을 취소원인 서면으로 소명하여 강제집행·보전처분의 집행취소신청을 하여야 한다.

4. 부인권의 행사에 관하여

가. 부인권행사의 필요성

(1) 부인권은 도산처리상 가장 중요한 제도라고 할 수 있으므로, 파산채권자를 납득시키기 위해서는 보유하고 있는 자료만으로 입증이 곤란하더라도 부인의 대상이라고 의심되는 사실은 반드시 법원에 보고하고, 일단 부인권을 행사한 후 소송경과에 따라 화해, 소의 취하 등을 유도하는 방법이 좋다.

(2) 채무자 및 채무자 회사의 임원, 종업원 등은 파산선고 후 시간이 경과함에 따라 자기가 행한 행위를 부인하는 것에 소극적으로 되고, 채권자와의 관계를 고려하여 관재인의 부인소송수행에 비협력적인 경우가 많으므로, 관재인은 파산선고 후 초기에 이러한 자로부터 부인행위의 내용, 수익자와의 거래 및 교섭경위 등에 관하여 사정을 청취하고 진술서를 작성 시키는 등 증거를 확보하여 둘 필요가 있다.

(3) 간이하게 부인권을 행사할 필요가 있는 경우에는 신설된 부인의 청구제도를 이용한다(제396조).

나. 부인권행사의 대상

(1) 변제(대물변제 포함)

① 지급정지 또는 파산신청 "후"에 행하여진 변제는 채권자평등의 원칙을 해하는 편파행위로서 위기부인(제391조 제2호)의 대상이 되고, 그 "전"의 변제라도 채무자의 재산상태가 실질적으로 위기에 있는 경우의 변제는 고의부인(제391조 제1호)의 대상이 될 수 있다.

② 담보권자(양도담보, 가등기담보 포함)에 대한 변제는 원칙적으로 부인의 대상이 되지 않지만 피담

보채권액보다 변제액이 많은 경우에는 그 차액만큼 부인의 대상으로 된다.

(2) 부동산의 매각

① 담보가 설정되어 있지 아니한 부동산을 상당한 가격으로 매각한 경우라도 매각대금이 보관되어 있거나 다른 재산으로 바뀌어 존재하고 있는 점이 입증되지 않는 한 부인의 대상이 된다(채권자 취소권과 마찬가지임).

② 담보가 설정된 부동산의 경우 피담보채권액이 부동산 가액보다 적고, 매각가격이 부당하게 적은 경우에는 부인의 대상이 될 수 있다.

(3) 담보권의 설정

① 기존채무에 관하여 담보권을 설정하는 행위는 무상부인의 대상이 된다.

② 채무자의 자산상태가 악화된 위기상황에서 영업계속을 위하여 불가피하게 신규자금을 차입(협조융자)하고 이에 대하여 담보를 제공한 경우에는 담보목적물건의 가액과 피담보채권액이 합리적 균형을 이루는 한 부인의 대상에서 제외할 수 있다.

(4) 보증(인적보증, 물상보증)제공

채무자가 지급정지 또는 파산신청이 있기 전 6월 내에 제3채무자에 대하여 인적·물적 보증을 제공한 경우에는 그 보증행위가 무상부인(제391조 제4호)의 대상으로 된다.

(5) 증 여

① 사교의례상의 증여행위(결혼, 부의금 등)인 경우에는 사회통념상 상당성이 있는가 증여한 물건이 파산재단 형성에 유익한가 여부에 따라 무상부인대상 여부를 판단한다.

② 이혼시의 재산분할, 위자료, 자녀 양육비 지급은 원칙적으로 부인의 대상이 되지 않는다. 다만 재산은닉의 수단으로서 가장이혼이 행하여지는 사례가 많으므로 주의한다.

(6) 어음지급의 특례 - 채무자가 어음의 최종지급의무자(약속어음 발행인 환어음 인수인, 수표 지급인)라서 채무자의 지급행위를 부인하면 상대방이 소구권을 상실하게 되는 경우(거절증서작성기간을 경과하게 됨)에는 부인의 대상에서 제외된다(제393조 제1항)

(7) 강제집행행위

① 부인하고자 하는 행위에 관하여 집행력 있는 집행권원이 있는 때 또는 그 행위가 집행행위에 기인한 경우에도 부인의 요건을 갖추고 있다면 부인의 대상이 된다(제395조). 예컨대, 특정채권자에 대하여만 소송상 화해, 의제자백, 공정증서작성 등의 방법으로 채권을 회수하도록 한 경우(고의부인) 채권자가 채무자의 지급정지 사실을 알면서 집행 절차에서 배당을 요구하거나 채권압류 및 전부명령을 받은 경우 등이 이에 해당한다.

② 집행행위의 부인은 집행행위자체(매각 등)의 효력을 상실시키는 것은 아니고, 집행행위의 효과에 의하여 발생한 사법상 채무소멸의 효과만을 무효로 하는 것이다.

5. 상계에 관하여

가. 파산채권자 및 관재인의 상계

(1) 파산채권자는 파산선고 당시에 채무자에 대하여 채무를 부담하는 때에는 이를 파산절차에 의하지 아니하고 상계할 수 있고(제416조) 파산채권이 변제기 미도래이거나 조건부채권일지라도 마찬가지이다(제417조. 이 점에서 양 채권이 모두 변제기에 도래할 것을 요건으로 하는 민법상의 상계보다

요건이 완화되어 있음).

(2) 관재인도 파산법상 상계금지의 대상이 아니라면 파산재단의 채권을 자동채권, 파산채권을 수동채권으로 하여 상계함으로써 파산절차의 신속한 진행을 도모할 수 있다.

나. 상계의 금지(제422조)

(제1호) 파산채권자가 파산선고 후에 파산재단에 대하여 채무를 부담한 때

(제2호) 파산채권자가 지급정지 파산신청이 있었음을 알고 파산자에 대하여 채무를 부담한 때

- 예컨대 채무자가 지급정지당한 후에 파산채권자인 금융기관의 채무자명의 예금구좌에 제3자로부터 입금이 이루어진 경우에는 예금계약이 지급정지 전에 체결되었더라도 제3자의 입금은 우연적인 것이므로 파산채권과 예금반환채무를 상계할 수 없다.
- 다만 파산채권자의 채무부담이 법정원인(상속, 합병, 부당이득, 불법행위)에 기한 때 파산채권자가 지급정지나 파산신청이 있었음을 알기 전에 생긴 원인에 기한 때 또는 파산선고가 있은 날로부터 1년 전에 생긴 원인에 기한 때에는 예외로 한다 - 예컨대, 금융기관이 어음할인을 한 경우 할인의뢰인(채무자)의 지급정지 "후"에 환매청구권이 구체화되었더라도 지급정지 전에 은행거래약정서가 행하여져 있으므로 어음환매 청구권과 채무자의 예금반환청구권을 상계할 수 있다.

6. 채권조사에 관하여

가. 채권조사의 방법

(1) 채권신고기간 만료 후 법원으로부터 채권신고서의 부본을 교부받으면 신고인 제출 서류와 채무자가 보유하는 장부 기타 관계서류를 대조하고, 필요한 경우 채무자, 경리담당자 또는 신고채권자로부터 의견을 청취하여 조사에 착수한다. 대규모 사건의 경우 경리담당자를 관재업무의 보조인으로 고용하여 협력을 얻는 경우가 많다.

(2) 상계 - 신고채권자가 파산재단에 대하여 채무도 부담하고 있는 경우에는 신고채권액 중에서 상계예정액에 대하여 이의하고 잔액만을 인정한다.

(3) 금전채권 이외의 재산상 청구권 - 채권신고인이 행한 평가가 타당한지 여부를 검토한다. 대체집행이 가능한 경우에는 대체집행을 위하여 요하는 시장가액비용이 평가액으로 되고 대체집행도 불가능한 경우(용역)에는 손해배상액 상당으로 평가할 수밖에 없다.

(4) 어음채권- 채권신고서에는 어음사본만을 첨부하고 있으므로 채권자에게 연락하여 어음의 소지를 확인하고, 관재인의 확인인을 날인한다.

(5) 파산선고일 후의 중간이자 공제 - 파산선고 후에 만기가 도래하는 어음(매출채권)은 파산선고에 의하여 만기가 도래한 것으로 되지만(제425조) 그 평가액은 파산선고일부터 만기까지의 중간이자를 공제한 금액으로 되므로(제446조 제5호) 어음액면(채권액)의 신고시에 이 중간이자분에 관하여는 이의를 진술한다.

(6) 본래 채권자 보증인 신고의 경합 - 보증인이 파산선고 후에 대위변제하여 구상권을 취득하였다고 주장하며 신고하더라도 본래의 채권자가 이미 신고를 한 경우에는 보증인의 신고에 대하여 이의를 진술한다.

(7) 별제권 - 별제권자가 별제권을 가지는 것을 명시하지 않은 채 일반파산 채권자로서 신고하여 온

경우에는 별제권을 포기하는 취지인가를 확인한 다음 별제권 포기의 겨우가 아니라면 전액에 관하여 이의를 진술한다. 별제권 행사로 변제받을 수 없는 부족채권액에 대한 인부관계는 의결권의 기준으로 됨에 불과하므로 간이한 방법으로 적절히 평가하여 인부하여도 무방하다(별제권자가 파산배당을 받기 위하여는 최후배당의 제외기간 내에 실제로 별제권을 행사하여 회수할 수 없었던 채권액을 증명하여야 한다. 제525조)

나. 채권조사결과표의 작성 및 제출

신고채권의 조사결과를 파산채권자표의 진행번호순으로 정리하고, 채권자명, 채권종류, 신고채권액, 이의있는 채권액. 이의 없는 채권액. 이의사유를 각 기재한 〈채권조사결과표〉(재판부에서 보유하고 있는 양식 참조)를 작성한 다음 채권조사기일의 3일 전까지 3통을 법원에 제출하여야 한다.

다. 채권조사기일

채권조사기일에는 간략하게 "채권조사 기준"을 적은 문서를 채권자수만큼 인쇄 배포하여 채권자들의 이해를 구하고 조사기일이 신속하게 진행되도록 하며, 이의있는 채권자들의 예상질문에 대한 답변을 미리 준비한다.

라. 이의의 철회

이의 철회는 채권조사기일에서 이의한 채권에 관하여 사후에 시인할 사유가 생긴 경우에 신고채권자에게 개별적으로 이의철회서를 발송하고, 법원에 보고한다. 이의철회로서 파산채권은 확정되므로 이의철회 여부에 관하여는 사전에 법원과 협의하는 것이 좋다.

7. 제1회 채권자집회에 관하여

가. 조사보고서 제출

관재인은 집회기일 3일 전까지 재산목록·대차대조표를 첨부한 보고서 3부를 제출하여야 한다. 〈파산관재인 보고서〉(재판부에서 보유하고 있는 양식 참조)에는 ① 파산에 이른 사정, ② 파산재단의 현상 및 부채의 상황, ③ 파산재단에 속하는 재산의 환가상황 및 소송의 계속상황, ④ 파산절차의 (배당)전망에 관한 내용을 기재하고, 〈재산목록〉 및 〈대차대조표〉는 최종적 배당률의 예측을 가능하도록 하는 것이므로 평가기준시는 파산선고시로 하고, 장부가액이 아닌 처분예상가액을 기재한다.

나. 집회기일 준비

(1) 미리 채권자들에게 파산관재인 보고서, 채권조사결과표 등의 요약된 내용을 배포하여 집회가 원활하게 진행될 수 있도록 준비하고, 출석상황 및 의결표를 미리 만들어 법원에 제출하여 둔다.
(2) 집회 시작 전에 미리 출석한 채권자들에게 채권조사결과 이의한 이유(특히 재단채권임을 이유로 이의하는 경우 그 의미) 및 추가 소명자료를 제출하면 이의를 철회할 수 있다는 취지를 설명하여 둔다.

8. 정기보고에 관하여

관재인은 매 분기마다 1번씩 법원에 정기보고를 하여야 한다. 보고서에는 최소한 ① 종전 보고 이후의 수지계산서, ② 재단예금잔고(예금통장사본 첨부), ③ 종전 보고 이후의 환가진행상황, ④ 현시점에서의 남은 업무 문제점 및 처리전망 등을 기재하고 파산재단의 특성에 따라 추가한다. 이에 대비하여 평소에 관재사무일지를 작성하여 두는 것이 좋다.

9. 이시폐지신청에 관하여

파산재단으로써 절차비용을 충당하기에 부족한 사실을 발견한 경우에는 지체 없이 법원과 협의를 거쳐 이시폐지의 신청을 한다. 신청 전 최종보수지급신청을 하여 보수결정을 미리 받고, 법원예납금 중 추후 절차비용을 제외한 나머지 금원을 모두 재단에 편입하여 재단채권변제에 사용함으로써 계산보고서상의 자금수지를 0원으로 맞추어 놓아야 한다. 신청시에는 (1) 수지계산서 및 재단의 현황보고서를 첨부하고, (2) 파산폐지의견 청취를 위한 채권자집회 및 계산보고 집회의 소집을 동시에 신청한다.

10. 면책불허가사유 해당행위의 조사에 관하여(개인파산의 경우)

채무자에 대하여 면책신청이 있으면 법원은 관재인에 대하여 면책불허가사유의 유무에 관한 조사를 명한다(제560조) 따라서 관재인으로서는 취임 당초부터 채무자에게 면책불허가사유에 해당하는 행위가 있는가 여부에 주의하여 조사를 행하여 둘 필요가 있다.

11. 배당 및 계산보고집회

가. 중간배당이 필요한 경우

(1) 배당재원이 조금이라도 있으면 가능한 배당실시함

(2) 배당실시를 신청하면서 보조인들에 대한 상여금지급도 신청

나. 배당의 절차

(1) 예납금의 재단편입이 가능한 경우에는 예납금의 재단편입신청서를 법원에 제출한다.

(2) 배당허가신청 - 배당허가신청서를 법원에 제출한다.

〈중간배당허가신청서〉에는 ① 파산선고일부터 배당허가신청시까지 수지계산서, ② 재단예금잔고(예금통장사본첨부), ③ 배당에 참가시킬 채권자수 및 채권액, ④ 배당가능금액, ⑤ 남은 관재업무의 내용, 처리기간 및 추후 예상되는 재단수집액을 기재한다.

〈최후배당허가신청서〉에는 ① 파산재단 전부의 환가를 완료한 사실, ② 별제권자 및 이의가 진술된 채권자의 처리상황(채권조사확정재판 등), ③ 재단예금잔고를 기재한다.

(3) 법원의 배당허가 및 관재인보수결정

(4) 배당표의 작성 - 배당허가를 받은 후 채권표와 대조하여 〈배당표〉를 작성, 법원에 제출한다. 배당표에는 채권을 우선권 유무에 따라서 구별한 다음 배당에 참가시킬 채권자의 성명, 주소, 채권액 및 배당가능금액을 기재하여야 한다(제507조, 제508조).

① 배당에 참가시킬 채권

• 중간배당의 경우 이의가 진술된 채권으로서 채권확정소송을 제기하지 아니한 채권, 별제권부 채권으로서 부족액에 대한 소명이 없는 채권은 배당에서 제외된다. 조건부채권, 장래의 청구권, 채권확정재판이 진행 중인 채권, 별제권부 채권으로서 부족액이 소명된 채권의 경우에는 배당에는 참가시키지만 배당액은 임치한다(제519조).

- 최후배당의 경우에는 위 채권 중에서 배당제외기간 내에 권리행사가 가능하지 않은 채권(제523조, 제525조)을 배당으로부터 제외한다.

② 배당가능금액
- 중간배당의 경우 장차 배당에 참가할 수 있는 채권을 예상하여 최후배당금액을 어느 정도 유보시켜 두어야 한다.
- 최후배당의 경우에는 추후 절차비용(공고비용, 등기촉탁비용 정도)을 제외한 나머지(특히 최후배당허가시부터 배당실시예정일까지 약 2개월간의 이자를 누락하지 않도록 주의)를 모두 포함시킴으로써 추가배당이 필요하지 않도록 주의하여야 한다.

(5) 〈배당공고〉 의뢰 - 배당에 참가시킬 채권 총액 및 배당가능한 금액은 관재인이 공고를 의뢰한다(제509조).

(6) 배당공고게재보고 및 최후배당의 경우 제척기간 지정

① 배당제외기간(중간배당의 경우 배당공고일부터 14일로 법정되어 있으나, 최후배당의 경우 배당공고일부터 14일 이상 30일 이내로 법원이 정함)과 관련하여 관재인은 배당공고가 게재된 직후에 해당 공고문 사본을 첨부하여 법원에 보고하고,

② 최후배당의 경우에는 법원으로부터 배당제외기간 및 최종 계산보고집회기일을 지정받는다.

(7) 배당표의 경정 - 배당공고일부터 배당표에 대한 이의기간(배당제외기간 경과 후 7일 이내) 사이에 배당표 경정사유(제513조)가 발생한 경우에는 배당표를 경정하여 법원에 제출한다.

(8) [중간배당의 경우] 배당률의 결정 - 배당표에 대한 이의기간 경과 후 바로 배당률을 결정하여 법원의 허가를 받음

(9) 배당통지 - 배당표에 대한 이의기간 경과 후 지체 없이 배당통지를 발송한다. 이 통지에 의하여 파산채권자는 배당금청구권을 취득한다.

① 배당통지에는 배당률, 배당금액, 배당일시·장소, 지급방법 등을 기재한다.

② 송금의뢰서, 영수증 용지 동봉 - 배당금 지급은 추심채무이므로 원칙적으로 파산채권자가 관재인 사무소에 와서 수령하여야 하지만 실무상 관재인·파산채권자 모두의 편의를 위하여 배당금을 파산채권자 은행구좌에 입금시키는 절차로 처리하는 경우가 대부분이므로(송금비용은 파산채권자 부담) 배당통지를 할 때에는 동시에 송금(은행구좌입금)의뢰서, 영수증 용지를 동봉하여 발송하고, 어음 등 채권증서를 제출하도록 통지한다. 한편, 송금의뢰서, 영수증에 날인된 인감은 채권신고시에 이용된 인감과 동일 인감을 사용하도록 주의를 환기시킨다.

③ 최후배당을 통지할 때에는 최종의 계산보고집회를 지정받아 그 소환도 겸하도록 한다.

(10) 배당금의 지급 공탁 - 송금절차 등에 의하여 지급하고, 구좌신고가 없는 경우에는 임치은행 발행 수표로 지급하며 아직 채권확정소송 계속 등으로 임치되어 있는 배당액 및 채권자가 영수하지 아니한 배당액은 공탁한다(제528조). 파산채권자가 채권증서(어음 등)를 분실한 경우에도 제권판결을 취득할 때까지 배당액을 공탁한다.

(11) 배당실시보고 및 파산채권자표 기재 - 배당금 지급·공탁으로 배당이 완료한 때에는 영수증 사본, 공탁서 원본을 첨부하여 법원에 배당실시보고서를 제출하고, 파산채권자표 및 채권증서에 배당액을 기입하고 기명 날인한다(제517조 ②).

다. 계산보고집회

(1) 최후배당 종료 후 계산보고집회 3일 전까지 법원에 〈최종계산보고서〉를 제출한다.

(2) 집회시에 계산보고를 한다(실무상 계산보고집회에 파산채권자가 출석하는 예는 거의 없음).
(3) 최종계산보고서가 채권자집회에서 이의 없이 통과되면 관재인의 임무는 성공적으로 종료된다.

12. 파산절차종결 후의 잔무

가. 파산종결결정과 그 효과

계산보고를 위한 채권자집회에서 최종계산보고서가 이의없이 승인되면 법원은 파산종결결정을 하고, 그 주문과 이유의 요지를 공고한다. 이 공고에 의하여 파산종결의 효과가 생긴다. 관재인의 임무는 기본적으로 파산종결에 의하여 종료하고, 채무자·파산채권자에 대하여 면책된다. 다만 관재인에게는 다음의 잔무가 남아 있다.

나. 관재인의 잔무

(1) 관재인의 긴급처분(제366조) - 급박한 사정이 있는 때에는 채무자의 재산관리가 가능하게 될 때까지 관재인은 파산재단 및 이해관계인에게 불측의 손해를 입히지 않도록 필요한 긴급처분을 하여야 한다. 그 비용은 재단채권으로서 청구할 수 있고(제473조 제6호), 보수청구권도 발생한다.
(2) 추가배당(제531조 제1항 제2문) - 파산종결결정 후에 새로 배당에 충당할 재산이 생긴 경우 추가배당을 하여야 한다.
(3) 상업장부 등의 보관 - 상업장부 등은 채무자 또는 구 대표자에게 반환하여야 한다. 만약 채무자 또는 구 대표자가 소재불명 등으로 반환할 수 없게 되는 경우에는 그밖의 적당한 자(채무자의 친족, 구 대표자 이외의 임원 등)에게 보관시키고, 그것도 부득이하면 『파산종결시 중요서류 처리요령(파산실무준칙 제5호)』에 의하여 처리한다.

[부록 2] 파산관재인의 보수산정 기준

(개인파산 및 2011. 8. 1. 이전에 선고된 법인파산에 적용)

■ 파산관재인의 보수산정 기준 ■

2001. 11. 1. 시행
2002. 1. 2. 개정
2006. 4. 1. 개정
2008. 1. 2. 개정

제1조(목적) 이 준칙은 파산관재인의 보수산정방법을 정함으로써 파산관재인에 대하여 적정한 보수가 지급되도록 함을 목적으로 한다.

제2조(보수의 지급시기) ① 제1회 채권자집회를 종료한 직후 파산관재인에 대하여 선보수를 지급한다.

② 영업을 계속하지 않는 채무자의 파산관재인에 대해서는 선보수 지급 후 매회 배당이 이루어질 때마다 중간보수를 지급하고 파산절차 종결시 최종 보수를 정산한다.

③ 영업을 계속하는 채무자의 파산관재인에 대해서는 선보수 지급 후 매 분기 마지막 달마다 중간보수를 지급하고 파산절차 종결시 최종보수를 정산한다. 그러나 매 분기 지급되는 중간보수는 파산선고일부터 2년을 넘지 못한다. 다만 관재업무의 복잡성, 환가진행의 정도 등을 고려하여 1년의 범위 내에서 연장할 수 있다.(2002. 1. 2. 개정)

④ 파산관재인이 중도에 사임하거나 해임되는 경우에도 최종보수를 정산한다.

제3조(선보수) 파산관재인에게 지급되는 선보수는 3,000만원 이하의 범위에서 파산재단의 규모, 채권조사의 난이도, 채권자집회 준비과정 등을 고려하여 결정한다.(2006. 4. 1. 개정)

제4조(중간보수의 산정) ① 중간보수는 위 제2조 제2항의 경우에는 중간배당시까지 총 수집액, 위 제2조 제3항의 경우에는 매 분기 말까지 총 수집액에 의하여 보수산정표상의 기준보수를 산정한 다음, 아래 각 호의 항목을 합산하거나 차감하여 결정한다.

i) 파산관재인이 개인적으로 파산재단이나 보조인을 위하여 비용을 지출한 경우 경조사비용은 지출액의 75%, 식대류는 지출액의 50% 범위 내에서 적정한 금액을 합산함.

ii) 파산관재인이 직접 소송수행을 한 경우 아래 표에 따라 산정된 금액을 합산함.(2002. 1. 2. 개정)

소송물가액	보 수	소송물가액	보 수
1,000만원까지	65만원	10억초과 ~100억원까지	500만원~750만원
1,000만원 초과 ~1억까지	65만원~250만원	100억원 초과 ~500억원까지	750만원~1,000만원
1억초과 ~5억원까지	250만원~300만원	500억원초과	1,000만원~1,500만원
5억원 초과 ~10억원까지	300만원~500만원		

조정이나 화해·행정심판 등의 사건도 위에 준하나, 보전처분 등 신청사건(심문이나 변론이 열리지 않은 사건 제외), 그 명령에 대한 이의 및 취소의 신청사건, 본안사건 중 파산관재인이 변론 및 준비기일에 직접 법정에 출석한 공시송달이나 의제자백사건 및 절차가 진행되다 취하된 사건의 경우는 위 각 금액

의 1/2. 단 파산재단의 규모, 사건의 난이도 등을 고려하여 적절히 가감할 수 있음.(2006. 4. 1. 개정, 2008. 1. 2. 개정)

iii) 파산관재인이 이미 지급받은 보수가 있는 경우

기지급된 보수액 중 선보수와 보수산정표에 따라 산정된 기준보수에 해당하는 금액은 차감함.

② 영업을 계속하는 채무자의 파산관재인에 대해서는 총 예상 환가금액을 수집액을 보아 별지 기준보수표상의 기준보수를 산정한 다음, 이를 예상 소요기간을 나누어 매 분기 말에 지급할 수 있다. 이 경우 위 1항의 가감사유는 년 말분 보수지급시 포함하여 산정된다.

③ 법원은 중간보수를 지급하기 위하여 별지 제1양식의 공문을 파산관재인에게 보내어 보수산정에 필요한 자료의 제출을 요청할 수 있다.

제5조(최종보수의 산정) ① 최종보수는 최후배당시까지 총 수집액에 의하여 별지 보수산정표에 따라 기준보수를 신청한다(다만 영업을 계속하거나 건설·제조업체 등과 같이 관재업무가 복잡하고 어려운 경우 기준보수는 보수산정표에 따라 계산된 기준보수에 1/2 범위 안에서 적정한 금액을 가산하여 정할 수 있다). 아래의 각 호를 고려하여 기준보수의 25%의 범위 안에서 적정한 금액을 가산한 다음, 제4조 제1항의 항목을 가감하여 정한다.

1. 채권의 종류 및 채권자의 수
2. 관재업무 수행기간과 배당 횟수
3. 환가업무의 구체적 내용과 난이도
4. 파산업무를 위하여 행한 법률적 검토 내용과 횟수
5. 파산업무를 위한 근무장소, 근무형태, 본 업무에 미친 영향
6. 파산관재인 정기보고서의 제출 누락 여부 및 작성 수준, 법원이 요청하는 각종 보고서의 제출정도와 파산관재인회의 참석 정도
7. 예상 배당률과 실제 배당률의 차이
8. 보조인들의 월 보수와 인원수
9. 기타 관재업무와 관련하여 파산관재인 보수 결정에 필요한 사항

② 법원은 최종보수를 산정하기 위하여 별지 2양식의 공문을 파산관재인에게 보내어 보수산정에 필요한 자료를 수집할 수 있다.

제6조(특별보수) ① 파산관재인이 환가에 이례적인 성과(예 : 부동산 위에 설정된 담보권의 피담보채권총액이 부동산의 시가를 초과함에도 부동산 매각대금의 일부를 파산재단에 유입시키는 협상에 성공한 경우 등)를 거두는 등 파산재단의 재산증식에 특별한 기여를 하거나 영업양도나 기업인수합병에 성공하여 파산절차를 조기에 종결한 경우 파산관재인에게 특별보수를 지급할 수 있다.

② 특별환가로 인한 특별보수는 이익금액의 20% 범위 내, 파산절차의 조기 종결로 인한 특별보수는 기준보수(1/2 가산되는 경우는 가산된 기준보수를 말한다)의 50%범위 내에서 제반사정을 고려하여 정한다.

③ 파산관재인은 특별보수를 지급받을 수 있는 사유가 발생한 경우 즉시 또는 제4조나 제6조의 보수신청시 소명자료를 첨부하여 특별보수의 지급을 신청한다.

제7조(중도 선임된 파산관재인의 보수) 파산관재인이 중간에 사임 또는 해임되어 새로운 파산관재인이 선임되는 경우 그 기준보수를 정함에 있어 보수산정표상의 수집액은 해당 파산관재인이 수집한 액을 기준으로 산정한다.

제8조(공동파산관재인의 보수) 파산관재인이 수인인 경우 보수는 1인의 경우를 기준으로 하여 산정한 다음 파산관재인의 인원수로 나누어 지급함을 원칙으로 한다.

제9조(재단채권자에 대한 배당이 실시된 경우) 파산재단이 부족하여 파산채권자들에게 전혀 배당하지 못하고 재단채권자에 대한 변제나 배당만으로 파산절차가 종결되는 경우에도 성질에 반하지 않는 한 제2조 내지 제8조의 규정을 준용한다.

[부 칙]

1. 이 준칙은 이미 파산이 선고된 사건에도 적용한다.

[부 칙 (2002. 1. 2. 개정)]

1. 이 준칙은 개정일부터 시행한다.

[부 칙 (2006. 4. 1. 개정)]

1. 이 준칙은 개정일부터 시행한다.

[보수산정표] (2006. 4. 1. 개정)

중간보수와 최종보수 산정의 기초가 되는 기준보수의 산정은 아래와 같이 한다.

① 수집액(이상)	② 수집액(미만)	③ 보수(이상)	④ 보수(미만)
0	1억	3백만(0.03억)	7백만(0.07억)
1억	2억	7백만(0.07억)	1,000만(0.1억)
2억	10억	1,000만(0.1억)	1,500만(0.15억)
10억	30억	1,500만(0.15억)	2,000만(0.2억)
30억	100억	2,000만(0.2억)	3,000만(0.3억)
100억	200억	3,000만(0.3억)	4,000만(0.4억)
200억	500억	4,000만(0.4억)	5,000만(0.5억)
500억	1,000억	5,000만(0.5억)	6,000만(0.6억)
1,000억	2,000억	6,000만(0.6억)	7,000만(0.7억)
2,000억	5,000억	7,000만(0.7억)	9,700만(0.97억)
5,000억	1조	9,700만(0.97억)	1억 3,200만(1.32억)
1조	2조	1억 3,2000만(1.32억)	1억 8,200만(1.82억)
2조	3조	1억 8,200만(1.82억)	2억 1,200만(2.12억)

❖ 산식 : 기준보수 = ③ + (④ - ③) × {(실수집액 - ①) / (② - ①)}

① 각 중간배당 또는 최후배당을 할 경우 그때까지 수집된 금액의 할산액을 기준으로 하여 기준보수를 정한다. 매 분기 말에 보수를 산정할 경우 역시 그때까지 수집된 금액의 합산액을 기준으로 한다.

② 수집액은 파산관재인이 환가하여 금전화한 것을 말하며, 파산선고 당시 이미 현금이나 현금 등가물과 같이 이미 현금화되어 있거나 즉시 현금화가 가능한 것과 계약이전명령 등에 따라 한아름종금사 등 가교금융기관이나 예금보험공사 등으로부터 대금조로 받은 것은 제외한다. 다만 이미 지급된 중간보수 산정시 그와 같은 금액이 일부 포함된 사건의 경우는 종결시까지 이를 유지한다.

[부록 3] 법인 파산관재인의 보수 등에 관한 준칙

(2011. 8. 1. 이후에 선고된 법인파산에 적용)

■ 법인 파산관재인의 보수 등에 관한 준칙 ■

제정 2012. 8. 1. 서울중앙지방법원 파산부 법인파산실무준칙 제1호
개정 2013. 8. 1. 서울중앙지방법원 법인파산실무준칙 제3호

제1조 (목적)

이 준칙은 「채무자 회생 및 파산에 관한 법률」 제30조 제1항에 의하여 파산관재인의 보수·특별보상금의 액수, 그 지급시기 등을 정하여 파산관재인에게 적정한 보수와 특별보상금이 지급될 수 있도록 함을 목적으로 한다.

제2조 (보수의 총액)

① 파산관재인에게 지급할 보수의 총액은 파산관재인이 수집한 파산재단의 가액(이하 '수집액'이라 한다)을 기준으로 별표와 같이 산정한 기준보수를 다음 각 호의 사항을 고려하여 150%의 범위 내에서 증감하고, 제3조에 따라 산정한 소송수행보수를 합산하여 산정한다.

1. 채권의 종류와 채권자의 수
2. 관재업무 수행기간과 배당 횟수
3. 관재업무의 구체적 내용과 난이도, 채무자가 영업을 계속하였는지 여부
4. 관재업무를 위하여 행한 법률검토 내용과 횟수
5. 관재업무를 위한 근무장소, 근무형태
6. 파산관재인 정기보고서, 법원이 요청하는 각종 보고서의 제출 여부와 그 내용의 충실도
7. 예상 배당률과 실제 배당률
8. 기타 관재업무와 관련하여 파산관재인 보수 결정에 필요한 사항

② 수집액은 다음 각 호와 같이 산정한다.

1. 수집액은 파산관재인이 현금화한 것을 기준으로 한다. 단, 파산선고 당시 현금이나 현금 등가물과 같이 이미 현금화가 되어 있는 것은 제외한다.
2. 현금화 대상 재산이 별제권과 환취권을 부담하는 경우, 추심 대상 채권에 반대채권이 있는 경우에는 정산 후 차액만 수집액에 산입한다. 단, 파산관재인이 별제권자나 환취권자의 요구를 받아 현금화 대상 재산을 현금화한 경우에는, 현금화한 액수 전부 또는 일부를 수집액에 산입할 수 있다.
3. 채무자가 영업을 계속하는 경우, 수집액은 그 수입에서 비용을 뺀 차액만을 수집액에 산입한다.
4. 파산관재인이 중간에 사임 또는 해임되어 새로운 파산관재인이 선임되는 경우, 그 수집액은 당해 파산관재인이 수집한 파산재단만의 가액으로 한다.

③ 다음 각 호의 항목은 파산관재인에게 지급할 보수의 총액에서 공제한다. 단, 영업 계속 등 부득이한 사정으로 보조인을 고용하는 경우 전부 또는 일부를 공제하지 아니할 수 있다.

1. 파산관재인이 파산선고 이후 고용한 보조인에게 지급된 급여(연차수당, 명절상여금, 공로상여금, 연말정산금, 식비 등 각종 보조경비 명목의 실질급여 등 보조인에게 지급되는 모든 금전을 포함한다)
2. 제1호의 경우, 공공보험료, 신원보증보험료 등 보조인의 채용으로 발생한 모든 비용

제3조 (소송수행보수)

① 법원은 파산재단에 관한 소송(조정, 화해, 행정심판 등도 이에 준한다.)을 직접 수행한 파산관재인에게 각 심급단위로 소송목적의 값을 기준으로 「변호사보수의 소송비용 산입에 관한 규칙」 에 따라 계산한 변

호사 보수 상당액을 지급한다. 이 보수는「변호사보수의 소송비용 산입에 관한 규칙」 제6조에 따라 감액할 수 있다.

② 법원은 파산관재인이 직접 수행하는 파산재단에 관한 소송이 각 심급에서 종결하는 경우, 파산관재인의 신청을 받아 제1항에 따라 산정한 소송수행보수를 지급한다.

③ 파산관재인이 직접 수행한 부인의 청구, 부인의 소, 부인의 청구 결정에 대한 이의의 소 등에서 승소하여 그 판결 또는 결정이 확정된 경우에는 파산재단이 얻게 된 이익의 30% 범위 내에서 제반 사정을 고려하여 파산관재인에게 지급할 소송수행보수를 증액할 수 있다.

제4조 (공동파산관재인, 파산관재인대리가 있는 경우)

파산관재인이 수인인 경우 또는 파산관재인대리가 선임된 경우, 파산관재인 1인에게 지급할 보수의 액수는 제2조에 따라 산정한 보수의 총액을 파산관재인과 파산관재인대리 전체인원수로 나누어 산정함을 원칙으로 한다.

제5조 (우선보수)

법원은 파산관재인으로부터 파산재단의 점유착수보고를 받은 직후 파산관재인에게 우선보수를 지급한다. 법원은 3,000만 원 이하의 범위에서 파산재단의 규모, 파산재단의 점유·관리업무의 난이도 등을 고려하여 우선보수의 액수를 결정한다.

제6조 (중간보수)

① 법원은 다음의 각 호의 1에 해당하는 경우, 파산관재인에게 중간보수를 지급할 수 있다.

1. 제1회 채권자집회와 일반 채권조사기일이 종료된 후
2. 중간배당이 이루어지는 경우
3. 파산재단이 부족하여 파산채권자들에게 배당하지 못하고 재단채권자에 대한 변제만으로 파산절차가 종결될 것으로 예상하여 재단채권자들에게 일괄 변제를 하는 경우
   다만 파산폐지 직전에 일괄 변제를 하는 경우는 제외한다.
4. 채무자가 영업을 계속하는 경우. 이 경우 제1회 채권자집회가 종료된 때부터 파산선고를 받은 후 2년이 되는 때까지(관재업무의 복잡성, 현금화 진행의 정도 등을 고려하여 1년의 범위 내에서 연장할 수 있다) 매 분기 마지막 달에 중간보수를 지급한다.
5. 파산관재인이 신청하는 경우

② 법원은 중간보수를 지급할 때까지 수집액을 기준으로 제2조에 따라 산정한 기준보수에서 이미 지급한 보수(소송수행보수, 특별보상금은 제외한다)를 뺀 나머지 금액을 파산재단의 점유·관리업무와 배당업무의 난이도 등에 따라 가감하여 중간보수의 액수를 결정한다.

제7조 (최종보수)

① 법원은 파산절차를 종료하는 경우 또는 파산관재인이 중도에 사임하거나 해임되는 경우에 파산관재인에게 최종보수로 당시까지의 수집액과 소송수행 결과 등을 기준으로 제2조, 제3조에 따라 산정한 보수의 총액에서 이미 지급한 보수를 뺀 나머지 금액을 지급한다.

② 법원은 제1항의 최종보수의 액수를 결정할 때 제8조에 따라 산정한 특별보상금을 합산할 수 있다.

제8조 (특별보상금)

① 법원은 다음 각 호의 사유가 발생한 경우 파산관재인의 신청을 받아 특별보상금을 지급할 수 있다.

1. 다음 각 목과 같이 현금화에 이례적인 성과를 거두어 파산재단의 증식에 특별히 이바지한 경우
   가. 부동산 위에 설정된 담보권의 피담보채권 총액이 부동산의 시가를 초과함에도 부동산 매각대금의 일부를 파산재단에 유입시킨 경우
   나. 파산선고 전에 이미 대손상각이 된 채권을 회수한 경우
   다. 파산재단에 속한 부동산·동산을 예정가(원칙적으로 감정가를 말한다. 감정가가 없는 경우 공시지가 등 적정한 방법으로 시가를 반영한 액수를 말한다) 이상으로 환가한 경우

라. 그 밖에 이에 준하는 경우

2. 영업양도나 기업인수합병에 성공하는 등 특별한 방법으로 파산절차를 파산선고로부터 2년 이내에 조기 종결한 경우

② 제1항 제1호의 특별보상금 액수는 그 때문에 파산재단이 얻게 된 이익의 30% 범위 내에서 제반 사정을 고려하여 정한다.

③ 제1항 제2호의 특별보상금 액수는 기준보수의 100% 범위 내에서 제반 사정을 고려하여 정한다.

제9조 (자료제출요구)

법원은 파산관재인에게 보수와 특별보상금의 액수를 산정하기 위하여 필요한 자료의 제출을 요구할 수 있다.

제10조 (적용대상의 제외)

이 준칙은 예금보험공사 또는 그 임·직원이 파산관재인으로 선임된 경우에는 적용되지 아니한다.

[별표]

기준보수의 산정

기준보수는 다음 산식에 따라 산정한다.

기준보수 = ④ + ③ × (수집액 - ①)

① 수집액(이상)	② 수집액(미만)	③ 보수상승율	④ 보수(이상)	⑤ 보수(미만)
0	1억	16%	300만	1,900만
1억	2억	12%	1,900만	3,100만
2억	10억	8%	3,100만	9,500만
10억	30억	4%	9,500만	1억7,500만
30억	100억	1%	1억7,500만	2억4,500만
100억	~	0.5%	2억4,500만	~

부 칙 〈제1호, 2012. 8. 1.〉

제1조 (시행일)

이 준칙은 2012. 8. 1.부터 시행한다.

제2조 (경과조치)

① 이 준칙은 시행일 이후 파산이 선고된 사건 중 파산선고 당시 확인된 부채총액이 50억 원 미만인 사건에 적용한다. 다만 이 준칙 제3조는 시행일 당시 진행 중인 파산사건(시행일 이후 소 또는 상소 등을 제기한 경우에 한한다)과 파산선고 당시 확인된 부채총액이 50억 원 이상인 사건에도 적용한다.

② 제1항에 따라 이 준칙이 적용되지 않는 경우에는 서울중앙지방법원 파산부 파산실무준칙인 '파산보조인에 대한 상여금 지급요령'과 '파산관재인의 보수산정 기준'을 적용한다.

부 칙 〈제3호, 2013. 8. 1.〉

제1조 (시행일)

이 준칙은 2013. 8. 1.부터 시행한다.

주) 2011. 8. 1. 이전에 법인파산이 선고된 경우에 있어서의 법인 파산관재인의 보수기준임.

제2조 (경과조치)

① 이 준칙은 시행일 이후 파산이 선고된 사건 및 이 준칙 시행일 이전에 파산이 선고된 사건이라도 2012. 8. 1. 제정된 서울중앙지방법원 파산부 법인파산실무준칙 제1호 법인 파산관재인의 보수 등에 관한 준칙이 적용되고 있는 파산사건에 적용한다. 다만, 종전의 규정에 의하여 생긴 효력에는 영향을 미치지 아니한다.

② 제1항에 따라 이 준칙이 적용되지 않는 경우에는 서울중앙지방법원 파산부 파산실무준칙인 '파산보조인에 대한 상여금 지급요령'과 '파산관재인의 보수산정 기준'을 적용한다.

[부록 4] 금융기관 파산관재인의 선임 및 감독에 관한 예규

■ 금융기관 파산관재인의 선임 및 감독에 관한 예규 ■

제정 2000. 11. 07. 재판예규 제797호(재민 2000-7)

1. 예규의 적용범위

이 예규는 금융산업의 구조개선에 관한 법률 제2조 제1호 소정의 금융기관 및 신용협동조합법 제2조 제1호 소정의 신용협동조합(이하 '금융기관' 이라고 한다)이 파산하는 경우에 적용한다.

2. 금융감독위원회에 대한 통지

가. 법원은 금융감독위원회에게 파산관재인을 추천할 수 있는 기회를 주기 위하여 금융기관 파산사건이 접수되는 경우에는 지체 없이, 파산관재인의 사임·해임·사망·기타의 사유로 새로운 파산관재인을 신임하는 경우에는 그에 앞서, 그러한 사실을 통지하여야 한다. 다만 이미 금융감독위원회가 파산관재인을 추천한 경우에는 그러하지 아니하다.

나. 위 가.항에 의한 통지는 별지 양식에 의하되, 파산관재인 추천기간은 2주 내외의 적당한 기간을 두도록 한다.

3. 금융기관 파산관재인의 선임기준

가. 금융기관이 파산하는 경우 금융감독위원회가 추천하는 자가 자질, 경력 등에 비추어 파산관재인으로 적합하지 않다고 인정되는 등 특별한 사정이 없는 한 단독 파산관재인 또는 복수의 파산관재인 중 1인으로 선임한다.

나. 금융감독위원회가 추천한 자가 파산관재인으로 적합하지 않다고 인정되는 경우, 추천된 자 외에 다른 파산관재인을 복수로 선임하는 경우 또는 금융감독위원회의 추천이 없는 경우에는 파산재단의 확보 및 환가 등에 필요한 법률지식이 풍부한 자 중에서 파산관재인의 직무를 효율적으로 수행하기에 적합한 자를 파산관재인으로 선임한다. 이 경우 법원은 변호사협회, 기타 적절한 기관에 파산관재인희망자 추천을 의뢰하여 미리 적임자 명단을 확보하고 있다가 필요시 이를 활용할 수 있다.

4. 파산관재인 선임을 위한 심리

법원은 금융감독위원회로부터 추천된 자 또는 직권으로 선임할 대상자가 파산관재인으로 적합한지 여부를 충실하게 심리한 후 선임하여야 하며, 이를 위하여 필요한 경우 서면심사 외에 면접심사, 기타 적절한 방법을 취할 수 있다.

5. 복수의 파산관재인의 선임

가. 파산하는 금융기관의 규모, 파산관재인이 수행하여야 할 업무의 내용과 난이도, 기타 제반 사정에 비추어 2인 이상 복수의 파산관재인을 선임하는 것이 필요하다고 인정되는 경우에는 복수의 파산관재인을 선임한다.

나. 복수의 파산관재인을 선임한 경우 법원은 파산절차의 진행경과, 파산관재인의 업무수행상황, 기타 제반 사정에 비추어 복수의 파산관재인을 두는 것이 부적절하게 되었는지 여부를 확인하여 필요시 적절한 조치를 취하여야 한다.

6. 수개 금융기관 파산관재인의 겸직 제한

법원은 금융기관 파산관재인을 선임함에 있어 1인으로 하여금 수개 금융기관 파산관재인을 겸직하게 하여서는 아니된다. 다만 파산하는 수개 금융기관의 업종이 유사하고 비교적 소규모로서 파산관재인 업무수행의 효율 제고 및 비용의 절감 등을 위하여 필요하다고 인정되는 경우에는 겸직하게 할 수 있으나, 그 경우에도 겸직숫자는 개개의 사건에서 파산관재인의 업무가 소홀해지지 않을 정도의 적당한 범위 내이어야 한다.

7. 파산관재인에 대한 감독

가. 법원은 금융기관 파산관재인으로 하여금 매 3개월 이내로서 법원이 정한 주기마다 그 동안의 실적과 현황에 관한 정기보고서를 제출하게 하고 필요시에는 수시 보고 및 자료를 제출하게 하는 등으로 파산절차의 진행경과 및 파산관재인의 업무수행상황을 지속적으로 점검하여야 한다.

나. 법원은 필요한 경우 파산관재인에 대하여 시정명령, 해임, 기타 적절한 조치를 취함으로써 금융기관 파산절차의 공정하고 신속한 진행에 차질이 생기지 않도록 하여야 한다.

부 칙

이 예규는 2000. 11. 15.부터 시행한다.

[부록 5] 채무자 회생 및 파산에 관한 법률에 따른 법인등기 사무처리지침

■ 「채무자 회생 및 파산에 관한 법률」에 따른 법인등기 사무처리지침 ■

제정 2006. 3. 29 등기예규 제1126호
개정 2007. 2. 14 등기예규 제1162호

제1조(목적) 이 예규는 「채무자 회생 및 파산에 관한 법률」(이하 "법"이라 한다) 및 「채무자 회생 및 파산에 관한 규칙」(이하 "규칙"이라 한다)에 따른 법인등기절차를 규정함을 목적으로 한다.

제2조(적용범위) 이 예규는 채무자인 민법법인, 상법상의 회사, 민법 및 상법 이외의 법령에 의하여 설립된 법인, 외국회사 및 외국회사를 제외한 기타의 외국법인(이하 "법인"이라 한다) 및 회생계획에 의하여 신설되는 새로운 법인(이하 "새로운 법인"이라 한다)에 대하여 적용한다.

제3조(촉탁에 의한 등기) ① 회생절차, 파산절차, 국제도산절차와 관련하여, 법 제23조의 규정에 의한 법원사무관 등의 촉탁이 있는 때에는 관할등기소의 등기관은 이를 수리하여 그에 따른 등기를 하여야 하고, 당사자가 이러한 등기를 신청한 경우 이를 수리하여서는 아니된다.

② 회생계획의 수행에 따른 등기는 회생절차종결 후에는 채무자인 법인 또는 새로운 법인의 신청에 의하여 등기하여야 하고, 법원사무관 등의 촉탁에 의하여 등기할 수 없다. 다만 회생절차종결 이전에 등기사항이 발생하여 법원사무관 등이 회생절차종결 이전에 촉탁할 수 있었던 사항에 관하여 착오로 이를 누락한 경우에는 그러하지 아니하다.

제4조(촉탁등기사항 이외의 등기사항에 대한 등기신청권자) ① 회생절차개시결정이 있는 때에는 채무자의 업무의 수행과 재산의 관리 및 처분을 하는 권한은 관리인에게 전속하고(법 제56조 제1항), 관리인이 선임되지 아니한 경우에는 채무자인 법인의 대표자가 관리인으로 간주되므로(법 제74조 제4항), 법원사무관 등이 촉탁하여야 할 등기사항 이외의 등기사항에 관하여는 관리인 또는 법 제74조 제4항에 의하여 관리인으로 간주되는 자의 신청에 의하여 등기하여야 한다.

② 법 제43조 제3항에 따른 보전관리명령이 있는 때에는 회생절차개시결정 전까지 채무자의 업무수행과 재산의 관리 및 처분을 하는 권한은 보전관리인에게 전속하므로(법 제85조), 제1항의 규정은 보전관리인에 준용한다.

③ 파산재단을 관리 및 처분하는 권한은 파산관재인에게 속하므로(법 제384조), 파산재단과 관련된 등기사항은 파산관재인의 신청에 의하여 등기하여야 한다.

제5조(등기의 방법) ① 보전관리, 회생절차개시, 회생절차개시취소, 회생계획인가·불인가, 회생계획인가취소, 회생절차폐지, 회생절차종결의 등기 및 파산선고, 파산취소, 파산폐지, 파산종결의 등기는 기타사항란에 등기한다.

② 보전관리인, 관리인, 관리인대리, 파산관재인, 파산관재인대리, 국제도산관리인 및 국제도산관리인대리는 임원란 또는 사원란에 등기하고, 채무자인 법인의 대표자 등 임원에 관한 등기와 지배인 또는 대리인에 관한 등기는 말소하지 아니한다.

③ 법 제74조 제4항에 의하여 채무자인 법인의 대표자를 관리인으로 본다는 취지의 등기는 임원란 또는 사원란의 해당 대표자의 란에 등기한다.

제6조(등기부 열람 및 등기부 등·초본의 발급) 보전관리, 회생절차개시 또는 파산선고의 등기를 한 경우에는 등기부의 첫 장 오른쪽 윗부분의 적당한 곳에 "보전관리", "회생절차" 또는 "파산"이라고 표시하여 등

기부를 열람하게 하거나 등기부 등·초본을 발급하여야 한다.

제7조(관리인 등의 인감증명서 발급절차 및 법인대표자 등의 인감증명서 발급제한) ① 회생절차의 보전관리인, 관리인, 관리인대리, 파산절차의 파산관재인, 파산관재인대리, 국제도산절차의 국제도산관리인 또는 국제도산관리인대리는 그 인감을 등기소에 제출하고 인감에 관한 증명서의 교부를 청구할 수 있다.

② 법 제74조 제4항에 의하여 채무자인 법인의 대표자가 관리인으로 간주되는 경우, 그 법인의 대표자는 새로운 인감을 등기소에 제출한 후에 인감에 관한 증명서의 교부를 청구할 수 있다. 이 경우, 인감증명서에 "채무자 회생 및 파산에 관한 법률 제74조 제4항에 의하여 관리인으로 간주"라는 표시를 하여 발급하여야 한다.

③ 관리인대리, 파산관재인대리 또는 국제도산관리인대리가 제1항의 규정에 의하여 인감신고서 또는 개인(改印)신고서를 제출하는 경우에는, 그 인감이 틀림없음을 보증하는 관리인, 파산관재인 또는 국제도산관리인의 서면을 첨부하여야 하고, 그 서면에는 관리인, 파산관재인 또는 국제도산관리인이 등기소에 제출한 인감을 날인하여야 한다.

④ 보전관리, 회생절차개시 또는 파산선고의 등기를 한 경우, 제2항의 경우를 제외하고는 법인의 대표자, 지배인, 대리인의 인감증명서는 발급할 수 없다.

제8조(등록세 및 등기신청수수료) ① 법원사무관 등이 법 제23조, 법 제25조 제2항, 제3항에 의한 등기 등 회생절차·파산절차·국제도산절차와 관련하여 등기를 촉탁하는 경우 등록세 및 등기신청수수료가 면제된다.

② 회생계획의 수행에 따른 법 제266조의 규정에 의한 신주발행, 제268조의 규정에 의한 사채발행, 제269조의 규정에 의한 주식의 포괄적 교환, 제270조의 규정에 의한 주식의 포괄적 이전, 제271조의 규정에 의한 합병, 제272조의 규정에 의한 분할 또는 분할합병이나 제273조 및 제274조의 규정에 의한 신회사의 설립이 있는 경우에, 법원사무관 등이 그 등기를 촉탁하는 경우에는 등록세 및 등기신청수수료가 면제된다.

③ 제1항, 제2항의 규정에 의한 등기를 제외하고는 회생계획의 수행이나 법의 규정에 의한 등기(예를 들어, 법 제265조의 규정에 의한 신주발행에 따른 등기 등)를 법원사무관 등이 촉탁하는 경우에도 다른 법령에 특별한 규정이 없으면 등록세는 면제되지 아니한다.

제9조(보전관리 및 보전관리인선임 등기 등) ① 법 제43조 제3항의 규정에 의한 보전관리 및 보전관리인 선임 등기, 그 변경의 등기는 법원사무관 등의 촉탁으로 하여야 한다.

② 제1항의 촉탁서에는 등기의 목적, 등기의 원인 및 그 일자, 그 보전관리명령을 한 법원을 기재하여야 하며, 보전관리인에 관한 등기를 촉탁함에 있어서는 보전관리인의 성명, 주민등록번호, 주소(법인인 경우에는 명칭·상호, 법인등록번호, 본점·주사무소 소재지를 말한다. 이하 같다) 등을 기재하여야 한다.

③ 제1항의 촉탁서에는 그 결정서의 등본(또는 초본) 및 보전관리인의 성명, 주민등록번호, 주소 등을 증명하는 자료를 첨부하여야 한다.

④ 보전관리명령취소결정, 회생절차개시신청의 기각결정이 확정된 때에는 법원사무관 등의 촉탁에 의하여 보전관리 및 보전관리인선임 등기를 말소한다.

⑤ 보전관리명령이 있는 경우에는 법원의 허가를 받지 아니하면 보전처분신청 또는 회생절차개시신청을 취하할 수 없으므로(법 제48조 제2항), 법원사무관 등은 보전처분신청 또는 회생절차개시신청의 취하서 등본 및 이에 대한 법원의 허가결정서 등본을 첨부하여 보전처분신청 또는 회생절차개시신청의 취하에 따른 보전관리 및 보전관리인선임 등기의 말소를 촉탁하여야 한다.

제10조(회생절차개시 및 관리인선임 등기 등) ① 회생절차개시(법 제49조), 관리인의 선임(법 제74조), 관리인 대리의 선임허가(법 제76조), 관리인의 사임 및 해임(법 제83조)에 관한 등기는 법원사무관 등의 촉탁으로 하여야 한다. 그 결정이 취소 또는 변경된 때에도 같다.

② 법원이 법 제74조 제3항에 의하여 관리인을 선임하지 아니하는 경우에는, 법원사무관 등의 촉탁에 의하여 채무자인 법인의 대표자를 관리인으로 본다는 취지의 등기를 하여야 한다. 그 결정이 취소 또는 변경된 때에도 같다.

③ 제1항 또는 제2항의 촉탁서에는 등기의 목적, 등기의 원인 및 그 일자, 그 결정(허가)를 한 법원을 기재하여야 하며, 관리인, 관리인대리 또는 관리인으로 간주되는 자에 관한 등기를 촉탁함에 있어서는 관리인, 관리인대리 또는 관리인으로 간주되는 자의 성명, 주민등록번호, 주소 등을 기재하여야 한다.

④ 제1항 또는 제2항의 촉탁서에는 그 결정(허가)서의 등본(또는 초본) 및 관리인 또는 관리인대리의 성명, 주민등록번호, 주소 등을 증명하는 자료를 첨부하여야 한다.

⑤ 회생절차개시의 등기를 한 경우, 등기관은 직권으로 보전관리 및 보전관리인에 관한 등기를 말소하여야 한다.

⑥ 회생절차개시결정 취소결정이 확정된 경우, 법원사무관 등의 촉탁에 의하여 회생절차개시의 등기 및 관리인, 관리인대리 또는 법 제74조 제4항에 의하여 법인의 대표자를 관리인으로 본다는 취지의 등기를 말소하여야 한다.

제11조(회생계획의 인가·불인가 및 회생계획인가취소의 등기) ① 제10조 제1항, 제3항, 제4항의 규정은 회생계획인가결정, 회생계획불인가결정의 확정, 회생계획인가취소결정의 확정에 따른 등기에 준용한다.

② 파산선고의 등기 및 파산관재인, 파산관재인대리에 관한 등기가 있는 채무자인 법인에 대하여 회생계획인가의 등기를 한 때에는, 등기관은 직권으로 파산선고, 파산관재인, 파산관재인대리에 관한 등기를 말소하여야 한다.

③ 법원사무관 등의 촉탁에 의하여 회생계획불인가결정, 회생계획인가취소결정에 따른 등기를 하는 경우에는, 등기관은 직권으로 회생절차개시등기 및 관리인, 관리인대리 또는 법 제74조 제4항에 의하여 법인의 대표자를 관리인으로 본다는 취지의 등기를 말소하여야 한다.

④ 회생계획인가취소의 등기를 한 때에, 제11조 제2항에 의하여 말소된 등기(파산선고의 등기, 파산관재인등기, 파산관재인대리등기 등)가 있는 경우, 등기관은 직권으로 그 등기를 회복하여야 한다.

제12조(회생계획의 수행에 따른 등기) ① 법 제266의 규정에 의한 신주발행, 제268조의 규정에 의한 사채발행, 제269조의 규정에 의한 주식의 포괄적 교환, 제270조의 규정에 의한 주식의 포괄적 이전, 제271조의 규정에 의한 합병, 제272조의 규정에 의한 분할 또는 분할합병이나, 제273조 및 제274조의 규정에 의한 신회사의 설립이 있는 경우의 등기, 기타 회생계획의 수행이나 법의 규정에 의하여 회생절차의 종료 전에 법인인 채무자나 신회사에 관하여 등기할 사항이 생긴 경우 법원사무관 등의 촉탁에 의하여 이를 등기하여야 한다.

② 제1항의 규정은 회생계획인가 전의 영업양도(법 제62조)에 따른 등기에 준용한다.

제13조(회생절차폐지 및 회생절차종결 등기) ① 제10조 제1항, 제3항, 제4항의 규정은 회생절차폐지결정의 확정 또는 회생절차종결에 따른 등기에 준용한다.

② 회생절차폐지결정 또는 회생절차종결의 등기를 한 경우, 등기관은 직권으로 회생절차개시등기, 회생계획인가등기 및 관리인, 관리인대리, 또는 법 제74조 제4항에 의하여 법인의 대표자를 관리인으로 본다는 취지의 등기를 말소하여야 한다.

③ 회생계획에 따른 해산등기와 회생절차종결등기를 한 때에, 그 법인에 대하여 청산절차가 필요 없거나 청산절차가 종료되었음이 회생계획인가결정서, 회생절차종결결정서 등에 나타나면, 등기관은 해당 법인의 등기부를 직권으로 폐쇄하여야 한다.

제14조(회생절차폐지 등에 따른 파산선고의 등기) 법 제6조의 규정에 의한 파산선고의 등기와 회생절차개시신청의 기각결정·회생절차폐지결정·회생계획불인가결정에 따른 법 제23조 제1항의 등기는 동시에 촉탁되어야 한다.

제15조(파산선고 등에 따른 등기의 촉탁) ① 파산선고, 파산선고취소결정, 파산폐지, 파산종결의 결정에 따른 등기는 법원사무관 등의 촉탁으로 하여야 한다.

② 파산관재인의 선임(법 제355조), 파산관재인대리의 선임허가(법 제362조), 파산관재인의 사임 및 해임(법 제363조, 제364조)에 관한 등기는 법원사무관 등의 촉탁으로 하여야 한다.

③ 제1항 또는 제2항의 촉탁서에는 등기의 목적, 등기의 원인 및 그 일자, 그 결정(허가)을 한 법원을 기재하여야 하며, 파산관재인 또는 파산관재인대리에 관한 등기를 촉탁함에 있어서는 파산관재인 또는 파산관재인대리의 성명, 주민등록번호, 주소 등을 기재하여야 한다.

④ 제1항 또는 제2항의 촉탁서에는 그 결정(허가)서의 등본(또는 초본), 파산관재인 또는 파산관재인대리의 성명, 주민등록번호, 주소 등을 증명할 수 있는 자료를 첨부하여야 한다.

제16조(파산취소, 파산폐지, 파산종결의 등기) ① 등기관은 파산선고 취소의 등기를 한 때에는, 직권으로 파산선고의 등기, 파산관재인에 관한 등기, 파산관재인대리에 관한 등기를 말소하여야 한다.

② 등기관은 파산폐지 및 파산종결의 등기를 한 경우에는 해당 등기부를 폐쇄하여야 한다. 다만 법 제538조의 동의에 의한 파산폐지의 등기를 한 경우에는 등기부를 폐쇄하지 아니하고, 직권으로 파산선고의 등기, 파산관재인, 파산관재인대리에 관한 등기를 말소하여야 한다.

제17조(국제도산관리인, 국제도산관리인대리의 등기) 국제도산관리인 및 국제도산관리인대리의 등기에 관하여는 관리인, 관리인대리 또는 파산관재인, 파산관재인 대리의 등기에 관한 규정을 준용한다.

제18조(등기의 기재례) 이 예규에 따른 등기의 기재례는 별지와 같다.

【부 칙】

제1조(시행일) 이 예규는 2006년 4월 1일부터 시행한다.

제2조(다른 예규의 폐지) 「회사정리절차와 관련된 상업등기에 관한 사무처리지침」(등기예규 제935호) 및 「관리인 대리인의 등기에 관하여」(등기예규 제748호)는 이를 폐지한다.

제3조(경과조치) 이 예규 시행당시 종전의 「회사정리법」에 의하여 정리절차개시의 신청을 한 회사정리사건은 종전의 「회사정리절차와 관련된 상업등기에 관한 사무처리지침」에 의한다. 다만 관리인대리 및 보전관리인대리는 임원란 또는 사원란에 등기하여야 한다.

부 칙 (2007.02.14 제1162호)

(시행일) 이 예규는 2007. 2. 14.부터 시행한다.

[부록 6] 채무자 회생 및 파산에 관한 법률에 따른 부동산 등의 등기 사무처리지침

■ 「채무자 회생 및 파산에 관한 법률」에 따른 부동산 등의 등기 사무처리지침 ■

개정 2011. 10. 11 등기예규 제1386호, 시행 2011. 10. 13.

제 1 편 총 칙

제 1 장 통 칙

제1조(목적) 이 예규는 「채무자 회생 및 파산에 관한 법률」(이하 "법"이라 한다) 및 「채무자 회생 및 파산에 관한 규칙」(이하 "규칙"이라 한다)에 따른 부동산 등의 등기절차를 규정함을 목적으로 한다.

제2조(촉탁에 의한 등기) 회생절차, 파산절차, 개인회생절차, 국제도산절차와 관련하여, 법 제24조 및 규칙 제10조의 규정에 의한 법원 또는 법원사무관 등의 촉탁이 있는 때에는 관할등기소의 등기관은 이를 수리하여 그에 따른 등기를 하여야 하고, 당사자가 이러한 등기를 신청한 경우 이를 수리하여서는 아니된다.

제3조(촉탁등기사항 이외의 등기사항에 대한 등기신청권자) ① 법 제43조 제3항의 규정에 의한 보전관리명령이 있는 때에는 회생절차개시 전까지 채무자의 업무수행, 재산의 관리 및 처분을 하는 권한은 보전관리인에게 전속하므로(법 제85조), 법원사무관 등이 촉탁하여야 할 등기사항 이외의 등기사항에 관하여는 보전관리인의 신청에 의하여 등기하여야 한다.

② 회생절차개시결정이 있는 때에는 채무자의 업무의 수행과 재산의 관리 및 처분을 하는 권한은 관리인에게 전속하고(법 제56조 제1항), 관리인이 선임되지 아니한 경우에는 채무자의 대표자가 관리인으로 간주되므로(법 제74조 제4항), 법원사무관 등이 촉탁하여야 할 등기사항 이외의 등기사항에 관하여는 관리인 또는 법 제74조 제4항에 의하여 관리인으로 간주되는 자의 신청에 의하여 등기하여야 한다.

③ 파산재단을 관리 및 처분하는 권한은 파산관재인에게 속하므로(법 제384조), 법원사무관 등이 촉탁하여야 할 등기사항 이외의 등기사항에 관하여는 파산관재인의 신청에 의하여 등기하여야 한다.

④ 개인회생재단을 관리하고 처분할 권한은 인가된 변제계획에서 다르게 정한 경우를 제외하고는 개인회생채무자에 속하므로(법 제580조), 법원사무관 등이 촉탁하여야 할 등기사항 이외의 등기사항에 관하여는 채무자의 신청에 의하여 등기하여야 한다.

⑤ 국제도산절차에서 국제도산관리인이 선임된 경우, 채무자의 업무의 수행 및 재산에 대한 관리 및 처분을 하는 권한은 국제도산관리인에게 전속하므로(법 제637조), 법원사무관 등이 촉탁하여야 할 등기사항 이외의 등기사항에 관하여는 국제도산관리인의 신청에 의하여 등기하여야 한다.

제4조(등록면허세 등) ① 법원사무관 등이 회생절차, 파산절차, 개인회생절차, 국제도산절차와 관련하여 법 제24조, 제25조 제2항, 제3항에 의한 등기를 촉탁하는 경우 등록면허세 및 등기신청수수료가 면제된다.

② 법 제26조의 규정에 의한 부인의 등기는 당사자의 신청에 의한 것이라도 등록면허세가 면제된다.

③ 제1항, 제2항의 규정에 의한 등기를 제외하고는 촉탁에 의한 등기라고 하더라도 다른 법령에 특별한 규정이 없으면 등록면허세는 면제되지 아니한다.

제5조(미등기부동산에 대한 보존등기 등) 법원사무관 등이 회생절차, 파산절차, 개인회생절차, 국제도산절차와 관련하여 미등기부동산에 대하여 법 제24조의 등기를 촉탁하는 경우 등기관은 이를 수리하여 직권으로 소유권보존등기를 한 다음 촉탁에 따른 등기를 하여야 한다(「부동산등기법」 제66조 참조).

제6조(회생법원의 중지명령 등에 따른 처분제한등기 등의 말소) ① 회생법원이 법 제44조 제4항, 제45조

제5항의 규정에 의하여 회생채권 또는 회생담보권에 기한 강제집행, 가압류, 가처분 또는 담보권실행을 위한 경매절차(이하 "회생채권 또는 회생담보권에 기한 강제집행 등"이라 한다)의 취소를 명하고, 그에 기한 말소등기를 촉탁한 경우에는 등기관은 이를 수리하여 그 등기를 말소하여야 한다.

② 회생법원이 법 제58조 제5항의 규정에 의하여 회생채권 또는 회생담보권에 기한 강제집행 등의 취소 또는 체납처분의 취소를 명하고, 그에 기한 말소등기를 촉탁한 경우에는 등기관은 이를 수리하여 그 등기를 말소하여야 한다.

③ 개인회생법원이 법 제593조 제5항의 규정에 의하여 개인회생채권에 기한 강제집행, 가압류, 가처분 또는 담보권실행을 위한 경매절차의 취소를 명하고, 그에 기한 말소등기를 촉탁한 경우에는 등기관은 이를 수리하여 그 등기를 말소하여야 한다.

④ 제1항 내지 제3항의 규정에도 불구하고 집행법원이 제1항 내지 제3항의 등기를 말소촉탁한 경우에 등기관은 이를 수리하여 그 등기를 말소하여야 한다.

제7조(등기의 기록례 등) ① 이 예규에 따른 등기의 기록례는 별지1.과 같다.

② 이 예규에 따른 등기촉탁서의 양식은 별지2.와 같다.

제 2 장 보전처분

제8조(보전처분 등의 등기촉탁) ① 법 제43조 제1항, 제114조 제1항, 제323조, 제351조에 의하여 채무자 또는 채무자의 발기인·이사(상법 제401조의2제1항의 규정에 의하여 이사로 보는 자를 포함한다)·감사·검사인 또는 청산인(이하 "이사 등"이라 한다)의 부동산 등의 권리(부동산, 선박, 입목, 공장재단, 광업재단 등에 대한 소유권과 담보물권, 용익물권, 임차권 등 소유권 이외의 권리 및 가등기상의 권리와 환매권을 포함한다. 이하 같다)에 관한 보전처분의 등기는 법원사무관 등의 촉탁으로 한다.

② 보전처분의 등기 등의 촉탁서에는 등기의 목적을 "보전처분"으로, 등기의 원인을 "○○지방법원의 재산보전처분" 또는 "○○지방법원의 임원재산보전처분"으로, 그 일자는 "보전처분 등의 결정을 한 연월일"로, 보전처분 등의 결정을 한 법원을 각 기재하고, 결정서의 등본 또는 초본을 첨부하여야 한다.

③ 보전처분에 따른 금지사항이 지정되어 촉탁된 경우에는 등기관은 해당 금지사항(예를 들어, 양도, 저당권 또는 임차권의 설정 기타 일체의 처분행위의 금지)을 기록하여야 한다.

제9조(다른 등기와의 관계) ① 보전처분의 등기는 그 등기 이전에 가압류, 가처분, 강제집행 또는 담보권실행을 위한 경매, 체납처분에 의한 압류등기 등 처분제한등기 및 가등기(이하 "가압류 등"이라 한다)가 되어 있는 경우에도 할 수 있다.

② 보전처분은 채무자 등에 대하여 일정한 행위의 제한을 가하는 것이고 제3자의 권리행사를 금지하는 것은 아니므로, 보전처분등기가 경료된 채무자의 부동산 등에 대하여 가압류, 가처분 등 보전처분, 강제집행 또는 담보권실행을 위한 경매, 체납처분에 의한 압류 등의 등기촉탁이 있는 경우에도 이를 수리하여야 한다.

제10조(보전처분 등의 등기의 말소) ① 보전처분이 변경 또는 취소되거나, 보전처분 이후 회생절차개시신청, 파산신청 또는 개인회생절차개시신청의 기각결정, 취하 또는 취하허가 기타 사유로 보전처분이 그 효력을 상실한 경우, 법원사무관 등의 촉탁으로 보전처분 등기 등을 변경 또는 말소한다.

② 보전처분 변경이나 말소등기의 촉탁서에는 결정문의 등본(또는 초본)이나 취하서 등의 소명자료를 첨부하여야 한다.

③ 법원사무관 등이 회생절차개시취소, 회생계획불인가, 회생절차폐지, 회생절차종결, 파산취소, 파산폐지 및 파산종결의 등기를 촉탁하거나 파산관재인의 권리포기에 따른 파산등기의 말소등기를 촉탁하면서 동시에 해당 사건의 보전처분등기의 말소등기를 촉탁하면 등기관은 이를 수리하여야 한다.

④ 제3항의 경우 법원사무관 등이 해당 사건의 보전처분등기의 말소등기에 대한 촉탁을 동시에 하지 아니하고 그 이후에 한 경우라도 등기관은 이를 수리하여야 한다.

제11조(부인의 등기신청) ① 등기의 원인인 행위가 부인되거나 등기가 부인된 때에는 관리인, 파산관재인 또는 개인회생절차에서의 부인권자(법 제584조)는 단독으로 부인의 등기를 신청하여야 한다.

② 부인의 등기의 신청서에는 등기원인을 증명하는 서면으로 부인소송과 관련된 청구를 인용하는 판결 또는 부인의 청구를 인용하는 결정을 인가하는 판결의 판결서 등본 및 그 확정증명서 또는 부인의 청구를 인용하는 결정서 등본 및 그 확정증명서를 첨부하여야 한다.

③ 부인의 등기의 신청은 부인권자가 단독으로 행하는 것이므로, 신청인이 관리인, 파산관재인, 개인회생절차에서의 부인권자라는 사실을 소명하는 자료를 함께 제출하여야 한다.

④ 등기원인 행위의 부인등기는, 등기목적을 "○번 등기원인의 채무자 회생 및 파산에 관한 법률에 의한 부인"으로, 등기원인을 "○년 ○월 ○일 판결 (또는 결정)"으로 각 기록하되, 그 일자는 판결 또는 결정의 확정일로 한다.

⑤ 등기의 부인등기는, 등기목적을 "○번 등기의 채무자회생및파산에관한법률에 의한 부인"으로, 등기원인을 "○년○월○일 판결 (또는 결정)"으로 각 기록하되, 그 일자는 판결 또는 결정의 확정일로 한다.

제12조(다른 등기와의 관계) ① 삭 제(2011.10.11 제1386호)

② 부인등기가 마쳐진 이후에는 해당 부동산 또는 해당 부동산 위의 권리는 채무자의 재산, 개인회생재단 또는 파산재단에 속하고, 등기부상 명의인이 그 부동산 또는 그 부동산 위의 권리를 관리, 처분할 수 있는 권리를 상실하였다는 사실이 공시되었으므로, 부인된 등기의 명의인을 등기의무자로 하는 등기신청이 있는 경우, 등기관은 이를 각하하여야 한다.

③ 부인등기가 마쳐진 이후에는 해당 부동산 또는 해당 부동산 위의 권리는 채무자의 재산, 개인회생재단 또는 파산재단에 속한다는 사실이 공시되었으므로, 법원사무관 등은 법 제26조 제3항, 제23조 제1항 제1호 내지 제3호, 제5호의 규정에 의하여 회생절차개시, 회생절차개시결정취소, 회생절차폐지, 또는 회생계획불인가, 회생계획의 인가, 회생절차의 종결결정, 파산선고, 파산취소, 파산폐지, 파산종결의 등기를 촉탁하여야 하고, 등기관은 이를 수리하여야 한다.

제13조(부인등기 등의 말소) 부인등기가 마쳐진 이후에는 해당 부동산 또는 해당 부동산 위의 권리는 채무자의 재산 또는 파산재단에 속한다는 사실이 공시되었으므로, 관리인 또는 파산관재인이 부인의 등기가 된 재산을 임의매각하거나 민사집행법에 의하여 매각하고 제3자에게 이전등기를 한 때에는, 법원은 법 제26조 제4항에 의하여 부인의 등기, 부인된 행위를 원인으로 하는 등기, 부인된 등기 및 위 각 등기의 뒤에 되어 있는 등기로서 회생채권자 또는 파산채권자에게 대항할 수 없는 것의 말소를 촉탁하여야 하고, 등기관은 이를 수리하여야 한다.

제 2 편 회생절차

제14조(회생절차개시결정 등의 등기) ① 회생절차개시결정의 등기는 법원사무관 등이 촉탁서에 등기의 목적, 등기의 원인 및 그 일자, 결정을 한 법원을 기재하고, 결정서의 등본 또는 초본을 첨부하여 촉탁하여야 한다.

② 회생절차개시결정의 등기는 그 등기 이전에 가압류, 가처분, 강제집행 또는 담보권실행을 위한 경매, 체납처분에 의한 압류등기, 가등기, 파산선고의 등기 등이 되어 있는 경우에도 할 수 있다.

③ 회생절차개시결정의 등기가 된 채무자의 부동산 등의 권리에 관하여 파산선고의 등기, 회생절차개시의 등기의 촉탁이 있는 경우 등기관은 이를 각하하여야 한다.

④ 회생절차개시결정의 등기가 된 채무자의 부동산 등의 권리에 관하여 강제집행, 가압류, 가처분 또는 담보권실행을 위한 경매에 관한 등기촉탁이 있는 경우에 등기관은 이를 수리하여야 한다.

⑤ 회생절차개시결정이 있는 때에는 채무자의 업무의 수행과 재산의 관리 및 처분을 하는 권한은 관리인에게 전속하고(법 제56조 제1항), 관리인이 선임되지 아니한 경우에는 채무자의 대표자가 관리인으로 간주되므로(법 제74조 제4항), 등기신청권자는 관리인 또는 법 제74조 제4항에 의하여 관리인으로 간주되는

자이지만(표시방법 : ○○○ 관리인 ○○○), 권리의무의 귀속주체는 채무자 본인이다.

⑥ 관리인이 회생계획에 따라 채무자 명의의 부동산 등을 처분하고 그에 따른 등기를 신청하는 경우에는 회생계획인가결정의 등본 또는 초본을, 회생계획에 의하지 아니하고 처분한 경우에는 법원의 허가서 또는 법원의 허가를 요하지 아니한다는 뜻의 증명서를 그 신청서에 첨부하여야 한다. 이 경우 관리인은 해당 부동산 등의 권리에 관한 보전처분의 등기 이후에 그 보전처분에 저촉되는 등기가 경료된 경우에는 그 등기의 말소등기도 동시에 신청하여야 한다.

⑦ 채무자 명의의 부동산 등을 처분하고 제3자 명의의 소유권이전등기를 경료한 경우에는, 법원사무관 등은 직권으로 관할등기소 등기관에게 "매각"을 원인으로 하여 보전처분등기, 회생절차개시등기, 회생계획인가의 등기의 각 말소를 촉탁하여야 하고, 등기관은 이를 수리하여야 한다.

⑧ 회생계획의 수행이나 법의 규정에 의하여 회생절차가 종료되기 전에 등기된 부동산 등에 대한 권리의 득실이나 변경이 생겨 채무자·채권자·담보권자·주주·지분권자와 신회사를 권리자로 하는 법원의 등기촉탁이 있는 경우, 등기관은 이를 수리하여야 한다.

⑨ 회생절차개시취소의 등기는 법원사무관 등이 결정서의 등본 또는 초본을 첨부하여 촉탁하여야 한다.

⑩ 제9항의 촉탁과 동시에 회생절차개시등기의 말소등기의 촉탁이 있는 경우 등기관은 회생절차개시취소의 등기를 실행하면서 회생절차개시등기를 말소하여야 한다.

제15조(회생계획인가의 등기) ① 회생계획인가의 등기는 법원사무관 등이 촉탁서에 등기의 목적, 등기의 원인 및 그 일자, 결정을 한 법원을 기재하고, 결정서의 등본 또는 초본을 첨부하여 촉탁하여야 한다.

② 회생절차개시결정의 등기가 되어 있지 아니한 부동산에 관하여 회생계획인가의 등기 촉탁이 있는 경우, 부인의 등기가 된 경우를 제외하고는 등기관은 이를 각하하여야 한다.

③ 회생계획인가의 등기 전에 같은 부동산에 파산등기가 되어 있는 경우 등기관은 회생계획인가등기를 한 후 파산등기를 직권으로 말소하여야 하고, 그 인가취소의 등기를 하는 경우 직권으로 말소한 파산등기를 회복하여야 한다.

④ 회생계획인가의 결정이 있은 때에는 법 제58조 제2항의 규정에 의하여 중지한 파산절차, 강제집행, 가압류, 가처분, 담보권실행 등을 위한 경매절차는 그 효력을 잃게 되므로(법 제256조), 회생계획인가의 결정을 한 법원은 그 등기와 함께 위 각 절차에 따른 등기의 말소를 함께 촉탁할 수 있으며, 가압류 등을 한 집행법원의 말소촉탁에 의하여 말소할 수도 있다. 등기관은 해당 부동산에 회생계획인가의 등기가 되어 있는지 여부와 관계없이 그 촉탁을 수리하여야 한다. 다만 회생계획이 인가된 경우에도 회생절차개시결정의 등기 이전에 등기된 가등기(담보가등기 제외) 및 용익물권에 관한 등기, 국세징수법 또는 그 예에 의한 체납처분 및 조세채무담보를 위하여 제공된 부동산 등의 처분에 따른 등기는 말소의 대상이 되지 않는다.

⑤ 회생계획인가의 등기가 된 후, 동 계획의 변경인가에 따른 등기의 촉탁은 이를 수리하여서는 안되며, 「부동산등기법」 제29조 제2호에 의하여 각하하여야 한다.

제16조(회생절차에 있어서 부인등기 등의 말소) ① 부인등기가 마쳐진 후 회생계획인가결정 전에 다음 각 호의 사유로 회생절차가 종료된 경우에는 부인의 효과는 상실되므로, 등기상 이해관계 있는 제3자가 있는 경우를 제외하고는, 부인의 등기는 법원의 촉탁에 의하여 이를 말소할 수 있다.

1. 회생절차개시결정을 취소하는 결정이 확정된 때
2. 회생계획불인가결정이 확정된 때
3. 회생계획인가결정 전에 회생절차폐지결정이 확정된 때

② 부인등기가 마쳐지고 회생계획인가 결정 이후에 회생절차가 종결되거나 회생절차 폐지결정이 확정된 경우에는 부인의 효과는 확정되므로, 법원사무관 등은 회생절차 종결 또는 회생절차폐지의 등기를 촉탁하여야 하고(법 제26조 제3항, 제1항, 제23조 제1항 제2호, 제3호), 등기관은 이를 수리하여야 한다.

제17조(회생계획불인가, 회생절차폐지의 등기) ① 법원사무관 등이 회생계획불인가나 회생절차폐지의 등기(이하 "회생계획불인가의 등기 등"이라 한다)를 촉탁하는 경우 촉탁서에 등기의 목적, 등기의 원인 및

그 일자, 결정을 한 법원을 기재하고, 결정서의 등본 또는 초본을 첨부하여 촉탁하여야 한다.
② 회생계획불인가 또는 회생절차폐지의 결정이 확정된 때, 법원이 직권으로 파산선고를 하고 회생계획불인가 등의 등기와 파산등기를 동일한 촉탁서에 의하여 촉탁한 경우, 등기관은 동일한 순위번호로 등기를 하되, 회생계획불인가 등의 등기를 한 후 파산등기를 하여야 한다.
③ 제1항의 촉탁과 동시에 회생절차개시등기의 말소등기의 촉탁이 있는 경우 등기관은 회생계획불인가 등의 등기를 실행하면서 회생절차개시등기를 말소하여야 한다.

제18조(회생절차종결의 등기) ① 회생법원의 법원사무관 등은 회생절차종결결정 즉시 직권으로 관할등기소 등기관에게 회생절차종결결정을 원인으로 하여 보전처분등기, 회생절차개시등기, 회생계획인가등기의 말소 및 회생절차종결등기를 촉탁하여야 하고, 촉탁서에는 등기의 목적, 등기의 원인 및 그 일자, 결정을 한 법원을 기재하고, 결정서의 등본 또는 초본을 첨부하여야 한다. 이 경우 회생절차종결결정시 보전처분등기 후 등기된 권리로 회생계획인가로 소멸된 등기가 남아 있는 경우 회생법원은 그 등기의 말소를 촉탁하여야 한다.
② 회생절차개시 및 회생계획인가의 각 등기가 되어 있지 아니한 부동산 등의 권리에 대한 회생절차종결등기의 촉탁은, 부인의 등기가 된 경우를 제외하고는 등기관은 이를 각하하여야 한다.
③ 회생절차종결의 등기와 동시에 회생절차와 관련된 등기에 대한 말소를 촉탁하는 경우에 등기관은 이를 수리하여야 한다. 이 경우 등기의 목적은 "ㅇ번 ㅇㅇ등기 말소"이고, 등기의 원인은 "회생절차종결"이며, 그 원인일자는 "회생절차종결의 결정이 있는 날"이다.
④ 회생법원의 법원사무관 등은 회생절차종결등기가 경료된 후 채무자 또는 이해관계인(부동산의 신소유자, 용익물권자, 담보물권자 등)의 신청이 있으면 관할등기소 등기관에게 지체 없이 회생절차종결등기의 말소를 촉탁하여야 한다.
⑤ 회생법원의 법원사무관 등은 회생절차종결등기가 마쳐진 날로부터 3월이 경과한 이후에는 채무자 또는 이해관계인의 신청이 없는 경우에도 직권으로 관할등기소 등기관에게 회생절차종결등기의 말소를 촉탁할 수 있다.
⑥ 회생절차종결의 등기가 된 이후에 회생절차와 관련된 등기, 회생절차종결의 등기에 대한 말소촉탁이 있는 경우 등기관은 이를 수리하여야 한다. 이 경우 등기의 목적은
"ㅇ번 ㅇㅇ등기 말소"이고, 등기원인 및 그 원인일자는 기록하지 않는다. 위 촉탁서에는 결정서의 등본은 첨부할 필요가 없다.
⑦ 회생절차종결의 등기가 되고 다른 등기가 모두 말소된 이후에 회생절차종결 등기의 말소촉탁이 있는 경우 등기관은 이를 수리하여야 한다. 이 경우 등기의 목적은 "ㅇ번 회생절차종결등기 말소"이고, 등기원인 및 그 원인일자는 기록하지 않는다. 위 촉탁서에는 결정서의 등본은 첨부할 필요가 없다.

제19조(채무자가 법인인 경우의 특례) 법인인 채무자 명의의 부동산 등의 권리에 대해서 회생절차개시결정, 회생계획인가, 회생절차종결의 등기촉탁이 있는 경우, 등기관은 「부동산등기법」 제29조 제2호를 의하여 이를 각하하여야 한다(법 제24조 제1항 제1호).

제 3 편 파산절차

제20조(파산의 등기) ① 파산선고의 등기는 법원사무관 등이 촉탁서에 등기의 목적, 등기의 원인 및 그 일자, 결정을 한 법원을 기재하고, 결정서의 등본 또는 초본을 첨부하여 촉탁하여야 한다.
② 제1항의 경우 등기의 목적은 "파산선고"이고, 등기원인은 "ㅇㅇ지방법원의 파산선고결정"이며, 그 원인일자는 "파산선고의 연월일"이다.
③ 파산선고의 등기는 그 등기 이전에 가압류, 가처분, 강제집행 또는 담보권실행을 위한 경매, 체납처분에 의한 압류등기, 가등기가 되어 있는 경우에도 할 수 있다.
④ 파산선고의 등기는 다른 법령 또는 이 예규에 따라 직권으로 등기관이 말소할 수 있는 경우를 제외하

고 법원사무관 등의 촉탁에 의해 말소하여야 한다.

제21조(파산등기 이후의 등기신청) ① 파산재단을 관리 및 처분하는 권한은 파산관재인에게 속하므로 (법 제384조), 파산선고 이후 파산재단과 관련된 등기사항은 파산관재인의 신청에 의하여 등기하여야 한다(표시방법 : ㅇㅇㅇ 파산관재인 ㅇㅇㅇ).

② 파산선고의 등기 후에는 파산재단에 속하는 재산에 대하여 국세징수법 또는 지방세기본법에 의하여 징수할 수 있는 청구권(국세징수의 예에 의하여 징수할 수 있는 청구권을 포함한다)에 기한 체납처분을 할 수 없으므로(법 제349조 제2항), 파산등기 후에 국세징수법 또는 지방세법에 의하여 징수할 수 있는 청구권에 기한 체납처분의 등기촉탁이 있으면 등기관은 이를 각하하여야 한다.

③ 파산선고의 등기가 된 채무자의 부동산 등의 권리에 관하여 강제집행, 가압류, 가처분, 또는 담보권실행을 위한 경매에 관한 등기촉탁이 있는 경우에 등기관은 이를 수리하여야 한다.

제22조(임의매각에 따른 등기신청) ① 파산관재인이 법 제492조에 따라 부동산에 관한 물권이나 등기하여야 하는 국내선박 및 외국선박을 매각하고, 이에 대한 등기를 신청하기 위하여는 법원의 허가서 등본 또는 감사위원의 동의서 등본을 첨부하여야 한다. 이 경우 해당 부동산 등의 권리에 관한 보전처분의 등기 이후에 그 보전처분에 저촉되는 등기가 경료된 경우에는 그 등기의 말소등기도 동시에 신청하여야 한다.

② 파산선고의 등기가 되어 있는 부동산 등의 권리의 일부지분이 임의매각된 경우에 등기관은 보전처분등기 및 파산선고등기가 나머지 지분에 관하여 존속하는 것으로 직권으로 변경하여야 한다(등기목적 : "ㅇ번 보전처분" 또는 "ㅇ번 파산선고"를 "ㅇ번 ㅇㅇㅇ지분 보전처분" 또는 "ㅇ번 ㅇㅇㅇ지분 파산선고"로 하는 변경).

③ 파산관재인이 제1항의 규정에 의하여 파산선고를 받은 채무자명의의 부동산 등을 처분하고 제3자 명의의 소유권이전등기를 경료한 경우에는, 법원사무관 등은 파산관재인의 신청에 의하여 관할등기소 등기관에게 "매각"을 원인으로 하여 보전처분등기 및 파산선고등기의 각 말소를 촉탁하여야 하고, 등기관은 이를 수리하여야 한다.

④ 파산관재인이 제1항 내지 제3항에 의해 소유권이전등기를 신청하는 경우에는 등기필정보는 제공할 필요가 없다.

제23조(권리포기에 따른 등기신청) 법원사무관 등은 파산관재인이 파산등기가 되어 있는 부동산 등에 대한 권리를 파산재단으로부터 포기하고 파산등기의 말소를 촉탁하는 경우 권리포기허가서의 등본을 첨부하여야 한다.

제24조(파산절차에 있어서 부인등기 등의 말소) 부인등기가 마쳐진 이후 파산선고 취소결정이 확정되거나, 법 제26조 제4항에 의한 임의매각 등에 의하여 제3자에게 이전등기를 하지 아니한 채 파산폐지결정이 확정된 때 또는 파산종결결정이 있는 때에는 부인의 효과는 상실되므로, 등기상 이해관계 있는 제3자가 있는 경우를 제외하고는, 부인의 등기는 법원의 촉탁에 의하여 이를 말소할 수 있다.

제25조(파산취소 등의 등기) ① 법원사무관 등은 파산취소의 등기를 촉탁하는 경우, 결정서의 등본 또는 초본을 첨부하여야 한다.

② 등기의 목적은 "파산취소", 등기의 원인은 "파산취소", 원인일자는 "파산취소가 확정된 날"이다.

③ 파산취소의 등기는 법원사무관 등의 촉탁에 의하여 말소하여야 한다.

제26조(파산폐지 등의 등기) ① 법원사무관 등이 파산폐지의 등기를 촉탁하는 경우, 결정서의 등본 또는 초본을 첨부하여야 한다.

② 등기의 목적은 "파산폐지", 등기의 원인은 "파산폐지", 원인일자는 "파산폐지가 확정된 날"이다.

③ 법원사무관 등은 파산폐지등기가 경료된 후 이해관계인(부동산의 신소유자, 용익물권자, 담보물권자 등)의 신청이 있으면 관할등기소 등기관에게 지체 없이 파산폐지등기의 말소를 촉탁하여야 한다.

④ 법원사무관 등은 파산폐지등기가 마쳐진 날로부터 3월이 경과한 이후에는 이해관계인의 신청이 없는 경우에도 직권으로 관할등기소 등기관에게 파산폐지등기의 말소를 촉탁할 수 있다.

⑤ 제3항, 제4항의 경우 등기의 목적은 "○번 ○○등기 말소"이고, 등기원인 및 그 원인일자는 기록하지 않는다. 위 촉탁서에는 결정서의 등본은 첨부할 필요가 없다.

제27조(기타) 파산등기가 되어 있지 아니한 부동산 등의 권리에 파산취소, 파산폐지, 파산종결 등의 등기촉탁이 있는 경우 등기관은 「부동산등기법」 제29조 제6호에 의하여 이를 각하하여야 한다.

제28조(채무자가 법인인 경우의 특례) 법인인 채무자 명의의 부동산 등의 권리에 대해서 파산선고의 등기 등의 촉탁이 있는 경우, 등기관은 「부동산등기법」 제29조 제2호를 적용하여 이를 각하하여야 한다(법 제24조 제3항).

제 4 편 개인회생절차

제29조(보전처분 및 부인의 등기촉탁) ① 개인회생절차에서 채무자 명의의 부동산 등의 권리에 대해서 법원사무관 등으로부터 법 제24조 제6항에 의한 보전처분 및 그 취소 또는 변경의 등기의 촉탁이 있는 경우에는 등기관은 이를 수리하여야 한다.

② 개인회생절차에서 채무자 명의의 부동산 등의 권리에 대해서 법 제26조 제1항, 제584조에 의한 부인등기의 신청 및 그 말소 촉탁이 있는 경우 등기관은 이를 수리하여야 한다.

제30조(개인회생절차개시결정 등의 등기촉탁의 각하) 개인회생절차에서 개인회생절차개시결정, 변제계획의 인가결정, 개인회생절차폐지결정 등은 등기할 사항이 아니므로, 법원사무관 등으로부터 이러한 등기촉탁이 있는 경우, 등기관은 「부동산등기법」 제29조 제2호에 의하여 이를 각하하여야 한다.

제 5 편 국제도산

제31조(외국도산절차승인과 등기) 법원은 외국도산절차의 승인신청 후 그 결정이 있을 때까지 또는 외국도산절차를 승인함과 동시에 또는 승인한 후 채무자의 변제금지 또는 채무자 재산의 처분금지 결정을 할 수 있으므로(법 제635조 제1항, 제636조 제1항 제1호 내지 제3호), 등기관은 법원사무관 등의 촉탁에 의하여 채무자에 속하는 권리에 관하여 변제금지 또는 처분금지의 등기를 하여야 한다.

부 칙 (2011.10.11 제1386호)

이 예규는 2011년 10월 13일부터 시행한다.

참 고 문 헌

[국내문헌]

1. 단 행 본

대한변호사협회, 제37기 특별연수 통합도산법, 2006.

서울중앙지방법원, 제4판 개인파산·회생실무, 박영사, 2014.

서울중앙지방법원, 제3판 개인파산·회생실무, 박영사, 2011.

서울중앙지방법원, 제4판 회생사건실무(상)·(하), 박영사, 2014.

서울중앙지방법원, 제4판 법인파산실무, 박영사, 2014.

서울중앙지방법원, 도산절차와 소송 및 집행절차, 박영사, 2011.

서울중앙지방법원, 개인회생사건 유형별 사례집, 2004.

서울중앙지방법원, 개인채무자회생실무, 2004.

사법연수원, 도산처리법, 사법연수원출판부, 2011.

법무부, 채무자 회생 및 파산에 관한 법률 해설, 2006.

법원도서관, 회생위원 직무 편람, 2012.

법원행정처, 법원실무제요 민사집행 (Ⅰ)·(Ⅱ)·(Ⅲ)·(Ⅳ), 2014.

법원행정처, 법원실무제요 민사소송 (Ⅰ)·(Ⅱ)·(Ⅲ), 2005.

법원공무원교육원, 파산·개인회생실무, 2009.

법원도서관, 회생위원 직무 편람, 2012.

서울지방변호사회, 법인파산 실무(변호사 연수교육 교재), 2009.

한국도산법학회, 회생과 파산, 사법발전재단, 2012.

한국사법행정학회, 도산관계소송, 재판실무연구(5), 2009.

김형배, 제2판 채권총론, 박영사, 1999.

김주학, 제2판 기업도산법, 법문사, 2012.

김준호, 제20판 민법강의, 법문사, 2014.

남효순·김재형, 도산법강의, 법문사, 2005.

____________, 통합도산법, 법문사, 2006.

박기환, 회생절차실무, 진원사, 2016.

박승두, 도산법총론, 법률SOS, 2002.

______, 통합도산법 분석, 법률SOS, 2005.

배성현, 미국 연방파산법과 반독점법(Vol. 3. Federal Bankruptcy Law & Antitrust Law), 파랑새미디어, 2014.

송오식, 소비자법, 전남대학교출판부, 2013.

오수근, 도산법의 이해, 이화여자대학교출판부, 2008.
_____, 도산법개혁, 두솔, 2007.
오수근·한민·김성용·정영진, 도산법, 한국사법행정학회, 2012.
이건화, 최신 사례로 본 개인회생실무, 법률정보센타, 2009.
이기열, 기업회생신청실무, 진원사, 2012.
임채홍·백창훈, 제2판 회생정리법(상)·(하), 1998.
임치용, 파산법연구, 박영사, 2006.
_____, 파산법연구 2, 박영사, 2006.
_____, 파산법연구 1·2·3, 박영사, 2010.
_____, 파산법연구 4, 박영사, 2015.
임치용·박태준·이성용·김춘수, 파산판례해설, 박영사, 2007.
우세나, 개인도산의 비교법, 세창출판사, 2007.
전병서, 제2판 도산법, 법문사, 2007.
_____, 제3판 도산법, 법문사, 2014.
장수태, 파산면책에 관한 연구, 한국학술정보(주), 2006.
장완규, 도산법개론, 한국학술정보(주), 2009.
장종운, 신 개인파산·회생실무, 진원사, 2013.
장종운·김상승, (개정판) 법인회생사건 처리실무, 진원사, 2014.
장종운·김상승, 신 일반회생 실무, 진원사, 2017.
장종운, 개인도산개론, 진원사, 2016.
장종운, 신 부인권 실무, 진원사, 2017.
장종운, 신 법률상담사례, 진원사, 2018.
정영진·이재민·황준식, 제14판 국제법, 신조사, 2015.
지원림, 제14판 민법강의, 홍문사, 2016.
홍기문, 개정 제6판 민사소송법, 대명출판사, 2015.

2. 학위논문

권혁호, "회사정리법상 부인권에 관한 연구", 동국대학교대학원 박사학위논문, 2000.
김영주, "통합도산법상의 개인채무자 면책에 관한 연구", 경성대학교대학원 석사학위논문, 2006.
김종일, "기업회생절차상 부인권에 관한 연구", 청주대학교대학원 석사학위논문, 2014.
김지석, "집합채권 양도담보와 부인권의 행사", 재산법연구, 한국재산법학회, 2010.
김지은, "부인권의 유형에 관한 연구", 이화여자대학교대학원 석사학위논문, 2002.
남영미, "파산절차상 부인권의 요건에 관한 연구", 홍익대학교대학원 석사학위논문, 2006.
박국진, "도산절차에서 채무자 재산보전에 관한 연구-회생절차를 중심으로-", 전남대학교대학원 박사학위논문, 2015.
박봉환, "파산법상 부인권에 관한 연구", 부산대학교대학원, 석사학위논문, 1985.
박성철, "도산법상의 부인권에 관한 연구: 파산부인을 중심으로", 동아대학교대학원 석사학위논문, 2004.
우세나, "개인도산에 관한 연구", 고려대학교대학원 박사학위논문, 2004.
이승기, "파산법상 부인권의 대상-집합채권 양도담보 및 일련의 행위를 중심으로-", 서울대학교대학원 석사학위논문, 2015.
이연상, "통합도산법상의 부인권에 관한 연구: 문제점과 개선방안을 중심으로", 고려대학교대학원 석사학위논문, 2011.
임채웅, "도산법상 부인권의 행사대상에 관한 연구", 서울대학교대학원 박사학위논문, 2007.
정수진, "소파산법상 부인권의 행사 요건 : 미국법과의 비교법적 시각", 고려대학교대학원 석사학위논문, 2006.
최인환, "파산법상의 부인권에 관한 연구", 중앙대학교대학원 석사학위논문, 2000.
정수진, "파산법상 부인권의 행사 요건 : 미국법과의 비교법적 시각", 고려대학교대학원 석사학위논문, 2006.
최인환, "파산법상 부인권에 관한 연구", 중앙대학교대학원 석사학위논문, 2000.
강형모, "통합도산법상 부인권의 요건과 효과에 관한 연구", 충남대학교대학원 석사학위논문, 2010.
김주학, "파산절차상의 부인권 : 유형별 분석을 중심으로", 부산대학교대학원 석사학위논문, 2007.
김영하, "파산절차상의 부인권에 관한 연구", 서울대학교대학원 석사학위논문, 2010.
허진용, "채권자취소권과 파산절차상 부인권의 차이: 특히, 판례의 검토를 통하여", 서울대학교대학원 석사학위논문, 2008.

3. 일반논문

강대성, "부인권의 법리", 민사재판의 제문제 : 송천 이시윤 박사 화갑기념(하), 1995.
권종걸, "미국연방파산법상 편파행위의 부인과 그 예외", 법학논총, 단국대학교법학연구소, 2013.
김건호, "도산절차상 부인의 대상과 효과", 충북대학교 법학연구 21권 1호, 2010.
김명수, "미국 연방파산법상 부인권의 준거법 선택 기준 -미국연방법원의 해석론을 중심으로-", 법과 정책연구, 한국법정책학회, 2012.
김성룡, "미국 파산법상의 부인권 개관-우리 법과의 비교를 더하여", 법조, 법조협회, 1998.
김성인, "파산제도 중 부인권의 법적, 경제적 제측면", 한국경제의 분석, 한국금융연구원, 2001.
김진석, "파산절차상 부인권 요건에 관한 몇 가지 쟁점", 재판자료 제127집, 도산법실무연구 제127집, 법원도서관, 2013.
김진현, "우리 법상의 부인권에 관한 연구", 강원법학 제11권, 1999.
김형두, "담보권의 실행행위에 대한 관리인의 부인권", 박영사, 민사판례연구 26권, 2004. 2.

______, “상계에 대한 부인권 행사관련 판결의 부당성”, 법학논총 제29권 제4집, 한양대학교 법학연구소, 2012. 12.
______, “기업회생절차의 부인권의 쟁점”, 한양법학 제24권 제1집, 한양법학회, 2013. 2.
박승두, “기업회생절차상 부인권의 쟁점”, 한양법학 제24권 제1집 통권 제41집, 한양법학회, 2013.
박성철, “파산법상의 부인권”, 재판자료 제83집 파산법의 제문제(하), 법원도서관, 1999.
박성철, “파산법상의 부인권, 파산법의 제문제”, 사법연수원, 1998.
______, “파산법상의 부인권”, 재판자료 제83집, 법원도서관, 1999.
심준보, “회사정리법상 대항요건의 부인”. 대법원 판례해설 제49호, 법원도서관, 2004.
양형우, “채권자취소권과 부인권의 관계”, 비교사법 제21권 2호(통권 제65호), 한국비교사법학회, 2014.
______, “독일도산법상의 부인권”, 홍익대학교 법학연구소, 홍익법학, 제11권 제3호, 2010.
______, “회생절차에서의 담보권 실행행위에 대한 부인”, 대한변호사협회, 인권과 정의 제423호, 2012.
오영준, “집합채권양도담보와 도산절차의 개시”, 사법논집 제43집, 법원도서관, 2006.
우세나, “회생절차상 부인권의 적용범위”, 민사소송 제9권 제2호, 한국사법행정학회, 2005.
윤창술, “파산법상 부인과 어음지급의 예외: 일본의 경우를 중심으로“, 상사법연구, 한국상사법학회, 2001.
이민걸, “회사정리절차상의 상계와 부인권”, 민사판례연구회, 민사판례연구 제17집, 1995.
이상균, “회사정리법상 부인권의 대상이 되는 행위”, 재판과 판례 제11집, 대구판례연구회, 2002. 12.
이점인, “파산절차상 부인권행사의 제한사유인 사회적 상당성 법리에 관한 고찰 : 대법원 2015.12.10. 선고 2015다235582 판결”, 재산법연구, 재산법학회, 2016.
이진만, “통합법상의 부인권-부인의 대상을 중심으로”, 민사판례연구 제28권, 민사판례연구회, 2006.
이철원, “집합채권의 양도담보와 회사정리법상 부인권행사의 가부”, 민사판례연구 28권, 박영사, 2006. 2.
임종헌, “일본 파산법상의 부인권에 관한 연구”, 재판자료 제66집, 법원도서관, 1994.
임지웅, “담보권의 실행행위에 대한 회사정리법상 부인권의 행사”, 저스티스 401호, 청림인터렉티브, 2004. 2.
임채웅, “사해행위로서의 소송행위의 취소 및 부인에 관한 연구”, 민사재판의 제문제 제16권, 한국사법행정학회, 2007.
______, “공격방어방법으로서의 부인권행사에 관한 연구(대상판결 : 대법원 2009.5.28. 선고 2005다56865 판결”, 홍익법학, 홍익대학교법학연구소, 2009.
______, “사해행위와 편파행위에 관한 연구”, 저스티스, 한국법학원, 2006.
______, “판례를 통하여 본 부인권의 효과”, 법조 제623호, 2008.
______, 담보권의 임의적 실행행위와 부인권에 관한 연구”, BFL 제1호(2003.9).

임치용, "미국 파산법상 Strong-Arm 조항과 편파행위에 관한 연구: 채무자회생법과의 비교", 선진상사법률연구, 법무부, 2015.

전병서, "파산법상 부인권에 관한 입법론적 고찰 : 채무자 회생 및 파산에 관한 법률안의 검토를 겸하여", 저스티스, 한국법학원, 2003.

정문경, "부인권 행사에 관한 실무상 몇 가지 쟁점", 도산법연구 제2권 제2호, 도산법연구회, 2011.

______, "개인회생사건에서 부인권 행사에 관한 실무상 몇 가지 문제점", 민사재판의 제문제 제22권(2013. 12.), 한국사법행정학회.

정영진, "외국파산절차의 승인 및 지원-한일 국제파산법제 비교-", 법학논총 제26집, 2006.

지창구, "채권자취소권이라는 틀을 통하여 본 부인권", 저스티스 통권 제135호, 2013.

최창열, "민법상의 채권자취소권과 세법상의 사해행위취소권의 비교", 조세연구 제1권(연구논총 제1집), 2001.

______, "파산법상 부인권 요건에 대한 몇 가지 검토-재판례를 중심으로: 파산법상 부인권 요건에 대한 몇 가지 검토", 법학논문집, 중앙대학교법학연구소, 2001.

홍성준, "회생절차상 부인권과 회생절차의 종결", 민사판례연구(29), 박영사, 2007.

4. 기타 자료들

조성욱·김형두, "토론 : 파산제도 중 부인권(否認權)의 법적 , 경제적 제측면", 한국경제의 분석, 한국금융연구원, 2001.

권영준, "연구논문: 통정허위표시로 인한 법률관계에 있어서 파산관재인의 제3자성, 법조, 법조협회, 2007.

[인터넷사이트]

대법원 : http://glaw.scourt.go.kr
대한민국 국회 : http://www.assembly.go.kr
대한법률구조공단 : http://www.klac.or.kr
로앤비 : http://www.lawnb.com
법률신문 : https://www.lawtimes.co.kr
법제처 종합법령정보센터 : http://www.law.go.kr
신용회복위원회 : http://www.ccrs.or.kr
전남대학교법학도서관 : http://lawlib.jnu.ac.kr
한국학술정보 : http://www.kstudy.com
한국학술정보서비스(RISS) : http://www.riss.kr/index.do
헌법재판소 : http://www.ccourt.go.kr
DBPIA : https://www.dbpia.co.kr

서 식 색 인

[ㄱ]

[ㄷ]

[ㅂ]

[ㅅ]

[ㅇ]

[ㅈ]

[ㅊ]

[ㅌ]

[ㅍ]

사 항 색 인

[ㅁ]

[ㅂ]

[ㅅ]

[ㅇ]

[ㅌ]

[ㅍ]

저 자 약 력

• 저자 **장 종 운**

- 전남대학교 법과대학 및 동대학원
- 법학박사

현〉 대한법률구조공단 재직
　　기업회생경영사

〈주요저서〉

- 「신 개인파산·회생실무」
- 「(개정판) 법인회생사건 처리실무(공저)」
- 「신 일반회생 실무(공저)」
- 「신 부인권 실무」 외 다수

[제2판] **신 법인파산 실무** ▮이론·사례·서식·판례▮

저　　자 장 종 운	2014년 1월 13일 초 판 발행
발 행 인 양 진 수	2018년 8월 22일 제2판 인쇄
발 행 처 진 원 사	2018년 9월 3일 제2판 발행

서울시 송파구 법원로 9길 26, C동 1107호 (문정동, H비즈니스파크)
전화 : 02) 916-1850 / 팩스 : 02) 916-3442
신고번호 제 2018-000026호
http://www.jinwonsa.co.kr
http://www.lawbookstore.co.kr
e-mail : hhansin@hanmail.net

ISBN : 978-89-6346-534-0　　93360　　　정가 60,000원